D1731615

Schriftenreihe
der Vierteljahrshefte für Zeitgeschichte
Sondernummer

Im Auftrag des Instituts für Zeitgeschichte
herausgegeben von Karl Dietrich Bracher und
Hans-Peter Schwarz
Redaktion: Wolfgang Benz und Hermann Graml

R. Oldenbourg Verlag München 1989

Wiedergutmachung
in der
Bundesrepublik Deutschland

Herausgegeben
von
Ludolf Herbst und Constantin Goschler

R. Oldenbourg Verlag München 1989

CIP-Titelaufnahme der Deutschen Bibliothek

Wiedergutmachung in der Bundesrepublik Deutschland hrsg. von Ludolf Herbst u. Constantin Goschler. – München : Oldenbourg, 1989
  (Schriftenreihe der Vierteljahrshefte für Zeitgeschichte : Sondernummer)
  ISBN 3-486-54721-6
NE: Herbst, Ludolf [Hrsg.]

Gesamtherstellung: Appl, Wemding
ISBN 3-486-54721-6

Inhalt

Ludolf Herbst

Einleitung

Man wird sich als Historiker und als Deutscher gegenwärtig besonders eindringlich fragen müssen, ob es nicht fahrlässig ist, in der Bundesrepublik ein Buch über die Wiedergutmachung zu veröffentlichen. Wird es nicht vorhersehbaren Mißverständnissen ausgesetzt sein? Werden die einen nicht erwarten und die anderen fürchten, hier handle es sich um einen weiteren Versuch, die „Entsorgung" der deutschen Geschichte voranzutreiben[1]? Welchen Irrtümern wird es – flüchtige oder selektive Rezeption einmal als Regelfall unterstellt – Vorschub leisten? Werden die einen nicht den Vorwurf erheben, von Wiedergutmachung zu sprechen, heiße einen Schlußstrich unter die Vergangenheit zu ziehen und dies womöglich mit dem Mittel einer wohlgefälligen Leistungsbilanz, die aller Unvergleichbarkeit von erfahrenem Leid und materiellem Schadensausgleich Hohn spricht? Und werden die anderen hierin nicht den Versuch unziemlicher Politisierung, ja der Einmischung ins politische Tagesgeschäft zu Gunsten jener Benachteiligten sehen, die es immer gibt und die als „Querulanten" zur Last fallen? Kurz: Sind die psychologischen Schwierigkeiten des Themas zumindest im gegenwärtigen politisch-historiographischen Klima nicht unüberwindbar und werden sie es nicht auf lange Zeit bleiben? Ist es nicht zu früh für wissenschaftliche Forschung und wäre es da nicht ratsamer und stünde es deutschen Historikern nicht wohl an, sich in Bescheidenheit zu üben und das heikle Thema zu meiden?

In der Bundesrepublik gewinnt die Parole an Boden, man solle den Umgang mit der Vergangenheit „normalisieren". Das Monströs-Schreckliche soll relativiert, im Blick auf anderes Entsetzliches, das Menschen anderswo und zu anderer Zeit taten, seiner Außerordentlichkeit, seiner Einmaligkeit entkleidet werden. Die historische Verantwortung, die auf uns gekommen ist und der sich auch die nachgeborenen Generationen nicht entziehen können, verringert sich nicht, wenn wir den Splitter in unseres Bruders Auge entdecken. Wir stehlen uns auf diese Weise lediglich aus unserer eigenen Betroffenheit und bringen uns um die Möglichkeit zu begreifen, daß jede Zeit ihre eigenen Wege in den Abgrund bereit hält und nur das Menetekel vor erneutem individuellem Schuldigwerden bewahrt, wenn man es denn als Warnung und als Aufforderung zur tätigen Umkehr annimmt. Auschwitz kann also auch eine Chance für die Zukunft bedeuten.

Gleichviel – wir entkommen dem Schatten von Auschwitz nicht, weder durch Normalisierungs- und Relativierungsversuche, noch durch Verdrängen und Wegschieben.

---

[1] Vgl. „Historikerstreit": Die Dokumentation der Kontroverse um die Einzigartigkeit der nationalsozialistischen Judenvernichtung, München 1987.

Auschwitz ist freilich nur ein Symbol, nur der Höhepunkt einer Entwicklung, deren strukturelle Voraussetzungen vor 1933 schon vorhanden waren und 1945 nicht einfach untergegangen sind, sondern fortwirken. Insofern die Wiedergutmachung hier ansetzt und ein Ausdruck des aus der Verantwortung vor der eigenen Geschichte gespeisten Versuchs ist, jene Strukturen zu verändern, die Auschwitz möglich machten, weist sie nicht nur auf die Vergangenheit zurück, sondern auch in die Zukunft voraus. Ob und gegebenenfalls inwieweit die Wiedergutmachung in diesem Sinne verantwortet wurde bzw. auch tätige Reue war, wird der Sammelband nicht abschließend beantworten können. Mehr als Indizien hält er nicht bereit.

Wenn man sich vergegenwärtigt, was Auschwitz war und wofür es steht, wenn man sich die Bilder und Dialoge von „Shoah"[2], die wir alle kennen, ins Bewußtsein holt, wenn man sich für einen Moment in die Lage der Opfer versetzt, kommt man nicht auf den Gedanken, daß Wiedergutmachung das durch Ausschwitz symbolisierte grauenhafte Geschehen wieder-gut-machen oder aus dem Schuldbuch löschen könne. Auschwitz war die Hölle auf Erden, wenn man denn bereit ist, diesen Begriff aus seiner vergleichsweise idyllischen mittelalterlich-religiösen Vorstellungswelt in unser Jahrhundert zu holen. Auschwitz hat in unserer säkularisierten Welt erst wieder neu definiert, was Hölle ist[3]. Wir dürfen daher nicht hinter die Position zurückgehen, die die israelische Regierung 1951 – stellvertretend für das gesamte jüdische Volk – formuliert hat: „Ein derart entsetzliches Verbrechen kann nicht durch materielle Reparationen, ganz gleich welcher Art, gesühnt werden. ... Keine Schadensersatzzahlung kann die zerstörten menschlichen Leben und kulturellen Werte gutmachen oder die Folterungen und Leiden der Männer, Frauen und Kinder abzahlen, die durch alle nur erdenklichen Mittel einer viehischen Einbildungskraft getötet worden sind. ... Die Toten können nicht wieder zum Leben gebracht werden. Ihre Leiden können nicht ausgelöscht werden."[4] Was für die Angehörigen des jüdischen Volkes gilt, gilt auch für die anderen Opfer der nationalsozialistischen Schreckensherrschaft: Wiedergutmachung kann sich nur auf die materiellen Schäden der Verfolgung und jene Folgewirkungen beziehen, die sich mit materieller Hilfe mildern lassen, niemals aber Ansatzpunkt für Sühne oder Aufforderung zum Vergessen und Vergeben sein.

Der Begriff Wiedergutmachung bleibt trotz solcher Einschränkungen ein Ärgernis; denn in ihm klingt – im deutschen Sprachgebrauch unauslöschlich – jener in Kindergebeten vorformulierte naiv-trotzige Anspruch mit, daß durch offenes Bekenntnis und Reue alles wieder-gut-gemacht, wenn schon nicht in den Stand vor der Schuld zurückversetzt, so doch vergeben werden könne. Dem Begriff sind offenbar tiefere Schichten deutscher Erziehungs- und Kulturwelt zugeordnet, wie sonst wäre es zu erklären, daß er zunächst auch noch unter den aus Deutschland nach Israel ausgewanderten Juden gebräuchlich war. Dort konnte sich der Begriff freilich aus naheliegenden Gründen nicht behaupten[5].

Auch wenn man den Anspruch des Wortes für unerträglich hält, kommt man um

---

[2] Claude Lanzmann, Shoah, Paris 1985.

[3] Vgl. Martin Niemöller, Die Erneuerung unserer Kirche (Vortrag gehalten 1946), in: ders., Reden 1945–1954, Darmstadt 1958, S. 19 ff.

[4] Note der israelischen Regierung an die alliierten Mächte, vom 12. März 1951, in: Rolf Vogel (Hrsg.), Deutschlands Weg nach Israel, Stuttgart 1967, S. 29 ff.

[5] Vgl. hierzu den Beitrag von Y. A. Jelinek, in diesem Band, S. 119 ff.

die Verwendung des Begriffes heute nicht mehr herum; denn Wiedergutmachung ist nicht nur ein längst eingeführter Fachterminus, sondern auch die einzig verfügbare Klammer, die das insgesamt sehr umfangreiche Rechtsgebiet mit seiner aufgefächerten Terminologie zusammenhält. Wiedergutmachung ist zudem ein politisches Schlagwort, das gerade auch wegen seiner Konnotationen gebraucht wurde, um für eine Sache zu fechten, deren Anliegen durch eine exakte juristische Begriffssprache nur an öffentlicher Wirkung verlieren würde.

Einige ursprünglich verfügbare sprachliche Alternativen wie „Rückerstattung" und „Entschädigung" bürgerten sich zudem als Bezeichnungen für Teilgebiete der Wiedergutmachung ein, waren mithin verbraucht. „Rückerstattung" ist heute auf die Rückgabe der im Dritten Reich durch Arisierungen und andere Maßnahmen vor allem den Juden geraubten Vermögenswerte, wie Immobilien, Einrichtungen, Pretiosen etc., eingeengt. Mit „Entschädigung" werden hingegen die materiellen Ausgleichszahlungen für die dem Menschen direkt, seinem Leben, seinem Körper, seiner Gesundheit und seiner beruflichen Existenz zugefügten Schäden bezeichnet[6]. Entschädigung wird entweder dem einzelnen Betroffenen bzw. seinen Angehörigen – Individualentschädigung – oder einem Staat bzw. einer Organisation – Globalentschädigung – geleistet. Globalentschädigung erhielten neben dem Staat Israel und der Dachorganisation der jüdischen Organisationen in der Diaspora, der Conference on Jewish Material Claims against Germany, auch einige von Deutschland im Zweiten Weltkrieg besetzte Staaten. Die Globalentschädigung ähnelt damit in gewisser Weise den Reparationen, die der Sieger dem unterlegenen Staat für Schäden auferlegt, die dieser auf fremdem Hoheitsgebiet über das in Kriegen erlaubte Maß hinaus angerichtet hat. Gleichwohl sollte unbedingt am Begriff der Globalentschädigung festgehalten werden; denn die Leistungen an Israel und die Claims Conference erfüllen den im Völkerrecht klar definierten Reparationsbegriff nicht und auch die Leistungen an die ehedem besetzten Staaten können, weil eine endgültige Regelung des Reparationsproblems im Londoner Schuldenabkommen dem Friedensvertrag mit Deutschland vorbehalten wurde, nicht als vorweggenommene Reparationsabkommen angesehen werden[7].

Der Klarheit und der wissenschaftlichen Genauigkeit wäre es außerordentlich dienlich, wenn die Verwendung des Begriffs Wiedergutmachung vollständig auf jene Fälle eingegrenzt würde, in denen von der Gesamtthematik die Rede ist und im übrigen, wo immer dies möglich ist, die genaueren Bezeichnungen gewählt würden. So sollte man z.B. von Wiedergutmachung gegenüber Israel nicht sprechen, wenn nur die im Luxemburger Abkommen geregelte Globalentschädigung gemeint ist. Einer so weit wie möglich gehenden Substituierung des Rahmenbegriffs durch seine Unterbegriffe kommt zudem die Entwicklung in den westeuropäischen Sprachen entgegen,

---

[6] Zur juristischen Terminologie vgl. den Beitrag von W. Schwarz, in diesem Band, S. 33 ff.

[7] Ernst Féaux de la Croix, Der Werdegang des Entschädigungsrechts unter national- und völkerrechtlichem und politologischem Aspekt, in: Die Wiedergutmachung nationalsozialistischen Unrechts durch die Bundesrepublik Deutschland, hrsg. v. Bundesminister der Finanzen in Zusammenarbeit mit Walter Schwarz, München 1985, Bd. III, S. 1 ff. und Helmut Rumpf, Völkerrechtliche und außenpolitische Aspekte der Wiedergutmachung, ebd., S. 311 ff.; vgl. dazu den Beitrag von U. Herbert in diesem Band, S. 273 ff.; für die Bezeichnung der Globalentschädigung als Reparationen plädiert W. Schwarz in diesem Band, S. 53.

wo es keinen Rahmenbegriff gibt. Im Englischen etwa muß man sich entscheiden, ob man von „restitution", „indemnification" (bzw. „compensation") oder „reparations" sprechen will. Eine dem entsprechende Sprachdisziplin im Deutschen würde also auch die internationale Kommunikation fördern.

Daß die Wiedergutmachung ein schwieriger, viele Fragen aufwerfender Gegenstand ist, mag mit dazu beigetragen haben, daß die Historiker in der Bundesrepublik ihn bisher gemieden haben. Es treten freilich fachspezifische Gründe hinzu. Da sind zum Beispiel die Fragen des Quellenzugangs. Allein im Zuge der Individualentschädigung entstanden bei den Entschädigungsämtern ein bis zwei Millionen Einzelfallakten bei etwa 4,4 Millionen angemeldeten Ansprüchen[8]. Ohne diese Akten, deren Benutzung infolge des Persönlichkeitsschutzes erheblichen Einschränkungen unterliegt, kann die Praxis der Entschädigung nicht zureichend analysiert und die wichtige Frage nicht beantwortet werden, wie sich die gesetzlichen Regelungen praktisch auswirkten, welche Ermessensspielräume die Entschädigungsämter besaßen und wie sie sie nutzten. Die Erforschung der Rückerstattung begegnet ähnlichen Hindernissen. Gerichtsakten, die die Analyse von strittigen Rückerstattungs- und Entschädigungsfällen ermöglichen, was für die Forschung vermutlich besonders ergiebig wäre, gehören ebenfalls zum sensiblen und daher nur in Ausnahmefällen zugänglichen Quellenbereich. Statistische Unterlagen, darauf weist Heßdörfer hin, aus denen auch nur die Zahl der Personen zu ermitteln wäre, die Entschädigungs- und Rückerstattungsleistungen erhalten haben bzw. noch erhalten, fehlen. Ebensowenig ist es möglich, annähernd genaue allgemeine Aussagen darüber zu machen, welche Verfolgtengruppen in den Genuß von materiellen Leistungen kamen, welche Gründe hierfür jeweils maßgebend waren und worin die Leistungen jeweils bestanden. Der Erhebungsaufwand, der betrieben werden müßte, um hier zu brauchbaren Ergebnissen zu kommen, ist leicht vorstellbar. Immerhin läßt das neue Archivgesetz, das die Anonymisierung von Personendaten fordert, quantifizierende Analysen zu.

Andererseits sind die deutschen Akten der Parlamentsausschüsse und der Plenarsitzungen sowie die Ministerialakten auf Landes- und Bundesebene – vorwiegend waren die Finanz- und Justizministerien mit der Materie befaßt – außerhalb der 30-Jahressperrfrist, also zur Zeit bis über die Mitte der fünfziger Jahre hinaus, zugänglich. Einige relevante Ministerien der Bundesländer haben allerdings auch ihre Wiedergutmachungsakten jenseits der 30-Jahressperrfrist noch nicht an die Archive abgegeben. Mit diesen Quellen, die durch Nachlaßmaterialien oft sehr gut ergänzt werden können, läßt sich weit mehr als nur die Vorgeschichte der Gesetze, ihrer Novellierungen und Durchführungsverordnungen analysieren. Die Akten geben vielmehr auch Auskunft über den internen Meinungsbildungsprozeß und die Einflüsse, die auf ihn einwirkten, sei es nun von den Alliierten, den jüdischen Verbänden und anderen Interessengruppen oder von der öffentlichen Meinung im In- und Ausland. Sie geben ferner Auskunft über die Vorurteilsstrukturen und Voreingenommenheiten, die hemmend wirkten, die überwunden werden konnten oder die sich als unüberwindlich erwiesen. Sie geben schließlich Auskunft über die politischen und die materiellen Interessen auf der deutschen Seite, die dafür und dagegen standen, und über

---

[8] Vgl. hierzu den Beitrag von K. Heßdörfer in diesem Band, S. 231 ff.

die moralische Kraft und politische Durchsetzungsfähigkeit der für und wider engagierten Persönlichkeiten[9]

Die deutschen regierungsamtlichen Akten können durch die Akten der amerikanischen, britischen und französischen Regierung bzw. ihrer jeweiligen Militärregierung in Deutschland (seit 1949 Alliierte Hohe Kommission) ergänzt werden. Erhebliche Zugangsschwierigkeiten gibt es im Rahmen der 30-Jahres-Sperrfrist hier nicht. Das gleiche trifft auch auf die Akten der israelischen Regierung zu, die vor allem für die Vorgeschichte des Luxemburger Abkommens und die Geschichte der Globalentschädigung, aber auch der Individualentschädigung und der Rückerstattung wichtig sind[10]. Interessantes Material besitzen die mit der Wiedergutmachung befaßten jüdischen Organisationen, wie Hockerts am Beispiel der United Restitution Organization (URO) zeigen kann[11]. Die Materialien der URO und anderer jüdischer Organisationen wie der Jewish Restitution Successor Organization (JRSO) und der Jewish Trust Corporation (JTC) werden in Zukunft in den Central Archives for the History of the Jewish People in Jerusalem archiviert oder befinden sich schon dort. Sie sind, jedenfalls so weit es sich um Einzelfallakten handelt, der Forschung nicht ohne weiteres zugänglich. Unzähliges z. T. sehr wichtiges Material befindet sich in privater Hand[12]. Hier bedarf es vor allem der Artikulierung von Forschungsinteresse, der persönlichen Initiative und des persönlichen Kontakts, um ein in vielen Fällen einzigartiges Material zu erschließen.

Auch wenn es bei den für das Thema zentral wichtigen Einzelfallakten einige – auf lange Sicht nicht unüberwindliche – Zugangsprobleme gibt, so zeigen die Beiträge dieses Sammelbandes doch, daß die Forschungsmöglichkeiten, die die verfügbaren Quellen bieten, schon jetzt beachtlich sind und bisher auch nicht annähernd ausgeschöpft wurden. Im Gegenteil: es bedarf dringend der Entwicklung von Forschungsperspektiven und Forschungsvorhaben und einer damit einhergehenden regen Nachfrage nach Quellen, damit wertvolle Quellenbestände, die verstreut sind, gesammelt werden, und Großbestände, wie die Akten der Landesentschädigungsämter, nicht ganz oder teilweise der Kassation anheimfallen. Während dieses Problem für die Lastenausgleichsakten erkannt und eine zentrale Archivierungsstelle im Bundesarchiv in Koblenz geschaffen wurde, ist eine vergleichbare Regelung für die Wiedergutmachungsakten nicht in Sicht[13].

Aus der Perspektive der Quellensicherung kommt die historische Forschung zur Wiedergutmachung also nicht zu früh, sondern eher zu spät. Dies trifft vor allem auf die persönlichen Erinnerungen der beteiligten Rechtsanwälte, Ärzte, Politiker und zahlreiche andere Verfechter der Sache der Wiedergutmachung zu. Die wenigsten haben persönliche Erinnerungen verfaßt[14]. Die Bereitschaft der noch Lebenden, die in

[9] Vgl. insbesondere die Beiträge von Kreikramp, Goschler, Huhn, Wolffsohn, Shafir, Albrecht und Frei in diesem Band.
[10] Vgl. die Beiträge von Jelinek und Sagi in diesem Band, S. 99 ff, 119 ff.
[11] In diesem Band, S. 249 ff.
[12] Vgl. die Beiträge von Langbein, Niederland, Lowenthal und Benz in diesem Band.
[13] Vgl. Heßdörfer in diesem Band, S. 247.
[14] Eher eine Ausnahme sind die folgenden Erinnerungen: Walter Schwarz, Späte Frucht. Bericht aus unsteten Jahren, Hamburg 1981; Felix E. Shinnar, Bericht eines Beauftragten. Die deutsch-israelischen Beziehungen 1951–1966, Tübingen 1967; Nahum Goldmann, Mein Leben als deut-

aller Regel in hohem Alter stehen, sich noch der Mühe zu unterziehen, schriftliche Aufzeichnungen zu verfassen, ist zwar erstaunlich groß, aber nur zu oft kommen Krankheit, Altersschwäche und Tod dazwischen. Hier ist durch das Desinteresse der Historiker bereits viel versäumt worden und unwiederbringlich dahin.

Das mangelnde Interesse der Historiker und übrigens auch der deutschen Öffentlichkeit am Thema Wiedergutmachung, das sich erst in den letzten Jahren allmählich bricht, hat auch die Forschungslandschaft geprägt. Lange Zeit war das Thema die ausschließliche Domäne der Juristen. Die schier unüberschaubare Flut der Gesetze, Gesetzesnovellierungen, Aus- und Durchführungsverordnungen, der Gesetzeskommentare, der Gerichtsurteile und der gelehrten Traktate, die in juristischen Zeitschriften, allen voran der Rechtsprechung zum Wiedergutmachungsrecht (RzW), erschienen, bildet zusammen mit der Erfahrung der allesamt in Wiedergutmachungsangelegenheiten praktisch engagierten Autoren die Basis für das große auf sieben Bände berechnete Überblickswerk, das Walter Schwarz in Zusammenarbeit mit dem Bundesminister der Finanzen herausgegeben hat[15]. Es hat als umfassendes Rechtskompendium der Wiedergutmachung auch für den historisch und politisch interessierten Nichtjuristen bleibenden Wert und ist für jede wissenschaftliche Beschäftigung mit dem Gegenstand unentbehrlich. Die Seele dieses großen Unternehmens war Walter Schwarz, der – das wird man feststellen dürfen – sein Leben vollständig der Wiedergutmachung gewidmet hat. Als deutscher Jude selbst Verfolgter und kurz vor der Reichskristallnacht nach Palästina entkommen, kehrte der Jurist, der noch in der Weimarer Republik ausgebildet worden war, nach dem Krieg nach Westdeutschland zurück. Er promovierte 1951 in München mit einer Arbeit über die Wiedergutmachung[16] und ging dann als Rechtsanwalt in Wiedergutmachungsfragen nach West-Berlin. Als Herausgeber der RzW hat er in zahlreichen scharfsinnigen Glossen die Praxis der Wiedergutmachung kommentiert[17] und der Entwicklung des Rechts wichtige Impulse gegeben. Er lebte zuletzt in der Schweiz[18].

„Die Arbeit an der Wiedergutmachung", so hat Walter Schwarz 1985 festgestellt, habe sich „Jahrzehnte in einer Art von politischem und publizistischem Ghetto abgespielt. ... Die Bauleute an der Wiedergutmachung waren ein verlorener Haufen. Jeder focht auf seiner Seite, aber doch waren sie alle eine Mannschaft mit einem

---

scher Jude, München 1980; Franz Böhm, Das deutsch-israelische Abkommen 1952, in: Konrad Adenauer und seine Zeit. Politik und Persönlichkeit des ersten Bundeskanzlers. Beiträge von Weg- und Zeitgenossen, hrsg. v. Dieter Blumenwitz u. a., Stuttgart 1976, S. 437 ff; Otto Küster wird einen Erinnerungsbericht veröffentlichen in: Die Wiedergutmachung (Anm. 15), Bd. VII (erscheint 1989).

[15] Die Wiedergutmachung nationalsozialistischen Unrechts durch die Bundesrepublik Deutschland, hrsg. v. Bundesminister der Finanzen in Zusammenarbeit mit Walter Schwarz, München 1974 ff. Bisher erschienen: Bd. I–VI.

[16] Walter Schwarz, Rückerstattung und Entschädigung. Eine Abgrenzung der Wiedergutmachungsformen, München 1952.

[17] Walter Schwarz, In den Wind gesprochen? Glossen zur Wiedergutmachung des nationalsozialistischen Unrechts. Mit einem Geleitwort von Martin Hirsch, München 1969.

[18] Zur Biographie von Walter Schwarz vgl. dessen Erinnerungen: Walter Schwarz, Späte Frucht. Bericht aus unsteten Jahren, Hamburg 1981.

gemeinsamen Marschziel."[19] Die „Bauleute" haben freilich immer wieder versucht, aus diesem Ghetto auszubrechen. So nahmen Nahum Goldmann, Ernst Katzenstein, Walter Schwarz und Ernst Féaux de la Croix etwa die Gelegenheit wahr, die die Festschrift für Martin Hirsch ihnen bot, den Gegenstand der Wiedergutmachung einem interessierten Publikum in einem engagierten Problemaufriß nahe zu bringen[20]. Der Ort war gut gewählt; denn Martin Hirsch ist als langjähriger Vorsitzender des Wiedergutmachungsausschusses des Bundestages selbst immer ein engagierter Vorkämpfer für die Wiedergutmachung gewesen. 1983 unternahm es die Evangelische Akademie in Bad Boll, eine Tagung zum Thema „Die Bundesrepublik Deutschland und die Opfer des Nationalsozialismus" abzuhalten, auf der die Wiedergutmachung unter ausdrücklicher Einbeziehung der Problemzonen, wie der Wiedergutmachung für Polen, für Zwangsarbeiter, für gesundheitlich und seelisch Geschädigte diskutiert wurde. Zum erstenmal blieben die „Bauleute" der Wiedergutmachung auf dieser Tagung nicht vollkommen unter sich, wenn auch das Engagement der von der Verfolgung Betroffenen und der Ärzte und Juristen, die die Wiedergutmachung aus praktischer Erfahrung kannten, den Tenor der Diskussion bestimmte. Es lohnt sich vor allem wegen des mitreißenden moralischen Engagements der Disputation noch immer das Protokoll zu lesen[21]. Die Tagung blieb freilich wissenschaftlich folgenlos.

Natürlich hat die Bundesregierung sich immer mal wieder veranlaßt gesehen, die Gesamtheit ihrer Wiedergutmachungsbemühungen zu dokumentieren. Der letzte Bericht ist vom Oktober 1986[22] und enthält, was der ungeschickte Titel nicht erkennen läßt, einen Bericht über die Rechtsentwicklung auf allen Gebieten der Wiedergutmachung, die jeweiligen materiellen Leistungen der Bundesregierung und die vermutlich noch zu erbringenden Leistungen[23].

Im Unterschied zum Gesamtgebiet der Wiedergutmachung mit seinen beiden Rechtsgebieten „Rückerstattung" und „Entschädigung" hat ein Teilbereich, die Israel und der Claims Conference gezahlte Globalentschädigung, eine relativ große öffentliche Aufmerksamkeit gefunden, ja ist im Bewußtsein der Öffentlichkeit lange Zeit als die Wiedergutmachung schlechthin begriffen worden. Dies entspricht zwar weder dem Anteil dieser Globalentschädigung an den umfassenden juristischen und praktischen Wiedergutmachungsbemühungen noch an den erbrachten Leistungen, der heute kaum mehr 5 Prozent ausmacht, aber in dieser Bewertung liegt gleichwohl viel Berechtigung. Die Globalentschädigung an Israel und die Claims Conference war als völkerrechtlich nicht zwingende, aber moralisch gebotene Reparationsleistung an einen Staat und eine Organisation, die beide während des Krieges noch gar nicht existiert hatten, eine Singularität. Zugleich gab sie der Bundesregierung in der Konstitutionsphase des westdeutschen Staates die Möglichkeit, ein Zeichen der Umkehr zu

[19] Walter Schwarz, Schlußbetrachtung, München 1985, Beilage zu Bd. VI des Werkes: Die Wiedergutmachung nationalsozialistischen Unrechts durch die Bundesrepublik Deutschland, S. 25 f.
[20] Die Freiheit des Anderen, Festschrift für Martin Hirsch, hrsg. v. H. J. Vogel, H. Simon u. A. Podlech, Baden-Baden 1981, S. 215 ff., 219 ff., 227 ff., 243 ff.
[21] Evangelische Akademie Bad Boll, Protokolldienst 14/84.
[22] Bericht der Bundesregierung über Wiedergutmachung und Entschädigung für nationalsozialistisches Unrecht sowie über die Lage der Sinti, Roma und verwandter Gruppen, Deutscher Bundestag, Drucksache 10/6287 vom 31. Oktober 1986.
[23] Vgl. dazu auch die finanzielle Bilanz von K. Heßdörfer, in diesem Band, S. 55.

setzen, dessen Wirkungen nach innen und vor allem nach außen nicht hoch genug eingeschätzt werden können. Sie zeigt daher freilich auch ein Janusgesicht; denn das moralische Symbol diente handfesten politischen und wirtschaftlichen Interessen, allerdings – und das hat zweifellos etwas Versöhnliches – nicht nur in der Bundesrepublik, sondern auch in Israel. Die Globalentschädigung hat dem um seine Existenz kämpfenden Judenstaat über eine wirtschaftlich schwierige Phase mit hinweggeholfen.

Der Weg zur Globalentschädigung führte über die Herstellung von persönlichen Kontakten zwischen Repräsentanten des Staates Israel und der Bundesrepublik. Den ersten Versuch, diesen Prozeß der Annäherung für die Nachwelt zu dokumentieren, hat Rolf Vogel, ein Weggenosse Konrad Adenauers unternommen. Vogel, der, wie er im Vorwort schreibt, „in die jüngste Geschichte Deutschlands und Israels durch sein eigenes Schicksal verstrickt ist", begleitete Adenauer, Erhard, Strauß und Gerstenmaier auf ihren Israel-Reisen und führt seine Dokumentation von den Anfängen der deutsch-israelischen Beziehungen 1949/50 bis in die Mitte der sechziger Jahre[24].

Ein Wanderer zwischen zwei Welten und ein gleichermaßen von der jüngsten jüdischen wie von der jüngsten deutschen Geschichte Betroffener ist der Münchner Historiker Michael Wolffsohn. Er hat sich des Themas der deutsch-israelischen Beziehungen seit längerem angenommen und arbeitet zur Zeit an einer grundlegenden Studie hierzu[25]. In den Arbeiten Wolffsohns spielen die deutsch-israelisch-jüdischen Verhandlungen in Wassenaar und das Luxemburger Abkommen von 1952 eine wichtige Rolle, sind freilich in eine weitere Perspektive einbezogen. Die Grundlage für die Spezialforschung zu diesem Thema legte seinerzeit Nicholas Balabkins[26]. Er verhalf auch dem in Israel vorherrschen Begriff „Shilumim" und dem im englischen Sprachgebrauch gebräuchlichen und wohl von Adler-Rudel eingeführten Begriff „reparations" für die deutsche Globalentschädigung an Israel und die Claims Conference zum Durchbruch[27]. Eine moderne Untersuchung zum Thema hat vor einigen Jahren Nana Sagi vorgelegt[28]. Das Buch ist in deutscher Übersetzung mit einem irreführenden, in der Formulierung penetranten Untertitel erschienen[29]. Bei diesem Buch handelt es sich in erster Linie um eine sensible historisch-genetische Analyse der Vorgeschichte des Luxemburger Abkommens bis zur Ratifizierung unter Einbeziehung

---

[24] Rolf Vogel (Hrsg.), Deutschlands Weg nach Israel. Eine Dokumentation, Stuttgart 1967.

[25] Michael Wolffsohn, Das Wiedergutmachungsabkommen mit Israel: Eine Untersuchung bundesdeutscher und ausländischer Umfragen, in: Westdeutschland 1945–1955, hrsg. v. Ludolf Herbst, München 1986, S. 203–218; ders., Deutsch-israelische Beziehungen. Umfragen und Interpretationen 1952–1983, München (Landeszentrale für politische Bildungsarbeit) 1986; ders., Die deutsch-israelischen Beziehungen, in: Micha Brumlik u.a., Jüdisches Leben in Deutschland seit 1945, Frankfurt a. M. 1986, S. 88–107; ders., Die Wiedergutmachung und der Westen – Tatsachen und Legenden, in: Aus Politik und Zeitgeschichte, B 16–17/87, 18.4. 1987, S. 19–29; vgl. L. G. Fieldman, The Special Relationship, Boston 1984; Inge Deutschkron, Israel und die Deutschen, Köln 1983.

[26] Nicholas Balabkins, West German Reparations to Israel, New Brunswick, N. J. 1971.

[27] Nicholas Balabkins, The Birth of Restitution. The Making of the Shilumim Agreement, in: The Wiener Library Bulletin 21 (1967), Nr. 4, S. 8 ff.; Shalom Adler-Rudel, Reparations from Germany, in: Zion 2 (1951), Nr. 5–7.

[28] Nana Sagi, German Reparations. A History of the Negotiations, Jerusalem 1980.

[29] Dies., Wiedergutmachung für Israel. Die deutschen Zahlungen und Leistungen, Stuttgart 1981.

der internen jüdischen Diskussion über das Problem der Globalentschädigung von den ersten Anfängen im Zweiten Weltkrieg an. Eine große Gesamtdarstellung der Vorgeschichte des Luxemburger Abkommens aus der westdeutschen Aktenperspektive liegt noch nicht vor. Ein Anfang ist freilich gemacht worden[30]. Er wird in diesem Sammelband fortgeführt[31].

Entschädigung erhielten nicht alle, die im Dritten Reich Schaden gelitten hatten. Viele gingen leer aus, blieben am Rande oder wurden erst allmählich in die politische Diskussion, die gesetzlichen Regelungen und praktischen Maßnahmen der Wiedergutmachung einbezogen. Solche „Problemgruppen" gerieten in letzter Zeit immer mehr in den Blickpunkt der Öffentlichkeit und wurden Gegenstand oft sehr engagierter Analysen. Dies gilt insbesondere für die Zwangsarbeiter[32], die Euthanasieopfer und Opfer von pseudomedizinischen Versuchen[33], die seelisch Geschädigten[34], die Sinti und Roma[35]. Auch diese Debatte führt der vorliegende Sammelband weiter[36].

Überblickt man die bisherige Literatur zur Wiedergutmachung, so fällt ins Auge, daß sie überwiegend von „Insidern" und direkt Betroffenen – indirekt Betroffene sollten wir alle sein – geprägt ist. Eine jüngere Generation von Historikern in Israel und in der Bundesrepublik, die nicht mehr zur Generation der Verfolgten und der Promotoren der Wiedergutmachung gehört, hat in den letzten Jahren mit der historischen Forschung begonnen, bedarf aber noch der „Ergänzung" durch die ältere Generation, wenn ein einigermaßen rundes Gesamtbild der gegenwärtigen Problemlage – von Forschungslage zu sprechen wäre wohl doch etwas zu hoch gegriffen – entstehen soll. In diesem Band wird daher bewußt der Versuch gemacht, auch die großen Promotoren und Akteure der Wiedergutmachung, allen voran Walter Schwarz, zu Wort kommen zu lassen. In vielen Fällen, bei diesem mehr, bei jenem weniger, mischen sich persönliche Erinnerungen und Perspektiven in die Darstellung, wird der Standort erkennbar. Der Band soll auch Betroffenheit widerspiegeln, Betrof-

---

[30] Kai von Jena, Versöhnung mit Israel? Die deutsch-israelischen Verhandlungen von 1952, in: VfZ 34 (1986), S. 457 ff.

[31] Vgl. die Beiträge von Huhn, Wolffsohn, Shafir, Albrecht.

[32] Benjamin B. Ferencz, Less than slaves. Jewish forced labor and the quest for compensation, Cambridge/Mass. 2. Aufl. 1980 (dt. Frankfurt a. M. 1981); Wolfgang Benz, In Sachen Wollheim gegen I.G. Farben, in: Dachauer Hefte 2 (1986), S. 142–174; Constantin Goschler, Streit um Almosen. Die Entschädigung der KZ-Zwangsarbeiter durch die deutsche Nachkriegsindustrie, in: Dachauer Hefte 2 (1986), S. 175–194; vgl. Wolfgang Jacobmeyer, Vom Zwangsarbeiter zum Heimatlosen Ausländer. Die Displaced Persons in Westdeutschland 1945–1951, Göttingen 1985.

[33] Ernst Klee, Geldverschwendung an Schwachsinnige und Säufer. Vierzig Jahre nach Kriegsende werden Zwangssterilisierte noch immer nicht als Verfolgte des Nazi-Regimes anerkannt, in: Die Zeit, 25. 4. 1986, S. 41–45; Wilhelm Metz, Fürsorge für überlebende Opfer von Menschenversuchen, in: Rechtsprechung zum Wiedergutmachungsrecht (RzW), S. 293–297.

[34] K. R. Eissler, Die Ermordung wievieler seiner Kinder muß ein Mensch symptomfrei ertragen, um eine normale Konstitution zu haben?, in: Psyche 17 (1963), S. 241 ff.; H. J. Herberg und H. Paul (Hrsg.), Psychische Spätschäden nach politischer Verfolgung, 2. Aufl. Basel 1967; William Niederland, Folgen der Verfolgung: Das Überlebenden-Syndrom, Seelenmord, Frankfurt a. M. 1980.

[35] Franz Calvelli-Adorno, Die rassische Verfolgung der Zigeuner vor dem 1. März 1943, in: RzW 12 (1961), S. 529–537; Tilman Zülch (Hrsg.), In Auschwitz vergast, bis heute vergessen – Zur Situation der Roma (Zigeuner) in Deutschland und Europa, Reinbek b. Hamburg 1979.

[36] Vgl. die Beiträge von Spitta, Jasper, Niederland, Langbein, Herbert.

fenheit vermitteln. Zugleich will er der historischen Forschung, die den Gegenstand lange ignorierte und eben zu keimen beginnt, einen Impuls geben und zum Weiterforschen anregen.

Welche Perspektiven, welche Leitfragen ergeben sich für die weitere Erforschung der Wiedergutmachung und wie fügen sich die Beiträge dieses Sammelbandes in sie ein?

1. Wenn man immer wieder zu Recht betont, daß es für die Wiedergutmachung kein Vorbild gab und damit keine bindende völkerrechtliche Verpflichtung für die Bundesrepublik bestand, materiellen Schadensausgleich für die nationalsozialistischen Verbrechen zu leisten[37], dann sollte man auch und vielleicht zuvorderst den Blick darauf richten, daß es für die Überlebenden der Verfolgung ebenfalls keine Selbstverständlichkeit war, materielle Hilfe vom Volk der Täter anzunehmen. In den jüdischen Organisationen in Palästina und in der Diaspora ist darum ebenso intensiv gerungen worden, wie im Parlament und in der Öffentlichkeit Israels, das führen die Beiträge von Nana Sagi und Yeshayahu Jelinek mit aller Eindringlichkeit vor Augen[38]. Die Entscheidung für die Aufnahme von Verhandlungen mit Vertretern der Bundesregierung im israelischen Parlament war denkbar knapp. Das Wort vom „Blutgeld", das man nicht annehmen dürfe, machte die Runde, und stand gegen das Diktum, daß man die Mörder nicht im Besitz und ungestörten Genuß des von ihnen geraubten Gutes lassen dürfe. Das größte Risiko trugen freilich nicht die Empfänger von Globalentschädigung, der Staat Israel und die Claims Conference, sondern die Empfänger von Individualentschädigung. Man hat das, was der einzelne Verfolgte durchmachen mußte, um Entschädigungsleistungen zu erlangen, „Retraumatisierung" genannt[39]. Aus dieser Perspektive waren die Entschädigungsgesetze „unmoralisch", weil sie den Verfolgten in oftmals langwierigen Verfahren zur Beweisführung, zur erneuten Konfrontation mit den Verbrechenstatbeständen nötigten, ihn in die Rolle des Opfers zurückzwangen. Ein psychiatrisches Gutachten beschreibt den Vorgang so: Die Gesetzgebung zwingt den Überlebenden, „Symptome vorzuweisen, die Lehrbuch-Schizophrenien entsprechen oder in die Modelle deutscher Kollegen passen, um überhaupt in den Genuß der Entschädigungsgelder zu kommen. Noch schlimmer: Die Psychoanalyse wurde benutzt, um den Triumph Hitlers zu beweisen. Wenn ein Überlebender zeigen muß, daß er regrediert ist, daß seine Traumatisierung ein solches Ausmaß angenommen hat, daß er psychisch nicht mehr in der Lage ist, die Welt zu erleben, wie sie ist, wenn er ein ewiges Opfer sein muß, dann hat Hitler wirklich gesiegt."[40]

Es ist nützlich, bei der Frage nach den Wirkungen der Individualentschädigung vom Fall des psychisch Geschädigten auszugehen, weil er besonders gut deutlich macht, daß vom Verfahren der Wiedergutmachung sehr viel abhing und daß den Gutachtern eine Rolle zufiel, der sie oft von ihrem Wissenschaftsverständnis her gar nicht gewachsen waren. Dies ist keine Entschuldigung und aus der Perspektive der

---

[37] Vgl. den Beitrag von W. Schwarz in diesem Band, S. 33 ff.

[38] In diesem Band, S. 99 ff., 119 ff.

[39] Hillel Klein, Wiedergutmachung – Ein Akt der Retraumatisierung, in: Evangelische Akademie Bad Boll, Protokolldienst 14/84, S. 51 ff.

[40] Ebenda, S. 51.

Verfolgten kein Trost, sollte aber bedacht werden, wenn man die sehr eindrücklichen Fallbeispiele des psychiatrischen Gutachters Niederland in diesem Band liest[41]: in der deutschen Psychiatrie brach sich die Erkenntnis von der psychosomatischen Relevanz der Verfolgungstatbestände erst allmählich Bahn[42].

Die Wirkungsgeschichte der Wiedergutmachung bei den Empfängern ist nicht nur in diesen Teilaspekten sondern insgesamt ein wichtiges und noch weitgehend unbeakkertes Forschungsgebiet[43]. Je nachdem, ob man sie als Problem kollektiver Gebilde – der jüdischen Gemeinden in der Diaspora, der jüdischen Organisationen, des Staates Israel – oder als Individualproblem betrachtet, werden sich unterschiedliche Fragestellungen ergeben und – quellenbedingt – unterschiedliche Schwierigkeiten in den Weg stellen. Aus deutscher Perspektive sollte der Erforschung der Wirkungen der Individualentschädigung Vorrang eingeräumt werden, weil sie bedeutende Erkenntnisse für die Durchführung der Wiedergutmachung durch die deutschen Organe verspricht. Allerdings setzt dies voraus, daß es gelingt, ausreichenden Zugang zu Einzelfallakten zu bekommen und die Biographien der Entschädigten genügend lange zu verfolgen, sofern die oft überlange Dauer der Verfahren nicht von sich aus schon genügend Daten liefert. Von besonderem Interesse und besonderer Sensibilität wäre auch eine Wirkungsanalyse mit Bezug auf die jüdischen Gemeinden in der Bundesrepublik. Einen guten Einblick in die Möglichkeiten und Schwierigkeiten der Thematik gibt ein jüngst erschienener Sammelband, der auch Hinweise auf weiterführende Literatur enthält[44] (jeweils nach den Beiträgen).

2. Neben der Wirkungsgeschichte bei den Empfängern eröffnen die Quellen der Wiedergutmachung als weitere große Forschungsperspektive die Möglichkeit, die Geschichte der Verfolgungstatbestände genauer zu analysieren. Dies führt nicht nur in die Geschichte des Dritten Reiches zurück; denn die historische Erkenntnis der Verfolgungstatbestände war ein Prozeß, der von rudimentären Anfängen nach 1945 sich allmählich differenzierte, immer komplexere Zusammenhänge sowie neue Tatbestände aufdeckte und nicht nur frühere Erkenntnisstadien überwand, sondern auch die auf ihnen aufbauenden Gesetze und Verordnungen, die Rechtsprechung und die Wiedergutmachungspraxis desavouierte bzw. zur Korrektur und Anpassung zwang. Von großem Interesse wäre in diesem Zusammenhang die Rolle der Zeitgeschichtsforschung[45]. Hat sie wesentlich mit dazu beigetragen, das Gesichtsfeld zu erweitern und den Verfolgten wirksamere Hilfe zuteil werden zu lassen? Wie flexibel und anpassungsfähig war andererseits der legislative, judikative und exekutive Apparat der Wiedergutmachung? Auch diese Fragen wird man ohne Zugang zu Einzelfallakten nicht beantworten können. Die Antworten werden wichtige Aufschlüsse darüber

---

[41] Ebenda, S. 351 ff.

[42] Vgl. hierzu die Bewertungen von Walter Schwarz in diesem Band, S. 44 f.

[43] Michael Landsberger, Restitution receipts, household savings and consumption behaviour in Israel; a case study of the effect of personal restitution receipts from West Germany on savings and consumption behaviour of Israeli households, Jerusalem, Bank of Israel, Research Dept., 1970; Hans Keilson, Die Reparationsverträge und die Folgen der „Wiedergutmachung", in: Jüdisches Leben (Anm. 44), S. 121–139.

[44] Jüdisches Leben in Deutschland seit 1945, hrsg. v. Micha Brumlik, Doron Kisel, Cilly Kugelmann und Julius H. Schoeps, Frankfurt a. M. 1986.

[45] Vgl. hierzu. Gutachten des Instituts für Zeitgeschichte, 3 Bde., Stuttgart 1958 ff.

geben, ob und gegebenenfalls wie die Analyse der Vergangenheit die Realitäten der Gegenwart veränderte und welchen Beitrag sie zu jener gesellschaftlichen Veränderung leistete, die man die tätige Überwindung der Strukturen von Auschwitz nennen könnte und von deren Gelingen der Sinn des Unternehmens Wiedergutmachung weitgehend abhing.

Damit ist eine weitere große Forschungsperspektive angesprochen: die Frage nach den Wirkungen der Wiedergutmachung in der Gesellschaft und auf die Gesellschaft der Täter, die sich zu Gebern wandeln und deren Geben sinnlos gewesen wäre, wenn es sie nicht verändert hätte.

3. Die verlockenden Perspektiven gesellschaftlicher Veränderung, die die Wiedergutmachung für die Bundesrepublik eröffnen konnte, hat der Präsident des jüdischen Weltkongresses Nahum Goldmann Adenauer gegenüber am 6. Dezember 1951 so umrissen: „Ich setzte Adenauer auseinander, wie wichtig es moralisch für Deutschland sei, durch eine große Geste des guten Willens die Verbrechen der Nazi-Periode wenigstens in der materiellen Sphäre teilweise wiedergutzumachen ... ein weithin sichtbares Symbol der Wiedergutmachung würde den Juden der Welt zeigen, daß ein neues Deutschland erstanden sei, und vielleicht werde die Wesensart dieses neuen Deutschlands, sein demokratisches Bewußtsein und sein Bruch mit dem Nationalsozialismus durch nichts deutlicher erwiesen als durch die Form und den Grad der Entschädigung gegenüber dem jüdischen Volk."[46] Ähnlich hat das auch der amerikanische Hochkommissar, John McCloy, gesehen, wenn er im Juli 1949, vor Konstituierung der Bundesregierung, feststellte: „Die Welt wird den neuen westdeutschen Staat sorgfältig beobachten, und ein Test, an dem er beurteilt wird, ist die Haltung gegenüber den Juden, und wie er sie behandelt."[47]

Diese Perspektive ließ sich freilich auch funktionalisieren. Wenn die Wiedergutmachung gegenüber dem jüdischen Volk, das die Hauptlast der Verfolgung getragen hatte, der Bundesrepublik das Zeugnis der Demokratiefähigkeit ausstellen konnte, mußte die Wiedergutmachung dann wesentlich über den damit definierten Kreis der Anspruchsberechtigten hinausgehen? Es spricht manches dafür, daß in dieser Denkfigur *eine* der Ursachen für die Schwierigkeiten bestand, den Kreis der Anspruchsberechtigten dem sich wandelnden Verständnis vom Ausmaß der Verfolgung anzupassen. Unter dem Blickwinkel der gesellschaftlichen Veränderungskraft der Wiedergutmachung wird die Frage nach dem Anteil der Befriedigung der nicht-jüdischen Ansprüche vielleicht einmal zentrale Bedeutung besitzen.

Die Beiträge dieses Sammelbandes lassen sich den skizzierten großen Forschungsperspektiven in unterschiedlicher Weise zuordnen. Dabei fächern sich die Fragen, die an den Gegenstand zu stellen sind, weit auf. So geht Walter Schwarz den Fragen nach: Was ist Wiedergutmachung? Welche Rechtsgebiete unterscheidet man? Welche Schädigungen wurden bzw. werden jetzt anerkannt und wer bekam bzw. bekommt demzufolge Wiedergutmachungsleistungen? Wie werden die Leistungen bezeichnet? Zwischen den Zeilen erfährt man viel über praktische Probleme, die sich stellten, über

---

[46] Nahum Goldmann, Mein Leben als deutscher Jude, München 1980, S. 384.
[47] Zit. nach Y. Michael Bodemann, Staat und Ethnizität: Der Aufbau der jüdischen Gemeinden im Kalten Krieg, in: Jüdisches Leben in Deutschland seit 1945, S. 62.

Schwierigkeiten, die überwunden wurden, über Fehlentwicklungen und über Erfolge. Das Urteil dieses wohl intimsten Kenners der Rechtsgeschichte der Wiedergutmachung ist immer abgewogen. Wer sich in der Materie nicht auskennt, sollte diesen Beitrag auch wegen der begrifflichen Klarheit zuerst lesen[48].

Bevor man sich der Entwicklungsgeschichte und den Problemzonen der Wiedergutmachung zuwendet, sollte man sich zunächst in den großen Proportionen vergegenwärtigen, wer Wiedergutmachungsansprüche geltend machen konnte und wer nicht. Dabei steht die Entschädigung im Mittelpunkt des Interesses. Geht man von der Gesamtziffer der während der Herrschaft der Nationalsozialisten durch Deutsche Verfolgten aus, die man nur schätzen kann, die aber gewiß 20 Millionen übersteigt, so erscheint die – ebenfalls geschätzte – Ziffer von ca. 1 Million Empfängern von Entschädigungsleistungen als relativ gering. Verständlich wird sie nur, wenn man sich vor Augen hält, daß das Entschädigungsrecht wie auch das Rückerstattungsrecht ausschließlich deutsches, im Völkerrecht nicht verankertes Recht ist. Der Verfolgte mußte daher „Deutscher" sein, d.h. in einer räumlichen Beziehung zur Bundesrepublik oder zum Deutschen Reich in den Grenzen von 1937 stehen oder gestanden haben, um Entschädigungs- und Rückerstattungsansprüche geltend machen zu können. Die Mehrzahl der Verfolgten waren aber Ausländer, die in den von deutschen Truppen besetzten Gebieten oder in den mit dem Reich verbündeten Ländern in die Verfolgungsmaschinerie gerieten. Diese Ausländer wurden prinzipiell an ihre jeweiligen Regierungen verwiesen und fielen damit unter die quantitativ wenig beeindruckenden Globalabkommen, die die Bundesregierung mit einigen in Frage kommenden Ländern – keineswegs mit allen – abgeschlossen hatte[49]. Es gab zwar Ausnahmen von dieser Regelung wie im Falle der Staatenlosen und der dem deutschen Sprach- und Kulturkreis angehörenden Volksdeutschen[50], aber insgesamt kommt man um die Feststellung nicht herum, daß die überwiegende Mehrzahl der Verfolgten leer ausging.

Dieser Feststellung steht ein anderer Befund gegenüber: Es gab 1945 keine Rechtsnormen speziell für die Wiedergutmachung und damit keine bindenden Verpflichtungen für die Bundesländer und später den Bund, Wiedergutmachung zu leisten. Nach geltendem Völkerrecht hätten vom Ausland aus nur Reparationsansprüche geltend gemacht werden können, was die Bundesrepublik weder zu Leistungen an Israel noch an die Claims Conference verpflichtet hätte. Im Inland hätten Ansprüche auf Entschädigung und Rückerstattung sich nur auf bisheriges deutsches Recht stützen können, was den Kreis der Berechtigten sehr eng gezogen hätte. Was an Wiedergutmachung geleistet wurde, übertraf also das Maß des nach überkommenem Recht Gebotenen bei weitem.

Beide Befunde – die Diskrepanz zwischen der Zahl der Verfolgten und der Zahl der Empfänger von Wiedergutmachungsleistungen einerseits und die Diskrepanz zwischen nach überkommenen Recht gebotener und tatsächlicher Wiedergutmachung – erklären für sich wenig. Sie sind abstrakte Größen, die sich unvermittelt gegenüberstehen, solange man die Geschichte der Wiedergutmachung nicht mit in

---

[48] In diesem Band, S. 33 ff.
[49] Vgl. hierzu den Beitrag von U. Herbert in diesem Band, S. 273 ff.
[50] Vgl. dazu den Beitrag von W. Schwarz in diesem Band, S. 41 f.

Betracht zieht. Sie hilft nicht nur die Realität der Wiedergutmachung zu verstehen, sondern kann allein die Frage beantworten, auf die es ankommt, ob nämlich das Menschenmögliche und billigerweise zu Erwartende getan worden ist.

Das Vordringen des Wiedergutmachungsgedankens in Westdeutschland ist vornehmlich drei Einflüssen zuzuschreiben, den jüdischen Verbänden in aller Welt, den drei westlichen Besatzungsmächten und einigen engagierten Deutschen. Die ersten, die über Wiedergutmachung nachdachten, waren verständlicherweise die Juden, auf die der Hauptstoß der nationalsozialistischen Verfolgung zielte. Wie Nana Sagi und Yeshayahu A. Jelinek zeigen[51], reichen die ersten Überlegungen bis in die Anfangsjahre des Zweiten Weltkrieges zurück. Neben dem allgemeinen Gedanken der Entschädigung des Einzelnen und der Rückgabe des ihm geraubten Vermögens kristallisierte sich am Ende des Krieges, als die Nachrichten über die Massenmorde in den Vernichtungslagern nach außen drangen und zur schrecklichen Gewißheit wurden, die Forderung nach einer Globalentschädigung an das jüdische Volk heraus, die sich der 1948 gegründete Staat Israel dann zu eigen machte.

Die jüdischen Ansprüche wurden durch Memoranden und persönliche Kontakte an die Westalliierten und vor allem an die Regierung der Vereinigten Staaten herangetragen. Ein erster Erfolg konnte auf der Pariser Reparationskonferenz Ende 1945 erzielt werden, die die Juden als besondere Gruppe anerkannte, die Anrecht auf Entschädigung haben sollte. Welche Erfolge die jüdischen Verbände bei dem Versuch hatten, die Politik der Westalliierten in der Wiedergutmachungsfrage zu beeinflussen, ist bisher noch kaum untersucht. Er wird begrenzt gewesen sein, denn die Diskrepanzen blieben beträchtlich. Am relativ besten scheint das Zusammenspiel bei der Rückerstattung des den Juden vor allem im Zuge der Arisierungen geraubten Vermögens gewesen zu sein. Die Rückerstattung war relativ einfach zu regeln, da das Vermögen in vielen Fällen, etwa bei Immobilien, noch greifbar war. Vor allem die Alliierten drangen hier auf eine rasche Lösung, konnten sich aber untereinander nicht einigen, so daß es in jeder Besatzungszone zu einer eigenen Regelung kam. Bahnbrechend waren die Amerikaner, die bereits am 10. November 1947 ein Rückerstattungsgesetz (Militärgesetz Nr. 59) erließen und bei der Formulierung sowohl eng mit den jüdischen Organisationen als auch mit dem Stuttgarter Länderrat, der gemeinsamen Vertretung der Länder der amerikanischen Besatzungszone, zusammenarbeiteten. Die Franzosen und Briten folgten, wobei vor allem die Briten auf dem amerikanischen Gesetz aufbauten. Wer jüdisches Eigentum – schuldhaft oder schuldlos – erworben hatte, mußte es zurückgeben. In den Fällen, in denen der frühere Eigentümer nicht mehr lebte, traten jüdische Nachfolgeorganisationen, wie die Jewish Restitution Successor Organization in der amerikanischen Zone oder die Jewish Trust Corporation in der britischen Zone, die Erbschaft an. Sie vertraten die Interessen der großen jüdischen Organisationen. Bis Ende 1967 hatten diese Nachfolgeorganisationen ca. 400 Millionen DM sichergestellt[52].

Die Entschädigung für Opfer politischer und rassischer Verfolgung kam sehr viel später in Gang. In den ersten Monaten nach der Kapitulation wurde im Rahmen der Wohlfahrt und der Sozialfürsorge in Fällen drückender Not geholfen. Nach ersten

---

[51] In diesem Band, S. 99 ff., 119 ff.; vgl. Anm. 28.
[52] Nana Sagi, Wiedergutmachung für Israel (Anm. 29), S. 46 ff.

improvisierten Maßnahmen örtlicher Instanzen wurde die Hilfe für die NS-Verfolgten auf Landesebene organisiert. Dabei breitete sich über die westlichen Besatzungszonen ein „kunterbunter Flickenteppich" unterschiedlicher Regelungen aus, der auch in den ersten Jahren der Bundesrepublik noch die Realität der Wiedergutmachung bestimmte[53]. Allerdings tendierte die Entwicklung bis zum Frühjahr 1949 zur „Verrechtlichung" der Entschädigung: an die Stelle von Fürsorgegaben traten immer mehr Entschädigungsansprüche und der Kreis der zu berücksichtigenden Opfer wurde erweitert. Gleichzeitig war in den ersten Jahren Improvisation Trumpf. Dies zeigt Goschler[54] in besonders anschaulicher Weise am Beispiel des jüdischen Chefs des Bayerischen Landesentschädigungsamts, Philipp Auerbach. Der „Fall Auerbach" macht zugleich deutlich, vor welchem Hintergrund sich die Entschädigung in den ersten Jahren abspielte: neben unorthodoxen, oft die Grenzen ordentlicher Amtsführung überschreitenden pragmatischen Hilfsmaßnahmen standen massive staatliche Interessen, wie das zügige Abschieben von aus Osteuropa nach Bayern geflüchteten Juden. Vorurteile gegenüber den Verfolgten spielten eine verblüffend große Rolle und weder persönlicher Einsatz noch bürokratische Kompetenzrangeleien machten vor der Entschädigung halt. Wie gering die Sensibilität auf der einen Seite und wie hochsensibel die andere dagegen war, zeigt das Ende Auerbachs: er nahm sich, banaler Delikte von Gerichts wegen für schuldig befunden, das Leben und starb in dem Bewußtsein, Opfer einer zweiten Affäre Dreyfus geworden zu sein.

Der entscheidende Anstoß zur gesetzlichen Regelung der mehr oder weniger im Wildwuchs entstandenen Rechtsmaterie kam erneut aus der amerikanischen Zone. Hier war, wie Kreikamp zeigt[55], seit 1946 der Stuttgarter Länderrat unter wesentlichem Anteil bayerischer Initiativen und unter den Augen der Militärregierung mit der Materie befaßt und legte Ende Juli 1948 den Entwurf eines US-zonalen Entschädigungsgesetzes vor, der am 28. August 1948 einstimmig angenommen wurde. Die amerikanische Militärregierung hatte noch Einwände und brachte Ergänzungen vor, u. a. waren die Verschleppten nicht berücksichtigt worden, ehe das Gesetz kurz vor der Konstituierung der ersten Bundesregierung im August gebilligt und rückwirkend zum 1. April 1949 in Kraft gesetzt wurde. Das Gesetz bedeutete die endgültige Abkehr vom Fürsorgeprinzip und wurde zur Grundlage aller späteren Regelungen auf dem Gebiet der Entschädigung.

Nachdem die Bundesregierung im September 1949 konstituiert worden war, stand sie alsbald unter erheblichem internationalen Druck, die bisherige Rückerstattungs- und Entschädigungsgesetzgebung bundeseinheitlich zu regeln. Eine Tagung des Jüdischen Weltkongresses in Frankfurt am Main im Juli 1950 bezeichnete dies als Voraussetzung für eine „Rückkehr Deutschlands in die Völkerfamilie." Auch die Alliierte Hohe Kommission wies auf die Dringlichkeit einer solchen Bundesgesetzgebung hin. McCloy sprach Anfang August 1950 davon, daß das Problem vom Bund mit Anstand und ohne Vorbehalt gelöst werden müsse.

Solche Ermahnungen waren nötig geworden, weil die Bundesregierung nicht den Anschein erweckte, dem Problem besondere Dringlichkeit einzuräumen. Bundes-

---

[53] Ernst Féaux de la Croix, Der Werdegang des Entschädigungsrechts, (Anm. 7), S. 15 f.
[54] In diesem Band, S. 77 ff.
[55] In diesem Band, S. 61 ff.

kanzler Adenauer hatte in seiner ersten Regierungserklärung am 20. September 1949 der Pflicht zur Wiedergutmachung an den Opfern des Nationalsozialismus mit keinem Wort gedacht. Dies wirkte umso aufreizender, als er von der Pflicht, den Kriegsopfern, den Vertriebenen und Ausgebombten zu helfen, sehr wohl gesprochen hatte. Von der Regierungserklärung des ersten deutschen Staatschefs nach Adolf Hitler hatte man mit Recht mehr diplomatisches Fingerspitzengefühl erwartet, [56]. So wurde es zur Aufgabe des Oppositionsführers Kurt Schumacher, im Bundestag darauf hinzuweisen, daß es Pflicht jedes deutschen Patrioten sei, den Opfern des Nationalsozialismus und insbesondere den Juden alle erdenkliche Hilfe zu geben[57].

Doch Adenauer erwies sich als moralisch und politisch sensibel genug, das Unterlassene nachzuholen. Am 11. November 1949 sprach er in einem Interview, das er der „Allgemeinen Wochenzeitung der Juden in Deutschland" gab, davon, daß das deutsche Volk die Wiedergutmachung als seine Pflicht betrachte und daß es den ehemaligen jüdischen Mitbürgern dabei besondere Aufmerksamkeit schenken werde[58]. Doch damit hatte es auch erst einmal sein Bewenden. Der Justizminister Thomas Dehler zog die Frage an sich, stieß aber auf den Widerstand der Mehrheit der Länder, die eine Bundesgesetzgebungsinitiative für entbehrlich und unerwünscht hielten. So sprachen erneut die Alliierten das entscheidende Wort.

Im Dritten und Vierten Teil des Generalvertrages vom 26. Mai 1952[59] verpflichtete sich die Bundesregierung, die von den Militärregierungen erlassenen Rückerstattungsgesetze „beschleunigt durchzuführen und die gegen das Deutsche Reich gerichteten Ansprüche zu befriedigen; des weiteren verpflichtete sie sich, auf der Grundlage des in der amerikanischen Besatzungszone geltenden Rechts bundeseinheitliche Rechtsvorschriften für die Entschädigung zu erlassen und hierbei alle Personen, – die wegen ihrer politischen Überzeugung, aus Gründen der Rasse, des Glaubens oder der Weltanschauung verfolgt wurden –, gleich zu behandeln sowie für andauernde Körperschäden solcher Personen, die aus Gründen der Nationalität unter Mißachtung der Menschenrechte verfolgt wurden und politische Flüchtlinge waren, eine angemessene Entschädigung zu gewähren."[60] Bevor die Bundesregierung Gelegenheit erhielt, ihr Versprechen einzulösen und in Sachen Rückerstattung und Entschädigung gesetzgeberisch tätig zu werden, wurde sie mit einer dritten von beiden bisherigen Bereichen prinzipiell zu unterscheidenden Wiedergutmachungsinitiative konfrontiert.

Der Staat Israel hatte sich, wie Jelinek und Sagi eindringlich zeigen[61], seit seiner Gründung im Mai 1948 gegenüber den Alliierten dafür eingesetzt, daß die Deutschen sich ihrer Wiedergutmachungsverpflichtung nicht entzogen. Unterstützt wurde er dabei von den jüdischen Verbänden und dem jüdischen Weltkongreß unter seinem

---

[56] Vgl. Verhandlungen des Deutschen Bundestags, Stenographische Berichte, 20. 9. 1949, S. 22–30.
[57] Vgl. den Beitrag von Shafir in diesem Band, S. 191 ff.
[58] Vgl. Interview Konrad Adenauer durch Karl Marx v. 11. 11. 1949, in: Allgemeine Wochenzeitung der Juden in Deutschland v. 25. 11. 1949.
[59] Bundesgesetzblatt (BGBl.) II 1954, S. 57, 181, 194.
[60] Bericht der Bundesregierung über Wiedergutmachung und Entschädigung für nationalsozialistisches Unrecht sowie über die Lage der Sinti, Roma und verwandter Gruppen, vom 31. 10. 1986. Deutscher Bundestag, 10. Wahlperiode, Drucksache 10/6287, S. 8.
[61] In diesem Band, S. 99 ff., 119 ff.

Vorsitzenden, Nahum Goldmann[62]. In einer Note der israelischen Regierung vom 12. März 1951 an die vier Mächte erhob der Staat Israel dann zum erstenmal einen Kollektivanspruch an Deutschland[63].

Die Note zog zunächst eine Bilanz des Holocaust und der Vermögenswegnahmen durch die Nationalsozialisten und erörterte dann die Rolle Israels bei der Eingliederung und Rehabilitierung der Überlebenden. Die hierbei entstandenen Kosten dienten Israel als Grundlage für die Forderung von insgesamt 1,5 Milliarden Dollar, wobei 1 Milliarde Dollar von der Bundesregierung und der Rest von der DDR aufgebracht werden sollte. Die Note betonte, daß Deutschland seinen Platz innerhalb der Familie der Völker nicht wieder einnehmen könne, bevor es seine Schuld nicht beglichen habe.

Die Alliierten waren indes hiervon keineswegs so fest überzeugt. Die UdSSR antwortete gar nicht und die Westmächte verwiesen höflich, aber bestimmt darauf, sie könnten den Beginn einer neuen Phase in den Beziehungen zwischen den Alliierten und der Bundesregierung angesichts des Ost-West-Konflikts nicht davon abhängig machen, daß die Bundesrepublik Reparationen an Israel zahle[64]. Dahinter stand die Befürchtung, daß die wirtschaftlich zu diesem Zeitpunkt noch instabile Bundesrepublik die Transferlasten solcher Reparationszahlungen nicht werde tragen können, zumal sie die Auslandsschulden vorrangig zurückzahlen sollte. Man empfahl der israelischen Regierung im übrigen, sich direkt an Bonn zu wenden. Washington sagte allerdings zu, bei direkten Verhandlungen zwischen Israel und der Bundesrepublik seinen Einfluß auf die Bundesregierung geltend zu machen.

Daß Israel in der Sache vorankam, lag diesmal an der deutschen Seite[65]. Adenauer hatte schon im November 1949 zu erkennen gegeben, daß er zu Zahlungen an Israel bereit war. Damals sprach er von Warenlieferungen im Wert von 10 Millionen DM. Er reagierte daher auch auf die Note Israels, die der Bundesregierung durch die Westmächte zugeleitet worden war, positiv.

Die Kontaktaufnahme zwischen der Bundesregierung und der Regierung Israels verlief schwierig und kompliziert, es waren gewaltige psychologische Barrieren zu überwinden. Eine Schlüsselstellung nahm Noah Barou, der Vorsitzende der europäischen Exekutive des Jüdischen Weltkongresses ein. Er benutzte bereits eingespielte Deutschlandkontakte, um sich mit Walter Hallstein und Herbert Blankenhorn in Verbindung zu setzen und an den Bundeskanzler heranzukommen. Seine guten Dienste bot auf deutscher Seite ein heute fast gänzlich vergessener jüdischer Sozialdemokrat an, der Bundestagsabgeordnete Jakob Altmaier. Willy Albrecht hat seine Rolle als Vermittler zwischen den Fronten analysiert[66]. Als Ergebnis der inoffiziellen Verhandlungen, in die sowohl die amerikanische als auch die britische Regierung einbezogen waren, gab Adenauer am 27. September 1951 eine Erklärung vor dem Bundestag ab[67].

---

[62] Nahum Goldmann, Mein Leben als deutscher Jude, München 1980.
[63] Text in: Rolf Vogel (Hrsg.), Deutschlands Weg nach Israel, Stuttgart 1967, S. 29–34.
[64] Für die amerikanische Antwort vom 5. Juli 1951: FRUS 1951 V, S. 750.
[65] Kai von Jena, Versöhnung mit Israel? Die deutsch-israelischen Verhandlungen bis zum Wiedergutmachungsabkommen von 1952, in: VfZ 34 (1986), S. 457 ff.
[66] In diesem Band, S. 205 ff.
[67] Verhandlungen des Deutschen Bundestages, I. Wahlperiode, Stenographische Berichte Bd. 9, Bonn 1951, S. 6697 f.

Neben dem längst fälligen Bekenntnis, daß das deutsche Volk die „unsagbaren Verbrechen" der nationalsozialistischen Zeit verabscheue, enthielt sie das Versprechen, „gemeinsam mit Vertretern des Judentums und des Staates Israel" eine Lösung des „materiellen Wiedergutmachungsproblems herbeizuführen". Allerdings koppelte Adenauer dieses Versprechen mit der Fürsorgepflicht für die deutschen Kriegsopfer, Flüchtlinge und Vertriebenen. Von einer Kollektivschuld des deutschen Volkes zu sprechen, wie Adenauer von jüdisch-israelischer Seite nahegelegt worden war, hatte er abgelehnt.

Das internationale Echo auf die Erklärung war außerordentlich günstig. McCloy sandte Adenauer ein Telegramm, in dem er die Lösung des Problems zwischen Juden und Deutschen einen Prüfstein für die westdeutsche Demokratie nannte. Zustimmende Schreiben empfing Adenauer auch von Leo Baeck, dem ehemaligen Präsidenten der „Reichsvertretung der deutschen Juden", und von Nahum Goldmann. Goldmann spielte nun eine entscheidende Rolle für die Anbahnung direkter deutsch-israelischer Verhandlungen, für die die israelische Regierung nach Adenauers Erklärung prinzipiell grünes Licht gegeben hatte. Er traf sich am 6. Dezember 1951 mit Adenauer in London[68] und rang ihm die schriftliche Zusage ab, der von Israel geforderten Summe von 1 Milliarde Dollar vor Verhandlungsbeginn zuzustimmen. Auf dieser Basis setzte der israelische Ministerpräsident, Ben Gurion, im israelischen Parlament mit 61 gegen 50 Stimmen die Aufnahme von direkten Verhandlungen mit der Bundesregierung durch.

Die Verhandlungen, die am 21. März 1952 in dem kleinen Städtchen Wassenaar in der Nähe von Den Haag begannen und die Huhn auf der Grundlage umfassender Quellenstudien analysiert[69], wurden nicht nur mit Israel, sondern auch mit Vertretern der wichtigsten jüdischen Organisationen in der Welt geführt. Sie hatten sich am 26. Oktober 1951 unter dem Vorsitz von Nahum Goldmann in New York zur „Conference on Jewish Material Claims Against Germany" – abgekürzt Claims Conference – zusammengeschlossen. Die Claims Conference, die die Interessen der außerhalb Israels lebenden Juden vertrat, unterstützte Israels Forderungen, erhob aber darüber hinaus einen eigenen Anspruch auf Wiedergutmachung in Höhe von 500 Millionen Dollar. Die Verhandlungen wurden auf deutscher Seite von Professor Franz Böhm, dem 1938 wegen Kritik an der Rassenpolitik die Lehrbefugnis entzogen worden war, und Otto Küster, dem Wiedergutmachungsbeauftragten von Württemberg-Baden, einem der Vorkämpfer der individuellen Rückerstattung und Entschädigung, geleitet. Auf israelisch-jüdischer Seite standen ihnen Felix Shinnar und Moses Leavitt gegenüber. Nach schwierigen Verhandlungen, die nicht zuletzt dank freundschaftlich-nachdrücklicher Ratschläge des amerikanischen Hochkommissars McCloy an die Adresse des Bundeskanzlers erfolgreich zu Ende geführt werden konnten, kam es am 10. September 1952 in Luxemburg zur Unterzeichnung der Wiedergutmachungsabkommen. Auf deutscher Seite waren freilich erhebliche Widerstände zu überwinden, bis es soweit kam. Adenauer mußte, wie Wolffsohn auf der Basis neuen umfassenden Quellenmaterials zeigt[70], seine ganze taktische Geschicklichkeit aufwenden,

[68] Nahum Goldmann, Mein Leben als deutscher Jude, S. 371 ff.
[69] In diesem Band, S. 139 ff.
[70] In diesem Band, S. 161 ff.

um mit der Opposition im Kabinett fertig zu werden. Auch dieser Blick in interne Papiere beweist einmal mehr, wie pragmatisch und wenig sensibel mit der Materie vielfach noch umgegangen wurde und wie wichtig Adenauers Einsicht in die politische und wirtschaftliche Notwendigkeit des materiellen Ausgleichs mit Israel und der Claims Conference und sein moralisch-politisches Engagement für das Zustandekommen des Luxemburger Abkommens wurde. Ausschlaggebende Bedeutung kam darüber hinaus der Einstellung der führenden Sozialdemokraten Kurt Schumacher und Carlo Schmid zur Wiedergutmachung zu, wie Shafir zeigt[71]. Ohne deren aktives Engagement wären die Kontakte zwischen der israelischen und der deutschen Seite weit schwieriger gewesen und hätte das Luxemburger Abkommen im Bundestag keine Mehrheit bekommen.

In Luxemburg wurde mit jedem Partner separat abgeschlossen, so daß zwei Verträge zu unterscheiden sind. Zusätzlich ging es um zwei verschiedene Rechtsmaterien, um die Globalentschädigung für Israel und die Claims Conference und um die individuelle Rückerstattung und Entschädigung. Der Israelvertrag zwischen der Bundesrepublik und Israel regelte die Frage einer an Israel zu leistenden Globalentschädigung. Die Bundesrepublik hatte Israel 3 Milliarden DM zur Erstattung der Kosten zu zahlen, die bei der Eingliederung von etwa 500 000 Flüchtlingen aus Europa in Palästina entstanden waren[72].

Der zweite Vertragstyp, die Haager Protokolle, vereinbart zwischen der Bundesregierung und der Claims Conference, war in rechtlicher Hinsicht gespalten. Protokoll Nr. 2 enthielt die Zusicherung, daß die Bundesrepublik – auf dem Umweg über Israel – an die Claims Conference 450 Millionen DM Globalentschädigung zahlen werde. Beide Summen zusammen, die 3 Milliarden DM an Israel und die 450 Millionen DM an die Claims Conference, sollten innerhalb von 12 bis 14 Jahren ausbezahlt werden, beginnend mit einer ersten Rate von 200 Millionen DM im Haushaltsjahr 1952/53. Obgleich die Belastung mit dieser Transfersumme, die zu den Zahlungsverpflichtungen aus dem Schuldenabkommen noch hinzu kam, keineswegs gering war und die heftige Opposition des Finanzministers Schäffer hervorrief, war sie doch die geringere materielle Belastung, die aus dem Luxemburger Abkommen hervorging.

Als materiell folgenschwerer erwiesen sich die Abmachungen aus den anderen Teilen der Haager Protokolle[73]. In ihnen legte sich die Bundesrepublik wie schon im Deutschlandvertrag fest, die individuelle Entschädigung bundeseinheitlich zu regeln, wobei die neue Regelung nicht ungünstiger sein sollte als die günstigste bisher auf Länderebene geltende Regelung. Entscheidend wurde, daß die Entschädigung in den Haager Protokollen gegenüber dem Generalvertrag eine erhebliche Ausweitung und Spezifizierung erfuhr. In 19 Punkten wurde ein sehr ins Einzelne gehendes Entschädigungsprogramm festgeschrieben und ein besonderer Fonds für Härtefälle verabredet. In der Frage der Rückerstattung wurde hingegen nur der Status quo festgeschrieben; die wenigen Ergänzungen gingen nicht wesentlich über den Generalvertrag hinaus.

Durch die Haager Protokolle hatte sich die Bundesregierung zwar nicht rechtlich aber umso wirksamer politisch gebunden. Sie konnte in der Rückerstattungs- und

---

[71] In diesem Band, S. 191 ff.
[72] BGBl. 1953 II, S. 35 ff.
[73] BGBl. 1953 II, S. 85.

Entschädigungsgesetzgebung nicht hinter ihren Zusagen gegenüber der Claims Conference zurückbleiben, ohne die Intervention einer international höchst einflußreichen und unter ihrem Präsidenten Nahum Goldmann äußerst geschickt agierenden Interessenlobby zu riskieren. Die Geschichte dieser Interventionen ist noch nicht geschrieben[74].

Die Bundesregierung hat sich der Verpflichtungen aus den Haager Protokollen in drei großen Gesetzgebungsakten entledigt, die mit vielen Ergänzungen die Grundlage für die Entschädigungspraxis bildeten: in einem schnellen und bald unzureichenden Akt wurde am 1. Oktober 1953 das „Bundesergänzungsgesetz für Opfer nationalsozialistischer Verfolgung" (BErgG) in Kraft gesetzt, das die Grundlage für das „Bundesgesetz zur Entschädigung für Opfer der nationalsozialistischen Verfolgung" (BEG) vom 29. Juni 1956 bildete, das rückwirkend zum 1. Oktober 1953 in Kraft trat[75]. Hier wurde festgeschrieben, daß der Bund zwar die Gesetzgebungstätigkeit in Entschädigungsangelegenheiten ausübte und an der Mittelaufbringung beteiligt war, die Durchführung der Verfahren aber nach wie vor bei den Ländern verblieb. Der Entschädigungsanspruch wurde auf die geschädigte Person abgestellt, die in einer räumlichen Beziehung zum Geltungsbereich des Gesetzes gestanden, d.h. ihren Wohnsitz am 31. Dezember 1952 im Bundesgebiet gehabt haben mußte. Bei nach 1945 Ausgewanderten, bei Deportierten oder Ausgewiesenen reichte eine örtliche Anknüpfung an das Gebiet des Deutschen Reiches in den Grenzen von 1937. Um die Gesetzgebung den Anforderungen einer sich ändernden Wiedergutmachungspraxis anzupassen und zugleich einen Schlußpunkt zu setzen, wurde am 14. September 1965 das BEG-Schlußgesetz erlassen[76]. Es regelte, daß nach dem 31. Dezember 1969 keine Ansprüche mehr angemeldet werden konnten und sah neben anderen Ergänzungen eine „Entschädigungsregelung für diejenigen Verfolgten" vor, „die nach Inkrafttreten des BEG am 1. Oktober 1953 ihre Heimat in Ost- und Südosteuropa verlassen hatten" und bisher nicht anspruchsberechtigt gewesen waren[77].

Die Rückerstattung wurde am 19. Juli 1957 durch das Bundesrückerstattungsgesetz geregelt[78]. Es baute auf den entsprechenden Militärgesetzen der drei Westzonen auf, regelte aber darüber hinaus die Frage der Ansprüche gegen das Reich, die die Alliierten offen gelassen hatten („Dritte Masse"). Auch dieses Gesetz ging sehr wesentlich auf äußere Einflüsse zurück. Die Alliierten bestanden auf der Übernahme der rückerstattungsrechtlichen Geldverbindlichkeiten des Reiches durch die Bundesrepublik.

Eine Ausdehnung der individuellen Entschädigung und Rückerstattung auf Verfolgte, die in anderen Staaten lebten, wurde, wie schon erwähnt, durch das Territorialitätsprinzip ausgeschlossen. Sie hätte unkalkulierbare finanzielle Auswirkungen gehabt, zudem fiel eine solche Wiedergutmachungsleistung unter den Begriff „Reparationen", über die üblicherweise zwischen Staaten verhandelt wird. Gleichwohl konnte man die Augen nicht davor verschließen, daß das Territorialitätsprinzip zu Ungerechtigkeiten führte; denn Verfolgungen hatten ja nicht nur im Reich, sondern

---

[74] Ernst Féaux de la Croix, Der Werdegang des Entschädigungsrechts, (Anm. 7), S. 181.
[75] BGBl. 1956 I, S. 559.
[76] BGBl. 1965 I, S. 1315 ff.
[77] Bericht der Bundesregierung, S. 9.
[78] BGBl. 1957 I, S. 734 ff.

vor allem auch außerhalb stattgefunden. Um hier zu einem Ausgleich zu kommen, nahmen sich die Westmächte seit 1953 verstärkt der Angelegenheit an. Andere Staaten meldeten ebenfalls ihre Ansprüche bei der Bundesregierung an, die schließlich Ende 1958 Verhandlungen mit ihnen aufnahm. Sie führten zu Abkommen mit den westeuropäischen und später auch mit einigen osteuropäischen Ländern, in denen die Bundesregierung in Durchbrechung des Londoner Schuldenabkommens Reparationszahlungen zusicherte, die mit Rücksicht auf die außerordentlichen, das normale Kriegsmaß überschreitenden Verbrechen des Dritten Reiches gefordert worden waren. Die in diesem Zusammenhang insgesamt geleisteten Zahlungen überstiegen 1 Milliarde DM kaum und fallen, gemessen an den begangenen Untaten und an der sonst aufgebrachten Wiedergutmachung wenig ins Gewicht[79].

Die finanzielle Bilanz der Wiedergutmachung fiel weit höher aus, als irgend jemand vorausgesehen hatte und wird sich, wie Heßdörfer zeigt[80], noch erheblich erhöht haben, wenn alle Ansprüche abgewickelt sind. Neben den 3,45 Milliarden DM für Israel und die Claims Conference, wurden für die individuelle Rückerstattung des vom Reich widerrechtlich erworbenen Eigentums etwa 4,0 Milliarden aufgewandt. Während die Rückerstattung in den sechziger Jahren abgeschlossen werden konnte, läuft die Entschädigung vor allem wegen der Rentenzahlungen noch ca. bis zum Jahr 2000 weiter. Bis zum 31. Dezember 1985 wurden insgesamt 4 404 833 Ansprüche bearbeitet. Bis zu diesem Zeitpunkt wurden im Rahmen des Bundesentschädigungsgesetzes 60 Milliarden DM aufgewandt. Die gesamte materielle Wiedergutmachung belief sich auf 77 Milliarden DM[81].

Die materiellen Wiedergutmachungsleistungen haben der Bundesrepublik ein schwer einzuschätzendes Stück internationales Prestige eingebracht. So zeigt die Analyse der Haltung der amerikanischen Presse zur Wiedergutmachung, die Frei vornimmt[82], wie sorgsam man die Entwicklung in der Bundesrepublik verfolgte und welche Befürchtungen sich etwa mit antisemitischen und rechtsradikalen Tendenzen, die im ersten Nachkriegsjahrzehnt noch sehr virulent waren, verbanden. Bei einer anderen Politik der Bundesregierung in der Wiedergutmachungsfrage wäre vermutlich erheblicher außenpolitischer Schaden entstanden. Dabei fiel weniger ins Gewicht, wieviel gezahlt wurde, als vielmehr, daß überhaupt gezahlt wurde und daß sich die reiche Bundesrepublik nicht hinter Rechtsprinzipien verschanzte, sondern flexibel genug war, immer wieder Nachforderungen zu bewilligen und Härten über Spezialfonds auszugleichen. Die moralische Bilanz fällt gleichwohl gemischt aus. Es läßt sich nicht leugnen, daß es immer wieder der Anstöße von außen bedurfte. Daß sie aufgenommen wurden, entsprach einer komplexen Motivmischung, in der die moralischen Gesichtspunkte sich mit außenpolitischen und außenwirtschaftlichen Gesichtspunkten mischten.

Läßt der historische Befund das Urteil zu, daß das in der jeweiligen politischen Lage Mögliche getan wurde? Einer „allumfassenden Wiedergutmachung", so hat

[79] Ernst Féaux de la Croix, Staatsvertragliche Ergänzungen der Entschädigung, in: Die Wiedergutmachung (Anm. 7), Bd. III, S. 201 ff.
[80] In diesem Band, S. 55 ff.
[81] Bericht der Bundesregierung, S. 30.
[82] In diesem Band, S. 215 ff.

Willy Brandt 1974 gesagt[83], hätte „die finanzielle Leistungsfähigkeit" der Bundesrepublik „Grenzen" gesetzt. Dies ist zweifellos richtig. Die Frage lautet aber anders: wurden diese Leistungsgrenzen erreicht und wer bestimmte, wann sie erreicht waren? In welcher Beziehung stand diese Grenzziehung, der politische Entscheidungen zu Grunde lagen und die mithin politisch beeinflußbar war, zum Ausmaß der Schuld, die Deutsche auf sich geladen hatten, oder auch nur zum Ausmaß der materiellen Schäden, die durch deutsche Verbrechen in der Hitler-Ära verursacht worden waren?

Es wird schwer, wenn nicht unmöglich sein, gültige Antworten auf diese Frage zu formulieren. Objektive Maßstäbe kann es nicht geben. Auch die historische Forschung vermag kaum mehr als Indizien zu liefern. Ernst zu nehmen ist die Frage nach den Grenzen der materiellen Leistungskraft vor allem für die ersten Jahren der Wiedergutmachung. Vor der Währungsreform von 1948 bestand keine solide Grundlage für Entschädigungsleistungen, es sei denn, man hätte die NS-Verfolgten mit der zwar reichlich vorhandenen, aber dem Wertverfall preisgegebenen Reichsmark abfinden wollen. Nach dem Währungsschnitt war dann die neue Deutsche Mark umso knapper. Daß die Rückerstattung von Vermögenswerten rascher vorankam und schon vor 1948 zu Ergebnissen führte, lag nicht nur daran, daß die Alliierten hieran mehr Interesse zeigten, sondern auch daran, daß das Prinzip der Naturalrestitution deren Abwicklung unabhängig vom Geldwert und von der allgemeinen Wirtschafts- und Haushaltslage möglich machte. Auch während der Verhandlungen mit Israel gab es das Problem der materiellen Leistungsgrenze. Die Bundesrepublik befand sich in dieser Zeit in einer kritischen Außenwirtschaftslage, und niemand konnte sicher sein, daß sie die geforderten Transferleistungen werde erbringen können. Je nachdem, ob man wie Ludwig Erhard eher zum Optimismus oder wie Fritz Schäffer eher zum Pessimismus neigte, wozu er als Finanzminister im Grunde verpflichtet war, gelangte man zu einer unterschiedlichen Lageanalyse. Allerdings stellte sich auch dann noch, wie Wolffsohn zu Recht feststellt[84], die Frage nach den Prioritäten. Im Einzelfall wird es sehr schwer sein, zu entscheiden, ob bei den Skeptikern die ernsthafte Sorge bestand, an die materiellen Leistungsgrenzen zu stoßen, oder ob sie sich hinter diesem Argument nur verschanzten. Der Historiker muß hier vorsichtig zu Werke gehen und Urteile ex post vermeiden. Von der Mitte der fünfziger Jahre an wurde es immer schwerer, sich in der Wiedergutmachung auf materielle Leistungsgrenzen zu berufen. Die außenwirtschaftliche Lage der Bundesrepublik entwickelte sich überaus günstig und das Wirtschaftswunder erwies sich als stabil. Der Anteil der in absoluten Zahlen steigenden Wiedergutmachungsleistungen an den rasch expandierenden Bundeshaushalten sank nun beständig ab. „Seit 1980", so Heßdörfer, „liegt der Bundesanteil an den jährlichen Wiedergutmachungsleistungen unter 0,5 Prozent"[85].

Das Wirtschaftswachstum kam auch der Wiedergutmachung zugute. Ohne diese Prämisse ist die Ausweitung der Leistungen und die Einbeziehung früher nicht berücksichtigter Verfolgter vor allem seit der Mitte der sechziger Jahre nicht zu verstehen. Um so schärfer stellt sich nun – da materielle Berufungsgründe wegfallen – die Frage nach den politischen und gesellschaftlichen Grenzen der Wiedergutma-

---

[83] Die Wiedergutmachung (Anm. 15), Bd. I, Geleitwort.
[84] In diesem Band, S. 187 ff.
[85] In diesem Band, S. 59.

chung. Eine solche Grenze wurde durch den Kalten Krieg gezogen und traf, wie Jasper zeigt[86], die Kommunisten. Ihre Lage verschlechterte sich Anfang der fünfziger Jahre. Während sie sich zunächst nach 1945 als Widerstandskämpfer im Kreis der Anspruchsberechtigten befanden, wurde das Bundesergänzungsgesetz für Opfer nationalsozialistischer Verfolgung von 1953 zum Einlaßtor für die Diskriminierung verfolgter Kommunisten. Für Jahre wurden sie nun von der Entschädigung ausgenommen, weil bzw. insofern sie Gegner der freiheitlich demokratischen Grundordnung waren. Im Grunde wurde ihrem Widerstand im Dritten Reich so nachträglich, wie Jasper zu Recht betont, die „innere Legitimation" entzogen, mit der Begründung, sie hätten an die Stelle der NS-Diktatur nur ein anderes totalitäres Regime stellen wollen. Die Revision der aus diesem Prinzip folgenden Ausschließungspraxis, die sich mit dem KPD-Verbot von 1956 verschärfte, ließ lange auf sich warten. Erst in den sechziger Jahren änderte sich die Auffassung und mit ihr die Praxis. Die Kommunisten wurden in den Härteausgleich einbezogen, aber ein Rechtsanspruch auf Entschädigung wurde ihnen bis heute nicht eingeräumt.

Das Beispiel der Kommunisten zeigt, daß die Wiedergutmachung auch retardierenden Tendenzen ausgesetzt war. So unbegründet waren die Befürchtungen vieler Verfolgter also nicht, daß die Bundesrepublik politische Klimaveränderungen womöglich nutzen werde, um sich ihren Verpflichtungen zu entziehen. Die Kraft des Antikommunismus, die hier wirkte, war zudem wohlbekannt und hatte dereinst in trauter Nachbarschaft zum Antisemitismus, Rassismus und Nationalismus gestanden. Würde das eine mit dem anderen nun wiederkehren? Schließlich ging es bei diesen Tendenzen ja nicht nur um die nationalsozialistische Ideologie, sondern auch um die Überwindung älterer Vorurteilsstrukturen, die der Nationalsozialismus sich nur zunutze gemacht und radikalisiert hatte. Ausmaß und Ernsthaftigkeit der Wiedergutmachung hingen nicht zuletzt davon ab, daß es gelang, diese älteren Vorurteilsstrukturen zu überwinden. Dies zeigt mit besonderer Eindringlichkeit Spitta am Beispiel der Zigeuner[87]. „Antisiganismus", so stellt er mit Recht fest, blieb in der Bundesrepublik „gesellschaftsfähig" und führte dazu, daß die Sinti und Roma als NS-Verfolgte gar nicht erst wahrgenommen wurden. Wie ungebrochen die Vorurteilsstrukturen hier lange Zeit fortwirkten, kann man an der von Spitta betonten Tatsache ablesen, daß die Entschädigungsämter und die Gerichte in Entschädigungsverfahren für Zigeuner anfangs keine Bedenken hatten, „NS-Rasseforscher und Zigeunersachverständige der Polizei aus der NS-Zeit als Gutachter" hinzuzuziehen. Auch hier setzte in der Mitte der sechziger Jahre ein Prozeß des Umdenkens ein. Er erfaßte darüberhinaus auch andere „Randgruppen" der Verfolgten wie die Opfer von Sterilisation und medizinischen Versuchen oder die Homosexuellen. Vorurteile bestimmten hier ebenso wie bei den von Niederland behandelten psychischen Schäden Verfolgter[88] lange Zeit die Wahrnehmungsfähigkeit. Wenn man konstatiert, daß hier Mitte der sechziger Jahre ein Bewußtseinswandel einsetzte, so darf man freilich nicht übersehen, daß die nur allmählich wachsende Entschädigungsbereitschaft für viele zu spät kommt, daß die Hilfe in sehr vielen Fällen lächerlich gering ausfällt und den Verfolg-

---

[86] In diesem Band, S. 361 ff.
[87] In diesem Band, S. 385 ff.
[88] In diesem Band, S. 351 ff.

ten Prozeduren aufnötigt, die Retraumatisierungen bewirken und sie so erneut zu Opfern werden lassen.

Darüberhinaus muß leider konstatiert werden, daß die ausländischen NS-Verfolgten bisher kaum von diesem Bewußtseinswandel profitieren konnten, wie Herbert in seinem Beitrag zeigt[89]. Er stellt die Frage, was aus den Entschädigungsansprüchen der ca. 6 Millionen ausländischen Zivilarbeiter („Fremdarbeiter"), der ca. 2 Millionen Kriegsgefangenen und der ca. 750 000 überwiegend ausländischen KZ-Häftlinge wurde, die sich 1945 im Reich oder in den von Deutschland besetzten Gebieten befanden. Waren ihre Entschädigungsansprüche individuelle Forderungen oder waren sie Teil der an Deutschland zu stellenden Reparationsforderungen? Bekanntlich zog sich die Bundesrepublik auf die völkerrechtlich völlig einwandfreie zweite Alternative zurück. Das Londoner Schuldenabkommen von 1953, das Reparationsansprüche bis zum Friedensvertrag mit Gesamtdeutschland hinausschob, tat ein übriges und versetzte die Bundesregierung in die Lage, individuelle Entschädigungsansprüche ausländischer NS-Verfolgter abzuweisen. Die ausländischen NS-Verfolgten mußten sich an ihre jeweiligen Regierungen wenden und wurden im Rahmen der sehr begrenzten materiellen Möglichkeiten abgefunden, die die Abkommen über Globalentschädigung boten, die die Bundesrepublik mit den westeuropäischen Staaten und einigen osteuropäischen Staaten abgeschlossen hatte.

Ein etwas anderer Fall waren die Zwangsarbeiter, die im Kriege bei privaten deutschen Firmen gearbeitet hatten. Gebührte ihnen nicht eine Entschädigung für ausgefallenen Lohn, für nicht gezahlte Sozialversicherungsbeiträge und für erlittene Schikanen („Schmerzensgeld")? Und war es nicht legitim, wenn sie sich an ihre früheren „Arbeitgeber" mit Entschädigungsforderungen wandten? Auch hier verschanzte man sich, wie Herbert und Langbein zeigen[90] hinter formaljuristischen Argumenten: Die Unternehmer seien nur als Beauftragte des Reichs („agency of the Reich") tätig gewesen. Obgleich kein bundesdeutscher Unternehmer bisher Entschädigungsverpflichtungen anerkannt hat, gelang es der Claims Conference, nachdem ein Musterprozeß geführt worden war, über den Benz informiert[91], doch in einigen Fällen pauschale Zahlungen zu erhalten. „Dabei waren", so Herbert, „jedoch Forderungen nichtjüdischer KZ-Häftlinge sowie ziviler und kriegsgefangener Zwangsarbeiter von Seiten der Firmen explizit ausgeschlossen worden."[92] (Mit der einen Ausnahme der „IG-Farben in Auflösung", die auch Ansprüche nichtjüdischer Zwangsarbeiter einbezog.) Mit welchen Argumenten den Versuchen, dies zu ändern, von staatlicher und privater Seite begegnet wurde, zeigt der Beitrag von Langbein[93]. Das Fazit bleibt deprimierend: weniger als 10 Prozent der Wiedergutmachungsleistungen entfiel auf „Ausländer", auf jene, die keine räumliche Beziehung zum Deutschen Reich oder zur Bundesrepublik Deutschland nachweisen konnten.

Das Gesamtbild der Wiedergutmachung kann nicht gezeichnet werden, ohne die Entschädigungspraxis zu untersuchen. Welche Spielräume besaßen die Entschädi-

---

[89] In diesem Band, S. 273 ff.
[90] In diesem Band, S. 273 ff., 327 ff.
[91] In diesem Band, S. 303 ff.
[92] In diesem Band, S. 283.
[93] In diesem Band, S. 327 ff.

gungsämter zwischen den Normen der Gesetze, der Rechtsprechung, der Justiz und den Ansprüchen der NS-Verfolgten? Dieser Frage geht Heßdörfer[94] nach. Noch einmal werden in diesem Beitrag die Problemfelder aufgezeigt und die Gruppen der Berechtigten durchgegangen. Der Beitrag zeigt, daß hier große Forschungsaufgaben bestehen, deren Durchführung freilich ebenso großen Schwierigkeiten begegnet. Der Frage nach den „Diskrepanzen zwischen Legislative, Exekutive und Rechtsprechung" wendet sich auch der Beitrag von Hockerts zu[95]. Er behandelt, der Implementationsforschung verpflichtet, die 1948 gegründete United Restitution Organization (URO), eine jüdische Rechtshilfeorganisation zur Durchsetzung der Rückerstattungs- und später, seit 1952, auch der Entschädigungsansprüche der jüdischen Verfolgten. Sie bildete das Kommunikationssystem aus, durch das die Verfolgten, die in alle Welt verstreut waren, von ihren Ansprüchen erfuhren, und sie stellte ihnen Anwälte, die ihre Ansprüche vorklärten, den Ämtern gegenüber vertraten und gegebenenfalls vor Gericht durchfochten. Insgesamt hat die URO die Rechtsberatung und Rechtsvertretung von ca. 300 000 Verfolgten übernommen. Ihre Akten spiegeln deren Schicksal in großer Breite, zumal sie keinen Fall ablehnte und ihre Klienten in aller Regel lebenslang betreute. Zugleich arbeitete die URO eng mit der Claims Conference zusammen. „Die URO", so Hockerts, „spielte in diesem Verbund die Rolle eines mit hochspeziellen juristischen und administrativen Erfahrungen ausgestatteten Brain-Trust, ohne den die Claims Conference ihren Einfluß auf die bundesdeutsche Gesetzgebung zur Wiedergutmachung nicht so wirkungsvoll hätte ausüben können."[96] Es lag in der Natur der Sache, daß die URO vorwiegend jüdischen Interessen diente. Sie weist damit abschließend noch einmal auf ein Grundproblem der Wiedergutmachung hin: Diejenigen Verfolgtengruppen mit dem höchsten Organisationsgrad vertraten ihre Interessen am wirksamsten. Diese Feststellung formuliert in jedem anderen politischen Zusammenhang eine bare Selbstverständlichkeit. Bei der Wiedergutmachung hätte man es sich anders gewünscht.

---

[94] In diesem Band, S. 231 ff.
[95] In diesem Band, S. 249 ff.
[96] In diesem Band, S. 257.

Walter Schwarz

Die Wiedergutmachung nationalsozialistischen Unrechts durch die Bundesrepublik Deutschland. Ein Überblick*

Der Einmaligkeitscharakter der Wiedergutmachung

Die Wiedergutmachung ist praktisch abgeschlossen; sie hat rund vier Jahrzehnte in Anspruch genommen. Sie war nicht ein einzelnes Gesetz, sondern ein komplexes Gesetzeswerk. Sie war das Ergebnis moralischer und politischer Zwänge einerseits und wirtschaftlicher und finanzieller Möglichkeiten andererseits. Sie war ein legislativer Wildwuchs und entbehrt daher der Systematik. Die Gesetzgebung der Wiedergutmachung ist in zwiefacher Weise von eigener Art:

1. Der Gesetzgeber hat hier nicht eine auf Dauer gedachte Rechtsordnung schaffen wollen, sondern, im Gegenteil, ein Gesetz, das sich durch seine Abwicklung selbst überflüssig machen sollte. Diese Funktion der Selbstliquidierung ist von der Justiz, besonders den höchsten Gerichten, nicht immer richtig gewürdigt worden. Rechtssicherheit macht Sinn nur in einem auf Dauer angelegten, den Rechtsverkehr der Zukunft ordnenden Gesetz. Für ein ganz in die Vergangenheit gerichtetes Gesetz gibt dieser Begriff nichts her.

2. Das zweite Merkmal der Wiedergutmachungsgesetze ist ihr experimenteller Charakter. Der Gesetzgeber kannte die Verfolgungswirklichkeit nur sehr unvollkommen, und er konnte sie auch nicht kennen, weil sie ja erst im Laufe der Jahre ans Licht kam. Weiterhin gab und gibt es für diese Gesetzgebung kein Beispiel, weder in der Vergangenheit noch in der Gegenwart. Deshalb mußte der Gesetzgeber eine praktikable Ordnung eigener Art entwerfen, die naturgemäß nicht immer sogleich ins

---

* Dieser Beitrag ist die Erweiterung eines Vortrags zum gleichen Thema, der am 7. 11. 1986 im Rahmen eines Symposiums des Instituts für Zeitgeschichte in München gehalten wurde. Der Kenntnisstand auf dem Gebiet der Wiedergutmachung ist außerhalb eines schrumpfenden Kreises von Praktikern denkbar gering. Einblicke in die Arbeitswelt der Wiedergutmachung sollten vielleicht imstande sein, Interesse zu wecken. Schließlich geht es hier um Probleme, die Einmaligkeitscharakter haben und, so ist zu hoffen, den künftigen Generationen nie wieder zu schaffen machen werden. Die Aufgabe der Wahrung des Rechtsguts, das in rund vier Jahrzehnten erarbeitet worden ist, wird von dem Sammelwerk „Die Wiedergutmachung nationalsozialistischen Unrechts durch die Bundesrepublik" erfüllt, das der Bundesminister der Finanzen in Zusammenarbeit mit dem Verfasser herausgibt. Es umfaßt sieben Bände, von denen sechs erschienen sind. (Vgl. dazu die Gesamtbibliographie am Schluß dieses Bandes.) Aus dieser Quelle wird auch künftig geschöpft werden können, wenn dem interessierten Laien Ausschnitte aus der Wiedergutmachung nahe gebracht werden sollen. Für die Auswahl der hier behandelten Themen ließ sich der Verfasser von dem historischen Wert leiten, den bestimmte Problemlösungen auch für den Betrachter von heute und morgen haben.

Schwarze traf. Daher die Notwendigkeit von vielfachen Gesetzesänderungen, die aber nicht etwa auf eine unzulängliche legislative Technik hindeuten, sondern der Verbesserung und Vervollständigung eines legislativen Experiments dienten. Eine andere Wahl hatte man nicht.

Die Wiedergutmachung ist ein Oberbegriff; die zwei wichtigsten Säulen, auf denen sie ruht, sind einmal die Rückerstattung feststellbarer Vermögensgegenstände und zweitens die Entschädigung für Schäden an der Person. Hinzu kommen eine Reihe von Sonderregelungen.

Die Rückerstattung feststellbarer, zu Unrecht entzogener Vermögensgegenstände

1. Die amerikanische Besatzungsmacht brachte 1945 ein komplettes Gesetzgebungsprogramm für die Rückerstattung feststellbarer Vermögensgegenstände mit, die unter Verfolgungsdruck weggegeben oder weggenommen worden waren. Sie diskutierte dieses Programm über ein Jahr mit den Deutschen in ihrer Zone. Das Ergebnis war 1947 das erste Rückerstattungsgesetz in der Form einer Verordnung der Besatzungsmacht. Es war, wie sich herausstellte, das beste Modell und wurde deshalb von den Briten annähernd übernommen. Die Franzosen produzierten ein völlig unzulängliches Gesetz in ihrer Zone, einigten sich aber mit den Amerikanern und den Briten für Berlin auf das US-Modell[1].

2. Die Weggabe feststellbarer Vermögensgegenstände unter Verfolgungsdruck, genannt die Entziehung, wurde bei den Gruppenverfolgten (Juden) vermutet. Diese Vermutung konnte, zeitlich abgestuft nach den Perioden vor und nach dem Erlaß der Nürnberger Gesetze (1935) vom jeweiligen Besitzer, dem Rückgabepflichtigen widerlegt werden. In der ersten Periode konnte die Entziehungsvermutung durch den Nachweis des Erwerbers widerlegt werden, daß er einen angemessenen Kaufpreis gezahlt habe, und daß der Veräusserer über das Kaufgeld frei habe verfügen können. Bei Unternehmen war die Feststellung der Angemessenheit des Kaufpreises nicht schwierig, da Umsatz und Erträge aus der Zeit vor der Verfolgung einsehbar waren. Der Firmenwert (good will) war zu berücksichtigen. Der Marktwert bei Grundbesitz war ungleich schwieriger zu ermitteln. Der Markt war zu bestimmten Zeiten und an bestimmten Plätzen durch ein Überangebot von Grundbesitz aus jüdischer Hand verzerrt[2].

3. Die Rückerstattung vollzog sich grundsätzlich in der Form der Naturalrestitu-

---

[1] Vgl. Gesetz Nr. 59 der US-Militärregierung vom 10. 11. 1947 (USREG), Amtsblatt der amerikanischen Militärregierung, Ausg. G, Nov. 1947, S. 1; Gesetz Nr. 59 der Britischen Militärregierung v. 12. 5. 1949 (BrREG) über die Rückerstattung feststellbarer Vermögensgegenstände an Opfer der nationalsozialistischen Unterdrückungsmaßnahmen, Verordnungsblatt für die Britische Zone, Nr. 26, 28. 5. 1949, S. 152 ff.; Verordnung Nr. 120 der Französischen Militärregierung über die Rückerstattung geraubter Vermögensgegenstände (VO 120) v. 10. 11. 1947, Amtsblatt der Französischen Militärregierung Nr. 119, S. 1219 ff.; Rückerstattungsanordnung 49/180 der Alliierten Kommandantura v. 26. 7. 1949, Berliner Verordnungsblatt I, S. 221 ff.; ausführliche Darstellung in: Walter Schwarz, Rückerstattung nach den Gesetzen der alliierten Mächte, München 1974 (= Die Wiedergutmachung nationalsozialistischen Unrechts durch die Bundesrepublik Deutschland, Bd. I, hrsg. v. Bundesminister der Finanzen in Zusammenarbeit mit Walter Schwarz).
[2] Vgl. Art. 3, USREG.

tion. Der Berechtigte hatte aber die Wahl der Nachzahlung des Unterschieds zwischen dem angemessenen und dem „erlangten" Kaufpreis. Eine unzulängliche gesetzliche Regelung ließ sie zu einer bitteren Enttäuschung werden. Die Währungsreform vom 21. Juni 1948 (Umstellungsgesetz der Militärregierungen) stellte grundsätzlich alle RM-Verbindlichkeiten im Verhältnis von 10:1 in DM um. Dies kürzte den Nachzahlungsanspruch auf ein Zehntel. Zu alledem rechnete eine unverständliche Rechtsprechung den nicht zur freien Verfügung gezahlten Kaufpreis zum „erlangten" Kaufpreis. Der Veräußerer, der den Nachzahlungsanspruch gewählt hatte, wurde um alles gebracht. Die Alliierten hatten die Naturalrestitution im Auge. Eine vernünftige Abwicklung durch Nachzahlung hätte meist den Interessen der Parteien näher gelegen, und sie hätte politisch nicht soviel böses Blut gemacht[3].

4. Bei der Naturalrestitution hatte der Veräußerer Zug um Zug gegen die Übergabe des Grundstücks den Kaufpreis zurückzugewähren, soweit er zu seiner freien Verfügung gelangt war. Außerdem fand eine Gesamtabrechnung statt: er hatte die Aufwendungen für die Ablösung von Grundstücksbelastungen zu erstatten; ihm gebührten die Nettonutzungen; andererseits hatte er nutzbringende Verwendungen zu erstatten. Die Währungsumstellung traf den Anspruch des Erwerbers auf Rückgewähr des Kaufpreises. Hier entbrannte ein jahrelanger Kampf. Die Entwicklung in jedem der Geltungsbereiche der Militärgesetze verlief gesondert. Im Bereich des Gesetzes der US-Zone (USREG) wurde durchgehend 10:1 umgestellt. Im Bereich von Westberlin galt das Gleiche. Die Rechtsgrundlage bildete hier die Verordnung der Alliierten Kommandantura Berlin vom 26. Juli 1949. Im Geltungsbereich des britischen Militärgesetzes Nr. 59 wurde zunächst flexibel umgestellt. Man glaubte, den Umstellungssatz dem Einzelfall anpassen zu können. Dies war eine Illusion. So meinte man, das Schicksal des Kaufgeldes in der Hand des Veräußerers als Maßstab verwenden zu können. Die jüdischen Veräußerer waren sämtlich ausgewandert; sonst hätten sie nicht überlebt. Wie sollte nachgeprüft werden können, welches Schicksal das Kaufgeld gehabt hatte? In den meisten Fällen war es zur Deckung des Lebensunterhalts verwandt worden. Schließlich gelangte man auch hier zum Schlüssel 10:1. Die jahrelange Rechtsunsicherheit ging zu Lasten der Parteien[4].

5. Die britischen Richter am Obersten Rückerstattungsgericht ihrer Zone ließen keine Gelegenheit aus, die Öffentlichkeit durch seltsame Urteile zu reizen. Die Sperrung des Kaufpreises durch die Behörden war nicht immer endgültig. In sehr vielen Fällen wurden Beträge für den Lebensunterhalt freigegeben. Der unbefangene Betrachter hat keinen Zweifel, daß diese Gelder zum frei verfügbaren Kaufpreis gehören und daher der Rückgewähr unterliegen. Nicht so die britischen Richter. Der Gesetzeswortlaut („Hat der Berechtigte *bei der* ungerechtfertigten Entziehung . . . die freie Verfügung . . . nicht erlangt . . .") wurde stur so ausgelegt, als ob es dort hieße „im Zeitpunkt der . . . Entziehung". Gegen diese unhaltbare Rechtsprechung liefen die deutschen Gerichte jahrelang Sturm. Die Briten schrieben: „where equity lies in such cases, is a matter of some nicety; we are not prepared to subscribe glibly to the

---

[3] Vgl. Art. 16, USREG; Schwarz, Rückerstattung, S. 177 ff.
[4] Vgl. Art. 44 ff., USREG; Schwarz, Rückerstattung, S. 220 ff., 230 ff.

view that there is even a moral obligation to repay in such cases"[5]. Deutsche Gerichte, meinten sie, seien gewohnt, dem Wortlaut der Gesetze weniger Respekt zu erweisen; sie pflegten ihnen ihre eigenen Begriffe von Treu und Glauben zugrunde zu legen: „but these are somewhat malleable terms which we consider cannot be imported into Law 59 in derogation from its express wording." Und schließlich der letzte Hieb: „würde das deutsche Gericht ... von der bestrafenden Wirkung des Gesetzes ... sowie von der Absicht des Gesetzes sprechen, Härten hervorzurufen, so würde es ins Schwarze treffen. Das Gesetz ist eine drakonische Maßnahme und als nichts anderes anzusehen."[6] Hier war alles falsch gelaufen. Die Wortauslegung des Gesetzes war offensichtlich unhaltbar. Die Belehrung der deutschen Richter über die angelsächsische Rechtsmentalität war überflüssig und auch falsch, denn das englische Richterrecht ist mit den Grundsätzen der equity errichtet worden; und die Bezeichnung der Rückerstattungsgesetze als drakonische Maßnahme war eine völlige Verkennung des Zwecks dieser Gesetze: Unrecht sollte wiedergutgemacht werden. Härten waren, wo immer möglich, zu vermeiden.

Den Anlaß zu den meisten Härten hatten die Alliierten Regierungen selbst geschaffen: sie hätten bei der Währungsumstellung deren Folgen im Bereich der Rückerstattung bedenken müssen. Die Pflichtigen wurden zu Geldwertbesitzern; die Berechtigten wurden zu Sachwertbesitzern. Dies war für die Pflichtigen ein harter Verlust. Nicht alle von ihnen waren Ausbeuter der Not der Juden gewesen. Es gab nicht wenige Fälle der Hilfe. Die Zweit- und Dritterwerber waren moralisch überhaupt nicht angreifbar. Die volle Last der Währungsreform den Pflichtigen aufzubürden war ungerecht. Es war zudem ein schwerer legislativer Fehler, weil die Mehrzahl der Streitfragen darin ihren Grund hatte. Die Gerichte waren überfordert. Die Rechtsunsicherheit war groß. Und die politische Wirkung war denkbar unerfreulich. Jahrelang wurde politisch gegen die Rückerstattung in den Parlamenten Sturm gelaufen.

Wie so oft, halfen sich hier viele der Parteien selbst: sie verglichen sich. Den gerichtlichen Instanzen war eine Schiedsinstanz vorgeschaltet. Hier wurden rund 70 Prozent aller Verfahren verglichen. Weitere 25 Prozent endeten in der ersten Instanz durch Urteil oder Vergleich. Das Aufgebot an Scharfsinn in den Urteilen der Gerichte und in den Schriftsätzen der Parteien war oft bewundernswert. Aber niemand wollte dies haben: Schluß mit dem Rechtsstreit und eine klare Rechtslage waren gewollt. Diese Lösung war auch politisch erwünscht. Es sollte nicht allzuviel böses Blut entstehen[7].

6. Allen Gesetzgebern der Rückerstattung war klar, daß in nicht wenigen Fällen der Erwerber von lauteren Motiven beseelt war. Deshalb war in allen Gesetzen vorgesehen, daß die Rückerstattung entfalle, wenn der Erwerber die Vermögensinteressen des Veräußerers „in besonderer Weise und mit wesentlichem Erfolg, insbesondere durch Mitwirkung bei einer Vermögensübertragung ins Ausland oder durch ähnliche Maßnahmen wahrgenommen hat."[8] Ganz gewiß war dies ein Grund zum Ausschluß

---

[5] Entscheidung des Obersten Rückerstattungsgerichts für die Britische Zone, Board of Review (BOR), Herford, v. 17. 4. 1952, BOR 51/312, vgl. Rechtsprechung zum Wiedergutmachungsrecht (RzW) 3 (1952), S. 185.
[6] Ebenso Board of Review, Herford, v. 29. 11. 1952, BOR 52/354, vgl. RzW 4 (1953), S. 49 ff.
[7] Vgl. Schwarz, Rückerstattung, S. 354 ff.
[8] Art. 4, USREG; vgl. dazu Schwarz, Rückerstattung, S. 107 ff.

der Rückerstattung, aber ebenso gewiß nicht der einzige. Er erwies sich als notwendig, diesem Tatbestand den Charakter der Beispielhaftigkeit zu verleihen. Es galt, die Berufung auf Treu und Glauben (exceptio doli) für das Recht der Rückerstattung durchzusetzen, obwohl sie an keiner Stelle ausdrücklich erwähnt wird. Da gab es z. B. die Tarnungsfälle: der Veräußerer hatte verschwiegen, daß er Verfolgter war. War er verpflichtet, dies zu offenbaren? Hatte der Erwerber nicht danach gefragt, wäre dies zu verneinen. Bei ausdrücklichem Verlangen, den Status zu offenbaren, wäre eine verneinende Antwort als arglistige Täuschung anzusehen. Ohne eine gezielte Frage verneinte das Oberste Gericht im Bereich des amerikanischen Militärgesetzes Nr. 59 in einem Fall aus der Spätzeit (1939) die freiwillige Offenbarungspflicht: es hätte ein Übermaß an menschlicher Haltung erfordert, etwas zu tun, was mit Sicherheit schreckliche Folgen gehabt hätte[9]. In einem Fall von barer Unanständigkeit versagte ein Landgericht dem verfolgten Veräußerer die Rückerstattung eines Ackers, den der Pächter nur bezahlen konnte, indem er sein gesamtes Vieh verkaufte[10].

Eine eigene Gruppe waren die Fälle des Verzichts: der Veräußerer blieb untätig oder erklärte ausdrücklich, er wolle von seinem Recht keinen Gebrauch machen. Er ahnte nicht, was er damit in Bewegung setzte. Nicht geltendgemachte Ansprüche wurden als versäumte Ansprüche angesehen, die automatisch auf eine dafür geschaffene Organisation übergingen.

7. Die Schaffung jüdischer Nachfolge-Organisationen war offensichtlich notwendig. Der Vernichtungsfeldzug des Dritten Reichs hatte in sehr vielen Fällen ganze Familien ausgerottet. Viele von den Umgekommenen besaßen Vermögen im Bereich der Rückerstattungsgesetze. Ohne eine gesetzliche Regelung wäre in den Fällen totaler Erblosigkeit der jeweilige Landesfiskus Erbe geworden. Dies war natürlich unannehmbar. Daher die Schaffung einer Organisation, deren Aufgabe es war, das erblose rückerstattungspflichtige Vermögen zu identifizieren, die Ansprüche zu realisieren und den Erlös den jüdischen Organisationen für caritative Zwecke zur Verfügung zu stellen. Die Fälle der Säumigkeit wurden den Fällen der Erblosigkeit gleichgestellt, weil man davon ausging, daß entfernte, in der ganzen Welt verstreute Erben aus Unkenntnis die Frist versäumen würden. Es gab in jeder der drei westlichen Besatzungszonen und in Westberlin eine Nachfolge-Organisation. Sie haben mit viel Erfolg ihre Aufgaben wahrgenommen. Ihr Arbeitsgebiet waren Grundbesitz, Betriebe, Bankkonten und -depots, Kunstwerke und Schmuck. Sie nahmen sich auch des Vermögens der aufgelösten jüdischen Gemeinden und Körperschaften an und betrieben die notwendigen Verfahren. Nach einigen Jahren verkauften sie die noch nicht realisierten Ansprüche und das noch nicht realisierte Vermögen an die deutschen Länder. Dadurch gerieten die Länder in die wenig angenehme Lage, in den noch schwebenden Rückerstattungsverfahren ihren Landsleuten gegenüber als Rückerstattungsgläubiger auftreten zu müssen. Die Nachfolge-Organisationen haben rund 350 Millionen DM an ihre Auftraggeber ausgeschüttet. Der Wert aller Rückerstattungsansprüche wird auf rund 3,5 Milliarden DM geschätzt. Der Anteil von 10 Prozent bezeugt die vorzügliche Arbeit der Nachfolge-Organisationen.

---

[9] Entscheidung des Obersten Rückerstattungsgerichts für die amerikanische Zone, Court of Restitution Appeals (CORA) v. 18. 12. 1956, siehe bei Schwarz, Rückerstattung, S. 110.
[10] Entscheidung der Wiedergutmachungskammer Regensburg v. 19. 11. 1949, II WK-V-34/49.

Meldete sich ein säumiger Berechtigter, so konnte er im Billigkeitsverfahren das von der Organisation Erstrittene gegen Erstattung der Kosten übernehmen. Nur die Fälle, in denen der Berechtigte gar nichts haben wollte, waren schwierig. Der Verzicht des Veräußerers mußte frist- und formgerecht erklärt werden. Viele hatten kein Verständnis für diese formale Regelung und waren empört, als die Nachfolge-Organisation trotz ihres Widerspruchs die gesetzlichen Rechte wahrnahm. Einer von ihnen schrieb, er würde sich schämen, Ansprüche zu stellen, da der Erwerber ein wirklich guter, alter Judenfreund war. In einem Urteil aus dem Jahre 1951 ignorierte dies das Oberste Gericht im Bereich des amerikanischen Militärgesetzes Nr. 59 mit der bequemen Begründung, das Gesetz sei unverrückbar. Das Land Bayern durfte diesen häßlichen Rechsstreit führen. Der Finanzminister meinte, er sei über diesen Vermögenszuwachs nicht glücklich. Im Jahre 1957 hatte sich die Einstellung dieses Gerichts geändert: hier hatte ein Unternehmer den Betrieb an drei langjährige Angestellte verkauft, um ihre Altersversorgung sicherzustellen; er hatte ihnen dies lange vor 1933 versprochen. Das Land Bayern wandte umsonst Frist- und Formmängel des Verzichts ein. Immerhin hatte es Jahre gedauert, bis das Oberste Gericht die Berufung auf Treu und Glauben trotz formaler Mängel zuließ[11]. Es ist in der Tat eine der allerschwierigsten Aufgaben des Richters, entgegen dem Wortlaut des Gesetzes in einer Konfliktsituation gegen das geschriebene Gesetz und für das ungeschriebene Gesetz zu entscheiden.

8. Als Entziehung galt entweder Weggabe durch Rechtsgeschäft oder Wegnahme durch Staatsakt. Dem stand der Mißbrauch eines Staatsaktes gleich. Die Zwangsversteigerung von Grundbesitz war rechtmäßig, wenn rechtmäßig eingegangene Verbindlichkeiten eingetrieben wurden. Die Zwangsversteigerung wegen ungesetzlicher Sonderabgaben (Reichsfluchtsteuer, Judenvermögensabgabe) war ein Mißbrauch[12]. Mißbrauch aber war es auch, wenn der betreibende Gläubiger, der Ersteigerer und der Staat sich zusammengetan hatten, um ein Meistgebot weit unterhalb des Verkehrswerts zu manipulieren und angesichts des Unterschieds zwischen Zuschlagspreis und Verkehrswert dem Staat einen hohen „Arisierungsgewinn" entstehen zu lassen. Mit diesem Arisierungsgewinn beteiligten die beiden anderen Mitspieler den Staat am Geschäft und sicherten sich so das Wohlwollen der Beamten bei künftigen Entscheidungen[13]. Mißbrauch lag auch vor, wenn ein Zinsrückstand von wenigen Monaten trotz offensichtlicher Sanierungsmöglichkeit zum Anlaß genommen wurde, die Zwangsversteigerung einzuleiten. Zweifelhaft waren die Fälle, in denen der jüdische Eigentümer das Grundstück vorsätzlich preisgab, weil er es voll belastet hatte, um mit diesen Mitteln seine Auswanderung zu finanzieren. Der loyale Erwerber hatte mit diesen Vorgängen nichts zu tun. Wer bewußt sein Grundstück opferte, um andere, ihm wichtigere Vorteile zu erlangen, wird kaum die von ihm in Kauf genommene Versteigerung als Mißbrauch bezeichnen können. Ein eindeutiger Mißbrauch eines

---

[11] Vgl. Ernest H. Weismann, Die Nachfolge-Organisationen, in: Friedrich Biella usw., Das Bundesrückerstattungsgesetz, München 1981, (= Die Wiedergutmachung nationalsozialistischen Unrechts durch die Bundesrepublik Deutschland, Bd. 2, hrsg. v. Bundesminister der Finanzen in Zusammenarbeit mit Walter Schwarz), S. 725 ff.
[12] Vgl. Schwarz, Rückerstattung, S. 153 ff.
[13] Entscheidung des Obersten Rückerstattungsgerichts für die amerikanische Zone (ORG), Nürnberg, v. 12. 12. 1956, ORG/III/569, vgl. RzW 8 (1957), S. 97.

Staatsaktes lag vor, wenn eine angebliche Gläubigerin eines Anwalts nach dessen Auswanderung gegen ihn ein Versäumnisurteil erwirkte, und mit diesem Urteil dessen Schmuck an sich brachte, den er nach seiner Flucht aus Paris in einer dortigen Bank hatte zurücklassen müssen.

9. Die deutschen Richter haben ihre Aufgabe, ein völlig neues Recht anzuwenden, mit großem Erfolg bewältigt. Es gab Entscheidungen von Oberlandesgerichten, deren Niveau das der Obersten Gerichte überstieg. In dem Bereich des britischen Militärgesetzes Nr. 59 haben sie sich mit ihrer langjährigen Fronde gegen ihr Oberstes Gericht in die deutsche Rechtsgeschichte eingeschrieben. Die Obersten Gerichte waren ursprünglich nur mit Richtern aus den Ländern der Alliierten besetzt. Das Oberste Gericht für Berlin hatte von Anfang an hälftig Alliierte und hälftig deutsche Richter, unter einem neutralen Vorsitzenden. So wurde ab 1955 bei den anderen Gerichten auch verfahren. Diese Zusammensetzung lag ganz offensichtlich im Interesse der Sache. Die Unterschiede zwischen der kontinentalen und der angelsächsischen Rechtsmentalität waren sehr groß. Besonders gravierend wirkte sich dies in der Periode vor der Beiziehung deutscher Richter aus, als die angelsächsischen Richter die Unterschiede ihres Rechtssystems zum kontinentalen erst kennen lernen mußten. Trotzdem war es bewundernswert, mit welchem Einfühlungsvermögen sie das deutsche Recht zu bewältigen suchten. Daran ändert nichts, daß in Einzelfällen unüberbrückbare Gegensätze auftraten. Die trockene Gemessenheit des Stils der Briten wandelte sich bei den Amerikanern in saftige Drastik und hemdsärmelige Offenheit. Einer dieser Richter wollte die absolute Nutzlosigkeit eines Gebäudes dartun, das der Erwerber auf dem rückerstattungspflichtigen Grundstück während seiner Besitzzeit erstellt hatte, und dessen Nutzen für den Veräußerer er nachweisen mußte: es nutze ihm soviel, wie die dreimalige tägliche Fütterung aller Fische des Ozeans mit Bretzeln[14]. Die Franzosen waren der kontinentalen Rechtsmentalität verhaftet, aber ihre Urteile unterschieden sich in der Form von den deutschen Entscheidungen. Ein französischer Richter am Obersten Gericht der französischen Zone schrieb: „Gewiß besitzt das deutsche Urteil nicht die stilistische Schönheit des französischen; es ist aber bedeutend wirkungsvoller, da es, wenn auch manchmal schwerfällig in der Form, eine Frage erschöpfend behandelt; in der französischen Gerichtspraxis bedürfte es hierzu mehrerer Entscheidungen. Durch seine übermäßig gekürzte und zusammengedrängte Begründung wird das französische Urteil elliptisch; durch das Übermaß von Erörterungen führt das deutsche Urteil manchmal zu Unklarheiten."[15]

Das Deutsche Reich als Entzieher von feststellbaren Gegenständen innerhalb und außerhalb Deutschlands

1. Das Deutsche Reich war der größte aller Entzieher. Während die individuelle Rückerstattung sich auf noch vorhandene Grundstücke und Betriebe beschränkte, spielten bei den Raubzügen des Deutschen Reichs in Deutschland und später in Europa vor allem bewegliche Gegenstände eine Rolle: Wertpapiere, Gold, Silber,

---

[14] Entscheidung des Court of Restitution Appeals v. 22. 4. 1953, IV, 236 (238), siehe bei Schwarz, Rückerstattung, S. 246.

[15] Siehe bei Schwarz, Rückerstattung, S. 322.

Edelsteine, Schmuck, Kunstgegenstände. Das meiste davon war nach dem Zusammenbruch nicht mehr vorhanden oder greifbar. Für den schuldhaften Verlust haftete das Reich auf Schadensersatz in Geld im Verhältnis von eins zu eins. An die Stelle der rechtlichen Fiktion „Deutsches Reich" in den Rückerstattungsgesetzen trat im Bundesrückerstattungsgesetz (1957)[16] die Bundesrepublik Deutschland als Schuldner ein. Die Beute des Reiches im Ausland führte dann zum Schadensersatz, wenn die entzogenen Gegenstände nachweislich in den Geltungsbereich der Rückerstattungsgesetze, also in das Gebiet der Bundesrepublik oder Westberlins gelangt oder verbracht worden waren. Die Raubaktionen des Reiches während des Krieges in den besetzten Gebieten waren sorgfältig geplant und wurden exakt durchgeführt. In Frankreich, Belgien und den Niederlanden konnte der Weg des Beuteguts – meist Hausrat, Wertpapiere, Edelmetall und Kunstgegenstände – in der Regel einwandfrei bis in das Bundesgebiet nachgezeichnet werden. Durch Absprache zwischen der Bundesrepublik und den beteiligten Regierungen gelang es, viele zehntausende von Ansprüchen in kurzer Zeit in einem summarischen Verfahren zu klären und zu befriedigen, wobei die Bewertung einzelner Gegenstände nach Arten pauschalisiert wurde. Alle Beteiligten waren zufrieden, denn sie kamen schnell zu ihrem Geld.

2. Sehr viel schwieriger war die Nachzeichnung des Weges, den das Beutegut in Osteuropa genommen hatte. Immerhin gab es auch dort bestimmte geplante Beuteaktionen, die in bestimmten Gebieten, zu bestimmten Zeiten und für bestimmte Gegenstände durchgeführt worden waren und mit der Verbringung der Beute in das Bundesgebiet endeten. Für diese abgrenzbaren Tatbestände wurde eine gesetzliche Vermutung eingeführt[17]. Jenseits dieser Vermutungsbereiche gab es ungezählte Entziehungen und ungezählte Versuche, sie zu beweisen. Die meisten Versuche scheiterten an der Beweisnot. Im Bereich des Ostblocks waren dokumentarische Beweismittel kaum zu erlangen; die Behörden waren nicht kooperativ; Zeugen konnten nicht gerichtlich vernommen werden. Offizielle Rechtshilfe wurde verweigert. Der Zufall spielte eine große Rolle. Bei unmittelbaren Besuchen im Ostblock gelang es mitunter, wertvolles Material privat zu beschaffen. Die Versuchung zur Manipulation von Beweismitteln war sehr groß. Die nachweislich entzogenen und verbrachten Gegenstände wurden im Verhältnis von eins zu eins entschädigt. Oft wurde mit gekauften Zeugen gearbeitet. Die Wegnahme und Verbringung einer international berühmten Gemäldesammlung aus Budapest nach der Bundesrepublik war so überzeugend mit einschlägigen Aussagen ausgestattet worden, daß ein Gericht dem Vertreter des Deutschen Reichs riet, einen Millionenvergleich abzuschließen, wenn er nicht riskieren wolle, in das Mehrfache dieser Summe verurteilt zu werden. Die Sache flog auf, als der Hauptzeuge als gekauft entlarvt wurde. Die Phantasie der Antragsteller war mitunter eindrucksvoll. Es ging einmal um das sehr wertvolle Lager einer jüdischen Fabrik in Polen, das angeblich in einem deutschen Güterzug unter Militärbegleitung in das Gebiet der Bundesrepublik verbracht worden war. Es wurde eine Zeitungsan-

---

[16] Siehe Bundesgesetz zur Regelung der rückerstattlichen Geldverbindlichkeiten des Deutschen Reichs und gleichgestellter Rechtsträger (BRüG), v. 19.7. 1957, Bundesgesetzblatt (BGBl.) I, S. 734 ff.

[17] Erste Verordnung zur Durchführung des BRüG v. 14.5. 1965, BGBl. III, S. 420 ff.; vgl. Wirth, Entziehung von Sachvermögen außerhalb des Geltungsbereichs des Bundesentschädigungsgesetzes, in: Biella usw., Rückerstattungsgesetz, S. 233.

zeige vorgewiesen, in der unter Angabe des Abfahrtsorts und der Zugnummer nach dem Begleiter des Transports gefragt wurde. Dieser hatte sich auch prompt gemeldet und sagte wunschgemäß aus. Leider erwies sich die Zeitungsanzeige als nicht ernsthaft gewollt; sie sollte lediglich den Auftritt des Zugbegleiters glaubhaft machen. Dieser Zeuge war gekauft.

Die Geschädigten, die ihre Ansprüche gegen das Reich nicht rechtzeitig angemeldet hatten, wurden nicht ausgeschlossen. Für sie wurde ein Härtefonds von 400 Millionen DM geschaffen, der in Anlehnung an die gesetzlichen Vermutungen angemessene Beihilfen vorsah.

Die individuelle Rückerstattung hat, so schätzt man, einen Umfang von 3 bis 3,5 Milliarden DM gehabt. Sie war am Ende der sechziger Jahre beendet. Die Zahlungen nach dem Bundesrückerstattungsgesetz (Ansprüche gegen das Deutsche Reich) haben bis jetzt rund 4 Milliarden DM erreicht[18].

Grundsätzliches zur Entschädigung

1. Verglichen mit der Rückerstattung, ist die Entschädigung von ursprünglich geringen Ausmaßen zu einer gigantischen Größe gewachsen: Sie hat bis jetzt 80 Prozent sämtlicher Geldmittel der Wiedergutmachung beansprucht, und das sind bis heute rund 60 Milliarden DM. Man schätzt ihren endgültigen Umfang um das Jahr 2000 oder noch darüber hinaus mit rund 75 Milliarden DM.

Die Entschädigung begann in der Form spontaner Fürsorge und entwickelte sich rasch zu landesgesetzlichen Regelungen; das bei weitem umfassendste und beste Entschädigungsgesetz war wiederum das der US-Zone. Im Bonner Überleitungsvertrag, der das Besatzungsstatut ablöste, und im Protokoll Nr. 2 zu den Haager Vereinbarungen mit Israel von 1952 wurde die Regelung des Entschädigungsgesetzes in der amerikanischen Zone festgeschrieben. Die erste bundesgesetzliche Regelung war das übereilt hergestellte Bundesergänzungsgesetz von 1953, dem bald das gut durchgearbeitete Bundesentschädigungsgesetz von 1956 (kurz: BEG) folgte. 1965 wurde die bestehende Gesetzgebung durch ein Schlußgesetz zum Teil weitgehend verbessert[19].

2. Der Kreis der entschädigungsberechtigten Verfolgten mußte notwendig eingegrenzt werden. Man einigte sich auf ein subjektiv-persönliches Territorialitätsprinzip: der Verfolgte mußte zu bestimmten Zeitpunkten in bestimmten räumlichen Beziehungen zu einem Land der Bundesrepublik gestanden haben. Die Regelung war sehr kompliziert. Der wichtigste Stichtag war der 31. Dezember 1952: zu diesem Zeitpunkt mußte der Verfolgte seinen Wohnsitz oder dauernden Aufenthalt im Geltungsbereich des Bundesentschädigungsgesetzes (Bundesrepublik oder Westberlin) haben, oder vor seinem Tode oder vor seiner Auswanderung gehabt haben, oder er mußte in den Geltungsbereich des Bundesentschädigungsgesetzes nach dem Stichtag übergesiedelt sein, wobei sein letzter Wohnsitz im früheren Reichsgebiet nach dem Stande

---

[18] Vgl. Schwarz, Rückerstattung, S. 345 ff.; Bericht der Bundesregierung über Wiedergutmachung und Entschädigung für nationalsozialistisches Unrecht sowie über die Lage der Sinti, Roma und verwandter Gruppen v. 31. 10. 1986, Deutscher Bundestag, Drucksache 10/6287.

[19] Siehe Bundesergänzungsgesetz (BErG) v. 18. 9. 1953, BGBl. I, S. 387 ff.; Bundesentschädigungsgesetz (BEG) v. 29. 6. 1956, BGBl. I, S. 559 ff.; Bundesentschädigungs-Schlußgesetz (BEG-SG) v. 14. 9. 1965, BGBl. I, S. 1315 ff.

vom 31. Dezember 1937 gelegen war. Das Gleiche galt für den früheren Wohnsitz in der Freien Stadt Danzig. War der Verfolgte außerhalb des Geltungsbereichs gestorben, so galt seine Witwe, wenn sie von der Verfolgung mitbetroffen war, nach ihrer Übersiedlung in den Geltungsbereich als Berechtigte. Besondere Vorschriften galten für die sogenannten Heimkehrer, die Sowjetzonenflüchtlinge und die früheren Insassen der von den Alliierten errichteten Läger für „Displaced Persons"[20].

Der entscheidende Schritt in dieser notwendig kasuistischen Regelung war die Einbeziehung der Verfolgten aus der DDR. Dies war der konkrete Ausdruck des politischen Willens der Bundesrepublik, das ganze Deutschland zu vertreten. In der DDR gab es keine Wiedergutmachung, mit Ausnahme eines „Ehrensolds" für dort ansässige Verfolgte. Die Bundesrepublik hat freiwillig einen großen Teil der Entschädigungslast der DDR als eigene Bürde übernommen.

3. Das Prinzip der örtlichen Bezogenheit mußte aber zwei Ausnahmen dulden. Die Verfolgten mit Wohnsitz in anderen Ländern werden vom Völkerrecht auf Ansprüche gegen ihre eigene Regierung verwiesen. Die Bundesrepublik hat elf betroffene europäische Regierungen mit insgesamt 1 Milliarde DM bei der Abfindung der Ansprüche dieser Verfolgten unterstützt[21]. Aber die Staatenlosen und die politischen Flüchtlinge hatten keinen Staat, an den sie sich hätten wenden können; deshalb mußten sie in das BEG einbezogen werden. Eine zweite Gruppe ohne örtliche Beziehung waren die aus ihrer ausländischen Heimat vertriebenen und außerdem verfolgten Volksdeutschen, die dem „deutschen Sprach- und Kulturkreis" angehörten. Diese Formel hat ungeahnte und schreckliche Folgen gehabt[22].

4. Die Verfolgungsgründe waren umfassend: rassische, religiöse oder weltanschauliche Verfolgung, politische Gegnerschaft sowie individueller Widerstand gegen die „Mißachtung der Menschenwürde oder das ... auch im Kriege nicht gerechtfertigte Vernichten von Menschenleben", ferner die Hinterbliebenen von verstorbenen Verfolgten, die nahen Angehörigen eines Verfolgten und irrtümlich Verfolgte[23].

Der Gesetzeskörper des BEG wird von zahlreichen Durchführungsverordnungen[24] flankiert, die den notwendig abstrakt formulierten Gesetzestext interpretieren und zum Teil außerordentlich detaillierte Regelungen enthalten, die das freie Ermessen der Verwaltung im Interesse der Gleichmäßigkeit der Leistungsfestsetzung einschränken. Das BEG wird von den Ländern ausgeführt; die Entschädigungslast wird – mit Ausnahme des Landes Berlin – zwischen Bund und Ländern hälftig verteilt[25].

---

[20] Vgl. § 4, BEG.
[21] Vgl. Ernst Féaux de la Croix u. Helmut Rumpf: Der Werdegang des Entschädigungsrechts unter national- und völkerrechtlichem und politologischem Aspekt, München 1985 (= Die Wiedergutmachung nationalsozialistischen Unrechts durch die Bundesrepublik Deutschland, Bd. 3, hrsg. vom Bundesminister der Finanzen in Zusammenarbeit mit Walter Schwarz), S. 211 ff.
[22] Vgl. §§ 150, 160 ff., BEG.
[23] Vgl. § 1, BEG.
[24] Vgl. Erste Durchführungsverordnung zum Bundesentschädigungsgesetz (1. DV-BEG) v. 13. 4. 1966, in: BGBl. I, 1966, S. 292 ff.; Zweite Durchführungsverordnung zum Bundesentschädigungsgesetz (2. DV-BEG) v. 31. 3. 1966, in: BGBl. I, 1966, S. 285 ff.; Dritte Durchführungsverordnung zum Bundesentschädigungsgesetz (3. DV-BEG) vom 28. 4. 1966, in: BGBl. I, 1966, S. 300 ff.
[25] Vgl. § 172 ff., BEG.

Die Schädigungsarten

Die Entschädigungsleistung ist in Schadenskategorien aufgeteilt: Schaden an Leben, an Körper und Gesundheit, an Freiheit, an Eigentum und Vermögen (insbesondere Zahlung von Sonderabgaben), Schaden im beruflichen und im wirtschaftlichen Fortkommen. Unter diesen Gruppen ragen zwei heraus: die Gesundheitsschäden und die Berufsschäden[26]. Sie umfassen zusammen annähernd die Hälfte aller Ansprüche.

1. Der Schaden am Leben konnte problemlos abgewickelt werden. Er war gegeben, wenn der Verfolgte getötet oder in den Tod getrieben worden war, oder wenn der Verfolgte im Lager oder während einer Freiheitsentziehung oder innerhalb von acht Monaten danach gestorben war. Hier wurde der Kausalzusammenhang zwischen Verfolgung und Tod vermutet[27].

Der Schaden an Freiheit umfaßte nicht nur die Freiheitsentziehung durch Organe des Dritten Reichs, sondern auch durch dessen Satelliten. Maßgebend war, ob und wann der vom Reich abhängige Staat zu den Maßnahmen der Freiheitsentziehung veranlaßt worden war. Nach jahrelangen zeitgeschichtlichen Forschungen, mit denen die Justiz überfordert war, entschloß man sich, ein bestimmtes Datum als Beginn der Periode der „Veranlassung" anzusehen[28].

Der gesetzliche Anspruch umfaßte auch Freiheitsbeschränkungen wie etwa das Tragen des Judensterns oder das Leben in der Illegalität unter menschenunwürdigen Bedingungen. Dies wurde vermutet, wenn der Verfolgte unter falschem Namen gelebt hatte. Diese erst 1965 eingefügte Vorschrift hatte eine Vorgeschichte. Man sollte annehmen, daß Leben unter falschem Namen stets menschenunwürdig ist. So jedenfalls dachte der Wiedergutmachungsausschuß des Bundestags für das Bundesentschädigungsgesetz 1956. Erstaunlicherweise war der Bundesgerichtshof während vieler Jahre anderer Ansicht: er meinte, das Leben in der Illegalität sei als solches nicht menschenunwürdig, denn sonst hätte der Gesetzgeber die Worte „unter menschenunwürdigen Bedingungen" nicht hinzugefügt. Es müßten vielmehr weitere Umstände hinzutreten, die das Leben des Verfolgten auf das eines Häftlings herabdrückten. Daß Leben unter falschem Namen stets menschenunwürdig ist, vermochte der Bundesgerichtshof nicht einzusehen. Der Gesetzgeber des Bundesentschädigungs–Schlußgesetzes (BEG-SG) mußte ihn eines Besseren belehren[29]. Die Länder hatten in dieser Frage dem Bundesgerichtshof die Gefolgschaft versagt. Dies hatten sie auch in einer Reihe anderer Streitfragen getan und ihre Entschlossenheit, dem Bundesgerichtshof nicht zu folgen, in einer berühmt gewordenen Ländervereinbarung von 1959 niedergelegt. Dies war die Sternstunde der so oft und sehr zu Unrecht unterschätzten Verwaltung.

---

[26] Vgl. § 28 ff., § 65 ff., BEG.

[27] Vgl. § 15 ff., BEG.

[28] Vgl. § 43 ff., BEG; Heinz Klee, Die besonderen Gruppen von Verfolgten, in: Hans Giessler usw., Das Bundesentschädigungsgesetz. Zweiter Teil (§§ 51 bis 171 BEG), München 1983 (= Die Wiedergutmachung nationalsozialistischen Unrechts durch die Bundesrepublik Deutschland, Bd. 5, hrsg. vom Bundesminister der Finanzen in Zusammenarbeit mit Walter Schwarz), S. 450 ff.

[29] Vgl. Klee, Der Härteausgleich nach § 165 BEG, in, Giessler usw., Das Bundesentschädigungsgesetz. Zweiter Teil, S. 457 ff.

Ängstlichkeit, mangelnder Mut zur Sinninterpretation angesichts eines notwendig unvollkommenen, weil experimentellen Gesetzes und Unsicherheit angesichts des Fehlens jeglicher Vorbilder charakterisieren die Rechtsprechung des Bundesgerichtshofs in den fünfziger Jahren. Dieses Bild hat sich später entscheidend geändert. In den sechziger und siebziger Jahren hat die Rechtsprechung des Bundesgerichtshofs höchst eindrucksvolle Proben von Verständnis und schöpferischer Phantasie geliefert.

2. Im Vordergrund des Gesundheitsschadens stand der Nachweis der Wahrscheinlichkeit des Ursachenzusammenhangs (Kausalität) zwischen Verfolgung und Leiden. Bei Bejahung der Kausalität war die verfolgungsbedingte Minderung der Erwerbsfähigkeit (MdE) festzusetzen. Hier gab es die magische Grenze von 25 Prozent, die erreicht sein mußte, wenn eine Rente zugesprochen werden sollte. Dabei kam der ärztliche Gutachter oft in die wenig angenehme Situation, durch eine entsprechende Bemessung der Minderung der Erwerbsfähigkeit Schicksal spielen zu müssen. Die Höhe der Rente richtete sich nach den persönlichen und wirtschaftlichen Verhältnissen des Verfolgten und natürlich auch nach der Höhe der Minderung der Erwerbsfähigkeit.

Der Gesetzgeber überließ nicht alles den Medizinern. Er legte in einer Durchführungsverordnung fest, was unter einer Verschlimmerung früherer Leiden, und was unter anlagebedingten Leiden zu verstehen sei. Eine Verschlimmerung lag vor, wenn sich der Krankheitswert eines früheren Leidens durch die Verfolgung erhöht hatte. Das Wort „Krankheitswert" führte zu einem Grundsatzstreit zwischen Medizinern und Juristen. Die Mediziner verstehen darunter jegliche Abweichung von der Norm. Der Bundesgerichtshof hielt die Abweichung von der Norm für unerheblich und stellte auf die Leistungsfähigkeit ab. Eine Abweichung von der Norm, die niemals die Leistungsfähigkeit des Verfolgten beeinträchtigt habe, könne keinen Krankheitswert besessen haben. Ein solches früheres Leiden ohne Krankheitswert könne sich nicht verschlimmert haben. Es sei vielmehr ein neues Leiden festzustellen. Dies machte einen großen Unterschied bei der Festsetzung der Entschädigung: bei der Verschlimmerung eines früheren Leidens, bei der sich die Verlaufsrichtung des Leidens nicht geändert hatte, wurde nur die Verschlimmerung ärztlich bewertet; bei einem neuen Leiden wurde die gesamte Krankheit bewertet. Der Bundesgerichtshof ging davon aus, daß der Durchschnittsmensch den Krankheitswert nicht nach den Laborbefunden mißt, sondern nach der Beeinträchtigung seiner Arbeitskraft[30].

Die für die medizinische Beurteilung erheblichen Tatsachen und Daten der Verfolgungsgeschichte sind erst allmählich und oft sogar erst in den siebziger Jahren zur Kenntnis der Mediziner gelangt. Dies blieb auf die wissenschaftliche Meinungsbildung nicht ohne Einfluß. Insbesondere auf dem Gebiet der psychiatrischen Leiden kam es zu grundsätzlichen Neubewertungen. Hier wurde eine „Angleichung" der älteren an die modernen Ansichten notwendig, die sich auch in den darauf basierenden Entscheidungen ausdrückte. Im Bundesentschädigungs-Schlußgesetz (BEG-SG) wurde eine totale Kontrolle aller medizinischen Gutachten geschaffen. Wo ein

---

[30] Vgl. Karl Weiss, Schaden an Körper oder Gesundheit aus rechtlicher Sicht, in: Walter Brunn usw., Das Bundesentschädigungsgesetz. Erster Teil (§§ 1 bis 50 BEG). München 1981 (= Die Wiedergutmachung nationalsozialistischen Unrechts durch die Bundesrepublik Deutschland, Bd. 4, hrsg. vom Bundesminister der Finanzen in Zusammenarbeit mit Walter Schwarz), S. 256 ff.

Anspruch aus medizinischen Gründen in vollem Umfang abgewiesen worden war, mußte auf Antrag neu entschieden werden.

3. Das zweite Herzstück der Entschädigung ist der Berufsschaden[31]. Die Entschädigung des Berufsschadens beruht auf einer Pauschalisierung, denn es liegt offen zu Tage, daß nicht jeder einzelne Lebenslauf nachgezeichnet und individuell entschädigt werden kann. Als Maßstab der Pauschalisierung wurde der Bundesbeamte gewählt. An seinen in vier Gruppen gestaffelten Bezügen wird gemessen, in welche von diesen Gruppen der Verfolgte aufgrund seines Einkommens vor der Verfolgung einzureihen ist; wann der Berufsschaden eingetreten ist, und wann dieser Schadenszeitraum endete, nämlich, wenn der Verfolgte wiederum nachhaltig eine ausreichende Lebensgrundlage gefunden hatte. Es konnte unter bestimmten Voraussetzungen eine Kapitalentschädigung oder eine Rente gewählt werden. Die Kapitalentschädigung hatte nur für jüngere Leute Sinn, die Kapital für eine eigene Existenz benötigten. Die Mehrzahl der Geschädigten fuhr besser mit einer Rente. Das Gesetz ermöglichte in vielen Fällen die Anfechtung der irrigen Wahl einer Kapitalentschädigung zugunsten einer Rente[32].

4. Schon in den ersten Ländergesetzen wurde zwischen freiberuflicher und abhängiger Erwerbstätigkeit unterschieden. Es lag auf der Hand, daß bei der Berechnung der Entschädigung die Sozialversicherung der Arbeitnehmer in Rechnung zu stellen war. Die Berechnung von Kapitalentschädigung und Rente war dementsprechend sehr unterschiedlich. Besonders klar wird dies an den Voraussetzungen für die Rentenwahl. Für die freien Berufe galt: keine Ausübung der Erwerbstätigkeit im Zeitpunkt der Entscheidung, die dem Verfolgten eine ausreichende Lebensgrundlage bot, sowie Unzumutbarkeit der Aufnahme einer solchen Erwerbstätigkeit. Dies wurde für den 65-jährigen (bei Frauen 60 Jahre) vermutet. Als ausreichend galt eine Lebensgrundlage, wenn der Verfolgte nachhaltig Einkünfte erzielte, die dem Durchschnittseinkommen von Personen mit gleicher oder ähnlicher Berufsausbildung entsprachen. Diese Einkünfte waren den vergleichbaren Beamtenbezügen entnommen und konnten aus Tabellen abgelesen werden. Die Abstellung dieser Messung auf den Zeitpunkt der Entscheidung des Amtes verführte zur Manipulierung der Einkünfte und deren Verschiebung in neutrale Zeiträume. Die Behörde konnte durch eine schnelle Entscheidung das Rentenrecht verhindern; der Verfolgte konnte durch jahrelanges Prozessieren in das Rentenrecht hineinwachsen.

Für den Arbeitnehmer galt: Vollendung des 65. Lebensjahres und berufliche Arbeitsunfähigkeit von nicht mehr als 50 Prozent. Die Rente errechnete sich nach einem eigenen System, in dem der Schadenszeitraum und die Kapitalentschädigung eine Rolle spielten. Die Rente der Selbständigen konnte den zahlreichen Tabellen entnommen werden. Es gab Höchst- und Mindestrenten.

Das Gesetz stellte auf den Einzelnen ab. Das von einem Ehepaar erarbeitete Einkommen in der Vergangenheit und in der Gegenwart wurde im Gesetz nicht geregelt. Der BGH fand eine rechtsschöpferische Lösung. Er ging davon aus, daß für die Zwecke des Beamtenrechts das gemeinsame Einkommen im Verhältnis von 60 Prozent zugunsten des Mannes und 40 Prozent zugunsten der Frau aufgeteilt wurde.

---

[31] Vgl. § 64 ff., BEG.
[32] Vgl. Art. III, Abs. 4, Ziff. 2, BEG-SG.

Wenn die Tabellen ein gemeinsames Einkommen der Eheleute von 150 Prozent des Fraueneinkommens ausweisen, so entsprechen 40 Prozent des Familieneinkommens 60 Prozent des Tabelleneinkommens der Frau, die damit die Höchstgrenze erreicht hat, was den Schädigungszeitraum beendet[33].

Große Schwierigkeiten bereitete die Berechnung der Einkünfte in ausländischer Währung, die zu den DM-Einkünften der Tabellen in Beziehung gesetzt werden mußten. Die ursprünglichen Berechnungen des Statistischen Bundesamts stellten nur auf die Durchschnittsfamilie ab und berücksichtigten zu wenig die Bedürfnisse der Besserverdienenden. Auch die im Krankheitsfall notwendigen Aufwendungen, die z.B. in USA ungewöhnlich hoch waren und sind, waren nicht hinreichend in Rechnung gestellt worden. Die Kritik des Bundesgerichtshofs brachte neue amtliche Kaufkrafttabellen. Im Wege der „Angleichung" konnten auf Antrag Entscheidungen nachgeprüft werden, die mit den neuen Zahlen nicht in Einklang standen[34].

Die Rente, gleichviel in welchen Schadensarten, hat sich als ein Segen für die Verfolgten erwiesen. Ursprünglich rechnete man wohl mit der Rückkehr von zahlreichen Juden. Diese Annahme erwies sich als irrig. Ihnen galt die Form der Kapitalentschädigung als Starthilfe für eine neue Existenz. Zusätzlich gab es zinsgünstige Darlehen. Beides hat in der Praxis selbst der frühen Jahre keine große Rolle gespielt. Die Verfolgten wuchsen allmählich in das Rentenalter hinein. Sie wählten die Rente, weil sie ihnen die schwierige Entscheidung der Investition abnahm und den großen Vorteil der ständigen Wiederkehr hatte: das Gefühl der Geborgenheit schuf neuen Lebensmut. Renten wirken lebensverlängernd.

5. Die vom Bundesentschädigungsgesetz vorgesehene Entschädigung für Schaden in der Ausbildung (DM 10 000,–) war höchst unzulänglich[35]. Der Schaden in der Ausbildung war sehr oft nicht reparabel, denn der Geschädigte war in der Verfolgungszeit älter geworden, er hatte eine Familie gegründet und war in Ausweichberufen untergekommen. Diese Gruppe ist aber im Rahmen der Sozialversicherung sehr großzügig entschädigt worden.

6. Der Gesetzgeber war sich der Notwendigkeit einer Pauschalisierung des Berufsschadens bewußt, wollte aber, was ihm niemand verübeln kann, dennoch ein Höchstmaß an individueller Gerechtigkeit erzielen. Es hat sich ergeben, daß dieses Bemühen vielleicht mehr Schaden als Nutzen gestiftet hat. Hermann Zorn, Richter am Bundesgerichtshof, vorher Referent im Bundesfinanzministerium und Verfasser des überaus komplizierten Systems der Durchführungsverordnungen, meint: Bei einer stärkeren Pauschalisierung hätte die Abwicklung der Berufsschäden nicht bis in die achtziger Jahre hinein gedauert, sondern wäre bereits in den sechziger Jahren beendet gewesen. Er nimmt als sicher an, daß die Verfolgten sich mit einem gröberen Raster abgefunden hätten[36].

Die Gesundheits- und die Berufsschäden beanspruchen zusammen fast 80 Prozent des Entschädigungsbudgets, und davon sind wiederum je 80 Prozent Renten. Rund

---

[33] Vgl. Hermann Zorn, Existenz-, Ausbildungs- und Versorgungsschäden, in: Giessler usw., Das Bundesentschädigungsgesetz, Zweiter Teil, S. 219; siehe auch ebd. S. 47 ff., 232 ff., 253 ff.

[34] Vgl. Art. IV, Abs. 1, Ziffer 1, BEG-SG.

[35] Vgl. § 115 ff., BEG; Zorn, Existenz-, Ausbildungs- und Versorgungsschäden, in: Giessler usw., Das Bundesentschädigungsgesetz, Zweiter Teil, S. 277 ff.

[36] Vgl. Zorn, ebd., S. 317 ff.

80 Prozent aller Entschädigungsgelder – eine wahrhaft magische Zahl – fließen in das Ausland, zur Hälfte nach Israel. Alle Renten nehmen an den laufenden Erhöhungen der Beamtenbezüge teil.

Staatenlose und Vertriebene

Bei den besonderen Verfolgtengruppen wurden die Ansprüche der Staatenlosen und der anerkannten Flüchtlinge problemlos abgewickelt. Die verfolgten Vertriebenen hatten eine besondere Anziehungskraft, weil dieser Status erheblich mehr Ansprüche in Aussicht stellte, als die Gruppe der Staatenlosen. Mit der Abwicklung dieser beiden Gruppen war das kleinste Land der Bundesrepublik, Rheinland-Pfalz, betraut. Es war dieser Aufgabe in keiner Weise gewachsen. Entscheidend aber war, daß der Zustrom in die Vertriebenengruppe um das Zehnfache die Schätzungen überschritt. Der Gesetzgeber hatte ursprünglich an die Volksdeutschen gedacht, die aus ihrer Heimat jenseits der Grenzen der Bundesrepublik als Deutsche vertrieben und als Gegner des NS-Regimes verfolgt worden waren. Sie sollten nicht schlechter gestellt werden, als die Verfolgten mit Wohnsitz in der Bundesrepublik. Unter diesen Volksdeutschen (meist aus den nach 1918 an Polen abgetretenen Gebieten) waren auch Juden. Aus naheliegenden Gründen scheute man sich, diese Gruppe ethnisch zu definieren. Statt dessen wählte man die wenig glückliche Formel von der Zugehörigkeit zum deutschen Sprach- und Kulturkreis. Die überwältigende Mehrheit der Juden in Osteuropa sprach aber Jiddisch, eine eigene Sprache, die für einen Deutschen ebenso wenig verständlich ist wie etwa Holländisch. Sie konnten über das Jiddische Deutsch verstehen und sich auch darin verständlich machen. Dies war aber gewiß nicht identisch mit der vom Gesetzgeber gewollten Zugehörigkeit zum deutschen Sprach- und Kulturkreis. Die Kultur dieser Menschen war mit ganz wenigen Ausnahmen rein jüdisch. Es war verfehlt, von ihnen eine Erklärung zu erwarten, daß sie dem deutschen Kulturkreis angehörten. Die meisten konnten der Versuchung nicht widerstehen, diese Erklärung abzugeben, obwohl sie ein ungutes Gefühl dabei hatten.

Die deutschen Behörden glaubten, durch schriftliche Sprachprüfungen den Wahrheitsgehalt der Erklärungen testen zu können. Einer, der es satt war zu lügen, schrieb bei dieser Prüfung in sein Heft: „Meine Frau, meine drei Söhne, Mutter und Geschwister nie mehr wiedergesehen. Alle sind in Auschwitz umgekommen. Ich frage mich, wie ich es fertigbringe, hier zu sitzen und mich zum deutschen Kulturkreis zu bekennen". Kein Zeugnis aus der gesamten Wiedergutmachung hat die bittere Wahrheit so ergreifend ausgesprochen[37].

Die Zahlungen an die Vertriebenen werden auf rund 8 Milliarden geschätzt. Leider ist dieses Geld nicht immer richtig verteilt worden, denn die sprachlich Unbeholfenen sind dabei leer ausgegangen.

---

[37] Zitiert nach: Sebaldus Steinbrech (d.i. Walter Schwarz), Sprachprüfung, in: Rechtsprechung zum Wiedergutmachungsrecht (RzW) 17 (1966), S.155.

Die Härtefonds

Für die sehr vielen jüdischen Verfolgten, die überhaupt keine Ansprüche nach dem Bundesentschädigungsgesetz hatten, mindestens ein halbes Jahr in einem Lager waren und deren Erwerbsfähigkeit um mindestens 80 Prozent gemindert war, wurde ein Sonderfonds von 1,2 Milliarden DM geschaffen[38]. Auf Beihilfe aus diesem Fonds bestand ein Rechtsanspruch. Es gab einen Grundbetrag sowie Zuschläge, die nach der Schwere der Verfolgung abgestuft waren. Die endgültige Höhe des Zuschlags hing von den Mitteln ab, die nach Zahlung der Grundbeträge noch zur Verfügung standen. Er setzte einen Wohnsitz im Westen am 31. Dezember 1965 voraus. Aber auch noch nach diesem Stichtag kamen Juden aus Osteuropa in den Westen. Für sie wurde ein zweiter Sonderfonds von 440 Millionen DM geschaffen. Er wird von der Claims Conference verwaltet. Für Nichtjuden wurde zum Ausgleich von Härten ein Sonderfonds von 100 Millionen DM geschaffen. Die Zufallshärte von Stichtagen ist weitgehend durch Fonds ausgeglichen worden. Die Verbesserung der Rechtslage durch die Rechtsprechung wurde durch die Möglichkeit nachträglicher Korrekturen von falschen Entscheidungen ausgeglichen. Es blieb das weite Feld der Ermessensentscheidungen der Verwaltung. Hier schuf ein revolutionäres Urteil des Bundesverfassungsgerichts von 1970[39] die Möglichkeit, eine rechtskräftige Entscheidung der Verwaltung gerichtlich daraufhin nachprüfen zu lassen, ob die Verwaltung ihr Ermessen fehlerfrei ausgeübt hatte. Der Bundesgerichtshof entwickelte hieraus ein umfassendes System von Kriterien einer richtigen Ermessensausübung.

Wiedergutmachung im öffentlichen Dienst und in der Sozialversicherung

1. Die Verfolgungsschäden im öffentlichen Dienst wurden bereits 1951 durch ein besonderes Gesetz erfaßt: der Verfolgte konnte den Wiedereintritt oder den Ruhestand mit nachgeholter Beförderung wählen[40]. Der Zufall, daß der praktische Vorbereitungsdienst der Juristen mit einer Beamteneigenschaft auf Zeit verbunden war, zeitigte seltsame und ungerechte Ergebnisse. Der angehende Ingenieur wurde mit einer Ausbildungsentschädigung von 10 000 DM abgespeist. Der angehende Jurist aber erhielt eine lebenslange Pension als Richter, nur weil er das Glück gehabt hatte, als Referendar aus dem Vorbereitungsdienst ausgeschlossen zu werden. Allerdings mußte er bereit sein, zu erklären, er habe stets Richter werden wollen. Der Wahrheitsgehalt einer solchen Erklärung war nicht nachprüfbar.

2. Im Zuge der großen Rentenreform der siebziger Jahre wurden die Verfolgungsschäden in der Sozialversicherung mit eindrucksvoller Großzügigkeit geregelt[41]. Die

---

[38] Vgl. Art. V, BEG-SG.

[39] Vgl. Entscheidung des Bundesverfassungsgerichts vom 17. 12. 1969, 2 BvR 23/ 65, in: RzW 21 (1970), S. 160 ff.

[40] Vgl. Bundesgesetz zur Wiedergutmachung nationalsozialistischen Unrechts an Angehörigen des öffentlichen Dienstes (BWGöD) v. 15. 12. 1965, BGBl. I, 1965, S. 2073.

[41] Vgl. Hugo Finke, Die Wiedergutmachung nationalsozialistischen Unrechts in der Sozialversicherung, in: Hugo Finke usw., Entschädigungsverfahren und sondergesetzliche Entschädigungsregelungen, München 1987 (= Die Wiedergutmachung nationalsozialistischen Unrechts durch die Bundesrepublik Deutschland, Bd. 6, hrsg. vom Bundesminister der Finanzen in Zusammenarbeit mit Walter Schwarz), S. 305 f.

Verfolgungzeit und die Nachkriegsjahre bis 1949 gelten als voll erfüllte Versicherungszeit trotz nicht entrichteter Beiträge. Wer vor der Verfolgung versicherungspflichtig gewesen war, genoß die Vermutung, daß er dies bis zum Ende seines Arbeitslebens geblieben wäre. Die Kargheit der Entschädigung für Ausbildungsschäden wurde dadurch wieder wettgemacht, daß durch Nachentrichtung von Beiträgen Rentenansprüche begründet werden können.

Recht und Rechtsmißbrauch

Die eigentliche Arbeit wurde von den Entschädigungsämtern geleistet; ihnen oblag die Prüfung der Anmeldungen, die Prüfung der behaupteten Tatsachen anhand dokumentarischer Beweise und Zeugen; sie erstellten die Bescheide und stellten sie den Verfolgten zu. Bei Abweisung kam das Verfahren vor die Gerichte. Die Zahl der Anerkennungen und die der Abweisungen hielt sich etwa die Waage.

Die beiden ersten gerichtlichen Instanzen, das Landgericht und das Oberlandesgericht, waren Tatsacheninstanzen[42]. Nicht selten wurde dort die Aufklärung von Tatbeständen nachgeholt, die von den Ämtern vernachlässigt worden war. Die Revision an den Bundesgerichtshof erfolgte nur nach Zulassung der Revision durch das Oberlandesgericht. Sie mußte zugelassen werden, wenn u. a. eine Rechtsfrage von grundsätzlicher Bedeutung zu entscheiden war, oder wenn es um die Fortbildung des Rechts ging. Die Nichtzulassung konnte mit einer Beschwerde an den Bundesgerichtshof angefochten werden. Der Entschädigungssenat des Bundesgerichtshofs war viele Jahre gänzlich überfordert, und dies trotz der Beschränkung der Revision. Zahlreiche grundsätzliche Rechtsfragen blieben höchstrichterlich unentschieden und führten zu bedauerlichen Stau-Erscheinungen bei der Verwaltung, die ohne den Segen von Karlsruhe nicht handeln durfte. Es war weiterhin sehr bedauerlich, daß in Entschädigungssachen das Monopol der am Bundesgerichtshof zugelassenen Anwälte nicht galt. Der Senat war deshalb meist der Unterstützung erfahrener Sachkenner beraubt. In den unteren Instanzen bestand Anwaltszwang.

Die Zerstreuung der Verfolgten über die ganze Welt, die Notwendigkeit rechtlicher Beratung, das mangelnde Interesse der deutschen Anwälte an der Wiedergutmachung, die geringe Zahl jüdischer Anwälte in der Bundesrepublik und die großen Chancen geldlichen Erfolges, die ein ideologisch Unbefangener klar und realistisch einschätzen konnte, alles dies mußte einen bestimmten Typ von Geschäftsmann produzieren. Unbehindert von anwaltlichen Standesvorschriften und organisatorisch befähigt, schufen diese Manager, die meist im Ausland wohnten, in kurzer Zeit ein Netz von Büros zur Wahrnehmung von Ansprüchen nach dem Bundesentschädigungsgesetz. Sie klärten die Verfolgten über ihre Rechte auf, ermunterten sie zu deren Geltendmachung, bereiteten die Formulare vor, reichten die Anmeldungen ein und betrieben sie, soweit ihnen das möglich war. Im Ernstfall wurde ein Anwalt zugezogen. Die Auftraggeber hatten wenig oder kein Vertrauen in die Ernsthaftigkeit des Willens der Bundesrepublik zur Wiedergutmachung. Sie hatten daher keine Hemmung, Erfolgshonorare zwischen 5 und 25 Prozent zu versprechen. Es gab „Fabriken" mit über hundert Mitarbeitern. Als der „Erfolg" eintrat, gab es riesige Gewinne.

---

[42] Vgl. § 208 ff., BEG.

Immerhin war diesen Unternehmen die Mobilisierung der Massen gelungen, die den Aufklärungskampagnen der Regierung im Ausland nicht gelungen war. Ein gleicher Erfolg im Rahmen der ehemaligen deutschen Juden war der United Restitution Organization (URO) beschieden; sie verbreitete Aufklärung unter den Gruppen dieser Menschen und übernahm die Realisierung ihrer Rechte zu äußerst günstigen Bedingungen. Der URO standen vorzügliche Juristen zur Verfügung. Die den „Fabriken" in den Schoß fallende „Bonanza" konnte zum Mißbrauch verführen: die völlige Anonymität der Auftraggeber, die völlige Beweisnot in Osteuropa und auf der anderen Seite in vielen Fällen eine an Vertrauensseligkeit grenzende Bereitschaft der deutschen Beamten, die Angaben des Antragstellers nicht anzuzweifeln. In einigen Fällen wurde die Gutgläubigkeit der Beamten mißbraucht.

Heilung unverschuldet versäumter Ansprüche

1. In jedem Rechtssystem spielen Fristen eine wichtige Rolle. Besonders gilt dies für Gesetze, die staatliche Leistungen vorsehen. Der Staat muß seinen Haushalt ausgleichen. Hier mußte er wissen, welche Leistungsanforderungen auf ihn zukommen. Daher die zwingende Notwendigkeit der Fristen für die Anmeldung der Ansprüche. Daher auch, auf der anderen Seite, die fieberhaften Anstrengungen der jüdischen Organisationen und der privaten Unternehmer, die potentiellen Antragsteller herauszufinden und sie zur Anmeldung zu veranlassen. In den Zentren der jüdischen Emigration hatte dies Erfolg: in New York, Los Angeles, Montreal, Buenos Aires, Rio de Janeiro, Sao Paulo etc. Außerhalb dieser Zentren spielte oft der Zufall eine Rolle. Nicht alle lasen die Emigrantenpresse. Viele versuchten, ihre Assimilierungsschwierigkeiten mit dem völligen Bruch der Kontakte zu Deutschland und zu allem, was es in deutscher Sprache gab, zu überwinden. Manche waren geographisch von diesen Kontakten abgeschnitten. Dies war der Hintergrund für säumige Antragsteller. Er war leider deutschen Richtern weitgehend unbekannt.

Im Jahre 1971 wies der Bundesgerichtshof den Antrag einer 87-jährigen Frau ab, weil ihr Antrag auf Wiedereinsetzung in den vorigen Stand mangelhaft begründet gewesen sei. Es handelte sich um eine Witwe, die an einem kleinen Platz in Kalifornien allein lebte, von der Anmeldefrist zum 1. April 1958 nichts gewußt hatte, von ihrem Sohn brieflich auf die Möglichkeit der Anmeldung von Ansprüchen aufmerksam gemacht worden war und dann anmeldete sowie Wiedereinsetzung erbat. Dies geschah 1961. Sie war damals 74 Jahre alt. Ihr Antrag wurde in allen Instanzen abgewiesen. Das Verfahren endete mit einem Grundsatzurteil des Bundesgerichtshofs. Der Antrag habe nicht dargetan, wann, wo und wie die Antragstellerin vom Bundesentschädigungsgesetz Kenntnis erhalten habe; diese Angaben müßten so detailliert gehalten sein, daß sie vom Gericht nachgeprüft werden könnten; es sei nicht dargelegt, warum die alte Frau nach dem Erhalt des Briefes ihres Sohnes einige Wochen bis zur Anmeldung habe verstreichen lassen; sie habe „bei üblicher Sorgfalt wie in eigenen Sachen" durch Anfragen bei dem deutschen Konsulat oder bei Emigrantenorganisationen selbst herausfinden können, welches ihre Rechte seien. Die Entscheidung schlug wie eine Bombe ein. Bis dahin war die Praxis der Ämter großzügig gewesen; die Gerichte waren an die von den Ämtern ausgesprochene Wiedereinsetzung in den vorigen Stand gebunden. Das Urteil des Bundesgerichtshofs kam zur Zeit einer großen Welle von Wiedereinsetzungsanträgen: im Jahre 1962 hatte der Bundesgerichtshof entschieden, daß die vor den deutschen Truppen flüchtenden und auf sowjet-russisches Gebiet übertretenden Juden Anspruch auf Ersatz des Gesundheitsschadens wegen der in Sowjet-Rußland erlittenen Schädigungen hatten. Sie mußten für diese ihnen zugesprochenen Ansprüche, die vordem nicht gewährt worden waren, die Wiedereinsetzung beantragen. Alle diese Anträge waren mehr oder weniger gleichlautend begründet: es hatte sich ja herumgesprochen, was sich geändert hatte. Die Anträge waren, nach Lage der Dinge, monoton. Dies gefiel den Richtern des Bundesgerichtshofs nicht. Sie bestanden darauf, daß der Tag und der Ort und die Umstände der Erlangung der Kenntnis zu Papier hätten gebracht werden müssen. Das Bundesverfassungsgericht wurde angegangen und weigerte sich, in die sachliche Entscheidung einzutreten: es sei keine Aussicht auf Erfolg gegeben, denn die Rechtsprechung des Bundesgerichtshofs sei nicht evident sachwidrig. Die Voraussetzungen für die Wiedereinsetzung müßten schleunigst geklärt werden, um der Beschleunigung der Wiedergutmachung zu dienen; die Angaben müßten nachprüfbar sein; die Einhaltung der Anmeldefrist bezwecke die Abwicklung der Entschädigung innerhalb eines für alle Beteiligten zumutbaren Rahmens[43].

2. In diesen Begründungen häuften sich die Irrtümer. Es gab keine Nachprüfbarkeit für Vorgänge, die sich außerhalb der deutschen Grenzen abgespielt hatten. Ohne eine Nachprüfbarkeit hatte die geforderte minutiöse Genauigkeit keinen Sinn. Die aus ihrer Heimat vertriebenen Opfer des Dritten Reichs waren nicht verpflichtet, Tage und Wochen mit der Suche nach den zuständigen deutschen Vertretungen zuzubringen. Vielmehr war es Pflicht der deutschen Seite, das Netz der Informationen so umfassend wie nur möglich zu halten. Hier handelte es sich auch nicht um ein gewöhnliches Geschäft wie etwa die Begleichung einer Steuerschuld. Mit der Anmeldung kam die Verfolgung wieder in das Bewußtsein. Sie mußte noch einmal erlebt werden, was meist seelische Hemmungen auslöste. Der Anmeldung gingen oft stärkste innere Kämpfe voraus. Der Hinweis auf die Sorgfalt in eigenen Sachen ging deshalb fehl. Die Erwähnung der allen Beteiligten zumutbaren Frist der Abwicklung hätte besser unterbleiben sollen: die Abwicklung der Entschädigung hat insgesamt rund vier Jahrzehnte beansprucht – eine „zumutbare" Frist? Das Bundesverfassungsgericht hatte auf den Grundsatz der Rechtssicherheit und den des Rechtsfriedens hingewiesen. Beide Hinweise waren verfehlt. Die Rechtssicherheit stellt auf die Zukunft ab, während das Bundesentschädigungsgesetz ganz und gar auf die Vergangenheit ausgerichtet ist. Der Rechtsfrieden dient dem Verhältnis der Rechtsgenossen zueinander; das Bundesentschädigungsgesetz stellt das durch Staatsunrecht gestörte Verhältnis des Staats zum beteiligten Bürger wieder her. Unter allen denkbaren Gesichtspunkten hat sich die zivilprozessuale Regelung der Fristversäumnis im Wege der Wiedereinsetzung in den vorigen Stand im Bereich der Entschädigung als eine stumpfe Waffe erwiesen. Man hätte auf sie verzichten sollen und die großzügige Praxis der Ämter belassen müssen.

---

[43] Vgl. Entscheidung des Bundesgerichtshofs vom 1.4. 1971 – IX ZR 104/68 (Zweibrücken), in: RzW 22 (1971), S.510 ff.; Walter Schwarz, Zur Auslegung von Anträgen auf Wiedereinsetzung in den vorigen Stand im Bereich des Bundesentschädigungsgesetzes, in: Neue Juristische Wochenschrift, 37 (1984), S.2138 ff.

3. Im Endstadium der Wiedergutmachung wurden zahlreiche weitgehende Ansprüche von sogenannten „Randgruppen" geltendgemacht. Sie wurden zum großen Teil pauschal geregelt. Bei dieser Gelegenheit wurde auch das Problem der Wiedereinsetzung in den vorigen Stand zur Sprache gebracht. Der formalistischen und ungerechten Praxis der Justiz waren große Gruppen von Antragstellern zum Opfer gefallen, etwa 65 000 waren es nachweisbar. Für diese Gruppe, die ohne Vertreter war, hat sich der Verfasser freiwillig und ohne Mandat eingesetzt. Seine einjährigen Bemühungen beim Bundestag, beim Bundesfinanzministerium und den elf deutschen Ländern blieben erfolglos. Die juristischen Argumente waren brüchig. Die nicht ausgesprochenen Haushaltsgründe waren übermächtig. Ein nicht unerheblicher Teil der Wiedergutmachung bleibt ungeregelt. Dieses höchst bedauerliche Ergebnis wirft einen bösen Schatten auf die gesamte Wiedergutmachung.

Vergleiche

Der Wunsch nach Beschleunigung und die Abneigung gegen das Prozessieren haben den Abschluß von Vergleichen begünstigt, in denen faktische oder rechtliche Zweifelsfragen eliminiert und gemeinsame Standpunkte herausgearbeitet wurden. Ideologische Voreingenommenheit führte bei dem Entschädigungsamt Berlin in einem frühen Stadium zum Verbot der Vergleiche, mit der Begründung, dem Verfolgten dürfe nicht ein Jota seiner Rechte genommen werden. Der Verfasser überzeugte den zuständigen Senator vom Gegenteil; nach einer Probezeit erwies sich, daß die Abwicklung bei Verwendung von Vergleichen erheblich flüssiger verlief. Vergleiche wurden auch vor den Gerichten geschlossen. Niemand vermag besser auf die potentiellen Vergleichsparteien einzuwirken, als ein erfahrener Richter, der die Chancen und die Gefahren des Prozesses den Parteien klarmachen kann. Es wäre zu erwägen, ob nicht die Zuziehung eines Richters auf allen Verwaltungsinstanzen mit der Aufgabe des Vergleichsversuchs sinnvoll wäre.

Personalpolitik

Die Wiedergutmachung stand nicht auf dem Papier; sie hat sich durch das Tun und Lassen von Menschen verwirklicht, die entweder auf der Geber- oder auf der Nehmerseite standen. Die Verfolgten waren nicht ausnahmslos Heilige; daher gab es auch Mißbrauch. Dessen wahrer Schaden war die Erosion der ursprünglich großen Gutgläubigkeit der Beamten. Andererseits litt die Personalpolitik am experimentellen Charakter der Wiedergutmachung. Niemand wußte oder konnte wissen, welche Abwicklungszeit die Wiedergutmachung benötigen würde. Niemand ahnte, daß sie rund vier Jahrzehnte in Anspruch nehmen würde, und ebensowenig ahnte irgendjemand, welche Geldmittel sie beanspruchen würde. Der Irrtum in der Schätzung der Abwicklungszeit führte zu personalpolitischen Fehlern. Die Wiedergutmachung wurde viele Jahre lang als ein „auslaufendes Gebiet" bezeichnet, das deshalb keine dauernde personelle Ausstattung zuließ. Auf diese Weise kam es, daß oft die besten Leute aus der Wiedergutmachung wegliefen und besser ausgestattete Laufbahnen wählten.

Die Verwendung von Verfolgten in der Verwaltung und in der Justiz erwies sich oft als ein Fehlgriff, denn niemand kann in einer Sache unbefangen sein, die ihm um ein

Haar den Kopf gekostet hätte. So waren denn die Verfolgten sehr oft entweder zu engherzig, um ihre Objektivität unter Beweis zu stellen, oder sie amteten gleichsam als selbsternannte Rache-Engel.

Wiedergutmachung und Öffentlichkeit

Die Wiedergutmachung war niemals populär. Konrad Adenauer setzte sie durch, weil sie ein politisches und moralisches Anliegen war. Zu Beginn der Rückerstattung gab es für eine kurze Zeit einen organisierten Widerstand der betroffenen Pflichtigen. Ein Widerstand gegen die Entschädigung bestand nicht. Es war aber auch andererseits kein wirkliches Interesse an der Wiedergutmachung sichtbar.

Die Wiedergutmachung hat sich über nahezu vier Jahrzehnte in einem politischen und publizistischen Abseits befunden. Wer auf diesem Gebiet arbeitete, durfte auf nichts anderes rechnen als auf die eigene Befriedigung an der Arbeit und der inneren Genugtuung daran, an einer guten Sache mitgewirkt zu haben. Es gab eine Handvoll solcher Leute, „ein verlorener Haufen" – sie waren der Motor der Wiedergutmachung.

Die Haager Abkommen

Bisher war von der individuellen Wiedergutmachung die Rede: der Wiedergutmachung zwischen Bürger und Bürger und der Wiedergutmachung zwischen Staat und Bürger. Es gab aber auch eine Wiedergutmachung zwischen Staat und Staat. Dies waren die Reparationen an den Staat Israel und die Conference on Jewish Material Claims against Germany, kurz die Claims Conference, als Vertreterin des Weltjudentums. Sie wurden im Haager Vertrag von 1952 vereinbart[44] und beliefen sich auf 3,45 Milliarden DM. Dieser Betrag mutet relativ gering an, wenn man die Gesamtsumme aller Wiedergutmachungszahlungen in Betracht zieht, die auf rund 90 bis 100 Milliarden DM geschätzt wird. Aber diese Reparationen kamen zur rechten Zeit, nämlich, als der Staat Israel hart um seine Existenz kämpfen mußte. Dieser Sühneakt war dem Appell von Konrad Adenauer an das Gewissen des deutschen Volkes zu danken. Er mußte sich gegen manche Widerstände in den eigenen Reihen durchsetzen. Noch weit entschiedenerem Widerstand begegnete sein Gegenspieler, der damalige israelische Ministerpräsident Ben Gurion. Die Opposition unter Führung von Menachem Begin, der später auch Ministerpräsident war, hatte für den Tag der Abstimmung im Parlament eine Massendemonstration organisiert, die in Gewalttätigkeiten ausartete; man warf Steine in den Sitzungssaal des Parlaments. Ben Gurion ließ sich davon nicht abschrecken. Die Hilfe zur rechten Zeit hat sehr zur Normalisierung der politischen Beziehungen der beiden Staaten beigetragen.

---

[44] Vgl. Abkommen zwischen der Bundesrepublik Deutschland und dem Staate Israel, BGBl. II, 1953, S. 37 ff.; Féaux de la Croix, Werdegang des Entschädigungsrechts, S. 119 ff.

Schlußwort

Bei allen Fehlern und Irrtümern, darunter vor allem die so folgenschwere Praxis
der Justiz zur Wiedereinsetzung in den vorigen Stand, darf niemals vergessen werden, daß der weitaus größte Teil der Wiedergutmachung gerecht und oft großzügig
abgewickelt worden ist. Bisher wurden für alle Gebiete der Wiedergutmachung rund
75 Milliarden DM ausgegeben. Die Zahl der Verfolgten, deren Ansprüche befriedigt
wurden, bewegt sich bei rund 1,5 Millionen. Dieser in seinem Umfang kaum überseh-
bare und hochkomplizierte Vorgang, ohne Beispiel in der Geschichte, muß als Ganzes gewertet werden. Nur so gewinnt er seinen historischen Rang als eine bleibende
Leistung der Deutschen in der Bundesrepublik. Ich meine, ein Deutscher hätte das
Recht, auf das Werk der Wiedergutmachung stolz zu sein.

Karl Heßdörfer

Die finanzielle Dimension

1. „Ich habe für meine ermordeten Eltern von Ihrem Amt 270 DM bekommen."
Jeder Entschädigungsarbeiter hat solche bitteren Sätze schon oft hören müssen. In
der Tat ist der Tod eines Menschen in unserer Rechtsordnung – auch im Schadenser-
satz- und Kriegsopferrecht – nur dann ein „Kostenfaktor", wenn Hinterbliebene Ver-
sorgungsansprüche haben. Es waren also nicht die fast sechs Millionen Opfer des
Holocaust, die die finanzielle Bilanz der Wiedergutmachung bestimmen. Weniger als
10 Prozent der laufenden Wiedergutmachungsleistungen stammen aus sogenannten
Lebensschadensrenten; das Gros der Zahlungen geht an die überlebenden Häftlinge
(hauptsächlich Gesundheitsschadensrenten) und die Emigranten (hauptsächlich
Berufsschadensrenten). Das erklärt auch die relativ niedrige Zahl von schätzungsweise 1,5 Millionen Antragstellern nach dem Bundesentschädigungsgesetz.

Die den Historiker interessierende Frage, wie viele Verfolgte Wiedergutmachung –
vor allem nach dem Bundesentschädigungsgesetz – erhalten haben, läßt sich nur in
geschätzten Annäherungswerten angeben; die Bundesstatistik, die allein auf die
Bedürfnisse der Verwaltung abgestellt ist, enthält lediglich die Zahl der angemeldeten
und erledigten Ansprüche in den einzelnen Schadensarten (Freiheitsschaden, Körper-
schaden usw.). Zwischen 1953 und 1986 wurden laut Bundesstatistik über zwei Millionen Ansprüche von der Verwaltung positiv entschieden[1]. Da im Schnitt auf einen
Antragsteller schätzungsweise zwei bewilligte Ansprüche entfallen, dürfte die Zahl
der NS-Opfer, die Entschädigung nach dem Bundesentschädigungsgesetz erhalten
haben, bei rund einer Million liegen[2]. Von dieser Million haben etwa zwei Drittel[3] in
Lagern oder Ghettos gelitten, etwa ein Drittel konnte rechtzeitig emigrieren.

Schätzungsweise 360 000 Verfolgte[4] haben nach dem Bundesentschädigungsgesetz

---

[1] Rechnet man hierzu spätere Korrekturen durch die Gerichte oder im Zweitverfahren, dann
kommt man auf etwa 2,1 bis 2,2 Mio. positive Entscheidungen.

[2] Hinzu kommen noch NS-Opfer, die aus den verschiedenen Fonds Leistungen erhalten haben,
z. B. 64 000 jüdische und rund 10 000 nichtjüdische Verfolgte nach den einschlägigen Härte-
richtlinien, vgl. Bericht der Bundesregierung über Wiedergutmachung und Entschädigung für
nationalsozialistisches Unrecht sowie über die Lage der Sinti, Roma und verwandter Gruppen
vom 31. 10. 1986, Deutscher Bundestag, Drucksache 10/6287, S. 18–22, 37–39 und 42–47.

[3] Laut Bundesstatistik haben 631 000 Verfolgte Entschädigung für Freiheitsschaden erhalten;
unter Berücksichtigung späterer Urteile und Vergleiche erhöht sich diese Zahl auf mindestens
650 000.

[4] Statistisch ist nur die Zahl der laufenden Leistungen zum Jahresende erfaßt. Der höchste Stand
war Ende 1972 mit 277 800 Renten erreicht.

Renten erhalten. Die relativ hohen Berufsschadensrenten konnten oft den Lebensunterhalt decken, die (meist niedrigeren) Körperschadensrenten nur dann, wenn eine
sehr hohe verfolgungsbedingte Erwerbsminderung anerkannt war oder beide Ehepartner eine Rente bezogen. Außerdem erhielten schätzungsweise rund 650 000 Verfolgte[5] einmalige gesetzliche Leistungen in unterschiedlicher Höhe (z.B. Freiheitsschaden, Ausbildungsschaden, Eigentumsschaden oder Kapitalabfindung für vorübergehenden Gesundheitsschaden).

2. Die Gesamtaufwendungen für die Wiedergutmachung sind bis in die jüngste
Zeit hinein immer zu niedrig geschätzt worden, obwohl die Regierung eigentlich kein
Interesse daran haben kann, ihre Leistungen zu verkleinern. 1952 wurde noch eine
Zahl von 4 Mrd. DM (ohne Israel-Vertrag) genannt[6], nach Verabschiedung des Bundesentschädigungsgesetzes 1956 ging man für die nächsten Jahre zunächst von 7 bis
8 Mrd. DM, später von 16 bis 17 Mrd. DM aus[7]. Meist lagen die jüdischen Schätzungen deutlich unter den deutschen[8]. Als der damalige Bundesfinanzminister Schäffer
Ende 1957 Ausgaben von 27 bis 29 Mrd. DM nannte, wurde er wegen solcher
„Panikmache" attackiert[9]. Zehn Jahre später war die Regierung schon bei 46 Mrd.
(bis zum Jahre 1975) angelangt[10]. In der jährlichen Statistik des Bundesfinanzministeriums von 1971 wurden erstmals Gesamtaufwendungen von 80 Mrd. DM genannt,
eine Zahl, die für damalige Verhältnisse einigermaßen realistisch war. 1975 erhöhte
das Bundesfinanzministerium auf 86 Mrd. DM und hielt an dieser Summe seltsamerweise bis 1985 fest, obwohl die Renten in dieser Zeit linear um rund 50 Prozent
gestiegen sind.

Die Bundesregierung hat erst für ihren Bericht an den Deutschen Bundestag vom
31. Oktober 1986 die Gesamtleistungen neu errechnet mit dem Ergebnis, daß allein
bis zum Jahr 2000 102,6 Mrd. DM anfallen werden[11]. Für die Zeit danach meint die
Regierung, lasse sich „keine auch nur annähernd realistische Aussage machen". Diese
Bemerkung trifft für die künftigen Rentenerhöhungen und mögliche Gesetzesänderungen zu, sie mutet aber trotzdem übervorsichtig an, denn es ist bekannt, daß im
Jahre 2000 noch fast 100 000 Rentenempfänger leben werden, von denen der letzte
eine statistische Lebenserwartung bis zum Jahre 2037 hat.

Für eine grobe Schätzung der Entschädigungsleistungen im Bundesgebiet nach
dem Jahre 2000 kann man die Vorausberechnungen zugrunde legen, die Bayern für
seinen Bereich gemacht hat. Danach werden – gleichbleibende Rechtslage vorausgesetzt – ohne jede Rentenerhöhung ab dem Jahre 2000 noch über 11 Mrd. DM anfal-

[5] Zu den übergesetzlichen Leistungen siehe Anmerkung 2.
[6] Vgl. Kurt R. Grossmann, Die Ehrenschuld. Kurzgeschichte der Wiedergutmachung, Frankfurt
a. M., Berlin 1967, S. 69 u. 105.
[7] Vgl. ebd., S. 86.
[8] Vgl. Nana Sagi, Wiedergutmachung für Israel. Die deutschen Zahlungen und Leistungen, Stuttgart 1981, S. 164.
[9] Vgl. Grossmann, Ehrenschuld, S. 87 f.; Georg Blessin schätzte 1959 24,5 Mrd. DM, vgl. G. Blessin, Wiedergutmachung, Bad Godesberg 1960, S. 105.
[10] Vgl. Leistungen der öffentlichen Hand, in: Rechtsprechung zum Wiedergutmachungsrecht
(RzW) 18 (1967), S. 603.
[11] Vgl. Bericht der Bundesregierung vom 31. 10. 1986, S. 30.

len, bei einer (an der Untergrenze angesetzten) Rentensteigerung von durchschnittlich 3 Prozent noch fast 14 Mrd. DM. Hinzu kommen noch etwa 1,5 Mrd. DM für Leistungen außerhalb des Bundesentschädigungsgesetzes, insbesondere im öffentlichen Dienst. Realistischerweise muß man also 118 Mrd. DM[12] ansetzen. Da davon 1987 rund 80 Mrd. DM ausbezahlt sind, ist die Wiedergutmachung erst zu zwei Dritteln finanziell abgewickelt.

In diesen Zahlen noch nicht enthalten sind Wiedergutmachungsleistungen in der Sozialversicherung, die vor allem für Emigranten eine wertvolle Ergänzung der Entschädigungsrenten darstellen. Nach Auffassung der Bundesregierung lassen sich diese Leistungen auch nicht annähernd schätzen[13]. Es dürfte sich dabei – mit allem Vorbehalt – um eine Größenordnung von mindestens 10 bis 15 Mrd. DM handeln[14]. Unter Einschluß der Wiedergutmachung in der Sozialversicherung ergeben sich also Wiedergutmachungsleistungen der öffentlichen Hand von rund 130 Mrd. DM.

3. Die finanzielle Bilanz der Wiedergutmachung entspricht damit dem Umfang des Lastenausgleichs, bei dem man ebenfalls mit einer Gesamtleistung an die Geschädigten (ohne Schuldendienst usw.) von rund 130 Mrd. DM rechnet. Allerdings ist der Personenkreis, den der Lastenausgleich umfaßt, wesentlich größer als in der Wiedergutmachung, nämlich etwa 20 Millionen Menschen[15].

Das starke Ansteigen der Ausgaben für die Wiedergutmachung geht naturgemäß in erster Linie auf die linearen Erhöhungen der Renten zurück[16], aber auch auf die Tatsache, daß man bis in die sechziger Jahre hinein keine Vorstellung über die Körperschäden hatte, vor allem über das Ausmaß der psychischen Störungen. Der Gesetzgeber hat gewiß nicht vorausgesehen, daß in den achtziger Jahren zwei Drittel aller Wiedergutmachungsleistungen für Körperschäden bezahlt werden und davon vielleicht die Hälfte für seelische Leiden (genaue Zahlen liegen nicht vor).

4. Nach der Statistik des Bundesfinanzministeriums gliedern sich die Leistungen der öffentlichen Hand für die Wiedergutmachung (ohne Sozialversicherung) nach dem Stand vom 1. Januar 1988 folgendermaßen auf[17]:

Bundesentschädigungsgesetz   63,032 Mrd. DM
    davon 1986:   1,739 Mrd. DM[18]
Bundesrückerstattungsgesetz[19]   3,928 Mrd. DM

---

[12] Zusammensetzung: 102,6 Mrd. Gesamtleistung bis zum Jahr 2000 + 13,9 Mrd. DM BEG-Leistungen + 1,5 Mrd. sonstige Leistungen.

[13] Vgl. Bericht der Bundesregierung vom 31. 10. 1986, S. 28.

[14] Vgl. Heinz Düx, Anerkennung und Versorgung aller Opfer der NS-Verfolgung, hrsg. v. DIE GRÜNEN, Berlin 1986, S. 41.

[15] 12 Mio. Vertriebene und Flüchtlinge und 7 bis 8 Mio. Kriegssachgeschädigte.

[16] Z. B. betrug die Mindestrente im einfachen Dienst bei 25 Prozent Minderung der Erwerbsfähigkeit 1957 100 DM, 1987 535 DM.

[17] Der Bericht der Bundesregierung vom 31. 10. 1986 enthält auf Seite 29 f. den Stand vom 1.1. 1986.

[18] Von den jährlichen Leistungen entfallen 67 Prozent auf Körperschadensrenten, 20 Prozent auf Berufsschadensrenten, knapp 10 Prozent auf Hinterbliebenenrenten, der Rest im wesentlichen auf den Härteausgleich.

[19] Vgl. Bericht der Bundesregierung vom 31. 10. 1986, S. 22.

Israel-Vertrag[20]	3,450 Mrd. DM
Globalverträge mit 12 Staaten[21]	1,000 Mrd. DM
sonstige Leistungen (überwiegend öffentlicher Dienst)	6,800 Mrd. DM
landesrechtliche Leistungen[22]	1,855 Mrd. DM
abschließende Härteregelungen[23]	0,499 Mrd. DM
Summe:	80,564 Mrd. DM.

Die Zahlungen, die künftig bis zum Abschluß der Wiedergutmachung noch fällig werden, entfallen zu etwa 90 Prozent auf das Bundesentschädigungsgesetz, der Rest betrifft im wesentlichen den öffentlichen Dienst und die Wiedergutmachung in der Sozialversicherung.

5. Die jährlichen Leistungen für die Wiedergutmachung lagen 1950 noch bei 160 Mio. DM, sie stiegen dann steil an und hatten 1957 schon die Zwei-Milliarden-Grenze überschritten[24]. Anfang der sechziger Jahre war mit durchschnittlich 2,4 Mrd. DM Jahresleistung der Höhepunkt der Ausgaben erreicht. Zwischen 1964 und 1983 lagen die Leistungen ziemlich konstant bei 2 bis 2,2 Mrd. DM. Seit 1984 ist ein deutlicher Abwärtstrend erkennbar; die Ausgaben 1987 lagen nur noch bei 1,74 Mrd. DM. In den letzten Jahren sind die Ausgaben durchschnittlich um 50 Mio. DM pro Jahr zurückgegangen.

Bund und Länder teilen sich im Grundsatz je zur Hälfte in der Entschädigungslast, allerdings nach einem komplizierten Verteilungssystem[25]. Da der Bund einige Wiedergutmachungsleistungen allein finanziert und wegen der Sonderrechte Berlins, liegt der Anteil des Bundes an der Gesamtleistung bei etwa 60 Prozent.

6. Seit 1985 ist die politische Diskussion über weitere Wiedergutmachungsleistungen – angestoßen durch „Die Grünen" – wieder in Gang gekommen. Den Initiatoren schwebt vor, möglichst alle NS-Opfer gleich zu behandeln. So sehr weitere Leistungen zur Milderung sozialer Härten in der Spätphase zu begrüßen wären, darf man doch eine finanzpolitisch wichtige Unterscheidung nicht übersehen: Reparationsforderungen im Zusammenhang mit dem Zweiten Weltkrieg gehören nicht zur Wiedergutmachung, ihnen steht das Londoner Schuldenabkommen von 1953 entgegen[26]. Demnach können die vielen Millionen ausländischer Zwangsarbeiter den anderen Verfolgtengruppen nicht gleichgestellt werden. Das Londoner Schuldenabkommen war eine der wichtigsten Grundlagen für den wirtschaftlichen Aufstieg der Bundesrepublik in der Nachkriegszeit. Bei dem riesigen Umfang der „eingefrorenen" Forderungen würde die Bundesregierung geradezu selbstmörderisch handeln, wenn sie an dem Abkommen nicht strikt festhielte. Damit soll aber nicht entschuldigt werden, daß

---

[20] Vgl. dazu im einzelnen Sagi, Wiedergutmachung für Israel.
[21] Vgl. Bericht der Bundesregierung vom 31.10.1986, S.49.
[22] Der größte Teil entfällt auf das Berliner Landesgesetz über die Anerkennung und Versorgung der politisch, rassisch und religiös Verfolgten des Nationalsozialismus.
[23] Vgl. Bericht der Bundesregierung vom 31.10.1986, S.42.
[24] Vgl. Blessin, Wiedergutmachung, S.106.
[25] Vgl. § 172 Bundesentschädigungsgesetz (BEG) v. 29.6.1956, Bundesgesetzblatt I, S.587f.
[26] Vgl. Bericht der Bundesregierung vom 31.10.1986, S.48.

sich die Industrie nach dem Kriege mehrheitlich äußerst schäbig gegen ihre früheren Arbeitssklaven verhielt[27].

Nicht gleichermaßen zwingend ist die Unterscheidung zwischen gleichsam „bevorrechtigten Konkursgläubigern", die nach dem Bundesentschädigungsgesetz anspruchsberechtigt sind (rassisch, politisch und religiös Verfolgte), und anderen Opfern, die allenfalls Ansprüche nach dem Allgemeinen Kriegsfolgengesetz haben (sog. „vergessene Opfer"). Wenn man das finanzpolitische Argument der leeren Kassen nicht allein gelten lassen will, wirkt die Differenzierung in typisches und „nicht ganz so typisches" NS-Unrecht künstlich. Der „Alles oder Nichts"-Standpunkt des Bundesentschädigungsgesetzes hat zu Härten geführt, die auf Anregung des Deutschen Bundestages durch Beihilfen gemildert werden sollen[28].

7. Bis zum Beginn der sechziger Jahre war die Wiedergutmachung eine drückende Last in den Budgets und ein erhebliches Opfer für die Volkswirtschaft: zwischen 1955 und 1959 mußten 2,4 bis 5,5 Prozent des Finanzbedarfs von Bund und Ländern für die Wiedergutmachung ausgegeben werden[29]. Ab Mitte der sechziger Jahre wurde die Belastung in Relation zur Wirtschafts- und Finanzkraft der Bundesrepublik immer geringer. Seit 1980 liegt der Bundesanteil an den jährlichen Wiedergutmachungsleistungen (derzeit rund 900 Mio. DM) unter 0,5 Prozent aller Bundesausgaben, mit weiter fallender Tendenz. Ähnliche Relationen bestehen in den Haushalten der Länder.

Die Wiedergutmachung mag materiellrechtlich ihre Mängel haben, ihre finanzielle Bilanz ist aber eindrucksvoll: 130 Mrd. DM Gesamtleistung sind dreimal so viel wie die gesamten Bundesausgaben des Jahres 1960 oder – anschaulicher ausgedrückt – so viel wie die Baukosten (Preisstand 1986) von 870 000 Sozialwohnungen für 2,1 Mio. Menschen. Die Ausgaben für die Wiedergutmachung gehen zu über 80 Prozent ins Ausland (Schwerpunkt Israel und USA).

Die beachtliche Höhe der Wiedergutmachungsleistungen muß oft als Argument dafür herhalten, nun müsse „endlich Schluß sein" mit der Wiedergutmachung, das deutsche Volk habe für die Sünden der Väter genug bezahlt. Wer als Entschädigungsarbeiter weiß, welches Elend – oft bis heute fortwirkend – der Nationalsozialismus über Millionen Menschen gebracht hat, den muß solches Reden traurig stimmen. Eine Anhörung der Opfer im Innenausschuß des Deutschen Bundestages hat gezeigt, daß trotz der enormen Ausgaben nicht alle Gruppen von Verfolgten angemessen entschädigt worden sind[30]. Der Deutsche Bundestag hat deshalb Ende 1987 beschlossen, weitere 300 Mio. DM als „endgültige Abschlußregelung" für bestimmte Härtefälle zur Verfügung zu stellen[31]. Daß diese (nicht gerade großzügige) Regelung wirklich den Abschluß der Wiedergutmachung darstellt, darf bezweifelt werden.

---

[27] Vgl. Constantin Goschler, Streit um Almosen. Die Entschädigung der KZ-Zwangsarbeiter durch die deutsche Nachkriegsindustrie, in: Dachauer Hefte 2 (1986), S. 175–194; Antrag der Abgeordneten Ströbele, Vogel (München) und der Fraktion DIE GRÜNEN v. 27.6. 1986, Entschädigung für Zwangsarbeiter während der Nazi-Zeit, Bundestagsdrucksache 10/5797.

[28] Vgl. Beschlußempfehlung, Deutscher Bundestag, Drucksache 11/1392; Richtlinien der Bundesregierung vom 7.3. 1988, in: Bundesanzeiger Nr. 55 vom 19.3. 1988.

[29] Vgl. Blessin, Wiedergutmachung, S. 106; 1959 wurden dabei allerdings nicht Ist-, sondern Sollwerte miteinander verglichen.

[30] Vgl. Protokoll Nr. 7 des Innenausschusses des Deutschen Bundestages vom 24.6. 1987.

[31] Vgl. Deutscher Bundestag, Sitzung vom 3. 12. 1987, S. 3193 ff.; Richtlinien der Bundesregierung vom 7.3. 1988.

Hans-Dieter Kreikamp

Zur Entstehung des Entschädigungsgesetzes der amerikanischen Besatzungszone

Das Unrecht, das eine überaus große Zahl von Menschen durch nationalsozialistische Gewaltmaßnahmen erlitten hatte, wiedergutzumachen – sie wieder in den Genuß ihrer entzogenen Vermögen gelangen zu lassen und ihnen bzw. ihren Angehörigen Ausgleichszahlungen für Tod oder KZ-Haft zu leisten – wurde unmittelbar nach Kriegsende, als das volle Ausmaß der Greuel jedermann bekannt und bewußt war, in weiten Teilen der deutschen Bevölkerung als eine moralische Verpflichtung empfunden. Allerdings wurde die moralische Schuld unterschiedlich intensiv empfunden und eine kollektive Schuld aller Deutschen an dem nationalsozialistischen System von Verfolgung und Vernichtung kontrovers diskutiert[1]. Auch das Bewußtsein für konkrete Hilfsmaßnahmen zugunsten der Opfer der NS-Diktatur war in der deutschen Bevölkerung unterschiedlich stark ausgeprägt. In den allmählich entstehenden deutschen Verwaltungen wurde die Hilfe für die ehemaligen Verfolgten als besondere Verpflichtung und Herausforderung angesehen; Druck von der Militärregierung kam hinzu, die politische Verantwortung uneingeschränkt zu übernehmen. Die Wiedergutmachung begann auf lokaler Ebene. Dies war u. a. eine Folge der Übernahme der staatlichen Gewalt in Deutschland durch die Besatzungsmächte. Die Entwicklung zu übergreifenden Hilfsmaßnahmen, die zunächst weiterhin fürsorgerischen Charakter hatten, war insbesondere durch die Aufteilung Deutschlands in Besatzungszonen geprägt, in denen sich die Verwaltungen und das politische Leben unterschiedlich zu entwickeln begannen.

Es entsprach dieser Entwicklung, daß der Übergang von ad-hoc-Hilfsmaßnahmen zu übergreifenderen gesetzlichen Regelungen auf Länderebene vollzogen wurde, wobei Bayern bei der gesetzlichen Ausgestaltung voranging. Neben dem Gesetz zur sozialrechtlichen Wiedergutmachung von durch das NS-System verursachten Schäden vom 15. Oktober 1945[2] ist insbesondere auf das bayerische Gesetz Nr. 35 über die Bildung eines Sonderfonds zum Zwecke der Wiedergutmachung vom 1. August 1946 hinzuweisen[3], das mit den übrigen Ländern der amerikanischen Zone zwar koordiniert, jedoch nicht als zonale Initiative entstanden war. Mit seinen Vorschriften zur

---

[1] Richtungsweisend für die moralische Bewertung der Schuldfrage war die vom Rat der evangelischen Kirche in Deutschland am 18./19. 10. 1945 in Stuttgart abgegebene „Stuttgarter-Schulderklärung", in der es u. a. hieß: „Durch uns ist unendliches Leid über viele Völker und Länder gebracht worden". Vgl. Im Zeichen der Schuld. 40 Jahre Stuttgarter Schuldbekenntnis. Eine Dokumentation, hrsg. von Martin Greschat. Neukirchen-Vluyn 1985, S. 45 f.
[2] Bayerisches Gesetz- und Verordnungsblatt 1946, S. 21.
[3] Ebenda, S. 258.

Bildung eines Hilfsfonds für bedürftige Opfer des NS-Regimes, aus dem Rentenzahlungen von 250 RM monatlich für maximal 18 Monate an Personen oder deren Angehörige zu zahlen waren, bildete es die Basis für übergreifende Hilfeleistungen in den ersten Nachkriegsjahren; es war explizit als Vorläufer des endgültigen Entschädigungsgesetzes definiert[4].

Als der im Oktober 1945 konstituierte Länderrat des amerikanischen Besatzungsgebietes sich Anfang 1946 mit der Wiedergutmachung beschäftigte und damit der Übergang von länderbezogenen Einzelmaßnahmen wie dem Sonderfondsgesetz zu umfassenden zonalen Regelungen gesucht wurde, ging der mit der eingehenden Erörterung dieser Materie beauftragte Sonderausschuß „Eigentumskontrolle" des Länderrats von einem weit gesteckten Arbeitsplan aus, der sowohl die weitere gesetzliche Absicherung von Sofortmaßnahmen als auch die Ausarbeitung langfristiger Konzeptionen umfaßte[5]. Die Rückgabe von Vermögenswerten, die durch nationalsozialistische Verfolgungs- und Zwangsmaßnahmen geraubt worden waren, sollte vorrangig gesetzlich geregelt werden. Darüber hinaus waren aus politischen, rassischen oder religiösen Gründen Verfolgte bei der Zuweisung von Kleidung, Hausrat, Wohnraum und Beschäftigungsmöglichkeiten bevorzugt zu berücksichtigen und ihnen bei der Sicherstellung des Lebensunterhalts Vorauszahlungen „auf den später festzustellenden Entschädigungsanspruch" zu leisten. Durch diese Zielvorgabe wurde bereits im frühen Beratungsstadium unterstrichen, daß die zunächst vorrangige „Rückerstattung" durch umfassende „Entschädigung" ergänzt werden müsse, um damit das gesamte Spektrum der Wiedergutmachung abzudecken. Zugleich war auch klar, daß Entschädigung nicht auf soziale Fürsorgemaßnahmen, auf Hilfsleistungen zur Linderung materieller Not und zur gesellschaftlichen Wiedereingliederung, beschränkt bleiben dürfe, sondern in Anerkennung der moralischen Schuld grundsätzlich geleistet werden müsse.

Für den Bereich der Rückerstattung lagen dem Sonderausschuß des Länderrats, weil dieser Aspekt in den Ländern der US-Zone bereits eingehend erörtert worden war, mehrere Gesetzentwürfe vor[6], die in den Gesetzentwurf des Landes Württemberg-Baden über vordringliche Wiedergutmachungsmaßnahmen vom 28. Mai 1946 mündeten[7]. Danach sollten „Sachen und Rechte, die unter der nationalsozialistischen Herrschaft dem Berechtigten aus Gründen der Rasse, Religion, Weltanschauung oder des politischen Bekenntnisses entzogen worden sind", auf Antrag sofort zurückgegeben werden. Betroffen waren freilich nur solche Vermögenswerte, die sich im Besitz der öffentlichen Hand befanden, sowie solche Grundstücke und „grundstücksgleiche Rechte" in privater Hand, die durch staatliche Beschlagnahme unmittelbar entzogen

---

[4] Der Länderrat der US-Zone wurde zunächst nur an der Ausarbeitung einer Durchführungsverordnung und ab Januar 1947 an der Novellierung des Gesetzes beteiligt.
[5] Protokoll der Sitzung des Sonderausschusses Eigentumskontrolle vom 10. 5. 1946 in: Bundesarchiv-Bestand Z 1 (Länderrat des amerikanischen Besatzungsgebietes), Band 1291, Bl. 296; künftig zit.: Z 1/1291.
[6] Walter Schwarz, Rückerstattung nach den Gesetzen der Alliierten Mächte, in: Der Bundesminister der Finanzen in Zusammenarbeit mit W. Schwarz (Hrsg.): Die Wiedergutmachung nationalsozialistischen Unrechts durch die Bundesrepublik Deutschland. Bd. I. München 1974, S. 28 ff.
[7] Z 1/1291, Bl. 272 f.

worden waren. Nicht eingeschlossen waren mithin die verfolgungsbedingten unfrei-
willigen und in Ausnutzung einer unmittelbaren Notlage erzwungenen Veräußerun-
gen von Vermögenswerten zu unangemessenen Konditionen und Preisen. Die
anfängliche Nichtberücksichtigung dieses Problemfeldes in den Gesetzentwürfen
führte, auch wenn in einem weiteren Gesetzentwurf vom 19. Juni 1946 der Begriff der
„Zwangsverschleuderung"[8] eingeführt wurde, zu langwierigen Auseinandersetzungen
vornehmlich mit der amerikanischen Militärregierung. Diese fand sich zwar bereit,
die deutschen Gesetzesvorschläge zu berücksichtigen, in den strittigen Punkten zeigte
sie sich jedoch nicht konzessionsbereit und erließ das Rückerstattungsgesetz schließlich am 10. November 1947 als Gesetz Nr. 59 der amerikanischen Militärregierung[9].

Da der Länderrat im Frühjahr 1946 das Ringen um das Rückerstattungsgesetz für
vordringlich erachtete, wurden die Beratungen im Sonderausschuß „Vermögenskon-
trolle" um eine Entschädigungsregelung zurückgestellt, obwohl auch für diesen
Komplex bereits wesentliche Vorarbeiten geleistet worden waren. Dem Sonderausschuß lag nämlich ein bayerischer Gesetzentwurf vor, der später die Gestalt des „Wiedergutmachungsgesetzes" nach dem Stand vom 29. Juli/2. September 1946 annahm[10]:
für „sittenwidrig" erlittene Schäden deutscher Staatsangehöriger an Leben, Gesundheit, Freiheit oder Vermögen aus Gründen der Rasse, Religion, Weltanschauung oder
des politischen Bekenntnisses war Wiedergutmachung zu leisten. Diesem Personenkreis, – mit dem restitutionsberechtigten identisch –, sollte ein vererblicher und über-
tragbarer gesetzlicher Anspruch eingeräumt werden, wobei den Ländern die Lei-
stungsverpflichtung übertragen werden sollte. Begründet wurde die Gewährung von
Wiedergutmachung damit, daß weitere Wirkungen des erlittenen Unrechts ausgeschlossen und den Geschädigten künftig eine angemessene Lebensgrundlage gesichert
werden sollte. Die Wiedergutmachungspflicht war bezogen auf begangene Unrechtshandlungen von Angehörigen von Reichs- oder Landesdienststellen oder sonstigen
Körperschaften des öffentlichen Rechts sowie auf entsprechende Taten von Mitgliedern der NSDAP oder einer ihrer Gliederungen. Für „erhebliche wirtschaftliche
Schäden" durch Freiheitsentzug – in erster Linie KZ-Haft – sollte „angemessene
Wiedergutmachung" gewährt werden, ohne daß zu diesem Zeitpunkt bereits konkrete Entschädigungssätze genannt wurden. Lediglich für verfolgte Beamte waren
präzisere Regelungen in der Weise vorgesehen, daß sie durch Wiederanstellung,
Beförderung, Gewährung von Vermögensbezügen sowie vollständige oder teilweise
Nachzahlung einbehaltener Bezüge entschädigt werden sollten[11].

Einige der wesentlichen Elemente einer Entschädigungsregelung waren in diesem
frühen Entwurf bereits vorgezeichnet; auf ihm hätte der Sonderausschuß aufbauen
können. Er unterließ dies indes nicht nur wegen der Vorrangigkeit der Rückerstattung, die im übrigen relativ kostenneutral war, sondern auch im Hinblick auf die
desolate Finanz- und Währungssituation, die es gänzlich unabsehbar erscheinen ließ,
wie die Entschädigungsleistungen finanziert werden könnten. Zudem waren sowohl

---

[8] Ebenda, Bl. 243.
[9] Vgl. Schwarz, S. 31 ff.; Amtsblatt der amerikanischen Militärregierung, Ausg. G, Nov. 1947, S. 1.
[10] Z 1/1296, Bl. 239 ff.
[11] Vgl. Beschluß des Bayerischen Ministerrats vom 23. 1. 1946 über eine gemeinsame Dienstanwei-
sung sämtlicher Staatsministerien zur Beseitigung nationalsozialistischen Unrechts an Beamten,
ebenda, Bl. 248.

in der britischen Zone[12] als auch in der französischen Zone[13] analoge Gesetzesinitiativen ergriffen worden. Die Vorarbeiten, insbesondere durch die Justizverwaltungen der französischen Zone, waren soweit fortgeschritten, daß es geboten erschien, die weiteren Beratungen zu koordinieren. In der Folgezeit pflegten die zuständigen zonalen Institutionen aller drei Westzonen zwar intensiven Informationsaustausch über den jeweiligen Beratungsstand, auch waren Vertreter der beiden anderen Zonen im federführenden Länderratsausschuß zugegen. Eine Abstimmung über das gemeinsame Anliegen mit dem Ziel, ein in den grundlegenden Punkten gleichartiges Gesetzeswerk zu realisieren, wird jedoch aus den überlieferten Akten nicht deutlich. Zonale Unterschiede blieben ungeachtet des Bemühens um Kooperation bestehen, ohne daß dies auf spezifische Einwirkung der jeweiligen Militärregierung zurückzuführen wäre. So wurde in der französischen Zone Rückerstattung und Entschädigung in einem gemeinsamen Gesetzesvorhaben entwickelt, wobei die Rückerstattung deutlich überwog. In der britischen Zone wurde wie in der amerikanischen Zone die Rückerstattung in einem gesonderten Gesetz geregelt; die Entschädigungsfrage wurde hier jedoch soweit abgetrennt, daß schließlich nur noch ein Haftentschädigungsgesetz verabschiedet wurde. Die Ursache für die Beschränkung auf länderspezifische Regelungen dürfte in der rechtspolitischen Stellung des Zonenbeirats der britisch besetzten Zone zu suchen sein, der anders als der Länderrat der US-Zone keine Gesetzgebungskompetenz besaß. Freilich wurde auch die ihm konzedierte Koordinierungskompetenz nur sehr schwach ausgefüllt. Mit der Akzentuierung einer eigenständigen und umfassenden Entschädigungsgesetzgebung nahm der Länderrat der US-Zone mithin eine Vorreiterrolle im Hinblick auf die spätere bundesgesetzliche Regelung wahr. Im folgenden soll dieser Entwicklungsstrang näher betrachtet werden.

Erst im Frühjahr 1947 wurde, nachdem sich die Verabschiedung des Rückerstattungsgesetzes verzögert und die Novellierung des Sonderfondsgesetzes nunmehr durch den Länderrat Gestalt angenommen hatte, auf Initiative von Rechtsanwalt Küster (Wiedergutmachungsabteilung des württemberg-badischen Justizministeriums) die Entschädigungsgesetzgebung reaktiviert. Auf Antrag des Rechtsausschusses des Länderrats vom 25. Juni 1947 und auf Empfehlung des Direktoriums vom 27. Juni 1947 beschloß der Länderrat am 1. Juli 1947, einen gesonderten Ausschuß für die weitere Beratung des Entschädigungsgesetzes einzusetzen[14]. Dieser Sonderausschuß für das Entschädigungsgesetz, dem zwei stimmberechtigte Vertreter eines jeden Landes aus der Finanz- und aus der Justizverwaltung angehörten – hiermit war der Konflikt zwischen moralisch-rechtlicher Würdigung einerseits und Finanzierbarkeit andererseits geradezu vorprogrammiert –, begann am 30. Juli 1947 auf der Grundlage eines überarbeiteten Gesetzentwurfs des Bayerischen Justizministeriums vom 28. Juli

---

[12] Oldenburger Entwurf eines Wiedergutmachungsgesetzes vom 21. 3. 1946, ebenda, Bl. 254 ff.
[13] Koblenzer Entwurf eines Gesetzes zur Wiedergutmachung nationalsozialistischen Unrechts außerhalb der Strafrechtspflege nebst Begründung vom September 1946, ebenda, Bl. 223 ff. – Siehe insbesondere: Rainer Hudemann: Anfänge der Wiedergutmachung. Französische Besatzungszone 1945–1950, in: Geschichte und Gesellschaft 13 (1987), S. 198.
[14] Protokoll in: Z 1/924; vgl. auch Akten zur Vorgeschichte der Bundesrepublik Deutschland 1945–1949, hrsg. von Bundesarchiv und Institut für Zeitgeschichte, Bd. 3:, Juni-Dezember 1947, bearbeitet v. Günter Plum. München/Wien 1982, S. 198.

1947[15] seine Tätigkeit. Zu Beginn der Beratungen formulierte Ministerialrat Römer (Bayerisches Justizministerium), nachdem der Ausschuß einvernehmlich die Hinzuziehung von Rechtsanwalt Dr. Ostertag als Interessenvertreter der jüdischen Kultusgemeinden mit beratender Stimme beschlossen hatte, die Aufgabe des Sonderausschusses: Er sollte den anspruchsberechtigten Personenkreis festlegen und Möglichkeiten zur Finanzierung der Entschädigungsleistungen aufzeigen[16].

Der Ausschuß unterstrich zunächst grundsätzlich, daß alle ehemaligen Häftlinge deutscher Konzentrationslager ungeachtet ihrer Staatsangehörigkeit – also auch z.B. polnische Juden – zu entschädigen seien. „Ihr Anspruch auf Wiedergutmachung wird durch den Aufenthalt in einem deutschen KZ begründet."[17] Dabei sollten die Hinterbliebenen ermordeter KZ-Häftlinge Vorrang genießen. Ferner seien die aus Polen und der Tschechoslowakei aus politischen Gründen „Hinausgedrängten" in den berechtigten Personenkreis einzubeziehen. Über die Ausweitung auf Zwangssterilisierte und Geisteskranke oder gar die Entschädigung weiterer sozialer Randgruppen (Homosexuelle sowie Sinti und Roma) erzielten die Ländervertreter keine einheitliche Auffassung, während sich die Vertreter der Verfolgten eindeutig gegen eine Ausweitung des anspruchsberechtigten Personenkreises wandten. Zwar zeigte sich das württemberg-badische Justizministerium bereit, das Entschädigungsgesetz auf Hirnverletzte, Geisteskranke, Sterilisierte, „übermäßig bestrafte Verbrecher" sowie „übermäßig hart behandelte Asoziale" zu erstrecken[18], doch wurde diese Absicht in der Folgezeit nicht aufgegriffen. Das Vorhaben konzentrierte sich daher zunehmend auf aus rassischen und politischen Gründen Verfolgte, mithin auf die beiden umfangreichsten Personengruppen, die zudem als Interessengruppen hinreichend organisiert waren, um so ihre Vorstellungen zur Geltung bringen zu können. Es war kennzeichnend für diese Entwicklung, daß die Entschädigung der Zwangssterilisierten in der endgültigen Gesetzesfassung in die Regelungszuständigkeit der Länder gelegt wurde.

Hinsichtlich der Entschädigungshöhe wurden durch den Staatskommissar für die rassisch, religiös und politisch Verfolgten in Bayern, Auerbach, erstmals konkrete Beträge genannt. Für unschuldig erlittene Haft – sei es in Untersuchungshaft, Gefängnis oder Zuchthaus, sei es in Konzentrationslagern – sollten RM 10,00 pro Tag und für Zwangsarbeit RM 5,00 pro Tag gezahlt werden. Den Verfolgten sei jedoch, so der Antrag Bayerns, in erster Linie eine Entschädigung in Sachwerten zu leisten, die zuvor „von den Nazis" abzugeben seien, weil wohl Geldzahlungen wegen des allgemeinen Geldwertverlustes wenig zur Linderung der materiellen Not beizutragen vermochten. Im übrigen sollte zur Finanzierung ein Wiedergutmachungsfonds gebildet werden, für den die Vermögen der aufgrund der Entnazifizierungsgesetze rechtskräftig Verurteilten (Klassen I bis III) herangezogen werden sollten, sofern sie in der Zeit vom 1.1.1933 bis zum 1.5.1945 erworben worden waren. Ferner sollten die von der Militärregierung beschlagnahmten Einzelvermögen, insbesondere der SS

---

[15] Z 1/1296, Bl. 181 ff.

[16] Protokoll über die Ausschußsitzung vom 30.7.1947, ebenda, Bl. 164 f.

[17] Ebenda, Bl. 166.

[18] Schreiben des Justizministeriums Württemberg-Baden an das Bayerische Staatsministerium für Justiz vom 26.8.1947, ebenda, Bl. 151 f.

und der NSDAP, in diesen Fonds fließen[19]. Mit diesen Vorschlägen zur Entschädigungsleistung und zur Finanzierung wurden weitere Akzente für eine umfassende Lösung gesetzt, wenn auch der Umfang der NS-Vermögen sicherlich überschätzt wurde. Kennzeichnend für diesen Ansatz war freilich der Versuch, Belastungen der ohnehin strapazierten öffentlichen Haushalte zu vermeiden.

Als der Sonderausschuß am 5. September 1947 zu seiner zweiten Sitzung zusammentrat und die Doppelstrategie für die weitere Ausschußtätigkeit betont wurde, neben der generellen Entschädigungsregelung möglichst rasch eine Sofortlösung zu erarbeiten, war der Teilnehmerkreis durch Vertreter der britischen Zone – Oberlandgerichtspräsident Lingemann – und der französischen Zone – Landgerichtsdirektor Rotberg – erweitert worden. Wenn die Ausschußmitglieder überdies ihre Absicht bekundeten, Lösungen zu erarbeiten, die möglichst viele Länder und eventuell Zonen zu umfassen hätten, so erkannten sie, daß die Finanzierungsmöglichkeiten fortan nicht ausschließlich unter den relativ günstigen bayerischen Voraussetzungen diskutiert werden konnten. Da in Bayern Verkaufserlöse aus den großen Konzentrationslagern in Höhe von rund 47 Mio. RM erwartet wurden, während in Württemberg-Baden lediglich 1 Mio. RM geschätzt wurden und in Hessen und Bremen praktisch keine Lager- und Wirtschaftseinrichtungen vorhanden waren, konnte der bayerische Vorschlag für die übrigen Länder keine tragfähige Finanzierungsmöglichkeit darstellen. Allein für die vorgesehene Haftentschädigung wurde ein Finanzbedarf von 160 Mio. RM genannt, so daß die Inanspruchnahme der öffentlichen Haushalte unausweichlich wurde[20].

Angesichts der offenkundigen Finanzierungsmisere war in der französischen Zone der Vorschlag erörtert worden, die Mittelauszahlung an der Bedürftigkeit zu orientieren und Entschädigung nur Personen mit mehr als 30 Prozent geminderter Erwerbsfähigkeit zu zahlen. Der Sonderausschuß zeigte sich nicht gewillt, diesem Ansatz zu folgen, weil er den grundsätzlichen Rechtsanspruch der Verfolgten betont wissen wollte, der keine Schmälerung der Berechtigten zulasse. Er suchte den Ausweg vielmehr in einer zweistufigen Auszahlungsregelung. Als Sofortmaßnahme sollten vorab Abschlagzahlungen für einen kleineren Personenkreis besonders hart Betroffener vorgenommen werden. Hierzu sollte eine analoge Regelung eingeführt werden, wie sie im Gesetz über die Bildung eines Sonderfonds zum Zwecke der Wiedergutmachung vorgesehen war. Da es aber als Fürsorgeregelung für in wirtschaftliche Notlage geratene Personen und nicht zur Abgeltung erlittener Schäden konzipiert war, stieß der Vorschlag auf die Kritik von Rechtsanwalt Ostertag. Die von ihm Vertretenen forderten kein „Wohltätigkeitsgesetz", sondern „ihr Recht".

Indem der Sonderausschuß intensiv über Finanzierungsmöglichkeiten beriet, formulierte er zunehmend die Grundzüge eines Soforthilfegesetzes und stellte die allgemeine Entschädigungsregelung zurück. Der Gesetzentwurf über vordringliche Entschädigungen für politische Haft[21], der auf Initiative von Staatskommissar Auerbach eingebracht worden war, schränkte den anspruchsberechtigten Personenkreis auf

---

[19] Antrag des Bayerischen Staatskommissars für die rassisch, politisch und religiös Verfolgten, ebenda, Bl. 171 f.; siehe auch die Vermögensauflistungen in: Z 1/1301.
[20] Protokoll über die Ausschußsitzung vom 5. 9. 1947, ebenda, Bl. 141 ff.
[21] Gesetzentwurf vom September 1947 in: Z 1/1296, Bl. 152.

politisch Verfolgte ein, die länger als 6 Monate in „deutscher politischer Haft" gehalten worden waren. Ihnen sollte für Haftzeiten von 6 Monaten bis zu 18 Monaten 10 RM pro Hafttag als Entschädigung bezahlt werden. „Für Haftzeiten von mehr als 18 Monaten wird die Entschädigung als Ehrengabe in Form einer lebenslänglichen Rente gewährt"[22]. Bei einer Haftdauer von mehr als 18 Monaten bis zu 24 Monaten waren monatlich 150 RM, von mehr als 24 Monaten bis zu 30 Monaten monatlich 200 RM und bei mehr als 30 Monaten Haftzeit waren monatlich 250 RM zu zahlen.

Die finanziellen Auswirkungen dieses Vorschlags waren indes zunächst nicht einzuschätzen, so daß die bayerische Staatsregierung nicht bereit war, ihre Zustimmung zu erklären. Gleichwohl wurde der vorgelegte Entwurf weiter diskutiert, wobei Ministerialdirigent Ringelmann aus dem bayerischen Finanzministerium empfahl, eine Bestimmung in das Gesetz aufzunehmen, „daß die Entschädigung für Rechnung des gesamtdeutschen Staates vom Sonderfond zum Zwecke der Wiedergutmachung geleistet" wird. Außerdem plädierte er für Höchstgrenzen der insgesamt zu gewährenden Rentenbeträge, damit diese nicht in wenigen Jahren schon eine ebenfalls vorgesehene Kapitalabfindung übersteige. Den Gedanken der lebenslangen Rente kritisierte er mit der Frage, ob es überhaupt angemessen sei, eine zeitliche Schädigung durch eine lebenslange Rente abzugelten[23].

Mit dieser Zielrichtung wäre das Entschädigungsgesetz kaum über den Rahmen des zum 1. August 1947 auf Wunsch der amerikanischen Militärregierung novellierten Sonderfondsgesetzes hinausgegangen. Dieses hatte zunächst lediglich gesetzestechnische Klarstellungen des Begriffs „wirtschaftliche Notlage" erbracht. Materiell ermöglichte es aber auch eine Ausweitung der Hilfsleistungen, indem die Angehörigen verstorbener Geschädigter, „sofern sie gegenüber dem Verstorbenen unterhaltsberechtigt waren und sich in einer wirtschaftlichen Notlage befinden", Ansprüche in Höhe von 50 RM monatlich geltend machen konnten. Die wichtigste Ergänzung betraf die Einfügung einer Härteregelung, derzufolge Leistungen auch für vor dem 30. Januar 1933 eingetretene Schäden und an nicht unterhaltsberechtigte Verwandte erbracht werden konnten[24]. Der explizit als Soforthilfegesetz deklarierte überarbeitete Gesetzentwurf, der eine weitere Staffelung der Entschädigungszahlungen vorsah, mußte diesen gegebenen Entschädigungsrahmen übersteigen, wollte der Ausschuß weiterhin seinem Anspruch gerecht werden. Anhand der strittigen Finanzierungsfrage zeigte sich freilich, daß dem Entschädigungswillen spürbare Grenzen gesetzt waren. Auf lange Sicht waren die Belastungen für die Etats der Länder unabsehbar, so daß die Entschädigung als gesamtstaatliche Aufgabe angesehen werden mußte. Zunächst fehlten hierfür die politischen Voraussetzungen, so daß die Länder, wollten sie ihrem Wiedergutmachungsanspruch gerecht werden, zunächst in die Verantwortung eintreten mußten. Daß die Finanzminister der Länder, die über den Gesetzentwurf über vordringliche Wiedergutmachung unter nationalsozialistischer Gewaltherrschaft erlittener politischer Haft[25] am 4. Dezember 1947 berieten, das Problem vornehmlich unter haus-

---

[22] Ebenda, Bl. 128 ff.
[23] Protokoll über die Ausschußsitzung vom 8. 10. 1947, ebenda, Bl. 125.
[24] Bayerisches Gesetz- und Verordnungsblatt 1947, S. 164; zu den Beratungen des Länderrats über das Gesetz Nr. 75 siehe Z 1/1290.
[25] Z 1/1296, Bl. 115 ff.

haltspolitischen Gesichtspunkten betrachteten, war naheliegend. Um eine weitgehende Begrenzung der Ausgaben bemüht, griffen sie auf das Prinzip der Bedürftigkeit bei Rentenzahlungen zurück. Danach sollten nur solche Personen Vorschußzahlungen erhalten, die lediglich ein Jahreseinkommen bis zu 4800 RM oder ein Vermögen von weniger als 20 000 RM besäßen[26]. Vom Sonderausschuß für das Entschädigungsgesetz wurde dieser Vorschlag vehement abgelehnt, drohte er doch, die Verfolgten in die Rolle von Wohlfahrtsempfängern zu drängen. Überdies stünden die finanziellen Auswirkungen einer derartigen Regelung, so lautete die Entschließung des Ausschusses an das Direktorium des Länderrats, „nicht im Verhältnis zu der moralischen Beeinträchtigung des Anspruchs auf Wiedergutmachung"[27].

Nachdem deutlich geworden war, daß der ausschließliche Rückgriff auf die Länderhaushalte zur Finanzierung der Entschädigung das praktische Ende wirklicher Wiedergutmachung bedeutete, wurde über alternative Finanzierungsmöglichkeiten nachgedacht. Gegen die Einführung einer speziellen Steuer für alle Steuerpflichtigen sprachen sich die Vertreter der Verfolgten aus, weil dann in starkem Maße auch an nationalsozialistischem Unrecht Unschuldige betroffen worden wären. In der Absicht, die eigentlich Schuldigen auch in finanzieller Hinsicht zu treffen[28], forderte Staatskommissar Auerbach, den Nutznießern des NS-Regimes ihre Gewinne wegzusteuern. Außerdem solle allen ehemaligen Mitgliedern der NSDAP eine Steuer in doppelter Höhe ihres früheren Parteibeitrages auferlegt werden[29]. Dieser Vorschlag fand ebenfalls Widerspruch, drohte er doch, die sich abschwächende Entnazifizierungsdebatte in der Bevölkerung neu zu entfachen. Zudem war der Einwand berechtigt, daß zahlreiche kleine Mitläufer weitaus weniger Unrecht begangen hätten als eine Reihe von Leuten, die nicht der Partei angehörten. Dem Prinzip nach bekräftigte der Sonderausschuß freilich die Inanspruchnahme des Vermögenszuwachses von ehemaligen Mitgliedern der NSDAP als den Nutznießern der nationalsozialistischen Verfolgungsmaßnahmen, ohne die staatliche Wiedergutmachungsverantwortung auszuschließen. Dieser Zuwachs, der offenkundig ebensowenig wie die Verkaufserlöse aus NS-Vermögen für die Entschädigung ausreichte, müsse, so forderte der Sonderausschuß in einer Entschließung, „im Vorrang vor der Inanspruchnahme für Zwecke der Währungsreform für die Wiedergutmachung in Anspruch genommen werden"[30]. In dieser Formulierung deutete sich an, daß eine Auseinandersetzung über die bevorzugte Berücksichtigung der zur Wiedergutmachung Berechtigten und der zum Lastenausgleich Berechtigten sich abzeichnete, war doch zu diesem Zeitpunkt noch der Lastenausgleich zugunsten der Vertriebenen und Flüchtlinge als konstitutiver Bestandteil der Währungsreform konzipiert.

Da sich zu Beginn des Jahres 1948 die Auseinandersetzung zwischen dem Sonderausschuß einerseits und den Finanzministern der Länder andererseits verschärfte, trat die weitere Einzelberatung des Gesetzentwurfs in den Hintergrund. Am 19. Februar 1948 lehnte das Direktorium des Länderrats den Antrag des Sonderausschusses, das

---

[26] Protokoll der Finanzministerbesprechung vom 4. 12. 1947, ebenda, Bl. 99.
[27] Protokoll über die Ausschußsitzung vom 20. 1. 1948, ebenda, Bl. 72.
[28] Aufgrund des Befreiungsgesetzes wurde als Mitläufer Eingestuften eine Sühne von höchstens 2000 RM auferlegt.
[29] Protokoll über die Ausschußsitzung vom 20. 1. 1948 in: Z 1/1296, Bl. 73.
[30] Ebenda, Bl. 74.

Gesetz über vorläufige Entschädigung für politische Haft dem Länderrat zur Annahme zu empfehlen, ab und verwies den Gesetzentwurf an den Sonderausschuß zurück[31]. Ausschlaggebend hierfür war die Haltung Hessens und Bayerns, die das Gesetz ohne die von den Finanzministern vorgeschlagene Beschränkung für finanziell nicht tragbar ansahen. Hessen schlug statt dessen vor, das Gesetz über die Bildung eines Sonderfonds zum Zwecke der Wiedergutmachung zu ergänzen, um so die Ziele des vorläufigen Entschädigungsgesetzes unter Berücksichtigung des Bedürftigkeitsprinzips sicherzustellen. Da die Währungsreform, von der eine Stabilisierung des Geldwertes erwartet wurde – zwischenzeitlich wurde der Gesamtaufwand für die Länder der amerikanischen Zone auf rund 300 Millionen RM geschätzt, wobei von 75 000 Anspruchsberechtigten mit durchschnittlich 2 Jahren Haftzeit ausgegangen wurde –, unmittelbar bevorstand, betrachteten es die Finanzminister Bayerns und Hessens für unvertretbar, minderwertiges Geld auszuzahlen. Es lag daher nahe, zunächst eine vorläufige Regelung für bedürftige Verfolgte anzustreben, um nach der Währungsreform die gesamte Materie umfassend zu regeln.

Für den Sonderausschuß stellte der Direktoriumsbeschluß einen deutlichen Rückschlag dar, schienen doch alle seine Bemühungen vom Fortgang und Erfolg der Währungsreform abhängig, wobei auch die Tendenz unverkennbar war, die Angelegenheit bizonalen Institutionen zu übertragen. Dabei verkannte er keineswegs die enge Verflechtung mit der Währungsreform, die den Geschädigten Zahlungen in fester Währung versprach. Aus diesem Grunde erklärte er sich schließlich mit der Zurückstellung einverstanden, ohne freilich dem hessischen Vorschlag auf Änderung des Sonderfondsgesetzes zuzustimmen[32].

Die Länder Bayern und Hessen hatten mit ihren Einwänden eine vorläufige Entschädigungsregelung verhindert. Das Direktorium des Länderrats nahm zwar noch die Entschließung des Sonderausschusses zur Kenntnis, stellte jedoch die weiteren Beratungen zurück und verwies damit das angestrebte Sofortprogramm in den Bereich des allgemeinen Entschädigungsgesetzes[33]. Aus der Sicht der Verfolgten mußte diese Entscheidung als Verschleppungsstrategie empfunden werden[34]. Der Sonderausschuß sah sich gleichwohl nicht gehindert, bereits Ende April 1948 seine Beratungen – nunmehr ausschließlich über ein umfassendes Entschädigungsgesetz – wiederaufzunehmen. Auf seiner Sitzung vom 6. August 1948 schloß er sie mit der Ausarbeitung eines umfangreichen, insgesamt 56 Paragraphen umfassenden Gesetzentwurfs ab[35]. Der Gesetzentwurf definierte eingangs den anspruchsberechtigten Personenkreis unter geringfügiger Modifikation früherer Formulierungen. Wer der NS-Gewaltherrschaft Vorschub geleistet hatte, wurde explizit von der Wiedergutmachung ausgeschlossen. Für wiedergutmachungspflichtig wurde erklärt, wer die Verfolgung des Wiedergutmachungsberechtigten im Einzelfall vorsätzlich von sich aus herbeigeführt hatte, wer bei Verfolgung oder bei der Schädigung mitgewirkt und wer die Verfolgung sittenwidrig zu seinem Vorteil ausgenutzt hatte[36]. Im übrigen ver-

---

[31] Protokoll der Direktoriumssitzung vom 19. 2. 1948, ebenda, Bl. 19.
[32] Protokoll über die Ausschußsitzung vom 24. 2. 1948, ebenda, Bl. 33.
[33] Protokoll der Direktoriumssitzung vom 26. 2. 1948, ebenda, Bl. 17.
[34] Vgl. Schreiben RA Küster an das Generalsekretariat des LR vom 18. 3. 1948, ebenda, Bl. 16.
[35] Protokoll über die Ausschußsitzung vom 6. 8. 1948 in: Z 1/1297, Bl. 98 ff.
[36] Wortlaut des Gesetzentwurfs, ebenda, Bl. 114 ff.

pflichtete der Entwurf das jeweilige Land zur Wiedergutmachung, wenn der durch die Verfolgung Geschädigte dort am 1.1. 1947 seinen Wohnsitz hatte oder seither dem Land als Flüchtling zugewiesen war; der umfassende Ansatz der Erstfassungen wurde mithin aufgegeben. Für Schäden an Grundstücken bestand die Entschädigungspflicht unabhängig vom jeweiligen Wohnsitz des Geschädigten. Die Länder behielten sich vor, da sie die Wiedergutmachung als eine gesamtstaatliche Aufgabe betrachteten, „von den übrigen beteiligten Ländern oder einer etwaigen staatsrechtlichen Gesamtheit anteilsmäßigen Ersatz seiner Wiedergutmachungsleistungen zu verlangen". Entschädigungsberechtigt sollten auch die Nachfolgeorganisationen juristischer Personen, Anstalten und nicht rechtsfähiger Personenvereinigungen sein.

Von zentraler Bedeutung war die Beschreibung der Wiedergutmachungsleistungen. Für durch Dienststellen des Reiches oder eines Landes oder durch die NSDAP sowie einer ihrer Gliederungen verursachte Schäden am Leben sollte die Wiedergutmachung in Form von Geldrenten an die Witwe, an die Kinder oder an Verwandte der aufsteigenden Linie erfolgen. Die Höhe der Rente sollte sich prozentual an den Versorgungsbezügen orientieren, die den Entschädigungsberechtigten gewährt worden wäre, hätte der Verfolgte einen seiner wirtschaftlichen und sozialen Stellung vergleichbaren Beamtenstatus besessen und wäre ihm Unfallversorgung für einen tödlichen Dienstunfall geleistet worden. Für Schäden an Körper und Gesundheit sollte die Wiedergutmachung in Form von Heilmaßnahmen sowie von Geldrenten erfolgen, sofern eine Beeinträchtigung von mindestens 30 Prozent eingetreten war. Die Höhe der Rente nahm wiederum das geltende Beamtenrecht (Diensteinkommen eines mit dem Verfolgten vergleichbaren Beamten) zur Grundlage, „um somit soziale Härten und Ungerechtigkeiten nach oben und nach unten zu vermeiden"[37]. Für infolge politisch motivierter Inhaftierung – polizeilicher oder militärischer Inhaftnahme, Untersuchungshaft, Strafhaft, Konzentrationslagerhaft, Ghettohaft oder Zuweisung zu einer Wehrmachtstrafeinheit erlittene Schäden – sollte eine pauschale Geldentschädigung von 150 DM für jeden vollen Monat Haftzeit gezahlt werden. Eine Staffelung oder die Einführung einer Obergrenze nach Grundsätzen der Bedürftigkeit, wie sie noch in der vorläufigen Regelung vorgesehen waren, hatte der Sonderausschuß fallengelassen. Der Gesetzentwurf bemühte sich auch um eine Abgrenzung von politischer Haft und Inhaftierung infolge ordentlicher strafrechtlicher Verurteilung. Als verfolgungsbedingt wurde Haft nur dann gewertet, wenn die Verurteilung nach einem Gesetz erfolgt war, das durch das Gesetz zur Wiedergutmachung nationalsozialistischen Unrechts in der Strafrechtspflege aufgehoben oder geändert worden war[38].

In einem weiteren Teil des Gesetzentwurfs wurden Schäden an Eigentum und Vermögen geregelt, sofern diese nicht bereits durch das Rückerstattungsgesetz[39] abgedeckt waren. Hier ging es vorrangig um den finanziellen Ausgleich für Schäden an Vermögen, deren ursprünglicher Zustand nicht wieder hergestellt werden konnte.

---

[37] Schreiben des Vorsitzenden des Sonderausschusses an das Direktorium des LR vom 12.8. 1948, ebenda, Bl. 91.
[38] Zoneneinheitliches Gesetz vom 9.9.1947 aufgrund des LR-Beschlusses vom 17.4. 1946 in: Sammlung der Länderratsgesetze (LRGS), S. 67.
[39] Vgl. Anm. 9.

Durch Verordnung der Länderregierungen sollte das Ausgleichsverfahren für entgangene Nutzungen und Gewinne näher geregelt werden. Den Geschädigten abverlangte Sonderabgaben, insbesondere die sogenannte Judenvermögensabgabe, sollten ebenso rückerstattet werden wie diejenigen Geldstrafen und Geldbußen, die aus politischen oder rassischen Gründen ergangen waren. Schließlich sollten die Schäden im wirtschaftlichen Fortkommen auch dann entschädigt werden, wenn die Benachteiligung in Anwendung von Ausnahmegesetzen, so z.B. des Gesetzes zur Wiederherstellung des Berufsbeamtentums vom 7.4. 1933 (Reichsgesetzblatt I, S.175), erfolgt war. Als Schäden in diesem Sinne wurden Einbußen oder Benachteiligungen definiert, die ein Verfolgter in seiner beruflichen Laufbahn im öffentlichen und privaten Dienst, in seiner freiberuflichen Tätigkeit als Arzt, Rechtsanwalt oder Architekt oder in seiner land- und forstwirtschaftlichen oder gewerblichen Tätigkeit erlitten hatte. Während Personen die freiberuflich tätig gewesen waren, die Wiederaufnahme ihrer früheren Tätigkeit durch Erteilung der hierfür erforderlichen Genehmigungen, Zulassungen und Berechtigungen zu ermöglichen war, sollten Beamte durch bevorzugte Wiedereinstellungen und Nachholen entgangener Beförderungen entschädigt werden. Beiden Gruppen sollte eine Entschädigung für entgangene Einkünfte bzw. Dienstbezüge gezahlt werden. Da Beamte aber nicht alleine Berücksichtigung fanden, wurde der umfassende Charakter des Gesetzentwurfs unterstrichen; er sollte mithin weder in ein vorläufiges Soforthilfegesetz noch in ein spezifisches Beamtengesetz münden.

Für die Verwirklichungsaussichten des Entwurfs war es bedeutsam, daß eine Rangfolge der zu befriedigenden Wiedergutmachungsansprüche nach Maßgabe der verfügbaren Deckungsmittel im Haushalt eines jeweiligen Landes vorgesehen war. Danach waren in der Klasse I vorrangig abzugelten Heilverfahren für Schäden an Körper und Gesundheit, Geldrenten an Hinterbliebene und an erwerbsbeschränkte Verfolgte, Versorgungsbezüge für Beamte, Entschädigungen an Verfolgte, die freiberuflich tätig gewesen waren, sowie Versorgungsrenten. Erst in der zweiten Klasse folgten Geldleistungen für Vermögensschäden an Beamte und an Verfolgte, die freiberuflich tätig gewesen waren, sowie Entschädigungen für Freiheitsentzug bis zu einem Höchstbetrag von 10 000 DM. In der Klasse III rangierten alle übrigen Geldleistungen. Der Sonderausschuß hielt eine sofortige Beschlußfassung über das Gesetzeswerk für eine vordringliche moralische Verpflichtung, da bis zu diesem Zeitpunkt lediglich die feststellbaren Vermögen und Werte rückerstattet und geringfügige Vorschüsse auf Entschädigungen im Rahmen des Sonderfondsgesetzes nur im Falle wirtschaftlicher Notlagen als Wiedergutmachungsleistung gewährt wurden. Von dem vorliegenden Gesetzentwurf konnte indes ein richtungsweisender Schritt zur Wiedergutmachung des Unrechts erwartet werden, das das NS-Regime an den rassisch, religiös und politisch Verfolgten begangen hatte. Die Interessenvertretungen der Verfolgten ließen keine Gelegenheit aus, auf die moralische Verpflichtung hinzuweisen, um die weitere Gesetzesberatung zu beschleunigen.

Das Direktorium des Länderrats vertagte freilich zunächst eine Beschlußfassung über den Gesetzentwurf und überwies ihn am 19. August 1948 zur nochmaligen Überprüfung an den Rechts- und Finanzausschuß[40]. Der Finanzausschuß erkannte die außerordentliche finanzielle Tragweite des Vorhabens, welches Haushaltsausga-

---

[40] Protokoll der Direktoriumssitzung vom 19.8. 1948 in: Z 1/1297, Bl. 43.

ben auf viele Jahre hin nach sich zog. In einem Beschluß vom 13. September 1948 stellten die Finanzminister der Länder fest, „daß die Mittel der Wiedergutmachungsfonds und die verfügbaren Haushaltsmittel auch nicht entfernt zur Befriedigung der aufgrund dieses Gesetzes zu erwartenden Wiedergutmachungsansprüche ausreichen"[41].

Es ging mithin nicht um Formulierungen an einzelnen Gesetzesbestimmungen, denen der Sonderausschuß in einer überarbeiteten Entwurfsfassung weitgehend begegnete[42], es ging vielmehr um die zentrale haushalts- und finanzpolitische Frage, ob rund zwei Monate nach Inkrafttreten der Währungsreform, als die langfristigen Folgewirkungen dieser geldpolitischen Maßnahmen noch nicht eingeschätzt werden konnten, von den Finanzministern die Zustimmung zu Haushaltsausgaben in unbekannter Höhe gegeben werden konnte.[43] Im übrigen wiesen sie darauf hin, „daß die Ausgleichsansprüche der unter das Entschädigungsgesetz fallenden Personen zu den in den bizonalen oder trizonalen Lastenausgleich einzubeziehenden Entschädigungen gehören und auch nur im Rahmen dieses Lastenausgleichs berücksichtigt werden können"[44]. Damit unterstrichen sie erneut die gesamtstaatliche Verantwortung an der Regelung dieser Materie – die unterschiedlichen Belastungen der einzelnen Länder mußten auf die Dauer im Rahmen des Finanzausgleichs der Länder ausgeglichen werden –; hieraus resultierte auch die Forderung, das Entschädigungsgesetz frühestens mit der Gesetzgebung über den Lastenausgleich in Kraft treten zu lassen. Aus finanzpolitischer Sicht bot sich durch diese Verknüpfung die Möglichkeit, die Einnahmen aus der vorgesehenen Ausgleichsabgabe in einen Gesamt-Entschädigungsfonds einfließen zu lassen. Aus diesem konnten dann die Leistungen sowohl an die Verfolgten wie auch an die Flüchtlinge und Vertriebenen erfolgen, wobei dann freilich die Frage der Rangfolge zu entscheiden war. (Bekanntlich hat die lastenausgleichsrechtliche Entschädigung der Vertriebenen und Flüchtlinge zeitlich vor der wiedergutmachungsrechtlichen der Verfolgten stattgefunden; offenkundig genoß die Flüchtlingsintegration sozialpolitische Priorität.)

Um allerdings auch ein Instrument der Soforthilfe zu besitzen und der besonderen Notlage der Verfolgten Rechnung zu tragen, sollten nach den Vorstellungen der Finanzminister die in Klasse I des Gesetzentwurfs bezeichneten Ansprüche umgehend abgegolten werden. Freilich wäre das Vorhaben in seinen konkreten Auswirkungen dadurch im wesentlichen auf eine Soforthilfsmaßnahme zurückgeführt worden – ein Ansatz, der noch vor wenigen Monaten abgelehnt worden war. Durch seinen Auftrag an Bayern, einen dementsprechenden Eventualentwurf zu erstellen[45], schien das Direktorium des Länderrats dem Vorschlag der Finanzminister seine Zustimmung erteilen zu wollen.

Als das Direktorium am 23. September 1948 auf der Grundlage eines überarbeiteten Gesetzentwurfs, der allerdings diese Beschränkung nicht enthielt[46], und unter

[41] Beschluß des Finanzausschusses des Länderrats vom 13. 9. 1948 in: Z 1/1298, Bl. 272.
[42] Druckfassung des Gesetzentwurfs in der Fassung vom 26. 8. 1948 in: Z 1/1297, Bl. 10 ff.; Protokoll der Ausschußsitzung vom 26. 8. 1948 in: Z 1/1298, Bl. 45 ff.
[43] Vgl. Erklärung des württemberg-badischen Finanzministeriums, ebenda, Bl. 49.
[44] Vgl. Anm. 41.
[45] Beschluß des Direktoriums vom 6. 9. 1948 in: Z 1/1297, Bl. 2.
[46] Gesetzentwurf mit Begründung in: Z 1/1298, Bl. 131 ff.

Berücksichtigung eigener Änderungsvorschläge dem Länderrat die Zustimmung zu diesem Gesetzentwurf empfahl[47] und das Plenum des Länderrats dieser Empfehlung folgte[48], schien das weitere Schicksal des Vorhabens in den Händen der Militärregierung zu liegen, die anders als bei der Diskussion um das Rückerstattungsgesetz auf die inhaltliche Gestaltung dieses Gesetzes keinen nachweisbaren Einfluß genommen hatte. Es war Ausdruck dieser bislang geübten Zurückhaltung, daß eine rasche Bearbeitung durch die Militärregierung unterblieb[49]. Erst Mitte Februar 1949 wurde dem Länderrat ein Memorandum des Beraters des Oberbefehlshabers in jüdischen Angelegenheiten, William Haber, für den Vorsitzenden des Gesetzgebungsprüfungsausschusses der amerikanischen Militärregierung, Edward H. Litchfield, vom 10. Dezember 1948 bekannt, demzufolge das Gesetz sein offenkundiges Ziel, diejenigen zu entschädigen, die unter dem NS-Regime Schaden an „Personen und Eigentum" erlitten hatten, bei weitem verfehle[50]. Kritisiert wurde insbesondere die Nichtberücksichtigung der Displaced Persons, für die sich die deutsche Verwaltung nicht zuständig betrachtete, da es sich nicht um deutsche Staatsbürger handelte. Ferner wurde das im Zuge der Überarbeitung des Gesetzentwurfs weiter reduzierte Umrechnungsverhältnis für geldliche Ansprüche von 10:1 auf Deutsche Mark bemängelt. Der moralische Anspruch der gesetzlichen Maßnahme war zu offenkundig hinter der fiskalischen Realität zurückgeblieben. Demgegenüber lautete die Forderung: „Wenn das Entschädigungsgesetz mehr als ein bloßes Zeichen von Mitgefühl für die Opfer des Nationalsozialismus sein soll, muß es sich soweit wie möglich bemühen, den Berechtigten in den Status quo zu versetzen"[51]. Es sei anerkanntes Rechtsprinzip, daß der Geschädigte den Geldwert des erlittenen Schadens berechnet nach dem Zeitpunkt, zu dem das Unrecht begangen wurde, erhalte. Da dies das vorgesehene Umrechnungsverhältnis gänzlich außer Acht lasse, müsse ein Verhältnis von 10:3 eingeführt werden.

Fraglos traf diese Kritik den Kern des Gesetzeswerks, das als Kompromiß zwischen moralischem Wiedergutmachungsanspruch und Finanzierungsnöten – auch im Kompetenzkonflikt von Justiz- und Finanzverwaltung – zustande gekommen war. Es dauerte freilich noch bis zum 18. März 1949, bis diese Auffassung der amerikanischen Militärregierung bestätigt[52] und dem Sonderausschuß vom Länderratsdirektorium der Auftrag erteilt wurde, hierzu Stellung zu nehmen[53]. Auf seiner umgehend einberufe-

---

[47] Protokoll der Direktoriumsssitzung vom 23.9.1948, in: Z 1/164, Bl. 127.
[48] Protokoll der 34. Tagung des Länderrates vom 28.9.1948 in: Z 1/190, Bl. 225 ff.
[49] Auch der recht umfangreiche Aktenbestand der amerikanischen Militärregierung, der als Mikrofiche im Bundesarchiv vorliegt (Bundesarchiv-Bestand Z 45 F) belegt, daß das Entschädigungsproblem für die amerikanische Besatzungspolitik gegenüber der Rückerstattungsfrage von sekundärer Bedeutung war.
[50] Z 1/1298, Bl. 73 ff.; siehe auch: Ernst Féaux de la Croix: Der Werdegang des Entschädigungsrechts unter national- und völkerrechtlichem und politologischem Aspekt, in: Der Bundesminister der Finanzen in Zusammenarbeit mit W. Schwarz (Hrsg): Die Wiedergutmachung nationalsozialistischen Unrechts durch die Bundesrepublik Deutschland, Bd. III, München 1985, S. 40 f.
[51] Z 1/1298, Bl. 74.
[52] Dem LR wurde keine offizielle Stellungnahme vom OMGUS übermittelt. Durch die Landesmilitärregierung Württemberg-Baden hatte der LR lediglich Kenntnis von dieser Mitteilung von General Hays erhalten, wonach der Gesetzentwurf nicht genehmigt werden könne. Vgl. Schreiben des LR (Rechtsabteilung) an die Landesratsbevollmächtigten vom 18.3.1949, ebenda, Bl. 53.
[53] Protokoll der internen Direktoriumssitzung vom 18.3.1949, ebenda, Bl. 58.

nen Sitzung machte der Ausschuß deutlich, daß die gewünschte Einbeziehung der Displaced Persons, die allein in Bayern Kosten in Höhe von 180 Millionen DM nach sich ziehen würde, nur dann erfüllbar sei, wenn hierfür Kostendeckung sichergestellt sei. Dies könne durch eine Reihe von Maßnahmen, u. a. durch Aufnahme von Länderanleihen und durch eine Verbesserung des Umstellungsverhältnisses für die in den Wiedergutmachungsfonds der Länder angesammelten Kapitalien geschehen. Hinsichtlich des Umstellungsverhältnisses der Schadensersatzansprüche betonte der Sonderausschuß, daß eine einheitliche Umstellung nach den Bestimmungen des Umstellungsgesetzes zu finanziell untragbaren Folgen führen würde. Als „zweckmäßigste Lösung" schlug er eine Umstellung im Verhältnis 1:2 vor[54].

Der noch in einigen weiteren Punkten vom Sonderausschuß abgeänderte Gesetzentwurf[55] wurde im Anschluß an die Empfehlung des Direktoriums vom 11. April 1949[56] vom Länderrat am 26. April 1949 angenommen[57]. Mit Schreiben vom 29. Juni 1949 reichte die amerikanische Militärregierung dem Länderrat das Entschädigungsgesetz zurück, ohne eine Entscheidung gefällt zu haben. Sie würdigte ausdrücklich die vom Länderrat geleistete Arbeit, wollte jedoch, nachdem die Bildung der Bundesrepublik Deutschland unmittelbar bevorstand, kein derartig bedeutsames und hinsichtlich seiner finanziellen Auswirkungen auf die Länder folgewirksames Gesetz in Kraft setzen, das dann nur in vier der elf Bundesländer gelten würde. Sie empfahl daher, das Gesetz der zu bildenden Bundesregierung erneut vorzulegen[58]. Mit dieser Politik der Nicht-Präjudizierung der künftigen westdeutschen Sozialpolitik folgte die amerikanische Militärregierung einer Linie, die sie auch gegenüber Gesetzesvorhaben der bizonalen Organe eingenommen hatte.

Für den Länderrat wäre es mehr als enttäuschend gewesen, die Lösung eines komplexen und vordringlichen Problems letztlich an der zeitlichen Parallelität zur westdeutschen Staatsgründung scheitern zu sehen. Ministerpräsident Maier nahm daher die Gelegenheit der Anwesenheit des künftigen Hohen Kommissars John McCloy auf der Länderratssitzung am 22. Juli 1949 wahr, um nochmals das Anliegen der Länderchefs vorzutragen. Daraufhin beschloß der Länderrat am 23. Juli 1949, einen erneuten Antrag an OMGUS zu richten. In seiner Begründung verwies der Länderrat auf die gleichgerichteten Gesetzgebungsbestrebungen in der britischen und französischen Zone, die den Wunsch nach einer gesetzlichen Regelung der Entschädigungsfrage dokumentierten. Für die dort von den jeweiligen Militärregierungen bereits genehmigten Haftentschädigungs- und Wiedergutmachungsgesetze habe der Länderratsentwurf als Muster gedient. Eine bundesgesetzliche Regelung sei wegen der starken Belastung der Bundesinstitutionen mit vordringlichen Aufgaben in absehbarer Frist nicht zu erwarten[59]. Da die in den jeweiligen Zonen vorgesehenen Entschädigungsregelungen die Grundlage für konkrete Hilfsmaßnahmen darstellen würden,

---

[54] Protokoll über die Ausschußsitzung vom 28. 3. 1949, ebenda, Bl. 40 ff.
[55] Text in: Z 1/1299, Bl. 153 ff. u. 112 ff.
[56] Protokoll der Direktoriumssitzung vom 11. 4. 1949, ebenda, Bl. 134 f.
[57] Protokoll der LR-Sitzung vom 26. 4. 1949 in: Z 1/190, Bl. 299 ff. Einige redaktionelle Berichtigungen wurden auf der Direktoriumssitzung vom 17. 5. 1949 (Prot. in: Z 1/1299, Bl. 91 f.) beschlossen.
[58] OMGUS an den Generalsekretär des LR vom 29. 6. 1949, ebenda, Bl. 70.
[59] Antrag des Länderrats an OMGUS vom 23. 7. 1949, ebenda, Bl. 46.

erschien es wenig sinnvoll, ausgerechnet in den Ländern der amerikanischen Zone auf ein entsprechendes Gesetz zu verzichten.

Mit Schreiben vom 4. August 1949 billigte die amerikanische Militärregierung die Weitergabe des Entschädigungsgesetzes an die Ministerpräsidenten, „um es noch vor Bildung der westdeutschen Regierung alsbald zu verkünden"[60]. Daraufhin konnte es als Ländergesetz in Bayern, Bremen, Hessen sowie in Württemberg-Baden noch im August 1949 verkündet werden[61]. Nachdem in den jeweiligen Ländern Durchführungsvorschriften zum Entschädigungsgesetz erlassen worden waren, konnte das Sonderfondsgesetz mit seinen begrenzten Hilfsleistungen zugunsten umfassender gesetzlicher Möglichkeiten abgelöst und eine erweiterte Entschädigungspraxis wirksam werden.

---

[60] OMGUS an den Generalsekretär des LR vom 4.8.1949, ebenda, Bl.43.
[61] LRGS, S.83; Bayerisches Gesetz- und Verordnungsblatt 1949, S.195; Gesetzblatt der Freien Hansestadt Bremen 1949, S.159; Gesetz- und Verordnungsblatt für das Land Hessen 1949, S.101; Regierungsblatt der Regierung Württemberg-Baden 1949, S.187.

Constantin Goschler

Der Fall Philipp Auerbach. Wiedergutmachung in Bayern

Ein aufsehenerregender Prozeß vor dem Landgericht München I lenkte 1952 zeitweilig die allgemeine Aufmerksamkeit auf die Wiedergutmachung und ihre Durchführung. Dem Hauptangeklagten Philipp Auerbach, selbst ehemaliger jüdischer Verfolgter, wurde eine Vielzahl von Delikten vorgeworfen, die im Zusammenhang mit seiner Tätigkeit in Bayern als Staatskommissar für die rassisch, religiös und politisch Verfolgten und später als Generalanwalt für die Wiedergutmachung sowie schließlich als kommissarischer Präsident des Landesentschädigungsamts standen. Das Verfahren gegen Auerbach hatte im Januar 1951 mit der Besetzung des Bayerischen Landesentschädigungsamts begonnen, wo nun für längere Zeit ein großes Polizeiaufgebot wegen Unregelmäßigkeiten bei der Durchführung der Wiedergutmachung ermittelte. Da sich darunter so spektakuläre Vorfälle wie der „Fall Wildflecken" befanden, bei dem unter Zuhilfenahme des Bayerischen Landesentschädigungsamts versucht worden war, für 111 fiktive auswanderungswillige jüdische Displaced Persons von der Stuttgarter Landesbezirksstelle für die Wiedergutmachung eine Viertelmillion DM Haftentschädigungen zu erschwindeln, geriet im Gefolge des Prozesses die Wiedergutmachung insgesamt in ein schiefes Licht. Parallel zu den Ermittlungen der Justiz untersuchte ein Ausschuß des Bayerischen Landtags die Vorgänge um Auerbach und ging dabei vor allem der Frage nach, ob dessen vorgesetzte Stellen in den vergangenen Jahren ihre Dienstaufsicht vernachlässigt hatten.

Der Prozeß wurde im In- und Ausland, insbesondere in Kreisen, die am Fortgang der Wiedergutmachung interessiert waren oder die ein Aufleben des Antisemitismus befürchteten, aufmerksam beobachtet, häufig mit Argwohn. Standen doch hier mit Auerbach und dem mitangeklagten bayerischen Landesrabbiner Aaron Ohrenstein nur wenige Jahre nach dem Ende des NS-Regimes die zwei exponiertesten Vertreter der bayerischen Juden vor einem deutschen Gericht, von dessen fünf Richtern immerhin drei in irgendeiner Form mit der NSDAP verbunden gewesen waren. Nicht allen Beobachtern schien die Zeit schon reif zu sein für die Rückkehr zu einer solchen „Normalität".

Im August 1952 befand das Gericht Auerbach schließlich für schuldig, einen falschen Doktortitel geführt sowie später in Erlangen einen Doktortitel mit falschen Angaben erworben zu haben, was er auch eingestand. Weiter sah das Gericht als erwiesen an, daß er von einem Kreditnehmer Lebensmittel als Geschenk angenommen, einen Erpressungsversuch an einem Architekten begangen, sich im Zusammenhang mit der Auftragsvergabe für Friedhofsneubauten an Schmiergeldern bereichert und in seinem Amt Gelder mißbräuchlich verwendet hatte[1]. Die ursprünglich erhobenen weit schwereren Vorwürfe, die zur Besetzung des Landesentschädigungsamts und Auerbachs anschließender Verhaftung geführt hatten, waren während des Prozesses fallengelassen worden. Dazu gehörte insbesondere die Anschuldigung, daß Auerbach beim „Fall Wildflecken" beteiligt gewesen sei. Für die verbliebenen Punkte erkannte ihm das Gericht eine Strafe von zwei Jahren und sechs Monaten Haft sowie 2700 DM Geldbuße zu.

Auerbach war empört über das Urteil und hielt dem entgegen, man habe einen zweiten Fall Dreyfus geschaffen. Seine Verteidiger kündigten sogleich Revision an, doch sollte es dazu nicht mehr kommen. Nach der Urteilsverkündung kehrte Auerbach in das „Josephinum", eine Münchner Privatklinik, in der er bereits während seines Prozesses wegen eines schweren Nierenleidens in Behandlung gewesen war, zurück. Tags darauf nahm er sich dort mit Hilfe von Schlaftabletten das Leben. Er starb als gesundheitlich, finanziell und moralisch zerstörter Mann. In seinem „politischen Testament", das er auf die Rückseite seiner Gerichtsvorladung schrieb, begründete er seinen Freitod damit, daß ihm mit der Verurteilung Unrecht getan worden sei[2].

Die Vorgänge um Auerbach werfen eine Reihe von Fragen auf. Wie konnte er bei seiner Tätigkeit für die ehemaligen NS-Verfolgten erst so hoch aufsteigen, daß er als einer der mächtigsten Männer in Bayern galt, und dann so tief fallen, daß er mit der Schmach, als die er seine Verurteilung empfand, nicht mehr leben konnte? Wer waren seine Förderer und wer seine Gegner? Wessen Interessen vertrat Auerbach selbst? Und war schließlich die polizeiliche Besetzung des bayerischen Landesentschädigungsamts tatsächlich ein „Frontalangriff auf die Wiedergutmachung und das Judentum[3], wie es Auerbach bezeichnete?

Vom KZ-Häftling zum Staatskommissar: Auerbachs Weg nach Bayern

Philipp Auerbach war in Hamburg als Sohn eines jüdischen Exportkaufmanns aufgewachsen. 1934 war er nach Belgien emigriert und hatte dort einen chemischen Betrieb und Großhandel aufgebaut. Nachdem Belgien vom Deutschen Reich überfallen worden war, wurde Auerbach 1940 als feindlicher Ausländer verhaftet. Auf diesem Wege fiel er in die Hände der Vichy-Regierung, die ihn an die Gestapo auslieferte. Da Auerbach über gute Fremdsprachenkenntnisse verfügte, stellte sie ihn 1942/43 der Berliner Kriminalpolizei als Dolmetscher zur Verfügung. Im Laufe des Jahres 1944 kam er in das KZ Auschwitz, als das Lager im Januar 1945 geräumt wurde, über das KZ Groß-Rosen in das KZ Buchenwald, wo ihn schließlich die amerikanischen Truppen befreiten. Er blieb noch einige Monate als Lagerchemiker dort und ging dann nach Düsseldorf[4].

Am 1. September 1945 wurde Auerbach bei der Regierung der Nordrhein-Provinz

---

[1] Vgl. Urteil in der Strafsache gegen Auerbach und drei Andere, ausgefertigt am 5. 12. 1952, Staatsanwaltschaft München I (StasM I), Prozeß gegen Auerbach und drei Andere, 2 KLs 1/52.
[2] Vgl. „Politisches Testament" Auerbachs, 14. 8. 1952, StasM I, 2 KLs 1/52.
[3] Vgl. Süddeutsche Zeitung, 29. 1. 1951, „Entschädigungsamt unter Polizeibewachung".
[4] Vgl. ebd. Anklageschrift in der Sache Auerbach u. drei Andere, S. 7 ff.; Urteil in der Sache Auerbach u. drei Andere, S. 7 ff., ebd.

angestellt und mit den Angelegenheiten der ehemaligen Verfolgten sowie der Flüchtlinge betraut[5]. Auerbach, der enge Beziehungen mit dem Field Security Service, dem Geheimdienst der britischen Militärregierung unterhielt, versuchte zugleich, selbst in den Fortgang der Entnazifizierung einzugreifen und geriet dabei wegen seines scharfen und oft eigenmächtigen Vorgehens mit den Briten in Konflikt. Als er sich auf eigene Faust aus dem Düsseldorfer Stadtarchiv Unterlagen beschaffte, um der Militärregierung zu beweisen, daß der damalige Oberpräsident der Nordrhein-Provinz und spätere Bundesinnenminister Robert Lehr nationalsozialistisch belastet sei, war die Geduld der Briten erschöpft, so daß sie ihn am 22. Dezember aus seinem Amt entließen[6]. Auerbach beschränkte sich deshalb zunächst gezwungenermaßen auf seine Tätigkeit beim Wiederaufbau der jüdischen Gemeinden. Er war Vorsitzender des Zonenausschusses der Jüdischen Gemeinden in der britischen Zone und zugleich Vizepräsident des Zentralkomitees für die befreiten Juden in der britischen Zone. Dabei spielte er eine wichtige Rolle für die – damals noch illegale – Auswanderung der jüdischen Displaced Persons nach Palästina[7].

Seit Anfang 1946 verhandelte der bayerische Innenminister Josef Seifried mit Auerbach darüber, eine Tätigkeit in Bayern anzunehmen. Zunächst bot er ihm die Stelle des Staatskommissars für das Flüchtlingswesen an. Für Seifried war Auerbach als führender Repräsentant der Juden in Deutschland interessant und besaß in seinen Augen die notwendigen internationalen Beziehungen, die zur Lösung der Probleme der Flüchtlingsbetreuung und der Frage der rassisch, religiös und politisch Verfolgten notwendig waren[8]. Auerbach trat die Stelle aber zuletzt doch nicht an, unter anderem deshalb, weil er Anfang 1946 in London an einer Tagung des Jüdischen Weltkongresses teilnahm. Im Sommer 1946 kam Auerbach dann für die Position eines bayerischen Staatskommissars für die Betreuung der Juden ins Gespräch. Die Interessenvertretung jüdischer Gemeinden und die Kultusvereinigungen der drei Zonen wie das Zentralkomitee der befreiten Juden in der US-Zone hatten sich für ihn eingesetzt[9]. Daß ihn die britische Militärregierung entlassen hatte, machte auch in Bayern schnell die Runde, doch galt dies damals nicht als ehrenrührig, hatten doch auch andere angesehene deutsche Politiker wie Konrad Adenauer oder Fritz Schäffer auf solche Weise ihre Ämter verloren. Dennoch war Auerbach von Anfang an persönlich umstritten[10].

Auerbach wurde nach München gerufen, als sich die bayerische Verfolgtenbetreu-

---

[5] Vgl. zum folg. Interview d. Verf. mit Henryk Ingster, 27.7.1987; Auerbach an Lehr, 27.12.1945, StasM I, 2 KLs 1/52, Bd. XVII; Peter Hüttenberger, Nordrhein-Westfalen und die Entstehung seiner parlamentarischen Demokratie, Siegburg 1973, S. 183 ff.

[6] Vgl. Begründung der Entlassung Auerbachs, Head Quarters Military Government, North Rhine Province, 15.1.1946, StasM I, 2 KLs 1/52, Bd. IV/3.

[7] Vgl. Interview d. Verf. mit Henryk Ingster am 22.7.1987.

[8] Vgl. Aussage v. Josef Seifried, Archiv des Bayerischen Landtags, Untersuchungsausschuß zur Prüfung der Vorgänge im Landesentschädigungsamt (UA. LEA), 6. Sitzung, 31.8.1951, S. 99 f.

[9] Vgl. Telegramm der Interessenvertretung jüdischer Gemeinden und Kultusvereinigungen der drei Zonen an Ministerpräsident Hoegner v. 20.8.1946, StasM I, 2 KLs 1/52, Bd. IV/4; Central Committee of Liberated Jews in the American Occupied Zone in Germany an Innenminister Seifried, 30.8.1946, ebd.

[10] Sogar Auerbachs eigener Bruder, der spätere niedersächsische Staatssekretär Walter Auerbach, riet von ihm ab, vgl. Ernst Gnose an Ministerpräsident Wilhelm Hoegner, Ende 1946, Sl Hoegner, Archiv Institut für Zeitgeschichte (IfZ), München ED 120, Bd. 34.

ung gerade in einer Phase der Neugliederung befand. Auf Veranlassung der amerikanischen Militärregierung hatte Ministerpräsident Hoegner am 26. Oktober 1945 einen Staatskommissar für die Betreuung der Juden in Bayern eingesetzt und mit diesem Posten Hermann Aumer betraut. Er sollte der aus rassischen Gründen verfolgten jüdischen Bevölkerung Bayerns alle erforderliche Hilfe zukommen lassen. Am 26. März 1946 wurde dann auch ein Staatskommissar für die politisch Verfolgten, Otto Aster, ernannt. Die rechtlichen und materiellen Möglichkeiten der beiden Staatskommissare, ihren Schützlingen zu helfen, waren allerdings anfangs sehr bescheiden[11]. Deshalb trat Staatskommissar Aster an die Amerikaner heran, um sie für die Zusammenlegung der beiden Staatskommissariate zu gewinnen und auf diese Weise seinen bisherigen Mangel an Kompetenzen zu überwinden[12]. Im Sommer 1946 verhandelten dann die amerikanische Militärregierung für Bayern und die bayerische Regierung über eine Reorganisation der Verfolgtenbetreuung[13]. Die Amerikaner wünschten ihrerseits gleichfalls die Vereinigung der Staatskommissariate sowie die Eingliederung ihrer Aufgaben in die Wohlfahrtsabteilung des Innenministeriums. Sie bezweckten damit, den Verwaltungsaufbau zu vereinfachen. Vor allem aber hatten sie Bedenken, daß die Existenz von selbständigen Staatskommissariaten zur Betreuung der NS-Opfer auf die Dauer dazu führen könne, daß sich die Verfolgten als gesellschaftliche Sondergruppe etablierten.

Die bayerische Regierung orientierte sich an den Forderungen der Militärregierung, nutzte aber deren Abneigung, die Maßnahme in eigener Machtvollkommenheit durchzusetzen[14] dazu, die Neugliederung stärker nach ihren eigenen Vorstellungen zu gestalten. Nun wurde ein Staatskommissariat für die Opfer des Faschismus geschaffen, das die Aufgaben der beiden bisherigen Staatskommissariate in sich vereinigte und den amerikanischen Wünschen entsprechend in drei Abteilungen für deutsche Juden, ausländische Juden und politische Verfolgte gegliedert war. Kurze Zeit danach mußte die Bezeichnung auf Anordnung der Besatzungsmacht in Staatskommissariat für die rassisch, religiös und politisch Verfolgten geändert werden[15], vermutlich weil der Begriff „Faschismus" nun schon als kommunistisch besetzt galt. Indem man ein selbständiges Staatskommissariat beibehielt, das zwar der Aufsicht des Innenministeriums unterstand, ihm aber nicht eingegliedert war, wollte man auf bayerischer Seite den provisorischen Charakter dieser Einrichtung bewahren. Deshalb sah man dann im bayerischen Ministerrat auch von einer Verbeamtung Auerbachs ab[16]. Innenminister Seifried vertrat stets den Standpunkt, es müßten „alle diese Funktio-

---

[11] Vgl. Bericht von Dr. Walter an Political Affairs, ICD, München, v. 6. 8. 1946, Office of Military Government for Bavaria (OMGB), Archiv IfZ, 10/109-2/2; Bericht v. Louis Miniclier v. 6. 2. 1948, ebd., 13/141-1/1.

[12] Vgl. Befragung der Staatskommissare Aumer und Aster, 4. 9. 1946, OMGB, Archiv IfZ, 10/109-2/1; Aussage v. Willi Ankermüller, 6. UA.LEA, 31. 8. 1951, S. 115.

[13] Vgl. etwa Aktennotiz v. Herwarths über Besprechung bei Albert C. Schweitzer, Chef der Civil Administration Division v. OMGB, 16. 7. 1946, Bayerisches Hauptstaatsarchiv (BayHStA), München, MA 114 263.

[14] Vgl. Vormerkung von Herwarths über Besprechung mit Schweitzer v. 24. 7. 1946, BayHStA, MA 114 263.

[15] Vgl. Robert A. Reese, Internal Affairs Division, OMGB, an den Ministerpräsidenten Hoegner am 3. 1. 1947, BayHStA, MA 114 263.

[16] Vgl. Protokoll des Ministerrats v. 5. 9. 1946, Bayerische Staatskanzlei.

nen, die sich aus der Katastrophe ergeben haben, wie die Betreuung der Flüchtlinge und der rassisch, religiös und politisch Verfolgten, nur in der Art eines Staatskommissariats wahrgenommen werden, um später wieder zu verschwinden."[17] Auch die Militärregierung forderte, nach erfolgter Umorganisation nicht nur die Kompetenzen und die Zuständigkeiten des neuen Amtes zu regeln, sondern auch eine Bestimmung aufzunehmen, derzufolge nach einer gewissen Zeitspanne, etwa nach einem Jahr, überprüft werden sollte, ob die verbleibenden Aufgaben die weitere Existenz eines Staatskommissariats rechtfertigten oder nicht doch einer anderen Abteilung zugeordnet werden könnten[18].

Auerbach, damals 40 Jahre alt, trat seine Stelle in Bayern am 15. September 1946 an, und am 10. Oktober ernannte ihn die Staatsregierung förmlich zum Staatskommissar für die Opfer des Faschismus. Vor seinem Amtsantritt legte ihm sein künftiger Dienstherr, Innenminister Seifried, noch einmal ans Herz, worum es bei seiner Aufgabe ginge: Man müsse den Amerikanern guten Willen beweisen. „Aber es muß zu gleicher Zeit erreicht werden, daß wir möglichst bald die DPs (sci. Displaced Persons) wieder weiterbringen, weil schon weitere Flüchtlinge nachdrängen."[19] Damit bezog sich Seifried vor allem auf die jüdischen DPs. Lebten im August 1945 etwa 900 bis 1000 Juden in Bayern, so stieg diese Zahl hauptsächlich durch die Gruppe der jüdischen DPs, die zum größten Teil aus nach Kriegsende hierher geflohenen Ostjuden bestand, bald wieder stark an. Im März 1947 waren es schon über 70 000, bevor ihre Zahl durch die Auswanderung von mehreren 10 000 jüdischen DPs, vor allem nach Palästina, wieder abnahm[20].

Die Anwesenheit der ostjüdischen DPs war in Bayern nicht gern gesehen. So äußerte etwa der Landwirtschaftsminister und spätere Vorsitzende der Bayernpartei Josef Baumgartner Anfang 1947: „Wir werden ohne die Juden und besonders ohne die jüdischen Kaufleute in USA und der übrigen Welt nie mehr auskommen: Wir brauchen sie für die Wiederaufnahme unserer alten Handelsbeziehungen! Was freilich die vielen Ostjuden hier in Bayern anbetrifft, so bin ich anderer Meinung: Meine Herren! Ich bin leider gezwungen gewesen, an dem Judenkongreß in Reichenhall teilzunehmen: Das einzig Erfreuliche an der Tagung war für mich die einstimmig gefaßte Resolution: ‚Raus aus Deutschland! (Gelächter!)'."[21]

Auerbach versprach nun Seifried, daß er sich der Förderung der Auswanderung der DPs aus Bayern besonders nachdrücklich annehmen würde. Die weiteren Hauptaufgaben sah er darin, die „Kriminellen" aus dem Verfolgtenkreis auszuscheiden und die wirtschaftliche Existenz der nach Bayern zurückkehrenden Verfolgten zu festi-

---

[17] Aussage v. Seifried, 6. UA.LEA, 31. 8. 1951, S. 105.
[18] Vgl. Schweitzer an Wilhelm Hoegner, 14. 11. 1946, Sl. Hoegner, Archiv IfZ, ED 120, Bd. 112.
[19] Vgl. Aussage v. Seifried, 6. UA.LEA, 31. 8. 1951, S. 106.
[20] Vgl. Juliane Wetzel, Jüdisches Leben in München 1945–1951, Durchgangsstation oder Wiederaufbau?, Neue Schriftenreihe des Stadtarchivs München, 1987, S. 82 f., Anhang, Bevölkerungsstatistiken, S. 1.
[21] Josef Baumgartner am 4. März 1947 im „Dienstag-Club", dem Forum der CSU-Nachwuchspolitiker, in: Lehrjahre der CSU. Eine Nachkriegspartei im Spiegel vertraulicher Berichte an die amerikanische Militärregierung, hrsg. v. Klaus-Dietmar Henke und Hans Woller, Stuttgart 1984, S. 122. Baumgartner spricht dabei vom zweiten Kongreß der befreiten Juden in Bad Reichenhall Anfang 1947.

gen[22]. Dabei wird deutlich, daß in der Wiedergutmachungsdiskussion von Anfang an stets eine prinzipielle Unterscheidung zwischen den deutschen und den ausländischen ehemaligen NS-Verfolgten getroffen wurde.

Kein Almosen für Verfolgte: Der Ausbau des Staatskommissariats für rassisch, religiös und politisch Verfolgte

Auerbach vertrat die Auffassung, daß das, was den politisch und rassisch Verfolgten an seelischem Leid zugefügt worden war, sich niemals wieder gutmachen lasse. Man könne nur den bescheidenen Versuch unternehmen, mit materiellen Mitteln den ehemaligen Verfolgten dabei zu helfen, ihre verlorene Existenz wieder aufzubauen[23]. Dabei war für ihn ein wichtiges Kriterium, „daß kein rassisch, religiös und politisch Verfolgter als Wohlfahrtsempfänger zur Fürsorge gehen muß"[24]. Folglich setzte er durch, daß dieser Personenkreis ab 1. Februar 1947 bei Bedarf nicht mehr durch Wohlfahrtseinrichtungen, sondern ausschließlich durch das Staatskommissariat und die ihm untergeordneten Hilfsstellen unterstützt wurde[25]. Damit schlug er einen Weg ein, der die Verfolgten immer mehr aus dem Rahmen der allgemeinen Fürsorge herausführte. So sollte die besondere Natur ihrer Ansprüche unterstrichen werden, der man durch ein Almosen nicht gerecht werden konnte. Dieser Kurs sollte aber auf längere Sicht zu Kollisionen führen.

Als Auerbach sein Amt in München antrat, waren dessen Kompetenzen nicht genau geklärt. Im Innenministerium wurde auf Anforderung der Militärregierung noch längere Zeit an Entwürfen für eine entsprechende Verordnung gearbeitet. Auerbach, der mit seinen Düsseldorfer Erfahrungen in der Verfolgtenbetreuung und umfangreichen Plänen nach Bayern kam, nutzte diesen Zustand, um den Einfluß seines Staatskommissariats so weit als möglich auszudehnen. Dabei ergaben sich zwangsläufig Überschneidungen mit den Aufgaben anderer Behörden. Vor allem das Verhältnis des Staatskommissariats zu dem im Oktober 1946 gegründeten Bayerischen Landesamt für Vermögensverwaltung und Wiedergutmachung mußte geklärt werden. Das Gesetz Nr. 35 vom 1. August 1946 über die Bildung eines Sonderfonds zum Zwecke der Wiedergutmachung, wonach an ehemalige rassisch, religiös und politisch Verfolgte in wirtschaftlicher Notlage vorläufige Zahlungen oder andere Zuwendungen geleistet werden sollten, benannte nämlich das Landesamt als die ausführende Behörde[26]. Nach einem vergeblichen Versuch Auerbachs, eine Personalunion zwischen den beiden Ämtern herzustellen, erreichte er schließlich einen

---

[22] Vgl. Anm. 17; Niederschrift der Vernehmung Auerbachs am 28.3.1951, StasM I, 2 KLs 1/52, S. 6.

[23] Auerbach, Die Zukunft der rassisch, religiös und politisch Verfolgten, in: Rechenschaftsbericht des Staatskommissars für rassisch, religiös und politisch Verfolgte, 15.9.1946 bis 15.5.1947, OMGB, Archiv IfZ, 13/141-1/1.

[24] Auerbach, Der Stand der Wiedergutmachung in Bayern, Referat bei der Gründungsversammlung der Vereinigung der Verfolgten des Naziregimes am 26.1.1947 in München, Sl Hoegner, Archiv IfZ, ED 120, Bd. 327.

[25] Vgl. Memorandum von Miniclier v. 31.1.1947, OMGB, Archiv IfZ, 13/141-1/1; Hans P. Thomsen, Welfare-Refugee Officer, Ansbach, an Public Welfare Branch, OMGB, 16.8.1947, ebd., 15/102-1/31.

[26] Vgl. Bayerisches Gesetz- und Verordnungsblatt (BayGVOBl.) 1946, S. 258 f.

Beschluß der bayerischen Regierung, wonach die Zahlungen aus dem Sonderfondsgesetz dem Staatskommissariat für rassisch, religiös und politisch Verfolgte übertragen wurden. Die Vereinbarung wurde bei der Revision des Sonderfondsgesetzes
gesetzlich verankert[27]. In der am 1.8. 1947 als Gesetz Nr.75 erlassenen Neufassung
des Gesetzes Nr.35 wurde das Staatskommissariat an Stelle des Landesamts für Vermögensverwaltung und Wiedergutmachung als zuständige Behörde aufgeführt.

In einem Rechenschaftsbericht vom Mai 1947 erläuterte Auerbach die Kompetenzen seines Staatskommissariats[28]. Es besaß nun die direkte Dienstaufsicht über das
Bayerische Hilfswerk für die durch die Nürnberger Gesetze Betroffenen, die KZ-
Betreuungsstellen und das Zentralkomitee der befreiten Juden in der US-Zone, die
praktische Aufgaben bei der Fürsorge und Wiedergutmachung übernahmen. Auch die
jüdischen Gemeinden in Bayern unterstanden ihm. Das Bayerische Hilfswerk sorgte
sich um „Volljuden", in Mischehen lebende Juden sowie um Sinti und Roma. Das
Zentralkomitee hingegen war eine Organisation der jüdischen DPs, also vorrangig
von Ostjuden, und kümmerte sich um die DPs, die außerhalb der Lager lebten[29].
Dagegen unterstanden die zahlreichen DPs, die in Lagern lebten, bis Mitte 1950
nicht den deutschen Behörden, sondern wurden von Organisationen der UNO
betreut. Die KZ-Betreuungsstellen kümmerten sich um die politisch Verfolgten. Zum
Zeitpunkt des Berichts betreuten das Hilfswerk und die KZ-Betreuungsstellen jeweils
etwa 18 000 ehemalige Verfolgte, während die Gruppe der vom Zentralkomitee
betreuten Personen etwa 29 000 Menschen umfaßte. Für letztere war aber bis zur
Währungsreform die Unterstützung durch ausländische jüdische Hilfsorganisationen
entscheidend, erst dann erlangte das Staatskommissariat auch für diesen Personenkreis die Zuständigkeit[30].

Wie umfassend Auerbach die Betreuung der ehemals Verfolgten verstand, zeigt ein
Überblick über die Fürsorgemaßnahmen des Staatskommissariats: Neben der Gewährung von Renten, Krediten, Sonderverteilungen von Textilien, Möbeln, Lebensmitteln
und anderen Gebrauchsgegenständen betrieb das Staatskommissariat eine Reihe von
Erholungsheimen für die Verfolgten, sorgte sich um die Errichtung und Pflege von
Friedhöfen und Gedenkstätten, unterstützte Verfolgte beim Studium, verteilte Woh-
nungen und war an der Berufseingliederung und Arbeitsvermittlung beteiligt. Darüber hinaus befaßte sich eine Abteilung ausschließlich mit der Wiedergutmachungsgesetzgebung. Später kam noch eine für Entnazifizierungsfragen hinzu. Schließlich
unterstützte Auerbach auch die Ausbildung für auswanderungswillige jüdische DPs,
um deren Eingliederung in ihre neue Heimat zu unterstützen[31].

---

[27] Vgl. Gesetz Nr.75 über die Bildung eines Sonderfonds zum Zwecke der Wiedergutmachung v.
    1.8. 1947, BayGVBl. 1947, S.164f.; Bericht über die Tätigkeit des Bayerischen Landesamtes für
    Vermögensverwaltung und Wiedergutmachung im ersten Jahr seines Bestehens, 23.10. 1947,
    BayHStA, MF 69 410.
[28] Vgl. im folg. Rechenschaftsbericht des Staatskommissars für rassisch, religiös und politisch Ver-
    folgte, 15.9. 1946–15.5. 1947, OMGB, Archiv IfZ, 13/141-1/1.
[29] Vgl. Wetzel, Jüdisches Leben in München, S.144ff.
[30] Vgl. Aussage v. Blessin, 7.UA.LEA, 14.9. 1951, S.46.
[31] Vgl. Anm.25; Bericht des Staatskommissars für rassisch, religiös und politisch Verfolgte für die
    Militärregierung von Bayern, Januar 1948, OMGB, Archiv IfZ, 13/141-1/1.

*Wiedergutmachung nach kaufmännischen Gesichtspunkten: Amtsstil und
Finanzierungspläne Auerbachs*

Als Finanzierungsquelle standen Auerbach hauptsächlich die Mittel des Sonderfondsgesetzes zur Verfügung. Darüber hinaus schuf er ein undurchschaubares System
von schwarzen Kassen, das er aus Honoraren für Veröffentlichungen und Rundfunk-
beiträge, aus Spenden, Erfolgsbeteiligungen bei Rückerstattungsverhandlungen und
ähnlichen Quellen speiste. Das gab ihm die Möglichkeit, zahlreiche Einzelfälle auf
unbürokratische Weise durch den Griff in seine sprichwörtliche Zigarrenkiste zu
regulieren. Auerbach erklärte unumwunden, daß es nicht möglich sei, die Wiedergutmachung von seinem Amt aus im Stile einer normalen Behörde durchzuführen, vielmehr müsse dies nach kaufmännischen Gesichtspunkten geschehen[32]. In den ersten
Jahren der Nachkriegszeit betrachtete die Regierung, insbesondere das Innen- und
Finanzministerium, diesen unkonventionellen Stil mit großer Nachsicht, weil das
Bewußtsein noch wach war, daß die Wiedergutmachung nicht mit normalen Maßstäben gemessen werden könne. Die chaotischen Zustände in den Amtsräumen des
Staatskommissariats, das oft regelrecht von ehemaligen NS-Verfolgten der verschiedensten Nationalitäten belagert wurde, wurden als symptomatisch und unvermeidlich
hingenommen. Sebastian Endres, Vizepräsident des Landesamts für Vermögensverwaltung und Wiedergutmachung, schilderte diese Zustände: „Wenn man die Gänge,
die Vorzimmer von Herrn Dr. Auerbach gesehen hat – ... es war ein fürchterliches
Zeug. Es war an sich wirklich eine ... Nachgeburt des Kriegs, des Zusammenbruchs,
des Chaos."[33] Vor allem die Beamten alter Schule fanden es oft lästig, sich auf diesen
Personenkreis und seine Probleme einzulassen. So beklagte sich einmal ein hoher
Finanzbeamter bei Landesrabbiner Ohrenstein: „habe ich das nötig, während sich
meine Kollegen in der Finanzwelt anders beschäftigen, hier das so mit anzusehen?"[34] Auerbach selbst, der als cholerische Natur bekannt war, konnte sich leichter
helfen. Er warf notfalls Bittsteller eigenhändig heraus. Aber hierzu bedurfte es nicht
nur erheblicher Körperkraft, über die Auerbach verfügte, sondern hierzu mußte man
selbst Jude sein. Der für die Fragen der Wiedergutmachung zuständige Beamte im
Finanzministerium, der Ministerialdirektor und spätere Staatssekretär Richard Ringelmann, meinte dazu: „Ich wüßte in meiner Verwaltung keinen Mann, dem ich so
etwas zumuten könnte."[35]

Auerbach trug aufgrund seiner Stellung und seiner Persönlichkeit auf zwei Schul-
tern. Das galt besonders in der Frage der Finanzierung, die stets der Angelpunkt der
Wiedergutmachung war. Er wollte zugleich den Interessen der Verfolgten gerecht
werden und denen des bayerischen Staates loyal dienen. In diesem Zusammenhang
verdient seine Wiedergutmachungskonzeption Interesse. Für ihn gehörten Wiedergutmachung und Entnazifizierung zusammen. Da er zugleich gegen eine Kollektivschuldthese war, lehnte er es ab, die Wiedergutmachung aus Steuermitteln zu finanzieren und wollte dafür das nationalsozialistische Vermögen heranziehen: „Ausge-

[32] Vgl. Aussage v. Staatsanwalt Hölper, 2. UA.LEA, 16. 8. 1951, S. 47; Aussage v. Richard Ringel-
    mann, 4. UA.LEA, 23. 8. 1951, S. 36 ff.
[33] Aussage v. Endres, 17. UA.LEA, 25. 1. 1952, S. 15.
[34] Aussage v. Aaron Ohrenstein, 23. UA.LEA, 20. 5. 1952, S. 67.
[35] Aussage v. Ringelmann, 4. UA.LEA, 23. 8. 1951, S. 37.

hend von dem Gesichtspunkte, daß das deutsche Volksvermögen als solches zu sehr
dezimiert ist, als daß es die Wiedergutmachungsleistungen an die Opfer des Nationalsozialismus von sich aus leisten kann, besteht die einzige Möglichkeit, die Opfer
des Faschismus in gebührender Form zu entschädigen darin, daß die Sachwerte und
Vermögen, die durch die Spruchkammer den belasteten Nazis entzogen werden,
ebenso wie das herrenlose Vermögen der Opfer des Nationalsozialismus in geeigneter
Form aktiviert werden.“[36] Der Gedanke, Wiedergutmachung und Entnazifizierung
finanziell in Zusammenhang zu bringen, war nicht neu. So bestimmte bereits das Län-
derratsgesetz Nr. 35 vom 1. 8. 1946, daß der Sonderfonds zur vorläufigen Unterstützung bedürftiger Opfer des Nationalsozialismus insbesondere aus den Erträgen oder
Erlösen der im Zuge der Entnazifizierung eingezogenen Vermögenswerte sowie mit
den dabei anfallenden Sühnegeldern gespeist würde.

Probleme ergaben sich vor allem dort, wo Auerbach begann, das in Folge des
Holocaust erbenlos gewordene Vermögen in seine Pläne zur Finanzierung der Wiedergutmachung einzubeziehen[37]. Ende 1947, kurz nachdem das Rückerstattungsgesetz Nr. 59 in der amerikanischen Zone in Kraft getreten war, präsentierte Auerbach
einen Plan, wonach ein internationaler jüdischer Fonds mit 200 Millionen Dollar
gebildet werden sollte, der durch eine internationale Anleihe zu finanzieren sei. Der
Kredit sollte gleichfalls „nach kaufmännischen Gesichtspunkten gedeckt (werden)
durch die Werte, die in dem herrenlosen jüdischen Eigentum in Deutschland liegen.“[38] Die 200 Millionen Dollar waren gleichermaßen zur Wiedergutmachung und
zur Förderung der Auswanderung gedacht und zwar je 100 Millionen Dollar für die
Zwecke der Auswanderung nach den USA und nach Palästina. Die anderen 100 Millionen Dollar sollten der Wiedergutmachung an denjenigen Juden dienen, die in
Deutschland blieben, und zwar in Form eines Rohstoffkredites, mit dem der Aufbau
von jüdischen Häusern und die Inbetriebsetzung von jüdischen Fabriken finanziert
werden sollte[39].

Typisch für Auerbachs Wiedergutmachungskonzeption ist, daß der Plan wiederum
die beiden Elemente Integration und Auswanderung in sich vereinigte und noch dazu
vom Standpunkt des bayerischen Staates aus weitgehend kostenneutral war. Er wurde
dann aber nicht realisiert. Stattdessen trat in der amerikanischen Zone im Juni 1948
die Jewish Restitution Successor Organization (JRSO) die Nachfolge des jüdischen
erbenlosen Vermögens an. Deren Arbeit ähnelte zwar in manchen Teilen dem Plan
Auerbachs, doch war die JRSO für eine möglichst scharfe Auslegung der Rückerstattungsgesetze[40]. Daraus folgte auch, daß das Geld vor allem ins Ausland floß. Auer-

---

[36] Auerbach, Gedanken über die Verwaltung des Nazivermögens, welches dem Landesamt für Ver-
mögensverwaltung und Wiedergutmachung durch Eigentumsentzug zufällt, sowie über die
Nutzbarmachung des treuhänderisch zu verwaltenden jüdischen Vermögens im Interesse der
Allgemeinheit, 3. 1. 1947, Sl Hoegner, Archiv IfZ, ED 120, Bd. 138.
[37] Vgl. etwa Aufzeichnung einer Besprechung von Auerbach mit Miniclier am 26. 8. 1947, OMGB,
IfZ Archiv, 13/141-1/1; Protokoll des Sonderausschusses über das Entschädigungsgesetz des
Länderrats v. 30.7. 1947, Bundesarchiv Koblenz, Z 1, Bd. 1296.
[38] Auerbach, Ein Plan zur Unterbringung jüdischer Menschen, die in deutschen Konzentrationslagern gelitten haben, nach Bekanntgabe des Rückerstattungsgesetzes, 24. 11. 1947, BayHStA,
MA 114 240.
[39] Vgl. Neue Welt, Anfang Dezember 1947, „Zweihundert-Millionen-Dollar-Anleihe gefordert“.
[40] Vgl. Aussage v. Gerhard Hirsch, 15. UA.LEA, 7. 12. 1951, S. 12.

bach hielt hingegen an dem Grundgedanken fest, das erbenlose jüdische Vermögen möglichst in Deutschland zu verwenden. Diesen Standpunkt vertrat er auch auf einer Konferenz mit der JRSO in New York, zu der ihn diese Anfang 1949 eingeladen hatte[41].

Promotor der Wiedergutmachung: Auerbachs gesellschaftliche Kontakte, sein Verhältnis zur Militärregierung und die Folgen seines Wiedergutmachungskonzepts

Parallel zu seinen Aktivitäten als Staatskommissar verschaffte sich Auerbach einen großen Wirkungskreis und Einfluß durch seine Mitarbeit in einer Reihe von Organisationen und durch zahlreiche öffentliche Aktivitäten. In erster Linie war Auerbach ein bedeutender Repräsentant des jüdischen Lebens. Nachdem er bereits in der Nordrhein-Provinz erhebliches für den Wiederaufbau der jüdischen Gemeinden geleistet hatte, tat er nun dasselbe auch in Bayern und in der amerikanischen Zone. Ende 1946 wurde er Präsident des Landesverbands der Israelitischen Kultusgemeinde in Bayern und seit Mitte 1947 vertrat er im Direktorium der Arbeitsgemeinschaft jüdischer Gemeinden in Deutschland die amerikanische Zone. 1950 wurde er dann Direktoriumsmitglied im Zentralrat der Juden in Deutschland.

In gleicher Weise suchte Auerbach auch die Zusammenarbeit mit den politisch Verfolgten. Bald nach seiner Ankunft in München hatte er sich dem Landesausschuß der politisch Verfolgten vorgestellt. Dieser Ausschuß war damals die maßgebliche bayerische Vereinigung von politisch Verfolgten aller Parteien. Der Landesausschuß lehnte Auerbach zunächst ab, weil er bei der Berufung des neuen Staatskommissars nicht berücksichtigt worden war. Deshalb vermutete man hier erst eine gegen die politisch Verfolgten gerichtete Tendenz. Es gelang Auerbach aber bald, das Vertrauen dieser Organisation zu gewinnen, vor allem indem er sie als Beratungsgremium für die Tätigkeit des Staatskommissariats heranzog[42]. Im Frühjahr 1947 wurde dann in Bayern die Vereinigung der Verfolgten des Naziregimes (VVN) gegründet. Auerbach trat ihr sogleich bei, und in der Folge erschien er bei zahlreichen VVN-Veranstaltungen als Redner. Schon bald begannen aber Auseinandersetzungen um den politischen Charakter der VVN. Im Juni 1948 erklärte die SPD die Unvereinbarkeit der Mitgliedschaft mit der VVN, weil sich diese einseitig den ostzonalen VVN-Positionen unterwerfe. Auerbach, der schon in Düsseldorf der SPD beigetreten war, befolgte diesen Beschluß zunächst und trat aus der VVN aus. Bald darauf machte er aber den Schritt rückgängig, denn im Gegensatz zur SPD-Führung war er der Auffassung, daß die VVN wenigstens in Bayern weiterhin einen überparteilichen Charakter besaß. Dafür schloß ihn die SPD solange aus[43], bis er im Mai 1949 endgültig die VVN verließ und sich stattdessen dem dezidiert antikommunistischen „Landesrat für Freiheit und Recht" anschloß.

Überdies konnte Auerbach seine politische Wirkung durch ausgezeichnete Kon-

[41] Vgl. Pressekonferenz Auerbachs am 20. 3. 1949, OMGB, Archiv IfZ, 10/109-1/31.
[42] Vgl. Interview mit Ernst Lörcher am 4. 9. 1987; Brief von Lörcher an Autor vom 27. 9. 1987; Rechenschaftsbericht des Staatskommissars für rassisch, religiös und politisch Verfolgte, 15. 9. 1946–15. 5. 1947.
[43] Vgl. Rundschreiben des SPD-Landesverbands Bayern, 7. 10. 1948, Archiv der sozialen Demokratie (AdsD), Bonn, Landesverband Bayern I, 18.

takte zu Rundfunk und Presse vergrößern. Neben regelmäßigen Ansprachen im bayerischen Rundfunk aufgrund seiner Funktionen in der jüdischen Gemeinde München unterstütze er eine eigene jüdische Zeitung, die *Neue Welt,* und hatte über seinen Bekannten Manfred George, den Herausgeber und Chefredakteur der in New York erscheinenden jüdischen Wochenzeitschrift *Aufbau* auch Beziehungen zur amerikanischen Presse. Zudem trat er bei zahlreichen Gelegenheiten in der Öffentlichkeit als Redner auf, ob es nun Einweihungen von KZ-Gedenkstätten, Versammlungen von NS-Verfolgten, Gedenktage oder andere Anlässe waren.

Da Auerbach bei solchen Gelegenheiten teils die Rolle des Verfolgtenvertreters einnahm, und dabei häufig auch Maßnahmen der Regierung öffentlich kritisierte, teils selbst als Regierungsvertreter auftrat, sammelte sich höheren Orts immer stärkere Verärgerung an. Vor allem darüber, daß er wiederholt durch seine Erklärungen die bayerische Regierung politisch festlegte, wurde diese zunehmend ungehalten[44]. Das zeigte sich besonders bei seiner Mitarbeit an der Wiedergutmachungsgesetzgebung im Sonderausschuß für das Entschädigungsgesetz des Stuttgarter Länderrats. Hier beteiligte er sich mit zahlreichen Vorschlägen und Eingaben. Besondere Bedeutung erlangte seine Initiative für ein Haftentschädigungsgesetz, wonach pro Tag der erlittenen KZ-Haft zehn Mark zu bezahlen seien[45]. Durch den Gang an die Öffentlichkeit verlieh er seinem Projekt erheblichen Nachdruck und bereitete dabei den Finanzministern der betroffenen Länder große Bauchschmerzen. Das von ihm unbescheiden „lex Auerbach" genannte Gesetzesvorhaben wurde aber schließlich erst mit einigen Abstrichen im Rahmen des späteren US-Entschädigungsgesetzes vom August 1949 verwirklicht. Vor diesem Hintergrund stießen Vorstöße Auerbachs, ihm eine beratende Stelle im bayerischen Ministerrat einzuräumen[46], auf wenig Gegenliebe.

So war Auerbach stets auf der Suche nach Wegen, den Wirkungskreis seines Staatskommissariats zu vergrößern. Schon auf der Interzonenkonferenz in Tegernsee vom 7. bis 9. Dezember 1946, bei der Minister und Referenten für Wiedergutmachung und Betreuung der rassisch, religiös und politisch Verfolgten der drei Westzonen vertreten waren, schlug Auerbach die Gründung eines Interzonenausschusses aller vier Zonen vor, der die Einheit Deutschlands in der Frage der Wiedergutmachung und Betreuung der Verfolgten gegenüber den Besatzungsmächten herstellen sollte[47]. Aus dem Blickwinkel der amerikanischen Militärregierung für Deutschland widersprach dieser Vorschlag aber der Politik ihres Chefs, General Lucius D. Clay. Nach dessen Vorstellung sollte die wirtschaftliche Vierzoneneinigung der politischen vorangehen und zudem die Vertretung der Interessen der Verfolgten durch die bestehenden politischen Parteien erfolgen und keine besonderen Verfolgtenorganisationen

---

[44] Vgl. Aussage v. Ankermüller, 6. UA.LEA, 31.8.1951, S.119ff.

[45] Vgl. Aufzeichnung Friedrichs v. 31.7.1947, BayHStA, MF 69 410; Vorlage von Ringelmann an Finanzminister Kraus v. 23.9. 1947, ebd.; Otto Küster an Finanzministerium Stuttgart, zur Kenntnisnahme Ringelmann, 15.11. 1947, ebd.; Aussage v. Ringelmann, 4. UA.LEA., 23.8. 1951, S.41f.

[46] Vgl. Auerbach an Innenminister Ankermüller, 17.3. 1948, StasM I, 2 KLs 1/52.

[47] Vgl. Notizen Auerbachs über ein künftiges Interzonensekretariat, 9.12. 1946, Sl Hoegner, Archiv IfZ, ED 120, Bd.327.

gegründet werden[48]. Ein halbes Jahr später reduzierte Auerbach sein Vorhaben und plante ein Zonenkommissariat für die amerikanische Besatzungszone, welches er selbst leiten wollte[49].

Da sich aber eine solche Ausdehnung des Staatskommissariats nicht verwirklichen ließ, rief er stattdessen im Sommer 1948 die Interministerielle Arbeitsgemeinschaft für Wiedergutmachung in der Trizone ins Leben[50], der im März 1950 die Interministerielle Arbeitsgemeinschaft für Wiedergutmachungs- und Entschädigungsfragen folgte. In beiden Fällen leitete er das Koordinierungsbüro. Mit diesen Gremien versuchte Auerbach, die Wiedergutmachungsaktivitäten in der Trizone zu koordinieren bzw. sich an der Vereinheitlichung der Wiedergutmachungsgesetzgebung auf Bundesebene zu beteiligen, die die Alliierte Hohe Kommission von der Bundesregierung gefordert hatte[51].

Wesentliche Bedeutung für die Stellung Auerbachs in Bayern besaß sein Verhältnis zur amerikanischen Militärregierung. Im Auerbach-Untersuchungsausschuß des Bayerischen Landtags wurde mehrfach darauf verwiesen, daß er sich bei der Militärregierung auf unüberwindbare Hintermänner gestützt habe, doch konnte dieser Eindruck nie erhärtet werden[52]. Auerbach hat sich zweifellos um Kontakte zur Militärregierung bemüht. Insbesondere General Clay und seine wechselnden Berater für jüdische Angelegenheiten, aber auch Robert Murphy, den politischen Berater für Deutschland der USA, bedachte er mit zahlreichen Eingaben, meist zu Fragen des Antisemitismus, der Entnazifizierung und der Wiedergutmachung. Er fand damit zwar Gehör bei der amerikanischen Militärregierung, doch blieben die Reaktionen oft nur unverbindlich. Die von Auerbach als politisches Mittel ins Spiel gebrachten engen Beziehungen zur amerikanischen Militärregierung beruhten zum großen Teil auf reiner Prahlerei. Er fingierte sogar Telefongespräche mit Clay, um seine Gesprächspartner zu beeindrucken. Auf die Dauer durchschauten dieses Verhalten auch einige bayerische Politiker[53].

Auerbachs Person, seine Vergangenheit in Düsseldorf und seine Amtsführung waren schon frühzeitig umstritten, was die Amerikaner genau registrierten[54]. Sie interessierten sich allerdings weniger für die Gerüchte um die Echtheit seines Doktortitels. Dafür nahmen sie die Konsequenzen unter die Lupe, die sich aus der Tätigkeit

---

[48] Vgl. Dossier über Auerbach von Charles E. Boyle, OMGUS, 25.7.1947, OMGUS, Archiv IfZ, CAD, 3/169-2/158.

[49] Vgl. Aufzeichnung Auerbachs vom 29.5.1947 für die Besprechung bei General Clay in Stuttgart am 3. Juni 1947, StasM I, 2 KLs 1/52.

[50] Vgl. Mitteilungsblatt des Landesausschusses der politisch Verfolgten in Bayern, 1.9.1948, „Vereinheitlichung der Wiedergutmachung".

[51] Vgl. Auerbach an Ministerpräsident Hans Ehard, 15.3.1950, BayHStA, MA 114 264; Auerbach an die Ministerpräsidenten der 11 Länder der Bundesrepublik, 3.7.1950, Sl Hoegner, Archiv IfZ, ED 120, Bd. 83. Nach Auerbachs Verhaftung ging die Organisation in die Konferenz der Obersten Wiedergutmachungsbehörden der Bundesrepublik Deutschland unter der Leitung Otto Küsters über.

[52] Vgl. Aussage v. Hans Kraus, 8. UA.LEA, 21.9.1951, S. 17f.

[53] Vgl. Aussage v. Josef Müller, 16. UA.LEA, 11.1.1952, S. 15f.

[54] Vgl. Robert A. Reese, Internal Affairs u. Comm. Division, OMGB, an Director, OMGUS, 12.10.1946, OMGB, Archiv IfZ, 15/101-2/27; Walter J. Muller, Militärgouverneur für Bayern, an Lucius D. Clay, 8.4.1947, ebd.

des Staatskommissariats und den damit verbundenen gesellschaftlichen Aktivitäten Auerbachs ergaben. Bereits Mitte 1947 kam eine Untersuchung der amerikanischen Militärregierung zu der Auffassung, daß er seine offizielle Position unter anderem dazu mißbrauche, die politischen und wirtschaftlichen Ziele einer Minderheitsgruppe, d. h. der Verfolgten, innerhalb der deutschen Wirtschaft zu begünstigen[55]. Das widersprach der amerikanischen Politik, die verhindern wollte, daß sich infolge einer bevorzugten Behandlung eine separate Gruppe der Verfolgten kristallisiere und den Unmut der einheimischen Bevölkerung auf sich ziehe[56].

Im Sommer 1948 spitzten sich diese Probleme zu einer offenen Krise zu. Unmittelbarer Anlaß waren Rundfunkreden Auerbachs im Vorfeld der Währungsreform. Darin hatte er bekanntgegeben, daß er besondere Mittel für bedürftige Verfolgte zur Verfügung habe, um deren DM-Erstausstattung nach dem Währungsschnitt etwas verbessern zu können. In der bayerischen Bevölkerung löste diese – wie es hieß – Bevorzugung der Juden erhebliche, antisemitisch gefärbte Unruhe aus[57]. Der bayerische Militärgouverneur Murray D. van Wagoner schlug deshalb Ministerpräsident Ehard vor, Auerbach zu ersetzen, doch hieraus wurde nichts[58].

Daraufhin untersuchte die Militärregierung die Frage selbst, und man kam zu der Auffassung, daß die Schwierigkeiten bei aller vorhandenen Ruppigkeit Auerbachs letztlich kein persönliches Problem seien, sondern der Natur seines Amtes entsprängen. Letztlich ginge es um die Grundlinien der Politik gegenüber den NS-Opfern. Es wurde – drei Jahre nach Kriegsende -- erwogen, die Aussonderung der Verfolgten infolge der Betreuung durch ein eigenes Staatskommissariat besser zu beenden, die Institution aufzulösen und die bedürftigen Verfolgten der allgemeinen Fürsorge zuzuweisen[59]. Clay ging schließlich dann aber doch nicht so weit und erklärte gegenüber van Wagoner, die Frage, ob Auerbach ersetzt werden sollte, sei ausschließlich eine deutsche Angelegenheit. Clay gab weiter zu bedenken: „Ich glaube, daß das Thema viel mehr umfaßt, als nur die Aktivitäten Auerbachs, namentlich die ganze Frage der speziellen Behandlung von gewissen Gruppen, die in der deutschen Wirtschaft leben. (...) Ich glaube, die endgültige Lösung für diese verfolgten Gruppen ist die Umsiedlung oder die Integration dieser Menschen in die deutsche Wirtschaft auf gleicher Grundlage wie die anderen deutschen Bürger. Je eher dieses Ziel erreicht sein wird, desto eher wird diese Art von Kritik und Propaganda verschwinden."[60]

So bestand die Lösung des Problems der NS-Verfolgten für die amerikanische Militärregierung, die bayerische Regierung und auch für Auerbach gleichermaßen in der Kombination von Auswanderung und Integration. Der dennoch immer stärker zutage tretende Konflikt erwuchs nun hauptsächlich daraus, daß Auerbach dabei stärker davon ausging, daß die Verfolgung in vielen Fällen eine tiefgehende gesell-

---

[55] Vgl. Anm. 50.
[56] Vgl. stellvertretender US-Kriegsminister Peterson auf einer Besprechung mit Miniclier u. a., 4. 7. 1947, OMGB, Archiv IfZ, 13/141-1/1.
[57] Vgl. Monthly Report for Period Ending 30 June 1948, OMGB, Religious Affairs Branch, OMGUS, Archiv IfZ, CAD 173-1/19.
[58] Vgl. ebd., Murray D. van Wagoner an Clay, 15. 7. 1948.
[59] Vgl. Louis G. Kelly, 28. 7. 1948, ebd.; Theodore M. Willcox, 29. 7. 1948, ebd.; Edward H. Litchfield, 30. 7. 1948, ebd.
[60] Ebd., Clay an van Wagoner, o. Datum. (Übers. d. Verf.).

schaftliche Ausgrenzung und Entwurzelung bewirkt hatte, zu deren Behebung entsprechend weitreichende Maßnahmen seines Staatskommissariats notwendig seien. Dabei traten Zielkonflikte auf, die desto stärker wurden, je weiter das Kriegsende zurücklag und eine kompensatorische Privilegierung der Verfolgten, die alles in allem keineswegs üppig war, in der deutschen Bevölkerung auf immer weniger Verständnis traf. Wenn Auerbach die in Deutschland lebenden Verfolgten als einen moralischen Aktivposten des besiegten Deutschlands ansah[61], so hatte dies eine andere Vorstellung von deren Integration in die Nachkriegsgesellschaft zur Folge, als wenn Politiker in ihnen hauptsächlich ein soziales Folgeproblem des Krieges sahen. So hielt Auerbach in höherem Maße gesellschaftliche Umschichtungen für eine Bedingung der Eingliederung und Rehabilitierung der NS-Verfolgten. Deshalb hob er stets den Zusammenhang von Wiedergutmachung und Entnazifizierung hervor, was seiner Popularität nicht eben förderlich war.

Wiedergutmachung statt Fürsorge: Angriffe auf Auerbach, Reorganisation seines Amtes und das Entschädigungsgesetz der US-Zone

Die Art und Weise, wie Auerbach sein Amt führte und sich dabei in zahlreiche politische Fragen einmischte, ließen insbesondere im Finanzministerium und bei Justizminister Josef Müller Pläne zu einer Umgestaltung des Amtes reifen. Müller verbreitete über die Presse, daß sich Auerbach wie ein Gauleiter aufführe[62], und gegenüber Hendrik George van Dam, dem späteren Generalsekretär des Zentralrats der Juden für Deutschland, erklärte er, daß sich Bayern nicht von einem jüdischen „König" regieren lassen wolle[63]. Auch im Finanzministerium empfand man das Staatskommissariat als einen Staat im Staate. Dort wurde schließlich eine Verordnung entworfen, um die Wiedergutmachungsorganisation neuzuregeln. Damit sollte die Betreuungstätigkeit des Staatskommissariats abgebaut werden, die an die Stelle der allgemeinen Fürsorge getreten war[64]. Einem Reorganisationsplan waren allerdings durch die im Sonderfondsgesetz festgelegten Befugnisse des Staatskommissars Grenzen gesetzt, da sich die bayerische Regierung nicht einseitig über die vom Länderrat verabschiedeten Gesetze Nr. 35 und 75 hinwegsetzen konnte. Die Verfolgtenorganisationen setzten sich heftig zugunsten der Person und der Stellung Auerbachs ein, doch wurde am 3. November 1948 die Verordnung über die Organisation der Wiedergutmachung[65] erlassen. Sie sah ein Landesamt für Wiedergutmachung vor. Fortan unterstand die Wiedergutmachung in Bayern direkt dem Finanzministerium. Das neue Amt sollte das bisherige Staatskommissariat Auerbachs und die Abteilung III des Landesamts für Vermögensverwaltung und Wiedergutmachung, die für die Durchführung des Rückerstattungsgesetzes Nr. 59 zuständig war, zusammenfassen. Die Verordnung wollte unterbinden, daß Auerbach wie bisher eine Doppelstellung als Vertreter des Staatsinteresses und der Verfolgten einnehmen konnte. Deshalb wurde

---

[61] Vgl. Anm. 36; Auerbach, Gerechtigkeit für alle, in: Neue Welt, 12. 8. 1948.
[62] Vgl. etwa Neue Zeitung, 14. 10. 1948, „Auerbach heftig angegriffen".
[63] Vgl. Protokoll einer Besprechung von Landgerichtsrat Aman mit van Dam, 27. 7. 1951, StasM I, 2 KLs 1/52.
[64] Finanzminister Hans Kraus an Ehard, 2. 11. 1948, BayHStA, MA 114 240.
[65] Vgl. BayGVOBl. 1948, S. 248 f.

er nun zum „Generalanwalt für Wiedergutmachung" ernannt, der nur noch die Verfolgten vertrat. Die Verwaltung und Regelung der Ansprüche sollte ihm also entzogen werden.

Die Verordnung vom 3. November 1948 griff aber nie so recht, vor allem weil sich die amerikanische Militärregierung sträubte. Am 3. Juni 1949 befahl Militärgouverneur van Wagoner schließlich deren Aufhebung. Anlaß dafür war aber nicht etwa der Wunsch, Auerbach zu unterstützen, sondern die Besorgnis, die Durchführung des Rückerstattungsgesetzes Nr. 59 könnte durch die Ausgliederung der Abteilung III aus dem Landesamt für Vermögensverwaltung und Wiedergutmachung behindert werden[66]. Die bayerische Regierung erließ daraufhin die 2. Verordnung über die Organisation der Wiedergutmachung vom 22. November 1949[67]. Die vor Jahresfrist bestimmten Änderungen wurden wieder rückgängig gemacht und das Landesentschädigungsamt mit Auerbach als kommissarischem Präsidenten an der Spitze gegründet.

Die Trennung der Funktionen Auerbachs als Interessenvertreter des Staates und der Verfolgten war damit gescheitert, aber das mittlerweile erlassene Entschädigungsgesetz der US-Zone enthielt eine Bestimmung, wonach ein Vertreter des Landesinteresses, der gegenüber dem Finanzministerium weisungsgebunden war, am Entschädigungsverfahren beteiligt werden konnte. Von dieser Möglichkeit wurde auch sogleich Gebrauch gemacht[68]. Davon abgesehen ging aber die Struktur des Staatskommissariats weitgehend unverändert in das Landesentschädigungsamt über. Nach dem Erlaß des Entschädigungsgesetzes wurden zwar zusätzlich entsprechende Abteilungen zu seiner Bearbeitung eingerichtet. Aber die bisherigen Abteilungen, die entsprechend der umfassenderen Fürsorge- und Wiedergutmachungskonzeption Auerbachs eingerichtet worden waren, wurden beibehalten, einschließlich der Entnazifizierungsabteilung[69].

Von besonderer Bedeutung war die Errichtung einer Abteilung zur beschleunigten Abfertigung von Anträgen auswanderungswilliger jüdischer DPs. Der bayerische Ministerrat hatte sich ausdrücklich für eine vorübergehende „vorzugsweise Abfertigung der DP-Ansprüche"[70] im Rahmen des US-zonalen Entschädigungsgesetzes vom August entschieden. Nachdem von deutscher Seite bis zuletzt vergeblich versucht worden war, diesen Personenkreis ganz aus dem Gesetz herauszuhalten, wurden die Ansprüche der DPs dort schließlich mit der Einschränkung verknüpft, daß sie sich am Stichtag 1. Januar 1947 in Bayern aufgehalten haben mußten und sich hier entweder wirtschaftlich und gesellschaftlich einordneten oder auswanderten[71]. Um vor allem die Auswanderung zu forcieren, wurden bei der Durchführung des Entschädigungsgesetzes zunächst vorrangig die Ansprüche auf Haftentschädigung bearbeitet, die für

---

[66] Vgl. Rundschreiben von Kraus an Staatskanzlei und andere Ministerien vom 14.9. 1949, BayHStA, MInn 79667.

[67] BayGVOBl. 1949, S. 276.

[68] Vgl. Gesetz zur Wiedergutmachung nationalsozialistischen Unrechts (Entschädigungsgesetz) v. 12.8. 1949, § 42, BayGVOBl. 1949, S. 203; Aussage v. Ringelmann, 4. UA.LEA, 23.8. 1951, S. 30 ff.

[69] Vgl. Bayerisches Landesentschädigungsamt, Tätigkeitsbericht des Präsidenten Auerbach, 15.2. 1950, BayHStA, MA 114 264; Prüfungsbericht des Bayerischen Obersten Rechnungshofs über das Bayerische Landesentschädigungsamt vom 7.7. 1950, StasM I, 2 KLs 1/52, Bd. VI/5.

[70] Ringelmann vor dem Bayerischen Landtag, Sitzung vom 10.3. 1954, S. 93.

[71] Vgl. Entschädigungsgesetz vom 12.8. 1949, § 6, Abs. 1, Satz 3.

diesen Personenkreis in erster Linie relevant waren. Falls diese nicht mehr rechtzeitig vor der Auswanderung festgesetzt werden konnten, wurde den jüdischen DPs – denn nur diese fielen unter das Gesetz – eine Auswanderer-Beihilfe von 500 DM gezahlt, um damit eine schnelle Abreise attraktiv zu machen. Ringelmann erläuterte vor dem Bayerischen Landtag: „Der Grund lag darin, daß uns damals jeder DP alles in allem 3 bis 400 Mark im Monat für Verpflegung, Unterkunft, Betreuung, Bewachung usw. kostete und daß trotzdem nicht verhindert werden konnte, daß die DPs eine dauernde Gefährdung der öffentlichen Sicherheit darstellten ... Natürlich wurde behauptet, daß es ungerecht gewesen sei, die DPs vorweg abzufertigen. Aber es waren 80 000 Leute, die auf diese Weise mit je 500 Mark aus dem Land entfernt werden konnten."[72]

Daß Auerbach 80 000 DPs aus dem Land brachte, rechneten ihm führende bayerische Politiker als ein großes Verdienst an. Dagegen fühlten sich deutsche politische und rassische Verfolgte wegen der bevorzugten Bearbeitung der Anträge dieser Gruppe zeitweilig benachteiligt[73], woraus manche Angriffe auf Auerbach resultierten. Hinzu kam, daß der Nachweis der Verfolgung bei diesem Personenkreis, etwa wenn sie in einem Ghetto im Osten inhaftiert gewesen waren, erheblich schwieriger war als bei den deutschen Verfolgten. Beim Nachweis der notwendigen Voraussetzungen für die Bewilligung der Haftentschädigung oder der Auswanderer-Beihilfen an die jüdischen DPs – Haftbescheinigung, Aufenthalt in Bayern zum Stichtag 1. Januar 1947, gültiges Ausreisevisum – kam es deshalb zu allerlei Unregelmäßigkeiten, die später den Anstoß zu der Untersuchung gegen das Landesentschädigungsamt und Auerbach liefern sollten. Da das Hauptziel aber darin bestand, soviele DPs wie möglich aus Bayern zu „entfernen", zeigten sich viele Behörden bei der Ausstellung der nötigen Bescheinigungen ausgesprochen großzügig. Es kam darüber hinaus zu Fälschungen und zur Bildung von organisierten Fälscherkreisen.

Unterdessen hatte die Währungsreform die Frage der Finanzierung der Wiedergutmachung verschärft, da sie die dem Staat zur Verfügung stehenden Mittel verknappte. Die bayerische Regierung führte im Zusammenwirken mit dem Finanzministerium die im Sonderfonds angesammelten Sühnegelder in eine „Stiftung zur Wiedergutmachung nationalsozialistischen Unrechts" über, um sie vor dem Währungsschnitt zu retten[74]. Auerbachs Einsatz bei Clay und anderen hohen Stellen der Besatzungsbehörden war maßgeblich am Erfolg dieser Maßnahme beteiligt[75].

Auerbach war noch immer von dem persönlichen Ehrgeiz beseelt, die Finanzierung des Entschädigungsgesetzes ohne die Beanspruchung von Steuermitteln zu leisten. Deshalb entwickelte er eine Reihe von Initiativen, um Geld für die Wiedergutmachung aufzutreiben. So setzte er sich dafür ein, daß zehn Prozent der Beträge für den

[72] Ebd.
[73] Vgl. Heinz Meier, Präsident des Bayerischen Hilfswerks für die von den Nürnberger Gesetzen Betroffenen, an Auerbach, 22. 5. 1950, StasM I, 2 KLs 1/52; Auerbach an Meier, 22. 5. 1950, ebd.
[74] Vgl. Kraus an Ehard am 14. 6. 1948 (Abschrift), StasM I, 2 KLs 1/52, Bd. V; Stiftungsurkunde (Abschrift) der Stiftung zur Wiedergutmachung nationalsozialistischen Unrechts vom 16. 6. 1948, ebd.
[75] Vgl. Auerbach an Bayerisches Finanzministerium, 17. 10. 1950, StasM I, 2 KLs 1/52, Bd. VI/5; Aussage v. Kraus, 8. UA.LEA, 21. 9. 1951, S. 17 f.

Lastenausgleich zur Durchführung des Entschädigungsgesetzes bereitgestellt würden[76]. Weiter versuchte er, bei der amerikanischen Militärregierung für die in die Stiftung zur Wiedergutmachung nationalsozialistischen Unrechts übergegangenen Sonderfondsmittel einen höheren Umwertungskurs als die üblichen 6,5 Prozent zu erreichen, hatte damit aber keinen Erfolg[77]. Dafür gelang es ihm, einen großen Teil der sogenannten Dachaugelder vor dem Währungsschnitt zu retten, die unter anderem aus dem Geld, das man den Häftlingen bei der Einlieferung ins Lager abgenommen hatte, oder aus vorenthaltenen Löhnen für Zwangsarbeit herrührten[78].

Die größte Hoffnung setzte Auerbach, und mit ihm auch das bayerische Finanzministerium, weiterhin in die Erlöse aus dem beschlagnahmten nationalsozialistischen Vermögen. Ringelmann, erklärte, man hätte in seinem Ministerium „die stolze Hoffnung gehabt, daß es möglich sein werde, die Kosten der Wiedergutmachung allein aus dem beschlagnahmten nationalsozialistischen Gut zu decken."[79] Das waren zum einen Immobilien, deren Verwertung aber nicht so schnell wie erhofft möglich war, da es sonst zu einem Preisverfall auf dem Grundstücksmarkt gekommen wäre. Man behalf sich deshalb damit, Kredite auf diese Werte hin aufzunehmen, die der Finanzierung der Wiedergutmachung zur Verfügung gestellt wurden.

Zum anderen handelte es sich um die Gemäldesammlungen der nationalsozialistischen Größen, die im Collecting Point gesammelt worden waren und die recht erhebliche Werte darstellten. Auerbach, der sich bei einer USA-Reise Anfang 1949 intensiv für die ganze Finanzierungsproblematik einsetzte, organisierte in den Vereinigten Staaten eine Wanderausstellung mit Gemälden aus den Beständen des Collecting Point. Er wollte die Bilder bei dieser Gelegenheit verkaufen und den Erlös den Verfolgten in Bayern zukommen lassen[80], doch die amerikanische Militärregierung machte dabei nicht mit. Auch verringerten sich die im Collecting Point gesammelten Werte ständig, weil andere Staaten ihre Ansprüche auf große Teile der dort versammelten Kunstwerke durchsetzten.

Ein zweiter Dreyfus? Formierung der Gegner, der Prozeß und ein tragisches Ende

Dies trug dazu bei, daß Auerbachs Position gegenüber der amerikanischen Militärregierung immer mehr ins Wanken geriet. Vor allem der stellvertretende Hohe Kommissar Benjamin Buttenwieser, ein Mann der Wall-Steet und selbst Jude, entwickelte sich wegen der Kontroversen in der Rückerstattungsfrage zu seinem entschiedenem

[76] Vgl. Neue Welt, 22.7.1948, „Lastenausgleich für Verfolgte beraten"; ebd., 1.10.1948, „Entschädigungsgesetz für die amerikanische Zone vom Länderrat einstimmig akzeptiert"; Allgemeine Wochenzeitung der Juden in Deutschland, 3.11.1950, „Bundesregierung verweigert Wiedergutmachungsgelder".

[77] Vgl. Robert Murphy an Jack Bennett, Finance Adviser to the Military Governor, 13.10.1948, OMGUS, Archiv IfZ, AG 1948/45/4; Rede Auerbachs beim Abschiedsbankett für Dawid Treger, 27.10.1948, OMGB, Archiv IfZ, 13/143-3/15.

[78] Vgl. im folg. Aussage v. Ringelmann, Bayerischer Landtag, Ausschuß für Rechts- und Verfassungsfragen, 11. Sitzung am 10.4.1951, S.43ff., Archiv des Bayerischen Landtags; Aussage v. Rudolf von Hirsch, 27.UA.LEA, 4.7.1952, S.27ff.

[79] Aussage v. Ringelmann, 4.UA.LEA, 23.8.1951, S.75.

[80] Vgl. Bericht über Pressekonferenz Auerbachs vom 20.3.1949, OMGB, Archiv IfZ, 10/109-1/31 By.

Gegner[81]. Die Gegnerschaft Buttenwiesers, die auch mit dem oft selbstherrlichen Gebaren Auerbachs zusammenhing, berührte sich mit dem Gegensatz Auerbachs zur JRSO. In beiden Fällen stand ein harter Standpunkt in der Auslegung der Rückerstattung der größeren Rücksichtnahme Auerbachs auf die deutschen Interessen entgegen, denn er wollte die von Rückerstattung betroffenen Werte vor allem in Deutschland verwenden. Da sich deshalb Teile der jüdischen Organisationen von ihm abwandten, verlor Auerbach einen wichtigen Rückhalt.

Auch die im Zeichen des Kalten Krieges zunehmenden Gegensätze unter den politisch Verfolgten wirkten sich nun nachteilig für Auerbach aus. Nachdem er sich im Mai 1949 zusammen mit vielen anderen Mitgliedern endgültig von der VVN getrennt hatte und fortan im „Landesrat für Freiheit und Recht" organisierte, begann die VVN eine massive Kampagne gegen Auerbach. Sie wetterte gegen ihn in ihrer Zeitung *Die Tat* und versuchte, ihn durch Beschwerdeschreiben an das Bayerische Finanzministerium zu diskreditieren[82]. Dabei ermunterte der stellvertretende CSU-Landesvorsitzende Josef Müller den zeitweiligen Landesvorsitzenden der VVN, Friedrich Wolff, seine Organisation für den Sturz Auerbachs einzusetzen[83].

Müller selbst hatte seit 1949 eigens einen Staatsanwalt dafür abgestellt, die umlaufenden Vorwürfe gegen Auerbach zu sammeln. Es handelte sich dabei vor allem um Beschuldigungen, die sich gegen den Dienstbetrieb im Bayerischen Landesentschädigungsamt und gegen den Leiter der Ausländerabteilung richteten. In dem Bestreben, die Wiedergutmachung möglichst schnell abzuwickeln und eine große Zahl von Anträgen zu erledigen, wurden dort die bürokratischen Grundsätze häufig ignoriert. Auch die Art und Weise, in der Auerbach die finanziellen Mittel der Wiedergutmachung aufbrachte und verwaltete, war nicht immer über alle Zweifel erhaben. Auf die Angaben eines früheren Angestellten des Landesentschädigungsamtes hin wurde Ende 1950 ein Ermittlungsverfahren gegen Auerbach eingeleitet[84]. Auch eine Organisationsprüfung des Obersten Bayerischen Rechnungshofs im Jahre 1950 stellte schwere Mängel in der Verwaltung des Landesentschädigungsamts fest[85]. Zudem ermittelte seit Dezember 1950 die Landpolizei wegen der zunehmenden Fälschungen in den Haftentschädigungsanträgen von DPs[86]. Dazu kamen auch Anschuldigungen des belgischen Schriftstellers Bernhard Klieger, daß Auerbach im Lager Groß-Rosen als Blockältester Häftlinge mißhandelt habe[87].

Das Finanzministerium und die Staatskanzlei reagierten auf die zunehmende Flut der Anschuldigungen zunächst sehr zurückhaltend. Kritik an Auerbach und seiner

---

[81] Vgl. im folg. Aussage v. Hirsch, 15. UA.LEA, 7.12. 1951, S. 12 f.; Aussage v. Josef Müller, 16. UA.LEA, 11.1. 1952, S. 35 f.; Aussage v. Becher, ebd., S. 55 f.; Aussage v. Ringelmann, 29. UA.LEA, 3.10. 1952, S. 42.

[82] So etwa in einem Schreiben vom 30.6. 1949, in dem sich die VVN über haltlose Zustände im Landesentschädigungsamt beschwerte, vgl. Aussage v. Hans Müller, 6. UA.LEA, 31.8. 1951, S. 49.

[83] Vgl. Friedrich Wolff an die Staatsanwaltschaft I, München, 16.3. 1951, StasM I, 2 KLs 1/52, Bd. IV/2.

[84] Vgl. Bericht von Staatsanwalt Hölper, 12.9. 1952, StasM I, 2 KLs 1/52.

[85] Vgl. Bericht des Bayerischen Obersten Rechnungshofs vom 7.7. 1950, StasM I, 2 KLs 1/52, Bd. VI/5.

[86] Vgl. Aussage v. Hirsch, 15. UA.LEA, 7.12. 1951, S. 27 ff.

[87] Vgl. Zwischenbericht über das Ergebnis der Ermittlungen, die zu den verschiedenen gegen Dr. Auerbach erhobenen Anschuldigungen angestellt wurden, 25.5. 1951, StasM I, 2 KLs 1/52.

Tätigkeit hatte es von Anfang an gegeben, das lag schon in der Natur seines Amtes. Auch erwiesen sich viele Vorwürfe bei näherer Prüfung als nicht haltbar. Aber manche der Attacken paßten auch zu den eigenen Vorbehalten gegen Auerbach und das Landesentschädigungsamt. Die Bereitschaft, die zahlreichen Grundsätzen einer geordneten Behörde widersprechenden Zustände im Amt Auerbach, die noch die Verhältnisse der ersten Nachkriegszeit widerspiegelten, hinzunehmen, war auch im Finanzministerium und in der Staatskanzlei am Schwinden. Doch einige der angekreideten Zustände waren auch durch Interessen des Staates hervorgerufen worden, besonders wenn sie der Beschleunigung der Auswanderung der DPs gedient hatten. Zudem hatte sich Auerbach in Fragen, die die Finanzierung der Wiedergutmachung betrafen, stets sehr loyal gegenüber dem bayerischen Staat verhalten. Es scheint so, daß man unter diesen Umständen nicht immer alle Mißstände auf die Goldwaage legte. So erklärte etwa ein Ministerialrat aus der Bayerischen Staatskanzlei, daß bereits von Beginn der Tätigkeit Auerbachs Hinweise zu dessen fragwürdigem Doktortitel, der später mit zu seiner Verurteilung beitrug, bekannt waren: „Aber für die entscheidende Frage, wie man mit diesen unzähligen DPs, ... in irgendeiner Form fertig werden kann, ... hat die Frage des „Doktors" keine so entscheidende Rolle gespielt."[88]

Der Stein kam schließlich erst ins Rollen, als der amerikanische Landeskommissar Shuster eingriff. Am 26. Januar 1951 erschien er bei Ministerpräsident Ehard und eröffnete ihm, daß bei einem Verfahren vor dem Stuttgarter Militärdistriktsgericht wegen Fälschung in der dortigen Entschädigungsbehörde ein Zeuge ausgesagt habe, daß auch im Münchner Landesentschädigungsamt Fälschungen vorgenommen würden. (Später stellte sich heraus, daß nicht in, sondern gegenüber den Ämtern gefälscht worden war.) Das Münchner Militärdistriktsgericht habe deshalb angeordnet, das Landesentschädigungsamt zu schließen und die Akten zu beschlagnahmen. Dabei dramatisierte er die Angelegenheit noch zusätzlich durch die von ihm später wieder zurückgenommene Behauptung, Auerbach habe amerikanische Staatsanwälte, die in seinem Amt ermitteln wollten, hinausgeworfen[89]. Ob diese Vorwürfe die amerikanische Aktion allein auslösten und inwieweit die zuvor beschriebenen Konflikte insbesondere mit Buttenwieser diese Maßnahme beeinflußten, läßt sich nicht mehr feststellen. Im damals herrschenden Klima des Kalten Krieges blühten sogar Gerüchte, daß ostzonale VVN-Kreise den Amerikanern Material gegen Auerbach zugespielt hätten, um seinen Sturz auf diese Weise herbeizuführen[90].

Um zu verhindern, daß die amerikanische Militärpolizei die Akten wegschaffte, sah Ehard nur den Ausweg, die deutsche Staatsanwaltschaft einzuschalten, um so die Angelegenheit in deutscher Hand zu behalten[91]. Nach der Besprechung Shusters mit Ehard, zu der später noch einige Minister hinzugezogen worden waren, fand eine Konferenz im Justizministerium mit Beteiligung der amerikanischen Staatsanwaltschaft statt. Letztere regte an, sofort das Gebäude des Landesentschädigungsamts

---

[88] Aussage v. von Gumppenberg, 18. UA. LEA, 1. 2. 1952, S. 18.
[89] Vgl. Aussage v. Hirsch, 15. UA.LEA, 7. 12. 1951, S. 32 f.
[90] Vgl. Vertrauliche Information Nr. 25 vom 4. 2. 1951 (SPD-Landesverband-Bayern), AdsD, Sammlung Personalia; Aussage v. Hirsch, 15. UA.LEA, 7. 12. 1951, S. 36 f.
[91] Vgl. Aussage v. Ehard, 10. UA.LEA, 12. 10. 1951, S. 59 ff.

sowie weitere Dienststellen des Amtes zu besetzen[92], was noch in der gleichen Nacht geschah. Am 10. März wurde Auerbach dann verhaftet.

Shuster erinnerte sich später an diese Vorgänge: „mit größtem Mißbehagen begannen die Bayern mit der Untersuchung mehrerer Vergehen eines Mannes, mit dem sie bisher sehr behutsam umgegangen waren und den sie fast mit Samthandschuhen angefaßt hatten."[93] Zumindest für einen galt diese Zurückhaltung nicht, nämlich für Justizminister Müller. Er sah jetzt endlich die Gelegenheit, Auerbach zu stürzen. Seine Art, durch dramatisierende und vorverurteilende Berichte über den Stand der Ermittlungen die Öffentlichkeit gegen Auerbach einzunehmen[94], trug wesentlich dazu bei, daß viele den Prozeß als eine politische Abrechnung an Auerbach oder gar an den Juden auffaßten. Müller war es auch, der das Verfahren nun selbst gegen mäßigende Stimmen im Ministerrat vorantrieb[95].

Im November wurde schließlich die Anklageschrift vorgelegt, in der gegen Auerbach eine lange Liste von teilweise schweren Vorwürfen erhoben wurde, darunter der Vorwurf der unberechtigten Führung des Doktortitels, der Unterschlagung öffentlicher Gelder, der Nötigung, der versuchten Erpressung, der passiven Bestechung, des Verstoßes gegen das Währungsgesetz und einige mehr[96]. Das Verfahren hatte mittlerweile weite Kreise gezogen und war auch auf den Landesrabbiner Ohrenstein ausgeweitet worden. Die Situation wurde noch dadurch zusätzlich kompliziert, daß sich Auerbach und Ohrenstein gegenseitig die Schuld im „Fall Wildflecken" zuwiesen.

Die langwährende Besetzung des Landesentschädigungsamts durch die Polizei bewirkte, daß die Durchführung des Entschädigungsgesetzes in Bayern für etwa ein Jahr nahezu lahmgelegt wurde[97]. Unter den Vorgängen litt zwangsläufig das Ansehen der Wiedergutmachung in der Öffentlichkeit. Da die Fälschungen hauptsächlich die Gruppe der DPs betraf, ging nun die Tendenz dahin, die bisherige Situation umzukehren und fortan die Ansprüche der anderen Verfolgten bevorzugt zu bearbeiten[98]. Zahlreiche Proteste, darunter auch des Hohen Kommissars John McCloy[99], richteten sich gegen die Verzögerung der Wiedergutmachung. Daneben setzte sich auch eine Reihe von Persönlichkeiten für Auerbach selbst ein. So gründete Bruno Weill, der Präsident der Axis Victims League, in den USA das „Committee on Fair Play for Auerbach", das versuchte, Auerbach politisch, moralisch und finanziell zu unterstützen.[100] Die Befürchtungen des Komitees, daß hier kein fairer Prozeß ablaufe, nährten sich zum Beispiel aus manchen ungeschickten Äußerungen des Landgerichtsdi-

---

[92] Vgl. Bericht von Justizminister Müller über die Besetzung des Landesentschädigungsamts, Bayerischer Landtag, 11. Sitzung v. 8. 2. 1951, S. 158 f.

[93] George N. Shuster, In Amerika und Deutschland. Erinnerungen eines amerikanischen College-Präsidenten, Frankfurt a. M. 1965, S. 228 f.

[94] Vgl. etwa Süddeutsche Zeitung, 21. 5. 1951, „Bericht des Justizministeriums zum Fall Auerbach".

[95] Vgl. etwa Protokoll des Ministerrats v. 29. 1. 1951 u. 13. 2. 1951, Bayerische Staatskanzlei.

[96] Vgl. Anklageschrift gegen Auerbach und drei Andere vom 16. 11. 1951, StasM I, 2 KLs 1/52.

[97] Vgl. etwa Max Bachmann, Generalkonsul in London an von Trützschler, Auswärtiges Amt, Bonn, 14. 10. 1952, Politisches Archiv des Auswärtigen Amtes, Bonn, 244–13 II.

[98] Vgl. Josef Müller, Protokoll über Besprechung im Justizministerium zwischen Vertretern des Justizministeriums, der deutschen und der amerikanischen Justiz sowie der Polizei am 29. 1. 1951, StasM I, 2 KLs 1/52.

[99] Vgl. John McCloy an Ehard, 16. 5. 1951, BayHStA, MA 114 240.

[100] Vgl. Wetzel, Jüdisches Leben in München, S. 61 f.

rektors Mulzer, der die Verhandlung leitete. Er sprach etwa von der „arischen Ehefrau" Auerbachs. Einem Hinweis des Auerbach-Verteidigers Klibansky auf seine „Wartezeit" im Konzentrationslager hielt er seine eigene „Wartezeit" in russischer Kriegsgefangenschaft entgegen[101]. Nicht nur atmosphärisch bedeutsam war der Umstand, daß gegen einen der Hauptbelastungszeugen ein Meineidsverfahren lief und dies keine Berücksichtigung fand. Vor allem aber das starke und parteiliche Engagement Justizminister Müllers schürte das Mißtrauen des Komitees und anderer um Auerbach Besorgter.

Daß Müller aber nicht entscheidend für den Prozeßausgang war, mußte eine Gruppe von Freunden Auerbachs erfahren, die eine Intrige einfädelte, die zum Sturz des Justizministers führte und beinahe auch noch den Bruch der bayerischen Regierungskoalition bewirkt hätte. Am Verlauf des Prozesses änderte das nichts. Von Israel aus spielte sie Müllers innerparteilichem Gegenspieler Hundhammer Briefe zu, aus denen hervorging, daß Müller von Ohrenstein 50000 DM für politische Zwecke erhalten hatte. Als Müller die vom Auerbach-Untersuchungsausschuß des Bayerischen Landtags darüber verlangte Auskunft verweigerte, führte das zu seinem Rücktritt[102]. Dem Versuch der Prozeßpartei Auerbachs, durch die bewußte Schonung des Ministerpräsidenten Ehard, den sie als den Landesvorsitzenden der CSU ebenfalls in die Parteispendenaffäre Ohrenstein-Müller verwickelt sah, ein günstiges Urteil zu erreichen, blieb ebenfalls erfolglos, wenn auch Auerbach wenige Tage nach dem Sturz Müllers aus der Untersuchungshaft entlassen wurde.

Am 14. August 1952 verkündete das Gericht sein Urteil, drei Tage später mußte sich die Justiz erneut mit Philipp Auerbach beschäftigen, diesmal im Rahmen einer gerichtsmedizinischen Untersuchung. Die Zeitgenossen spürten die Tragik, die über dem Ende dieses Mannes lag. Es war nicht so sehr die Frage, ob die Richter auch wirklich in allen Punkten die Wahrheit aufgedeckt hatten. Auerbach war kein Unschuldslamm, aber selbst viele seiner Gegner, von denen er zu Lebzeiten nicht wenige besaß, waren mit diesem Ausgang nicht zufrieden. Der „Fall Auerbach" ließ sich nach ihrer Auffassung nicht allein strafrechtlich bewerten, vielmehr mußte auch die politische und historische Bedeutung seines Verhaltens berücksichtigt werden. Auerbach hatte einen Posten innegehabt, der als eine Art von bürokratischem Himmelfahrtskommando anzusehen war. Daß es bei der Erfüllung der schwierigen Aufgabe der Fürsorge und Wiedergutmachung für die Verfolgten nicht immer vorschriftsmäßig zuging, blieb nicht verborgen, wurde aber lange Zeit nicht als ausschlaggebend angesehen oder konnte sogar von Vorteil für den bayerischen Staat sein. Als entscheidend galt lange Zeit, daß er bei seiner Tätigkeit die Vertretung der Interessen der Verfolgten durchaus mit der Wahrung der Interessen der bayerischen Regierung verbunden hatte, wie sich in der Frage der Finanzierung und vor allem der verstärkten Auswanderung der DPs gezeigt hatte. Der vom Bayerischen Landtag eingesetzte Untersuchungsausschuß, der nicht über die Schuld Auerbachs, sondern über die Frage, ob seine vorgesetzten Stellen ihre Dienstaufsicht vernachlässigt hatten, befand, erklärte dazu in seinem Abschlußbericht: „Solche Aufgaben waren nicht mit

---

[101] Vgl. Neue Zeitung, 27. 4. 1952, „Gefahrvolle Entwicklungen", v. Eberhard Körting.
[102] Vgl. Interview Ingster; „Hundhammer wird kein Minister", 26. 5. 1952, AdsD, Sammlung Personalia.

normalen Mitteln und auch nicht von Persönlichkeiten zu lösen, die zwar getreu dem
Gesetz arbeiteten, der außergewöhnlichen Lage gegenüber jedoch ziemlich hilflos
gewesen wären."[103] So hatte der jüdische Rechtsanwalt Benno Ostertag während des
Prozesses geschrieben: „Auerbach war der Zauberbesen seiner Regierung, den man in
die Ecke stellen konnte, wann immer es seiner Regierung lieb war und der kehren
mußte, wann immer sie das wollte"[104].

Jedoch war Auerbach im Laufe der Zeit in eine immer schärfere politische Isolierung geraten. Es gelang ihm zunehmend weniger, die beiden Pole seiner Politik, die
gleichzeitige Loyalität gegenüber den NS-Verfolgten, besonders den jüdischen, und
den bayerischen Staat, auf einen gemeinsamen Nenner zu bringen. So wurde der
Kreis derer, die ihn ablehnten, immer größer. Bedeutsam war vor allem die Gegnerschaft der amerikanischen Militärregierung und von Teilen der politisch und rassisch
Verfolgten, mit der er sich zuletzt auseinanderzusetzen hatte. Was an seiner Arbeits-
weise verwerflich war, mündete schließlich dann in einen Prozeß, als Auerbachs Wiedergutmachungskonzeption aufgrund der gewandelten Zeitumstände politisch
gescheitert war. Dazu gehörte auch, daß nun die unbürokratische und teilweise chaotische Praxis des Amtes Auerbach nicht mehr den mittlerweile wieder etablierten
Ansprüchen an eine ordnungsgemäße Verwaltung entsprach. So wie die Verfolgten,
um die er sich sorgen sollte, als eine Nachgeburt des Krieges angesehen wurden, galt
jetzt auch sein Landesentschädigungsamt, in dessen Praxis er noch viele Züge des
Staatskommissariats hinübergerettet hatte, als Zeugnis eines abgeschlossenen, wild-
wüchsigen Nachkriegszustandes. Nach Auerbachs Tod wurde die Sonderstellung des
Landesentschädigungsamts in Bayern, die immer auch eine Sonderstellung der Verfolgten ausdrückte, endgültig beseitigt.

---

[103] Schlußbericht des Untersuchungsausschusses zur Prüfung der Vorgänge im Landesentschädigungsamt (LEA) v. 10. 12. 1953, Bayerischer Landtag, 1953/54, Beilage 5128, S. 15.
[104] Benno Ostertag, Auerbach und die bayerische Regierung, in: Allgemeine Wochenzeitung der
Juden in Deutschland, 22. 2. 1952.

Nana Sagi

Die Rolle der jüdischen Organisationen in den USA und die Claims Conference

Jüdische Aktionen während des Krieges zur Sicherstellung von Reparationen von Deutschland

Am 20. September 1945 unterbreitete Chaim Weizmann den vier Siegermächten namens der Jewish Agency for Palestine den ersten jüdischen Anspruch auf Rückerstattung von Vermögen und auf Entschädigung nach dem Zweiten Weltkrieg. Als dann 1952 endlich die Verhandlungen über die Forderungen an Deutschland begannen, waren der Staat Israel – im Namen einer halben Million Naziopfer, die in seinen Grenzen Zuflucht gefunden hatten – und die Conference on Jewish Material Claims against Germany (die Claims Conference) – die sowohl im Namen der Opfer der Naziverfolgung, die außerhalb Israels untergekommen waren, als auch für die Juden als Ganzes handelte – die Fordernden, die die globale Entschädigung für das erbenlose jüdische Vermögen verfochten.

Schon 1939 und die ganze Kriegszeit hindurch wurden Ansprüche erhoben, daß Deutschland den Juden Entschädigung zahlen müsse. Anfangs stellten vorwiegend Juden in führenden Positionen sowie jüdische Wissenschaftler in Großbritannien, Palästina und den Vereinigten Staaten, die aus den von den Deutschen überfallenen Ländern geflohen waren, solche Forderungen, und zwar als Entschädigung für das den Juden geraubte Eigentum. Als sich dann 1944 Informationen über den von den Nazis begangenen Massenmord häuften, kristallisierte sich der Ruf nach kollektiven Reparationen für das jüdische Volk heraus.

Die Forderung nach deutschen Reparationen wurde zuerst in Großbritannien von Shalom Adler-Rudel, der sich jahrelang mit Fragen der Flüchtlingshilfe und -rehabilitierung befaßt hatte, öffentlich zur Sprache gebracht. Am 10. Oktober 1939, unmittelbar nach Kriegsausbruch, verfaßte Adler-Rudel ein Memorandum mit konkreten Vorschlägen zur Sammlung genauer Informationen bezüglich jüdischer Ansprüche auf Entschädigung von Deutschland[1].

Auch in Palästina forderte man eine Entschädigung für jüdisches Vermögen, das in Deutschland und den besetzten Ländern beschlagnahmt worden war. Die Initiative ging von der Nir-Gesellschaft aus, die vor dem Zweiten Weltkrieg das Ha'awara-Abkommen betreut hatte, demzufolge Kapital aus dem Besitz deutscher Juden nach

---

[1] Vgl. S. Adler-Rudel, Aus der Vorzeit der kollektiven Wiedergutmachung, in: In zwei Welten, Siegfried Moses zum fünfundsiebzigsten Geburtstag, hrsg. v. H. Tramer, Tel Aviv 1962, S. 200–203.

Palästina transferiert wurde[2]. Dr. Siegfried Moses, ein führendes Mitglied des Verbands der mitteleuropäischen Einwanderer nach Palästina, der sich mit der Reparationsfrage in den Friedensverträgen nach dem Ersten Weltkrieg beschäftigte, veröffentlichte 1943 mehrere Artikel. Darin untersuchte er, in welchem Umfang das existierende Völkerrecht, wie es im Versailler und anderen Friedensverträgen verkörpert war, in den Dienst der jüdischen Sache gestellt werden könnte[3].

In den Vereinigten Staaten begannen 1941 wichtige jüdische Organisationen – der Jüdische Weltkongreß, das American Joint Distribution Committee (AJDC) und die im Zweiten Weltkrieg gegründete American Jewish Conference – die Frage der Rehabilitierung und Entschädigung nach dem Krieg zu untersuchen. Dabei wurden sie von jüdischen Forschern aus Europa, die wichtige Informationen liefern konnten, unterstützt. Als erstes amerikanisches Organ griff der Ausschuß für Friedensstudien, der 1940 vom American Jewish Committee gegründet worden war und von Professor Morris R. Cohen geleitet wurde, das Thema auf. Er hatte vor, die Lage der Juden in Europa zu untersuchen und Vorschläge zu unterbreiten, wie ihre Rechte gewahrt und nach dem Krieg Entschädigungen für sie durchgesetzt werden könnten[4].

Im März 1941 gründete der Jüdische Weltkongreß, der sein Hauptquartier bereits von Genf nach New York verlegt hatte, das Institut für jüdische Angelegenheiten, das von Jacob Robinson geleitet wurde. Dieses Forschungsinstitut befaßte sich zunächst mit einer ganzen Reihe von Fragen, doch bald erwies sich, daß sich die jüdische Politik darauf konzentrieren müsse, Abhilfe für die Folgen der Naziverfolgung zu schaffen und die Überlebenden der europäischen Juden mit Mitteln zu ihrem Unterhalt zu versorgen. Folglich konzentrierte das Institut seine Bemühungen darauf, den Juden nach einer künftigen deutschen Niederlage möglichst hohe Entschädigungen zu sichern.

Das Prinzip, demzufolge das besiegte Land nicht nur den Siegern, sondern auch einer verfolgten Minderheit seiner eigenen Staatsbürger Reparationen zahlte, war eine Abkehr vom bisherigen Völkerrecht. Um einen solchen Plan durchzuführen, benötigte man eine wache öffentliche Meinung und war besonders auf die jüdische öffentliche Meinung angewiesen, die die betreffenden Regierungen zum Handeln ansporte. Zu diesem Zweck berief der Jüdische Weltkongreß im November 1941 eine panamerikanische Konferenz nach Baltimore ein. Obwohl sich Deutschland damals auf dem Höhepunkt seiner Macht befand, diskutierte der Jüdische Weltkongreß Deutschlands Niederlage, die Befreiung der besetzten Länder und Entschädigungszahlungen für das gesamte gestohlene und geraubte Vermögen. Nahum Goldmann, der Präsident des Jüdischen Weltkongresses, sagte in seiner Eröffnungsrede: „Wer könnte bezweifeln, daß wir Juden jedes nur erdenkliche Anrecht auf internationale Hilfe für die Juden Europas nach dem Krieg haben? Wenn Reparationen gezahlt werden, dann haben wir als erste Anspruch darauf."[5]

---

[2] Vgl. Ha'aretz, Bd. 25, Nr. 7114, 20. 1. 1943.
[3] Vgl. S. Moses, Interview, Oral History Division, The Hebrew University, 3. 1. 1971, S. 1.
[4] Vgl. N. Balabkins, The Birth of Restitution: The Making of the Shilumim Agreement, in: The Wiener Library Bulletin, 1967, Bd. XXI, Nr. 4, S. 81.
[5] N. Goldmann, Autobiography: Sixty Years of Jewish Life, New York 1969, S. 216 ff.

1944 erschienen dann in Palästina und in den Vereinigten Staaten unabhängig voneinander zwei wichtige Bücher, die sich mit einigen Aspekten der Entschädigung und der Reparationen beschäftigte; doch die darin entwickelten Vorschläge waren sich überraschend ähnlich und in einigen Punkten sogar identisch. Das erste Werk war „Jewish War Claims" von Siegfried Moses, das andere „Indemnification and Reparation – Jewish Aspects" von Nehemiah Robinson, einem Mitglied des Instituts für jüdische Angelegenheiten.

Robinson schlug einige Prinzipien vor, nach denen bei der Forderung nach Reparationen und Rückerstattung verfahren werden sollte. Er befaßte sich auch mit dem Anspruch auf das erbenlose Eigentum, das für die Rehabilitierung der NS-Verfolgten Verwendung finden sollte. Eine Nachfolgeorganisation müsse gegründet werden, die als Erbe fungieren und das Vermögen nutzen würde, um den Verfolgten zu helfen. Eine Reihe von Faktoren mache die Gründung einer solchen Organisation notwendig: Juden aus Achsenländern oder neutralen Ländern könnten keine Hilfe aus ihren Herkunftsländern erwarten, und nur eine internationale Organisation wäre dazu in der Lage, sich mit dieser Frage zu befassen[6].

Die große Bedeutung von Robinsons Buch für die Entschädigungsfrage zeigte sich acht Jahre später, als die Claims Conference den Entschädigungsanspruch in konkreter Form unterbreitete. Damals leistete Dr. Robinson den wichtigsten Beitrag, indem er die Ansprüche in ihrer endgültigen Form formulierte, die Texte entwarf und die rechtlichen Grundlagen legte. Sein Buch war – wie das von Dr. Moses – geschrieben worden, ohne daß er sich des Umfangs und der Natur des europäischen Holocausts bewußt gewesen wäre; das erklärt auch, warum er von der Wiederherstellung des früheren Zustands sprechen konnte. Sobald die Dimensionen der Massenvernichtung bekannt wurden, schien das unmöglich. Trotzdem fanden sich die wichtigsten Ansprüche, die Klassifizierung der verschiedenen Arten der erlittenen Verluste und die Methoden der Entschädigung, die er in seinem Buch dargelegt hatte, auch in den Forderungen wieder, die die Claims Conference im Jahr 1952 der Bundesrepublik Deutschland unterbreitete.

Dr. Jacob Robinson, der Bruder Nehemiah Robinsons, entwarf denn auch die Resolutionen, die auf der Konferenz des Jüdischen Weltkongresses in Atlantic City vom 26. bis 30. November 1944 angenommen wurden. Es war die größte internationale jüdische Konferenz während des Krieges, und 269 Delegierte, die jüdische Gemeinden in 40 Ländern vertraten, nahmen an ihr teil. Zusätzlich zu 24 Mitgliedern des Exekutiv- und Verwaltungsausschusses des Jüdischen Weltkongresses waren 81 Delegierte aus den Vereinigten Staaten, 86 aus Übersee und 76 europäische stellvertretende Kommissionen mit Sitz in New York anwesend. Diese Delegationen sprachen im Namen der jüdischen Gemeinden, die noch von den Nazis unterjocht wurden oder soeben befreit worden waren. Auch der Va'ad Leumi aus Palästina schickte eine Delegation.

Die Konferenz in Atlantic City, auf der laufende Angelegenheiten und Probleme einer Rehabilitierung nach dem Krieg erörtert wurden, kann als Wendepunkt im Denken der jüdischen Organisationen und Gemeinden über aktuelle jüdische Fragen

---

[6] Vgl. N. Robinson, Indemnification and Reparation – Jewish Aspects, New York 1944, S. 250–262.

und über die Beziehungen des jüdischen Volkes zur nichtjüdischen Welt betrachtet werden[7]. Ein Sonderausschuß unter dem Vorsitz von Dr. Siegfried Moses befaßte sich mit den Problemen Rückerstattung und Entschädigung. Zwei Resolutionen, die auf der Konferenz in Atlantic City verabschiedet wurden, betrafen die Frage der Reparationen nach dem Krieg:

Resolution Nr. 4: Rückerstattung und Entschädigung für Verluste der überlebenden jüdischen Gemeinden sowie für einzelne jüdische Opfer des nationalsozialistischen und faschistischen Mordens und des Raubs von Eigentum.

Resolution Nr. 5: Anerkennung des Prinzips, daß das jüdische Volk Anrecht auf kollektive Entschädigung habe für die materiellen und moralischen Verluste, die es selbst sowie seine Einrichtungen erlitten hatten, oder für die Verluste jener Juden, die (oder deren Erben) nicht selbst eigene Ansprüche stellen können. Diese Reparationen sollten dem Aufbau Palästinas dienen.

Ebenso wurde die Gründung einer Nachfolgeorganisation, einer internationalen Wiederaufbaukonferenz, und von Wiederaufbaukommissionen in den verschiedenen Ländern beschlossen, die sich um den Transfer von Entschädigungsleistungen an die Juden kümmern sollten. Vermögensrechte, die jüdischen Gemeinden, Organisationen, Fonds und Einrichtungen gehörten, die nicht mehr existierten, oder Familien, die ohne Erben vernichtet worden waren, sollten der internationalen jüdischen Wiederaufbaukonferenz übertragen werden. Die Konferenz würde die ihr zur Verfügung stehenden Mittel zur Rehabilitierung der Juden Europas und ihrer Gemeinden verwenden und Mittel für die Entwicklung Palästinas an die Jewish Agency überweisen. Sie sollte zum legalen Vertreter aller vermißten Juden und jener, die ihre Ansprüche nicht unterbreiten können, erklärt werden. Die internationale Wiederaufbaukonferenz sollte berechtigt sein, an den Beratungen der Vereinten Nationen über Reparationen und Entschädigungen teilzunehmen[8].

Die Resolutionen von Atlantic City waren Teil einer langen Reihe von Memoranden und Vorschlägen während des Krieges, die sich mit der Frage der Wiedergutmachung, die den Juden nach dem Krieg geleistet werden sollte, befaßten. Solange der Krieg tobte, blieben diese Vorschläge unrealistische Spekulationen. Erst als der Krieg zu Ende war, wurde ihre Bedeutung ersichtlich.

Jüdische Ansprüche nach dem Krieg und ihre Durchsetzung

Das Memorandum, das Chaim Weizmann den Vier Mächten vorlegte, verkörperte aber lediglich einen Strang der jüdischen Forderungen. Es war die Grundlage des Anspruchs, den Israel sechs Jahre später der Bundesrepublik Deutschland unterbreitete. Gleichzeitig schickten jedoch die führenden jüdischen Organisationen in den Vereinigten Staaten Memoranden zur Reparationsfrage an das amerikanische Außenministerium. Schon im April 1945 unterbreiteten die American Jewish Conference und das American Jewish Committee ihre Vorschläge.

Am 1. Februar 1946 richtete der Jüdische Weltkongreß unter der Leitung Dr.

---

[7] Vgl. L. Kubovitzky, Unity in Dispersion – A History of the World Jewish Congress, New York 1948, S. 220 ff.

[8] Vgl. The World Jewish Congress, Resolutions of the Atlantic City Conference.

Nehemiah Robinsons ein Büro ein, das Informationen sammeln sowie internationale Aktivitäten bezüglich der jüdischen Ansprüche in die Wege leiten und fördern, Unterlagen sammeln und Empfehlungen zur Gesetzgebung machen sollte. Dieses Büro gab Broschüren heraus über Themen wie Rückerstattung von Vermögen, Kriegsschäden, den Status von Juden aus Achsenländern, die in alliierten Ländern wohnten, wie auch Bulletins mit laufenden Nachrichten, die über Fortschritte in Reparationsangelegenheiten informierten[9].

Um aber wirksamer handeln zu können, beschlossen die in diesem Bereich aktiven jüdischen Organisationen – die Jewish Agency, das American Joint Distribution Committee (AJDC), der Jüdische Weltkongreß, das American Jewish Committee und die American Jewish Conference – im Oktober 1945, einen gemeinsamen Ausschuß einzurichten. Ihre jeweiligen Vertreter waren Maurice Boukstein (Rechtsberater der Jewish Agency in den USA), Moses Leavitt (stellvertretender Vorsitzender des AJDC), Nehemiah Robinson (Mitglied des Instituts für jüdische Angelegenheiten), Isaiah Kennen (für die American Jewish Conference) und Seymour Rubin (Berater für auswärtige Angelegenheiten des American Jewish Committee).

Der Ausschuß, der sich bemühte, die amerikanische Militärregierung zur Verabschiedung eines Gesetzes über Vermögensrückerstattung anzuregen wie auch erbenloses jüdisches Privat- und Gemeindevermögen einer noch zu gründenden Nachfolgeorganisation zu übertragen, nahm seine Arbeit mit sehr viel Schwung auf. Am 19. Oktober 1945, nur wenige Wochen nach seiner Gründung, unterbreitete der Ausschuß Staatssekretär Dean Acheson und anderen hohen Beamten im Außenministerium Vorschläge und Empfehlungen, und ihre Bemühungen waren nicht ohne Wirkung[10].

Eine hervorragende Rolle bei den Kontakten mit dem Außenministerium und dem Weißen Haus spielte Jacob Blaustein (damals Vorsitzender des Exekutivausschusses des American Jewish Committee und von 1949 bis 1954 dessen Präsident). Er nahm seine Aktivitäten auf höherer Regierungsebene in Sachen Entschädigung und Vermögensrückerstattung 1945 auf und setzte diese Arbeit über fünfundzwanzig Jahre fort. Um Kontakte herzustellen und Persönlichkeiten im Außenministerium und im Weißen Haus zu beeinflussen, bediente er sich seiner persönlichen und politischen Beziehungen, die ein beträchtliches Gewicht besaßen. Blaustein war ein Ölmagnat (er gehörte der Familie an, die die American Oil Company gegründet hatte), war stellvertretender Vorsitzender der Vertriebskommission der amerikanischen Erdölbehörde während des Krieges und Mitglied anderer Kriegsbehörden. Nach dem Krieg war er als Berater der amerikanischen Delegation bei der Gründung der UNO tätig. Folglich hatte er Kontakte mit leitenden Persönlichkeiten der amerikanischen Regierung und sogar Zugang zum Präsidenten der Vereinigten Staaten.

Angesichts der in Deutschland während der ersten Jahre der alliierten Besetzung vorherrschenden Wirtschaftslage war die Rückerstattung von Eigentum eine leichtere Aufgabe als die Entschädigung für den Verlust von Leben, körperlichen Schäden, Gesundheitsschäden, Verlust von Freiheit und beruflichem Ansehen. Das in Frage kommende Vermögen, das Wohnhäuser, Einrichtungen, Fabriken und öffentliche

---

[9] Vgl. L. Kubovitzky, Unity in Dispersion, S. 269.
[10] Vgl. M. Boukstein, Interview, Oral History Division, The Hebrew University, 28. 6. 1971, S. 1.

Gebäude umfaßte, existierte zum Teil noch und hatte einen Wert. Darüber hinaus hätte es bedeutet, die Handlungen der Nazis stillschweigend anzuerkennen, wenn das Eigentum nicht seinen rechtmäßigen Eigentümern zurückerstattet worden wäre. Die Alliierten behielten sich das Recht vor, in ihren Besatzungszonen Gesetze zur Rückerstattung von Eigentum zu erlassen, und solche Gesetze wurden tatsächlich zwischen 1947 und 1949 verabschiedet.

Das am 10. November 1947 verkündete Militärregierungsgesetz Nr. 59 regelte zuerst in der amerikanischen Besatzungszone die Rückerstattung von feststellbarem Eigentum. Von den Rückerstattungsgesetzen war es zweifellos das wichtigste wie auch das am besten ausgearbeitete. Jüdische Organisationen in den USA hatten eine entscheidende Rolle beim Entwurf dieses Gesetzes gespielt, und deren gemeinsamer Ausschuß hatte dessen Grundlagen bereits 1946 festgelegt. Am 2. Oktober unterbreitete er seine Anmerkungen zu dem vorgeschlagenen Rückerstattungsgesetz für die amerikanische Besatzungszone in Deutschland Dean Acheson im Außenministerium. Der Ausschuß schlug vor, erbenloses Vermögen nicht der zukünftigen deutschen Regierung auszuhändigen, sondern einer jüdischen Sonderorganisation, die das Vermögen zur Rehabilitierung jüdischer Flüchtlinge verwenden sollte. Das Vermögen jüdischer Organisationen und Gemeinden, die nicht mehr existierten, sollte ebenfalls dieser Organisation übergeben werden. Mitte Oktober wurde ein von den Rechtsberatern des Kriegs- und Außenministeriums ausgearbeiteter Entwurf des Rückerstattungsgesetzes in diesen Ministerien erörtert. Anfangs war beabsichtigt, das Gesetz vom Stuttgarter Länderrat entwerfen zu lassen. Der Länderrat weigerte sich jedoch, das Gesetz in der von der amerikanischen Militärregierung gewünschten Form zu verabschieden, und so wurde die Frage den Alliierten zur Entscheidung vorgelegt. Schon bald zeigte sich, daß Amerikaner, Briten und Franzosen verschiedene Ansichten über erbenloses Vermögen vertraten und daß die Aussichten, einen gemeinsamen Standpunkt zu erreichen, sehr gering waren. Deswegen drängte der Ausschuß der fünf Organisationen General Clay, den Militärgouverneur der amerikanischen Besatzungszone, und das US-Außenministerium, das Gesetz als Militärgesetz zu verabschieden, was dann auch am 10. November 1947 geschah[11].

Die in der amerikanischen, der englischen und der französischen Besatzungszone verabschiedeten Rückerstattungsgesetze nahmen Bezug auf noch zu schaffende Nachfolgeorganisationen, die die Treuhänderschaft für besitzerloses und erbenloses Eigentum übernehmen sollten. Die erste Nachfolgeorganisation, die Jewish Restitution Successor Organization (JRSO) mit Sitz in Nürnberg, wurde im Juni 1948 von den amerikanischen Behörden eingesetzt. Diese Organisation wurde direkt von der amerikanischen Militärregierung ernannt, die Länder hatten nichts damit zu tun. Die JRSO setzte sich aus dreizehn jüdischen Organisationen zusammen[12]. Mit Unterstüt-

---

[11] Vgl. Akten der AJDC, Reparationen 1946; S. Kagan, Interview, Oral History Division, The Hebrew University, 24. 3. 1971, S. 5–8.

[12] Jewish Agency, AJDC, American Jewish Committee, World Jewish Congress, Agudat Israel World Organization, Board of Deputies of British Jews, Central British Fund, Council for the Protection of the Rights and Interests of the Jews From Germany, Central Committee of Liberated Jews in Germany, Conseil représentatif des juifs de France, Jewish Cultural Reconstruction Inc., Anglo-Jewish Association und Interessenvertretung israelitischer Kultusgemeinden in der Amerikanischen Zone in Deutschland.

zung von General Clay wurde der JRSO der Status einer Regierungsvertretung gewährt, die sich mit Rückerstattungsangelegenheiten in der amerikanischen Zone in Deutschland befaßte, und ihr wurden Einrichtungen für Büros, Transport etc. zugeteilt.

Die JRSO stellte mehrere tausend Ansprüche auf erbenloses Vermögen. Die auf diese Weise sichergestellten Gelder wurden zu Wohlfahrtszwecken und für die Hilfsmaßnahmen der Jewish Agency und des AJDC verwendet. Ebenso stellte die JRSO Ansprüche auf die Rückerstattung des Vermögens von Gemeinden, Organisationen und Einrichtungen. Diese Gelder wurden vor allem für die kulturellen und religiösen Bedürfnisse der in Deutschland wiederhergestellten Gemeinden genutzt, zur Errichtung von Synagogen und Wohlfahrtseinrichtungen[13].

Die parallele britische Organisation für die Vermögensrückerstattung, die Jewish Trust Corporation (JTC), wurde 1950 eingesetzt, und 1952 richtete sie eine Abteilung in der französischen Zone ein. Alle drei Organisationen beanspruchten und erhielten erbenloses Vermögen im Wert von mehreren hundert Millionen DM[14].

Kontakte mit Deutschland: Die Entstehung der Claims Conference

In dem langwierigen und mühsamen Prozeß, in dem die Ansprüche gegen Deutschland formuliert wurden, war 1951 das Jahr der Entscheidung. Alle Anstrengungen der jüdischen Organisationen und der Jewish Agency, die während des Krieges begonnen hatten, und alle Kontakte und Auslotungen der israelischen Regierung erreichten in diesem Jahr den entscheidenden Punkt. Deutschland willigte in die Forderung ein, Wiedergutmachung zu leisten, und erklärte sich bereit, die Sache in direkten Verhandlungen mit der israelischen Regierung und den jüdischen Organisationen in aller Welt zu diskutieren.

Am 16. Januar 1951 sandte die israelische Regierung aufgrund der wachsenden wirtschaftlichen Krise des Landes eine Note zur Frage der Rückerstattung jüdischen Eigentums und der Entschädigung an die Vier Mächte. Die bis zu dieser Zeit von den Alliierten in Deutschland erlassenen Gesetze und Bestimmungen wurden für unvollständig und unangemessen erklärt. Es wurde verlangt, daß die Gesetze erweitert und verbessert würden, daß die Bundesrepublik gemeinsam mit den Ländern einen Teil der finanziellen Verpflichtungen übernehme und daß das Verfahren der Eigentumsrückerstattung und des Geldtransfers an Anspruchsteller außerhalb Deutschlands beschleunigt würde. Israel begründete diese Ansprüche mit der Tatsache, daß es die Mehrzahl der Displaced Persons, die sich nach dem Krieg in Deutschland in Lagern aufgehalten hatten, aufgenommen hatte und auf diese Weise eine finanzielle Bürde übernommen habe, die anderenfalls den Besatzungsbehörden zugefallen wäre[15].

Zwei Monate später, am 12. März 1951, wurde den Alliierten eine weitere Note zugeleitet, die den Eckstein in der Geschichte der Verhandlungen mit Deutschland

---

[13] Vgl. M. Boukstein, Interview, S. 3; S. Kagan, Interview, S. 7 f.; N. Bentwich, Siegfried Moses and the United Restitution Organization, in: In zwei Welten, S. 194.

[14] Vgl. In zwei Welten, S. 195.

[15] Vgl. Israel, Foreign Office: Documents Relating to the Agreement between the Government of Israel and the Government of the Federal Republic of Germany, Jerusalem 1953, S. 13 ff.

darstellt. Erstmalig wurde der Globalanspruch formuliert und umfassend begründet. Er wurde mit der Tatsache begründet, daß die Yishuv in Palästina und der israelische Staat eine halbe Million Juden, die von den Nazis verfolgt worden waren, aufgenommen hatten. Die Kosten der Integration der Einwanderer wurden mit 3000 Dollar pro Kopf berechnet, und insgesamt ergab das 1,5 Milliarden Dollar – eine Milliarde von der Bundesrepublik und eine halbe Milliarde von der DDR. Der Wert des gestohlenen, beschlagnahmten und geraubten jüdischen Vermögens wurde auf sechs Milliarden Dollar geschätzt. Die Note hob wiederholt hervor, daß es weder Sühne noch einen materiellen Ausgleich für das Verbrechen des Völkermordes geben könne[16].

Die Antworten der Alliierten waren höflich, vorsichtig und ausweichend[17]. Sie wiesen Israel und die jüdischen Organisationen auf die Notwendigkeit hin, ihre Taktik zu ändern. Mehrere Jahre lang hatten diese ihre Ansprüche an die Alliierten gerichtet, obwohl inzwischen die Bundesrepublik Deutschland gegründet worden war. Die Möglichkeit, sich direkt an Deutschland zu wenden, wurde von ihnen nicht in Betracht gezogen. Jetzt kamen sie zur Schlußfolgerung, daß sich die Alliierten nicht genug anstrengen würden, um Reparationen für andere durchzusetzen, und daß sie die Globalentschädigung nicht als eine Vorbedingung für die Aufnahme von Beziehungen mit Deutschland ansehen würden. Sie hatten sich der Tatsache zu stellen, daß das Abkommen nur über direkte Verhandlungen mit Deutschland erreicht werden konnte.

Zur gleichen Zeit gab es Hinweise, daß deutsche Regierungskreise und insbesondere Bundeskanzler Adenauer bereit waren, Wiedergutmachung für das jüdische Volk anzubieten. Adenauers Sicht und seine Handlungen hinsichtlich dieser Frage waren zu einem großen Teil durch moralische und persönliche Motive bestimmt. Während der Weimarer Zeit hatte er enge Beziehungen mit Juden unterhalten. Er wurde von den Nazis von seinem Posten als Kölner Oberbürgermeister entfernt und später zweimal von der Gestapo verhaftet. Adenauer betrachtete die Verfolgung der Juden durch die Nazis als ein Verbrechen und wollte für sie sühnen. Er selbst bestimmte die Wendung der Ereignisse, und die Alliierten übten keinen Druck auf ihn aus, Verhandlungen mit Israel und dem jüdischen Volk zu eröffnen. Obwohl es auch auf deutscher Seite politische Zweckdienlichkeitsüberlegungen gab, so wäre die Bundesrepublik doch angesichts der internationalen Lage – gekennzeichnet durch die Intensivierung des Kalten Krieges und die Entschlossenheit der Vereinigten Staaten, Westeuropa vor dem Kommunismus zu bewahren – auch dann als vollwertiger Partner in die politische, wirtschaftliche und militärische Gemeinschaft des Westens einbezogen worden, wenn sie keine Globalentschädigung an die Juden geleistet hätte.

Die israelische Note vom März 1951 war nicht an Deutschland gerichtet, aber Adenauer wurde davon in Kenntnis gesetzt und beschloß, sie zustimmend zu beantworten. In der Bundestagssitzung vom 27. September 1951 gab er seine historische Erklärung über die Rückerstattung des Eigentums und die Entschädigung für das jüdische Volk ab. Er erkannte an, daß im Namen des deutschen Volkes unaussprechliche Verbrechen begangen worden waren und daß moralische und materielle Wie-

---

[16] Vgl. ebd., S. 18 ff.
[17] Vgl. ebd., S. 34–41.

dergutmachung für die Verluste und die erduldeten Leiden der Juden geleistet werden müsse, und akzeptierte auf diese Weise die Verantwortlichkeit der Bundesrepublik für die Verbrechen des Dritten Reiches. Er hob hervor, daß die Bundesregierung dafür sorgen werde, daß die Wiedergutmachungsgesetze erweitert und ihre Durchführung intensiviert werde. Der Umfang der Wiedergutmachung werde jedoch durch die wirtschaftliche Lage Deutschlands begrenzt: die Belastungen aufgrund der Kriegszerstörungen und die Notwendigkeit, Millionen von Flüchtlingen und Vertriebenen aufzunehmen. Schließlich kündigte Adenauer an, die Bundesrepublik sei bereit, zusammen mit Vertretern der Juden und Israels eine Lösung für das Wiedergutmachungsproblem zu suchen. Indem er auf die Tatsache hinwies, daß Israel heimatlose jüdische Flüchtlinge aufgenommen hatte, deutete er die finanzielle Grundlage des Kollektivanspruchs an, den Israel, wenn auch noch nicht direkt, an Deutschland gestellt hatte und dem er in seiner Rede zustimmte[18].

Auf Adenauers Erklärung erfolgten sogleich Reaktionen in Deutschland und der Welt, die größtenteils positiv waren. Israel antwortete vorsichtig, wies aber das Angebot nicht zurück[19]. Der Weg vom zur Kenntnisnehmen der deutschen Erklärung bis zum Beschluß, tatsächlich Verhandlungen aufzunehmen, war noch sehr weit. Bei den langwierigen und geheimen Verhandlungen, die notwendig waren, ihn zurückzulegen, spielte Dr. Nahum Goldmann eine Schlüsselrolle.

Wie bereits gesagt, hatte sich Goldmann schon auf den Konferenzen in Baltimore und Atlantic City dafür ausgesprochen, Wiedergutmachung von Deutschland zu akzeptieren. Aber 1951 war es sehr viel schwieriger, diese Position zu verteidigen. Die Sache wurde mit viel emotionalem Engagement und unter extremen Spannungen angegangen. In zahlreichen Reden und Artikeln (z.B. in seinem Artikel im „Zion Quarterly", 1952, Bd.I, Nr.3) vertrat Goldmann den Standpunkt, daß bei der Diskussion des Problems der Beziehungen zwischen Israel und Deutschland zwischen der Normalisierung der Beziehungen – zu dieser Zeit unvorstellbar – und dem materiellen Aspekt – Rückerstattung des den Juden weggenommenen Eigentums – unterschieden werden müsse. Wegen dieser Ansichten wurde Goldmann als Verräter verurteilt und verunglimpft. Es gab sogar Mordandrohungen gegen ihn, und auf mehreren Reisen mußte er sich von Leibwächtern begleiten lassen[20].

Noch ein weiteres wichtiges Problem mußte gelöst werden: Sobald Israel den deutschen Vorschlag akzeptierte, mußten die Juden eine einheitliche Stellung beziehen, um Reparationen von Deutschland durchzusetzen. Zu diesem Zweck wandte sich Moshe Sharett Ende 1951 an Nahum Goldmann und schlug ihm vor, als Vorsitzender der Exekutive der Jewish Agency Vertreter der wichtigsten jüdischen Organisationen auf der Welt zu einer Konferenz einzuberufen, die ihre Unterstützung für Israels Anspruch auf Reparationen zum Ausdruck bringen und gleichzeitig eine geschlossene jüdische Front herstellen würde[21].

Die Diskussion dieser Fragen mit Sharett, Eliezer Kaplan (Finanzminister), Georg

---

[18] Vgl. ebd., S. 41 f.
[19] Vgl. ebd., S. 44.
[20] Vgl. N. Goldmann, Autobiography, S. 228; N. Goldmann, Direct Israel – German Negotiations? Yes, in: The Zionist Quarterly, 1952, Bd. 1, Nr. 3, S. 9.
[21] Vgl. E. Shinnar, Be-Ol Korah U-Regashot Bi-She'lichut Ha-Medina, Jerusalem 1967, S. 21 f.

Landauer (Direktor des Zentralbüros der Jewish Agency für die Ansiedlung der deutschen Juden), Eliezer Shinnar und Goldmann fand im Oktober 1951 statt. Zwischen den Vertretern der israelischen Regierung und Goldmann traten die üblichen Meinungsverschiedenheiten auf. Schließlich einigte man sich auf einen Kompromiß: Eine Konferenz der wichtigen jüdischen Organisationen sollte zu dem Zweck zusammengerufen werden, Israels Ansprüche sowie die Forderung nach individueller Entschädigung für NS-Opfer in aller Welt zu unterstützen, aber diese Konferenz sollte keinen zusätzlichen Anspruch auf Globalentschädigung anmelden[22].

In Übereinstimmung mit dieser Entscheidung berief Goldmann Vertreter zweiundzwanzig wichtiger jüdischer Organisationen aus den Vereinigten Staaten, Großbritannien, Frankreich, Kanada, Australien, Argentinien und Südafrika zu einem Treffen nach New York ein[23]. Die Vertreter dieser Organisationen, die das ganze Spektrum jüdischer Meinungen (außer den Kommunisten) vertraten und die alle in ihren Heimatländern von nationaler Bedeutung oder sogar von internationaler Bedeutung waren, trafen am 26. Oktober 1951 im Waldorf-Astoria Hotel in New York zusammen. Die Eröffnungssitzung erfuhr eine dramatische Unterbrechung, als eine Gruppe junger Leute mit Fahnen und Transparenten mit Hakenkreuzen und Parolen, die sich gegen die Konferenz richteten, in den Konferenzsaal eindrang. Dieses gewaltsame Vorgehen verwirrte die Delegierten und brachte sie außer Fassung, aber schon bald räumte die Polizei den Saal und die Sitzung konnte fortgesetzt werden[24]. Diese Demonstration, die naheliegende Gefühle ausdrückte und die Konferenzteilnehmer an den starken Widerstand gegen jeden Kontakt mit Deutschland erinnerte, zeigte, welches Problem die Aufnahme von Verhandlungen darstellte. Seit 1948 hatte man bereits große Beträge von Deutschland bekommen, sowohl durch private Anträge wie durch die Nachfolgeorganisationen, und die Frage war deshalb nicht, ob Geld aus Deutschland akzeptiert werden solle, sondern ob die Zeit für das jüdische Volk schon reif sei, direkte Kontakte mit Deutschland aufzunehmen.

Am Ende der Konferenz erreichten die Vertreter aller dieser Organisationen trotz ihrer großen Unterschiedlichkeit eine ebenso ungewöhnliche wie eindrucksvolle Gemeinsamkeit der Auffassungen. Überdies blieb die hier geschaffene jüdische Einheitsfront über die gesamte Zeit der Verhandlungen mit Deutschland hinweg intakt, und sie machte auf Deutschland und die Weltmeinung einen großen Eindruck.

In ihrem Schlußkommuniqué erklärte die Konferenz ihre volle Unterstützung für den von der israelischen Regierung erhobenen Anspruch, Geld für die Rehabilitierung von NS-Verfolgten in Israel zu erlangen. Ebenso forderte sie die Befriedigung aller anderen jüdischen Ansprüche einschließlich der Ansprüche auf Rückerstattung

---

[22] Vgl. E. Shinnar, Interview, Oral History Division, The Hebrew University, 18. 11. 1970, S. 2.

[23] Die eingeladenen Organisationen waren: Jewish Agency, AJDC, World Jewish Congress, American Jewish Congress, American Jewish Committee, B'nai Brith, Board of Deputies of British Jews, Agudat Israel World Organization, Alliance Israélite, British Section of the World Jewish Congress, Central British Fund, Synagogue Council of America, American Zionist Council, Anglo-Jewish Association, Canadian Jewish Congress, Conseil représentatif des Juifs en France, Council for Protection of the Rights and Interests of Jews from Germany, Delegation de Asociationes Israelitas Argentinas, Executive Council of Australian Jewry, Jewish Labor Committee, South African Jewish Board of Deputies, Jewish War Veterans of the USA, Zentralrat der Juden in Deutschland.

[24] Vgl. B. Ferencz, Interview, Oral History Division, The Hebrew University, April 1971, S. 3.

und individuelle Entschädigung und der Ansprüche der Nachfolgeorganisationen. Auch forderte sie sofortige Schritte, um die bestehende Gesetzgebung auf den Gebieten der Rückerstattung und Entschädigung zu verbessern sowie die betreffenden Verfahren zu beschleunigen. In Bereichen, die noch nicht gesetzlich geregelt waren, sollte die Gesetzgebung in Angriff genommen werden[25].

Die Konferenz setzte eine die Gesamtheit repräsentierende Organisation für die zukünftigen Aktivitäten ein, die sogenannte Conference on Jewish Material Claims against Germany (Konferenz für jüdische materielle Ansprüche gegen Deutschland). Schon der Name hob hervor, daß es bei den Kontakten mit Deutschland lediglich um materielle Fragen gehen werde, wodurch betont wurde, daß es für die NS-Verbrechen keine Sühne geben könne. Die Organisation setzte sich zum Ziel, sowohl Israels Anspruch zu unterstützen, als auch Ansprüche für NS-Verfolgte zu stellen, die außerhalb Israels lebten. Die Konferenz wählte auch die Vorstandsmitglieder der neuen Organisation: Nahum Goldmann als Vorsitzenden, Jakob Blaustein als ersten stellvertretenden Vorsitzenden, Moses Leavitt als Schatzmeister, Jules Braunschvig, Samuel Bronfman, Rudolf Kelman, Adolph Held, Barnett Janner, Noah Barou, Henry d'Avigdor Goldsmid, Frank Goldmann, Israel Goldstein, Isaac Lewin und Shad Polier als Vizepräsidenten und Saul Kagan als Sekretär. Damit war die organisatorische Phase, die der Vorbereitung der Verhandlungen diente, erfolgreich (und überraschend schnell) abgeschlossen.

Ein weiterer Schritt war noch zu tun: es war ein sondierendes Gespräch mit Adenauer zu führen, um die Verhandlungsbereitschaft der deutschen Regierung zu testen. Für diese Aufgabe wurde Nahum Goldmann ausgewählt. Bis zu jenem Zeitpunkt hatte Goldmann jede Kontaktaufnahme mit Vertretern der Bundesrepublik vermieden. Er hatte bisher alle Vorschläge, den Kanzler oder einen seiner engeren Mitarbeiter zu treffen, als verfrüht abgelehnt. Solange sich Deutschland nicht für die Taten des Reiches verantwortlich erklärte und seine Bereitschaft, Wiedergutmachung für sie zu leisten, nicht zum Ausdruck brachte, wäre ein Treffen nicht am Platz. Um jedoch jetzt das jüdische Volk davon zu überzeugen, daß die Verhandlungen seriös seien, war ein praktischer Schritt seitens Deutschlands notwendig, bevor eine Entscheidung zur Aufnahme von Verhandlungen getroffen werden konnte. Jemand mußte sich mit Adenauer treffen, um das zu regeln. Ben Gurion traf mit Goldmann zusammen, und sie beschlossen, daß Goldmann außerhalb der Grenzen Deutschlands unter höchster Geheimhaltung mit dem Kanzler zusammentreffen sollte. Goldmann sollte Adenauer dazu überreden, als Grundlage und Ausgangspunkt für die Verhandlungen dem Betrag von einer Milliarde Dollar zuzustimmen, dem Anteil der Bundesrepublik am Gesamtbetrag, der von beiden Teilen Deutschlands gefordert würde. Zeigte sich der Bundeskanzler bereit, dieser Forderung zuzustimmen, würde Ben Gurion die Knesseth um die Vollmacht bitten, Verhandlungen mit Deutschland aufzunehmen.

Unterstützt von Ben Gurion bat Goldmann Noah Barou, den Vorsitzenden der Europäischen Exekutive des World Jewish Congress, mit Hilfe von Herbert Blankenhorn, den Leiter der Politischen Abteilung des Auswärtigen Amtes und Ratgeber Adenauers, mit dem er persönliche, inoffizielle Kontakte aufgenommen hatte, ein

---

[25] Vgl. Israel, Foreign Office, Documents Relating to the Agreement, S. 57–60.

Treffen mit dem Bundeskanzler in die Wege zu leiten. Jede Vorsichtsmaßnahme sollte getroffen werden, damit dies geheim blieb. In diesem Stadium wollte Adenauer mit einer Persönlichkeit zusammentreffen, die alle jüdischen Interessen vertrat. Angesichts der Position, die Goldmann als Vorstand der Exekutive der Jewish Agency und als Präsident des World Jewish Congress inne hatte, und angesichts der ihm verliehenen Vollmacht und seiner großen und weitläufigen Erfahrungen und Beziehungen, war er die geeignetste Person[26]. Adenauer lud Goldmann ein, ihn während seines Londonbesuchs zu treffen.

Das Treffen, das am 6. Dezember 1951 im Claridges Hotel in London stattfand, war für den Beginn der Verhandlungen von entscheidender Bedeutung. Auf den beiden Männern lastete eine gewaltige Verantwortung. Goldmann unterbreitete Israels Forderung nach einer Milliarde Dollar als Vorbedingung für die Verhandlungen. Er brachte sein Vertrauen zum Ausdruck, daß der Bundeskanzler diese Verpflichtung akzeptieren und sie sogar schriftlich bestätigen würde. Adenauer war bereit, die Verantwortung auf sich zu nehmen und die von ihm erbetene Verpflichtung für eine Milliarde Dollar schriftlich festzuhalten. Er hielt sein Versprechen auf dem Wege eines persönlichen Briefs, den er Goldmann noch am gleichen Tag schrieb[27]. Dieser Brief, mit dem er die Verantwortung Deutschlands für die Taten der Nazis anerkannte und Israels Forderung als Grundlage für die Verhandlungen akzeptierte sowie der Zahlung einer Globalentschädigung in Form von Waren und Dienstleistungen zustimmte, bahnte den Weg für den nächsten Schritt: Genehmigung für die Verhandlungen. Diesen Schritt begleiteten jedoch Gewaltausbrüche und heftige Kritik.

Als die Frage der Verhandlungen am 7. Januar 1952 der Knesseth unterbreitet wurde, tobte vor dem Gebäude eine heftige Demonstration, die von der Cheruth-Partei organisiert worden war. Die Demonstranten versuchten mit Gewalt die Fortsetzung der Debatte und die Annahme einer Entscheidung in dieser Angelegenheit zu verhindern. Zwei Tage später ermächtigte die Knesseth die Regierung in einer namentlichen Abstimmung mit einer Mehrheit von 61 zu 50 Stimmen, direkt mit der deutschen Regierung zu verhandeln[28].

Die Claims Conference hatte die Entscheidung der Knesseth abgewartet, bevor sie einen eigenen Standpunkt bezog. Am 20. Januar 1952 berief Goldmann eine Vollversammlung der Claims Conference in New York ein. Auch bei diesem Treffen war die Debatte erbittert und stürmisch, aber schließlich wurde eine positive Entscheidung mit einer größeren Mehrheit als in der Knesseth getroffen. Es wurde beschlossen, die Entscheidung der israelischen Regierung zu stützen und zu fordern, daß Deutschland allen gestellten Ansprüche Rechnung tragen, die Entschädigungsgesetze zügig durchführen, die Gesetzgebung erweitern und umfassender gestalten und die Ansprüche auf erbenloses Vermögen regeln sollte[29].

Für die Führung der Verhandlungen wurde ein Präsidium gewählt. Der Vorsitzende des Präsidiums war Nahum Goldmann und seine anderen Mitglieder Jacob Blaustein (Präsident des American Jewish Committee), Frank Goldmann (Präsident

---

[26] Vgl. K. Adenauer, Erinnerungen 1953–1955, Stuttgart 1966, S. 17.
[27] Vgl. N. Goldmann, Autobiography, S. 233 ff.
[28] Vgl. Israel, Foreign Office, Documents Relating to the Agreement, S. 57–60.
[29] Vgl. Akten der Claims Conference, Nr. 3.

von B'nai B'rith), Dr. Israel Goldstein (Präsident des American Jewish Congress), Adolph Held (Vorsitzender des jüdischen Arbeiterausschusses), Barnett Janner (Vizepräsident des Board of Deputies britischer Juden) und Jules Braunschvig (Vizepräsident der Alliance). Damit war die Phase abgeschlossen, in der die Grundlagen für die Verhandlungen gelegt wurden. Festgelegt werden mußten nur noch die zu stellenden Ansprüche, die Delegationen, der Ort und das Verfahren.

Endgültige Formulierung der Ansprüche gegenüber Deutschland

Während der Staat Israel seinen Anspruch gegenüber Deutschland indirekt über die Vier Mächte am 12. März 1951 und direkt auf dem Treffen zwischen Goldmann und Adenauer im Dezember 1951 gestellt hatte, unterstützte die neugegründete Claims Conference lediglich die israelische Forderung und verlangte die Verbesserung der Wiedergutmachungsgesetze für einzelne Ansprucherhebende. Sie selbst hatte zuerst keinen eigenen Anspruch gegenüber Deutschland gestellt. Sobald jedoch die Entscheidung über die Aufnahme von Verhandlungen mit Deutschland ratifiziert worden war, beschloß das Präsidium der Claims Conference, auch selbst beide Arten von Ansprüchen zu stellen und diese in eine endgültige Form zu bringen.

Sie forderte erstens, daß die Bundesregierung ein bundeseinheitliches Gesetz über die Rückerstattung von Vermögen und die Zahlung von Entschädigung erlasse und auch die finanzielle Verantwortung für die Durchführung jedes Abkommens übernehmen müsse, das schließlich zustande käme. Sie forderte zweitens Kollektiventschädigung für das jüdische Volk aufgrund des erbenlosen jüdischen Vermögens entsprechend der Gesichtspunkte, die diverse jüdische Organisationen im Lauf der zehn vorhergehenden Jahre aufgestellt hatten.

Hier entstand jedoch ein Problem: Es war möglich, daß Israels Kollektivanspruch und der der jüdischen Organisationen zusammenstießen und konkurrierten. Deshalb wurden Versuche unternommen, eine Abstimmung zwischen beiden Forderungen herbeizuführen. Man diskutierte verschiedene Vorschläge und einigte sich schließlich darauf, die jeweiligen Ansprüche getrennt und unabhängig voneinander zu präsentieren. Der israelische würde sich auf die Kosten für Hilfsmaßnahmen stützen, während die Claims Conference einen Anspruch auf das Eigentum der Juden, die Deutschland hatten verlassen müssen und das durch das Reich beschlagnahmt worden war, stellen sollte, ebenso auf Gelder, die als Sondersteuern oder Abgaben gezahlt worden waren, und auf Eigentum, das außerhalb Deutschlands beschlagnahmt und nach Deutschland verbracht worden war. Der vorgeschlagene Anspruch würde auf der Erweiterung der Prinzipien basieren, die der bestehenden Rückerstattung und allgemeinen Gesetzgebung über erbenlose und unbeanspruchte jüdische Vermögenswerte zugrundelagen. Er belief sich auf insgesamt 818 580 000 Dollar[30]. Ein von der Claims Conference eingesetzter Fachausschuß unterbreitete dann am 9. Januar 1952 eine Reihe von Memoranden mit Vorschlägen über die Form, in der die Ansprüche gestellt werden sollten.

Nach der Entscheidung über die endgültige Form der Ansprüche war der nächste

---

[30] Vgl. Akten der Claims Conference, Nr. 12.

Schritt eine Abmachung unter den Parteien – Israel, den jüdischen Organisationen und der Bundesrepublik – über Zeitpunkt und Ort der eigentlichen Verhandlungen. Am 13. Februar fand ein vorbereitendes Treffen zwischen Vertretern aus Israel und der Claims Conference in Paris statt, um die verschiedenen Strategien zu koordinieren. Israel wurde durch Moshe Sharett und die israelische Verhandlungsdelegation vertreten, die Giora Josephtal und Eliezer Shinnar leiteten. Die Claims Conference war angesichts der Bedeutung dieses Treffens durch ihr Präsidium vertreten[31].

Auf dieser Zusammenkunft wurde beschlossen, daß es zwei Delegationen geben müsse, die parallele, nicht gemeinsame Verhandlungen führen und Deutschland zwei getrennte Ansprüche unterbreiten würden. Israel würde den Globalanspruch erheben und die Claims Conference im Namen individueller Anspruchsberechtigter auf Änderung und Erweiterung bestehender gesetzlicher Ansprüche plädieren sowie – dann getrennt – einen Globalanspruch auf erbenloses Eigentum geltend machen, auf das kein Anspruch von individuellen Anspruchsberechtigten oder Nachfolgeorganisationen erhoben worden war. Der Globalanspruch der Claims Conference wurde auf 500 Millionen Dollar festgesetzt. Dieser Betrag war nur ein kleiner Teil des von den Nazis in Deutschland und den besetzten Gebieten eingezogenen Vermögens sowie der kollektiven Geldstrafe, die den Juden in Deutschland auferlegt worden war, sowie anderer Zwangsabgaben[32].

Nachdem die Ansprüche Israels und der Claims Conference formuliert und koordiniert waren, traf Goldmann Adenauer ein zweites Mal. Bei dieser Zusammenkunft am 17. Februar in London teilte Goldmann Adenauer offiziell mit, daß Israel und die Claims Conference bereit seien, mit Deutschland zu verhandeln. Sie schlugen vor, die Verhandlungen am 12. März in Belgien oder Holland aufzunehmen. Die Wahl war auf ein neutrales Land gefallen, weil die israelische Regierung der Knesseth versprochen hatte, kein israelischer Staatsbürger werde Deutschland betreten, wie auch kein Deutscher die Erlaubnis erhalte, nach Israel zu kommen. Für die Verhandlungen wurde schließlich die Kleinstadt Wassenaar gewählt, ungefähr fünf Kilometer von Den Haag entfernt. Wassenaar wurde ausgesucht, um die Delegierten Israels und der Claims Conference vor erwarteten Angriffen extremer jüdischer Gruppen zu schützen. Andererseits lag der Ort nahe genug bei Den Haag, wo sich sowohl die israelische wie die deutsche Botschaft befanden, was die Kommunikation mit Jerusalem und Bonn erleichtern würde.

Am 10. März trat das Präsidium der Claims Conference in London zusammen, um ihre Delegation für die Verhandlungen mit Deutschland zu ernennen. Moses Leavitt (Vizepräsident des AJDC) wurde zum Vorsitzenden der Delegation ernannt. Die anderen Mitglieder waren Alexander Easterman, der politische Sekretär des Jüdischen Weltkongresses für Europa, der schon vorher mit dem Reparationsproblem beschäftigt gewesen war, Maurice Boukstein, Rechtsberater der Jewish Agency in den USA, und Seymour Rubin, Berater für auswärtige Angelegenheiten des American Jewish Committee. Zuvor war Rubin stellvertretender Leiter des OPA (Office of Price Administration) gewesen. Er verfügte dazu über Kontakte zu hochgestellten Beamten im amerikanischen Außenministerium einschließlich Robert Murphy, dem

---

[31] Vgl. Akten der Claims Conference, Nr. 12, 142.
[32] Vgl. Akten der Claims Conference, Nr. 5.

ehemaligen Staatssekretär im Außenministerium. Diese Verbindungen wurden später genutzt, als die Verhandlungen in eine Krise gerieten. Jerome Jacobson wurde zum Delegationssekretär ernannt, und eine Reihe von Rechtsexperten und anderen Fachleuten wurden dazugewählt: Dr. Nehemiah Robinson, Dr. Hendrik George van Dam, Benjamin Ferencz, Fritz Goldschmidt und Richard Lach[33].

Nehemiah Robinson hatte sich jahrelang der Reparationsfrage gewidmet. Er hatte denn auch vorgeschlagen, die Ansprüche auf die benötigten Mittel abzustimmen und sie dann mit theoretischen Rechtfertigungen abzustützen, die sich auf das Völkerrecht und auf die öffentliche Meinung bezogen. Er spielte eine entscheidende Rolle, als die Ansprüche ihre endgültige Form erhielten, wie auch später bei den Verhandlungen selbst und beim Entwurf der Protokolle, die von der Claims Conference und der Bundesrepublik unterzeichnet wurden.

Die Mitglieder der beiden Delegationen trafen am 17. März in London zu letzten Besprechungen zusammen und reisten am 19. März nach Amsterdam ab. Dort setzten sie die Gespräche mit Experten für Reparationsfragen bis zur letzten Minute fort. Die meisten wichtigen Persönlichkeiten, die sich seit 1939 mit der Frage beschäftigt und dazu Artikel veröffentlicht und Ideen vorgeschlagen hatten – Nehemiah Robinson, Shalom Adler-Rudel, Georg Landauer (der gebeten wurde, die Rolle eines Verbindungsmannes zwischen den beiden Delegationen zu übernehmen) und Noah Barou –, waren in Wassenaar. Nahum Goldmann blieb absichtlich den Verhandlungen fern. Er hielt es für besser, im Hintergrund zu warten, um eingreifen zu können, falls sich Schwierigkeiten ergaben[34]. Denn trotz der Zusicherungen Adenauers rechnete man wegen Deutschlands Wirtschaftslage, seiner begrenzten finanziellen Möglichkeiten und seiner anderen Verpflichtungen seinen Vorkriegsgläubigern gegenüber von Anfang an mit Schwierigkeiten.

Die Verhandlungen in Wassenaar

Die Verhandlungen begannen am 21. März im ehemaligen Schloß Oud Castel in Wassenaar. An der Spitze der deutschen Delegation stand ein Jurist, Franz Böhm, Rektor der Johann-Wolfgang-Goethe-Universität in Frankfurt. Ihn hatte Adenauer ausgewählt, weil Böhms Auffassungen über die Notwendigkeit der Wiedergutmachung für das jüdische Volk, die er in Artikeln und Reden zum Ausdruck gebracht hatte, seinen eigenen sehr nahe kamen. Böhm war wegen seiner offenen Gegnerschaft zu den antijüdischen Maßnahmen des Naziregimes ebenso wie Adenauer von den Nazis verfolgt worden. Ihm zur Seite stand in Wassenaar Dr. Otto Küster, ein Rechtsanwalt aus Stuttgart, Fachmann für Rückerstattungs- und Entschädigungsgesetze und Leiter der Abteilung, die im Innenministerium von Baden-Württemberg die Wiedergutmachung betreute. Auch er war ein Nazigegner gewesen[35]. Die Beratungen mit der israelischen Delegation und der Delegation der Claims Conference wurden getrennt geführt. Der israelische Vorschlag wurde vorgestellt und diskutiert, und die Deutschen präsentierten ihre Vorschläge über die zu zahlende Summe und den Zah-

---

[33] Vgl. K. Grossmann, Germany's Moral Debt, S. 4.
[34] Vgl. N. Goldmann, Autobiography, S. 239.
[35] Vgl. I. Deutschkron, Bonn and Jerusalem: The Strange Coalition, Philadelphia 1970, S. 53.

lungsmodus. In den Verhandlungen mit der Claims Conference wurde das Gesetzgebungsprogramm in allen Einzelheiten diskutiert, aber das Problem des Globalanspruchs wurde nicht geregelt[36].

Die erste Verhandlungsphase war kurz und endete nach drei Wochen in einer Sackgasse. Daran war vor allem die deutsche Antwort auf die israelische Forderung schuld. Mächtige Gruppen aus Industrie, Handel und Bankenwesen waren von Anfang an gegen die neuen finanziellen Verpflichtungen, die Adenauer für sein Land übernommen hatte, und argumentierten gegen die unabsehbare Belastung, die Deutschland zu einem Zeitpunkt auferlegt würde, an dem sich seine Wirtschaft immer noch mit den Kriegsfolgen, den Besatzungslasten und der Notwendigkeit, Millionen von Flüchtlingen zu unterstützen, herumschlagen mußte.

Genau zur gleichen Zeit (Februar–März 1952) versuchte Deutschland seine Vorkriegsschulden bei den Alliierten auf der Londoner Konferenz zu regeln. Der Bankier Hermann Abs, Leiter der deutschen Delegation, war energisch gegen die Übernahme neuer finanzieller Verpflichtungen durch Deutschland, während er gerade versuchte, bestehende Schulden herunterzuhandeln. Er forderte, daß die Verpflichtungen gegenüber Israel von den Ergebnissen der Londoner Verhandlungen abhängig sein müßten[37].

Nach der enttäuschenden deutschen Antwort brachen die Israelis die Gespräche am 10. April ab und kündigten an, sie würden die Verhandlungen erst wieder aufnehmen, wenn die Deutschen konkrete Vorschläge unterbreiten. Zur gleichen Zeit, als sich die Verhandlungen mit Israel auf eine Sackgasse zubewegten, schritten die mit der Claims Conference über das Gesetzgebungsprogramm mit relativ günstigen Ergebnissen voran. Doch die Claims Conference schloß sich der israelischen Ankündigung an, und der relative Erfolg, den sie erreicht hatte, schwächte nicht die Entschlossenheit beider Delegationen, eine geschlossene jüdische Front beizubehalten. Die beiden Leiter der deutschen Delegation traten aus Protest gegen die Reaktion ihres Landes auf die israelischen Forderungen und gegen den Versuch, die Verpflichtungen gegenüber Israel mit den deutschen Vorkriegsschulden bei den Alliierten zu verbinden, zurück.

Die Delegationen Israels und der Claims Conference unternahmen zahlreiche Versuche, die Krise zu vermeiden: Sie appellierten an die Westmächte, nutzten persönliche Kontakte zu hochstehenden Persönlichkeiten und versuchten, Presse und öffentliche Meinung wachzurütteln[38]. Aber wie schon achtzehn Monate vorher wollten die Mächte Deutschland nichts aufzwingen. Eine Lösung konnte nur von deutscher Seite kommen. Mehr als einen Appell an Deutschland zu richten, konnte man nicht tun. Er bewirkte dann auch schließlich einen Kompromiß und führte das Abkommen herbei. Das war die Krise, die Nahum Goldmann vorhergesehen hatte, und für die sein Eingreifen auf höchster Ebene notwendig war: persönlich bei Adenauer.

Auch Adenauer war allem Anschein nach zu einer ähnlichen Beurteilung dessen

---

[36] Vgl. Akten der Claims Conference, Nr. 95, 107, 108, 128, 137, 139.
[37] Vgl. N. Balabkins, Birth of Restitution, S. 44f.; R. Vogel, The German Path to Israel – A Documentation, London 1969, S. 39f.
[38] Vgl. S. Rubin, Interview, Oral History Division, The Hebrew University, 29.3. 1971, S. 18; B. Ferencz, Interview, April 1971, S. 10.

gekommen, was jetzt erforderlich war, und er lud Goldmann zu sich ein, um die Angelegenheit zu klären. Goldmann akzeptierte die Einladung, und das Gespräch fand unter absoluter Geheimhaltung in Adenauers Haus in Rhöndorf am 20. April statt. Adenauer versprach Goldmann, daß im Mai ein konkreter Vorschlag vorliegen werde, aber sein Versprechen wurde nicht wahr[39]. Als die Sackgasse für weitere drei Wochen bestehen blieb, erkannte er, daß tatkräftige Schritte unternommen werden mußten, um den endgültigen Zusammenbruch der Verhandlungen zu verhindern. Nach erneuten Treffen mit Goldmann und den Leitern der Delegationen wurden neue Vorschläge vorgelegt, die das Ausmaß der Reparationen an Israel, deren Dauer und die Zahlungsweise – in Devisen oder in Waren – betrafen. Diese Vorschläge waren sowohl für Israel wie für die Claims Conference annehmbar und dienten später als Grundlage des Abkommens.

Im Verlauf der Verhandlungen wurde das Problem des Globalanspruchs der Claims Conference diskutiert. Goldmann schlug dazu einen Kompromiß vor. Er war bereit, den Anspruch der Claims Conference auf 500 Millionen DM, auf ein Viertel dessen, was die Claims Conference ursprünglich gefordert hatte, festzusetzen. Die Deutschen widersetzten sich sogar diesem Betrag, doch Goldmann konnte schließlich ihre Zustimmung bewirken. Es wurde festgelegt, daß diese Zahlung in Form von Warenlieferungen an Israel geschehen werde, das wiederum Barzahlungen an die jüdischen Organisationen vornehmen werde. Auf diese Weise wäre Israel der einzige Gläubiger Deutschlands, der alle Zahlungen erhielte. In der zweiten Verhandlungsphase wurde dieser Betrag weiter verringert, nachdem die Deutschen darauf bestanden, daß zehn Prozent für die Entschädigung der „christlichen Juden" abgezogen würden, also für Naziopfer, die nicht der jüdischen Glaubensgemeinschaft angehörten, aber als Juden verfolgt worden waren[40]. Am 7. Juli wurde das von Goldmann ausgehandelte Abkommen dem Präsidium der Claims Conference in London vorgelegt, wo es heftigen Widerstand hervorrief. Zu den entschiedensten Gegnern gehörte Blaustein, der Goldmann vorwarf, er habe seine Vollmacht überschritten. Aber der Widerstand, den Goldmanns Handeln hervorrief, konnte, wie stark er auch war, nichts ungeschehen machen, was bereits zu einem Fait accompli geworden war. Es war bereits zu spät, um mit den Verhandlungen wieder von vorne zu beginnen[41].

Die Verhandlungen wurden am 22. Juni wieder aufgenommen, nachdem alle beteiligten Parteien Übereinstimmung in den Hauptfragen erzielt hatten. Innerhalb von zwei Monaten wurde eine Reihe von Abkommen zwischen der Bundesrepublik, dem Staat Israel und der Claims Conference ausgehandelt. Was noch diskutiert werden mußte, war die Form des Abkommens zwischen der Bundesrepublik und der Claims Conference. Die Deutschen behaupteten, daß es nicht möglich sei, ein Abkommen mit der Claims Conference zu schließen, da sie eine private Körperschaft und kein Staat sei. Stattdessen schlugen sie die Form eines Briefwechsels vor, der dasselbe rechtliche Gewicht wie ein Abkommen besäße. Dieser Vorschlag wurde abgelehnt, und zuletzt einigte man sich auf die Form eines Protokolls[42].

[39] Vgl. N. Goldmann, Autobiography, S. 240 f.
[40] Vgl. R. Vogel, German Path to Israel, S. 51 ff.
[41] Vgl. N. Goldmann, Autobiography, S. 249.
[42] Vgl. Akten der Claims Conference, Nr. 65, 106.

Die Durchführung der Luxemburger Abkommen

Am 10. September wurde das Abkommen zwischen der Bundesrepublik und Israel in Luxemburg durch Adenauer und Sharett unterzeichnet, ebenso wie die beiden Protokolle zwischen der Bundesrepublik und der Claims Conference, die Adenauer und Goldmann unterzeichneten. Das Abkommen und die Protokolle hatten nicht nur außerordentliche Bedeutung, sie stellten auch einen Präzedenzfall in den internationalen Beziehungen und im Völkerrecht dar. Das Reparationsabkommen war von zwei Staaten unterzeichnet worden, die zueinander keine diplomatischen Beziehungen noch irgendwelche andere formelle Verbindungen unterhielten, die sich sogar nicht einmal anerkannten. Zur Zeit des Holocaust hatte es weder den Staat Israel noch die Bundesrepublik gegeben, wenn man auch von einem de facto Kriegszustand zwischen den Völkern dieser beiden Staaten sprechen könnte. Trotzdem waren die Reparationen, die Deutschland Israel zahlte, keine Kriegsreparationen im gewöhnlichen Sinne, die der Sieger dem Besiegten abforderte. Hier gab es keinerlei Zwang. Die Bundesrepublik nahm eine schwere finanzielle Last auf sich und akzeptierte die Verantwortung für die NS-Verbrechen, um ihren Wunsch nach deren Sühne auszudrücken. Auch die Unterzeichnung der Protokolle war beispiellos, denn sie stellten eine Abmachung zwischen einem Staat und einer privaten Organisation dar, die im Völkerrecht keinen Status besaß, der sie berechtigt hätte, ein solches Abkommen zu unterzeichnen[43].

Das Abkommen und die Protokolle wurden erst am 18. März 1953 vom Bundestag und am 20. März schließlich vom Bundesrat ratifiziert. Dann folgten Verzögerungen und türmten sich Hindernisse auf, die aus Meinungsverschiedenheiten im deutschen Kabinett und arabischen Anstrengungen, die Zustimmung zu dem Abkommen durch die Androhung eines wirtschaftlichen Boykotts gegenüber Deutschland zu verhindern, herrührten.

Nach dem Reparationsabkommen verpflichtete sich die Bundesrepublik, die Summe von 3,45 Milliarden DM in Waren innerhalb einer Zeitspanne von 12 bis 14 Jahren an Israel zu zahlen. Aus diesem Betrag würde Israel 450 Millionen DM an die Claims Conference zahlen. 30 Prozent des Gesamtbetrags würden nach Großbritannien transferiert, um damit Rohöllieferungen an Israel zu bezahlen, und der Rest war für die Anschaffung von Kapitalgütern bestimmt, durch die Israels Wirtschaft eine stabile Grundlage erhalten sollte[44].

Das erste Haager Protokoll verpflichtete die Bundesrepublik, ein Bundesentschädigungsgesetz zu erlassen, das für den Verlust des Lebens, für Freiheitsberaubung, Gesundheits- und Körperschäden, Verlust von Besitz und Einkommen, Ausbildungsschäden und Schädigung der wirtschaftlichen Aussichten materielle Leistungen in Aussicht stellen würde[45]. Protokoll 2 hielt die Globalzahlung an die Claims Conference auf dem Umwege der Zahlung an Israel fest[46]. Das Reparationsabkommen und die zwei Protokolle wurden vollständig verwirklicht, und die Bundesrepublik löste ihre Verpflichtungen buchstabengetreu ein.

---

[43] Vgl. N. Balabkins, Birth of Restitution, S. 95–104.
[44] Vgl. Israel, Foreign Office, Documents Relating to the Agreement, S. 95–104.
[45] Vgl. ebd., S. 116–121.
[46] Vgl. ebd., S. 122 f.

Das Bundesentschädigungsgesetz wurde tatsächlich durch den Bundestag erlassen und trat zum 1. Oktober 1953 in Kraft. Den Beweis für seine getreue Durchführung bildet die Reihe von Änderungen und Zusätzen, die von 1956 an eingefügt wurde. Diese Vereinbarungen gingen weit über das ursprüngliche Abkommen hinaus und waren ein Ergebnis der fortlaufenden Verhandlungen zwischen den Vertretern der Claims Conference und der Bundesregierung. Auf diesem Weg wurden weitreichende Verbesserungen der Entschädigungsgesetzgebung erzielt, die modifiziert wurde, als man das wirkliche Ausmaß des Schadens allmählich gewahr wurde. Die Zahl der Wiedergutmachungsberechtigten wuchs ständig an, ebenso wie die Zahlungsbeträge, und neue Berechtigtenkategorien wurden hinzugefügt.

Was die Claims Conference betrifft, so wirkten die Zahlungen, die sie erhalten hatte, als ein enormer Impuls für ihre Aktivitäten bei der Rehabilitierung von Gemeinden, bei der Unterstützung von Bedürftigen und bei der Ausführung von Erziehungs- und Kulturprogrammen. Mit Hilfe der aus Deutschland erhaltenen Mittel wurde in materieller wie in geistiger Hinsicht eine ganze jüdische Welt wieder aufgebaut. Und noch wichtiger, Hunderttausende von jüdischen Naziopfern, die bis heute beträchtliche Geldbeträge erhalten haben, gebrauchten die Entschädigungszahlungen, um ihr Leben wieder aufzubauen und sich zu rehabilitieren.

1960 beschloß die Claims Conference, daß sie, wenn ihre Tätigkeit 1964 abgeschlossen sein würde, alle verbleibenden Mittel der Errichtung einer Gedächtnisstiftung für jüdische Kultur widmen würde, um die kulturelle Tätigkeit der Claims Conference auf sämtlichen Gebieten der jüdischen Forschung, einschließlich der Erforschung des Holocaust, fortzusetzen und zu erweitern.

Auf der letzten Sitzung der Claims Conference im Mai 1965 faßte Jacob Blaustein die Aufgaben zusammen, für die die Claims Conference die während ihres zwölfjährigen Bestehens erhaltenen Gelder ausgegeben hatte. Geldmittel waren an 250 jüdische Gemeinden und Organisationen in 39 Ländern verteilt worden; 34,66 Millionen Dollar waren für Wohlfahrt und Rehabilitierung ausgegeben worden (für diese Zwecke hatte der American Joint noch weitere 21,64 Millionen Dollar beigesteuert); 19,45 Millionen für Erziehung und Kultur (davon waren ungefähr 4,5 Millionen Dollar Gedenkstätten und Dokumentationszentren über den Holocaust und damit zusammenhängenden Einrichtungen zugeteilt worden: Yad Vashem, YIVO, der Wiener Library in London und dem Dokumentationszentrum in Paris); 13,25 Millionen Dollar waren in den Bau von Einrichtungen und Gemeindezentren investiert worden. Für diese Zwecke waren auch von staatlichen und kommunalen Behörden zusätzliche Mittel eingegangen, und der materielle Wiederaufbau war auf der ganzen Welt in den meisten Gemeinden abgeschlossen. Die Gemeinden in Europa waren unabhängig und konnten jetzt auf eigenen Füßen stehen. Die Gedenkstiftung für jüdische Kultur setzte ihre Tätigkeit auch fort, nachdem die Claims Conference ihre Arbeit beendet hatte und ist heute immer noch tätig[47].

In einem Brief, den Ben Gurion direkt nach der Unterzeichnung des Luxemburger Abkommens an Goldmann sandte, schrieb er: „Es ist höchst bedeutsam, daß Vertreter der jüdischen Organisationen auf der ganzen Welt teilhatten, um die Anerkennung des Anspruchs auf Wiedergutmachung durchzusetzen. Die harmonische Zusammen-

---

[47] Vgl. S. Kagan, The Claims Conference and the Communities, in: Exchange, 1965.

arbeit zwischen den Vertretern der Organisationen, deren Vorsitz Sie führen, ist einer der ermutigendsten Aspekte dieses beispiellosen Unternehmens."[48]

Die Claims Conference und der Staat Israel boten sowohl Deutschland wie der öffentlichen Meinung auf der ganzen Welt bei ihrer gemeinsamen Tätigkeit eine geschlossene jüdische Front, wie es sie zuvor nicht gegeben hatte, nicht einmal, als der Staat Israel gegründet wurde, und die erst im Sechstage-Krieg wieder in Erscheinung trat.

[48] N. Goldmann, Autobiography, S. 274.

Yeshayahu A. Jelinek
Israel und die Anfänge der Shilumim

Unter den verschiedenen Zahlungen, die Deutschland nach dem Zweiten Weltkrieg leistete, bilden die an den Staat Israel ein besonderes Kapitel. Es war das erste Mal in der langen und bewegten jüdischen Geschichte, daß Juden offiziell eine globale Entschädigung für ihnen zugefügte Verluste erhielten. Und zum ersten Mal erhielt ein Staat, der während des Krieges gar nicht existiert hatte, „Kriegs-Reparationen" für ein Unrecht, das man Menschen zugefügt hatte, die nicht einmal seine Staatsbürger gewesen waren[1].

Dieser Aufsatz erörtert die israelischen Überlegungen und Aktionen, die zu den Verhandlungen von Wassenaar und zum Luxemburger Abkommen vom 10. September 1952 geführt haben. Er stützt sich überwiegend auf israelisches Archivmaterial und untersucht die Zeitspanne zwischen September 1939 und September 1951. Obwohl der israelische Staat erst am 14. Mai 1948 ins Leben gerufen wurde, stellte die jüdische Bevölkerung von Palästina (Yishuv) schon zuvor ein politisch sehr aktives und lebendiges Gebilde dar, das sich bereits der Lösung nationaler Probleme des jüdischen Volkes widmete. Die deutsche Invasion in Polen eröffnete den Weltkrieg und berechtigte auch Juden dazu, sich Gedanken über die Konsequenzen dieses Konfliktes zu machen. Am 27. September 1951 anerkannte Bundeskanzler Konrad Adenauer offiziell, daß die deutsche Nation für die Maßnahmen der Nationalsozialisten gegen das jüdische Volk verantwortlich sei und drückte die Bereitschaft seiner Regierung aus, die Opfer zu entschädigen. Mit dieser Erklärung nahm der deutsch-israelisch-jüdische Dialog, an den man zuvor kaum zu denken gewagt hatte, Gestalt an und konkretisierte sich in ersten Gesprächskontakten.

Obwohl der israelische Staat im Mittelpunkt dieses Artikels steht, waren die israelischen Juden zugleich auch ein Teil der jüdischen Weltbevölkerung. Israelische Behörden waren bei ihren Aktivitäten mit jüdischen Institutionen in Israel und überall in der Welt eng verbunden. Deshalb ist es kaum möglich, scharf zwischen dem Staat Israel und der Diaspora zu unterscheiden. Es wird hier beides im Blick sein müssen.

Im Luxemburger Abkommen übernahm die Bundesrepublik Deutschland die Verpflichtung, Israel einen Globalbetrag zu transferieren, der eine Art von kollektiver Zahlung des deutschen an das jüdische Volk darstellte, soweit dieses durch den wiedergeschaffenen jüdischen Staat vertreten war. Seit Mitte 1951 bezeichneten die

[1] Dieser Beitrag behandelt nur die Bunderepublik Deutschland. Die Forschungen zu diesem Artikel wurden großzügig von der Axel-Springer-Stiftung und der Fritz-Thyssen-Stiftung unterstützt.

Israelis diese Globalzahlung stets mit dem hebräischen Wort Shilumim („Entschädigungen"). Der dem Buch Jesaja entlehnte Ausdruck besagte, daß das gezahlte Geld keine Tilgung bedeutete und noch weniger ein Zeichen von Vergebung war. Der Begriff, der Zahlung und Vergeltung umfaßte, enthielt etwas Kämpferisches, bahnte aber auch dem Gedanken des Friedens (Shalom) den Weg[2]. Und doch unterschied sich dieser Begriff grundsätzlich von dem deutschen Begriff Wiedergutmachung, der ethymologisch eine Rückkehr zu früheren Bedingungen und zur Rehabilitierung enthielt, und der in einem weiteren Sinne auch eine Rückkehr zu früherer Koexistenz bedeutete.

Juden und Israelis gebrauchten eine Vielzahl von Ausdrücken für die materiellen Forderungen an das deutsche Volk, bevor sie sich für Shilumim entschieden. Die Vielzahl der Ausdrücke war eine Folge der mangelnden Klarheit im jüdischen Denken darüber, was gefordert werden sollte, sowie auch von linguistischer Verwirrung. Unter den verwendeten Ausdrücken waren im Hebräischen Pitsujim („Entschädigung") und Tvioth („Forderungen"), im Englischen indemnities, reparations, recompensece, compensation, restitution, collective reparations, recovering of property und rehabilitation, im Deutschen Entschädigung, Kollektivanspruch, Reparationsanspruch, Nachkriegsforderungen, Ersatzanspruch, Schadensersatzanspruch und Wiedergutmachung. Der zuletzt erwähnte Ausdruck findet sich während und nach dem Kriege wiederholt in der deutschsprachigen jüdischen Überlieferung.

1950 und noch bis Mitte 1951 gebrauchten die Israelis im offiziellen Schriftverkehr den Begriff Reparationen. Sie gaben den Gebrauch auf amerikanische Intervention hin auf. Die Amerikaner bestritten, daß Israel befugt war, Reparationen für Kriegsschäden zu verlangen, da der Staat während des Krieges noch nicht existiert hatte. Zudem wurde der Begriff Kriegs-Reparationen in der amerikanischen nationalen Tradition nicht sehr geschätzt[3]. Als Antwort auf diese Einwände spielten die Israelis zuerst mit Ausdrücken wie recompensece (Entschädigung) und war indemnities und wechselten dann zu dem hebräischen Shilumim. In diesem Aufsatz wird der Ausdruck Shilumim gebraucht, da er die israelische (und jüdische) Auffassung am besten vermittelt – trotz seiner relativ späten Einführung in den Sprachgebrauch.

Die Vorgeschichte

Der Erste Weltkrieg und der Versailler Vertrag beeinflußten das jüdische Denken in der Kriegszeit. Die Reparationsforderungen, die die Nationalsozialisten gegenüber Juden und Polen erhoben hatten, beeinflußten die Juden gleichfalls. Einige Proklamationen der Alliierten und der Exilregierungen während des Krieges bestärkten sie in der Überzeugung, daß es den Juden zustehe, für die Ausraubung durch die Nazis entschädigt zu werden. Der Hauptakzent wurde zwar auf die individuelle Restitution und Rehabilitierung gelegt, man erhob aber auch Forderungen nach kollektiver Entschädigung. Sie wurde mit den kollektiven Abgaben, die den Juden von den Nationalsozialisten auferlegt worden waren, mit der Ausräuberung von jüdischem Gemein-

---

[2] Das Buch Jesaja, XXXIV, 8; vgl. Deuteronomium, XXXII, 35.
[3] Vgl. Eban an Horowitz und Sharett, 26.6. 1951, Israeli State Archives (ISA), Jerusalem, Sammlung Außenministerium 2417/2; Shinnar an Eytan, 29.6. 1951, ebd.

deeigentum und natürlich mit den Leiden, die die Nazis den Juden zugefügt hatten, begründet und gerechtfertigt.Obgleich es bereits Gerüchte über die Massenvernichtung gab, spielte sie in jenem frühen Stadium der Überlegungen nur eine geringe Rolle. Damals wie heute vertraten Juden die Auffassung, daß Tod und Leiden nicht entschädigt werden können. Die materiellen Forderungen wurden wegen des Verlustes an Eigentum und des vom Reich geraubten Vermögens sowie für die Rehabilitierung der überlebenden Opfer erhoben. Deshalb verließ man den einmal eingeschlagenen Weg nicht, als man die wahre Bedeutung des Holocaust begriff. Die bedeutungsvollste Änderung im jüdischen Denken die eintrat, als das unaussprechbar Schreckliche öffentlich bekannt wurde, war die Härte, mit der die kollektiven Forderungen fortan vertreten wurden.

Die Akten der Jewish Agency for Palestine (JAFP) enthalten zahlreiche Skizzen, Entwürfe und Vorschläge für Forderungen an Deutschland. Die ersten erschienen sofort nach Kriegsausbruch, und ein dünnes Rinnsal setzte sich durch die Jahre 1940 bis 1942 hindurch fort. Seit den großen Schlachten Ende 1942 wandelte sich das Rinnsal zu einem Strom[4]. Die meisten Dokumente stammten von Emigranten aus Deutschland, aber ebenso kamen Beiträge von jüdischen Emigranten aus der Tschechoslowakei und aus Österreich. Unter den bedeutenderen Vorschlägen waren die von Shalom Adler-Rudel, Georg Landauer, Siegfried Moses und Bernard Joseph. Adler-Rudel, einer der prominentesten deutschen Zionisten, sandte sein Memorandum vom 10. Oktober 1939 an mehrere jüdische Persönlichkeiten[5]. Das Memorandum stieß nur auf eine mäßige Resonanz, war aber nichtsdestoweniger das Saatkorn, aus dem die Idee der Kollektiventschädigung hervorwachsen konnte. Landauer, ein anderer bekannter deutscher Zionist, war an dem Projekt zur Rettung des jüdischen Eigentums aus dem nationalsozialistischen Deutschland während der frühen Jahre des Hitler-Regimes, der Haavarah (Überführung), beteiligt gewesen. Diese Erfahrung verschaffte ihm und anderen deutschen Juden Kenntnisse über die Möglichkeiten und Wege, Geldmittel von Deutschland zu erlangen. Später wird noch einmal von der Beteiligung der Haavarah-Leute an den Shilumim die Rede sein. Landauer verschickte seine Schrift über die „Entschädigungsforderung (Kollektivanspruch) der Juden an Deutschland" am 24. November 1943 auf Hebräisch, Deutsch und Englisch an mehrere Adressen. In diesem Dokument ist die Haavarah-Erfahrung offensichtlich[6]. Moses genoß unter den Emigranten, die aus Deutschland ins Heilige Land gingen, hohes Ansehen. Er dachte lange Zeit über Entschädigungsfragen nach, insbesondere über die rechtlichen Aspekte. Ende 1944 veröffentlichte er seine Schrift „Die jüdischen Nachkriegsforderungen"[7] und brachte die Idee der Kollektiventschädigung damit in die breite Öffentlichkeit. Joseph, der aus Kanada stammende Rechtsberater

---

[4] Siehe Central Zionist Archives (CZA), Jerusalem, Department for Recovery of the Property of German Jewry, S 35/16 und 17; Association of Immigrants from Germany (and Austria), Organization of Emigrants from Central Europe – The „New Alia" Party, J 18/14 und 15.

[5] Vgl. Shalom Adler-Rudel. „Aus der Vorzeit der kollektiven Wiedergutmachung", in: In zwei Welten, Siegfried Moses zum fünfundsiebzigsten Geburtstag, Tel Aviv 1962, S. 202–204 (künftig: In zwei Welten).

[6] Vgl. Nachlaß Dr. Georg Landauer, Leo Baeck Institut (LBI), New York, B 26/1, 17; Labor Movement Archives, Tel Aviv, 208/IV, 3839.

[7] Irgun Olej Merkas Europa, Tel Aviv 1944.

der zionistischen Organisation, verfaßte eine juristische Abhandlung, die alle späteren jüdischen Forderungen vorbereitete[8].

Den privaten Schriften sollte man die Verlautbarungen aus dem Kreis der großen, öffentlichkeitswirksamen Organisationen hinzufügen. Der World Jewish Congress (WJC) veranstaltete 1941 in Baltimore, USA, eine Konferenz und eine andere 1944 in Atlantic City, USA. Auf beiden wurden Forderungen an die Adresse Deutschlands diskutiert. Am 5. April 1944 errichtete das Planungs-Komitee der JAFP ein Unterkomitee, um die jüdischen Forderungen zu studieren[9]. Das Unterkomitee produzierte einen hochinteressanten und umfassenden Bericht, der unter anderem die Einrichtung eines speziellen „Jewish Institute" empfahl, das sich ganz den Forderungen an die Adresse Deutschlands widmen sollte[10]. Bei diesen Vorschlägen kam nichts Konkretes heraus, der Bericht beeinflußte jedoch das Denken der JAFP für eine lange Zeit. Auch jüdische Institutionen und Persönlichkeiten in den Vereinigten Staaten und Großbritannien widmeten dem Thema große Aufmerksamkeit. Besonders erwähnenswert sind das Institute for Jewish Affairs in New York und die zwei Brüder Robinson, Jacob und Nehemiah, die diese Einrichtung ins Leben gerufen hatten, sowie das American Jewish Committee (AJC)[11].

Aus all diesen Diskussionen und vorbereitenden Überlegungen kam nur sehr wenig Praktisches heraus, aber sie verankerten das Thema im jüdischen Bewußtsein. Gleichwohl sollte es noch fünf weitere Jahre dauern, bis die jüdischen und israelischen Institutionen Schritte unternahmen, um die Forderungen an Deutschland zu konkretisieren. Diesen fünf Jahren ist das folgende Kapitel gewidmet.

Die „verlorenen" fünf Jahre (1945–1950)

Als die israelischen und jüdischen Versuche, Shilumim durchzusetzen, 1950 in Gang kamen, fragten sich die beteiligten Personen, warum man so viel Zeit verschenkt hatte und ob die Gelegenheit, Reparationen zu erhalten, nicht für immer dahin war. Diese Zweifel betrafen die kollektive und nicht die individuelle Entschädigung. Um die letztere kümmerten sich die Besatzungsmächte und die neueingerichteten deutschen Ämter auf die eine oder andere Weise.

Der Leser sollte sich kurz vergegenwärtigen, daß die Jahre 1945 bis 1950 in Palästina die Jahre des Kampfes der Yishuv um freie Einwanderung und nationale Unabhängigkeit waren. Der nationale Befreiungskrieg von 1948–1949 und die nachfolgende Einwandererwelle, die das Land überflutete, als die Tore einmal geöffnet waren, ließen kaum Zeit und Muße zum Nachdenken. In Deutschland waren die jüdischen Instanzen mit Massen von Displaced Persons (DPs) und in begrenztem Ausmaß auch mit individuellen Entschädigungsansprüchen beschäftigt, aber den Globalforderungen wurde wenig Aufmerksamkeit geschenkt.

[8] Vgl. The Nature of Postwar Claims, November 1944, CZA, S 35/15.
[9] Vgl. Erklärung vom 5. 4. 1944, unterzeichnet von David Ben Gurion, dem Vorsitzenden des Planungskomitees, LBI, Nachlaß Landauer, B 26/1, 16.
[10] Vgl. Bericht vom 25. 9. 1944, LBI, B 26/1, 16.
[11] Für eine ausführlichere Darstellung der Vorgeschichte des Shilumim siehe: In zwei Welten; Nana Sagi, German Reparations, A History of the Negotiations, Jerusalem 1980, Kapitel A (künftig: Sagi).

Auch Deutschland durchlebte schwere Zeiten. Dies war die Periode der Desintegration und der Arbeitslosigkeit, Millionen neuer Einwohner strömten ins Land. Obwohl 1949 die Bundesrepublik gegründet worden war, befand sich die westdeutsche Regierung zunächst noch unter Kuratel der Siegermächte. Offensichtlich waren die objektiven Bedingungen weder in Israel noch in der Bundesrepublik dazu angetan, neuen Ideen Auftrieb zu geben. Zwar war das Problem der jüdischen Globalforderungen nicht auf Dauer vom Tisch, aber zunächst blieben beide Seiten weitgehend passiv.

Jüdische Sprecher haben in der Vergangenheit und in der Gegenwart häufig Erstaunen und Wut über das deutsche Volk und seine geistige und politische Elite zum Ausdruck gebracht, die vier lange Jahre lang so herzlich wenig über die in der menschlichen Geschichte noch nie dagewesenen Greueltaten zu sagen wußten[12]. Trotz der unsäglichen Lebensbedingungen nach dem Krieg schien Deutschland gefühllos und indifferent gegenüber dem Leiden, das es anderen Menschen zugefügt hatte. Da es sich nur mit eigenen Problemen beschäftigte und nur die eigenen Wunden leckte, konnte es nicht zu den humanistischen Traditionen zurückkehren, die ja gleichfalls ein Teil der deutschen Vergangenheit bildeten, einen Teil zudem, dem jeder Wertschätzung entgegenbrachte. Es reichte nicht aus, sich darauf zu berufen, daß keine verantwortlichen deutschen Instanzen existierten. Die deutschen Kirchen, die Intelligenz, die Künstler und Wissenschaftler sahen beinahe ganz über das brennende moralische Problem hinweg, jedenfalls unternahmen sie nichts. Überdies erlebte Deutschland nun eine noch nie dagewesene Zunahme des Antisemitismus. Noch nie dagewesen insofern, als es keine öffentliche Instanzen, politische Parteien und Regierungsstellen mehr gab, die das Feuer schürten. Vielmehr wurden rassistische und nationalistische Haßgefühle in Deutschland nun von den Siegermächten mit politischen Mitteln bekämpft. Berichte über die öffentliche Meinung in Deutschland erreichten die Yishuv und verstärkten die bereits bestehende Geringschätzung und Verachtung für das deutsche Volk. Die Yishuv betrachtete das ganze deutsche Volk ohne Ausnahme als kollektiv für den Holocaust schuldig[13]. In jener Zeit traten nur wenige Juden offen dafür ein, Nachsicht gegenüber Deutschland oder einzelnen Deutschen zu üben, und nur wenige stellten sich Verallgemeinerungen entgegen. Versöhnliche Gesten, zu denen sich die Führung der Sozialdemokratischen Partei und Einzelpersonen wie Hermann Maas und Friedrich Dibelius aufrafften, stießen auf wenig Verständnis.

Die Juden verlangten jetzt und auch noch später eine offizielle deutsche Reueerklärung und ein Versprechen, daß das grauenhafte Geschehen sich niemals wiederholen werde. Eine solche Erklärung und praktische Schritte, die die verbalen Versprechungen hätten mit Inhalt füllen können, stellten sich jüdische Kreise vor, wenn sie von „moralischen Reparationen" sprachen. Die Juden hielten Deutschland auch für verpflichtet, freiwillig, aus eigener Initiative, materielle Entschädigungen anzubieten. Eine deutsche Erklärung aus eigener Initiative und ohne von jüdischer Seite provo-

---

[12] Vgl. Gershon Avner, A Witness to History, 20. 3. 1986, Ben-Gurion Archives (BGA), Kiriat Sdeh Boker, Oral History-Abteilung.

[13] Vgl. Rabbi Mordechai Nurock (Religious Party), Protokoll der Knesseth, Bd. 1, S. 687; A. Sheftel (MAPAI), J. Kosoi (MAPAI) usw., ebd., Bd. 2, S. 234.

ziert oder angeregt worden zu sein, sollte den Weg für Shilumim ebnen, aber nicht
für Vergebung oder Versöhnung. Da eine solche Erklärung fast fünf Jahre lang unterblieb, hatte die jüdische Seite nicht viel Hoffnung und Mut, weiterzumachen.

Hinter der relativen jüdischen Passivität steckte ein kompliziertes Problem. Die
durch das Gemetzel an den Juden verursachte seelische Erschütterung führte zu
einem fast instinktiven Boykott von allem, was deutsch war. Instinktiv vollzogen die
Juden eine vollständige Trennung, wobei ihnen die jüdische Behandlung Spaniens
nach der Vertreibung der Juden als Vorbild diente: „Wir wollen nichts mit den Deutschen zu tun haben – weder im Guten noch im Schlechten. Einfach nichts". Für die
Juden waren deutsche Waren und deutsches Geld mit dem Blut ihrer Brüder getränkt.
Deshalb wurde die Berührung mit allem was deutsch war als entsetzlich und abscheu-
lich angesehen. Zudem traute man Deutschland nicht. Nicht so sehr die Erinnerung
an die Versäumnisse der Zwischenkriegszeit stempelte Deutschland zu einem verant-
wortungslosen Land. Vielmehr ließen die Erfahrungen so vieler Einwanderer, die im
Krieg als Juden verfolgt und mißhandelt worden waren und das Gefühl kennengelernt hatten, rechtlos zu sein, ein kollektives, beinahe instinktives Gefühl des Mißtrauens entstehen. Dieses Gefühl des Mißtrauens begleitete die Israelis (und die Juden
überall) in den fünfziger Jahren, sogar nach Unterzeichnung des Luxemburger
Abkommens und nach der Aufnahme der Lieferungen. Unter denen, die argwöhnten,
die Bundesrepublik werde den Vertrag brechen, waren so prominente Persönlichkeiten wie der Premierminister David Ben Gurion und der Präsident der World Zionist
Organization (WZO), Nahum Goldmann[14].

Und schließlich war die schwierige Frage, auf welchem Wege Shilumim erreicht
werden sollten. Der Staat Israel hatte noch nicht existiert, als man die Verträge von
Yalta und Potsdam unterzeichnete und die Beute teilte. Am 20. September 1945 unterbreitete der jüdische Staatsmann Chaim Weizmann den Großmächten im Namen der
Jewish Agency for Palestine (JAFP) ein Memorandum, das für das jüdische Volk
einen Anteil an den Reparationen forderte. Den Mächten war diese Note nicht einmal eine Antwort wert[15]. An die Sieger gerichtete Briefe in gleicher Sache, so wie der
des Council for the Protection of Rights and Interests of Jews from Germany[16] oder
der der Association of Jewish Refugies in Great Britain[17], erlitten ein ähnliches
Schicksal. Jüdischen Organisationen und der Yishuv wurden gleichwohl gewisse
deutsche Geldleistungen zugesprochen. Die Interalliierte Reparationskonferenz, die
im November und Dezember 1945 in Paris stattfand, bestimmte 22,5 Millionen Dollar für jüdische „nicht-repatriierbare" Flüchtlinge, die von den deutschen Guthaben in
neutralen Ländern abgezweigt werden sollten (weitere Beträge sollten dazukommen,
wenn es gelänge, ihrer habhaft zu werden.) Die jüdischen Organisationen übergaben
die Summe dem American Jewish Joint Distribution Committee zu treuen Händen,

[14] Vgl. Yeshayahu Jelinek, „Adenauer Kept Goods Coming", in: The Jerusalem Post, 30. 9. 1986;
Shlomo Barer, „Interview with Nachum Goldmann", Yedioth Achronoth, Tel Aviv, 5. 5. 1967.
[15] Vgl. The Ministry of Foreign Affairs, Documents Relating to the Agreement between the
Government of Israel and the Government of the Federal Republic of Germany (signed on
10 September 1952, at Luxembourg), Jerusalem 1953, S. 9–13 (künftig: Documents Relating to
the Agreement); The Letters and Papers of Chaim Weizmann, Jerusalem, Bd. XII, S. 51–54.
[16] Vgl. CZA, S 35/15, Juni 1945.
[17] Vgl. LBI, B 26/1, 21. 8. 1945.

und der größte Teil des Geldes wurde für Flüchtlinge, die nach Palästina auswandern wollten, verwandt[18]. Zudem übertrugen die Mandatsbehörden in Palästina 1946 einen Teil des Eigentums, das deutschen Siedlern in Sharonah gehörte, der Gemeinde von Tel Aviv. Es wurde als feindliches Eigentum betrachtet[19]. Schließlich übergab man einen Teil der deutschen Reparationen, die Großbritannien erhalten hatte, fast 350 000 Pfund Sterling, der Regierung von Israel. Dies war durch das Abkommen der beiden Regierungen vom 30. März 1950 geregelt worden[20]. Auch zusammengenommen waren dies lediglich symbolische Beträge. Jüdische Instanzen setzten die Diskussion über die Globalentschädigung zwar fort, doch blieben die praktischen Ergebnisse unbedeutend. Die fruchtlosen Diskussionen führten vielmehr im nachhinein zu den Vorwürfen, wertvolle Zeit vertan zu haben. Später meinten die Beteiligten zu ihrer Rechtfertigung, daß keine Verhandlungen mit deutschen Stellen nötig gewesen wären, solange sich Deutschland unter der Besatzungsherrschaft – sozusagen auf den Knien – befunden hätte. Es wäre Sache der Sieger gewesen, Deutschland das Zahlen zu befehlen. Doch in der Zwischenzeit hatten sich die internationalen Bedingungen geändert. Der Kalte Krieg und der Korea-Konflikt katapultierten das besiegte Land wieder in den Mittelpunkt der Weltpolitik, und anstatt ihm Vorschriften zu machen, begannen die Sieger nunmehr Deutschland zu hofieren. Jetzt erst gewann die Kritik Gewicht, daß womöglich wichtige Zeit verloren sei, und es nun viel schwieriger sein würde, mit Deutschland zu verhandeln.

Westdeutschland war in jüdischen Augen kein Niemandsland. Seit 1945 arbeiteten dort jüdische Missionen. Von Juni 1948 ab residierte ein israelisches Konsulat in München, das bei der amerikanischen Militärregierung akkreditiert war[21]. Vor allem aber befanden sich jüdische Organisationen wie die Jewish Restitution Successor Organization (JRSO), die Jewish Trust Corporation (JTC) und die United Restitution Organization (URO) auf deutschem Boden und bemühten sich, Hilfestellung bei der Durchführung der bestehenden Rückerstattungs- und Entschädigungs-Gesetzgebung zu geben. JAFP errichtete ebenfalls eine spezielle Abteilung für die Wiedererlangung des Eigentums der deutschen Juden, eine Filiale befand sich in München. Während die URO nur im Bereich der persönlichen Forderungen tätig war, befaßten sich die JRSO und die JTC mit den erbenlosen Vermögen. Dies schloß ebenso jüdischen Gemeindebesitz ein wie auch Immobilien, deren Besitzer mit ihren ganzen Familien umgekommen waren. Die Rückerstattung in Tausenden von Fällen war eine überwältigende Aufgabe, die Verhandlungen und häufig auch Gerichtsverfahren mit sich brachte. Der Widerstand gegen die Rückerstattung in Deutschland war groß, und Vereinigungen, die sie bekämpften, erhielten zum Teil Unterstützung aus Länder- und Bundesbehörden. Um die Hindernisse zu überwinden, wurde die Idee der „Globalisierung" geboren. Die JRSO schlug den Länderbehörden vor, eine globale Summe für alles rückerstattungsfähige Eigentum in einem bestimmten Gebiet zu zah-

---

[18] Vgl. Sagi, S. 35–37.

[19] Vg. Shertok an den Chief Secretary der Regierung von Palästina, 27.6. 1946, CZA, The Policy Committee, S 25/4778. Nach dem Luxemburger Abkommen zahlte der israelische Staat den deutschen Siedlern Entschädigungen für ihr Eigentum.

[20] Vgl. Note an Großbritannien v. 5.7. 1951, ISA, 2417/2.

[21] Vgl. meinen Artikel „Like an Oasis in the Desert: the Israeli Consulate in Munich, 1948–1953", in: Studies in Zionism, IX (1988), S. 81–98.

len, anstatt jeden Fall einzeln zu verhandeln. Die Idee der „Globalisierung" hing direkt mit der in den frühen fünfziger Jahren wiederbelebten Shilumim-Forderung zusammen. Wie gesagt basierte die Shilumim-Forderung unter anderem auf dem geraubten jüdischen Eigentum, das sich noch in deutschen Händen befand. Die Worte des Propheten Elias „Du hast getötet und auch den Besitz an Dich gebracht"[22] hallten in jedem israelischen Gespräch über Shilumim nach. So wie das bisher nicht zurückgeforderte Eigentum der deutschen Juden zurückerstattet werden konnte, so ließ sich auch ein Teil des jüdischen Eigentums, das sich die Nationalsozialisten in ganz Europa angeeignet hatten, zurückfordern. Dies konnte nur durch eine globale Forderung an die Adresse der deutschen Staaten geschehen.

Die Jewish Agency-Repräsentanten waren die Vorkämpfer des Globalisierungsgedankens. Die JAFP-Mission kam bereits 1945 nach Deutschland. Sie war mit der Sozialarbeit für jüdische Displaced Persons beschäftigt, vor allem aber mit der Organisation der legalen und illegalen Auswanderung nach Palästina. Bereits in diesem Stadium beschäftigten sich die JAFP-Mitarbeiter mit der Rückerstattung und Entschädigung für die deutschen Juden und die befreiten Konzentrationslagerhäftlinge sowie mit der Überführung des persönlichen Eigentums der Auswanderer[23]. In den Tagen vor der Gründung eines unabhängigen Staates Israel vertrat die JAFP auch die jüdische Bevölkerung Palästinas. Als Vorposten der jüdischen Weltbewegung und -organisation verhandelte und vereinbarte die Jewish Agency Abkommen mit Besatzungsbehörden und örtlichen deutschen Stellen. In ähnlicher Weise machte sie nach der Gründung des Staates Israel und der Bundesrepublik weiter. Deutsche Beamte, die mit den rechtlichen Feinheiten nicht vertraut waren, betrachteten die JAFP-Mitarbeiter als Repräsentanten des Staates Israel. Deshalb konnte die Jewish Agency im Schatten Israels offizielle Angelegenheiten verfolgen, im Unterschied zum Münchner Konsulat, dem das israelische Außenministerium verboten hatte, in irgendeine Art von offiziellem Kontakt mit deutschen Stellen zu treten, gleich ob auf kommunaler, landes- oder bundesweiter Ebene[24].

Mit dem Rückgang der Zahl der Displaced Persons in Deutschland konzentrierte sich die Mission der Jewish Agency mehr und mehr auf Rückerstattungs- und Entschädigungsfragen. Emigranten aus Deutschland mit Erfahrungen aus der Haavarah stellten das Personal der Mission und des Heimatbüros. Darunter waren Landauer, Chef der Abteilung für die Wiedererlangung des Eigentums der deutschen Juden, und Max Kreuzberger, der die Mission in München leitete. (Auch ein Teil der israelischen Beamten, die in Sachen Shilumim tätig waren, besaß Erfahrung aus der Haavarah.) In enger Zusammenarbeit mit der URO, die gleichfalls von deutschen Emigranten geleitet wurde, entwickelten die JAFP-Mitarbeiter Formen, um Geld für Aufgaben der Jewish Agency in Israel zu erhalten. Beträge, die durch die JRSO und die JTC geliefert wurden, transferierte man nach Israel. Dies geschah zum Beispiel durch Schiffslieferungen von Fertigbauhäusern, um so neuen Einwanderern ein Heim zu geben[25].

---

[22] I. Regnum, XXI, 19.
[23] Vgl. Jewish Agency Report, Mission in Germany, 5700–5709, Munich 5709 (in Hebräisch).
[24] Siehe Anm. 21.
[25] Vgl. Boukstein an Kaplan, 12.6.1951, ISA, 3063/18.

Nachdem der Geldmarkt der Bundesrepublik strengen Währungsbestimmungen unterworfen und ein Kapitalexport fast unmöglich war, mußten die JAFP-Mitarbeiter Wege finden, um Entschädigungen nach Israel zu transferieren. Die Haavarah-Veteranen kamen auf die naheliegende Idee, an ihre Erfahrungen aus der NS-Zeit anzuknüpfen und deutsche Waren nach Israel zu exportieren, um auf diesem Wege die Shilumim zu bezahlen. Das devisenbewußte nationalsozialistische Deutschland hatte seinerzeit den jüdischen Emigranten den Transfer von Geld verweigert, doch zugestimmt, daß Waren nach Palästina verschifft wurden. Sie wurden dort verkauft und der Nettogewinn den Emigranten gegeben, die ihren Besitz in Deutschland hatten zurücklassen müssen. Auf beiden Seiten war eine reibungslos funktionierende Verwaltung am Werk gewesen, wobei deutsch-jüdische Beamten die Transaktionen ermöglicht hatten[26]. Nun bediente sich die Jewish Agency ähnlicher Wege, arbeitete wieder mit den gleichen Bankiers – und sogar mit den gleichen deutschen Beamten zusammen, denen es gelungen war, auch in die Länder- und Bundesverwaltungen hineinzukommen. Auf diese Weise durchbrach die Jewish Agency das Verbot der israelischen Regierung, mit deutschen Stellen zu verhandeln. Damit leistete die Jewish Agency gleichwohl Pionierarbeit für die Shilumim und brachte die Idee des Warentransfers zum Tragen.

Der Staat Israel und das Shilumim-Projekt

In den ersten Jahren der Existenz des israelischen Staates waren die Forderungen an Deutschland fast vergessen. Nicht nur die Kriegsverhältnisse, sondern auch der fast unglaubliche Plan – Globalentschädigung für Juden! – bewirkten eine Abwendung von der Idee der Shilumim. Versuche, die Aufmerksamkeit der politischen Führung zu erlangen, mißglückten[27]. Sogar Persönlichkeiten wie Ben Gurion und Finanzminister Eliezer Kaplan, die während des Krieges deutsche Reparationen in Betracht gezogen hatten, schienen nun auf diesem Ohr taub zu sein[28]. Noah Barou, ein hoher Beamter der britischen Sektion des World Jewish Congress und einer der ersten, der Shilumim anstrebte, erzählte, wie schwer es war, die Juden davon zu überzeugen, den Gedanken der Globalentschädigung zu akzeptieren[29].

Dem Shilumim-Projekt waren Ideen vorausgegangen, die sofort zurückgewiesen wurden. Eine solche Idee war das Angebot, deutsche Kriegsgefangene zur Arbeit in Palästina zu verwenden[30]. Die USA lehnten sodann einen israelischen Vorschlag ab, die Gehälter von deutschen Kriegsgefangenen, die auf amerikanischen Banken lagen, zu enteig-

---

[26] Vgl. Ludwig Pinner, Vermögenstransfer nach Palästina, 1933–1939, in: In zwei Welten, S. 133–157.
[27] Vgl. Leibele Goldberg, „Sefer Eduth v'Zikaron", Dawar, Tel Aviv, 17.5. 1945; Aussage von Zerach Wahrhaftig, 14.7. 1976, BGA.
[28] Vgl. Aussage von Avigdor Dagan, 9.10. 1986, BGA. Avigdor Dagan (Fischl), zuvor ein Beamter im tschechoslowakischen Außenministerium, wo er mit Reparationsfragen beschäftigt war, saß am „deutschen Tisch" in der Nachrichtenabteilung des israelischen Außenministerium. Hier bereitete er 1950 ein „Arbeitspapier" für Ben Gurion vor.
[29] Vgl. N. Barou, „Origin of the German Agreement", Congress Weekly, 13.10. 1952, S. 6–8; Aussage von Nahum Goldmann, 14.11. 1961, The Hebrew University of Jerusalem, Institute for Contemporary Jewry, Oral History Division (HUJ).
[30] Vgl. Note v. 31.1. 1946, BGA, Correpondence.

nen[31]. Auch die enteigneten deutschen Besitztümer im Heiligen Land wurden später wiederbegründet oder ihren Besitzern zurückgegeben. Aber bei alldem handelte es sich ohnehin nur um kleine Beträge, während große Summen nur schwer aufzutreiben waren. Der israelische Mangel an Initiative war anscheinend ein Hauptgrund für die Stagnation. Die Israelis setzten den inoffiziellen Boykott Deutschlands, der auf den internationalen Konferenzen so augenfällig war, weiterhin fort. Israelis, die Deutschland besuchten und vermitteln wollten, erhielten in Jerusalem abschlägige Antworten[32]. Das Außenministerium beharrte auf der offiziellen Politik, die Deutschen und Deutschland zu ignorieren. Aber um Geschäfte zu machen, muß man miteinander reden.

Nun ergriffen die Deutschen die Initiative. Den ersten Schritt taten die Sozialdemokraten. Sie nutzten das Forum des Bundestags, um die Notwendigkeit einer Annäherung an Israel und die Juden in das Bewußtsein der Öffentlichkeit und der Regierung zu bringen[33]. Am 11. November 1949, einige Wochen nach der ersten Regierungsbildung, gab Adenauer dem Herausgeber der Allgemeinen Wochenzeitung der Juden in Deutschland, Karl Marx, ein Interview. Er drückte bei dieser Gelegenheit den Wunsch aus, eine Verständigung mit den Juden und Israel zu erreichen, und bot als ein Zeichen des guten Willens zehn Millionen Deutsche Mark an. Marx warnte den Kanzler wiederholt vor dieser Summe, doch Adenauer ließ sich nicht beirren[34]. Die Israelis reagierten mit Empörung. Die angebotene Summe erschien ihnen als ein schlechter Witz. Sogar die Aufstockung durch zusätzliche 20 Millionen DM, die von einigen Industriellen angeboten wurde, konnte nicht zufriedenstellen. Nichtsdestoweniger lieferte das Interview rückblickend gesehen den Zündfunken. Die Gründe für das Niedrigstangebot sind kaum zu verstehen. Aber offenbar bereitete das Interview den Boden für weiterreichende Pläne Adenauers. Es war ihm daran gelegen, die Vereinigten Staaten zu besuchen, um politische Gespräche zu führen, und er gab vor, daß er den Wunsch habe, auch mit den amerikanischen Juden zu konferieren[35].

Zeitgenossen berichteten übereinstimmend, daß humanitäre Gefühle und eine tiefe Religiosität ein Hauptgrund für die Schritte des Kanzlers waren. Schamgefühle, Erinnerungen an jüdische Freunde und seine eigenen Leiden kamen hinzu. Das könnte als Altruismus bezeichnet werden. Doch hatte die Angelegenheit, wie schon angedeutet, auch eine politisch-diplomatische Seite. Die nationalsozialistische Vergangenheit beeinflußte die internationale Stellung der Bundesrepublik. Der Kalte Krieg führte dazu, daß die Großmächte Bonn und Pankow hofierten und bereit waren, einen hohen Preis für deren Gefolgschaft und Unterstützung zu zahlen. Angesichts dieser Lage schien offensichtlich kein Bedarf für eine weitere Unterstützung der Bundesrepublik von außen vorhanden zu sein. Dennoch glaubten viele, deutsche Staatsmänner eingeschlossen, daß eine Verbesserung des „moralischen Kredites" Deutschlands nötig war. Deshalb meinten die Israelis (und andere Juden), daß es noch nicht zu spät wäre, die Deutschen davon zu überzeugen, daß sie zahlen müßten.

---

[31] Vgl. Keren an Cohen, 11.7.1951, ISA, 3063/18.
[32] Vgl. Memorandum über Treffen mit Hallstein, 1951, Autor unbekannt, ISA, 534/3.
[33] Vgl. Shlomo Shafir, Ha-Yad Hamushetet, Tel Aviv, 1986, S. 50 f.
[34] Vgl. Memorandum von Karl Marx, 1953 (?), Nachlaß Karl Marx, in Privatbesitz.
[35] Vgl. Notiz von Frank P. Graham, 22.3.1950, The United States National Archives, Washington D.C. (NA), Diplomatic Section, 765 A. 11/3-2250, RG 59, Box 3890; William Donovan an Henry A. Byroad, 30.3.1950, ebd., 762 A. 13/3-3050.

Adenauers Angebot zeigte, daß eine reale Aussicht bestand, Shilumim zu erreichen. Um dies weiter zu erkunden, beschloß der israelische Finanzminister mit Zustimmung zahlreicher Kabinettsmitglieder einen Beamten seines Ressorts nach Deutschland zu entsenden[36]. Kurt Mendelsohn, Direktor der israelischen Steuerbehörde und deutscher Emigrant, wurde offiziell mit der Aufgabe betraut, Entschädigungszahlungen für israelische Bürger zu erleichtern (übrigens nur für israelische Bürger!). Doch in Wirklichkeit bestand die Mission darin, eine mögliche Regelung für alle israelischen Forderungen zu erkunden. Die Mission Mendelsohns im Frühjahr 1950 bedeutete den Bruch mit der bisherigen Politik; denn nun wurde ein israelischer Beamter beauftragt, mit deutschen Stellen zu verhandeln, und zwar bis zur Ebene des Bundeskanzlers und seiner Minister hinauf[37]. Mendelsohn kehrte mit einer einfachen Botschaft zurück: es lohne sich in der Angelegenheit weiterzumachen, aber die Deutschen wünschten direkt mit Israel zu sprechen, von Staat zu Staat. Über diese Bedingung wird noch ausführlicher zu sprechen sein[38].

Mendelsohns Mission führte zu erheblichen Konflikten. Einige Führer des amerikanischen Judentums wandten sich gegen den Anspruch Israels, die jüdische Welt zu repräsentieren[39]. Das Ergebnis war die Gründung der „Jewish Conference on Material Claims against Germany" (Claims Conference) Ende 1951. Auch die Jewish Agency, die Verhandlungen in und mit Deutschland als ihre Domäne betrachtete, stieß mit Regierungsstellen zusammen. Ein Treffen auf höchster Ebene am 2. Mai 1950 beendete die heftigen Auseinandersetzungen und teilte die Arbeit auf: Die Jewish Agency sollte sich nun ausschließlich um die individuelle Entschädigung kümmern und Shilumim wurde zum Monopol der israelischen Regierung[40].

Obgleich die Mission Mendelsohns den Boykott praktisch bereits durchbrochen hatte, wollte Israel immer noch nicht direkt mit Bonn und anderen deutschen Regierungsstellen verhandeln. Immer noch wünschten die Israelis, daß die Kastanien von dritter Seite aus dem Feuer geholt würden. Unter den möglichen Adressaten für diese Aufgabe befanden sich die Vereinten Nationen, die Vier Mächte, der Internationale Gerichtshof, und das Internationale Reparationskomitee. Schließlich verblieben nur noch die Vier Mächte auf der Liste, und unter ihnen kam den Vereinigten Staaten die größte Bedeutung zu, da sie den größten Einfluß in Bonn besaßen. Nur Washington, und in einem geringeren Grade London und Paris, waren in der Lage, die bundesdeutsche Regierung davon zu überzeugen, daß sie den jüdischen Forderungen nachzukommen habe. Leider erwies sich die Sache aber nicht als so einfach, weil auch Washington es ablehnte, als Vermittler tätig zu werden; darüber hinaus war man in Washington von den Forderungen Israels insgesamt nicht begeistert.

Die Vereinigten Staaten machten in den späten vierziger Jahren eine Kehrtwen-

[36] Vgl. Eshkol an Goldmann, 16.3.1950, CZA, S 35/70; Mendelsohn an Landauer, 26.3.1950, ebd.

[37] Vgl. Bericht von Mendelsohn, 12.4.1950, CZA, S 35/70.

[38] Vgl. Bericht von Mendelsohn, 17.7.1950, CZA, S 35/70; Livneh an Außenministerium, 14.7. 1950, ISA, 2543/1.

[39] Vgl. Proskauer an Goldmann, 5.4.1950, Sammlung Nahum Goldmann, CZA, Z 6/387; Goldmann an Proskauer, 19.4.1950, ebd.

[40] Vgl. Protokoll der Besprechung zwischen Vertretern der Jewish Agency for Palestine (JAFP) und der israelischen Regierung, 2.5.1950, Sammlung Shalom Adler-Rudel, CZA, A 140/58.

dung um 180 Grad. Deutschland wandelte sich in ihren Augen von einem besiegten
Feind zu einem gesuchten Alliierten. Um den Weg Bonns in die Familie der Völker zu
erleichtern, wollte Washington den Kriegszustand mit Westdeutschland beenden und
ermutigte befreundete Staaten, Bonn diplomatisch anzuerkennen. Die Shilumim
widersprachen dieser amerikanischen Politik, denn sie erforderten zu höchst ungele-
gener Zeit Druck auf die Deutschen. Ein solcher Druck, so vermuteten die Amerikaner, würde den Deutschen nur die Ausrede liefern, daß sie sich nur der Force majeur
gebeugt hätten. Auf diese Weise könne die Bundesrepublik die Schuld auf die USA
schieben und sich jederzeit ihren Verpflichtungen entziehen.

Darüber hinaus appellierten die Westmächte an Israel, den Kriegszustand zu beenden und Deutschland formell anzuerkennen sowie diplomatische Beziehungen aufzunehmen[41]. Dieser Appell verwirrte die Israelis. Völkerrechtliche Untersuchungen hatten gezeigt, daß sich der Staat Israel keinesfalls in einem formellen Kriegszustand mit
Deutschland befand[42]. Der Vorschlag des State Department auf formelle Anerkennung der Bundesrepublik rief daher empörte Reaktionen hervor[43]. Das traf mitten in
das Herz der israelischen Boykotthaltung gegenüber Deutschland und zeigte, wie
wenig die Amerikaner von der israelischen Mentalität und von israelischen Empfin-
dungen verstanden. Die Gesandtschaft der Vereinigten Staaten in Tel Aviv warnte
ihre vorgesetzten Stellen davor, die bisherigen diplomatischen Erfolge im jüdischen
Staat zu gefährden: „Die Opposition in Israel ... wird die Regierung ... mit ihrer wachsenden, wenn auch öffentlich noch nicht in Erscheinung getretenen prowestlichen
Haltung in Verlegenheit bringen, wenn gefordert wird, daß die Identifizierung mit
dem Westen eine indirekte Allianz mit dem gehaßten Deutschland bedeuten würde."[44]
Deshalb sei man mit dem Vorschlag „schlecht beraten". Er werde die schrittweise
Aufgabe der Haltung der „Nicht-Identifizierung" mit dem Westen zugunsten einer
offenen Ausrichtung der Regierung auf den Westen „nachteilig beeinflussen". Dies
zeigte, wie kritisch direkte Verhandlungen mit der Bundesrepublik für Israel waren.

Daneben gab es die wirtschaftlichen Überlegungen. Washington investierte Milliarden Dollar, um der deutschen Wirtschaft wieder auf die Beine zu helfen, und übte
eine strenge Kontrolle über die wirtschaftlichen Aktivitäten Westdeutschlands einschließlich des Geldmarkts, der Produktion und des Exports aus. Jeder einseitige
Export von Kapital oder Waren drohte die bisherigen Erfolge zu gefährden. Das in
Deutschland vorhandene freie Kapital war zudem für die Wiederbewaffnung und zur
Bezahlung der Besatzungskosten unerläßlich. Die Shilumim würden – so befürchteten die Amerikaner – letztendlich aus den Taschen des amerikanischen Steuerzahlers
bezahlt werden[45]. Die Israelis waren mit dieser Auffassung nicht einverstanden.
Bereits 1950, und 1951 noch viel nachdrücklicher, empörten sie sich darüber, daß die
deutsche Wirtschaft sich sichtbar erhole. Die Shilumim stellten keine unerträgliche

---

[41] Vgl. Richard Ford an den Außenminister, 27. 9. 1950, NA, RG 84, Box 2, 321.9 Germany.
[42] Vgl. Shabtai Rosen, Stellungnahme zur Drei-Mächte-Note vom 24. 10. 1950 betreffend die
   Beendigung des Kriegszustands mit Deutschland, November 1950, ISA, 344/15.
[43] Vgl. Acheson an McCloy, 28. 12. 1950, NA, RG 84, Box 2, 321.9 Germany.
[44] Ford an den Außenminister, 31. 12. 1950, NA, RG 84, Box 2, 321.9 Germany.
[45] Vgl. Memorandum über die Unterredung beim Besuch Ben Gurions, 8. 5. 1951, Harry S. Truman
   Library (HSTL), Independence, Missouri, USA, Acheson Papers, Box 66; Herlitz an die amerikanische Sektion, 18. 4. 1951, ISA, 2482/13; Herlitz an Eban, 18. 4. 1951, ISA, 344/18.

Belastung dar, denn der Lebensstandard im besiegten Deutschland sei beträchtlich höher als der der Opfer des Nationalsozialismus im Heiligen Land. Dies komme einer Perversion gleich. Die Deutschen sollten materielle Opfer bringen, wenn sie die moralische Rehabilitierung wünschten[46]. Jerusalem fügte hinzu, daß eine Globalentschädigung, selbst wenn sie letztlich aus den amerikanischen Taschen käme, immer noch Israels Bedarf nach direkter Hilfe aus den Vereinigten Staaten verringern würde[47].

Die USA weigerten sich, zugunsten der Shilumim tätig zu werden, obgleich Washington die Gerechtigkeit der israelischen Forderung anerkannte und sie moralisch unterstützte. Die Amerikaner wollten für die Israelis nicht die Kastanien aus dem Feuer holen: Im äußersten Fall waren sie bereit, Israel moralisch zu unterstützen und diplomatischen Druck auszuüben, aber nicht bevor die Israelis ihrerseits das Eis gebrochen und mit den Deutschen Kontakt aufgenommen hatten[48]. Mit anderen Worten: Auf die Israelis wurde nicht weniger Druck ausgeübt als auf die Deutschen. Die amerikanische Taktik, die gestärkte deutsche Position und der israelische Bedarf machten die komplexe Mischung aus, die zu den Shilumim führte. Washington war ein „ehrlicher Makler" und Israel mußte sich entweder fügen oder aufgeben. Nachdem sich Israel aber einmal dazu durchgerungen hatte, auf das amerikanische Ansinnen einzugehen, machte Washington Bonn wiederholt darauf aufmerksam, daß es positive Resultate sehen wolle. Washington intervenierte einerseits direkt und andererseits indirekt, über den Hohen Kommissar John J. McCloy[49]. So verdeutlichte Mendelsohns Mission trotz emotionaler und rationaler Hemmnisse die Wichtigkeit direkter Verhandlungen.

Wie gesagt war die offizielle israelische Haltung gegenüber direkten Gesprächen mit den Deutschen völlig ablehnend. Die gleiche Ablehnung fand sich bei den politischen Parteien, der Presse und in der öffentlichen Meinung. Das Außen- und Finanzministerium teilten diese Haltung. In diesen Ministerien und in der Jewish Agency gab es allerdings viele, die die Weisheit dieser Politik bezweifelten. Skeptiker gab es freilich nicht nur in Israel sondern auch im Ausland. Ein israelischer Diplomat verglich den Boykott mit dem, den die Araber gegenüber Israel durchführten, und fragte, wie man den einen verurteilen und den anderen selbst aufrechterhalten könne. Moshe Amir schlug als Advocatus Diaboli bereits im Mai 1949 in Brüssel direkte Verhandlungen bis hin zur Normalisierung der Beziehungen vor[50], und mit rasiermesserscharfer Logik kritisierte er die israelische Deutschlandpolitik, die im Stile eines Don Quichotte betrieben werde. Goldmann, der Präsident der World Zionist Organization und des World Jewish Congress, unterstützte die Skeptiker. Als ein Mann von

---

[46] Vgl. Horowitz an Eban, 4.5.1951, ISA, 344/15; David Horowitz, Wirtschaftliche Bedingungen in Deutschland und Zahlungen von Reparationen an Israel, 13.5.1951, ebd.

[47] Vgl. Ginzburg an Kaplan, 30.6.1951, ISA, 344/15.

[48] Vgl. Bericht über das Gespräch mit Jeoffrey Lewis vom Department of State, 26.7.1951, ISA, 2482/13; Unger an Keren, 9.7.1951, ISA, 344/15; Avigdor Dagan, Bemerkungen zum Aktionsprogramm bezüglich der Forderungen gegen Deutschland nach der negativen Antwort der USA, 24.7.1951, ISA 544/3.

[49] Vgl. Aussage von Seymour Rubin, 29.3.1971, HUJ; Herlitz an Shinnar, 3.6.1952, ISA, 2482/15.

[50] Vgl. Amir an Radi, 10.5.1949, ISA, 2417/4.

Welt, der vom israelischen Provinzialismus unberührt war, spielte Goldmann schon früh mit dem Gedanken, eine Annäherung an die Deutschen herbeizuführen. Sein Freund Noah Barou überzeugte Goldmann – direkte Verhandlungen vorausgesetzt – von der Machbarkeit der Shilumim[51]. Deutsche Staatsmänner wie Bundespräsident Theodor Heuss und Bundeskanzler Adenauer luden ihn wiederholt ein, aber er lehnte es ab, sie zu treffen, bevor Deutschland eine Erklärung über die „moralischen Reparationen" abgegeben habe. Auch solidarisierte er sich zumindest öffentlich mit der israelischen Politik[52]. Dieser Politiker der Jewish Agency erkannte, daß eine Zusammenarbeit mit dem israelischen Establishment für den Erfolg entscheidend war. Die Zusammenarbeit zwischen Goldmann und dem israelischen Außenminister Moshe Sharett wurde dann für den Erfolg des Shilumim wesentlich. Die beiden waren auf jüdischer Seite die führenden Köpfe des Projekts, und sie unterzeichneten schließlich auch das Luxemburger Abkommen.

Die israelische Überzeugung, daß Bonn unnachgiebig sein und sich weigern werde, für die Sünden der Vergangenheit zu büßen, stärkte die heimische Opposition. Der amerikanische Wunsch nach Beendigung des Kriegszustandes hielt die Israelis zudem dazu an, über die Beziehungen zu den beiden deutschen Staaten nachzudenken. In der Kabinettssitzung am 27. November 1950 schlug Ben Gurion vor, Deutschland nachträglich den Krieg für die Zeit vom 14. Mai 1948, dem Tag der Proklamation des israelischen Staates an zu erklären[53]. Das Außenministerium bemühte sich verzweifelt, die Sache abzuwenden. In einer eigenen Kabinettsvorlage schlug das Außenministerium die Entsendung einer ad-hoc Mission nach Deutschland vor, um alle anstehenden Fragen zu verhandeln. Die Regierung lehnte den Antrag ab und wies das Ministerium stattdessen an, eine Note mit der Shilumim-Forderung an die Vier Mächte zu richten.

Der Antrag des Außenministeriums spiegelt die Einstellung, die dort seit dem letzten Besuch Mendelsohns herrschte. Tatsächlich traf am 23. Juli 1950 der Konsul in Genf, Shmuel Tolkovsky, Adenauers Sekretär Ernst Ostermann[54], und Isachar Ben-Yacov vom Münchener Konsulat folgte Tolkovsky am 2. November 1950[55]. Die Israelis versuchten eine deutsche Antwort auf den Vorschlag Mendelsohns zu erhalten, wonach die Bundesrepublik Vorauszahlungen leisten sollte, die auf den Gesamtbetrag der israelischen Forderungen anzurechnen waren. Ein Bundestagsausschuß wies den Vorschlag aber zurück[56]. Offensichtlich mißachtete das israelische Außenministerium nunmehr die Boykottpolitik und suchte Kontakt mit Deutschland. Vermutlich wußte Adenauer von diesen israelischen Vorstößen und wünschte sie zu unterstützen. Das Angebot, Israel ein Krankenhaus zu liefern, könnte in diesen Zusammenhang gehören[57].

---

[51] Vgl. Aussage von Goldmann, 14.9.1961, HUJ.
[52] Vgl. Nahum Goldmann, Mein Leben als deutscher Jude, München u. Wien 1980, S. 378 f.; Avner an Livneh, 12.8.1951, ISA, 2539/2; Goldmann an Wollheim, 13.3.1950, CZA, Z 6/387.
[53] Vgl. Generaldirektor des Außenministeriums an den Justizminister, 27.12.1950, BGA, Correspondence.
[54] Vgl. Tolkovsky an Ostermann, 27.10.1950, ISA, 2417/1.
[55] Vgl. Ben-Yacov an Tolkovsky, 5. u. 13.11.1950, ISA, 534/4 a.
[56] Vgl. Ostermann an Tolkovsky, 10.1.1951, ISA, 2417/1.
[57] Vgl. Eastermann bei einem Treffen mit Lord Henderson, 11.1.1951, ISA, 2417/1.

Das Außenministerium war aus praktischen und politischen Gründen dafür, die israelische Deutschlandpolitik zu überdenken und zu revidieren. Der Aufmerksamkeit der Diplomaten war die wachsende Bedeutung der Bundesrepublik nicht entgangen. Zudem wurden die Diplomaten durch politisch-taktische Überlegung, die sich auf den Mittleren Osten bezog und auch Sorge vor einer deutschen Annäherung an die arabische Welt angespornt. Die Israelis vermuteten, daß das Zögern Washingtons, Shilumim zu unterstützen, gleichfalls mit dem Mittleren Osten zu tun hatte. Im Mittelpunkt des Interesses des Finanzministeriums standen dagegen mehr die wirtschaftlichen Probleme als die Sorge um das politische und militärische Überleben. Die wirtschaftliche Situation Israels war äußerst kritisch und das Finanzministerium suchte fieberhaft nach zusätzlichen Einnahmequellen. Infolge seiner Devisennot befand sich Israel am Rande der Zahlungsunfähigkeit. Deshalb war es kein Wunder, daß Kaplan und sein Staatssekretär David Horowitz lebhaft an Reparationen, Entschädigungen, Rückerstattung – „nennen Sie es, wie Sie wollen, so lange es Geld ist" – von Deutschland interessiert waren. Daß Horowitz für das Shilumim-Projekt eintrat, bewirkte, daß Ben-Gurion, Sharett und andere zumindest hinhörten[58]. Horowitz gehörte zu der israelischen Veteranenelite russisch-polnischer Herkunft, die den Yishuv beherrschte, und verfügte über beste Beziehungen zur Diplomatie. Der persönliche Einsatz von Horowitz, der die wirtschaftlichen Überlegungen teilte und seine Bekanntschaft mit wichtigen Persönlichkeiten in den Hauptstädten der Welt in den Dienst der Sache stellte, verlieh dem Shilumim-Projekt mehr Seriosität.

In der Zwischenzeit kam der deutsch-jüdische Bundestagsabgeordnete der SPD Jacob Altmaier mit Adenauer zusammen. Er hatte dabei den Segen seiner Partei, wenngleich er sie nicht repräsentierte. Im Anschluß daran nahm er Verbindung mit dem Münchner Konsulat auf[59]. Auf beiden Seiten agierend, arrangierte Altmaier ein geheimes Treffen zwischen Adenauer und den israelischen Vertretern. Da ein solches Treffen einen erneuten Bruch der etablierten Politik darstellte und obwohl Ben Gurion und Sharett das heimliche Treffen unterstützten, erfuhr die Öffentlichkeit davon erst nach Jahren. Horowitz traf Adenauer zusammen mit Maurice Fischer, dem israelischen Gesandten in Frankreich, am 6. Mai 1951 in Paris. Beide Seiten erinnerten sich später nur ungern an die Begegnung[60]. Horowitz, den das Andenken an ermordete Angehörige quälte, nahm den Kanzler hart an. Adenauer akzeptierte gleichwohl seine Forderung, eine Erklärung zu veröffentlichen, in der die nationalsozialistischen Taten verurteilt und ein materieller Beitrag zur Unterstützung der Überlebenden (ungefähr eine Milliarde Dollar) zugesagt werden sollte[61]. Zwei Tage nach der Begegnung in Paris besuchte Ben Gurion den amerikanischen Außenminister Dean Acheson. Gegenüber Acheson bezog sich Ben Gurion auf Adenauers Bereitschaft, Israel zu entschädigen. Acheson reagierte ziemlich heftig. Er sagte, daß er den

---

[58] Vgl. David Horowitz, In the Heart of Events, Tel Aviv 1975, S. 79–81; Tagebuch Ben Gurions, Eintrag v. 5. 2. 1951, BGA.

[59] Vgl. Livneh an Altmaier, 5. 3. 1951, Nachlaß Jacob Altmaier, Archiv der sozialen Demokratie, Bonn.

[60] Vgl. Aussage v. Isachar Ben-Yacov, 23. 7. 1987, BGA; David Horowitz, „Shilumim", Yedioth Achronoth, Tel Aviv, 15. 9. 1972; Felix E. Shinnar, Bericht eines Beauftragten, Die deutsch-israelischen Beziehungen 1951–1966, Tübingen 1967, S. 25.

[61] Vgl. Horowitz, In the Heart, S. 86–88.

Kanzler nicht verstehe. Solange Amerika für das deutsche Haushaltsdefizit auf-
komme, könne er Entschädigungszahlungen an Israel nicht unterstützen[62]. Auch
Adenauer entsann sich in seinen Erinnerungen an den Mißerfolg der ersten deutsch-
israelischen Begegnung, führte ihn aber auf die Einwände McCloys zurück[63]. Trotzdem war das erste Treffen nicht vergeblich. Es zeigte den Israelis, daß die Hindernisse
nicht alle „made in Germany" waren. Dafür erfuhr Adenauer aus erster Hand, wie
wichtig eine öffentliche Erklärung für die Befriedigung der jüdischen öffentlichen
Meinung war. Er beherzigte diese Lektion und gab am 27.September 1951 die
gewünschte Erklärung vor dem Bundestag ab.

Dem Treffen in Paris waren israelische Noten an die Großmächte vorangegangen.
In einer hochrangigen Besprechung hatte das Außenministerium zuvor eine Liste mit
Vorschlägen vorbereitet, die der Regierung zur Entscheidung vorgelegt wurden. Sie
sah vor, eine Note mit der formellen Forderung nach Shilumim an die Großmächte
zu senden und in direkte Gespräche mit Deutschland einzutreten (Entsendung einer
offiziellen Ad-hoc-Mission nach Bonn)[64]. In vier aufeinanderfolgenden Treffen diskutierte die Regierung die Vorlage des Außenministeriums (am 19.Oktober,
19.Dezember, 27.Dezember und 3.Januar 1951). Die Minister widersetzten sich
jedoch einer Öffnung gegenüber Deutschland[65], worüber die Beamten des Außenministeriums ziemlich enttäuscht waren. Die Politiker waren offenbar nicht nur unfähig,
Beschlüsse zu fassen, sondern sie erkannten nicht einmal die wirklichen Probleme
und schleppten sich mühsam durch die Verhandlungen. Am 3.Januar 1951 lehnte das
Kabinett es ab, den Kriegszustand mit Deutschland zu beenden und sandte stattdessen eine Note an die vier Großmächte, die die Shilumim-Forderung erhob. Die direkten Gespräche wurden folglich erst einmal zurückgestellt[66]. Am 9.Januar 1951 teilten
die israelischen Gesandten in Paris und London sowie der Botschafter in Washington
in getrennten Noten mit, daß „die außergewöhnlichen Umstände ihres Landes keine
Schritte gemäß den Vorschlägen", die die Westmächte in ihrer Note vom 24.Oktober
1950 gemacht hatten, rechtfertigten[67]. Die nächste Note Israels an die Vier Mächte
vom 16.Januar 1951 beschwerte sich über mangelnde Fortschritte bei der Fortent-
wicklung und Durchführung von Rückerstattung und Entschädigung[68].

In der Folge bereiteten Horowitz und Leo A.Cohen, ein hoch angesehenes Mitglied des Außenministeriums, eine neue Note an die Vier Mächte vor. Sie bestand aus
zwei Teilen, einem historischen und einem technischen. Der historische Teil zitierte
ausführlich das Nürnberger Urteil, während der technische Teil die israelische Forderung erklärte, rechtfertigte und in ihren Einzelheiten umriß. Es ging um die Kosten
für die Aufnahme und die Rehabilitierung einer halben Million Überlebender sowie
um die daraus folgenden wirtschaftlichen Belastungen. Die geschätzten Kosten betru-

---

[62] Siehe Anm. 45.
[63] Vgl. Konrad Adenauer, Erinnerungen, 1953–1955, Stuttgart 1966, S.133f.
[64] Vgl. Generaldirektor des Außenministeriums an den Secretary of the Government, 17.12.1950,
ISA, 2417/1.
[65] Vgl. Interview mit Walter Eytan, 23.7.1987, BGA.
[66] Vgl. Entscheidungen der Regierung, 5.1.1951, ISA, 2417/1; Eytan an Robinson, 9.1.1951, ebd.
[67] Vgl. Eytan an die Minister und den Botschafter, 9.1.1951, ISA, 344/16; Information Bulletin for
Israeli Missions Abroad, No.186, ISA, 2445/6.
[68] Vgl. Documents Relating to the Agreement, Dokument 3 u. 4, S.13–19.

gen einhalb Milliarden Dollar, die zwischen der Bundesrepublik (zwei Drittel) und der DDR (ein Drittel) aufgeteilt werden sollten. In der Note wurde die wirtschaftliche Fähigkeit der Bundesrepublik, die geforderte Summe aufzubringen, betont[69]. Das Dokument wurde gründlich diskutiert und redigiert und am 12. März 1951 Vertretern der Vier Mächte überreicht. Sharett legte die Note im Namen der Regierung am 13. März 1951 der Knesseth vor. Mehrere Tage lang debattierte man heftig darüber, bis ihr schließlich zugestimmt wurde[70].

Die Westmächte stimmten ihre Reaktion ab und antworteten am 5. Juli 1951. Die Antworten, die sich im Wortlauf unterschieden, waren nicht gänzlich negativ. Die Mächte erklärten, daß sie keine Handhabe besäßen, die Bundesregierung zu Entschädigungszahlungen an Israel zu verpflichten[71]. In mündlichen Mitteilungen rieten sie Israel, direkte Verhandlungen mit Bonn aufzunehmen. Die Sowjetunion antwortete gar nicht. Die Bundesregierung erfuhr von der israelischen Note aus der Presse. Vermutlich hatten die Westmächte ihr zuvor den Text zugänglich gemacht. Auf israelische Bitte hin blieben die Antwort-Noten unveröffentlicht[72]. Nun lief die Geheim-Diplomatie auf höchsten Touren. Die israelische Note eröffnete ein neues Stadium in der Shilumim-Frage.

Die Verhandlungen

Während der sechs Monate zwischen März und September 1951 konzentrierte sich das israelische Außenministerium darauf, die Mächte – vor allem die Vereinigten Staaten – davon zu überzeugen, daß die Bundesrepublik in der Lage sei, Shilumim zu bezahlen, und darauf, Wege nach Bonn zu ebnen. Gesandtschaften in den Hauptstädten der Westmächte und eine spezielle Abteilung für deutsche Angelegenheiten im Ministerium trugen die Hauptlast der Arbeit. Eliezer F. Shinnar, ein früherer Beamter des Finanzministeriums und deutscher Emigrant, leitete diese Abteilung seit ihrer offiziellen Einrichtung am 1. August 1951 und befaßte sich mit allen Angelegenheiten, die die deutschen Staaten betrafen[73]. Von ihm wurde auch erwartet, daß er die Jewish Agency aus den deutschen Angelegenheiten ausschaltete[74].

Jüdische Organisationen in den USA schlossen sich nun mit ihrer ganzen Macht der Aktion an. Jacob Blaustein, dem Präsidenten der American Jewish Conference, öffneten sich alle Türen im State Department, und er hatte sogar Zugang zum Weißen Haus. Blaustein, der gute Beziehungen zu McCloy, der Ölindustrie und den Banken besaß, war die Schlüsselfigur auf der amerikanischen Seite. In England spielte Alex Easterman, die Nummer Eins der britischen Abteilung des World Jewish Congress, die führende Rolle. Wenngleich Israel der Primus inter pares war, stellte die Shilumim-Kampagne eine universale jüdische Angelegenheit dar. Deutlichster Ausdruck der jüdischen Solidarität war die Claims Conference, die Ende 1951 gegründet

---

[69] Vgl. ebd., Dokument 5, S. 20–23.

[70] Vgl. Protokoll der Knesseth, Bd. VIII, S. 1320–23, S. 1438–44, S. 1547–61.

[71] Vgl. Documents Relating to the Agreement, Dokumente 10–12, S. 34–40.

[72] Vgl. Acheson an die US-Gesandtschaften in London, Paris, Frankfurt und Tel Aviv, 3.7. 1951, NA, 321.9 Germany, RG 84, Box 2.

[73] Vgl. Eytan an alle Gesandtschaften und Abteilungen, 8.7. 1951, ISA, 2417/2.

[74] Vgl. Avner an Livneh, 7.7. 1951, ISA, 534/4 a.

wurde. Diese Ad-hoc-Organisation diente als Partner Israels in den Verhandlungen mit der Bundesrepublik. Das deutsche organisierte Judentum bildete eine Ausnahme in der geeinten jüdischen Front. Es sah zwar den Vorteil eines konzentrierten jüdischen Handelns, aber dennoch fragte es sich, ob nicht eine direkte Verständigung mit bundesrepublikanischen Stellen vorteilhafter für seine unmittelbaren Interessen wäre. Das Münchner Konsulat, der World Jewish Congress und die Jewish Agency unternahmen große Anstrengungen, um das deutsche Judentum davon abzuhalten, isoliert vorzugehen. Auf diese Weise werde Bonn nur die Möglichkeit gegeben, die geeinte jüdische Front aufzubrechen[75].

In Deutschland war die Unterstützung für Adenauers Politik in der jüdischen Frage mit Ausnahme der SPD gering. Innerhalb seiner eigenen Partei, der CDU, gab es aus politischen, wirtschaftlichen und emotionalen Gründen lautstarke Opposition. Andere Parteien widerstrebten ihr noch mehr. Die jüdischen Vereinigungen waren sich der innerdeutschen Schwierigkeiten bewußt. Die Vereinigten Staaten wiederum unterstützten im Prinzip von Anfang an die Shilumim, doch sollte die eigentliche Zahlung auf den Sankt Nimmerleinstag verschoben werden, d.h. bis der Friedensvertrag unterzeichnet sein würde. Wie wir gesehen haben, wünschten sich die Westmächte und insbesondere die Vereinigten Staaten eine glückliche und zufriedene Bundesrepublik. Israels Forderung war dagegen lästig.

Die israelischen Diplomaten nahmen nun die Aufgabe in Angriff, die Vereinigten Staaten von der deutschen Zahlungsfähigkeit und der Notwendigkeit zu überzeugen, Druck auf Bonn auszuüben. Das Treffen zwischen Horowitz und Adenauer hatte den Israelis gezeigt, daß sie direkten Gesprächen mit den Deutschen nicht mehr ausweichen konnten. Washington, London und Paris hatten Israel zudem wiederholt auf die Notwendigkeit direkter Gespräche verwiesen[76]. Die israelische Öffentlichkeit besaß keine Kenntnis von dem, was hinter den Kulissen vorging. Die Mächte äußerten auch Bedenken über den Umfang der israelischen Forderung. Obwohl sie der von Israel aufgemachten Rechnung trauten, meinten sie, daß Jerusalem mit einer symbolischen Zahlung zufrieden sein und die endgültige Regelung auf spätere Zeiten verschieben sollte[77].

Um diesen Argumenten zu begegnen, studierte Israel die deutsche Volkswirtschaft. Washington ermunterte es sogar dazu, dies zu tun[78]. Als Jerusalemer Ökonomen eine ziemlich frühe Zahlungsfähigkeit der deutschen Wirtschaft voraussagten[79], begannen sie sich auch zu fragen, weshalb diese ganze Forschung überhaupt notwendig sei. Schließlich waren die amerikanischen Daten doch verläßlicher als die israelischen. Horowitz erstellte ein Memorandum, in dem er in diesem Sinne argumentierte und betonte, daß Deutschland im übrigen moralisch verpflichtet sei, ohne Rücksicht auf

---

[75] Vgl. Landauer an Gerling, 25.6. 1951, CZA, S 35/198.
[76] Vgl. Comey an Elath, 21.5. 1951, ISA, 534/3; Ferencz an Rock, 12.7. 1951, CZA, S 35/84; Department of State an die US-Gesandtschaft Tel Aviv, 9.7. 1951, NA, RG 84, Box 2, 321.9 Germany.
[77] Siehe z.B. Ginzburg an Kaplan, 30.6. 1951, Bericht über Gespräche mit dem stellvertretenden Hohen Kommissar Buttenwieser, ISA, 344/15.
[78] Vgl. Avner an Herlitz, 15.8. 1951, ISA, 534/4b; Rosen an Eytan, 20.8. 1951, ISA 344/15; Protokoll der Besprechung im Ministerium v. 10.9. 1951, ISA, 534/3.
[79] Vgl. Horowitz, In the Heart, S. 82; Telefongespräch des Autors mit Dr. Fany Ginor, 10.7. 1987.

seine jeweilige wirtschaftliche Lage zu zahlen. Erneut verwies er auf den hohen Lebensstandard in der Bundesrepublik[80]. Auf einer Besprechung auf höchster Ebene in Sharetts Haus am 22.Juni 1951 wurde die israelische Strategie festgelegt. Die Argumente von Horowitz wurden das Zentrum dieser Strategie. Die Diplomaten spürten allmählich, daß ihre Argumentation die andere Seite erreichte.

Am 6.März 1951 übernahm Bonn die Verpflichtung gegenüber den Alliierten, die Schulden des Deutschen Reichs zurückzuzahlen[81]. Die Israelis befanden, daß das Schuldenanerkenntnis auch den Holocaust einschloß. Folglich stützten Israel und die Juden sich darauf für die rechtliche Begründung der Forderungen nach Rückerstattung, Entschädigung und Rehabilitierung, die Bonn gegenüber geltend gemacht wurden. Daß Israel sich um die Teilnahme an der Londoner Schuldenkonferenz bewarb, die für 1952 vorbereitet wurde, ließ sich als ein öffentliches Zeichen für den Wandel im Denken Jerusalems interpretieren[82]. In Israel wurde viel darüber nachgedacht, ob und wie Israelis an der Konferenz teilnehmen könnten, und man änderte seinen Standpunkt mehrfach. Es bestand der Wunsch, den Charakter der jüdischen Forderungen als sui generis zu erhalten und ihren moralischen Vorrang gegenüber den kommerziellen Schulden hervorzuheben. Deutschland schuldete den Juden Geld, betonte Israel, und es sollte vor anderen Schulden und getrennt von ihnen bezahlt werden[83].

Israel stieß auf diese Weise nicht nur mit den kommerziellen Gläubigern Deutschlands zusammen, sondern stieß auch auf die Globalisierungsformel, die von den jüdischen Organisationen vertreten wurde. Die Frage war: Konnten sowohl das jüdische Volk als auch Israel eine kollektive Entschädigung anstreben? Konnten also zugleich eine globale Zahlung für erbenloses Eigentum *und* die Shilumim gefordert werden? Die Londoner Schuldenkonferenz veranlaßte die jüdischen Organisationen bereits sehr aktiv zu werden, und mit der Errichtung der Claims Conference wurde die Angelegenheit immer dringlicher.

Ein wegen seiner moralischen Bedeutung bezeichnender Zwischenfall ereignete sich auf der Versammlung der Internationalen Parlamentarier-Union im September 1951 in Konstantinopel. Hier griffen die Israelis die deutsche Delegation heftig an, stimmten aber danach einem Zusammentreffen mit den Deutschen zu. Bei diesem Treffen versprachen die deutschen Teilnehmer, sich für eine deutsche öffentliche Erklärung einzusetzen, die Anschluß an den Geist früherer Ausarbeitungen suchen sollte[84]. Tatsächlich bereitete Adenauer bereits eine solche Erklärung vor, die während der jüdischen hohen Feiertage des Jahres 5711 (Herbst 1951) verlesen werden sollte. Er konsultierte israelische Stellen und Goldmann. Adenauers Büro akzeptierte einen Teil der vorgeschlagenen Änderungen[85]. Die Änderungen, die in den Entwurf eingeführt wurden, signalisierten die Bedeutung, die diese Erklärung für die Bemühungen

[80] Vgl. Horowitz an Sharett, 29.7. 1951, ISA, 344/5.
[81] Vgl. Adenauer an den Vorsitzenden der Alliierten Hohen Kommission, 6.3. 1951, ISA, 344/15.
[82] Vgl. Avner an Livneh, 6.6. 1951, ISA, 533/11 a; N.B.Stevens an den Botschafter in London, 27.6. 1951, ebd.
[83] Vgl. Shinnar an Keren, 24.1. 1952, ISA, 2417/4.
[84] Vgl. The Knesseth Archives, Jerusalem, Box 10, File 6604.
[85] Vgl. Eytan an Livneh, 26.9. 1951, ISA, 344/20; Fischer an Avner, 26.9. 1951, ISA, 2539/2; Tagebuch Ben Gurions, Eintrag v. 25.9. 1951, BGA.

um die öffentliche Meinung besaß. Jedenfalls war mit dieser Erklärung die Phase der Verhandlungen in den Hauptstädten der Welt vorüber. Nachdem Bonn erst einmal die Zahlungsverpflichtung öffentlich anerkannt und die Absicht erklärt hatte, dieser auch nachzukommen, und sich offen zu der Verantwortung für die Nazi-Verbrechen bekannt hatte, ging es nicht mehr um das „Ob" und „Warum", sondern um das „Wann" und „Wie". Nach dem September 1951 verhandelten die beiden Seiten über administrative Details der künftigen Konferenz, die dann schließlich im März 1952 in Wassenaar, Holland, zustande kam.

Dieser Beitrag wollte in stark gedrängter Form die Entwicklung des jüdischen und israelischen Denkens und Handelns im Bereich der Shilumim in der Zeit vom September 1939 bis September 1951 darstellen. Daraus lassen sich fünf Schlußfolgerungen ziehen:

1. Die jüdische Forderung nach kollektiver Entschädigung wurde seit Beginn des Krieges erhoben.

2. Nach dem Krieg forderten die Juden von Deutschland sowohl moralische als auch materielle Rehabilitierung.

3. Die Westmächte bezweifelten die Zahlungsfähigkeit der Bundesrepublik, obgleich sie im Prinzip die Berechtigung der israelischen und jüdischen Forderungen anerkannten.

4. Verschiedene aufeinanderfolgende Gesten der deutschen Seite, vor allem das aktive Eingreifen Adenauers, ebneten den Weg zu den Shilumim. Der Bundeskanzler überzeugte die Israelis und die Juden davon, daß Deutschland sich vorwärts bewegen wollte, und half in der Folge bei der Beseitigung der Einwände der Westmächte.

5. Die Israelis mußten emotionale Hemmungen überwinden, bevor sie sich mit den Deutschen an einen gemeinsamen Tisch setzten. Pragmatisches Denken und die wirtschaftlichen Zwänge, in denen Israel sich befand, besiegten schließlich die emotionalen Hemmungen.

Die Tragödie des Holocaust konnte nicht durch Geld wiedergutgemacht werden. Das war die israelische Überzeugung vor und nach September 1951. Die Shilumim zielten in jüdischen Augen auf die Rehabilitierung der Opfer des Nationalsozialismus sowie auf ein Symbol, das aus dem Vermögen, welches die Nazis in ganz Europa zusammengeraubt hatten, geformt werden sollte.

Rudolf Huhn

Die Wiedergutmachungsverhandlungen in Wassenaar

Die Voraussetzungen

Im Vordergrund der Verhandlungen, die von März bis August 1952 zwischen den Delegationen der Bundesrepublik Deutschland, Israels und der Claims Conference in dem kleinen niederländischen Ort Wassenaar (nahe Den Haag) geführt wurden, stand der Komplex der globalen Wiedergutmachung für das Judentum*. Die Thematisierung dieses Teilbereichs der materiellen Wiedergutmachung war notwendig, da sich das bis dahin in erster Linie entwickelte System der gesetzlichen Individualwiedergutmachung (Rückerstattung und Entschädigung) zunehmend als ein unzureichendes und unangemessenes Instrument erwies, um dem den Juden angetanen Unrecht auch nur annähernd gerecht zu werden:

Die Schäden, die der jüdischen Bevölkerung Europas durch die Massenvernichtungs- und Beraubungsaktionen des NS-Regimes zugefügt worden waren, ließen sich damit häufig nicht erfassen, da oftmals ganze Gemeinden, d. h. neben den Geschädigten auch deren Rechtsnachfolger ermordet worden waren. Ferner blieben die Hauptleidtragenden der NS-Maßnahmen, die osteuropäischen Juden, aufgrund der territorialen Beschränkung der Rückerstattungs- und Entschädigungsgesetzgebung auf Deutschland völlig unberücksichtigt. Vor allem jedoch verschaffte die bestehende Individualwiedergutmachung den vertriebenen Verfolgungsopfern keinerlei Entschädigung für ihren primären Schaden, die gesellschaftliche und soziale Entwurzelung.

Diese Rehabilitierungskosten legte die israelische Regierung in ihrer Note vom 12. März 1951 an die vier Siegermächte ihrem globalen Wiedergutmachungsanspruch gegenüber Deutschland zugrunde. Für die Integration von ca. 500 000 jüdischen Flüchtlingen, die zwischen 1933 und 1951 aus Deutschland und dem ehemals nationalsozialistischen Herrschaftsbereich nach Palästina bzw. Israel gelangt waren, forderte sie 1,5 Milliarden Dollar, eine Milliarde von der Bundesrepublik, den Rest von der DDR[1].

---

* Die Problematik der Wassenaar-Verhandlungen kann im Rahmen dieses Aufsatzes lediglich skizziert werden. Die Vorgeschichte der Verhandlungen, deren Ablauf bis zur Unterzeichnung des Luxemburger Abkommens sowie die in erster Linie durch die arabischen Proteste bedingte Verzögerung der Ratifikation des Israelvertrags wird detailliert in meiner 1988 erscheinenden Dissertation behandelt.

[1] Abdruck der Note u. a. in: State of Israel, Documents relating to the Agreement between the Government of Israel and the Government of the Federal Republic of Germany, Jerusalem 1953, S. 20–24.

Die Reaktion der Westalliierten – die Sowjetunion hat die israelische Note bis auf den heutigen Tag nicht beantwortet – war überaus reserviert. Dem Mitte April 1951 nach Washington, London und Paris entsandten Staatssekretär des israelischen Finanzministeriums David Horowitz, wurde mitgeteilt, daß das Pariser Reparationsabkommen von 1946 die Westmächte daran hindere, Deutschland weitere Reparationen aufzuerlegen. Überdies stehe die angesichts des geplanten deutschen Verteidigungsbeitrages und der alliierten Besatzungskosten ohnehin schwierige ökonomische Situation der Bundesrepublik einer Befriedigung des israelischen Anspruchs entgegen. Der Unterstaatssekretär im britischen Foreign Office, Lord Henderson, betonte jedoch zugleich, seine Regierung würde es durchaus begrüßen, wenn das zweifellos moralisch in der Pflicht stehende Deutschland von sich aus einen Beitrag zur materiellen Wiedergutmachung leiste[2].

Nachdem die Westmächte es abgelehnt hatten, unmittelbaren Druck auf die Bundesregierung auszuüben, blieb Israel – wollte es nicht von vornherein auf seine Forderung verzichten – nichts anderes übrig, als die emotional höchst schwierige direkte Kontaktaufnahme mit dem „Volk der Mörder" zu forcieren. Ein erstes Treffen zwischen Horowitz und Adenauer in Paris blieb indes ohne Ergebnis. Adenauer signalisierte hier zwar seine Einsicht in die Notwendigkeit einer kollektiven Entschädigung für Israel, verwies aber gleichzeitig darauf, daß Leistungen an Israel nur mit Zustimmung der Vereinigten Staaten möglich seien[3].

So befand sich die israelische Regierung in einem Dilemma: Einerseits hatten die drei Westmächte eine offizielle Vorstellung in Bonn abgelehnt, andererseits wollte Adenauer ohne Billigung der Amerikaner nichts unternehmen. Erst im Juni 1951 gelang es den Israelis, einen Ausweg aus dieser verfahrenen Situation zu finden. Auf entsprechende Bitten erhielten sie im Washingtoner State Department am 29. Juni 1951 die Zusage, daß die Bundesregierung von den untereinander abgestimmten, im Grundtenor negativen alliierten Antwortnoten auf die israelische Märznote keine Kenntnis erhalten werde, um eine „freiwillige Aktion" nicht zu behindern[4]. Dem israelischen Botschafter in den Vereinigten Staaten, Abba Eban, war es kurz zuvor in einer Unterredung mit dem amerikanischen Hohen Kommissar in Deutschland, John McCloy, geglückt, diese „freiwillige Aktion" entscheidend und wahrscheinlich ausschlaggebend zu fördern. McCloy versicherte Eban, alles in seiner Macht stehende zu tun, damit die Bundesregierung eine Erklärung abgebe, die die israelische Regierung in die Lage versetze, Wiedergutmachungsverhandlungen mit der Bundesrepublik zu eröffnen[5]. In den folgenden Wochen drängte McCloy Adenauer mehrfach zur Abgabe einer solchen Regierungserklärung[6]. Der Bundeskanzler, der den Eindruck gewann, daß die USA am baldigen Beginn bilateraler deutsch-israelischer Verhand-

---

[2] Vgl. Foreign Relations of the United States (FRUS) 1951, Volume V: The Near East and Africa, Washington 1982, S. 630 f.; Aufzeichnung des Gesprächs zwischen Horowitz und Henderson am 18. 4. 1951 in: Public Record Office (PRO) / Foreign Office (FO) 371/93 515.

[3] Notiz vom 5. 7. 1951 betr. Kontaktaufnahme zwischen Horowitz und Adenauer im April 1951 in PRO/FO 371/93 516; FRUS 1951 V, S. 669 u. 741 f.

[4] FRUS 1951 V, S. 741.

[5] Depesche der britischen Gesandtschaft in Tel Aviv an das Foreign Office vom 17. 9. 1951 in PRO/FO 371/93 455.

[6] Ebenda.

lungen stark interessiert seien, reaktivierte nunmehr über seinen engen Berater und Leiter der Politischen Abteilung des Auswärtigen Amtes, Herbert Blankenhorn, die Kontakte, die dieser bereits im Frühjahr 1950 zu dem Vorsitzenden der europäischen Sektion des jüdischen Weltkongresses, Noah Barou, geknüpft hatte. Aufgrund der mangelnden Bereitschaft der Bundesrepublik, den jüdischen Wünschen entgegenzukommen, und der offensichtlichen Hoffnung der jüdischen Seite, Deutschland über die Alliierten direkt zu Zahlungen an Israel und das Judentum zwingen zu können, war diese Fühlungnahme damals ohne konkrete Ergebnisse geblieben[7].

Die wiederbelebten geheimen Gespräche zwischen Blankenhorn und Barou über Form, Inhalt und Wortwahl der Regierungserklärung, die Adenauer vor dem Bundestag abgeben sollte, zogen sich wegen der gegensätzlichen Standpunkte in die Länge. Obwohl die Israelis erneut in Washington um aktive Einflußnahme auf die Formulierung der Erklärung nachsuchten und McCloy mit Textänderungsvorschlägen in die Besprechungen eingriff, kam es erst Anfang September 1951 zur Einigung. Zuvor hatte der jüdische SPD-Bundestagsabgeordnete Jakob Altmaier auf Bitten Adenauers und Blankenhorns in Paris mit dem Präsidenten des jüdischen Weltkongresses, Nahum Goldmann, Barou sowie dem israelischen Geschäftsträger in Paris, Maurice Fischer, eine neuerliche Fassung ausgehandelt. Diese wurde dann mit geringfügigen Änderungen am 26. September 1951 vom Bundeskabinett gebilligt[8].

Wie die einen Tag darauf von Adenauer im Bundestag verlesene Erklärung zeigte, hatte die israelisch-jüdische Seite vor allem auf die Kollektivschuldthese verzichten müssen. Der Bundeskanzler verwies lediglich auf die unaussprechlichen Verbrechen, die im Namen des deutschen Volkes an den Juden begangen worden waren und aus denen sich die Pflicht zur moralischen und materiellen Wiedergutmachung ergebe. Weiter sprach Adenauer eine Einladung an die Repräsentanten des Judentums und Israels aus, mit der Bundesregierung „eine Lösung des materiellen Wiedergutmachungsproblems herbeizuführen"[9].

Das bundesdeutsche Angebot direkter Verhandlungen wurde in der israelischen

---

[7] Vgl. Bundesarchiv Koblenz (BA), NL Pünder 630, Bl. 104–107 sowie die Tagebucheintragungen Blankenhorns vom 4. u. 28. 4. 1950 in BA, NL Blankenhorn 3 u. 5. Zu den Kontakten 1950 ausführlicher: Kai von Jena, Versöhnung mit Israel? Die deutsch-israelischen Verhandlungen bis zum Wiedergutmachungsabkommen von 1952, in: Vierteljahrshefte für Zeitgeschichte (VfZ) 34 (1986), S. 461 f.

[8] Obwohl der von Blankenhorn verfaßte erste Entwurf der Regierungserklärung vom Juli 1951 bereits von Kai von Jena, a. a. O., S. 463, eingesehen und dargestellt wurde, hält das Auswärtige Amt (AA) diese sowie weitere Entwurffassungen, die Textänderungsanregungen des amerikanischen Hohen Kommissars und der Bundestagsparteien in AA, Büro Staatssekretäre, Bd. 1, nach wie vor – unverständlicherweise – unter Verschluß. Vgl. zu den Entwürfen der Endphase der Besprechungen: Blankenhorn-Tagebuch vom 6. 9. 1951 in BA, NL Blankenhorn 7; Anlage des Schreibens von Brentano an Schmid vom 14. 9. 1951 in Archiv der sozialen Demokratie (AdsD) / NL C. Schmid 1214; Schreiben von Eastermann an Henderson vom 26. 9. 1951 in PRO/FO 371/93 455. Zur israelischen Vorstellung in Washington: Depesche der britischen Gesandtschaft in Tel Aviv an das Foreign Office vom 17. 9. 1951 in PRO/FO 371/93 455. Vermittlung Altmaiers: Aufzeichnung Altmaiers vom 5. 5. 1959 in AdsD/NL Altmaier 1. Billigung des Bundeskabinetts: Die Kabinettsprotokolle der Bundesregierung, Bd. 4, 1951, bearbeitet von Ursula Hüllbüsch, Boppard 1988, S. 662.

[9] Vgl. Verhandlungen des Deutschen Bundestages, 1. Wahlperiode, Stenographische Berichte Bd. 9, Bonn 1951, S. 6697 ff.

Öffentlichkeit kühl und mit großer Skepsis aufgenommen[10]. Es kam zu hitzigen Diskussionen. Goldmann, der erkannte, daß die israelische Regierung die Stärke der Ablehnungsfront unterschätzt hatte und deshalb vorübergehend nicht aktiv auf die letztlich selbst inszenierte Adenauer-Offerte eingehen konnte, ergriff schließlich die Initiative. Nachdem er Ende Oktober 1951 in New York zum Vorsitzenden der Conference on Jewish Material Claims against Germany gewählt worden war[11], arrangierte er nach vorheriger Absprache mit Premierminister Ben Gurion ein geheimes Treffen mit Adenauer am 6. Dezember 1951 in London.

Obwohl Goldmann und auch Blankenhorn die Erfolgsaussichten zuvor als nur gering eingestuft hatten, billigte Adenauer hier schriftlich und ohne Rücksprache mit dem Bundeskabinett die Bitte des Vorsitzenden der Claims Conference, die israelische Märznote als Verhandlungsbasis zu akzeptieren, da Ben Gurion die Knesseth sonst nicht um Erlaubnis zum Beginn formeller Verhandlungen ersuchen könne. In dem von Goldmann erbetenen Schreiben bezeichnete der Bundeskanzler ferner die Wiedergutmachung als „Ehrenpflicht des deutschen Volkes" und betonte, daß die angestrebten materiellen Leistungen an Israel in Form von Warenlieferungen vonstatten gehen sollten[12].

Nach diesem neuerlichen Entgegenkommen Adenauers gelang es Ben Gurion am 9. Januar 1952 in einer erregten Debatte des israelischen Parlaments, seinen Antrag auf direkte Verhandlungen durchzusetzen. Allem Anschein nach stand damit dem Verhandlungsbeginn nichts mehr im Wege.

Die erste Verhandlungsphase

Trotz der Absichtserklärungen Adenauers vom September und Dezember 1951 wurden auf deutscher Seite bis zum Februar 1952 keine Vorbereitungen für die Wiedergutmachungskonferenz getroffen. Die ersten Ressortbesprechungen zu diesem Thema am 6. und 21. Februar 1952[13] zeigten, daß der Bundeskanzler bei seinen Zusagen einen wesentlichen Aspekt unberücksichtigt gelassen hatte: Ende Februar 1952 sollten im Londoner Lancaster House die Verhandlungen über Höhe und Begleichung der deutschen Vor- und Nachkriegsschulden zwischen der Delegation der

[10] Vgl. zum Folgenden vor allem Nana Sagi, Wiedergutmachung für Israel, Stuttgart 1981, S. 78–87 und Nahum Goldmann, Mein Leben als deutscher Jude, München 1980, S. 379–387. Unterlagen u. a. in PRO/FO 371/93 455, 93 456 u. 93 511 und FRUS 1951 V, S. 935, 939, 940, 948 f.

[11] 22 jüdische Organisationen aus Argentinien, Australien, England, Frankreich, Kanada, Südafrika und den USA sandten Vertreter zur konstituierenden Sitzung am 26. Oktober 1951. Die Claims Conference setzte sich zum Ziel, sowohl Israels Anspruch zu unterstützen als auch selbst eine globale Entschädigung für die Integration von Juden außerhalb Israels zu fordern.

[12] Brief Adenauers an Goldmann v. 6. 12. 1951, veröffentlicht u. a. bei Rolf Vogel (Hrsg.), Deutschlands Weg nach Israel, Stuttgart 1967, S. 39. Vgl. die Tagebucheintragungen Blankenhorns vom 5. u. 6. 12. 1951 in BA, NL Blankenhorn 9, die Aufzeichnung des Gesprächs vom 6.12.1951 zwischen Eden, Kirkpatrick, Roberts, Adenauer, Blankenhorn und Schlange-Schöningen in PRO/FO 371/93 456 sowie Goldmann, a. a. O., S. 382 ff. und Konrad Adenauer, Erinnerungen II, Stuttgart 1966, S. 137 ff.

[13] Aufzeichnungen über diese interministeriellen Besprechungen in BA, NL Blankenhorn 17; BA, Bestand Bundeswirtschaftsministerium B 102/58 955 und 6973; BA, Bestand Bundeskanzleramt B 136/1127 sowie AA II 244-13, Bd. 1.

Bundesrepublik unter Hermann Josef Abs, Abordnungen der Westmächte und der übrigen Gläubigerstaaten beginnen. Was den Komplex der Nachkriegsschulden anging, so hatte sich die Bundesregierung bereits in einem Schreiben an die Hohen Kommissare vom 6. März 1951 bereit erklärt, „den Verpflichtungen aus der Wirtschaftshilfe gegenüber allen anderen ausländischen Forderungen gegen Deutschland oder deutsche Staatsangehörige Vorrang einzuräumen."[14] Unabhängig von der Tatsache, daß dieser Brief in offenkundigem Widerspruch zur Regierungserklärung vom 27. September 1951 stand, argumentierten nun – im Februar 1952 – vor allem die Vertreter des Bundeswirtschaftsministeriums und der Bank Deutscher Länder, daß angesichts der begrenzten deutschen Aufbringungs- und Transferfähigkeit die Möglichkeit von Leistungszusagen gegenüber Israel nicht zuletzt von der Bereitwilligkeit der Londoner Gläubigerstaaten abhinge, ihre Forderungen gegen Deutschland zu reduzieren[15].

Psychologisch ungünstig wirkte sich in dieser prekären Lage zusätzlich das Faktum aus, daß Adenauer Finanzminister Fritz Schäffer (und das Bundeskabinett) in irreführender Weise über sein Treffen mit Nahum Goldmann Anfang Dezember in London informiert hatte[16]. Da das Finanzministerium von der Zusage Adenauers, die israelische Märznote als Verhandlungsbasis zu akzeptieren, lediglich aus der Presse erfahren hatte, weigerte es sich, zu den Ressortbesprechungen im Februar Vertreter zu entsenden. Kurz und bündig verwies es darauf, daß es sich bei eventuellen Leistungen an Israel in erster Linie um ein Problem der inneren Aufbringungsfähigkeit handele, wofür die Stellungnahme des Bundesfinanzministeriums schlechthin ausschlaggebend sei[17]. In der Kabinettssitzung vom 26. Februar 1952 wandte sich Schäffer – obwohl die Entscheidung schon gefallen war – grundsätzlich gegen die bevorstehenden Verhandlungen mit Israel und der Claims Conference, „weil es unmöglich sein wird, die hochgespannten Erwartungen des Weltjudentums zu erfüllen (insbesondere neben dem Verteidigungsbeitrag, der schon voraussichtlich ohne fremde Hilfe nicht geleistet werden kann)"[18]. Seinem Staatssekretär Hartmann teilte er einen Tag später mit, daß im Falle der Verhandlungsaufnahme die Delegationsmitglieder des Finanzministe-

[14] Brief vom 6. 3. 1951 veröffentlicht u. a. bei: Hans-Peter Schwarz (Hrsg.), Rhöndorfer Gespräche Bd. 4: Die Wiederherstellung des deutschen Kredits. Das Londoner Schuldenabkommen, Stuttgart/Zürich 1982, S. 18 ff.

[15] Vgl. Anm. 13.

[16] Aufzeichnung Schäffers für Staatssekretär Hartmann über die 193. Sitzung des Bundeskabinetts am 18. 12. 1951 in BA, NL Schäffer 33: „Bei dieser Gelegenheit berichtet der Herr Bundeskanzler, daß er in London von einem Herrn Goldstein angesprochen worden sei, der ihm vorgetragen habe, daß das Judentum unter Hitler insbesondere in den besetzten Gebieten so stark habe leiden müssen. Er habe daraufhin erklärt, daß er ja schon eine Erklärung im Bundestag abgegeben habe und daß der Wunsch des Staates Israel, durch Warenlieferungen eine Art Wiedergutmachung an notleidende Juden zu erhalten, geprüft wird." Schäffer notierte statt Goldmann versehentlich „Goldstein". Vgl. dazu auch die Aufzeichnung Seebohms über diese Kabinettssitzung in BA, NL Seebohm 7 a.

[17] Schreiben von Hartmann an das Bundeswirtschaftsministerium vom 8.2. 1952 in BA, B 102/7017, Heft 1 sowie die Briefe des Staatssekretärs vom 18.2. an seine Amtskollegen im AA und BWM in AA II 244-13, Bd. 1 und BA, B 102/7019, Heft 1.

[18] Aufzeichnung Schäffers für Hartmann vom 27.2. 1952 über die 204. Sitzung des Bundeskabinetts am 26. 2. 1952 in BA, NL Schäffer 33.

riums äußerste Zurückhaltung wahren und sich zuerst die entsprechenden Weisungen bei ihm (Schäffer) holen müßten[19].

Inzwischen war auf Vorschlag des Staatssekretärs im Auswärtigen Amt, Walter Hallstein, der Frankfurter Professor für Bürgerliches, Handels- und Wirtschaftsrecht, Franz Böhm, zum Leiter der deutschen Delegation für die Wiedergutmachungsverhandlungen bestimmt worden. 1938 wegen seiner Kritik an der nationalsozialistischen Judenpolitik vorerst vom Dienst suspendiert, war Böhm 1940 die Lehrbefugnis entzogen worden. Nach dem Krieg kurzzeitig Kultusminister in Hessen wurde er 1946 zum Dekan der Juristischen Fakultät, ab 1948 dann zum Rektor der Frankfurter Universität gewählt. Die Berufung Böhms wurde in jüdischen Kreisen sehr begrüßt[20]. Die wenig später vollzogene Ernennung des ebenfalls auf jüdischer Seite hoch angesehenen Staatsbeauftragten für Wiedergutmachung in Baden-Württemberg, Otto Küster, zum stellvertretenden Delegationsleiter erfolgte nach einem entsprechenden Hinweis von Nahum Goldmann[21]. Küster war 1933 aus seinem Richteramt in Stuttgart entlassen worden und hatte sich seither als Rechtsanwalt betätigt.

Konrad Adenauer, dem nach den Einwänden der Ressorts allmählich bewußt wurde, daß er die Bundesrepublik durch die Parallelität von Londoner Schuldenverhandlungen und Wiedergutmachungskonferenz in eine überaus schwierige und heikle Position manövriert hatte, instruierte den bisher mit den Sachzusammenhängen noch nicht vertrauten und deshalb überraschten Böhm am 21. Februar 1952, die Israelverhandlungen solange hinhaltend zu führen, bis der Verlauf der Londoner Konferenz für die bundesdeutsche Seite absehbar sei[22]. Die konkrete Strategie für beide Verhandlungskomplexe ließ sich der Bundeskanzler Anfang März von dem von ihm hoch geschätzten Leiter der deutschen Delegation in London, Hermann Josef Abs, erläutern[23]. Im Falle sofortiger deutscher Zusagen gegenüber Israel und der Claims Conference – so führte Abs aus – werde die in London erstrebte Reduzierung der deutschen Vor- und Nachkriegsschulden zunichte gemacht und die dortige Konferenz letztlich scheitern. Mithin dürfe die deutsche Delegation in Wassenaar in einer ersten Verhandlungsphase zunächst nur die israelisch-jüdischen Forderungen entgegennehmen und sie dem Grund und der Höhe nach überprüfen. Daraufhin müsse die Bundesregierung in Kenntnis des bis zu diesem Zeitpunkt wohl in groben Zügen voraussehbaren Ergebnisses der Londoner Verhandlungen ihr Angebot an Israel und die Claims Conference formulieren, das dann in einer zweiten Verhandlungsphase hinsichtlich der Modalitäten (Devisen- oder Warenleistungen, Zusammensetzung der Warenlieferungen, Erfüllungszeitraum etc.) erneut zu erörtern sei.

Demgegenüber wies Blankenhorn Adenauer darauf hin, daß die von Abs vorge-

[19] Ebenda.
[20] Aufzeichnung Bökers für Hallstein und Adenauer vom 17. 2. 1952 in AA II 244-13, Bd. 1.
[21] Aufzeichnung Bökers für Hallstein vom 3. 3. 1952, ebenda.
[22] Franz Böhm, Das deutsch-israelische Abkommen 1952, in: Dieter Blumenwitz/Klaus Gotto u. a., Konrad Adenauer und seine Zeit, Stuttgart 1976, Bd. 1, S. 448; Schreiben Böhms an Hallstein vom 8. 3. 1952 in BA, NL Blankenhorn 17.
[23] Vgl. den Vermerk Vogels vom 7. 3. 1952 über das Gespräch zwischen Abs und Adenauer am 6. 3. 1952 in BA, B 102/6973 Heft 2; Aufzeichnung Froweins über die interministerielle Besprechung vom 8. 3. 1952, Telegrammwechsel zwischen Adenauer und Abs Mitte März 1952 in BA, NL Blankenhorn 17; Hermann Josef Abs, Konrad Adenauer und die Wirtschaftspolitik der fünfziger Jahre, in: Blumenwitz/Gotto u. a., a. a. O., S. 239 f.

schlagene abwartende Haltung die Gefahr politischer Rückschläge in sich berge, zumal Goldmann nach den Gesprächen mit dem Bundeskanzler offensichtlich erwarte, daß die Bundesrepublik bereits unmittelbar nach Verhandlungsbeginn Warenlieferungen aufnehme, die später auf die anerkannte Gesamtschuld angerechnet werden könnten[24]. Ungeachtet dieser Bedenken des für die Wiedergutmachungsverhandlungen federführenden Auswärtigen Amtes sanktionierte Adenauer – wohl nicht zuletzt, weil die Abs-Darlegungen auch den Beifall des Finanzministeriums fanden[25] – die methodischen Vorstellungen des deutschen Delegationsleiters in London. Der Bundeskanzler bat Abs, Goldmann noch vor der für den 21. März in Wassenaar anberaumten Verhandlungsaufnahme von der nach Ansicht der Bundesregierung notwendigen Phaseneinteilung der Wiedergutmachungskonferenz in Kenntnis zu setzen[26].

Am 21. März begannen dann die Verhandlungen im Hotel Oud Castel in Wassenaar. Die bundesdeutsche Delegation, der neben den Leitern Böhm und Küster Beamte des Auswärtigen Amtes sowie des Finanz- und Wirtschaftsministeriums angehörten, hatte ein doppeltes Arbeitspensum zu bewältigen. Vormittags verhandelte sie mit der israelischen Delegation unter Giora Josephtal, einem Fachmann für die Integration jüdischer Flüchtlinge, und Felix Shinnar, dem Leiter der 1951 im israelischen Außenministerium eingerichteten Sonderabteilung für Ansprüche gegen Deutschland. Nachmittags konferierte sie mit der von Moses Leavitt, dem Vizepräsidenten des American Jewish Joint Distribution Committee, angeführten Abordnung der Claims Conference.

Da die Claims Conference schon vor Beginn der Besprechungen die Priorität des israelischen Globalanspruchs zugestanden hatte[27], wurde die Ersatzforderung der jüdischen Organisationen für erbenlose Wiedergutmachungsansprüche in Höhe von 500 Millionen Dollar während der ersten Verhandlungsphase nicht thematisiert. Stattdessen konzentrierten sich die Gespräche mit der Conference-Delegation auf die Verbesserung der bundesdeutschen Wiedergutmachungsgesetzgebung. Das nach zehn Sitzungen erzielte Ergebnis wurde am 8. April 1952 in den „Gemeinsamen Empfehlungen für die deutsche Gesetzgebung auf dem Gebiet der Entschädigung und Rückerstattung" protokolliert[28]. Im Bereich der Rückerstattung sollte danach vor allem die bestehende Gesetzgebung Gültigkeit behalten und der Bund die Haftung für die rückerstattungsrechtlichen Geldverbindlichkeiten des Deutschen Reiches übernehmen. Strittig blieb hierbei allerdings das Problem der Umstellungssätze für Hausrat, Geldsummenansprüche und sonstige Wertschulden. Was den Sektor der Entschädigung betraf, so bestand Einigkeit, daß der Entschädigungsgesetzgebung der amerikanischen Zone Modellcharakter für das gesamte Bundesgebiet zukommen

---

[24] Aufzeichnung Blankenhorns für Adenauer vom 10. 3. 1952 in BA, NL Blankenhorn 17.

[25] Vgl. das Protokoll der Ressortbesprechung vom 8. 3. 1952, ebenda.

[26] Telegramm Adenauers an Abs vom 12. 3. 1952 in: Adenauer, Briefe 1951–1953, bearbeitet von H.-P. Mensing, Rhöndorf 1987, Nr. 173, S. 188; Aufzeichnung Goldmanns vom 23. 3. 1952 über sein Gespräch mit Abs am 16. 3. 1952 in BA, NL Blankenhorn 16.

[27] Aufzeichnung Bökers für Hallstein vom 17. 2. 1952 in AA II 244-13, Bd. 1.

[28] „Gemeinsame Empfehlungen" vom 8. 4. 1952 u.a. in BA, Bestand Bundesfinanzministerium, B 126/9863. Vgl. auch den Bericht Küsters über den Stand der Verhandlungen mit der Conference-Delegation vom 2. 4. 1952 in BA, B 126/12431.

sollte, die Ansprüche der Verfolgten im Pensionsalter beschleunigt bearbeitet, die
Renten hinsichtlich eventuell notwendiger Teuerungszuschläge an die Beamtenversorgung angeschlossen, die Beweisanforderungen reduziert und die Haftentschädigungen in bestimmten Fällen erblich gemacht werden sollten. Die von der Conference-Delegation geforderte anteilige Entschädigung von Zweidrittel der Normal-
summe für Emigranten aus der DDR und den ehemaligen deutschen Ostgebieten
wurde anerkannt, eine Ausdehnung dieser Quotenregelung auf Österreich und die
während der NS-Herrschaft besetzten Länder jedoch abgelehnt. Für die Abordnung
der Claims Conference sehr enttäuschend war zuletzt die Feststellung Böhms, daß die
deutsche Delegation diese gemeinsamen Empfehlungen der Bundesregierung nur
unter dem Vorbehalt der noch zu klärenden deutschen Leistungsfähigkeit vorlegen
könne[29]. Die Verwirklichung der in Aussicht gestellten Verbesserungen der Wiedergutmachungsgesetzgebung war mithin von vornherein an das Kriterium der Finanzierbarkeit gebunden und damit sehr fraglich.

Anders als die von ihrer politischen Bedeutung her vorerst eher peripheren Verhandlungen mit der Conference-Delegation erreichten die zentralen deutsch-israelischen Vormittagsbesprechungen schnell einen toten Punkt. Abs hatte bereits am
16. März 1952 in einem Vorgespräch mit Goldmann die mit Rücksicht auf die Londoner Konferenz erforderliche Teilung der Verhandlungen in zwei Abschnitte
bekanntgegeben. Als Böhm dies nun den Israelis offiziell darlegte, wandten sich die
Verhandlungspartner entschieden gegen eine solche – wie sie es sahen – Modifikation
der Verhandlungsbasis. Aufgrund der Erklärungen des Bundeskanzlers vom 27. September und 6. Dezember 1951 – so die Argumentation von Josephtal und Shinnar –
dürfe der israelische Globalanspruch nicht durch die kommerzielle Londoner Schuldenkonferenz eingeschränkt werden. Adenauer habe die israelische Forderung als
einen Anspruch „sui generis" anerkannt und damit ihre Priorität gegenüber allen
anderen Verpflichtungen der Bundesrepublik zugegeben. Der Dissenz der beiden
Delegationen in dieser Frage ließ sich nicht ausräumen[30].

In der Folge beschränkten sich die Besprechungen auf die Erörterung der Kausali-
tät von NS-Herrschaft und Flüchtlingsbewegung nach Palästina bzw. Israel und die
Überprüfung der von Israel in Ansatz gebrachten Eingliederungskosten. Die deutsche
Delegation hielt sich dabei zunächst noch an die Weisung Adenauers, die verlangte
Summe von 1 Milliarde Dollar nur dem Grund und der Höhe nach zu diskutieren.
Trotz ihrer anfänglichen Hinweise, daß der in Osteuropa ohnehin stark ausgeprägte
Antisemitismus, die Furcht vor dem Bolschewismus sowie der Zionismus mitauslö-
sende Faktoren der Einwanderungsbewegung nach Israel gewesen sein könnten, ver-
zichteten Küster und Böhm auf eine detaillierte Analyse der Kausalitätsproblematik.
In der Sicht des Bundesfinanzministeriums hätte sich dadurch die von den Israelis
einzig auf das NS-System zurückgeführte Zahl von 500 000 Flüchtlingen wesentlich

---

[29] Schreiben Böhms an Leavitt vom 8.4. 1952 in Archiv für Christlich-Demokratische Politik
(ACDP), NL Küster (I-084-001 A).
[30] Eröffnungserklärung der deutschen Delegation vom 21.3. 1952, Memorandum der israelischen
Delegation vom 24.3. 1952 und deutsche Stellungnahme vom 25.3. 1952 in: BA, B 126/12431.
Vgl. dazu auch die Protokolle der Sitzungen von Eckelmann (= Aktenvermerk Eckelmanns I) in
BA, B 126/9863.

verringert[31]. Nach eingehender Prüfung der pro Kopf veranschlagten Integrationskosten durch einen hinzugezogenen Experten aus dem Bundesvertriebenenministerium[32] sicherte Böhm auf mehrmaliges Drängen Josephtals am 28. März 1952 zu, noch vor der Verhandlungspause die Summe zu nennen, die die deutsche Delegation der Bundesregierung als gerechtfertigt zu empfehlen gedenke. In einem internen Bericht sprach er sich dafür aus, vorbehaltlich der noch zu prüfenden deutschen Leistungsfähigkeit 3 Milliarden DM anzuerkennen und diese Empfehlung den Israelis bekanntzugeben, um einer Verschlechterung der Atmosphäre und einer Minderung des moralisch-politischen Effekts zuvorzukommen. Die Vertreter des Finanzministeriums unterrichteten daraufhin ihren Bonner Dienstherrn sowie Abs in London über diese drohende Kompetenzüberschreitung Böhms und die insgesamt mangelhafte Delegationsleitung[33].

Abs reagierte mit einem dringenden telegraphischen Appell an den Bundeskanzler: Mit Rücksicht auf die Verhandlungslage in London erscheine eine Festlegung in Wassenaar – und sei es auch nur ein ausgesprochener Vorschlag der deutschen Delegation – völlig unmöglich, da dies voraussichtlich zum Scheitern der Schuldenkonferenz führen werde. Adenauer, dem inzwischen auch der Bericht Böhms zugegangen war, berief für den 5. April 1952 eine Sondersitzung zum Israelkomplex ins Bonner Palais Schaumburg ein[34].

Nachdem Küster und Böhm ihre Verhandlungspartner Josephtal und Shinnar andeutungsweise über Zeitpunkt und mögliche Bedeutung dieser Sitzung orientiert hatten, traten die israelischen Vertretungen in Paris, London und Washington an die dortigen Regierungen heran. Sie baten, die Alliierte Hohe Kommission möge dafür Sorge tragen, daß Adenauer ein der israelischen Seite genehmes Angebot vorlegen werde. Doch Paris befürchtete eine Beeinträchtigung der Interessen der Londoner Gläubiger durch den völkerrechtlich unbegründeten israelischen Anspruch und reagierte negativ[35]. Das Londoner Foreign Office hielt eine Intervention für verfrüht und schädlich. Es bekundete sein Vertrauen in die Einlösung der öffentlichen Erklärungen des Bundeskanzlers zur Wiedergutmachung und verneinte die von den Israelis behauptete Priorität ihres Anspruchs gegenüber allen anderen Verpflichtungen der Bundesrepublik. Der britische Hohe Kommissar Ivone Kirkpatrick erhielt die Instruktion: „You should not take any initiative in this matter"[36]. Der Durchbruch gelang den Israelis am 4. April 1952 in Washington. Zwar betonte auch das State Department gegenüber dem israelischen Botschafter Eban, daß die USA nicht gewillt seien, die Unterstützung der israelischen Forderung auf Kosten der übrigen gegen die

[31] Vgl. u. a. den nicht datierten Aktenvermerk Eckelmanns I und die Aufzeichnung Ludwigs vom 30. 3. 1952 in BA, B 126/9863. Die relevanten Konferenzdokumente können hier und in der Folge nicht alle verzeichnet werden. Nahezu vollständige Sammlung in AA III 210-01/35 E (Handakte Frowein).

[32] Vermerk Middelmanns vom 30. 3. 1952 in AA III 210-01/35 E (Handakte Frowein).

[33] Aktenvermerk Eckelmanns I und Schreiben Ludwigs an Schäffer vom 31. 3. 1952 in BA, B 126/9863; Tagebucheintragung Küsters vom 28. 3. 1952 in ACDP, NL Küster; Bericht Böhms über den Stand der Verhandlungen mit der israelischen Delegation vom 1. 4. 1952 in BA, NL Blankenhorn 17.

[34] Telegramm von Abs an Adenauer vom 31. 3. 1952 in BA, NL Blankenhorn 17 und Vermerk Globkes für Adenauer vom 31. 3. 1952 in BA, B 136/1127.

[35] Telegramm des Foreign Office an Wahnerheide vom 4. 4. 1952 in PRO/FO 371/100 007.

[36] Ebenda.

Bundesrepublik bestehenden Ansprüche einseitig zu forcieren. Dies führe letztlich zu einer unerwünschten Erhöhung der finanziellen Hilfe der Vereinigten Staaten für die Bundesrepublik. Dennoch wies Außenminister Acheson den amerikanischen Hohen Kommissar John McCloy fernmündlich (und kurz darauf telegraphisch) an, Adenauer auf die ernsten politischen Schwierigkeiten der israelischen Regierung und die in diesem Zusammenhang wesentliche Bedeutung eines erfolgreichen Verhandlungs- abschlusses in Wassenaar aufmerksam zu machen. Sollte sich – so Acheson gegenüber McCloy – das ursprüngliche Verhandlungsangebot des Bundeskanzlers an Israel als unehrlich erweisen, so werde dies für die Bundesrepublik unvorteilhafte Konsequen- zen haben. Im Beisein des sichtlich überraschten Kirkpatrick informierte McCloy Adenauer am 4. April über die telefonische Direktive von Acheson[37].

Unter dem Eindruck dieser Intervention des State Departments war Adenauer nicht länger bereit, die von ihm gutgeheißene Abs-Strategie ohne Abstriche weiterzu- verfolgen. Abs beharrte in der Sitzung am 5. April 1952 nach wie vor darauf, daß es vor Klärung der deutschen Leistungsfähigkeit im Hinblick auf den Erfolg der Londo- ner Konferenz gefährlich und zudem unehrlich sei, gegenüber der israelischen Dele- gation irgendeine Summe zu nennen, da dies unbegründete Hoffnungen wecken würde. Jedoch vermochten sich jetzt – unterstützt von Bundeswirtschaftsminister Erhard, Hallstein und Blankenhorn – Böhm und Küster mit ihrem Argument durch- zusetzen, daß es nach Anerkennung der israelischen Eingliederungskosten als Ver- handlungsgrundlage am 6. Dezember 1951 und der nunmehr abgeschlossenen Über- prüfung dieser Kosten notwendig sei, den Israelis noch vor der Verhandlungspause zu sagen, ob sich die deutsche Delegation – vorbehaltlich der noch zu klärenden Lei- stungsfähigkeit der Bundesrepublik – zu der festgestellten Summe von 3 Mil- liarden DM bekenne. Ansonsten, so Küster und Böhm, sei eingedenk der früheren Zugeständnisse Adenauers ein Gesichtsverlust des Bundeskanzlers zu befürchten. Adenauer, der diese Position notgedrungen billigte, suchte sich selbst und Abs mit

---

[37] Telegramm von Acheson an McCloy vom 4. 4. 1952 in FRUS 1952–1954, Volume IX, Washing- ton 1986, S. 913 f.; Protokoll Froweins über die Sitzung im Palais Schaumburg am 5. 4. 1952 in BA, NL Blankenhorn 17; Schreiben von Kirkpatrick an Roberts vom 5. 4. 1952 und von Roberts an Kirkpatrick vom 7. 4. 1952 in PRO/FO 371/100007.
McCloy teilte Adenauer die Besorgnisse Achesons hinsichtlich der Israelverhandlungen – nach einem Telefonat mit Under Secretary of State Bruce am gleichen Tag – am 4. 4. 1952 mit. Kirkpa- trick führt dazu in seinem Schreiben vom 5. 4. 1952 aus: „. . . during a recess in our contractual negotiations yesterday he (McCloy, R. H.) took the opportunity of impressing on the Chancellor that a breakdown in the Hague would have unfortunate general consequences." Am Abend des 5. 4. 1952, nach der Sitzung im Palais Schaumburg, erhielt Adenauer anläßlich eines Besuchs bei McCloy Kenntnis von der nun auch schriftlich vorliegenden Instruktion des US-Außenministers an McCloy (vgl. Schreiben Adenauers an Abs vom 8. 4. 1952 in: Adenauer, Briefe 1951–1953, Rhöndorf 1987, Nr. 182, S. 198 f.). Diese Instruktion (nicht das gesamte Telegramm, in dem Acheson zur persönlichen Information des Hohen Kommissars weiterhin seine [Achesons] zurückhaltende Reaktion auf die Ausführungen Ebans am 4. April 1952 schilderte) hat den fol- genden Wortlaut: „Believe it desirable you shld inform Adenauer of serious polit difficulties con- fronting Israel Govt and that US considers it important that conference not be allowed to fail. Gers shld recognize unfortunate repercussions which wld ensue if they now appear to have been insincere in their offer to negotiate. US shld not of course attempt tell Gers what shld be magni- tude or type of their offer to Israeli and Jewish orgs." Vgl. dazu auch das Blankenhorn am 14. 4. 1952 von Samuel Reber übergebene US-Memorandum in: BA, NL Blankenhorn 11.

dem Gedanken zu beruhigen, daß es sich hierbei ja nur um eine für die Bundesregierung unverbindliche Empfehlung der deutschen Delegation handele, mit der lediglich eine psychologische Wirkung erzielt werden solle. Ob, wann und wie die Bundesrepublik etwas an Israel leiste, bleibe letztlich völlig offen. Da die Vereinigten Staaten ein so starkes Interesse am Zustandekommen eines deutsch-israelischen Vertrages bekundet hätten, müßten sie auch dafür bezahlen[38].

Auf Weisung des Bundeskanzlers teilten Abs, Böhm und Küster noch am selben Nachmittag McCloy das Ergebnis der Bonner Besprechung mit und sondierten die Möglichkeiten einer Mitfinanzierung der Wiedergutmachungsleistungen an Israel durch die Vereinigten Staaten. McCloy sicherte zu, die von Abs im einzelnen dargelegten Vorschläge – vorläufiger Verzicht der USA auf die Annuitäten der Nachkriegshilfe, Gewährung einer Anleihe, Freigabe des noch nicht liquidierten deutschen Vermögens in den USA – in Washington zur Sprache zu bringen. Die ihm schriftlich vorgelegte 3 Milliarden-DM-Empfehlung der deutschen Delegation beurteilte McCloy zunächst – wie schon Abs am Vormittag – äußerst skeptisch. Die Abgabe einer solchen Erklärung könne – so McCloy – von den Israelis unter Umständen irrtümlich als Festlegung der Bundesregierung auf diese Summe gedeutet werden. Bei einer endgültigen Regelung werde es wahrscheinlich sehr schwierig sein, unterhalb dieser Empfehlung zu bleiben. Letztlich verschloß sich der amerikanische Hohe Kommissar jedoch nicht der politischen Argumentation Küsters und Böhms, die unter Hinweis auf den Dezemberbrief Adenauers an Goldmann erneut die Notwendigkeit hervorhoben, der israelischen Delegation vor Beendigung der ersten Verhandlungsphase eine konkrete Zahl zu unterbreiten[39].

Das Kalkül Böhms und Küsters ging indes nicht auf. In Wassenaar lehnte Josephtal am 8. April 1952 den unverbindlichen 3 Milliarden-DM-Vorschlag der deutschen Delegationsführung als völlig unbefriedigend ab und verlangte stattdessen ultimativ die Vorlage eines definitiven und endgültigen Angebots der Bundesregierung. Einen Tag später, nachdem er sich zuvor mit Blankenhorn und Abs besprochen hatte, konnte Böhm lediglich mitteilen, daß eine solche verpflichtende Erklärung erst einen Monat nach Wiederaufnahme der Londoner Verhandlungen, d.h. am 19. Juni 1952 zu erwarten sei. Daraufhin brach die israelische Delegation die Verhandlungen mit der Bemerkung ab, nunmehr liege die Entscheidung über den weiteren Fortgang der deutsch-israelischen Konferenz bei der Regierung in Tel Aviv[40].

Die Krise

Bis Mitte Mai 1952 blieb der Wiedergutmachungskomplex trotz vielfältiger Hintergrundaktivitäten in der Schwebe. Zwar hatte Abs bereits am 18. April 1952 mit Erfolg die Bildung eines interministeriellen Sachverständigenausschusses angeregt[41], der im Hinblick auf das am 19. Mai in London vorzulegende bundesdeutsche Trans-

---

[38] Protokoll Froweins über die Sitzung im Palais Schaumburg am 5. 4. 1952 in BA, NL Blankenhorn 17; Tagebucheintragung Küsters vom 5. 4. 1952 in ACDP, NL Küster.

[39] Vermerk Wolffs vom 7. 4. 1952 in BA, B 126/51 544; Tagebucheintragung Küsters vom 5. 4. 1952 in ACDP, NL Küster; Hermann J. Abs, a. a. O., S. 241; Franz Böhm, a. a. O., S. 454.

[40] Vgl. den undatierten Aktenvermerk III von Eckelmann in BA, B 126/9863 sowie den Bericht Froweins vom 10. 4. 1952 in BA, NL Blankenhorn 17.

[41] Gespräch des Verfassers mit Hermann J. Abs am 13. 3. 1987.

ferangebot die deutsche Leistungs- und Transferfähigkeit rasch klären und dem Bundeskabinett seine Vorschläge zur Regelung beider Schuldenkomplexe (London und Wassenaar) unterbreiten sollte[42]. Doch endete die Arbeit dieser Kommission aus mehreren Gründen ergebnislos. Zum einen war das Finanzministerium nicht bereit, Leistungen an Israel überhaupt zu erwägen, geschweige denn sie in die Haushaltsplanung einzubeziehen; zum anderen erwies sich ein Zwischenlösungsvorschlag Goldmanns in den Augen der deutschen Experten recht schnell als völlig indiskutabel. Goldmann hatte Adenauer und Blankenhorn Mitte April nahegelegt, zunächst einen vorläufigen Dreijahresvertrag abzuschließen, der allerdings für Israel nur akzeptabel sei, sofern er auf der von der deutschen Delegation empfohlenen Summe von 3 Milliarden DM beruhe, mithin sehr hohe Jahresleistungen vorsehe[43]. Sowohl diese hohen Annuitäten als auch die von Goldmann erstrebten Devisenzahlungen stießen im Ausschuß auf die einhellige Kritik aller Ministerien. Einigkeit bestand darin, daß lediglich Warenlieferungen mit möglichst geringem Devisenwert in Frage kämen. Dabei erwogen die Sachverständigen des Wirtschaftsministeriums – unter Vorbehalt der im Kompetenzbereich Schäffers zu prüfenden, noch immer offenen Aufbringungsfrage – ein Jahresvolumen von ca. 100 Millionen DM[44]. Angesichts dieser Sachlage entschloß sich der Bundeskanzler, Goldmann das deutsche Angebot für die Wassenaar-Verhandlungen nicht schon – wie ursprünglich in Aussicht gestellt – am 3. Mai, sondern erst Mitte des Monats in einem Sondierungsgespräch vorzulegen. Indem er die tatsächlichen Hintergründe der zeitlichen Verzögerung eher verschleierte als aufhellte schrieb er dem Vorsitzenden der Claims Conference, daß „die gleichzeitig laufenden Verhandlungen mit den Alliierten über den Abschluß des Generalvertrags, der Zusatzverträge und des Vertrages über die Europäische Verteidigungsgemeinschaft alle Beteiligten außerordentlich stark in Anspruch nehmen."[45]

Die aufgeschobene Entscheidung über das von den Israelis ungeduldig erwartete Angebot fiel in einer Besprechung im Palais Schaumburg am 14. Mai 1952, an der – unter dem Vorsitz Adenauers – u.a. Vizekanzler Blücher, Justizminister Dehler, Schäffer, Erhard, Abs, Hallstein, Böhm und Küster teilnahmen[46]. Abs, der zusehends unter Zeitdruck geriet, verlangte hier nachdrücklich die sofortige Fixierung des Transferangebots für Israel, da er bei Wiederbeginn der Londoner Konferenz am 19. Mai mit diesem Angebot operieren müsse. Jährliche Warenleistungen im Gegenwert von 100 Millionen DM seien – in Relation zum Londoner Komplex – das Äußerste, was man Israel zur Verfügung stellen könne. Eine Erhöhung sei nur möglich, wenn das deutsche Vermögen in den Vereinigten Staaten freigegeben werde und

---

[42] Aufzeichnung der Aussprache über den gesamten deutschen Schuldenkomplex zwischen Adenauer, Schäffer, Abs, Böhm, Küster und Blankenhorn am 18. 4. 1952 in BA, NL Blankenhorn 11.

[43] Aufzeichnung des Gesprächs zwischen Goldmann und Adenauer am 19. 4. 1952 und Schreiben Goldmanns an Blankenhorn vom 24. 4. 1952 in BA, NL Blankenhorn 17.

[44] Protokolle und Vermerke über die Sachverständigenbesprechungen Ende April 1952 in AA II 244-10, Bd. 3, II 244-13, Bd. 2, II 244-14, Bd. 1, II 244-15, Bd. 1 sowie BA, B 102/7019, Heft 1 und B 102/58 955.

[45] Schreiben Adenauers an Goldmann vom 3. 5. 1952 in: Adenauer, Briefe 1951–1953, Rhöndorf 1987, Nr. 196, S. 211.

[46] Niederschrift über die Besprechung im Palais Schaumburg am 14. 5. 1952 u.a. in BA, B 102/6997, Heft 1; vgl. auch die Tagebucheintragung Küsters vom 14. 5. 1952 in ACDP, NL Küster und das Böhm-Memorandum vom 15. 5. 1952 in BA, NL Blankenhorn 12.

die Bundesrepublik eine amerikanische Anleihe erhalte. Finanzminister Schäffer stimmte den Überlegungen von Abs zwar prinzipiell zu, verwies jedoch zugleich darauf, daß er die empfohlenen 100 Millionen DM im Haushalt nicht unterbringen könne. Der Ausweg einer Steuererhebung zu diesem Zweck verbiete sich in Anbetracht der 1953 bevorstehenden Bundestagswahlen. Vor allem von dem letzteren Argument Schäffers sichtlich beeindruckt betonte der Bundeskanzler, den Israelis müsse klargemacht werden, daß die Bundesrepublik mit dem Rücken zur Wand stehe und sie im Falle eines Scheiterns der Londoner Konferenz überhaupt nichts bekämen. Betroffen über die Ausführungen seiner Vorredner warnte Böhm – unterstützt von Erhard – eindringlich aber vergeblich davor, den Anregungen von Abs zu folgen. Es sei ein Trugschluß zu glauben – so Böhm –, daß die israelische Regierung aufgrund ihrer wirtschaftlichen Notlage ein solches Angebot akzeptieren werde. Unter dem Druck der Öffentlichkeit und der innerisraelischen Opposition müsse Ben Gurion vielmehr einen eindrucksvollen Erfolg vorweisen können. Die These von Abs, daß die Londoner Konferenz bei einer 3 Milliarden-DM-Offerte an Israel scheitern werde, sei irrig. Gehe man wesentlich unter diese von der deutschen Delegation empfohlene Summe, stehe nicht nur der politisch-moralische Effekt auf dem Spiel, sondern auch die Glaubwürdigkeit Adenauers. Warenlieferungen im Umfang von 3 Milliarden DM über 8 bis 12 Jahre müßten – bei geringem Importanteil, flexiblen Warenlisten, Reexportsicherungs- und Katastrophenklauseln – durchaus finanzierbar sein.

Am 16. Mai 1952 erteilte das Bundeskabinett Abs den Auftrag, seinen zwei Tage zuvor mehrheitlich gebilligten Vorschlag Shinnar und dem israelischen Beobachter bei der Londoner Konferenz, Moshe Keren, zu unterbreiten. Dabei sollte er prüfen, wie dieses deutsche Angebot mit den israelischen Bedingungen für eine Wiederaufnahme der Wassenaarverhandlungen in Einklang gebracht werden könne[47]. Daraufhin bat Böhm den Bundeskanzler am 18. Mai um Entbindung von seinem Auftrag, da ein solcher Vorschlag „mit dem politischen und moralischen Gewicht der uns obliegenden geschichtlichen Aufgabe" unvereinbar sei[48]. In der ausführlichen Begründung seines Rücktrittsgesuchs schrieb Böhm einen Tag später an Blankenhorn: „Nur ganz massive Ereignisse können noch eine Wendung zum Besseren herbeiführen. Nämlich eine explosive Reaktion Israels und der Juden auf die Sondierung des Herrn Abs in Verbindung mit unserem (Küsters und Böhms, R. H.) Rücktritt, der, wenn er wirksam sein soll, der israelischen Reaktion zeitlich nicht nachfolgen darf"[49]. Küster – der nach einem heftigen persönlichen Zusammenstoß mit Schäffer bereits am 7. Mai 1952 seine Demission eingereicht, diesen Schritt jedoch auf Bitten Adenauers und Hallsteins bis zur Kabinettssitzung vom 16. Mai zurückgestellt hatte[50] – und Böhm koordinierten nunmehr ihre Strategie, die Bundesregierung durch gezielte öffentliche Schuldzuweisungen in die Enge zu treiben[51].

---

[47] Auszug aus dem Kurzprotokoll über die 220. Kabinettssitzung der Bundesregierung am 16.5. 1952 u. a. in BA, B 136/1127. Vgl. dazu das Schreiben von Abs an Adenauer vom selben Tag in: Archiv des Deutschen Liberalismus der Friedrich-Naumann-Stiftung (AFNS), NL Dehler DA 35.
[48] Schreiben Böhms an Adenauer vom 18.5. 1952 in BA, NL Blankenhorn 17.
[49] Schreiben Böhms an Blankenhorn vom 19.5. 1952, ebenda.
[50] Unterlagen hierzu vor allem in ACDP, NL Küster.
[51] Tagebucheintragung Küsters vom 19.5. 1952 in ACDP, NL Küster.

Noch am gleichen Tag, dem 19. Mai 1952, meldete die Deutsche Presse Agentur, Küster habe seinen Auftrag zurückgegeben, weil „hinter ihm (dem Auftrag) kein ernster und durchdachter Entschluß der Bundesregierung gestanden habe". Die Morgenpresse des 20. Mai 1952 brachte zum Teil schon Artikel über den Rücktritt Böhms. Die Kommentatoren unterstrichen fast ausnahmslos den Primat der moralischen Verpflichtung und befürchteten negative politische Auswirkungen für die Bundesrepublik, sollten die Israelverhandlungen scheitern[52]. Adenauer erhielt durch ein Schreiben Goldmanns Kenntnis vom Scheitern der Abs-Sondierung in London. Die israelischen Vertreter hatten das deutsche 100 Millionen-DM-Angebot scharf zurückgewiesen und, sofern es dabei bleibe, den endgültigen Abbruch der Verhandlungen angekündigt. Goldmann forderte von Adenauer umgehend die Vorlage einer befriedigenden deutschen Offerte, ansonsten sei eine „heftige Reaktion der gesamten jüdischen Welt, unterstützt durch weite nichtjüdische Kreise" unvermeidlich. Dieser ohnehin unmißverständlichen Drohung verlieh Goldmann zusätzlich Nachdruck, indem er eine Kopie seines per Eilkurier überbrachten Schreibens an McCloy und das britische Foreign Office sandte, wo Moshe Keren überdies um Intervention des englischen Außenministers Eden nachsuchte[53].

Vor diesem Hintergrund trat am Abend des 20. Mai das Bundeskabinett zu einer Sondersitzung zusammen. Laut amtlichem Kurzprotokoll jener Sitzung bezeichnete Adenauer dort die Demission von Küster und Böhm „als einen Schritt, der die ernstesten Folgen für die wirtschaftliche und die politische Lage der Bundesrepublik in der Welt befürchten ließe; dies besonders deshalb, weil beide Herren ... vor der Presse weitere Erklärungen abgegeben hätten, die den deutschen Interessen sehr abträglich seien. Die Gefahr liege nahe, daß die Bundesrepublik vor der Welt in den Ruf des Antisemitismus komme. Es müsse alles daran gesetzt werden, den Faden zu Israel nicht abreißen zu lassen". Ein Beschluß wurde zunächst nicht gefaßt, da man den mündlichen Bericht von Abs über sein Sondierungsgespräch in London abwarten wollte[54].

Sollte der Bundeskanzler nach den Ereignissen dieses Tages noch nicht erkannt haben, welche konkrete Gefahr drohte, am folgenden 21. Mai wurde sie ihm jedenfalls mit aller Deutlichkeit vor Augen geführt. Von John McCloy eingeführt empfing Adenauer an diesem Tag den Vorsitzenden der jüdischen Kriegsveteranenorganisation in den USA, General Julius Klein, der nach einem dringenden Appell Ben Gurions umgehend nach Bonn gereist war. Klein erklärte dem Kanzler, er werde, wenn ihm Adenauer nicht bis zum 22. Mai eine befriedigende deutsche Stellungnahme vorlege, die die Wiederaufnahme der Wiedergutmachungsverhandlungen ermögliche, den einflußreichen Führer der republikanischen Mehrheit im US-Senat, Robert A. Taft, telefonisch unterrichten. Dieser werde dann nichts unversucht lassen,

---

[52] Aufzeichnung Froweins vom 23. 5. 1952 über den Stand der Verhandlungen seit dem 17. 5. 1952 in BA, NL Blankenhorn 16.

[53] Schreiben Goldmanns an Adenauer vom 19. 5. 1952 veröffentlicht bei Vogel, a. a. O., S. 52–54; Notiz über die Unterredung zwischen Abs, Wolff, Shinnar und Keren am selben Tag in BA, NL Blankenhorn 16; Schreiben von Keren an Roberts vom 20. 5. 1952 in PRO/FO 371/100008; Goldmann, a. a. O., S. 393.

[54] Auszug aus dem Kurzprotokoll über die Sondersitzung der Bundesregierung am 20. 5. 1952 in BA, Bestand Bundeswohnungsbauministerium B 134/3158.

um die für den 26. und 27. Mai vorgesehene Unterzeichnung des Deutschland- und des EVG-Vertrages noch in letzter Minute zu verhindern[55].

Zwar war die Unterzeichnung der deutsch-alliierten Vertragswerke im Gegensatz zu den Ausführungen Kleins in Wirklichkeit nicht gefährdet, doch die Ratifizierung – für die nicht zuletzt der US-Senat gewonnen werden mußte – war damit noch nicht gesichert. Auf diesen Punkt konzentrierte sich offensichtlich die Sorge Adenauers[56]. Er konnte und wollte nicht zulassen, daß die vergleichsweise peripheren Verhandlungen mit Israel und der Claims Conference durch ein von der Weltöffentlichkeit als unzureichend empfundenes deutsches Angebot scheiterten und damit den Gewinn der Souveränität für die Bundesrepublik, den Erfolg der gesamten Westintegrationspolitik, zumindest zeitlich verzögerten, wenn nicht gar bedrohten. Eine richtige Einschätzung war hier kaum möglich. Mithin blieb ihm gar keine andere Wahl, als Böhm am selben Nachmittag zu beauftragen, bei Goldmann in Paris zu sondieren, ob sein Mindestvorschlag für die Gegenseite diskutabel sein würde. Böhm hatte vorgeschlagen, eine Gesamtsumme von drei Milliarden DM anzuerkennen, die in acht bis zwölf Jahren mit sofort beginnenden Jahreslieferungen in Waren im Gegenwert von mindestens 200 bis 250 Millionen DM zu tilgen sein würde[57].

Die Alliierte Hohe Kommission nahm auf diese Entscheidung Adenauers keinen direkten Einfluß. Washington, London und Paris konnten nicht – wie von der israelischen Seite gewünscht – gegenüber der Bundesregierung eine bevorzugte Behandlung des israelischen Anspruchs verlangen, ohne damit gleichzeitig ihre eigenen Interessen, den deutschen Verteidigungsbeitrag, die Entrichtung der Okkupationskosten und eine für die Gläubigerseite akzeptable Regelung der deutschen Vor- und Nachkriegsschulden mehr oder weniger stark zu beeinträchtigen. Die Strategie des Foreign Office und State Department bestand darin, gegenüber Adenauer, wann immer es die Hohen Kommissare gerade für nötig hielten, die Hoffnung Washingtons und Londons auf einen baldigen befriedigenden Vertragsabschluß zum Ausdruck zu bringen, mithin forcierend zu wirken, ohne jedoch zugleich die übrigen finanziellen Verpflichtungen der Bundesrepublik zu erwähnen. Dem Bundeskanzler sollte damit die Möglichkeit genommen werden, die einzelnen – bestehenden und bevorstehenden – Verbindlichkeiten der Bundesrepublik gegeneinander auszuspielen[58].

Anders als noch Anfang April 1952 war US-Außenminister Acheson in der Krisensituation Mitte Mai nicht bereit, McCloy zusätzliche Instruktionen zu erteilen. Er hielt es für zeitig genug, die Problematik der Wassenaar-Verhandlungen anläßlich der Unterzeichnung des Deutschlandvertrages am 26. Mai in Bonn mit Adenauer persönlich zu erörtern[59]. Nachdem der amerikanische Hohe Kommissar am Abend des 21. Mai Adenauer gegenüber kurz bekundet hatte, daß es ihm (Adenauer) gelingen

---

[55] Aufzeichnung eines Gesprächs zwischen General Julius Klein und Jakob Altmaier am 19.12. 1953 in AdsD, NL Altmaier 1. Die Datierung (21.5.1952) ergibt sich aus diesem Gespräch im Zusammenhang mit dem Artikel der Frankfurter Rundschau vom 23.5.1952: „Bonn will Israel 2,4 Mrd. zahlen."

[56] Aufzeichnung einer Unterredung zwischen Adenauer und McCloy am 17.6.1952 in BA, NL Blankenhorn 10.

[57] Aufzeichnung Froweins vom 23.5.1952 in BA, NL Blankenhorn 16.

[58] Unterlagen dazu in PRO/FO 371/100007 u. 100008.

[59] Notiz von Douglas und Aufzeichnung von Warner vom 22.5.1952 in PRO/FO 371/100008.

möge, eine Wiederaufnahme der Verhandlungen zu erwirken[60], trafen sich Kirkpatrick, McCloy und der Kanzler am 23. Mai 1952 zu einer ausführlichen Aussprache über den Rücktritt Böhms. Gleich zu Beginn bemerkte Adenauer, nicht ganz zutreffend, Böhm habe sein Rücktrittsgesuch bereits zurückgezogen[61]. Kirkpatrick fuhr dann in einem Bericht an das Foreign Office fort: „Mr. McCloy and I speaking privately and without instructions impressed on the Chancellor the political importance of not allowing the negotiations to collapse". Adenauer, der diese Aussage als eine nachträgliche Bestätigung seines an Böhm erteilten Sondierungsauftrages empfinden mußte, erwiderte, ohne den Auftrag zu erwähnen, „that he fully understood the political implications and would do his best"[62]. Zwar hatte Adenauer schon „sein Bestes getan", daß es aber dabei blieb und er in seinen Bemühungen, den Wiedergutmachungskomplex einer der israelisch-jüdischen Seite genehmen Lösung zuzuführen, nicht nachließ, dafür sorgten nicht zuletzt McCloy und Kirkpatrick sowie wenige Tage später US-Außenminister Acheson und sein britischer Amtskollege Eden, indem sie unter Hinweis auf die „world public opinion" die Ausführungen ihrer Hohen Kommissare nochmals bekräftigten[63].

Die zweite Verhandlungsphase

Inzwischen hatte Goldmann am 23. Mai in Paris den Böhmschen Sondierungsvorschlag positiv aufgenommen und angekündigt, daß die israelische Regierung bei einem solchen Angebot an den Verhandlungstisch zurückkehren werde. Lediglich einige „Schönheitsfehler" müßten noch beseitigt werden: Die Laufzeit des Abkommens dürfe acht Jahre nicht überschreiten, die Annuitäten seien folglich auf jeweils 375 Millionen DM zu erhöhen. Eine reine Beschränkung auf Warenleistungen komme überdies nicht in Frage; die Bundesrepublik müsse zumindest die Ölrechnung Israels in Großbritannien bezahlen. Ohne vorherige Rücksprache mit dem Politischen Rat der Claims Conference reduzierte Goldmann den Globalanspruch der jüdischen Organisationen, der ursprünglich 500 Millionen Dollar betragen hatte, auf 400 bis 500 Millionen DM und bat darum, diesen Betrag den jährlichen Leistungen an Israel zuzuschlagen. Israel und die Claims Conference würden sich dann intern über die Aufteilung der Gesamtsumme einigen[64].

Nach dem positiven Verlauf dieses Vorgesprächs wurden die Eckpfosten des Wiedergutmachungsabkommens am 10. Juni 1952 in Bonn zwischen Goldmann, Shinnar, Adenauer, Hallstein, Abs und Böhm endgültig abgesteckt. Die deutsche Seite entsprach hier zunächst dem Wunsch Goldmanns, die Globalansprüche Israels und der

[60] Notiz von Douglas vom 22. 5. 1952, ebenda.
[61] Böhm hatte sich lediglich bereit erklärt, das Amt des Delegationsleiters beizubehalten, sofern sein Vorschlag von den Israelis angenommen und vom Bundeskabinett als verbindliches Angebot unterbreitet werden würde. Vgl. die Aufzeichnung Froweins vom 23. 5. 52 in BA, NL Blankenhorn 16.
[62] Telegramm von Kirkpatrick an das Foreign Office vom 23. 5. 1952 in PRO/FO 371/100 008.
[63] Auszug der Aufzeichnung über das Treffen zwischen Acheson und Eden am 26. 5. 1952 in Paris und Telegramm von Eden an das Foreign Office vom 28. 5. 1952 in PRO/FO 371/100 008.
[64] Telegramm Böhms an Blankenhorn vom 23. 5. 1952 in: BA, NL Blankenhorn 17; Bericht Böhms vom 24. 5. 1952 gedruckt bei Vogel, a. a. O., S. 54–59.

Claims Conference gemeinsam zu behandeln, d.h. sämtliche Leistungen lediglich an Israel zu entrichten. Als Gesamtsumme wurden 3,4 bis 3,5 Milliarden DM anerkannt. Diese Verpflichtung sollte jedoch nicht – hier mußten Shinnar und Goldmann nachgeben – in acht, sondern in zwölf Jahren abgetragen werden. Auf die ersten beiden Jahresleistungen in Höhe von je 200 Millionen DM sollten weitere zehn im Umfang von jeweils 250 Millionen DM folgen. Für die Aufbringung des noch nicht gedeckten Teils der Gesamtsumme, 500 bzw. 600 Millionen DM, sicherte die Bundesrepublik zu, sich um eine Anleihe im Ausland zu bemühen. Bei Erhalt dieser Anleihe wurde die Erhöhung der letzten zehn Raten um jährlich 50 bis 60 Millionen DM in Aussicht gestellt. Sofern dieses Vorhaben indes mißlingen sollte, sah die Vereinbarung vor, daß sich die Laufzeit des Abkommens um zwei Jahre, also auf insgesamt vierzehn Jahre verlängern würde. Vom Grundsatz, ausschließlich dem Aufbau Israels dienende Waren zu liefern, rückte die deutsche Seite prinzipiell nicht ab. Da jedoch Einvernehmen darüber bestand, daß es sich hierbei nicht nur um Waren deutscher Herkunft handeln sollte, zeichnete sich auch in der Ölfrage eine Lösung ab. Beide Seiten beabsichtigten, in London zu klären, ob die Sterling-Überschüsse der Bundesregierung in der europäischen Zahlungsunion für die Bezahlung der israelischen Ölrechnungen Verwendung finden könnten. Die Zusammensetzung der Warenlisten sowie die Fixierung verschiedener Sicherungsklauseln blieb, neben der Ausarbeitung des Vertragstextes aufgrund der nun vorgegebenen Rahmenrichtlinien, den Verhandlungsdelegationen überlassen, die Ende Juni 1952 erneut in Wassenaar zusammentreten sollten[65]. Die deutsche Seite wünschte insbesondere einen Reexport der gelieferten Waren zu verhindern und Vorkehrungen für den Katastrophenfall zu treffen. Unabdingbare Voraussetzung der Wiederaufnahme der Verhandlungen war allerdings die vorherige Billigung dieser Vereinbarungen durch das Bundeskabinett.

Am 17. Juni 1952 legte Staatssekretär Hallstein das Ergebnis der Besprechung der Ministerrunde vor. Nach dem Wortlaut des Kurzprotokolls jener Kabinettssitzung erläuterte er indes nur das deutsche Angebot für Israel (3 Milliarden DM über 12 Jahre). Zu den Forderungen der Claims Conference führte er im Gegensatz zum Konsens vom 10. Juni aus: „Die beiden Ansprüche der Claims Conference, nämlich auf Verbesserung der innerdeutschen Wiedergutmachungsgesetzgebung und auf Zahlung von einer halben Milliarde Dollars für erbenlose Ansprüche, sollten zunächst weiter im Haag geprüft werden, und zwar sowohl nach der Seite ihrer juristischen Begründung wie ihrer wirtschaftlichen Auswirkung." Wie nicht anders zu erwarten, opponierte wiederum Finanzminister Schäffer gegen den von Hallstein entwickelten Vorschlag. Die sachliche Begründung des israelischen Anspruchs – so Schäffer – sei höchst zweifelhaft, Leistungen an Israel gefährdeten die rechtlich begründeten Individualansprüche und könnten überdies aus dem Bundeshaushalt nicht aufgebracht werden. Nur dem vehementen Eingriff des Bundeskanzlers war es schließlich zu danken, daß das Kabinett sich die Hallstein-Darlegungen mit Stimmenmehrheit zu eigen machte. Adenauer unterstrich „die überragende Bedeutung der Angelegenheit im Verhältnis zur gesamten westlichen Welt und insbesondere zu den USA" und sah bei einem ergebnislosen Verhandlungsabbruch – wie schon am 20. Mai 1952 – „die

---

[65] Vgl. die Niederschriften über die Besprechungen am 10.6. 1952 in BA, B 102/7019, Heft 1 und B 102/58955.

schwersten politischen und wirtschaftspolitischen Gefahren für die Bundesrepublik" heraufziehen[66].

Am gleichen Nachmittag berichtete McCloy dem Kanzler, er habe seitens der amerikanischen Juden etwaige Widerstände gegen die Ratifizierung der deutsch-alliierten Vertragswerke nicht feststellen können. Der Senat sei anscheinend bereit, „die Ratifizierung sehr bald vorzunehmen"[67]. Dabei bezog sich McCloy möglicherweise auf Adenauers wenig erfreuliche Unterhaltung mit General Julius Klein am 21. Mai 1952.

Die zweite Verhandlungsphase begann am 24. Juni 1952. Sehr schnell stellte sich heraus, daß die Annahme der deutschen Seite, die Besprechungen innerhalb kürzester Frist beenden zu können, verfrüht gewesen war. Bis Mitte Juli 1952 sorgte vor allem der Globalanspruch der Claims Conference für Spannungen und brachte die Verhandlungen nochmals an den Rand des Scheiterns.

Inhaltlich basierte die von Goldmann auf 400 bis 500 Millionen DM herabgesetzte Globalforderung der jüdischen Weltorganisationen auf drei Argumenten: Durch spezielle in erster Linie von der SS durchgeführte Aktionen seien der Reichskasse ca. 1,9 Milliarden Dollar jüdisches Vermögen einverleibt worden. Die jüdischen Organisationen hätten 850 Millionen Dollar für die Wiedereingliederung jüdischer Flüchtlinge außerhalb Israels aufgebracht. Ferner wurde darauf verwiesen, daß die gesetzliche Individualwiedergutmachung – selbst in der angestrebten verbesserten Form – aufgrund der Zerstreuung der Flüchtlinge in aller Welt unzureichend bleiben würde[68].

Böhm kam nach detaillierter Prüfung der einzelnen Anspruchskategorien in seinem Bericht für Adenauer zu dem Schluß, daß diverse Überschneidungen mit dem Überleitungsvertrag und den interalliierten Reparationsabkommen vorlägen, folglich lediglich 95 Millionen DM vertretbar seien. Zusätzlich solle man jedoch der Claims Conference als Ausgleich für die in der Tat unzulängliche Individualwiedergutmachung einen Härtefonds von 405 Millionen DM anbieten, der allerdings um 50 Millionen DM reduziert werden müsse, wenn die Claims Conference sich nicht bereit finde, auch jüdische Verfolgte nicht-mosaischen Glaubens zu unterstützen[69]. In einer abweichenden Stellungnahme wandten sich die Delegationsmitglieder des Finanzministeriums grundsätzlich gegen jede Zahlung an die Claims Conference, da diese sich weigere, die Einzelansprüche sachlich zu belegen, rechtlich zu begründen und nur deshalb einen solchermaßen unbestimmten Globalanspruch erhebe. Im übrigen werde aus einer Ablehnung der Forderung der Claims Conference kein Nachteil entstehen, da sich die Bundesrepublik durch die Anerkennung des israelischen Anspruchs bereits ein positives Image in der Weltöffentlichkeit gesichert habe[70].

Erst nachdem McCloy in einem Telegramm an den Bundeskanzler das letztere

---

[66] Auszug aus dem Kurzprotokoll über die 228. Kabinettssitzung der Bundesregierung am 17.6. 1952 in BArch, NL Blankenhorn 17.

[67] Aufzeichnung einer Unterredung zwischen Adenauer und McCloy am 17.6. 1952 in BA, NL Blankenhorn 10.

[68] Dokument der Conference-Delegation zur Begründung des Globalanspruchs vom 30.6. 1952 in BA, B 136/1127.

[69] Berichte Böhms über die Verhandlungen mit der Conference-Delegation vom 2. u. 14.7. 1952 in BA, B 136/1127.

[70] Stellungnahme der dem Bundesfinanzministerium angehörenden Delegationsmitglieder zu dem Gloabalanspruch der Conference-Delegation vom 2.7. 1952 in BA, B 126/51 544.

Argument des Finanzministeriums energisch bestritten und im Falle einer endgültigen Zurückweisung der kollektiven Entschädigung für die Claims Conference schwerwiegende Konsequenzen für die internationale Stellung der Bundesrepublik angekündigt hatte, legte sich Adenauer fest. In einer turbulenten Kabinettssitzung am 15. Juli 1952 sorgte er dafür, daß das Bundeskabinett dem Böhmschen Vorschlag entsprach[71].

Böhm hatte sich nicht zuletzt aus politischen Gründen für eine Globalentschädigung an die Claims Conference ausgesprochen, weil die „Gemeinsamen Empfehlungen für die deutsche Gesetzgebung auf dem Gebiete der Entschädigung und Rückerstattung", auf die man sich am 8. April 1952 verständigt hatte, aufgrund rechtlicher, politischer und finanzieller Bedenken der deutschen Seite teilweise abgelehnt worden waren. Vor allem die Bedenken des Finanzministeriums, es bestehe die Gefahr der Verwischung der Grenzen zwischen innerrechtlichen Wiedergutmachungs- und völkerrechtlichen Reparationstatbeständen, spielten hierbei eine entscheidende Rolle.

Am 8. August 1952 wurden die „Vorgesehenen Regelungen über den Ausbau der Wiedergutmachungsgesetzgebung" von den beiden Delegationen unterzeichnet. Sie entsprachen dem späteren Protokoll Nr. 1 des Wiedergutmachungsabkommens und gingen substanziell lediglich im Bereich der Entschädigung über die Bestimmungen des deutsch-alliierten Überleitungsvertrags vom Mai 1952 hinaus. Obwohl die ansonsten sehr etatbewußten Experten des Bundesfinanzministeriums den finanziellen Mehraufwand nur für gering hielten, sollte sich erweisen, daß gerade die hier vereinbarten Regelungen den Bundeshaushalt in einer kaum vorstellbaren Weise belasteten[72].

Die gleichzeitigen Verhandlungen mit der israelischen Delegation rückten nach

---

[71] Telegramm McCloys an Adenauer vom 14.7. 1952 u. a. in BA, NL Blankenhorn 13; Auszug aus dem Kurzprotokoll über die 235. Kabinettssitzung der Bundesregierung am 15.7. 1952 in BA, B 126/9863.

[72] Vgl. die Kabinettsvorlage des Bundesfinanzministeriums betr. Verhandlungen mit der CC über den Ausbau der innerdeutschen Wiedergutmachungsgesetzgebung vom 5.9. 1952 in BA, B 136/1130. Aufgrund der deutsch-alliierten Verhandlungen über die Individualwiedergutmachung, die im Mai 1952 mit der Unterzeichnung des Überleitungsvertrags (hierin Teil 3 „Innere Rückerstattung" und Teil 4 „Entschädigung für Opfer der nationalsozialitischen Verfolgung") ihren Abschluß fanden, standen die Besprechungen und Vereinbarungen (Protokoll Nr. 1) mit der Claims Conference zu diesem Thema nicht im Zentrum der Aufmerksamkeit der deutschen Seite. Letzteres gilt sowohl für die deutsche Delegation in Wassenaar als auch für die Bundesregierung. Aus heutiger Sicht war dies – sofern der finanzielle Aufwand als Maßstab herangezogen wird – eine fatale Fehleinschätzung, denn die Grundsätze, die die Bundesrepublik in Teil 4 des Überleitungsvertrages anerkannte – beschleunigte bundeseinheitliche Ergänzung und Änderung der Landesentschädigungsregelungen; Neuregelung zumindest entsprechend dem Zustand in der US-Zone; Berücksichtigung verfolgungsbedingter Beweisnot und Bereitstellung ausreichender finanzieller Mittel – erfuhren durch die Fülle der Einzelbestimmungen zur Entschädigung im Protokoll Nr. 1 eine folgenschwere Spezifizierung. Dies sowie die der Claims Conference eingeräumte ständige Kontrolle der Umsetzung des Protokolls Nr. 1 in Gesetzesform führte dazu, daß sich die Kosten für die Individualentschädigung bisher (Stand 1984) auf ca. 70 Mrd. DM belaufen (im Vergleich dazu Israelvertrag und Globalentschädigung für die CC [Protokoll Nr. 2]: 3,45 Mrd. DM). Vgl. hierzu ausführlicher: Die Wiedergutmachung nationalsozialistischen Unrechts durch die Bundesrepublik Deutschlands, hrsg. vom Bundesministerium der Finanzen in Zusammenarbeit mit Walter Schwarz, Bd. III: Ernst Féaux de la Croix und Helmut Rumpf, Der Werdegang des Entschädigungsrechts unter national- und völkerrechtlichem und politologischem Aspekt, München 1985, S. 119–200.

Lösung des Problems des Globalanspruchs der Claims Conference seit Mitte Juli wieder verstärkt in den Vordergrund. Sie konzentrierten sich, sieht man von der Aufstellung der Warenlisten, der endgültigen Klärung der Ölfrage und der Abfassung eines unterschriftsreifen Vertragstextes ab, auf die Erörterung diverser Sicherungsklauseln, von denen wiederum zwei in den Diskussionen im Mittelpunkt standen.

Bereits am 30. Juni 1952 hatte die israelische Delegation den Entwurf einer Wertsicherungsklausel vorgelegt, die für den Fall einer inflationären Entwicklung in der Bundesrepublik die automatische Angleichung an das Preisniveau der Waren zum Zeitpunkt des Inkrafttretens des Vertrages vorsah[73]. Das Warenlieferungsvolumen sollte demnach über die gesamte Laufzeit des Abkommens unverändert bleiben. Die deutsche Delegation lehnte diese Bindung an feste Preise als unvereinbar mit der Politik der freien Marktwirtschaft ab. Das Kabinett entschied am 18. Juli 1952 zunächst, daß die Bundesrepublik mit ihren früheren Zusagen lediglich eine Geldverpflichtung gegenüber Israel eingegangen sei, die nunmehr gewünschte Umwandlung in eine Sachwertforderung könne folglich nicht akzeptiert werden[74]. Nachdem jedoch die israelische Delegation angekündigt hatte, daß das Abkommen ohne jegliche Sicherung nicht unterzeichnet werden würde[75], lenkte die deutsche Seite auf Initiative Böhms und des Auswärtigen Amtes ein. Ende August 1952, als die Verhandlungen in Wassenaar schon beendet waren, einigten sich Goldmann, Shinnar, Hallstein und Böhm in Bonn auf eine im Vergleich zu der ursprünglichen Forderung Israels stark abgeschwächte und unverbindliche Form der Wertsicherungsklausel. Bei einer wesentlichen Verminderung der Substanz der von der Bundesrepublik übernommenen Verpflichtungen sollten danach Verhandlungen „zu dem Zwecke der Anpassung der noch ausstehenden Jahresleistungen an die derart veränderten Umstände" aufgenommen werden[76].

Von dem Zugeständnis der deutschen Seite in der Frage der Wertsicherung machte die israelische Delegation offensichtlich die Aufnahme der von der Bundesrepublik gewünschten Gefahrenklausel in den Vertragstext abhängig. Die Gefahrenklausel fixierte im Falle einer nachhaltigen Beeinträchtigung der deutschen Leistungsfähigkeit israelisch-deutsche Besprechungen mit dem Ziel der Änderung des Tilgungsplans und räumte der Bundesrepublik die Möglichkeit ein, bis zum Spruch einer Schiedskommission die nächstfällige Jahresleistung eigenmächtig herabzusetzen. Sie wurde – parallel zur Sicherungsklausel – erst nachträglich als Art. 10 in den Text des Abkommens eingefügt. Die weitergehenden Vorstellungen des Finanzministeriums, die auf eine einseitige Einstellung des Warenexports ohne jegliche Bindung an die Entscheidung des Schiedsgerichts hinausliefen, vermochten sich nicht durchzusetzen[77].

---

[73] Schreiben der israelischen an die deutsche Delegation vom 30. 6. 1952 in BA, B 126/51 544.

[74] Auszug aus dem Kurzprotokoll über die 236. Kabinettssitzung der Bundesregierung am 18. 7. 1952 in BA, NL Blankenhorn 17.

[75] Vgl. u. a. das Telegramm Böhms an das AA vom 21. 7. 1952 in AA II 244-13, Bd. 5.

[76] Niederschrift über die Ressortbesprechung am 1. 9. 1952 in BA, Bestand Marshallplanministerium B 146/1245 Heft 2; Stellungnahme des Bundesfinanzministeriums vom 2. 9. 1952 zu den Kabinettsvorlagen des AA vom 28. 8. 1952 in BA, B 126/51 545.

[77] Kabinettsvorlage des AA vom 5. 9. 1952 in BA, B 136/1130; Stellungnahme des Bundesfinanzministeriums vom 6. 9. 1952 in BA, B 126/51 545 und Aufzeichnung Froweins über die Ressortbesprechung am 6. 9. 1952 in AA II 244-13, Bd. 7.

Nachdem zumindest in der Sicht des Auswärtigen Amtes in der strittigen Frage der Sicherungsklauseln eine für beide Seite akzeptable Lösung gefunden worden war, konnte der Entwurf des Abkommens am 8. September 1952 dem Bundeskabinett zur abschließenden Beratung und Abstimmung vorgelegt werden. Das Vorhaben Adenauers, die Kabinettssitzung bereits am 3. September abzuhalten und damit die Teilnahme Schäffers, der sich Anfang September anläßlich der Tagung des Währungsfonds in Mexiko aufhielt, zu verhindern, scheiterte am entschiedenen Widerstand des Finanzministers. Entgegen seiner ursprünglichen Absicht konnte der Bundeskanzler einer offenen Kontroverse mit Schäffer nicht länger aus dem Wege gehen[78].

Obwohl Adenauer direkt zu Beginn der Sitzung eindringlich „auf die überwiegend außenpolitische Bedeutung der Abmachungen" hinwies und hervorhob, daß die Außenminister der Vereinigten Staaten und Großbritanniens „immer wieder auf eine Verständigung mit Israel gedrängt" hätten, ließ sich Schäffer von seiner grundsätzlichen Ablehnung des Abkommens nicht abbringen.

Taktisch geschickt beschränkte der Kanzler die nachfolgende Diskussion auf die Finanzierungsfrage. Aufgrund einer persönlichen Erklärung Kirkpatricks – so der Kanzler – sei damit zu rechnen, daß bei den Besatzungskosten eine wesentliche Ersparnis eintrete, die mithin für den Israelvertrag Verwendung finden könne. Schäffer, der offensichtlich über anderslautende Informationen verfügte, bestand indes auf einer Umverteilung innerhalb der einzelnen Posten des Haushalts, ansonsten werde er formellen Widerspruch gegen die Annahme des Abkommens einlegen. Adenauer bestritt dem Finanzminister dieses Recht. Das Kabinett habe bereits am 17. Juni 1952 den Beschluß über die Zahlung von 200 Millionen DM gefaßt, Schäffer habe damals zwar gegen diese Regelung gestimmt, aber das Widerspruchsrecht nicht in Anspruch genommen. Da der Finanzminister sich weiterhin unnachgiebig zeigte, lenkte Adenauer schließlich ein. Er bat das Kabinett, dem Abkommen mit der Maßgabe zuzustimmen, daß die Weiterleitung an Bundesrat und Bundestag erst dann erfolge, wenn auch gleichzeitig ein Deckungsvorschlag vorgelegt werden könne. Gegen die Stimmen der Bundesminister Storch (Arbeit) und Schäffer ermächtigte das Kabinett daraufhin den Kanzler, den vorliegenden Vertragsentwurf zu signieren[79]. Zwei Tage später, am 10. September 1952, unterzeichneten der israelische Außenminister Sharett, Goldmann und Adenauer in Luxemburg das Wiedergutmachungsabkommen[80].

Die Drohungen der arabischen Staaten, sie würden bei Ratifizierung des Israelvertrags ihre Handelsbeziehungen zur Bundesrepublik abbrechen, verzögerten in der Folge das Gesetzgebungsverfahren erheblich[81]. Erst nachdem es mit Unterstützung

---

[78] Quellen dazu u. a. in BA, B 136/1129 u. 1130; BA, NL Schäffer 33.
[79] Kurzprotokoll über die 245. Kabinettssitzung der Bundesregierung am 8.9. 1952 in BA, NL Blankenhorn 14.
Schäffer sollte mit seiner Skepsis gegenüber der „Adenauer-Lösung" Recht behalten. Die erste Rate wurde nicht durch Einsparung bei den Okkupationskosten, sondern zu Lasten des Einzelplans XXIII (Allgemeine Finanzverwaltung) des Bundeshaushalts finanziert. Vgl. dazu den Bundeshaushaltsplan in BA, B 126/12015.
[80] Vgl. Tagebucheintragungen Blankenhorns vom 10.9. 1952 in BA, NL Blankenhorn 14; Adenauer, Erinnerungen II, S. 155–159; Goldmann, a.a.O., S. 405–407.
[81] Quellen hierzu vor allem in AA III 210-01/35 E, Bd. 1–8; siehe auch AA II 244-11 u. 11 A, 12, 13; AA II 244-13 E, Bd. 1, 2, 10 und BA, B 102/58051 und 58131.

der Vereinigten Staaten gelungen war, Ägypten, den Wortführer der Arabischen Liga, durch bundesdeutsche Kreditangebote zu einem Boykottverzicht zu bewegen und das Auswärtige Amt die Zusicherung erhalten hatte, daß auch die übrigen arabischen Staaten keine konzertierten wirtschaftlichen Maßnahmen gegen die Bundesrepublik planten[82], verabschiedete der Bundestag am 18. März 1953 das Gesetz zum Israelabkommen[83]. Mit dem Austausch der Ratifikationsurkunden, den Vertreter beider Staaten im Generalsekretariat der Vereinten Nationen in New York vollzogen, trat das Abkommen am 27. März 1953 in Kraft[84].

Den Wiedergutmachungsverhandlungen in Wassenaar lag keine rationale Planung der Bundesregierung oder des Bundeskanzlers zugrunde. Dank des persönlichen Engagements des amerikanischen Hohen Kommissars, John McCloy, initiierte Adenauer mit seiner „historischen" Regierungserklärung vom September 1951 einen Verhandlungsprozeß, dessen Konsequenzen er zu diesem Zeitpunkt noch keineswegs absehen konnte. Erst als die Verhandlungen im Mai 1952 zu scheitern drohten, entsprach er notgedrungen der israelisch-jüdischen Forderung, den Wiedergutmachungskomplex von den Londoner Schuldenverhandlungen zu trennen. Wie Abs sehr richtig erkannte, wurde dadurch beides (Wassenaar und London) teurer. Doch dies war der Preis, der angesichts der sich abzeichnenden Gefährdung der Ratifizierung der deutsch-alliierten Vertragswerke in den USA gezahlt werden mußte. Mit der Einsicht des Kanzlers in die wichtige funktionale Bedeutung des erfolgreichen Abschlusses der Wassenaar-Verhandlungen für die Souveränität der Bundesrepublik und deren Integration in das westliche Bündnis war die grundsätzliche Entscheidung für das Luxemburger Abkommen gefallen. Das State Department und das Foreign Office waren in entscheidender Weise daran beteiligt, daß ihm dieser Zusammenhang deutlich wurde. Dann galt es in erster Linie nur noch den hartnäckigsten Widersacher des deutsch-israelischen Vertrages, Bundesfinanzminister Schäffer, im Kabinett zu isolieren.

Zwar wurde die Bundesrepublik durch die Unterzeichnung, Ratifikation und Durchführung des Abkommens letztlich der 1951 feierlich verkündeten „moralischen Verpflichtung des deutschen Volkes zur Wiedergutmachung" gerecht. Ausschlaggebend für das Zustandekommen des Vertrages war dieses Motiv jedoch nicht.

---

[82] Telegramme Pawelkes an das AA vom 2. u. 3. 3. 1953 in AA III 210-01/35 E Bd. 7; Aufzeichnung Munzels für Kordt vom 9. 4. 1953 in AA III 210-01/35 E, Bd. 8.
[83] Verhandlungen des Deutschen Bundestages, 1. Wahlperiode, Stenographische Berichte Bd. 15, Bonn 1953, S. 12 273 ff.
[84] Mitteilung des AA an die Bundesministerien vom 31. 3. 1953 in BA, B 134/3159.

Michael Wolffsohn

Globalentschädigung für Israel und die Juden?
Adenauer und die Opposition in der Bundesregierung

In diesem Beitrag soll den Argumenten und Aktionen der Wiedergutmachungsgegner innerhalb der Bundesregierung nachgegangen und geprüft werden, wie Bundeskanzler Adenauer dieser Opposition in der Regierung begegnete.* Dabei konzentrieren wir uns auf die Bundesminister und die übrigen Entscheidungsträger, nicht auf die Auseinandersetzungen in und zwischen den verschiedenen Ministerien. Von „bürokratischer Politik" wird nicht die Rede sein, und wir wollen auch den Entscheidungsablauf nicht nachzeichnen.

Ganz unbekannt sind die Argumente und Aktionen der Wiedergutmachungsgegner freilich nicht. So hat zum Beispiel Kai von Jena kürzlich erstmals bundesdeutsche Regierungsakten, vor allem Kabinettsprotokolle, ausgewertet und die regierungsinternen Kontroversen erkennbar werden lassen[1]. Wir wollen hier weniger schulmeisterliche Fußnotenschlachten schlagen und auf Versäumnisse oder gar Fehler anderer Autoren hinweisen. Vielmehr sollen die Wiedergutmachungsgegner ausführlicher als bisher zu Wort kommen. Nicht in die finanzpolitischen Einzelheiten wollen wir uns dabei vertiefen, sondern in die grundsätzlichen Überlegungen, Urteile oder Vorurteile der regierungsinternen Opposition.

Bei allem Interesse an der Opposition gegen das Wiedergutmachungsabkommen darf nicht übersehen werden, daß sie sich am Ende *nicht* durchsetzen konnte. Vergäße man dies, ergäbe sich eine verzerrte und falsche Sichtweise.

Zu erinnern wäre außerdem an eine wichtige politisch-historische Tatsache: Gerade Schäffer und Dehler zählten zu den Männern, die in brauner Zeit eine weiße Weste behalten hatten. Fritz Schäffer, dem hartnäckigsten Gegner der Wiedergutmachung an Israel, wurde daher auf dem Höhepunkt der deutsch-israelischen Verhandlungskrise, im Mai 1952, von der „New York Times" zurecht bescheinigt, sich aus rein finanziellen Gründen den beabsichtigten Zahlungen zu widersetzen. „Bestimmte andere Elemente in der Bundesregierung" hätten „weniger handfeste Motive", behauptete der „New York Times"-Korrespondent, ohne Namen zu nennen[2].

* Dieser Aufsatz entstand im Rahmen des Forschungsvorhabens „Deutsch-Israelische Beziehungen seit 1948/49". Es wird von der Stiftung Volkswagenwerk großzügig gefördert.
[1] Kai von Jena, Versöhnung mit Israel? Die deutsch-israelischen Verhandlungen bis zum Wiedergutmachungsabkommen von 1952, in: Vierteljahrshefte für Zeitgeschichte (VfZ) 34 (1986), S. 457–471. Zu den bundesdeutschen Interna vgl. auch den Aufsatz von R. Huhn in diesem Band. Vgl. zu Adenauers Haltung: Günther Gillessen, Konrad Adenauer und der Israel-Vertrag, erscheint 1988 in der Festschrift für Wilhelm Hennis. Das Manuskript wurde mir von Herrn Gillessen freundlicherweise zugesandt.
[2] Jack Raymond, New York Times, 20. 5. 1952.

Hermann Josef Abs, der Leiter der deutschen Delegation bei der Londoner Schuldenkonferenz, gehörte zwar nicht zu den grundsätzlichen Gegnern einer Wiedergutmachung an Israel; er wollte zunächst die allgemeine Schuldenproblematik klären, um dann Wiedergutmachung zu leisten, doch er geriet ins Kreuzfeuer der jüdischen Kritik. Der „Jewish Observer" aus London stellte dem Bundeskanzler einige „Fragen" in bezug auf die vermeintliche Rolle von Abs in der NS-Zeit[3].

Nicht der Entscheidungsvorgang oder Verhandlungsablauf, sondern allein die innergouvernementale Opposition gegen die Wiedergutmachung an den Staat Israel soll dargestellt werden. Das Problem der Entschädigung von Einzelpersonen im In- und Ausland sowie die Regelungen mit dem „Weltjudentum", also der Claims Conference, lassen wir in dieser Studie außer Acht.

Die Opposition gibt den Ton an

Den Worten folgten zunächst keine Taten; und die barschen Worte im internen Kreis des Kabinetts entsprachen keineswegs den vorangegangenen sanft-versöhnlichen öffentlichen Bekundungen des Bundeskanzlers.

Bekanntlich hatte Adenauer im November 1949 der „Allgemeinen Wochenzeitung der Juden in Deutschland" gegenüber die Bereitschaft seiner Regierung bekundet, Israel beim Aufbau des Landes finanziell zu helfen. Kurz danach lotete ein Vertreter des israelischen Finanzministeriums Westdeutschlands konkreten Willen aus. Er wollte deutsche Exporte durch Entschädigungsgelder finanzieren lassen; wohlgemerkt nicht durch ein gesondertes deutsch-israelisches Wiedergutmachungsabkommen. Am 9. Juni 1950 berichtete Finanzminister Schäffer dem Bundeskabinett, der „Vertreter Israels habe sich, nachdem er festgestellt habe, daß bei den Ländern Restitutionsgelder in der von ihm beanspruchten Höhe von 250 Millionen DM nicht zur Verfügung standen, an den Bund gewandt. Der Bund soll die Restitutionsansprüche bevorschussen und damit zugleich den Export nach Israel finanzieren. Da der beanspruchte Betrag auch vom Bund nicht aufgebracht werden könne, seien weitere Verhandlungen zwecklos. Der Bundesminister der Finanzen empfiehlt den Kabinettsmitgliedern, zu dieser Frage keinerlei verbindliche Erklärungen abzugeben", liest man in den vom Bundesarchiv veröffentlichten Kabinettsprotokollen[4]. „Das Kabinett nimmt die Ausführung des Bundesministers der Finanzen zustimmend zur Kenntnis", lesen wir außerdem[5].

Eine Aussprache scheint nicht stattgefunden zu haben, und Widerspruch gegen diese rein finanzpolitische, historisch unsensible, unsentimentale, außenpolitische Erwägungen außer Acht lassende Betrachtung des Problems erhob sich offenbar nicht.

Wo war der Bundeskanzler? Er nahm an dieser Kabinettssitzung nicht teil, und Schäffer scheint bei der Steuerung seiner Ministerkollegen auf keinerlei Schwierigkeiten gestoßen zu sein. Im Nachlaß von Verkehrsminister Seebohm erfahren wir mehr.

---

[3] Jewish Observer and Middle East Review, 18.4.1952, S.1.
[4] Die Kabinettsprotokolle der Bundesregierung, Band 2, 1950, bearbeitet von Ulrich Enders und Konrad Reiser, Boppard 1984, 72. Sitzung am 9.6.1950, S.438.
[5] Ebd.

In seinen Aufzeichnungen über diese Kabinettssitzung heißt es nicht, wie in der amtlichen Edition der Protokolle, verklausuliert-diplomatisch, daß „zu dieser Frage keinerlei verbindliche Erklärungen abzugeben" seien, sondern klar und unmißverständlich: „Es soll darüber nicht geredet werden."[6] Statt Unverbindlichkeit, auf die man aus der amtlichen Edition schließen muß, war fast Unversöhnlichkeit, zumindest aber Schweigen die tatsächliche Devise, wenn wir den oft zutreffenden und sehr genauen Aufzeichnungen Seebohms glauben. Für deren Glaubwürdigkeit spricht die abschließende Notiz des Verkehrsministers zu diesem Punkt der Tagesordnung: „Wo das Geld fehlt, kommt Ausführung nicht in Betracht."[7] Hierüber scheint Einigkeit bestanden zu haben; von „Auseinandersetzungen" innerhalb des Kabinetts keine Spur, und niemand scheint daran gedacht zu haben, daß man dem Geist der Adenauer-Erklärung vom November 1949 zuwider handelte.

Es dauerte mehr als ein Jahr, bis sich das Kabinett wieder mit der „Judenfrage" beschäftigte[8]. „Auf Anforderung des Bundeskanzlers" verlas Ministerialdirektor Blankenhorn „den Entwurf einer Regierungserklärung zur Judenfrage," in der sich Adenauer einen Tag später im Bundestag zur moralischen und materiellen Wiedergutmachung an das jüdische Volk und den Staat Israel bekannte[9]. Der Entscheidungsvorgang hierüber war am Kabinett völlig vorbei gegangen. Jetzt erfuhr es den bereits ausgehandelten Textinhalt. Die Aussprache über die beabsichtigte Erklärung war „kurz", und es wurden an der vorgesehenen Fassung nur „einige Änderungen" vorgenommen[10]. Über unverbindliche schöne Worte war man sich offenbar ebenso schnell einig wie über verbindlich Finanzielles im Juni 1950. Selbst wenn das Kabinett die Erklärung des Kanzlers vom 27. September als Verhandlungsgrundlage angesehen haben sollte, so bleibt der politisch-inhaltliche Gegensatz zwischen der Linie vom Juni 1950 und September 1951 bestehen; schöne Worte wollte man ebenso wie man Finanzielles offenbar nicht wollte oder nicht zu können glaubte.

Vom Fortgang der deutsch-israelischen und deutsch-jüdischen Verhandlungen erfuhr das Kabinett einstweilen nichts. Am 18. Dezember 1951 – Adenauer hatte seinen verpflichtenden Brief an Goldmann zwölf Tage zuvor geschrieben – berichtete der Kanzler beiläufig, er sei „in London von einem Herrn Goldstein angesprochen worden", der „ihm vorgetragen habe, daß das Judentum unter Hitler insbesondere in den besetzten Gebieten so stark habe leiden müssen. Er habe daraufhin erklärt, daß er ja schon im Bundestag eine Erklärung abgegeben habe und daß der Wunsch des Staates Israel, durch Warenlieferungen eine Art Wiedergutmachung an notleidende Juden zu erhalten, geprüft wird."[11] Hier meldete sich der Finanzminister zu Wort. Er müsse

---

[6] Bundesarchiv Koblenz (BA) Nachlaß Seebohm 178, 6 b, 72. Sitzung, 9. 6. 1950, TOP 14, Punkt 5.

[7] Ebd.

[8] „Regierungserklärung zur Judenfrage" (sic), in: Die Kabinettsprokolle der Bundesregierung, Band 4, 1951, bearbeitet von Ursula Hüllbusch, Boppard (angekündigt für März 1988) S. 662, 175. Kabinettssitzung, 26. 9. 1951. Aufgrund einer Sondergenehmigung erhielt ich die Möglichkeit, das Protokoll vor der Veröffentlichung zu sehen.

[9] Ebd.

[10] Ebd.

[11] BA, Nachlaß Schäffer 168/33, zur Kabinettssitzung vom 18. 12. 1951. Die Aufzeichnungen Seebohms lassen keinen Zweifel daran, daß der Kanzler über sein Gespräch mit Goldmann konkrete Einzelheiten mitteilte, vgl. BA, Nachlaß Seebohm, Nl 178/7 a.

„dringend bitten ...‚ daß kein Ressort eine verpflichtende Erklärung bezüglich solcher Lieferungen, insbesondere in der Höhe abgebe, weil der Bundeshaushalt nicht in der Lage sei, vor Entscheidung über den Verteidigungsbeitrag und über die Frage der Auslandsschulen irgendwelche Beträge nach dieser Richtung hin aufzubringen."[12]

Adenauer ließ die Gefühlssaiten klingen, doch Schäffer entgegnete nüchtern-sachlich. Seine Prioritäten waren unmißverständlich: Am wichtigsten sei der Verteidigungsbeitrag, dann sei an die Auslandsschulen zu denken, und über Wiedergutmachung sollte man am besten schweigen. Diese Interpretation liegt nahe, denn Schäffers Formulierung am 18. Dezember 1951 wich kaum von seiner Stellungnahme vom 9. Juni 1950 ab. Daß die „Regelung des Schuldenkomplexes der Londoner Konferenz vordringlich sei, um die Kreditwürdigkeit Deutschlands wiederherzustellen und um damit auch in die Lage versetzt zu werden, eine Wiedergutmachung an Israel zu leisten", meinte freilich auch der Bundeskanzler; und er sagte es Nahum Goldmann unumwunden am 19. April 1952[13].

Je näher man konkreten Verhandlungen über die deutsche Wiedergutmachung an Israel kam, desto hartnäckiger wurde die Opposition Schäffers. Zur ersten Besprechung der „beteiligten Ressorts", zu der das Wirtschaftsministerium einlud, kam kein Vertreter des Finanzministeriums; es hatte sich „geweigert, teilzunehmen"[14].

Justizminister Dehler hatte schon am 15. Dezember 1951 mit seiner Rede vor der Arbeitstagung jüdischer Juristen in Düsseldorf Aufsehen erregt. Darin wehrte er sich nicht nur gegen den ehemaligen stellvertretenden Hohen Kommissar der USA, Buttenwieser, der ihn in die Nähe von Antisemiten gerückt hatte; Dehler polemisierte gegen die Vereinigten Staaten, die „unter dem Namen immerhin eines jüdischen Politikers, Morgenthau, jahrelang Politik gemacht" hätten, die Deutschlands wirtschaftliche Wiedergenesung verhindert hätte. „Man hat die deutsche Wirtschaft geknetet, statt sie leben zu lassen." Gewiß, Dehler bekannte sich zur „materiellen Wiedergutmachung", die „im argen" liege; es fehle nicht am guten Willen der Bundesregierung, sie müsse allerdings „allen Wünschen Rechnung" tragen[15]. Die jüdischen Juristen formulierten umgehend eine Protestresolution[16], Dehler bekannte sich daraufhin ebenso prompt zur Wiedergutmachung und versprach, „alles für ihre Erfüllung zu tun". Die Wiedergutmachung wäre „zum guten Teil schon abgeschlossen ...‚ wenn man nach 1945 der deutschen Wirtschaft die Möglichkeit der raschen Erholung gewährt hätte",

---

[12] Ebd. Hervorhebung Wolffsohn. In der amtlichen Edition der Kabinettsprotokolle habe ich keinen Hinweis auf diese Äußerungen gefunden. Einmal mehr zeigt es sich, wie wichtig die ergänzenden Aufzeichnungen der Minister sind.
[13] Besprechung Adenauer-Goldmann, 19. 4. 1952, S. 2, BA, Nachlaß Blankenhorn 11.
[14] Einladung Ministerialdirigent Schöne an Bundeskanzleramt, Auswärtiges Amt, Finanz-, Justizministerium und Bank deutscher Länder, 13. 3. 1952, Bundeskanzleramt, Bundesarchiv Koblenz, 136/1127. Weigerung zitiert aus der Aufzeichnung Alexander Bökers vom Auswärtigen Amt, in: BA, Nachlaß Blankenhorn 17.
[15] Text der Rede im Nachlaß Dehler, N1-774, Friedrich-Naumann-Stiftung. Innenminister Lehr (CDU) sprach auch auf dieser Tagung. Er schrieb kurz danach an Dehler, daß der „ernstliche Wille der Bundesregierung" „auf dem Gebiet der allgemeinen Wiedergutmachung" „sichtbar werden" müsse, „selbst wenn über die Höhe der notwendigen Beträge noch Fühlungnahme zwischen den verschiedenen Ressorts erforderlich ist und wenn auch die außenpolitische Seite noch geklärt werden muß." (Lehr an Dehler, 18. 1. 1952, Nachlaß Dehler, N1-774.
[16] Am 16. 12. 1951, Nachlaß Dehler, N1-774.

fügte er hinzu. Er nannte verschiedene (!) „Lasten", die auf der deutschen Wirtschaft lagen: „die Versorgung der zehn Millionen Vertriebenen, die Beseitigung der Kriegsschäden, den Lastenausgleich ... Daß im Rahmen dieser Verpflichtungen die Wiedergutmachung des Naziunrechts einen hohen Rang hat", sei seine Überzeugung[17].

Man achte auf die Rangfolge. Die Wiedergutmachung genoß keineswegs den Vorrang. Natürlich konnte Dehler völlig unbelastet auftreten und reden, denn er hatte in der NS-Zeit allen Schwierigkeiten zum Trotz zu seiner jüdischen Frau gehalten – und er machte nach 1945 hiervon politischen Gebrauch: „Gott, ich habe meine jüdische Frau durchgehalten, deswegen habe ich das Recht, das zu sagen."[18] Am 18. Dezember fand eine versöhnende Unterredung zwischen dem Justizminister und Mitgliedern des Präsidiums der jüdischen Juristen statt[19], doch noch im April 1952 sah der FDP-Politiker aus den bereits erwähnten Gründen „die Verhandlungen mit dem Staate Israel in Den Haag über die Zahlung eines pauschalen Schadenersatzes überaus skeptisch."[20]

Wir fassen die Anlaufphase zusammen: Von einem inneren Einsatz für die Wiedergutmachung kann bei den beteiligten Entscheidungsträgern außerhalb des Bundeskanzleramtes keine Rede sein. Tagespolitik, Alltagssorgen, eigene Probleme waren Trumpf, an versöhnende oder gar spektakuläre Gesten wurde nicht gedacht. Im Gegenteil, die aufsehenerregenden Erklärungen der Versöhnung durch den Kanzler wurden bestenfalls zerredet, in der Regel trug man Argumente vor, die die Undurchführbarkeit der guten Absicht beweisen sollten.

Am 26. Februar 1952 befaßte sich das Bundeskabinett mit der, wie der Kanzler sie nannte, „Konferenz über die Entschädigungsansprüche Israels und des Weltjudentums ... Amerika habe schon seit langem darauf hingewirkt, daß sich Deutschland zu Verhandlungen bereit finden solle", teilte Adenauer, dem Protokoll zufolge, außerdem mit[21]. Wer dies liest und zudem in den Aufzeichnungen Seebohms den Hinweis auf die „Einwirkung McCloys" entdeckt, muß tatsächlich an einen starken Einsatz der USA in bezug auf deutsche Wiedergutmachung an Israel glauben. Daß sich bei der Auswertung amerikanischer und israelischer Akten ein völlig anderes Bild ergibt, das äußerste Zurückhaltung der US-Administration zeigt, habe ich an anderer Stelle zu zeigen versucht[22]. Ja, die USA befürworteten diese Wiedergutmachung im Prinzip. Aber sie befürchteten, daß sie letztlich selbst die Gelder hierfür aufbringen müßten – was sie nicht wollten – und daß die Wiedergutmachungsgelder bei der Wiederbewaffnung fehlen würden. Mag sein, daß aus den israelischen Akten ein Zu-Wenig, aus der einen oder anderen deutschen Akte ein Zu-Viel an amerikanischem „Druck" oder „Einwirken" erkennbar wird, weil die politischen Akteure ihre jeweiligen Wahrnehmungen oder Wünsche wiedergaben; aus den amerikanischen Dokumenten wird der Balanceakt, wird die Zurückhaltung einwandfrei erkennbar.

---

[17] Dehler an die Arbeitstagung Jüdischer Juristen, zu Händen Herrn Karl Marx (den Herausgeber der „Allgemeinen" jüdischen Wochenzeitung; M.W.), 17.12.1951, Nachlaß Dehler, N1-774.

[18] Rede auf der Arbeitstagung Jüdischer Juristen, 15.12.1951, Nachlaß Dehler, N1-774.

[19] Notiz, Nachlaß Dehler, N1-774.

[20] Dehler an Gebhard Müller, 15.4.1952, Nachlaß Dehler, N1-774.

[21] Protokoll der 204. Kabinettssitzung, 26.2.1952, BA, Bundeskanzleramt, B 136/1127. Seebohm notiert die „Einwirkung McCloys" (Nachlaß Seebohm, BA, NL 178/7 b).

[22] M. Wolffsohn: Deutsche Wiedergutmachung an Israel: Die internationalen Zusammenhänge, in: VfZ 36 (1988), Heft 4.

Dem amtlichen Protokoll zufolge, meldete lediglich Justizminister Dehler seine bekannten Bedenken an. Er meinte, „daß bei allem wohlwollenden Entgegenkommen gegenüber den Ansprüchen Israels und des Judentums (er sprach nicht vom „Weltjudentum"; M.W.) dennoch Zurückhaltung geboten sei und keine Versprechungen gemacht werden könnten"[23].

Finanzminister Schäffer berichtete in seinen Aufzeichnungen an Staatssekretär Hartmann, er habe sich „im Kabinett grundsätzlich (sic; M.W.) ablehnend gegen die Verhandlungen an sich ausgesprochen, weil es unmöglich sein wird, die hochgespannten Erwartungen des Weltjudentums zu erfüllen (insbesondere neben dem Verteidigungsbeitrag, der schon voraussichtlich ohne fremde Hilfe nicht geleistet werden kann)." Nichts Neues von Schäffer. Da jedoch die Verhandlungen Mitte März beginnen sollten, war er jetzt einverstanden, daß „ein Herr des Hauses", des Finanzministeriums teilnahm, der freilich „äußerste Zurückhaltung wahren und sich zuerst die entsprechenden Weisungen" beim Minister holen sollte[24].

Die „Zurückhaltung", die Schäffer von seinen Mitarbeitern verlangte, wahrte er selbst in besonderem Maße, und dabei entwickelte er ebenso viel Einfallsreichtum wie mangelndes politisches Fingerspitzengefühl: Da für eine Wiedergutmachung an Israel keine Haushaltsmittel zur Verfügung stünden, käme nur eine internationale Dollaranleihe in Frage, eröffnete er Franz Böhm in einer Unterredung am 7. März. Die Aussichten für eine solche Anleihe beurteilte Schäffer als „nicht schlecht" und berief sich dabei auf Informationen, die er von seiten des ehemaligen Reichskanzlers Brüning erhalten habe. Die amerikanischen Juden würden z. Zt. durch Druckmittel aller Art ganz ungewöhnlich stark zu ‚freiwilligen' Leistungen für den Aufbau des Staates Israel herangezogen. Diese Kreise würden wahrscheinlich geneigt sein, eine der Bundesrepublik zum Zweck der Wiedergutmachungsleistungen an Israel zu gewährende Anleihe zu zeichnen, um auf diese Weise ihre Inanspruchnahme durch Israel zu limitieren[25].

Die erste Ressortbesprechung der später an der Konferenz Beteiligten fand am 8. März 1952 statt, und ihr Ablauf wurde von Abs bestimmt, mit Schützenhilfe der Vertreter des Finanz- und Justizministeriums. Das Ergebnis war „insofern ein negatives, als nach Ansicht der Ressorts die deutsche Delegation sich zunächst darauf beschränken muß, die Forderungen der Gegenseite anzuhören[26]." Abs wollte das

---

[23] Protokoll der Kabinettssitzung vom 26. 2. 1952, BA, B 136/1127. Vgl. auch Seebohm, BA, 26. 2. 1952, NL 178/6 b: „Gutgläubige Erwerber jüdischen Eigentums", so Dehler, seien zu entschädigen („Bauer, durch Truppenübungsplatz enteignet, mit jüdischem Eigentum entschädigt pp."; Seebohm ebd.).

[24] Betr. Kabinettssitzung vom 26. 2. 1952, Nachlaß Schäffer, BA, NL 168/33.

[25] Franz Böhm: Stand der Auseinandersetzung zur Frage der Wiedergutmachungsleistungen an den Staat Israel, Frankfurt am Main, 9. 5. 1952, S. 5, Nachlaß Blankenhorn 16. Dieser Gedanke wurde vorher schon vom Auswärtigen Amt erwogen und Goldmann vorgetragen, doch dieser hatte abgewinkt. Zuerst müsse ein rein deutscher Beitrag zur Wiedergutmachung geleistet werden, dann könne man auch über eine derartige Anleihe reden (ebd.). Die Begründung Schäffers war ebenso originell wie naiv und unboshaft, da die US-Juden wahrhaftig alles andere für Israel unternommen hätten, als die deutsche Wiedergutmachung zu finanzieren. Am 7. 4. 1952 wiederholte Schäffer seine Anregung in bezug auf die Dollaranleihe Böhm und Küster gegenüber (a. a. O., S. 7).

[26] Aufzeichnung Dr. Trützschler für Blankenhorn, 8. 3. 1952, BA, Nachlaß Blankenhorn 17 sowie Aufzeichnung Referat Dr. Frowein, ebd.

Ergebnis der Londoner Schuldenkonferenz abwarten und Israel danach konkrete Vorschläge unterbreiten. Selbst einen psychologisch-politischen „Ausgleich" in Form von mengenmäßig begrenzten Warenlieferungen an Israel, den Legationsrat Trützschler vom Auswärtigen Amt vorschlug, lehnten Abs und der Vertreter des Finanzministeriums ab[27]. Abs drohte sogar mit seinem Rücktritt als Leiter der deutschen Delegation auf der Londoner Schuldenkonferenz für den Fall, daß es zu diesen Warenlieferungen kommen sollte[28].

Sogar Böhm und Küster, die vorgesehenen Leiter der deutschen Delegation, waren mit dem Entgegennehmen der israelischen Forderungen einverstanden, bestanden aber darauf, daß die israelische Delegation vor dem Beginn der Verhandlungen über die passiv-zuhörende Rolle der Bundesdeutschen informiert werden sollte[29].

Allerdings bestand zwischen der Opposition von Abs und der Ablehnung der Wiedergutmachung durch Schäffer und Dehler ein entscheidender Unterschied: Abs wollte nach einer allgemeinen Regelung der deutschen Schulden durchaus Wiedergutmachung gegenüber Israel leisten, während Schäffer und Dehler sich dagegen grundsätzlich sträubten. Deshalb protestierte er Ende März gegen die Absicht Böhms und Küsters, den israelischen Anspruch „für vertretbar" zu erklären[30]. „Mit Rücksicht auf (die) Verhandlungslage (auf der) Londoner Konferenz und auf die Höhe der hier zu regelnden Schulden ist eine Festlegung im Haager Komplex völlig unmöglich, da ein Scheitern hiesiger Verhandlungen die wahrscheinliche Folge wäre. Wenn London scheitert, wäre aber (die) Bundesrepublik auch nicht zur Erfüllung irgendeiner Leistung an Israel imstande", telegrafierte er nach Bonn[31]; auch auf der Krisensitzung im Palais Schaumburg am 5. April wich er von diesem Standpunkt nicht ab.

Das Protokoll dieser Krisensitzung zeigt einmal mehr, daß zwischen Böhm und Küster einerseits sowie Abs andererseits in der Sache keine grundlegenden Meinungsverschiedenheiten bestanden. „Abs erklärte, den Israelen (sic; M.W.) müsse klar gemacht werden, daß im Verhältnis zu dem in London verhandelten Schuldenkomplex für Israel nicht mehr als etwa 10 bis 15 Millionen Dollar Jahresannuitäten in Frage kämen, und nicht, wie sie erwarteten, 200 Millionen. Die Härte der Enttäuschung werde nur herausgeschoben, aber niemals aufgehoben werden können."[32]

Böhm trat dafür ein, „die Härte und das Ausmaß der Enttäuschung *unverzüglich* (Hervorhebung im Text; M.W.) dem Verhandlungspartner mitzuteilen."[33] Anders als

---

[27] Trützschler, auch Aufzeichnung Referat Dr. Frowein, 8.3.1952, ebd. und Aufzeichnung Blankenhorn für den Bundeskanzler, 10.3.1952, Nachlaß Blankenhorn 17.

[28] Trützschler, 8.3.1952, a.a.O.

[29] Ebd. und Böhm an Staatssekretär Hallstein (Auswärtiges Amt), 8.3.1952, Nachlaß Blankenhorn 17.

[30] Telegramm Abs und Schlange-Schöningen an das Auswärtige Amt, 31.3.1952, Nachlaß Blankenhorn 17; vgl. auch Vorlage Dr. Globkes für den Bundeskanzler, 31.3.1952, BA, Bundeskanzleramt, B 136/1127.

[31] Telegramm Abs und Schlange-Schöningen, 31.3.1952, Nachlaß Blankenhorn 17. Vgl. Auch Abs' Erklärung auf der Sitzung im Palais Schaumburg am 5.4.1952, Protokoll S. 2, ebd. 17.

[32] Protokoll der Sitzung im Palais Schaumburg am 5.4.1952, S.5, Nachlaß Blankenhorn 17.

[33] Ebd. Das Protokoll (S. 5) vermerkt ausdrücklich: „Der Herr Bundeskanzler erklärte, es bestehe doch offenbar keine erhebliche Differenz zwischen den Standpunkten im Haag (also Böhm/Küster; M.W.) und in London" (also Abs). Zur Festlegung der Summe siehe a.a.O., S.7f.

Abs wollten Böhm und Küster die Summe von 3 Milliarden festlegen; Abs zog Unverbindlichkeit vor, alle wollten weniger geben als Israel verlangte. Dem Protokoll zufolge, scheint sich der Vertreter des Finanzministeriums an dieser Aussprache nicht beteiligt zu haben, obwohl Staatssekretär Hartmann Regierungsrat Ludwig, den Delegierten seines Hauses in Wassenaar, drei Tage zuvor, wie Küster von der anderen Wiedergutmachungsfraktion notierte, „abberuft, um in Bonn den Kampf gegen uns ... vorbereiten zu können"[34]. Der Abgesandte des Finanzministeriums hatte freilich auch keine Veranlassung, den Verlauf des Gespräches entscheidend zu verändern, denn aus der Sicht seines Hausherrn verlief alles wunschgemäß: Letztlich wurde Israel hingehalten, worüber es dann ungehalten wurde. Für die Gegenseite, für Böhm und Küster, sah es anders aus. „Hallstein und Blankenhorn sind fest an unserer Seite, Erhard hilft so gut er kann. Der Rest ist gegen uns, für uns vielleicht noch ein Stück der Abs'schen Intelligenz", vermerkt Küster[35].

Der Inhalt dieser Sitzung ist in bezug auf den Bundeskanzler bemerkenswert. Über die tatsächliche Einstellung der Truman-Administration und ihres Außenministers Acheson tappte er, ebenso wie die übrigen Teilnehmer, ziemlich im Dunkeln, „Acheson sei offensichtlich stark beunruhigt", teilte Adenauer der Krisenrunde mit[36]. Adenauers Einsatzbereitschaft für die Wiedergutmachung an Israel hielt sich während dieser Sitzung in deutlich erkennbaren Grenzen; über die Finanzierung seiner feierlichen Versprechungen hatte er sich offenbar keine Gedanken gemacht. Jetzt hielt er sie für „entscheidend wichtig"[37]. „Wenn (die) USA (ein) so starkes Interesse an dem Zustandekommen eines Abkommens zwischen der Bundesrepublik und Israel haben, so sollen sie uns helfen, damit wir wirklich leisten können", verkündete er[38] und fügte später hinzu: „... es solle McCloy gesagt werden, daß nur (die) USA helfen könnten. ‚Wo nichts ist, hat der Kaiser sein Recht verloren'."[39] Die Grundlage der israelischen Forderungen, nämlich die Entschädigung für die Eingliederung von Flüchtlingen, die der jüdische Staat aus dem nationalsozialistischen Machtbereich aufgenommen hatte, hielt Adenauer anscheinend für unglaubwürdig: „Er betonte, man müsse aufpassen, daß die israelischen Vertreter uns nicht ‚beschwindeln'. Es handele sich ja gar nicht um eine Entschädigung. Es handele sich um ein Zeichen der Versöhnung. Deutschland könne *keine Forderung* (im Text; M.W.) von Israel anerkennen."[40]

[34] Otto Küster, Tagebuchnotizen zu den Verhandlungen über den Sühnevertrag mit Israel, 2.4. 1952, S.10, Nachlaß Otto Küster, Archiv für Christlich-Demokratische Politik, St. Augustin, I-084-001.
[35] Tagebuch Küster, 5.4. 1952, S.12, a.a.O.
[36] Protokoll der Sitzung, 5.4. 1952, S.2, Nachlaß Blankenhorn 17; vgl. auch S.1. Die Ungewißheit über die Haltung der USA zeigt dieser Abschnitt ebenso wie andere Protokollpassagen. Daß die vermeintliche Beunruhigung der tatsächlichen Gelassenheit der US-Administration nicht entsprach, sei daher ausdrücklich wiederholt. Den Israelis war von den USA zugesagt worden, die Bundesrepublik nicht über die Antwort auf die Jerusalemer Note zu informieren (vgl. auch Huhn). Adenauer berichtete der Runde über ein Telefonat Acheson-McCloy.
[37] Sitzung 5.4. 1952, a.a.O., S.3.
[38] Sitzung 5.4. 1952, a.a.O., S.2.
[39] Sitzung 5.4. 1952, a.a.O., S.7. Tags zuvor, am 4. April 1952, hatte McCloy die Sorgen Achesons über den Fortgang der Wiedergutmachungsverhandlungen mitgeteilt (a.a.O., S.1).
[40] Sitzung, 5.4. 1952, S.3, a.a.O. Nicht nur Adenauer mißtraute den israelischen Berechnungen über die Höhe der Eingliederungskosten. Ministerialdirigent Middleman vom Bundesvertriebenenministerium „zerpflückte die israelischen Eingliederungskosten" vor der deutschen Dele-

Das Mißfallen Adenauers erregte außerdem eine Information, die besagte, Israel habe „bereits jetzt Waren in Griechenland angeboten . . ., die es hoffe, aufgrund der Verhandlungen im Haag von Deutschland zu erhalten."[41] „Israel beabsichtige, sich durch die von Deutschland geforderten Leistungen zu industrialisieren. Es wolle zwei Fliegen mit einer Klappe schlagen, nämlich möglichst große Leistungen erhalten und sich außerdem die Märkte im Orient sichern"[42], meinte der Kanzler. Gut unterrichtet über die politisch-wirtschaftliche Situation im Orient war Adenauer offensichtlich nicht. Wie sollte sich Israel im vornehmlich arabischen und daher feindlich gesonnenen Orient Märkte sichern? Oder zählte der Kanzler Griechenland zum Orient? Außerdem waren die Hellenen seit jeher auf Distanz zu Israel gegangen[43]. Auf Distanz zu Israel ging offensichtlich auch der Kanzler.

Dann wurden jedoch wieder ganz andere Töne laut: Er „wies auf den Unterschied hin, der zwischen den Forderungen Israels und den Forderungen aller übrigen Gläubiger bestehe."[44] In London wollte der Kanzler konkrete Verhandlungen führen, im Haag, so formulierte er es, „lediglich eine psychologische Wirkung erzielen."[45] Hierfür war er sogar bereit, die Summe von drei Milliarden zu nennen (wobei er Böhm und Küster entgegenkam) – freilich ohne die Termine und jährlichen Summen zu bestimmen (wobei er Abs entgegenkam).

Daß Israel bei der Einwanderung der Flüchtlinge aus dem NS-Machtbereich „die und die Kosten entstanden sind", wollte er zwar nicht mehr anzweifeln, aber: „Wann und wie sie gezahlt werden, wissen wir nicht. Dann müsse Herr Abs zu Herrn McCloy gehen und diesen um Hilfe bitten."[46] Das tat Abs noch am Nachmittag desselben Tages, und er scheint mit seinen grundsätzlichen Darlegungen, das heißt der Weigerung, Israel konkrete Zahlen zu nennen, beim Hochkommissar auf offene Ohren gestoßen zu sein[47]. Die Vorschläge von Abs in bezug auf amerikanische Finanzhilfen hörte sich McCloy jedoch lediglich an, um in Washington nachzufragen. Aus den amerikanischen Akten wissen wir freilich, daß die Truman-Administration

---

gation in Wassenaar (vgl. Tagebuch Küster, 27.3.1952, S.7). Das Mißtrauen des Kanzlers liest sich bei Küster folgendermaßen: „Adenauer fällt Böhm ins Wort, die Zahlen könnten wir uns sparen, die Juden betrögen uns ja doch." (a.a.O., S.11).

[41] Sitzung 5.4.1952, a.a.O., S.3.
[42] Ebd. S.4.
[43] Vgl. Michael Wolffsohn, Die Wiedergutmachung und der Westen – Tatsachen und Legenden, in: Aus Politik und Zeitgeschichte (= Beilage zu „Das Parlament"), B 16–17/87, 18.4.1987, S.27.
[44] Sitzung, 5.4.1952, a.a.O., S.5.
[45] Sitzung 5.4.1952, a.a.O., S.8.
[46] Sitzung 5.4.1952, S.8., a.a.O.
[47] „Auffallenderweise war seine Meinung völlig übereinstimmend mit derjenigen, die ich in der morgigen (= morgendlichen gemeint; M.W.) Besprechung geäußert hatte." (Abs an Bundeskanzler Dr. Adenauer, Bonn, 7.4.1952, Nachlaß Konrad Adenauer, Stiftung Bundeskanzler-Adenauer-Haus, Bad Honnef-Rhöndorf.) Dabei hatte Außenminister Acheson in einem Telegramm an McCloy am 4.April um ermunternde amerikanische Worte bei Adenauer gebeten. Hierüber informierte der Hochkommissar den Kanzler am 4.April wohl nicht, denn es wurde am 4.4.1952 um 18 Uhr abgeschickt und sollte McCloy bis 9 Uhr am 5.4. vorgelegt werden (McCloy Papers, National Archives Washington, D.C. Suitland, Record Group 466, D (52) 833–860, D 439. Entweder hatte McCloy mit Acheson telefoniert, seine eigene Einschätzung mitgeteilt oder doch das Telegramm rechtzeitig vor diesem Treffen erhalten.

davor zurückschreckte, sich auch nur teilweise an der Finanzierung der deutschen Wiedergutmachung an Israel zu beteiligen[48]. Sympathie, ja Interesse an der deutschen Wiedergutmachung an Israel hatten die USA sehr wohl, doch sobald die Gefahr bestand, daß hierfür konkrete amerikanische Finanzhilfe nötig wäre, gab man sich zugeknöpft. Am 7. April teilte die deutsche Delegation in Wassenaar den Israelis (in den Dokumenten häufig als „Israelen" bezeichnet) verbindlich die unverbindliche Haltung Bonns mit.

Der Eklat ließ nicht lange auf sich warten, zumal die deutsche Erklärung die Eingliederungskosten für die Flüchtlinge wesentlich niedriger ansetzte: nicht mit 6,3 Milliarden DM, sondern mit 4,5 Milliarden DM. Den israelischen Zahlen wurde allgemein nicht getraut, denn die deutsche Delegation unterbot sogar noch die Berechnungen, die der Fachmann des Bundesvertriebenenministeriums vorgelegt hatte[49].

Opposition gegen die regierungsinterne Opposition in der Wiedergutmachungsfrage meldete Bundeswirtschaftsminister Ludwig Erhard in einem Brief an den Kanzler am 16. April an. Eine „jährliche Warenleistung in der Größenordnung zwischen 100 und 200 Millionen DM" hielt er für „realisierbar"[50], weil er fest mit einem stetigen Wachstum der deutschen Wirtschaft rechnete: „Ich bin der Auffassung, daß wir uns selbst preisgeben, wenn wir nicht auf weitere wirtschaftliche Expansion setzen und vertrauen würden."[51] Außerdem meinte er, „daß wir die moralische Verpflichtung gegenüber Israel nicht zu einer platonischen Erklärung werden lassen sollen ..."[52]. Das „Meiste und Beste, was wir in den Verhandlungen für uns erreichen können (ist) im Zweifelsfalle nicht die niedrigste Zahlungsverpflichtung ... In einer mehr dynamischen Beurteilung der Entwicklung und vor allem unter politischem Aspekt könnte es ... durchaus sein, daß eine höhere Schuldenanerkenntnis im Endeffekt den deutschen Interessen besser dient, dann nämlich, wenn wir die deutsche Kreditwürdigkeit stärken und schließlich vielleicht sogar die Juden der Welt mit der deutschen Vergangenheit versöhnen. Die Schwierigkeit liegt darin, daß die Chance nicht wägbar und nicht meßbar ist und bei der Beurteilung in der deutschen Öffentlichkeit deshalb auch nicht durchschlägt[53]."

Ja, die deutsche Öffentlichkeit hatte, wie Umfragen bewiesen, tatsächlich erhebliche Bedenken gegen die Wiedergutmachung; sie lehnte sie ab[54]. Die Opposition in der Regierung konnte sich durchaus auf die Öffentlichkeit stützen. Erhard jedenfalls zeigte sich gewillt, auch „persönlich ... die Verantwortung für eine etwas mutigere Lösung mit zu tragen" und appellierte daher auch an den Kanzler, „daß etwas mehr Wagemut mehr im Sinne Ihrer Politik liegen dürfte als das Vortragen zu vieler Wenn

---

[48] Vgl. M. Wolffsohn, Die Internationalen Zusammenhänge.
[49] Bericht Böhms im Ausschuß für das Besatzungsstatut und auswärtige Angelegenheiten, 16.5. 1952, S. 10, BA, Nachlaß Blankenhorn 12; Erklärung vom 7.4. in: FAZ, 8.4. 1957.
[50] Bundeswirtschaftsminister Ludwig Erhard an Bundeskanzler Dr. Adenauer, 16.4. 1952, S. 2, BA, Nachlaß Blankenhorn 16.
[51] Erhard an Adenauer, 16.4. 1952, S. 4, a. a. O.
[52] Erhard an Adenauer, 16.4. 1952, S. 4, a. a. O.
[53] Erhard an Adenauer, 16.4. 1952, S. 4 f., a. a. O.
[54] Vgl. mit Daten Michael Wolffsohn, Deutsch-Israelische Beziehungen. Umfragen und Interpretationen, 1952–1983, München 1986.

und Aber ... Entweder wir haben eine Zukunft, und dann dürfen wir etwas wagen, oder aber wir sind verloren, und dann sind alle Abmachungen bedeutungslos."[55]

Der Präsident des Direktoriums der Bank deutscher Länder, Vocke, meldete sogleich beim Wirtschaftsminister seine ablehnende Haltung an; sicherheitshalber sandte er dem Bundeskanzler eine Abschrift. Gestützt „auf jahrzehntelange gründlichste Sondererfahrungen auf dem Gebiet der Sachleistungen" machte er darauf aufmerksam, daß die Vorschläge, Israel bestimmte Waren zu liefern, das Devisenaufkommen der Bundesrepublik schmälern würden. Hiervon abweichende Meinungen, also die Erhards, bezeichnete er als „gefährliche Selbsttäuschung und Illusion."[56] Sachverstand gegen Sachverstand, und jeder hatte Recht – glaubte er. Den politischen Aspekt des finanziellen Problems übersahen die „reinen" Fachleute wie Vocke geflissentlich.

Vorfahrt für London – das blieb allerdings auch während der „Aussprache über den gesamten deutschen Schuldenkomplex" im Rhöndorfer Haus des Kanzlers am 18. April die Devise. Abs gab den Ton an, Schäffers harschere Töne verhallten weitgehend[57], und tags darauf argumentierte der Kanzler Nahum Goldmann gegenüber wie Abs: Die „Regelung des Schuldenkomplexes der Londoner Konferenz (sei) vordringlich ..., um die Kreditwürdigkeit Deutschlands wiederherzustellen und um damit auch in die Lage versetzt zu werden, eine Wiedergutmachung an Israel zu leisten."[58]

Erst London, dann Wassenaar; erst die anderen, dann Israel. Die Reihenfolge ist auch in bezug auf die politisch-historische Diskussion über den Stellenwert der deutschen Wiedergutmachung an Israel keineswegs unwichtig. Den meisten Gläubigerstaaten nämlich, um es im Volksmund zu sagen: „dem Ausland", war die Rückzahlung der deutschen Schulden in die eigene Staatskasse weit wichtiger als die deutsche Wiedergutmachung an Israel und die jüdischen Organisationen. Erst das eigene Geld, dann die Moral. Die israelischen und „weltjüdischen" Entscheidungsträger machten sich darüber keine falschen Vorstellungen[59].

Natürlich gab diese Haltung „des Auslands" der Wiedergutmachungsopposition in der Bundesregierung Rückhalt und Auftrieb. Resigniert kommentierte Franz Böhm in seinem Brief an den Kanzler am 23. April 1952 nicht nur die mangelnde Bereitschaft zur Wiedergutmachung in „breiten Kreisen der Bevölkerung und der Wirtschaft... „Es kommt dazu, daß zweifellos bei einer Reihe von Gläubigergruppen die Existenz deutscher Wiedergutmachungsverpflichtungen höchst unliebsam empfunden wird, da

---

[55] Erhard an Adenauer, 16.4.1952, S.6, a.a.O. Abs Reaktion hierauf an den Bundeskanzler, 22.4. 1952, Nachlaß Blankenhorn 16. Seiner Meinung nach „scheiden die von jüdischer Seite (gemeint ist die israelische; M.W.) genannten industriellen Ausrüstungen, Schiffe, devisenwertige Konsumgüter usw.... von vornherein aus" (ebd., S.4). Auf die rein wirtschaftlichen und moralischen Vorteile der Wiedergutmachung machte auch Franz Böhm immer wieder aufmerksam, z.B. in seinem Brief an den Bundeskanzler am 23.4.1952, BA, Nachlaß Blankenhorn 16, besonders S.3f.

[56] Vocke an Bundeswirtschaftsminister Erhard, 28.4.1952 (am gleichen Tag an den Bundeskanzler), BA, Bundeskanzleramt, 136/1127.

[57] Aufzeichnung Aussprache über den gesamten deutschen Schuldenkomplex, Rhöndorf, 18.4. 1952, BA, Nachlaß Blankenhorn 11. Anwesend: Adenauer, Abs, Schäffer, Böhm, Küster, Blankenhorn.

[58] „Besprechung Wiedergutmachung Bundeskanzler-Goldmann, 19.4.1952, S.2, BA, Nachlaß Blankenhorn 11. Auch Blankenhorn 17.

[59] Belege in Michael Wolffsohn, Die internationalen Zusammenhänge.

sie ihre Aussichten auf eine möglichst weitgehende Befriedigung beeinträchtigt. Die Bundesregierung sieht sich infolgedessen auch einem gewissen Druck dieser Gläubigerinteressen gegenüber, der dem Erfüllungsinteresse der Wiedergutmachungsgläubiger Abbruch zu tun droht."[60]

Nicht wegen, sondern trotz „des Auslands" leistete die Bundesrepublik Deutschland am Ende Wiedergutmachung an Israel[61]; eine sowohl historiographisch als auch polithygienisch wichtige Tatsache, die in der politischen Diskussion, nicht nur am Stammtisch, vergessen wird.

Anfang Mai ging Schäffer in die Offensive über. Den eigentlich unmißverständlichen FAZ-Bericht über eine Pressekonferenz Böhms interpretierte der Finanzminister auf seine Weise: Böhm habe, entgegen den Vereinbarungen, konkrete Summen genannt, nämlich „3 Mrd. DM gegenüber dem Staat Israel und . . . 6 bis 8 Mrd. DM gegenüber den jüdischen Weltorganisationen"[62]. Der Bericht in der FAZ läßt zwar durchaus die Sympathie Böhms gegenüber der israelisch-jüdischen Seite erkennen, aber die genannten Zahlen waren nicht als „Angebot" zu verstehen[63]; als genau das verstand es aber Schäffer und bat in seinem Protestschreiben an Staatssekretär Hallstein, Böhm und Küster „mit Nachdruck zu erklären, daß niemand berechtigt ist, Erklärungen, die finanzielle Verpflichtungen für die Bundesrepublik unmittelbar oder mittelbar bedeuten können, ohne Zustimmung des Bundesfinanzministers abzugeben. Ich bitte ihnen zu erklären, daß ich meine Herren aus der Delegation zurückziehen werde, wenn sich die Delegation an diese Richtlinien nicht hält."[64]

Zum Eklat zwichen Böhm und Küster einerseits sowie Schäffer andererseits kam es am 7. Mai 1952[65]. Der eigentliche Streitpunkt betraf die Weisungsbefugnis gegenüber der deutschen Delegation in Wassenaar. Der Finanzminister versuchte sie an sich zu reißen, während Böhm und Küster darauf bestanden, daß sie „ihre Instruktionen vom Herrn Bundeskanzler bzw. vom Auswärtigen Amt" erhielten[66].

In der Sache selbst brachte das Streitgespräch keine neuen Argumente, wohl aber atmosphärische Neuerungen: der Finanzminister reagierte auf die israelische Vorgehensweise immer, sagen wir: empfindlicher. Die Entscheidung des „Auswärtigen Ausschusses des Israelischen Parlaments, die Verhandlungen erst fortzusetzen, wenn ein festumrissener Vorschlag der Bundesregierung eingegangen sei" hielt er für eine „Provokation"; sie mache weitere Verhandlungen „gegenstandslos"[67].

Die Gemüter der Politiker hatten sich inzwischen so sehr erhitzt, daß die politische Unterredung einer Politikpersiflage gleichkam. „Nun ist klar, daß ich den Auftrag

---

[60] Professor Dr. Franz Böhm an Bundeskanzler Dr. Adenauer, 23. 4. 1952, S. 4, BA, Nachlaß Blankenhorn 16.

[61] Vgl. auch die Darstellung des „Interesses" von 21 Staaten in: Michael Wolffsohn, Die Wiedergutmachung und der Westen, a. a. O.

[62] Schäffer an Staatssekretär Hallstein (Auswärtiges Amt), 2. 5. 1952, Nachlaß Küster, I-084-001.

[63] Wiedergutmachung und Leistungsfähigkeit, ke., Frankfurter Allgemeine Zeitung, 30. 4. 1952.

[64] Schäffer an Hallstein, 2. 5. 1952, Nachlaß Küster, I-084-001.

[65] An der Unterredung nahm auch noch Ministerialdirektor Oefterding vom Bundesfinanzministerium teil. Berichte hierüber besonders in Böhms Brief an Ministerialdirektor Blankenhorn, 8. 5. 1952, Nachlaß Blankenhorn 17 und Tagebuch Küster, 7. 5. 1952, Nachlaß Küster I-084-001.

[66] Böhm an Blankenhorn, 8. 5. 1952, S. 3, Nachlaß Blankenhorn 17. Tagebuch Küster, 7. 5. 1952, S. 18, Nachlaß Küster, I-084-001. Vgl. zu dieser Aussprache v. Jena, a. a. O., S. 472.

[67] So die Wiedergabe Böhms im Brief an Blankenhorn, 8. 5. 1952, S. 1, Nachlaß Blankenhorn 17.

zurückgebe", beschloß Küster und schrieb Adenauer, dem „kranken Gebieter, der für seinen Finanzminister kein solcher ist," einen „Kündigungsbrief"[68]. Aus der Posse wurde bitterer Ernst.

Die Opposition in der Defensive

Der Kanzler bat Küster seinen Entschluß „zurückzustellen". Er selbst wolle „diese Angelegenheit mit Herrn Minister Schäffer … besprechen". An der für den 14. Mai angesetzten Besprechung möge Küster „auf alle Fälle" teilnehmen[69]. Weil der Kanzler „zugedeckt mit den Arbeiten am Generalvertrag und Lastenausgleich" war (man erkennt einmal mehr die Prioritäten) hatte er „keine freie Minute" gefunden, um mit Schäffer die Probleme vor der Sitzung zu besprechen[70]. Küster kam dennoch, denn tags zuvor hatte ihm Böhm Mut gemacht. „Morgen wird in der Sitzung des Kanzlers mit den beteiligten Ministerien und den Sachverständigen die Instruktion gegeben werden, daß wir den Israelis 150 Millionen jährlich bieten können; Schäffer wird nein sagen und überstimmt werden; und man wird dieses Ergebnis für einen Erfolg der (Wassenaar) Delegation erklären[71]." Auch Schäffer weigerte sich zunächst, an der Sitzung teilzunehmen – wegen Küsters Anwesenheit[72].

Schäffer handelte aus seiner Sicht richtig, denn Böhm und Küster konnten sich nicht, wie sie erwartet hatten, durchsetzen; auch Schäffer nicht, der einmal mehr kategorisch verkündete, daß für die Aufbringung von Wiedergutmachungsleistungen auf absehbare Zeit keine Haushaltmittel zur Verfügung stünden. Aber mit der Linie von Abs die mehrheitsfähig wurde, konnte er sich eher abfinden. Aus den jährlich 150 Millionen, mit denen Böhm gerechnet und die Wirtschaftsminister Erhard befürwortet hatte, wurden am 14. Mai nur Warenlieferungen im Werte von 100 Millionen. Diese könnten erhöht werden, sofern entweder eine Auslandsanleihe plazierbar werde oder eine Freigabe deutschen Auslandsvermögens von seiten der Alliierten erfolge. Auch die Finanzierung der angebotenen Warenlieferungen wollte man noch offen lassen[73]. Schäffer „erklärte sich damit einverstanden, daß in dieser Form eine unverbindliche Erklärung in London (nicht direkt an die Israelis; M.W.) über die Aufbringungsseite bezüglich der Israel-Lieferungen abgegeben würde."[74] „Wenn die Juden Geld wollen, sollen es die Juden selbst aufbringen, indem sie eine amerikani-

---

[68] Küster Tagebuch, 7. 5. 1952, S. 19, a. a. O. Entwurf und Brief auch a. a. O.; auch im Nachlaß Blankenhorn 17 findet man die endgültige Fassung.

[69] Entwurf des Briefes Adenauers an Küster, 12. 5. 1952, Nachlaß Blankenhorn 17. „Ein Herr des Auswärtigen Amtes" las Küster den Brief am Telefon vor (Tagebuch Küster, 12. 5. 1952, S. 19, a. a. O.).

[70] So Blankenhorn zu Küster am Telefon, Tagebuch Küster, 14. 5. 1952, S. 20).

[71] Böhm zitiert von Küster, Küster Tagebuch, 13. 5. 1952, S. 20.

[72] Telefonische Mitteilung von Regierungsrat Ludwig (Mitglied der Haager Delegation, Finanzministerium), Aufzeichnung Referat Dr. Frowein, 13. 5. 1952, Nachlaß Blankenhorn 17.

[73] Vgl. Niederschrift über die Besprechung im Palais Schaumburg am 14. (im Original versehentlich: 15.) Mai 1952, Bundesminister für den Marshallplan, B 146/1200. Auch die Aufzeichnung Blankenhorns, 14. 5. 1952, Blankenhorn 16; Aufzeichnung Böhm, 15. 5. 1952, Nachlaß Blankenhorn 12 sowie Memorandum Böhm zur Kabinettsvorlage, 15. 5. 1952, ebd. Auch Tagebuch Küster, 14. 5. 1952, S. 20 f.

[74] Niederschrift der Sitzung vom 14. 5. 1952, S. 14, BA, B 146/1200.

sche Anleihe zeichnen", soll Schäffer, Küster zufolge, ebenfalls geäußert haben[75]. Sie-gesgewiß schien er auf jeden Fall gewesen zu sein, denn zu Beginn der Ausführungen Böhms mußten „Schäffer und die seinen zu einer anderen Besprechung"[76]. Böhms Fazit in bezug auf die Sitzung: „Damit entfällt die Möglichkeit, an Israel ein disku-tables Angebot zu machen."[77] Seine Vorstellungen: Ein Angebot von „3 Milliarden DM, erfüllbar in einer Zeit von 8 bis 12 Jahren ... für die beiden ersten Jahre Jahres-leistungen in Waren im Werte von 200 bis 300 Millionen DM"[78].

„Adenauer knickt vor Schäffer zusammen", notierte Küster[79]. Liest man die amtli-che Niederschrift, so läßt sich dies weder atmosphärisch noch sachlich behaupten. Adenauer hob nämlich ausdrücklich den moralischen Charakter der Wiedergutma-chung hervor[80], wenngleich er ganz pragmatisch meinte, man solle die „Erklärungen der Vertreter Israels in Haag nicht zu wörtlich nehmen. Wir seien effektiv nicht in der Lage, mehr zu leisten, denn wir stünden, wie die Zahlen des Finanzministers zeigten, mit dem Rücken an der Wand."[81] Er zweifelte diese Zahlen nicht mehr an, setzte allerdings einen anderen politischen Willen dagegen, versuchte zwischen den unter-schiedlichen Positionen noch einen Weg zu finden. Vor dem Sitzungsende und bevor eine abschließende Entscheidung gefallen war, verließ der Kanzler die Runde „dem Lastenausgleich zuliebe" und überließ „Blücher das Feld, unter dessen bornierter Führung die 4stündige Konferenz in süffisantem Achselzucken der (zurückgekehr-ten) Schäffer-Leute einer- und der Finanzmagnaten andererseits endet," faßte sarka-stisch der enttäuschte Küster seine Eindrücke zusammen[82].

Blankenhorn befürchtete, daß die Israelis die Verhandlungen abbrechen würden. Die Folge wäre eine „allgemeine Verschlechterung der öffentlichen Meinung in allen westli-chen Ländern, deren Auswirkungen auch auf die europäische Integration und den Einbau Deutschlands in die atlantische Gemeinschaft noch nicht ganz abzusehen sind."[83] Er irrte sich, denn im Westen registrierte man, wenn überhaupt, das deutsche Zögern sehr gelassen[84]. In der Bundesregierung scheint man denkbar schlecht über die öffent-liche Meinung „des Westens" im allgemeinen und die Haltung der US-Regierung im besonderen informiert gewesen zu sein, denn Blankenhorn stützte seine wohlgemerkt interne, für den Bundeskanzler bestimmte Vorhersage auf einige wenige und zudem höchst unrepräsentative Artikel ausländischer Zeitungen[85].

---

[75] Tagebuch Küster, 14.5.1952, S.20. In der Niederschrift ist eine derartige Bemerkung nicht zu finden. Ihre Formulierung ist vielleicht überspitzt, inhaltlich aber aufgrund früherer Ideen Schäf-fers, die wir erwähnt haben, durchaus glaubwürdig.

[76] Tagebuch Küster, 14.5.1952, S.21.

[77] Aufzeichnung Böhm, 15.5.1952, S.2, Nachlaß Blankenhorn 12.

[78] Ebd., S.4 und Memorandum Böhm, 15.5.1952, S.3, Nachlaß Blankenhorn 12.

[79] Tagebuch Küster, 14.5.1952, S.20.

[80] Niederschrift, 14.5.1952, S.8, BA, 1, B 146/1200.

[81] Ebd., S.11.

[82] Tagebuch Küster, 14.5.1952, S.21. Es nahmen außer Abs noch andere führende Bankiers an der Sitzung teil, z.B. Vocke und Pferdmenges.

[83] Aufzeichnung (Blankenhorn) über das jüdische Wiedergutmachungsproblem, 14.5.1952, S.3, Nachlaß Blankenhorn 16.

[84] Vgl. Michael Wolffsohn, Internationale Zusammenhänge, und Die Wiedergutmachung und der Westen.

[85] Das bemerkte auch Kai von Jena (a.a.O.) nicht, weil er die deutschen Dokumente unkritisch als

Zwar kannte man in der Bundesregierung den Inhalt der israelischen Note vom 12. März 1951 an die Siegermächte, doch die Antwort der USA, Großbritanniens und Frankreich blieb verborgen[86]. Hätte man in Bonn diese Antwort gekannt, wäre wahrscheinlich viel gelassener verhandelt worden. Die Alliierten verwiesen nämlich die Israelis grundsätzlich an Bonn, und genau darüber war Jerusalem außerordentlich enttäuscht, ja eigentlich empört. Grundsätzlich änderte sich auch in späteren Verhandlungsphasen und -krisen nichts an der amerikanisch-westlichen Zurückhaltung. Man vertraute Adenauers gutem Willen, half hier und da mit guten Worten nach und wollte vor allem nicht selber mitzahlen müssen.

Düstere politische Farben malte der Kanzler auf der Kabinettssitzung vom 16. Mai 1952 für den Fall an die Wand, daß die Verhandlungen mit Israel scheitern würden[87]. Mit einem „Sturz der jetzigen israelischen Regierung" und „schweren politischen Folgen im vorderen Orient" sei bei einem „ungenügenden deutschen Angebot" zu rechnen, behauptete er und bezifferte 100 Millionen DM pro Jahr als ungenügend. In Israel sei es wegen der Wiedergutmachung bereits zu einem „Aufstand gegen Parlament und Regierung" gekommen[88]. Das war natürlich maßlos übertrieben. Die Sorge selbst entsprach (ohne Nennung der „Quelle") fast wörtlich den Befürchtungen, die Acheson dem Kanzler hatte mitteilen lassen[89]. Vielleicht glaubte Adenauer deshalb dem US-Außenminister vorschlagen zu sollen, eine „Befriedigung" der israelischen Ansprüche „aus dem beschlagnahmten deutschen Vermögen in (den) USA oder (durch eine) Anleihe in (den) USA" zu ermöglichen[90]?

Einerseits entsprach diese Anregung den bekannten Hoffnungen von Abs und Schäffer, andererseits widersprach sie in bezug auf die Unannehmbarkeit von 100 Millionen DM jährlich der Position des Finanzministers, der auch prompt beteuerte, „nicht einmal 100 Mio DM für Israel aufbringen zu können, und zwar auch nicht in Form von Warenlieferungen; das würde die Gefahr einer Schrumpfung der inneren deutschen Wirtschaft heraufbeschwören."[91]

Wiedergabe des tatsächlichen Sachverhaltes auffaßte, ohne die ausländische Presse systematisch oder ausländische Dokumente, d. h. Regierungsakten, überhaupt ausgewertet zu haben. Besonders kraß fällt dies bei der Darstellung der ausländischen Reaktion auf den Rücktritt Böhms auf (S. 474 f.).

[86] Abs auf der Sitzung am 14.5. 1952, S. 9, BA 146/1200. Vgl. Huhn in diesem Band.

[87] Kabinettssitzung 16.5. 1952, BA, Nachlaß Seebohm 7 b. Das amtliche Protokoll erwähnt die einleitenden Bemerkungen des Kanzlers nicht (vgl. BA, Nachlaß Blankenhorn 17; BA, B 136/1127); einmal mehr zeigt sich die Notwendigkeit, die verschiedenen Aufzeichnungen zu prüfen.

[88] Seebohm 7b, 16.5. 1952.

[89] Acheson an McCloy, 4.4. 1952, McCloy Papers, National Archives, Washington, D.C./Suitland, Record Group 466, D (52) 833–660, D 439. Über die Gefährdung der israelischen Regierung hatte am 3. April Israels Botschafter in den USA, Abba Eban, dem amerikanischen Außenminister einen Horrorbericht erstattet. Diesen Bericht faßte Acheson im Telegramm an McCloy zusammen, ohne daß dieser Schwierigkeiten wegen Adenauer unter Druck gesetzt werden sollte. Das Telegramm war eigentlich eine Stärkung Bonns, nicht Jerusalems durch die USA (vgl. M. Wolffsohn, Die internationalen Zusammenhänge). Vielleicht hat der Hochkommissar die Sorgen Ebans als die Befürchtungen Achesons wiedergegeben, vielleicht hat Adenauer mißverstanden oder mißverständlich weitergeben wollen?

[90] Im amtlichen Protokoll findet man die Anregung einer solchen US-Finanzhilfe in der ersten Stellungnahme von Abs.

[91] Kabinettssitzung 16.5. 1952, BA, B 136/1127.

Genau umgekehrt setzte Adenauer an: „Könnten wir Israel nicht zufriedenstellen, so würde gerade das schließlich die vom Bundesminister der Finanzen gefürchtete Schrumpfung der inneren Wirtschaft zur Folge haben."[92]

Böhm, Abs, Erhard, der CDU-Abgeordnete Etzel, Hallstein und der Kanzler lehnten in ihren Beiträgen die Maximalopposition Schäffers ab. Abs hielt 100 Millionen DM an Israel für zu wenig, 150 Millionen für zu viel und verwies auf die „Individualgutmachung und Kollektivgutmachung für Juden" in einer Höhe von 2,5 Milliarden im Inland sowie 6 Milliarden im Ausland „neben (!) Israel"; deshalb seien 3 Milliarden „dort (gemeint war Israel; M.W.) ... zu hoch."[93] Auf ein konkretes Angebot konnte man sich nicht einigen. Abs und Böhm sollten am 19. Mai in London „mit Schinna (sic; M.W.) ... verhandeln[94]. Böhm weigerte sich bekanntlich und reichte Adenauer seinen Rücktritt ein[95].

Auf der Sondersitzung der Bundesregierung am 20. Mai, die ohne Abs stattfand, wurde kein Beschluß gefaßt, wohl aber heftige persönliche sowie politische Kritik an Böhm und Küster geübt[96]. Vizekanzler Blücher (FDP), Innenminister Lehr (CDU), Schäffer (CSU), Justizminister Dehler (FDP) und Arbeitsminister Storch (CDU, Sozialausschüsse) waren die Wortführer[97].

Das „große Getöse in der ausländischen Presse"[98] bereitete Adenauer Sorgen: „Die Gefahr liegt nahe, daß die Bundesrepublik vor der Welt in den Ruf des Antisemitismus komme. Es müsse alles daran gesetzt werden, den Faden zu Israel nicht abreißen zu lassen."[99]

Betrachtet man freilich die Reaktion der wirklich einflußreichen und verbreiteten ausländischen Zeitungen auf den Rücktritt Böhms und Küsters, so wird man statt des „großen Getöses" in der Regel allenfalls ein leises Raunen ermitteln[100]. Benutzte der Kanzler diese Falschmeldung als taktisches Instrument? Wußte er wirklich nichts genaues über die verhaltene Berichterstattung der ausländischen Medien? Überhaupt verschanzte er sich an diesem Tag hinter dem Ausland: Der Gedanke einer „Versöh-

---

[92] Ebd.

[93] Kabinettssitzung 16. 5. 1952, BA, nur im Nachlaß Seebohm 7 b erwähnt.

[94] BA, Nachlaß Seebohm 7 b, 16. 5. 1952. Zuerst schrieb Seebohm statt Shinnar „Jihnah", dann als „Korrektur" darüber „Schinna"; ein Indiz für den Informationsstand einiger Minister? Auch am 20. 5. 1952 (a. a. O.) schreibt Seebohm „Schinna". Information über und Interesse an der Wiedergutmachung waren in der Koalition offenbar ganz allgemein gering. So war zum Beispiel am selben Tag die Sitzung des Auswärtigen Ausschusses des Bundestages, der sich mit dieser Frage beschäftigte, „schwach besucht... Besonders die Koalitionsparteien waren schwach vertreten." (Niederschrift über eine Sitzung des Auswärtigen Ausschusses des Bundestages am 16. 5. 1952, S. 1, BA, B 146/1200).

[95] Böhm an Adenauer, 18. 5. 1952, BA, Nachlaß Blankenhorn 17.

[96] Vgl. mit Zitaten v. Jena, a. a. O., S. 474. Tags darauf nannte Adenauer in einem Schreiben an Abs ihr Auftreten sehr tadelnswert (Adenauer an Abs, 21. 5. 1952, Stiftung Bundeskanzler-Adenauer-Haus).

[97] Kurzprotokoll der Sitzung vom 20. 5. 1952, BA, B 134/3158 und BA, Nachlaß Seebohm 7 b.

[98] BA, Nachlaß Seebohm 7 b, Kabinettssitzung 20. 5. 1952. Das tatsächliche Presseecho im Ausland hat v. Jena (a. a. O., S. 474) offenbar nicht selbst analysiert, sondern die wohl eher taktischen und inhaltlich falschen Äußerungen Adenauers zitiert. Genaue Informationen über ausländische Pressestimmen lagen dem Auswärtigen Amt noch am 23. 5. 1952 nicht vor (vgl. Aufzeichnung Frowein, 23. 5. 1952, BA, Nachlaß Blankenhorn 16, S. 3 f.).

[99] Sondersitzung der Bundesregierung, 20. 5. 1952, BA, B 134/3158.

[100] Vgl. Michael Wolffsohn, Die Wiedergutmachung und der Westen.

nung mit Israel (über Geld)", so der Kanzler, sei „von Eden, Acheson und McCloy" angeregt worden[101]. Davon konnte nun wahrhaftig keine Rede sein, denn gerade zusätzliche deutsche Zahlungsverpflichtungen fürchteten die USA wie der Teufel das Weihwasser – aus Angst, selbst zur Kasse gebeten zu werden[102]. Sie erwähnten zwar Unannehmlichkeiten für Westdeutschland im Falle des Scheiterns der Verhandlungen über die Wiedergutmachung, aber sie unterzeichneten noch während der Verhandlungskrise, am 26. und 27. Mai 1952, den Deutschland- und den EVG-Vertrag.

Der Kanzler nahm es mit der genauen Information der Minister an diesem Tag nicht sonderlich ernst. Goldmann hätte erklärt, „zuerst den Staat Israel zur Ruhe zu bringen, das andere hätte Zeit."[103] Mit dem „anderen" dürften die diasporajüdischen Forderungen gemeint gewesen sein. Unklar bleibt, wo, wann und wem gegenüber Goldmann diese Einschätzung geäußert haben soll, denn in seinem Brief vom 19. Mai an den Kanzler ist hiervon nichts zu lesen[104].

Bemerkenswert ist die inhaltliche Kritik Blüchers: Ebenso wie sein Parteifreund Dehler betonte er die „Forderung" auf individuelle Entschädigung sowie die „Kongregationsforderungen", von denen die israelischen nicht zu trennen seien. Dabei sei mit zehn Milliarden Mark „nur für das jüdische Problem" zu rechnen. „Ohne Inflation" könne man dies nicht leisten. Er sah die „Gefahr eines neuen Antisemitismus; (eine) große außenpolitische Gefahr" am politischen Horizont, ohne daß man verstehen kann, ob mit dieser Gefahr aufgrund der Zahlungen oder im Falle ihrer Verweigerung zu rechnen gewesen wäre[105]. Die bundesdeutschen Umfragen, besonders die heftige Ablehnung der Wiedergutmachung durch FDP-Anhänger, lassen vermuten, daß Blücher sich auf seine eigene politische Kundschaft bezog. Wiedergutmachung also nicht als Sühne für, sondern als neuer Auslöser von „Antisemitismus"; die spätere Entwicklung widerlegte ihn keineswegs[106].

An seine eigene Hausmacht dachte auch Verkehrsminister Seebohm. Dessen Ja-Aber war eine Mischung aus Weltpolitik, Kirchturmpolitik, Vertriebenenpolitik, Antikommunismus, Sühnebereitschaft, Empfindsamkeit gegenüber der eigenen Gruppe sowie Unempfindsamkeit gegenüber fremden Völkern; sie bestand vor allem aus handfester Realpolitik. Der aus dem Sudetenland vertriebene Verkehrsminister befürwortete grundsätzlich die „Notwendigkeit deutscher ausreichender Wiedergutmachungsleistungen an die Judenschaft in der Welt, zu der auch der Staat Israel, aber

---

[101] Kabinett 20.5.1952, Seebohm, a.a.O. Seebohm schrieb „Achinson"! Das Interesse von Acheson und Eden erwähnte Adenauer auch am 28. Mai beim Teegespräch (Adenauer Teegespräche 1950–1954, bearb. v. H.J. Küsters, hrsg. v. Rudolf Morsey und Hans-Peter Schwarz, Berlin, S.285).

[102] Das wußte Schäffer sehr genau, denn er wies darauf hin, Böhms Angebot von drei Milliarden sei auch „gegen (den) Rat von McCloy" (Kabinettssitzung 20.5.1952, BA, Nachlaß Seebohm 7b)

[103] Kabinett 20.5.1952, BA, Nachlaß Seebohm 7b. Im amtlichen Kurzprotokoll findet man diese Aussage nicht. Merkwürdigerweise gibt es keine Aufzeichnungen Schäffers über diesen Teil der Kabinettssitzung sowie die Ministerrunde vom 16.5.1952.

[104] Goldmann an Adenauer, 19.5.1952, BA, Nachlaß Blankenhorn 16. Der Brief erreichte den Kanzler am 20. Mai.

[105] Kabinett 20.5.1952, BA, Nachlaß Seebohm 7b.

[106] Vgl. die Umfragedaten in Michael Wolffsohn, Deutsch-israelische Beziehungen sowie Renate Köcher, Deutsche und Juden vier Jahrzehnte danach, Institut für Demoskopie Allensbach 1986, S.74.

ebenso andere jüdische Mitmenschen und Vereinigungen gehören."[107] Er versprach sogar, dies mit aller „zur Verfügung stehenden Kraft" zu vertreten, hielt allerdings „die Erfüllung einer solchen sittlichen Pflicht" nur dann für gerechtfertigt, „wenn dadurch nicht anderen Menschen dafür Opfer ähnlicher Art auferlegt werden ... So steht also für mich die Frage der Erfüllungsmöglichkeit der deutschen Verpflichtung gegenüber der Judenschaft in engem Zusammenhang mit der Aufgabe, unser Volk und damit Europa gegen ein weiteres Vordringen bolschewistisch-asiatischer Tendenz zu sichern. Dort, wo diese Aufgabe in ihrer Erfüllung bedroht ist, endet zur Zeit auch die moralische Verpflichtung jeder Wiedergutmachung." Mit anderen Worten: Wiederbewaffnung statt oder zumindest vor der Wiedergutmachung.

Der Verknüpfung mit seinem allgemeinpolitischen Ziel folgte das Interesse des Vertriebenenpolitikers: „Wenn ich jederzeit bereit bin, die sittliche Wiedergutmachungspflicht gegenüber der Judenschaft anzuerkennen, so kann ich das nur tun, wenn auch die übrigen Kräfte in der Welt bereit sind, ihre sittliche Wiedergutmachungspflicht gegenüber den deutschen Heimatvertriebenen zu erfüllen ... Für mich stehen die Freiheit, die Würde des Menschen und das Recht auf Heimat absolut gleichwertig nebeneinander ... Wer einen Menschen in diesen Rechten kränkt oder sie ihm gar nimmt, begeht das schwerste Verbrechen, das überhaupt begangen werden kann ..., und es ist dabei gleichgültig, ob am Ende eines Raubes die Auslöschung der physischen Existenz steht, auf die es nicht so ankommt, wie auf den Willen, diese unbedingten Voraussetzungen unbedingten Menschentums für einen Menschen oder eine Gruppe von Menschen zu vernichten. Die Methoden, die seitens nationalsozialistischer Führung gegen die Juden angewandt wurden und die wir alle auf das erbittertste verurteilen, stehen deshalb durchaus den Methoden zur Seite, die gegen die deutschen Heimatvertriebenen angewandt worden sind." Holocaust und Vertreibung werden gleichgesetzt.

Die Opposition im Abseits

Am Tag nach der beschlußlosen (!) Sondersitzung des Kabinetts, also am 21. Mai, setzte der Kanzler seinen eigenen Vorsatz in die Tat um: „Wir müssen die Verhandlungen mit Israel sofort wieder in Gang bringen", schrieb er Abs und bat ihn, noch am selben Nachmittag „um 4 Uhr bei mir zu sein."[108] Bekanntlich erzielten Böhm und Goldmann in Paris am 23. Mai einen wichtigen Durchbruch, der Abs zu weitgehend schien[109], und bei der letztlich entscheidenden Sitzung vom 10. Juni 1952 war er

---

[107] Seebohm an Böhm, 21.5. 1952, BA, Bundeskanzleramt, B 136/1127. Alle folgenden Zitate ebenfalls aus diesem Brief. In diesem Schreiben wollte Seebohm mitteilen, weswegen er Böhms Rücktritt und vor allem dessen „Flucht in die Öffentlichkeit" kritisierte: „Damit haben Sie dem deutschen Volke einen nicht wiedergutzumachenden Schaden zugefügt" (S. 4).

[108] Adenauer an Abs, 21.5. 1952, Stiftung Bundeskanzler-Adenauer-Haus. Das Gewicht von General Julius Klein wird oft überschätzt. Eine Schlüsselrolle räumten ihm die Israelis nie ein; er strebte sie an, in Verkennung der ihm zugestandenen Bedeutung. Klein war eher eine Maus, die brüllte. Sehr viel gewichtiger dürfte tatsächlich Goldmanns Brief vom 19. Mai gewesen sein, der dem Kanzler am 20. Mai vorgelegt wurde (Brief Goldmanns vom 19.5. 1952 mit Adenauers Paraphe, BA, Nachlaß Blankenhorn 16). Es ist nicht ersichtlich, ob dies geschah, bevor Adenauer seinen Brief an Abs schrieb.

[109] Memorandum Abs, London 7.6. 1952, BA, Nachlaß Blankenhorn 10. Er versuchte einen Brückenbau zur Position Schäffers (vgl. besonders S. 6).

als einziger Wiedergutmachungsskeptiker (nicht -gegner!) dabei. Allein die Befürworter, Böhm und Hallstein, verhandelten in Anwesenheit des Kanzlers und Abs mit
Shinnar und Goldmann; Schäffer und andere Mitglieder der Wiedergutmachungsopposition fehlten[110].

Kein Wunder, daß der Finanzminister ungehalten reagierte, als Blankenhorn ihn
am nächsten Tag „über den Inhalt der Abrede des Bundeskanzlers mit Goldmann"
unterrichtete. „Sehr unwillige Aufnahme. Ablehnung jeder Zahlung an Israel",
notierte der Ministerialdirektor. „Das Kabinett muß entscheiden."[111]

Am 17. Juni 1952 war es so weit; einen Tag vorher trafen Hallstein, Schäffer und
Blankenhorn zu einer Vorbesprechung zusammen. Der Finanzminister bekräftigte
sein Nein, das inhaltlich nicht neu war. Schärfer als zuvor betonte er, daß die Ansprüche der jüdischen „Weltorganisationen" auf erbenloses Vermögen „in keiner Weise
begründet" und daß die israelischen Flüchtlings- und Eingliederungszahlen übertrieben seien. Neu war sein „Hinweis auf antisemitische Strömungen in Deutschland, die
eine solche Politik der Bundesregierung in den kommenden Wahlen gegen die Bundesregierung ausnutzen würden."[112] Im Kabinett stieß er tags darauf nach: die Flucht
von 337 000 Juden aus dem kommunistischen Machtbereich „habe mit dem Hitler-
Regime nichts mehr zu tun und könne der Deutschen Bundesrepublik in keiner Weise
angerechnet werden."[113]

Nur in den Aufzeichnungen Seebohms, nicht jedoch in der Zusammenfassung
Schäffers oder im amtlichen Protokoll erfahren wir einen weiteren Einwand des
Finanzministers: Die „Individualentschädigungsanträge betreffen bisher nur Verfolgte
mosaischen Glaubens; wo aber bleiben die anderen Nichtarier!! und sonstigen Verfolgten?"[114] Diese Bemerkung muß im Zusammenhang mit seiner am Vortage bekundeten Sorge gesehen werden, rechte, „antisemitische Strömungen" könnten der Bundesregierung aufgrund ihrer pro-jüdischen Wiedergutmachungspolitik einen Denk-
zettel verpassen. „Der Bundeskanzler gibt den Ausschlag", notierte Blankenhorn in
sein Tagebuch[115]. Für den Kanzler zählte dabei nicht die Ideologie möglicher Unionswähler; er nannte außenpolitische Gründe, vor allem das Verhältnis zu den USA[116].

---

[110] Niederschrift der Besprechung, Politisches Archiv des Auswärtigen Amtes, PA/AA, II 244-13,
Bd. 3; vgl. BA, Nachlaß Blankenhorn 10. Die Vorbereitung übernahmen außerdem noch Blankenhorn und Frowein (BA, Nachlaß Blankenhorn 10, Eintragung 10.6. 1952).

[111] Eintragung 11.6.1952, BA, Nachlaß Blankenhorn 10. Auf der Kabinettssitzung vom 17.6. 1952
beschwerte er sich darüber, daß er am Entscheidungsvorgang nicht beteiligt wurde (Protokoll
in BA, Nachlaß Blankenhorn 17; BA, B 134/3158; BA, Nachlaß Schäffer 168/33, Blatt 483;
BA, Nachlaß Seebohm 8 a).

[112] 16.10. 1952, BA, Nachlaß Blankenhorn 10.

[113] Kabinettssitzung 17.6. 1952, u.a. BA, Nachlaß Blankenhorn 17 und BA, B 134/3158. Zur
Gegenargumentation des Auswärtigen Amtes vgl. Aufzeichnung Frowein, 17.6. 1952, BA,
Blankenhorn 10. Die Bewertung Schäffers in bezug auf die von Israel genannten Fluchtgründe
war sicherlich ebenso überkritisch wie die des Auswärtigen Amtes übermäßig wohlwollend. Am
ausführlichsten zu Schäffers Ausführungen siehe BA, Nachlaß Schäffer 168/33, Blatt 483–488.

[114] Kabinettssitzung 17.6. 1952, BA, Nachlaß Seebohm 8 a.

[115] 17.6. 1952, BA, Nachlaß Blankenhorn 10. Erhard setzte sich „sehr für das Angebot an Israel
ein", auch Blücher sei „ausgesprochen für Angebot" (ebd.). Über Erhard findet man nichts im
amtlichen Protokoll, auch nicht bei Schäffer oder Seebohm.

[116] Kabinett 17.6. 1952, BA, Nachlaß Blankenhorn 17; vgl. v. Jena, a.a.O., S.477 im Wortlaut
gedruckt.

„McCloy eben angekommen, kommt 16 h zu Adenauer, um ihn über USA in Bild zu setzen", notierte Seebohm am Ende dieses Tagesordnungspunktes[117]. Die Inszenierung war perfekt; den Ministern mußte sich geradezu der Eindruck aufdrängen, daß der Hochkommissar nicht zuletzt wegen der Wiedergutmachung den Kanzler sprechen wolle. Tatsächlich schnitt der amerikanische Hochkommissar allein die Ratifizierung der deutschlandpolitischen Verträge durch den Kongreß an und berichtete dabei über die wohlwollenden Reaktionen „seitens der Juden", ohne die Problematik der Wiedergutmachung auch nur zu erwähnen. Hier hakte Adenauer ein und unterrichtete McCloy über den Kabinettsbeschluß über die Wiedergutmachung[118]. Offensichtlich ohne Kommentar ging der Amerikaner zum Thema einer Viermächtekonferenz über[119].

Auf der Kabinettssitzung vom 11. Juli konnte Schäffer ein Gefecht auf dem Nebenschauplatz der Verhandlungen mit der Claims Conference gewinnen – deren Ansprüche sollten erneut beraten werden –[120], doch selbst diese Schlacht verlor er am 15. Juli 1952; allerdings verlor er nur knapp: Mit fünf gegen vier Stimmen beschloß die Ministerrunde, den Anspruch der Claims Conference auf 500 Millionen DM anzuerkennen. Außer Schäffer opponierten Bundesratsminister Heinrich Hellwege (Deutsche Partei), Justizminister Thomas Dehler und der Minister für Gesamtdeutsche Fragen, Jakob Kaiser (CDU-Sozialausschüsse)[121]. Adenauer machte sich für die Anerkennung stark, „mit dem nachdrücklichen Hinweis auf die große wirtschaftliche Macht des Judentums in der Welt und auf das ungeheuerliche Ausmaß des deutscherseits den Juden in ganz Europa angetanen Unrechts."[122] Eingesetzt hatte sich auch der scheidende US-Hochkommissar McCloy in einem Telegramm, das dem Kanzler am Tag der Kabinettssitzung vorgelegt wurde[123]. Ansonsten hatte die Truman-Administration die Claims Conference noch weniger unterstützt als Israels Wiedergutmachungsbelange. Adenauer hielt das „Judentum in der Welt" für stärker als es tatsächlich war, und eine Bewertung des Verhältnisses von McCloy zu „den" Juden sollte nicht nur die Nachkriegszeit, sondern die Kriegszeit umfassen[124].

---

[117] Kabinett 17.6.1952, BA, Nachlaß Seebohm 8 a.

[118] Aufzeichnung Weber, Unterredung Adenauer–McCloy in Anwesenheit von Hallstein und Blankenhorn, 17.6.1952, S.2, BA, Nachlaß Blankenhorn 10. Hier steht, der Kabinettsbeschluß sei am Vormittag gefaßt worden. Bei Seebohm liest es sich so, daß der Hochkommissar eintraf, als der Kanzler seine ausschlaggebende Einschätzung skizzierte.

[119] Ein weiterer Grund, anders als von Jena (a.a.O., S.477), Adenauers amerikapolitisches Argument nicht allzu wörtlich zu nehmen, es mehr taktisch-kabinettspolitisch zu interpretieren.

[120] Kurzprotokoll der Kabinettssitzung vom 11.7.1952, BA, Blankenhorn 17; Tagebuch Blankenhorn, 11.7.1952, BA, Blankenhorn 13; BA, Nachlaß Schäffer, 168/33, Blatt 499 f.

[121] Tagebuch Blankenhorn, 15.7.1952, BA, Nachlaß Blankenhorn 13.

[122] Kurzprotokoll der Kabinettssitzung vom 15.7.1952, BA, B 134/3158.

[123] McCloy an Adenauer, diesem am 15.7.1952 vorgelegt, BA, Nachlaß Blankenhorn 16, zitiert bei v. Jena, a.a.O., S.478.

[124] Daher entsteht durch Jenas Gewichtung dieses Telegramms (a.a.O., S.478) eine absolut verzerrte Sichtweise, und außerdem stand nicht die Wiedergutmachung an Israel, also nicht „Versöhnung mit Israel", zur Debatte. McCloy selbst gab sich zudem gegenüber jüdischen Bemühungen um die deutsche „Umerziehung", zum Beispiel die „Operation Candle" des „American Jewish Committee" (AJC), außerordentlich zugeknöpft. In einer gesonderten Untersuchung, die auf der Auswertung von Akten des AJC basiert, werden Sylke Tempel und ich McCloys keineswegs nur betont „judenfreundliche" Haltung dokumentieren – wenn schon in politisch-

Auf dem eigentlichen „Kriegs"schauplatz, den Verhandlungen mit Israel, gab Schäffer noch nicht auf. Am 18. Juli standen die Mehrheit der Bundesminister und der Kanzler in zwei Detailfragen, der „Wertsicherungs- und Gefahrenklausel", hinter dem Finanzminister. Sie lehnten die vom Auswärtigen Amt, dem Wirtschafts- und Justizministerium erarbeitete Kabinettsvorlage ab, obwohl Hallstein, wie nur den Aufzeichnungen Seebohms zu entnehmen ist, die Gefühlssaiten anstimmte: Israel sei der „armseligste Staat, den es gibt."[125] Erhard stellte sich während der Sitzung auch hinter Schäffer. Die deutsche Seite verhandelte nach der „Wende" vom 21. beziehungsweise 23. Mai keineswegs defensiv; so versuchte sie zum Beispiel, das Wiedergutmachungsabkommen mit der Aufnahme diplomatischer Beziehungen zu verknüpfen, was die Israelis ablehnten. Jerusalem wollte stattdessen „in Israel eine Körperschaft des öffentlichen Rechts mit Agenturen in der Bundesrepublik errichten."[126]

Nahöstliche Balanceakte wegen des bevorstehenden Abkommens mit Israel zu vollführen, hielt das Kabinett noch am 22. August nicht für notwendig. Wiedergutmachungsgegner und -befürworter waren sich einig, daß eine „Spende für die arabischen Flüchtlinge aus Palästina", die „Frage der Araberhilfe", wie Schäffer es bezeichnete, „unzeitgemäß" sei; sie wurde zurückgestellt[127]. Doch eine Woche später, am 29. August, erhob Vizekanzler Blücher (FDP) in Abwesenheit des Kanzlers „schwere Bedenken wegen der Rückwirkung des Vertrages auf die arabischen Staaten." Zur Einstimmung der Minister hatte Schäffer kurz vor her mit Einsparungen in diversen Einzeletats „für den Fall der Annahme des (Israel-) Vertrages" gedroht, damit die deutschen Lieferungen bezahlt werden könnten[128].

historischen Schubladen gedacht werden soll. Außerdem darf man bei der Bewertung der „Judenpolitik" McCloys in der Nachkriegszeit die Kriegszeit nicht vergessen: Im Jahre 1944 spielte er als stellvertretender US-Kriegsminister eine Schlüsselrolle bei der Entscheidung, Auschwitz nicht zu bombardieren, das Dauerinferno also durch ein kurzes zu beenden (vgl. David S. Wyman, Das unerwünschte Volk. Amerika und die Vernichtung der europäischen Juden, München 1986, S. 400 ff., das Kapitel „Keine Bomben auf Auschwitz"). Möglicherweise betrieb der Hochkommissar seine ganz persönliche „Wiedergutmachungspolitik". Man könnte einwenden, daß aus der Unterstützung des weniger wichtigen Akteurs erst recht auf einen amerikanischen Einsatz zugunsten des für die USA wichtigeren Israel zu schließen wäre. Einer dokumentenbezogenen Untersuchung der amerikanischen und israelischen Regierungsakten hält diese Vermutung jedoch nicht stand. – Es würde sich lohnen, einmal der Frage nachzugehen, weshalb sogar ein so pragmatischer Politiker wie Adenauer von der Macht des „Weltjudentums" so überzeugt war, obwohl er selbst erlebte, wie machtlos das Judentum gegen den Holocaust war und wie wenig Hilfe die Welt den Flüchtlingen gewährte. Man denke an die Politik der verschlossenen Tore, die nicht nur Großbritannien und die USA in den 30er und 40er Jahren praktizierten.

[125] Kabinettssitzung 18.7. 1952, BA, Nachlaß Seebohm 8 a. Protokoll in BA, Nachlaß Blankenhorn 17, PA/AA, 244-13 II, Bd. 5, BA, B 134/3158 und BA, Nachlaß Schäffer 168/33, Blatt 507. Die Kabinettsvorlage vom 17.7. 12952 u. a. in BA, Blankenhorn 16. – Durch die Wertsicherungsklausel sollte das Warenvolumen der deutschen Lieferungen von Währungs- und Preisschwankungen unbeeinflußt bleiben. Die Gefahren- bzw. Katastrophenklausel sollte die deutschen Leistungen eventuell „veränderten Verhältnissen" anpassen, z. B. möglichen Zusatzbelastungen im Rahmen der EVG oder der Schuldenregelungen.

[126] Kurzprotokoll der Kabinettssitzung vom 1. 8. 1952, BA, B 134/3158. Bei Seebohm 8 a ist von „konsularischen Beziehungen" die Rede. Adenauer war nicht im Kabinett, als dieser Punkt erwähnt wurde.

[127] Kabinettssitzung 22. 8. 1952, BA, Nachlaß Schäffer 168/33, Blatt 512.

[128] Kabinettssitzung 29. 8. 1952, BA, Nachlaß Schäffer 168/33, Blatt 516.

Die Entscheidung des Kabinetts über das ausgehandelte Vertragswerk sollte am 8. September fallen. Bei der Festsetzung des Termins hatte Adenauer nachgeben müssen, denn ursprünglich plante er, die Sitzung am 3. September abzuhalten – ohne Schäffer, der dann in Mexiko gewesen wäre. Doch Schäffer drohte, nötigenfalls diese Reise abzusagen. Die Mehrheit der Kabinettsmitglieder hat den Wunsch des Finanzministers, an dieser entscheidenden Sitzung teilnehmen zu können, „zumal mit Rücksicht auf die finanzielle Bedeutung der Frage, gewürdigt."[129] Die Festsetzung des Termins überließ der Kanzler dann Blankenhorn: „Bitte sehen Sie, wie Sie die ganze Geschichte in Ordnung bringen."[130]

„Die Taktik Schäffers ist eindeutig. Er will das Vertragswerk unter allen Umständen zu Fall bringen und organisiert hierzu sowohl im Kabinett als auch im Parlament alle Kräfte, die ihm hierfür zugänglich sind. Wir beharren auf unserer Linie ... Es bleibt also bei der Frage der Aufbringung, an der Schäffer das Vertragswerk scheitern lassen will", vermerkte Blankenhorn durchaus nicht siegesgewiß im Tagebuch am 1. September[131]. Die Taktik Schäffers war „eindeutig", die Taktik Adenauers war besser. Um sich gegen die Berechnungen Schäffers wappnen zu können, ließ er eine „Auskunft des Bundesfinanzministeriums" einholen, die dessen Leiter im Kabinett in Argumentationsschwierigkeiten brachte. Prompt protestierte Schäffer „gegen die Einholung von Auskünften bei untergeordneten Stellen des Bundesfinanzministeriums."[132]

„Alle Kräfte" Schäffers reichten am 8. September, auf der entscheidenden Sitzung des Kabinetts, beileibe nicht aus, um das Abkommen zu verhindern[133]. Das lag nicht zuletzt an einer weiteren taktischen Feinheit des Kanzlers: Er bestritt Schäffer das amtsbedingte Recht auf Widerspruch. Den Beschluß, noch im laufenden Haushaltsjahr 200 Millionen DM an Israel zu zahlen, habe das Kabinett am 17. Juni gefällt. Schäffer habe damals zwar „dagegen gestimmt, aber keinen Widerspruch eingelegt ... Er habe infolgedessen sein Widerspruchsrecht verwirkt."[134]

Zwar äußerten sich außer Schäffer auch noch Abs, Vizekanzler Blücher sowie die geladenen Fraktionsvertreter von Brentano (CDU/CSU), Schäfer (FDP) und von Merkatz (Deutsche Partei) skeptisch, aber bei der Abstimmung hatte der Finanzminister nur einen Verbündeten: Arbeitsminister Storch von den Sozialausschüssen der CDU. Storch hatte, dem Protokoll zufolge, geschwiegen und keine Erklärung abgegeben; Schäffer begründete seine Ablehnung „mit der Warenliste, der Wertminde-

---

[129] Vgl. Kabinettssitzung 28.6. 1952, BA, Nachlaß Schäffer 168/33, Blatt 514 f., Adenauer (aus Bürgenstock) an Blankenhorn, 24.8. 1952 BA, Nachlaß Blankenhorn 13 und Huhn in diesem Band.

[130] Adenauer (aus dem Urlaub im Bürgenstock), an Blankenhorn, 24.8. 1952, BA, Nachlaß Blankenhorn 13.

[131] Tagebuch Blankenhorn, 1.9. 1952, BA, Nachlaß Blankenhorn 14.

[132] Es ging um mögliche Einsparungen bei den Besatzungskosten, die, so Adenauer, es Schäffer ermöglichten, die 200 Millionen DM für Israel im laufenden Jahr „spielend (sic; M.W.) aufzubringen". Schäffer hielt diese Berechnungen für falsch (Kurzprotokoll der Kabinettssitzung vom 8.9. 1952, BA, B 134/3159, S. 3 f.

[133] Kurzprotokoll der Kabinettssitzung vom 8.9. 1952 u. a. BA, Blankenhorn 14, BA, B 134/3159. Einige Auszüge und Zitate bei v. Jena, a.a.O., S. 478 f. Auf Wiederholungen wird hier daher verzichtet, nur mir wichtig scheinende Ergänzungen werden angebracht.

[134] Kurzprotokoll der Kabinettssitzung vom 8.9. 1952, BA, B 134/3159, S. 4.

rungsklausel und der Regelung über das deutsche Vermögen." Seine vorgetragenen Argumente waren also jetzt, anders als früher, rein finanzpolitisch.

Außenpolitisch motivierten Blücher, Brentano, Schäfer und Merkatz ihre Bedenken. Sie befürchteten nachteilige Auswirkungen des Israelvertrages auf das deutsch-arabische Verhältnis. Diese Sorgen hatten Adenauer und Staatssekretär Hallstein vom Auswärtigen Amt zu beseitigen versucht: „Die USA und vielleicht auch England würden ... bei diesen Staaten vorstellig werden, um sie zu beschwichtigen", hatte der Kanzler behauptet. Hallstein gab „nähere Ausführungen über die bereits gewährte amerikanische Unterstützung" durch Byroade, den „Leiter der Nahost-Abteilung im State Department".

Recht besehen war Byroade freilich Leiter der Deutschlandabteilung des State Department, und die amerikanischen Erklärungsversuche im arabischen Raum verhallten, weil sie so außerordentlich verhalten waren[135]. Die USA unternahmen alles, um eben nicht mit diesem Abkommen in der arabischen Welt in Verbindung gebracht zu werden. Sie wußten, daß arabische Politiker ihnen ohnehin unterstellten, Wiedergutmachungsdruck auf Westdeutschland ausgeübt zu haben, und wollten sich dieses arabienpolitischen Makels entledigen, nicht zu dessen Stärkung beitragen. Die englische Karte stach in der arabische Welt ohnehin nicht, denn das Bild der früheren Kolonialmacht zeigte auch dort Risse. Außerdem sah man in Großbritannien gar nicht ungern, daß dem deutschen Exportrivalen auf dem arabischen Markt Probleme entstanden[136]. Die Abgeordneten Schäfer und Merkatz sahen die Möglichkeiten der USA und Großbritanniens nüchterner – und daher richtiger als Hallstein und der Kanzler sie wahrnahmen oder wahrzunehmen vorgaben.

Adenauers Betonung der außenpolitischen Bedeutung des Israelabkommens enthielt freilich eine im allgemeinen übersehene[137] Spitze gegen ein früheres, innenpolitisches Argument Schäffers: Dieser hatte bekanntlich die Auswirkungen der Wiedergutmachung an Israel auf „antisemitische Strömungen" in der Bundesrepublik sorgenvoll erwähnt und potentielle Wähler der CDU/CSU gemeint. Adenauer überging damals diesen Einwand durch Nichtbeachtung, jetzt durch das Hervorheben der außenpolitischen Zusammenhänge. Auch vertriebenenpolitische Querverbindungen, die Merkatz herstellte, scheint der Bundeskanzler politisch überhört zu haben. Die einzig von Merkatz erwähnte „positive Wirkung der Abmachungen" bestünde „in der Anerkennung der Vertreibungsschäden, ein Gesichtspunkt, der uns in einem anderen Zusammenhang von Nutzen sein könnte."[138] Wir kennen diese Sichtweise bereits aus dem Brief, den Merkatz' Parteifreund Seebohm im Mai an Böhm geschrieben hatte.

Kampf um die Ratifizierung

Am 10. September wurde das Luxemburger Abkommen unterzeichnet, doch wäre es völlig verfehlt, die Darstellung der regierungsinternen Auseinandersetzungen mit

---

[135] Vgl. Michael Wolffsohn, Die internationalen Zusammenhänge; auch ders., Die Wiedergutmachung und der Westen, S. 22.

[136] Vgl. ders., Die Wiedergutmachung und der Westen, S. 25.

[137] Von Jena, a. a. O.

[138] Kabinettsprotokoll, 8. 9. 1952, BA, B 136/3159, S. 5.

dem 8. September enden zu lassen, denn der Vertrag mußte noch vom Bundesrat sowie vom Bundestag gebilligt werden. Dabei galt es, mindestens ebenso hohe politische Hürden zu überspringen wie bis zur Unterzeichnung.

Am 14. November sagte Adenauer Goldmann zu, „den Israel-Vertrag Anfang Dezember dem Bundesrat und Bundestag zur Ratifizierung zuzuleiten."[139] Daraus wurde nichts. Und daß daraus nichts wurde, lag – entgegen der landläufigen Meinung – eher am Finanzminister als am Druck der arabischen Staaten. Die „ausführliche Erörterung" der Gespräche mit der arabischen Delegation hatte nämlich drei Tage zuvor „Einmütigkeit des Kabinetts dahin (ergeben), daß auf das Ansinnen der Arabischen Liga nicht eingegangen werden dürfe."[140] Diese harte Position wurde bekanntlich bald aufgeweicht, und man versuchte guten arabischen Willen durch finanzielle Köder zu erhalten; mit Erfolg, wie es schien: Eine deutsche Wirtschaftsdelegation unter der Leitung von Ludger Westrick aus dem Wirtschaftsministerium sondierte zunächst in Ägypten. Im Laufe der Gespräche ergab sich, „daß alle arabischen Staaten ein Ersuchen an die Bundesregierung gerichtet hätten, ähnliche Wirtschaftsdelegationen auch in ihre Länder zu entsenden." Westrick sagte zu[141].

Wieder war es der Finanzminister, der auch hier prinzipielle Härte bewies: So sei das Bundesfinanzministerium „in der Delegation (die in Kairo sondierte; M.W.) gar nicht vertreten und könne finanzielle Verpflichtungen nicht anerkennen, die ohne sein Wissen eingegangen werden."[142] Als bald darauf, am 20. Februar 1953, das Bundeskabinett beschloß, „eine Studienkommission aus Kreisen der Wirtschaft zum Zweck des Studiums der geplanten Staudammbauten in Assuan nach Ägypten" zu entsenden, erhob Schäffer „schwere Bedenken". Mehr noch: „Ich erkläre zu Protokoll, daß ich jedem Beschluß gegenüber, der eine wesentliche neue Belastung des Haushalts bringe, heute schon widersprechen müsse", berichtete er seinem Staatssekretär[143].

Um den Streit mit Schäffer abzukürzen, hatte der Kanzler am 8. September eine Taktik gewählt, die den regierungsinternen Konflikt eher vertagte als löste: Aus Zeitgründen wollte er die Frage der finanziellen Deckung der Zusagen nicht „im einzelnen klären. Es sei nicht beabsichtigt, die Abkommen nach der Unterzeichnung mit wendender Post dem Bundesrat zuzuleiten. Eine Einigung müsse noch dann möglich sein, daß das Gesetzgebungsverfahren erst dann eingeleitet werde, wenn gleichzeitig die Deckungsvorlage mit vorgelegt werden könne."[144]
Diese Erklärung interpretierte Schäffer sehr liberal, indem er daraus ableitete, daß das Kabinett hierüber „im Einvernehmen mit dem Bundesfinanzminister zu beschließen haben wird."[145] Mit dieser Forderung konnte er sich zwar nicht durchsetzen,

[139] Tagebuch Blankenhorn, 14. 11. 1952, BA, Nachlaß Blankenhorn 47.
[140] Kurzprotokoll der Kabinettssitzung vom 11. 11. 1952, PA/AA 244-13 II, Bd. 9.
[141] Kurzprotokoll der Kabinettssitzung vom 13. 2. 1953, BA, Nachlaß Blankenhorn 16.
[142] Kabinettssitzung 30. 1. 1953, Nachlaß Schäffer, BA, 168/33, Blatt 599.
[143] Kabinettssitzung 20. 2. 1953, BA, Nachlaß Schäffer, 168/66, Blatt 616. Am 13. 3. 1953 drosselte er im Kabinett das Tempo der Verhandlungen über ein deutsch-jemenitisches Wirtschaftsabkommen (Kabinettssitzung 13. 3. 1953, a. a. O., Blatt 619).
[144] Kurzprotokoll der Kabinettssitzung vom 8. 9. 1952, BA, B 134/3159.
[145] Schäffer an den Protokollanten, Ministerialrat Gumbel (Bundeskanzleramt), 12. 9. 1952, BA, Nachlaß Schäffer 168/33, Blatt 522. Vgl. auch Kabinettssitzung vom 12. 9. 1952, Nachlaß Schäffer 168/33, Blatt 526.).

doch er torpedierte den Fortgang des Verfahrens durch alt-neue Widersprüche finanzpolitischer Art[146].

Am 3. Februar 1953 schließlich wagte Hallstein einen zaghaften Schritt in Richtung Ratifizierung – außerhalb der Tagesordnung des Kabinetts: Er trug „die Anregung (sic; M.W.) vor, er möge die Ermächtigung erhalten, das Ratifizierungsgesetz wegen des Vertrages mit dem Staat Israel mit dem Herrn Ministerpräsidenten informativ (sic; M.W.) zu besprechen, ob es nicht allenfalls am 20.2. in den Bundesrat ... gebracht werden könne."[147]

Diesem zaghaften Ansinnen Hallsteins trat Schäffer entschlossen entgegen: Seine „grundsätzliche Einstellung zu dem Vertrag" habe sich „nicht geändert." Der Vertrag sei ihm „um 2 Mrd. DM zu teuer." Für ihn sei entscheidend, „ob entsprechend dem früheren Kabinettsbeschluß gleichzeitig mit der Ratifizierung ein Deckungsvorschlag gemacht werden könne ... Das hänge von den schwebenden Verhandlungen mit den Alliierten in der Frage der Besatzungskosten und (des) Verteidigungsbeitrag(s) ab. Der angekündigte Brief der Alliierten sei noch nicht eingelaufen und ich bitte, mir meine Stellungnahme deshalb vorbehalten zu dürfen."[148] Adenauer stimmte zu und gab Hallstein „den Auftrag, mit den Alliierten ins Benehmen zu treten, damit der angekündigte Brief möglichst bald bei uns eingeht."[149]

Scheinbar war der Kanzler seinem Finanzminister entgegengekommen. Der Schein trog freilich, denn obwohl die Zusage der Alliierten immer noch nicht vorlag, bat Hallstein am 13. Februar „im Auftrage des Bundeskanzlers das Kabinett, zu beschließen, den Entwurf eines Gesetzes zur Ratifizierung des Israel-Vertrages offiziell an die gesetzgebenden Körperschaften weiterzuleiten."[150] Offenbar waren die Befürworter des Abkommens ihrer Sache so sicher, daß man die entscheidende Kabinettssitzung am 13. Februar 1953 abhielt, obwohl Adenauer nicht teilnehmen konnte. Aus drei Gründen, so Hallstein, sei der „Zeitpunkt für die Weiterleitung des Gesetzentwurfs ... als gekommen anzusehen: ... Anläßlich seines Deutschlandbesuches habe Mr. Dulles großes Interesse für den Vertrag gezeigt. Der Bundeskanzler habe daher die Einbringung desselben zugesagt ... Auch die unmittelbar bevorstehende Reise des Bundeskanzlers nach den Vereinigten Staaten von Amerika ... lasse es ratsam erscheinen, den Vertrag ratifizieren zu lassen, denn der Erfolg der Kanzlerreise sei nur dann gewährleistet, wenn der Kanzler gewisse Dinge, u.a. den Israel-Vertrag, präsentieren könne." Hallstein erwähnte noch drei weitere Gründe, die nun für die Ratifizierung sprächen: Die von allen arabischen Staaten erbetenen Wirtschaftsgespräche, „ein bemerkenswertes Interesse" der SPD „an der baldigen Einbringung des

[146] Zum Beispiel durch Kritik der vom Auswärtigen Amt erarbeiteten Begründung des Abkommens für das Ratifizierungsverfahren auf den Kabinettssitzungen vom 28. November 1952 (Schäffer an Auswärtiges Amt, 20.12. 1952, PA/AA, 244-13 II, Bd. 10, auch BA, B 136/1129) und vom 12.12. 1952 (BA, Nachlaß Schäffer 168/33, Blatt 565). Hier und da hatte er sogar Erfolg – in Details (z.B. bei der Begründung von Artikel 11 über die Wertsicherungsklausel; vgl. Hallstein an Staatssekretär im Bundeskanzleramt, 2.2. 1953, BA, B 136/1129).
[147] Kabinettssitzung 3.3. 1953, BA, Nachlaß Schäffer 168/33, Blatt 601. Er meinte wohl den Bayerischen Ministerpräsidenten Ehard.
[148] Kabinettssitzung 3.3. 1953, BA Nachlaß Schäffer 168/33, Blatt 601.
[149] Ebd., Blatt 602.
[150] Kurzprotokoll der Kabinettssitzung vom 13.3. 1953, BA, Nachlaß Blankenhorn 16.

Vertragswerkes" (was nie zu bezweifeln war) und die Zusicherung seitens des Bundesrates, die Plenarsitzung am 20. Februar abzuhalten.

Auch Hallsteins offenbar so eindeutige Kennzeichnung der amerikanischen Position muß relativiert werden. In den US-Akten, in den Dulles-Papieren, in den einschlägigen Unterlagen der National Archives oder der Eisenhower Presidential Library läßt sich das „große Interesse" des Außenministers sowie der neuen republikanischen Administration keineswegs feststellen; im Gegenteil: Desinteresse überwog[151]. Im Kabinett, hinter verschlossenen Türen, ließ der Kanzler das amerikanische Interesse immer wieder erwähnen oder sprach selbst davon. Als er jedoch am 22. Februar 1953 von einem Journalisten während des Tee-Empfanges hörte, daß Justizminister Dehler tags zuvor in Coburg öffentlich erklärt haben solle, „das Abkommen mit Israel sei auf Wunsch der USA abgeschlossen worden, und es würde uns gut honoriert werden. Wir müßten an Israel liefern, weil die Amerikaner sich (um) Arabien bekümmern müßten", reagierte Adenauer verärgert: „Das ist, wie mir scheint, keine richtige Beurteilung der politischen Lage, ... diese verfluchten Wochenendreden"[152].

Nur Vizekanzler Blücher und Schäffer ergriffen in Abwesenheit des Kanzlers im Kabinett am 13. Februar noch einmal das Wort. Der Vertrag habe „nur einen Schönheitsfehler", meinte Blücher: daß den eigenen Schiffen „die Führung der deutschen Flagge" untersagt sei. „Hierdurch seien nicht geringe politische Schwierigkeiten zu befürchten."[153] Schäffer bereitete „die noch ungeklärte Deckungsfrage schwere Sorgen" und deshalb müsse er sich „mit dem Bundeskanzler in dieser Angelegenheit noch einmal aussprechen. Die Frage, wie sich die Alliierten hinsichtlich der Besatzungskosten verhalten wollen, müsse eindeutig geklärt werden."[154] „Wenn den Alliierten wirklich soviel an dem Zustandekommen des Vertrages mit Israel liege, müsse es ihnen ein Leichtes sein, dies der Bundesrepublik zu ermöglichen."[155] Mit anderen Worten: Der Finanzminister hatte seine (berechtigten) Zweifel in bezug auf das tatsächliche Interesse der Alliierten an diesem Abkommen. Sie hielten sich diskret zurück, wenn mehr als nur ermunternde oder ermahnende Worte zugunsten der Wiedergutmachung notwendig wurden. Trotzdem beschloß das Kabinett gegen die Stimme des Finanzministers, „die Vorlage sofort offiziell an den Bundesrat weiterzuleiten." Aber, und das war entscheidend: Einen „formellen Widerspruch im Sinne ... der Geschäftsordnung der Bundesregierung" legte Schäffer nicht ein. Er war zwar nach wie vor gegen dieses Abkommen, ließ es aber nicht an seinem – rechtlich möglichen – Einspruch scheitern!

Die Schwierigkeiten, die Blücher erwartete und die Hallstein mit den Israelis noch einmal zu erörtern versprach, traten im Auswärtigen Ausschuß des Bundesrates prompt auf. Hier stellten sich der bayerische Ministerpräsident Ehard (CSU) und Bremens Bürgermeister Kaisen (SPD) an die „Spitze" der Vertragsgegner und ver-

---

151 Vgl. Michael Wolffsohn, Die internationalen Zusammenhänge.
152 Teegespräche 1950–1954, S. 413.
153 Kabinettssitzung 13. 2. 1953, BA, Nachlaß Blankenhorn 16, S. 2.
154 Ebd., S. 2 f.
155 Kabinettssitzung 13. 2. 1953, Nachlaß Schäffer 168/33, Blatt 608. Im amtlichen Kurzprotokoll fehlt dieser wichtige Satz.

suchten, „den Vertrag in weiteren Ausschußberatungen auflaufen zu lassen."[156] Als Hallstein eine Veränderung der sogenannten Schiffahrtsklausel erreichte, gelang es, „den Widerstand (sic; M.W.) zu beseitigen."[157] Der Vertrag konnte dem Plenum zugeleitet und verabschiedet werden.

Schlußfolgerungen

Nein, versöhnungsunwillig oder gar „antisemitisch" (vor dem inflationären Gebrauch dieses Begriffes sei gewarnt!) waren die regierungsinternen Gegner des Wiedergutmachungsabkommens wahrhaftig nicht. Sie opponierten manchmal durchaus heftig und nicht selten historisch unsensibel, zumindest germanozentrisch. Man denke nur an Seebohms Gleichsetzung von Holocaust und Vertreibung oder Blüchers Forderung nach Wiedergutmachung auch für „Nichtarier". Ernsthafte Zweifel an der Durchführbarkeit, vor allem an der Finanzierbarkeit, der Absichten des Kanzlers, der an diese Seite der Wiedergutmachungsmedaille offenbar zunächst nicht recht gedacht hatte, standen im Mittelpunkt der Kritik. Das war Adenauers Stärke und Schwäche in dieser Frage.

Der „Antisemitismus"-Vorwurf wurde seinerzeit allerdings sehr bald vor allem gegen Schäffer erhoben, von Küster, andeutungsweise und nicht gerade fair: „Es hätte der Art wie derselbe Minister (Schäffer; M.W.) sich auf seine antisemitischen Zuschriften berief, nicht mehr bedurft, um die Situation zur letzten Eindeutigkeit zu bringen", erklärte Küster im Radio öffentlich nach seinem Rücktritt zur Begründung dieser Entscheidung[158]. Der Finanzminister schlug zurück, ebenfalls über den Äther: Dieser Satz Küsters erinnere ihn an „die Zeiten des sogenannten politischen Dschungelkrieges, der in den Jahren 45, 46 eingesetzt hat, wo es einer der gefährlichsten Giftpfeile immer gewesen ist, dem Gegner ... nachzureden, daß er entweder Sympathie mit Antisemiten habe oder selber Antisemit sei."[159]

Sicherlich hat Schäffer durch sein harsches Auftreten und seine nicht immer geschickten, manchmal an stramm-deutschnationale Töne erinnernden Formulierungen selbst dazu beigetragen, daß ihn seine Gegner zu unrecht in die, nennen wir sie lieber „altdeutsche" Ecke drängten: „Ich möchte feststellen, jeder aufrechte Mann der mit seinem Herzen und seiner ganzen Überzeugung an die Not und Belastung des deutschen Volkes denkt und der der Wortführer und Vertreter des deutschen Volkes in seiner Not und Belastung gegenüber dem ganzen Ausland ist (nicht der Kanzler! M.W.), muß, wenn er aufrecht und offen handelt, es auch in Kauf nehmen, in diesem politischen Dschungelkrieg als Antisemit verschrien zu werden." Ungewohnt locker endete Schäffer, der sich selbst und nicht den Kanzler als „Wortführer und Vertreter des deutschen Volkes" pathetisch präsentiert hatte: „Und, meine lieben Württember-

---

[156] Tagebuch Blankenhorn, 19.2.1953, BA, Nachlaß Blankenhorn 18. Zu Ehard und seinem Kabinett vgl. die Sitzungsprotokolle des Bayerischen Ministerrates, Bayerische Staatskanzlei, 15 231, besonders Bände 13 bis 15, bes. Band 15: 10., 17. und 24.2.1953. Auch der SPD-Politiker Högner zeigte sich durchaus reserviert.

[157] Ebd.

[158] Im Süddeutschen Rundfunk, am 20.5.1952, Text im Nachlaß Küster, I-084-001.

[159] Rundfunkansprache Fritz Schäffers am 23.5.1952, ebenfalls im Süddeutschen Rundfunk, Stuttgart, Text im Nachlaß Küster, a.a.O.

ger und Badener, wenn er noch leben würde, dann würde das Gleiche Eurem Landsmann Götz von Berlichingen auch passiert sein."[160]

Man muß freilich daran erinnern, daß Schäffer im Kabinett gegen die Wiedergutmachung auch deswegen argumentierte, weil er befürchtete, die CDU/CSU könne durch diese Politik ihre rechten Wähler vergraulen. Küster verallgemeinerte diese Sichtweise und behauptete, „daß in Bonn jedes Rechtsproblem automatisch umgedacht wird in die Frage: wieviel interessierte Wählerstimmen?"[161] Küster irrte, denn Adenauer überging gerade dieses Argument.

Küsters Mitstreiter in der Wiedergutmachung, Franz Böhm, geriet 1957/58 mit Schäffer nachträglich noch einmal auf Konfrontationskurs, und einmal mehr wurde darüber gestritten, ob Kritik, heftigste Kritik, an der Wiedergutmachung und ihren Praktiken „antisemitisch" sei. „Auslandsanwälte bereichern sich" an der Wiedergutmachung behauptete Schäffer, inzwischen Bundesjustizminister, im Dezember 1957[162]. Böhm übte Kritik an der Kritik, und der „Antisemitismus"-Vorwurf gegenüber Schäffer ließ nicht lange auf sich warten, zumal dessen Formulierungen mehr als unglücklich, oft trotzig waren. Die Schlacht des Jahres 1957/58 war, recht besehen, die Fortsetzung des aus den Jahren 1951 bis 1953 bekannten Kampfes zwischen Böhm und Schäffer. Ein Wort ergab das andere, und die Fraktion der CDU/CSU mußte sogar ein Ehrengericht einsetzen, das Schäffer sozusagen freisprach[163]. Böhm mußte seine Vorwürfe zurücknehmen. Dieser politische „Freispruch" kann das Urteil des Historikers zwar nicht bestimmen, doch wäre es, trotz aller Polemik Schäffers gegen die Wiedergutmachung, irreführend, ihm „Antisemitismus" vorzuwerfen, zumal man sich über eine geeignete Begriffsbestimmung erst noch einigen müßte.

Bei aller Ablehnung des Vertrages durch Schäffer darf zudem nicht übersehen werden, daß er sein Widerspruchsrecht als Finanzminister nicht anwandte und am 8. September 1952 als Vertreter von Bundeswirtschaftsminister Erhard in dessen Abwesenheit zugunsten der Wiedergutmachung stimmte, „da er aufgrund seiner Unterredung mit dem Bundeswirtschaftsminister in Mexiko der Annahme sein müsse, daß der Bundeswirtschaftsminister für die Abkommen eintreten werde."[164] Obwohl Erhard (warum eigentlich?) seine Befürwortung offenbar nicht vorher schriftlich abgegeben, geschweige denn abgesichert hatte, war der unterliegende Schäffer stilvoll genug, um in dessen Sinne zu stimmen. Schäffer vermied außerdem jedwede proarabische Liebdienerei aufgrund der „traditionellen deutsch-arabischen Freundschaft" und war auch nicht bereit, als Wiedergutmachung der Wiedergutmachung den arabischen Staaten finanziell entgegenzukommen. Seine Kabinettskollegen gaben sich hier – man mag das beurteilen, wie man will – in Worten stärker als in Taten.

Bedenken möge man schließlich, daß die regierungsinterne Opposition beziehungsweise Skeptikerfront in der Frage der Wiedergutmachung nicht nur rechts zu finden war, also bei Schäffer, Blücher, Dehler, und Hellwege letztlich auch Seebohm;

[160] Ebd.
[161] Tagebuch Küster, 27.5.1952, S.24 über sein Gespräch mit Adolf Arndt (SPD) berichtend, I-084-001.
[162] Der Kurier, Berlin (West), 19.12.1957, S.1f.
[163] Vgl. Archiv für Christlich-Demokratische Politik, Nachlaß Böhm, I-200-006/4 und BA, Nachlaß Schäffer, 168/48.
[164] Kurzprotokoll der Kabinettssitzung vom 8.9.1952, BA, B 134/3159, S.5.

man fand sie auch auf dem linken Flügel der CDU, bei Anton Storch und Jakob Kaiser. Und Abs? Blankenhorn nannte ihn am Tag der Unterzeichnung des Wiedergutmachungsabkommens im Zusammenhang mit den „starken Widerständen, die vor allem von Seiten der deutschen Hochfinanz" ausgingen[165], während der sonst eher streitbare Küster sogar während des Höhepunktes der Auseinandersetzungen der Meinung war, Abs würde „nicht genügend positiv plaziert."[166] Abs vollzog die „Wende" vom 21. Mai 1952 mit, steuerte den neuen Kurs als Lotse, doch Adenauer war unstrittig der Kapitän.

Der Kanzler benützte keine politischen Brechstangen gegen die regierungsinterne Opposition, er taktierte vielmehr sehr vorsichtig. Um nicht alles zu gefährden, verzichtete er zeitweilig auf etwas. Sein Vorgehen auf der Kabinettssitzung vom 8. September 1952 war hierfür bezeichnend. Unriskant war diese Taktik nicht, denn das Widerspruchsrecht des Finanzministers blieb wie ein Damoklesschwert über der Wiedergutmachungsrunde hängen. Geschickt benützte Adenauer die Bürokratie des Finanzministeriums gegen den Finanzminister, und durch taktische Finessen machte er ihm, zumindest am 8. September 1952, nicht mehr am 13. Februar 1953, das Widerspruchsrecht des Finanzministers streitig. Kein Zweifel kann bestehen über die moralische Ernsthaftigkeit der Wiedergutmachungsabsicht des Kanzlers, seine Nachlässigkeit in bezug auf die Frage der Finanzierung sowie die willentliche und wissentliche Vernachlässigung von Wünschen rechter Unionswähler. Kein Zweifel auch, daß Adenauer, obwohl wahrhaftig nicht vom Bazillus des „Antisemitismus" befallen, die „Macht", vor allem die „wirtschaftliche Macht", des Weltjudentums und daher das politische Gewicht der US-Juden dämonisierte.

Die Haltung der Truman- und Eisenhower-Administration gegenüber der Wiedergutmachung hat Adenauer entweder tatsächlich falsch eingeschätzt oder dem teilweise opponierenden Kabinett verzerrt darstellen wollen. Wenn man das vermeintliche Drängen, das Adenauer wiederholt erwähnte, mit den tatsächlichen Aktionen der beiden US-Administrationen vergleicht, bleibt jedenfalls vom amerikanischen Interesse etwas, vom Druck oder gar von der aktiven Nachhilfe nicht viel übrig. Skeptiker im Kabinett, auch und gerade Schäffer sowie Blücher, scheinen dies durchaus bemerkt zu haben.

Geschichtlich und geschichtspolitisch bedeutsam waren Substanz und Stil Adenauers in der Wiedergutmachungsfrage. Trotz gegenteiliger Geschichtslegenden fehlte es seiner Wiedergutmachungspolitik nie am „aufrechten Gang", und er verhandelte auch nicht im „Büßerhemd": Wir wissen, daß er sich weigerte, in seiner Erklärung vom 27. September 1951 die These von der Kollektivschuld der Deutschen gelten zu lassen. Wir haben gesehen, daß er wiedergutmachungswillig doch nicht bereit war, alles und jedes zu billigen, was die israelische Seite vorlegte. Seine ätzenden Bemerkungen über die mangelhafte Glaubwürdigkeit der von den Juden vorgelegten Berechnungsgrundlagen verdeutlichen, daß er zwischen historischer Verantwortung und politischen Verhandlungen pragmatisch zu unterscheiden wußte.

Nein, er ließ sich, im wahrsten Sinne des Wortes, von der anderen Seite nichts vorwerfen oder vorschreiben; weder am Anfang noch am Ende der Wiedergutma-

---

[165] Tagebuch Blankenhorn, 10. 9. 1952, BA, Nachlaß Blankenhorn 14, S. 1.
[166] Tagebuch Küster, 20. 5. 1952, a. a. O., S. 23.

chungsverhandlungen; nicht für den 21. September 1951 und nicht für den 10. September 1952: Am Nachmittag des 9. September 1952 erhielt Blankenhorn den Entwurf der Rede, die Israels Außenminister Sharett am nächsten Tag anläßlich der Vertragsunterzeichnung halten wollte. „Der Inhalt dieser Rede wird vom Kanzler scharf beanstandet. Sie ist in der Tat in ihrer Aufmachung alttestamentarisch", notierte der Vertraute Adenauers[167]. Mit anderen Worten: Adenauer gestand der israelischen Seite in der politischen Gegenwart kein aus der historischen Vergangenheit ableitbares Moralmonopol gegenüber Deutschland und Deutschen zu. Am Ende schlug Adenauer vor, „daß man am besten alle Reden zurückstellt. Von israelischer Seite wird dieser Vorschlag mit Zustimmung aufgenommen."[168]

Die politischen Enkel aller Parteien können noch heute viel von der Wiedergutmachungspolitik des Großvaters lernen.

---

[167] BA, Tagebuch Blankenhorn, 9. 9. 1952, Nachlaß Blankenhorn 14.
[168] Ebd.

Shlomo Shafir

Die SPD und die Wiedergutmachung gegenüber Israel

Eine der wenigen Ausnahmen der im Zeichen der scharfen Konfrontation zwischen Koalition und Opposition stehenden ersten Legislaturperiode des Bundestages war das Wiedergutmachungsabkommen mit Israel und den jüdischen Organisationen, bei dem Sozialdemokraten aktiv mitwirkten und dessen Ratifizierung ohne die einmütige Unterstützung der SPD-Bundestagsfraktion kaum möglich gewesen wäre. Doch ist der Beitrag der SPD zu dem historischen Vertrag, der den Weg für ein neues Kapitel in den deutsch-jüdischen und deutsch-israelischen Beziehungen nach dem Holocaust geebnet hat, bis heute noch nicht voll gewürdigt worden.

Die positive Einstellung der SPD zur Wiedergutmachung an rassisch und politisch Verfolgten entsprach ihrem historischen Selbstverständnis als konsequentem Gegner der nationalsozialistischen Gewaltherrschaft. Das sozialistische Ethos, geformt durch langen Kampf gegen die autoritäre, nationalistische, antisemitische und zum Schluß totalitäre Rechte, unterschied sie vom bürgerlichen Lager. Zweifellos bewahrten nicht alle ihre Wähler und auch nicht alle Mitglieder, die nach dem Kriege in ihre Reihen zurückkehrten, volle Immunität gegenüber der antisemitischen Indoktrinierung des Naziregimes. Trotz des Unterschieds zwischen „Neubau" und „Wiederaufbau" waren auch die Sozialdemokraten an der Integration von Nazis und Mitläufern interessiert. Aber obwohl nur eine Minderheit der SPD-Mitglieder eine aktive Antinazi-Vergangenheit aufzeigen konnte und aus dem KZ, Zuchthaus oder Exil zurückgekehrt war, so hatte diese Vergangenheit, auch wenn sie nicht immer populär war, einen großen symbolischen Wert. Alle drei Vorsitzende der SPD von 1945 bis 1987 sowie auch andere führende Mitglieder der Partei und der Gewerkschaften waren Verfolgte des Naziregimes, die für die jüdischen Opfer und die Überlebenden des Holocausts Sympathie und Verständnis zeigten. Deshalb kamen die ersten öffentlichen Erklärungen über die Bereitschaft zur Wiedergutmachung und die Aufforderung zur Rückkehr deutscher Juden aus dem sozialdemokratischen Bereich. Für eine Reihe sozialdemokratischer Politiker war die Verpflichtung zur Wiedergutmachung ein inneres Bedürfnis der neuen deutschen Demokratie und nicht nur durch das Streben nach Rehabilitierung des deutschen Volkes in den Augen der westlichen Welt bedingt. Im selben Sinne bekämpften sie den Rechtsradikalismus und Neonazismus und traten später für die Verlängerung der Verjährungsfrist für Mord bzw. für ihre Abschaffung ein.

In den Stellungnahmen der Partei im Londoner sowie im Stockholmer Exil zur Wiedergutmachung war von besonderen Vorrechten der Juden noch keine Rede. In Stockholm z.B. versprach Willy Brandt den nach Deutschland zurückkehrenden

Juden in Fragen der Wiedergutmachung die gleiche Behandlung wie den anderen deutschen Verfolgten. Vielleicht befürchtete er, daß jegliche Bevorzugung negative Reaktionen zur Folge haben würde[1]. Auch die vom ersten Nachkriegsparteitag in Hannover im Mai 1946 verabschiedete „Kundgebung" sprach von Wiedergutmachung des durch den Nationalsozialismus verursachten Unrechts „im Rahmen der wirtschaftlichen Möglichkeiten des deutschen Volkes", ohne sich besonders auf die Juden zu beziehen[2]. Bei der Eröffnung einige Tage vorher hatte Kurt Schumacher kurz der Juden, „die dem bestialischen Rassenwahn der Hitler-Diktatur zum Opfer fielen", während der Ehrung der Opfer des Faschismus gedacht[3]. Die unmenschliche Verfolgung, die viele Deutsche mit eigenen Augen gesehen hatten, hatte er schon in seinem ersten öffentlichen Auftritt vor sozialdemokratischen Funktionären in Hannover zwei Tage vor der Kapitulation des Deutschen Reiches erwähnt[4]. Das tragische Schicksal der Juden Deutschlands und Europas, das die große Mehrheit der Deutschen zu verdrängen suchte, war damals bestimmt kein populäres Thema. Dazu wurde es von den eigenen politischen, wirtschaftlichen und sozialen Problemen der Bevölkerung in den ausgebombten Städten, der Millionen von Flüchtlingen aus dem Osten und der aus der Kriegsgefangenschaft heimkehrenden Soldaten überschattet. Dennoch war Schumacher der erste führende deutsche Nachkriegspolitiker, der sich schon zu einem frühen Zeitpunkt für Wiedergutmachung an den Juden aussprach. In später folgenden Stellungnahmen der Partei haben auch andere Mitglieder des Vorstandes und der Fraktion mitgewirkt, doch war seine dominierende Persönlichkeit auch auf diesem Gebiet ausschlaggebend.

Schumachers erste ausführliche Äußerungen zur Wiedergutmachung sind in seinem Interview mit dem Herausgeber des damaligen „Jüdischen Gemeindeblatts für die britische Zone" (heute die Allgemeine Jüdische Wochenzeitung) enthalten. Der Vorsitzende der SPD erklärte, daß die politisch und rassisch Verfolgten auf die Unterstützung der Partei in der Frage einer gerechten Wiedergutmachung rechnen könnten. Diese werde sich stark nach sozialpolitischen Gesichtspunkten orientieren müssen. Aus dem Fehlen einer Vereinheitlichung Deutschlands heraus seien Dinge unterblieben, die schon längst hätten geregelt werden müssen, und deshalb sei die Frage der gerechten Wiedergutmachung auch eine höchst politische gesamtdeutsche Frage[5].

Auf dieses Interview folgte Schumachers Aussage auf dem Nürnberger Parteitag Ende Juni 1947. Angesichts des Versagens der Siegermächte, sich über eine Entschädigung der Juden auf deutschem Boden zu einigen – Schumacher versäumte nie die

---

[1] Erklärung des Londoner Vorstandes, 18.5.1945, Werner Link (Hrsg.), Mit dem Gesicht nach Deutschland. Eine Dokumentation über die sozialdemokratische Emigration, Düsseldorf, 1968, S.696–698; Willy Brandt, Rede vom 9.2.1945, in: Barbara L. Kellerman, Willy Brandt: Portrait of the Leader as Young Politician, Ph.D. Dissertation, Yale University, 1975, S.307.

[2] Anhang zur ersten Veröffentlichung der Parteitagsrede von Kurt Schumacher. Kurt Schumacher, Grundsätze sozialistischer Politik, Hamburg 1946, S.46.

[3] Protokoll der Verhandlungen des Parteitages der Sozialdemokratischen Partei Deutschlands, 9.–11.Mai 1946, Hannover, Hamburg, 1947, S.6–8 (im folgenden „SPD-Parteitag").

[4] Willy Albrecht (Hrsg.), Kurt Schumacher, Reden – Schriften – Korrespondenzen, Berlin – Bonn, 1985, S.217.

[5] Interview mit Karl Marx, 17.2.1947, Hannover, in: Jüdischer Neu-Einbau in Deutschland. Beilage zum Jüdischen Gemeindeblatt für die britische Zone.

Gelegenheit, den Alliierten die Leviten zu lesen – erklärte er es als Aufgabe der SPD, sich für eine Wiedergutmachung und Entschädigung der Juden einzusetzen sowie für das Verbot aller antisemitischer Propaganda und Aktionen und für die Bestrafung derer, die sich an Verfolgungen beteiligt und durch sie bereichert hätten[6]. Auch in seinem auf dem Düsseldorfer Parteitag 1948 durch Andreas Gayk verlesenen Referat bezeichnete Schumacher das Fehlen eines deutschen Initiativwillens zur Wiedergutmachung an den beraubten Juden als „etwas das auf mitfühlende Menschen beschämend wirken und dem deutschen Volk in der Weltöffentlichkeit Schaden bringen muß."[7] Auf seinem letzten Parteitag 1950 in Hamburg kritisierte er die „Neointernationalisten im deutschen Bürgertum", die aus eigenem Antrieb nie die Frage der moralischen und tatsächlichen Wiedergutmachung an den Opfern des Nazismus und vor allem der Juden auf die Tagesordnung gestellt hätten[8].

Am ausgesprochensten war Schumacher als Führer der Opposition in seiner Antwort auf Adenauers Regierungserklärung im Bundestag, die er in bezug auf die furchtbare Tragödie der Juden im Dritten Reich „zu matt und zu schwach" fand. Er bezeichnete es als „Pflicht jedes deutschen Patrioten, das Geschick der deutschen und der europäischen Juden in den Vordergrund zu stellen und die Hilfe zu leisten, die dort notwendig ist." Dabei erwähnte er die großen Beiträge der deutschen Juden zur deutschen Wirtschaft, zum deutschen Geistesleben und zur deutschen Kultur und bei der Erkämpfung der deutschen Freiheit und Demokratie. Das deutsche Volk stünde besser da, wenn es diese Kräfte des jüdischen Geistes und der jüdischen Wirtschaftspotenz bei dem Aufbau eines neuen Deutschlands in seinen Reihen haben würde, doch erlebten sogar die wenigen Überlebenden beschämende und entwürdigende antisemitische Vorfälle[9]. Für Schumacher war Wiedergutmachung nicht nur ein materieller, sondern auch ein menschlich moralischer Begriff. Dies erklärt sein Interesse an der Rückkehr überlebender deutscher Juden schon in den ersten Nachkriegsjahren. Später drückte er sein Verständnis dafür aus, daß viele von ihnen nicht an die Möglichkeit einer neuen Existenz in Deutschland glaubten[10]. Er verstand auch, daß die Überbrückung des zwischen Deutschland und Juden aufgerissenen Grabens in erster Linie von den betroffenen Juden abhänge. Was die SPD selbst anbelangt, hieß Schumacher die zur Heimkehr entschlossenen Sozialdemokraten jüdischer Herkunft willkommen. Sie trugen auf verschiedenen Gebieten zum Wiederaufbau der Partei auf Bundes- und Landesebene bei[11].

Ohne Schumachers moralische Motive in bezug auf Wiedergutmachung an den Juden zu bezweifeln, ist es möglich, daß seine intensivere Beschäftigung mit dem Problem seit 1947 auch durch internationale Kontakte gefördert wurde. Schumacher maß der Wiederaufnahme der SPD in die internationale sozialistische Rahmenorganisation – zuerst das Socialist Information and Liaison Office (SILO) und seit

---

[6] SPD-Parteitag, 29. Juni–2. Juli 1947, Nürnberg, Hamburg, o. J., S. 50 f.
[7] SPD-Parteitag, 11.–14. September 1948, Düsseldorf, Hamburg, o. J., S. 33.
[8] SPD-Parteitag, 21.–25. Mai 1950, Hamburg, Frankfurt/M., o. J., S. 164 f.
[9] Verhandlungen des Deutschen Bundestages, 1. Wahlperiode, 6. Sitzung, 21. 9. 1946, S. 36 f.
[10] Interview mit Karl Marx, 17. 2. 1947; Interview mit dem Korrespondenten des „Forwerts", (Jewish Daily Forward), November 1950, in: Albrecht, a. a. O., S. 998–1003.
[11] Z. B. Herta Gotthelf und Heinz Putzrath im Büro Schumacher; Jeanette Wolf, Josef Neuberger, Rudolf Katz, Herbert Weichmann, Paul Hertz u. a. auf der Landesebene.

Dezember 1947 das Committee of International Socialist Conferences (Comisco) – große Bedeutung bei[12]. In Zürich hatte er Anfang Juni 1947 die zur Aufnahme benötigte Zweidrittelmehrheit nicht erreichen können. Die Delegation der zionistischen Arbeiterpartei Mapai unter Golda Meir (damals noch Meyerson) stimmte zusammen mit den osteuropäischen Sozialisten, die bald von den Kommunisten zwangsvereinigt werden sollten, dagegen. Die den Deutschen auch später sehr kritisch gegenüberstehende israelische Politikerin bereute es nie, Schumacher nicht die Hand gereicht zu haben. Marc Jarblum klagte, er hätte von Schumacher nicht den erwarteten Aufschrei des Gewissens vernommen. Aber auch Befürworter der Aufnahme der SPD, wie z. B. der französische Sozialist jüdischer Herkunft Salomon Grumbach, dem während der Besatzung persönlich schweres Leid widerfahren war, und eine Anzahl nichtjüdischer Sozialisten waren an der Stellungnahme der SPD zum Schicksal der Juden Europas, zur Wiedergutmachung und zur Bekämpfung des Antisemitismus sehr interessiert, dies auch nach der Aufnahme der SPD in die Comisco auf der nächsten Konferenz in Antwerpen im November desselben Jahres[13]. Dasselbe galt für die Vertreter des „Bundes", der großen jüdischen sozialistischen Organisation, die nach der Vernichtung des osteuropäischen Judentums ihre raison d'être verloren hatte. Trotz des Holocausts waren sie an freundschaftlichen Beziehungen mit der deutschen Sozialdemokratie interessiert[14].

Die Haltung zu den Juden und zur Wiedergutmachung spielte auch in Schumachers Beziehungen zur amerikanischen Gewerkschaftsbewegung eine wichtige Rolle. Mitglieder des Jewish Labor Committee, das 1933 zur Bekämpfung des Totalitarismus und Antisemitismus gegründet worden war und das verfolgten Sozialdemokraten und Gewerkschaftern auf der Flucht und in der Emigration geholfen hatte, sowie andere jüdische Persönlichkeiten in den amerikanischen Gewerkschaften, trugen zur Vorbereitung von Schumachers Amerikareise im Herbst 1947 bei, die auf Einladung der antikommunistischen American Federation of Labor (AFL) erfolgte[15]. In seiner Rede auf dem AFL-Kongress in San Francisco nahm Schumacher die Gelegenheit wahr, die auf dem Nürnberger Parteitag ausgesprochene Verpflichtung zur Wiedergutmachung und Entschädigung, zur Bestrafung aller an der Verfolgung Beteiligten

---

[12] Die ausführlichste Darstellung bei Rolf Steininger, Deutschland und die Sozialistische Internationale nach dem Zweiten Weltkrieg. Darstellung und Dokumentation, in: Archiv für Sozialgeschichte, Beiheft 7, Bonn 1979, S. 221–249. Vgl. auch Julius Braunthal, „Kurt Schumacher und die Sozialistische Internationale", in: Arno Scholz und Walter G. Oschilewski (Hrsg.), Turmwächter der Demokratie: Ein Lebensbild von Kurt Schumacher, Berlin 1954, Bd. I, S. 510–522.

[13] Über Salomon Grumbachs Einsatz für die Wiedergutmachung, Shalom Adler-Rudel an David Horowitz, 29. 5. 1951, Akten des israelischen Außenministeriums, 2417/2, Israelisches Staatsarchiv, Jerusalem (im folgenden: AIA, Jerusalem).

[14] Erklärung des Delegierten des „Bundes" bei seiner Stimmenthaltung, Zusammenfassung der Konferenz in Antwerpen, 28. 11.–2. 12. 1947, Akten der Internationale/Comisco, Internationales Institut für Sozialgeschichte (im folgenden IIS), Amsterdam; Aussage von Günter Markscheffel, Schumacher-Tagung der Friedrich-Ebert-Stiftung, Bad Münstereifel, 6.–8. März 1987, Kurt Schumacher als deutscher und europäischer Sozialist, S. 142–144. Eine Begrüßung von Lucjan Blit aus London, der zwar selbst nicht erschienen war, wurde auf dem ersten Parteitag verlesen. SPD-Parteitag, 9.–11. Mai 1946, Hannover, S. 20.

[15] Schumacher an Adolph Held, 27. 7. 1947, Albrecht, a. a. O., S. 558 f.

und zum Verbot aller antisemitischer Propaganda und Aktionen zu wiederholen[16]. Dasselbe betonte er auch bei anderen Veranstaltungen und Treffen in New York[17].

Trotz der prinzipiellen Bejahung der Wiedergutmachung und Rückerstattung des Vermögens jüdischer und anderer Verfolgter wurde die Durchführung der in den verschiedenen Besatzungszonen erlassenen Anordnungen manchmal auch von Sozialdemokraten beanstandet. So z. B. warnte Walter Menzel, führender Verfassungsexperte und während einiger Jahre Innenminister von Nordrhein-Westfalen, vor „rigorosem Betreiben" der Rückerstattungsforderungen, die einen stärkeren Antisemitismus hervorrufen könnten, und bat Friedrich (Fritz) Heine vom Parteivorstand, dagegen bei der britischen Labour Party zu intervenieren[18]. In Niedersachsen beklagten sich Vertreter der jüdischen Gemeinden über die als diskriminierend empfundene Verwaltungspraxis der mit der Durchführung der Haftentschädigungsgesetze sich befassenden Behörden, die dem sozialdemokratischen Innenminister Borowski, selbst langjähriger KZ-Häftling, unterstanden. Ministerpräsident in Hannover war damals der Sozialdemokrat Hinrich Kopf. Bei einer Besprechung in Anwesenheit des Rechtsberaters der Partei Dr. Adolf Arndt und des jüdischen Bundestagsmitglieds Jacob Altmaier gab Schumacher den jüdischen Forderungen recht. Er erklärte, daß bei allem Respekt vor den finanziellen Schwierigkeiten die „ideelle Grundlage" der SPD es nicht vertragen könne, ein solches Problem ungelöst zu lassen. Er müsse daher darauf bestehen, daß – in welcher Form auch immer – Mittel und Wege gefunden würden, um für die Schwerstbetroffenen der Hitlerverfolgungen die Durchsetzung ihrer Ansprüche zu erreichen[19]. Solche und ähnliche Fälle bestärkten die SPD in ihrem Entschluß, im Bundestag die Initiative zur Verabschiedung eines einheitlichen Entschädigungsgesetzes auf Bundesebene zu ergreifen. Schumacher selbst hatte seit Jahren das Ausbleiben einer gesamtdeutschen Entschädigungsgesetzgebung bedauert.

Um dieselbe Zeit, im Januar 1951, legte die SPD-Fraktion dem Bundestag eine Interpellation wegen eines einheitlichen Bundesentschädigungsgesetzes vor. Sie folgte einem Bericht des Ausschusses für Rechtswesen, der dem Bundestag vorgeschlagen hatte, die Regierung solle solch ein Gesetz für alle im Bundesgebiet wohnenden politisch, rassisch und religiös Verfolgten vorbereiten. Trotz der Einwände der Regierung, daß die Wiedergutmachung ausschließlich Sache der Länder sei, hielt die Interpellation eine Bundesgesetzgebung angesichts der Verschiedenheiten und Lückenhaftigkeit des Länderentschädigungsrechts für unvermeidlich[20].

Das Novum in der mündlichen Begründung dieser Interpellation durch den Vize-

---

[16] Rede Schumachers auf dem AFL-Kongreß. 14. 10. 1947, Albrecht, a. a. O., S. 562–569.

[17] Aufbau, 31. 10. 1947; Paul Jacobs an Dr. John Slawson, 29. 10. 1947, FAD 1 Germany, 34, American Jewish Committee Records, YIVO, New York. (Im folgenden: AJC Records, New York.) Im „Aufbau" gab es auch kritische Stimmen bezüglich Schumachers Erklärungen, z. B. 17. 10. und 24. 10. 1947.

[18] Menzel an Heine, 15. 11. 1949, Heine (Walter Menzel) 30, Bestand Friedrich Heine, Archiv der sozialen Demokratie (im folgenden AdsD), Friedrich-Ebert-Stiftung, Bonn.

[19] Vertraulicher Bericht von Norbert Wollheim, 31. 1. 1951, Bonn, 532/12, AIA, Jerusalem.

[20] Ernst Féaux de la Croix, „Vom Unrecht zur Entschädigung", in: Ernst Féaux de la Croix und Helmut Rumpf, der Werdegang des Entschädigungsrechts unter national- und völkerrechtlichem und politischem Aspekt, München 1985, S. 63.

präsidenten des Bundestages Professor Carlo Schmid war der im Namen der SPD-Fraktion unterbreitete Vorschlag, den Staat Israel als Rechtsnachfolger für das von den ermordeten Juden ohne Erben hinterlassenen Vermögens im Sinne der Wiedergutmachungsgesetzgebung anzuerkennen. Schmid kam dabei auf die an den jüdischen Menschen begangenen Verbrechen zu sprechen: „nicht nur wegen der methodischen Erbarmungslosigkeit der Vergasungen in Auschwitz und Maidanek, nicht nur weil diese Schlächtereien auch Frauen und Kinder trafen, sondern weil dieses ganze Dritte Reich doch im Grunde, in seinem Kern, aufgerichtet wurde, um die Juden zu vernichten."

Obwohl viele Deutsche unter Einsatz ihres Lebens einzelnen Juden zu helfen gesucht und auch geholfen hatten – so Schmid – hatten Millionen durch ihre Parteimitgliedschaft zum antisemitischen Teil der Staatsmetaphysik des Dritten Reiches ein Bekenntnis abgelegt, wenn vielleicht in vielen Fällen auch nur ein Lippenbekenntnis. Die Folgerung von Schmid und der Fraktion war die moralische Verpflichtung zur Wiedergutmachung gegenüber den Juden in Deutschland, in der Emigration und in Israel, sowie die eindeutige Anerkennung Israels als Repräsentant des herrenlosen jüdischen Vermögens: „[Israel] ist der Staat der Juden, und auch jene Juden, die Bürger anderer Länder bleiben wollen ... anerkennen über seine moralische Autorität hinaus, seine Legitimation, für alle die Juden zu handeln, die sich nicht anderswo gebunden fühlen ... über die Ansprüche der ausgemordeten Familien ohne Erben sollte das organisierte Gemeinwesen verfügen, das sich die Juden der Welt geschaffen haben. Denn schließlich sind ja unsere jüdischen Mitbürger ermordet worden, weil ihre Mörder sie diesem Volk der Juden zugerechnet haben."[21] Der sozialdemokratische Antrag samt Interpellation wurde trotz der Einwände des Bundesministeriums der Finanzen an den Verfassungs- und Rechtsausschuß überwiesen.

Die von der Fraktion akzeptierte weittragende Formulierung, der eine Reihe von Genossen im Parteivorstand mit Vorbehalt begegnete und die insbesondere von dem mit der SPD befreundeten „Bund" beanstandet wurde[22], war das Resultat von sukzessiven sozialdemokratischen Annäherungsversuchen an Israel. Dahinter stand die Erkenntnis, daß der Weg zur Versöhnung mit dem jüdischen Volke nach dem Holocaust über den jüdischen Staat führe. Gleichwohl wurde der im Mai 1948 neu gegründete Staat anfangs ziemlich kühl begrüßt[23]. Die Sozialdemokraten besaßen weder in der Weimarer Republik noch während der Verfolgung und im Exil ein besonderes Verhältnis zum Zionismus, der jüdischen nationalen Bewegung. Im Gegensatz zur der Konfrontation mit Golda Meir und der Mapai-Delegation in Zürich bewahrten sie auch in den frühen Nachkriegsjahren kameradschaftliche Beziehungen zum antizionistischen „Bund". Doch die Etablierung Israels als lebensfähige westliche Demokratie, der Erfolg der sozialdemokratischen Mapai bei den ersten Knessethwahlen, das Verbleiben der damals prosowjetischen Mapam in der

[21] Verhandlungen des Deutschen Bundestages, 1. Wahlperiode, 120. Sitzung, 22.2. 1951, S. 4589–4593.

[22] Putzrath an Braunthal, 27.2. 1951, Korrespondenz der Soz. Internationale, Deutschland, IIS, Amsterdam; „Die Ansprüche der Juden an Deutschland", SPD-Pressedienst P/VII/64, 17.3. 1952, AdsD, Bonn.

[23] Siehe z.B. den Leitartikel „Ein neuer Staat: Israel", Telegraf, 15.5. 1948; SPD-Pressedienst, P/III/30, 10.3. 1948; „Die Zukunft des Zionismus", Neuer Vorwärts, 2.10. 1948.

Opposition, sowie die Solidarität der meisten Juden in der Welt mit dem neuen Staate beeinflußten seit 1949 die SPD im positiven Sinne[24].

Die Bemühungen der SPD um Israel wurden damals von der Mapai nicht beantwortet. 1950 begründete die Mapai die Nichtaufnahme ihrer eigenen aktiven Mitgliedschaft in der Comisco u.a. mit der Weigerung, sich mit deutschen Sozialdemokraten an einen Tisch zu setzen. Außer Peretz (Fritz) Naphtali, der Kurt Schumacher bei den parteiinternen Debatten als tapferen und entschlossenen Gegner des Nationalsozialismus würdigte, war der Ton sehr deutschfeindlich und zeigte die große Mehrheit der Mapai keine Bereitschaft, zwischen sozialdemokratischen Gegnern des Hitlerregimes und seinen Mitläufern zu unterscheiden[25]. Die Vermittlungsversuche von Julius Braunthal, dem Sekretär erst der Comisco und dann der Sozialistischen Internationale, waren vergebens[26]. Im Gegensatz zum „Bund" blieb die Mapai auch dem Gründungskongreß der wiedererstandenen Sozialistischen Internationale in Frankfurt fern.

Andererseits befürchtete eine Reihe von israelischen Diplomaten, daß der Boykott Deutschlands nur zur Selbstisolierung Israels führen würde. Der bei der amerikanischen Militärregierung akkreditierte israelische Konsul in München, Dr. Elijahu (Kurt) Livneh, ein Sozialist tschechischer Herkunft, beurteilte die SPD positiv, unterschied zwischen Schumachers nationaler Politik und der nationalistischen antidemokratischen Tendenz auf der Rechten und pflegte seit 1950 die ersten Kontakte mit Jacob Altmaier, dem jüdischen Sozialdemokraten, der nach seiner Heimkehr 1949 in den Bundestag gewählt worden war. Bei diesen Kontakten, bei denen Vertreter der jüdischen Gemeinde wie z.B. Norbert Wollheim, Hendrik George van Dam und Karl Marx mitwirkten, wurde schon 1950 die Möglichkeit deutscher Warenlieferungen an Israel als die realistischste Form der Wiedergutmachung erwähnt. Altmaier wollte auf diese Weise auch der Wirtschaft Berlins helfen, die ohnehin von Westdeutschland unterstützt werden mußte[27].

Was die SPD-Interpellation betrifft, bei deren Formulierung Altmaier, Arndt u.a. mitgeholfen hatten, gab es im israelischen Außenministerium besorgte Stimmen, die an einer breiteren Unterstützung für die Wiedergutmachung interessiert waren und eine negative Reaktion der Bonner Regierungskoalition auf die Initiative der Opposition befürchteten. Doch wie sich bald herausstellte, waren diese Befürchtungen unbegründet. Der SPD-Antrag diente vielmehr als Hebel, die Regierung voranzutreiben. Altmaier selbst war bei den Kontakten mit Adenauer in Bonn und bei dessen ersten damals geheimgehaltenen Treffen mit Vertretern Israels im April 1951 behilflich[28]. Adenauers Hinweis bei jenem unbefriedigenden Gespräch, er könne auf keine Ver-

---

[24] SPD-Pressedienst, P/IV/13, 31.1.1949; P/IV/117, 17.9.1949.
[25] Protokolle des Sekretariats der Mapai, II, 24/50, 18. und 25. Mai 1950, Archiv der israelischen Arbeiterpartei, Beit Berl. (im folgenden: Archiv Beit Berl).
[26] Siehe Shlomo Shafir, „Julius Braunthal and his Postwar Mediation Efforts between German und Israeli Socialists", Jewish Social Studies, Summer-Fall 1985, S.267–280.
[27] Marx an Livneh, 5.6.1950, 532/12; Livneh an das isr. Außenministerium, 22.11.1950, 2539/1; 19.2.1951, 532/12; 28.5.1951, 2538/22, AIA, Jerusalem.
[28] G. Avner, isr. Außenministerium an Livneh, 2.2.1951, 532/12 und 7.3.1951, 532/12, AIA, Jerusalem; Livneh an Altmaier, 6.4.1951, und Altmaier an Livneh, 8.4.1951, Nachlaß Jacob Altmaier, I, AdsD, Bonn.

pflichtungen betreffs Restitution eingehen, nicht nur wegen der Amerikaner, sondern auch wegen etwaiger Einwände der Opposition, entsprach natürlich nicht den Tatsachen[29]. Im Juli kritisierte die SPD die Verzögerungstaktik der Regierung und befürwortete eine eindeutige Erklärung, und zwar nicht aus außenpolitischen Motiven, sondern aus moralischer Pflicht heraus, die nicht von einer Änderung der Politik Israels gegenüber der Bundesrepublik abhängig gemacht werden dürfe[30].

Vor der Erklärung des Bundeskanzlers am 27. September 1951 hatte sich der Vorsitzende der CDU Fraktion Heinrich von Brentano vergebens um eine alle Fraktionen umfassende Erklärung bemüht, die durch das älteste Mitglied, den früheren Reichstagspräsidenten Paul Löbe, verlesen werden sollte, doch wurde darüber keine Einigung erzielt. Die dann von Löbe im Namen der SPD gemachte Erklärung, bei deren Ausarbeitung Schumacher, Arndt und auch Altmaier mitgeholfen hatten, brachte die menschliche Verpflichtung „zur Aussöhnung mit Israel und den Juden aus aller Welt" emphatischer als Adenauer zum Ausdruck. Löbe erwähnte insbesondere die enge Verbindung der SPD mit den deutschen Juden und ihren Beitrag in allen Bereichen des geistigen, gesellschaftlichen und wirtschaftlichen Lebens und erklärte es als Pflicht jedes Deutschen, das den Juden ... zugefügte Unrecht wiedergutzumachen und zu beweisen, „daß diese Wiedergutmachung auch das Maß für die Erneuerung des Rechts in Deutschland ist."[31] Im Rahmen der moralischen Wiedergutmachung nahmen führende Sozialdemokraten auch an der einen Monat vorher von Erich Lüth und Rudolf Küstermeier ins Leben gerufenen Aktion „Friede mit Israel" teil[32].

Während der langwierigen Vorbereitung der deutsch-israelischen Verhandlungen in Wassenaar und auch nach ihrem Beginn sprach sich die SPD wiederholt für die beschleunigte Herbeiführung eines Abkommens mit Israel und mit den jüdischen Organisationen aus. Von der Bundesregierung verlangte sie das Verbot aller antisemitischen Demonstrationen. Erklärungen im selben Sinne wurden vom Bundesvorstand des DGB veröffentlicht[33]. Im Bundestag wies Adolf Arndt auf die moralischen Aspekte der Wiedergutmachung und ihre Bedeutung für die politische Entwicklung Deutschlands hin[34]. Im selben Geiste sprach Ernst Reuter, der nach dem Kriege aus der Türkei zurückkam und 1948 zum Bürgermeister von Berlin gewählt worden war: „Echte Wiedergutmachung, die wir anstreben müssen – und wir alle wollen sie anstreben –, kann nur darin bestehen, daß wir zu diesen Quellen unserer Vergangenheit zurückgehen und in der Gegenwart unseren jüdischen Landsleuten nicht nur

---

[29] Siehe David Horowitz, Chayim Bemoked (heb.), Ramat-Gan 1975, S. 86–90.

[30] SPD-Pressedienst, P/VI/172, 27.7.1951.

[31] Verhandlungen des Deutschen Bundestages, I. Wahlperiode, 165. Sitzung, 27.9. 1951, S. 6697–6700; vorher Brentano an Schmid, 14.9. 1951, Nachlaß Carlo Schmid, I (Korrespondenz mit Abgeordneten), AdsD; Jacob Altmaier, Memorandum, 5.5. 1959, Altmaier Nachlaß, I.

[32] Terence Prittie, Germany Divided: The Legacy of the Nazi Era, Boston 1960, S. 261–266. Über die Aktion „Friede mit Israel" siehe auch Erich Lüth, Die Friedensbitte an Israel: Eine Hamburger Initiative, Hamburg 1976.

[33] Stellungnahme der SPD, 20.3. 1952, AIA, 532/12, Jerusalem; SPD-Pressedienst P/VII/64, 17.3.1952; P/VII/84, 9.4. 1952; Nachrichtendienst der DGB-Bundespressestelle, 13.5. 1952.

[34] Verhandlungen des Deutschen Bundestages, I. Wahlperiode, 194. Sitzung, 20.2. 1952, 2. 8354–8356.

äußerlich und nicht nur bei feierlichen Gelegenheiten die Hand reichen, sondern daß wir alle miteinander in unserem täglichen Leben, in unserem Tun und Lassen zu erkennen geben - wirklich zu erkennen geben –, daß wir innerlich begriffen haben, wie sehr ein Volk nur leben, nur existieren, gedeihen, sich entfalten und blühen kann, wenn es diesen Geist echter Menschlichkeit in sich selber entwickelt und alles abwirft, was diesem Geiste feindlich ist."[35]

Eine bedeutende Rolle spielte die SPD während der Krise der Verhandlungen im April und Mai 1952. Die Partei solidarisierte sich mit dem demonstrativen Rücktritt von Otto Küster, dem stellvertretenden Leiter der deutschen Delegation in Wassenaar. Im Auswärtigen Ausschuß des Bundestages unter Vorsitz von Carlo Schmid unterstützten die Sozialdemokraten die israelischen Forderungen[36]. Besonders wichtig war die Intervention des Parteivorsitzenden. Aufgrund einer Bitte von Dr. Noah Barou vom Jüdischen Weltkongreß in London, der sich im Zuge der Vorbereitung von Verhandlungen seit 1951 oft mit Vertrauten Dr. Adenauers wie Herbert Blankenhorn und deutschen Politikern von Koalition und Opposition getroffen hatte, unterzeichnete Schumacher ein mit Hilfe von Erich Ollenhauer und Adolf Arndt vorbereitetes Schreiben, in dem der Bundeskanzler aufgefordert wurde, „die für die Verhandlungen mit dem Staate Israel bestellten Unterhändler ganz unabhängig von dem Verlauf der Londoner Schuldenkonferenz zu ermächtigen ... ein befriedigendes Angebot über Zahlungssumme und Zahlungsfrist zu machen." Schumacher erinnerte daran, daß die Wiedergutmachung als Erfüllung eines sittlichen Gebotes ein vollkommen andersartiges Anliegen als die in London diskutierte Regelung kommerzieller Schulden sei und daß für die moralische und politische Rehabilitierung Deutschlands viel davon abhänge, die Verhandlungen mit dem Staate Israel zu einem beiderseitig befriedigenden Erfolge zu führen. Diese Intervention der Opposition half Adenauer, die Obstruktion seiner Kabinettsmitglieder zu überwinden und den Weg für das Luxemburger Abkommen vom 10. September 1952 zu ebnen[37]. Ein Beobachter des American Jewish Committee bezweifelte, daß die rückhaltlose Unterstützung des Abkommens durch die SPD- und DGB-Vorstände auch von den gewöhnlichen Mitgliedern geteilt werde[38]. Diese Diskrepanz war auch aus einer Umfrage des Allensbacher Instituts für Demoskopie vom September 1952 ersichtlich. Laut Umfrage, wurde das Wiedergutmachungsabkommen nur von 13 Prozent der SPD-Anhänger „ohne Einschränkung" gutgeheißen. 27 Prozent waren für Wiedergutmachung, hielten aber die Summe für zu hoch, 44 Prozent hielten das Abkommen für überflüssig, und 16 Prozent blieben unentschieden[39].

In einer Stellungnahme begrüßte der SPD-Pressedienst die Unterzeichnung des Luxemburger Abkommens als einen „Akt der Selbstreinigung, der weit über den Rahmen einer rein moralischen Verpflichtung herausgeht." „Moralische Schuld läßt sich

[35] Ernst Reuter, Aus Reden und Schriften. Herausgegeben von Hans E. Hirschfeld und Hans J. Reichhardt, Berlin 1963, S. 141.

[36] Altmaier-Memorandum, 5. 5. 1959.

[37] Noah Barou an Sharett, 20. 5. 1951, 2417/5, AIA, Jerusalem; Schumacher an Adenauer, 10. 5. 1952, Albrecht, a. a. O., S. 1005 f.

[38] S. Wahrhaftig, Juni 1952, FAD I Germany, AJC Reports 1952–1953, AJC Records, New York.

[39] Michael Wolffsohn, Deutsch-Israelische Beziehungen: Umfragen und Interpretationen, München 1986, S. 34.

jedoch nicht durch Milliardenbeträge allein abzahlen" – so hieß es dort – „Mit dem
Abschluß eines finanztechnischen Vertrages ist die Verpflichtung nicht erloschen,
künftig auf deutscher Seite alles zu tun, um eine Wiederkehr der Barbarei auf deutschem Boden zu vermeiden."[40] Auch Otto Heinrich Greve, der einige Jahre später
zum Vorsitzenden des Wiedergutmachungsausschusses bestimmt wurde, sah die weittragende Bedeutung des Vertrages nicht so sehr in seinem materiellen Inhalt, sondern
„weil er geeignet ist, den Beginn eines Verhältnisses zwischen dem israelischen und
dem deutschen Staat einzuleiten, das noch auf lange Zeit zwar ein kühles und kor-
rektes sein wird, aber doch schon Möglichkeiten der politischen Annäherung beider
Staaten und Völker in sich schließt."[41]

Auf dem Dortmunder Parteitag wurden weder das Luxemburger Abkommen noch
die Beziehungen zu Israel und dem jüdischen Volke erörtert; die voraussehbare Wahl
Erich Ollenhauers zum Nachfolger Kurt Schumachers, der am 20. August 1952 in
Bonn gestorben war, wurde dort mit überwältigender Mehrheit bestätigt. Trotz der
großen Unterschiede dieser beiden Persönlichkeiten setzte Ollenhauer, der seit den
frühen Nachkriegsjahren bei den Versuchen, Kontakte zu überlebenden Juden herzustellen und sich Israel anzunähern, mitgeholfen hatte, die Politik Schumachers in der
Wiedergutmachungsfrage fort und trat zusammen mit anderen führenden Mitgliedern der Partei für die schnelle Ratifizierung des Abkommens ein. Diese Haltung war
von umso größerer Bedeutung, als sich in der deutschen Wirtschaft sowie auch in den
Koalitionsparteien erneuter Widerstand bemerkbar machte. In diesen Kreisen bestand
die Neigung, die Ratifizierung des Vertrages bis zur Regelung der individuellen Wiedergutmachung auf Bundesebene auszusetzen und auch Zeit zu gewinnen, bis die
UNO über die Ansprüche der Araber gegenüber Israel und über die eventuelle
Beschlagnahme deutscher Leistungen zugunsten der palästinensischen Flüchtlinge
entscheiden würde. Die Delegation der Arabischen Liga, die im Oktober 1952 in
Bonn weilte, versuchte auch die Sozialdemokraten zu überzeugen, daß die Restitu-
tionszahlungen den jüdischen Staat, der sich weigerte, die palästinensischen Flüchtlinge zu entschädigen, zu erneuter Aggression anspornen könnten, doch blieben ihre
Bemühungen vergebens. Die Antwort der SPD war, daß die moralische Verpflichtung
des deutschen Volkes, die Verbrechen des Dritten Reiches an den Juden wiedergutzumachen, trotz der verständlichen Sorgen und Befürchtungen der arabischen Staaten
ausschlaggebend wäre[42].

Bevollmächtigte Israels und der jüdischen Organisationen pflegten im Winter vor
der Ratifizierung ständige Kontakte mit sozialdemokratischen Parlamentsabgeordne-
ten und mit Redakteuren und Kommentatoren, die der SPD nahestanden. Im Namen
von Nahum Goldmann, dem Präsidenten des Jüdischen Weltkongresses und der
Conference on Jewish Material Claims against Germany, besuchte Kurt Grossmann
wiederholt die Bundesrepublik[43].

Bedeutungsvoller waren die Gespräche, die Chaim Yachil, der später nach der

---

[40] SPD-Pressedienst P/VII/209, 10.9.1952.

[41] Otto Heinrich Greve, „Zum deutsch-israelischen Abkommen", Neuer Vorwärts, 12.9.1952.

[42] Nachrichten aus Wirtschaft und Politik, 15.9.1952, 2418/15, AIA, Jerusalem; SPD-Pressedienst P/VII/258, 7.11.1952; P/VII/264, 14.11.1952.

[43] Großmann on Goldmann, 5.2.1953, 2417/7, AIA, Jerusalem; Bericht über Gespräche in
Deutschland, Goldmann Archiv, Z 6/167, Central Zionist Archives (im folgenden CZA).

Ratifizierung als stellvertretender Leiter der Kölner Israel-Mission amtierte, im Auftrage des israelischen Außenministeriums mit führenden Sozialdemokraten führte. Der deutschsprachige aus der Tschechoslowakei stammende Diplomat, der mit der israelischen Arbeiterbewegung verbunden war, hatte für die SPD und die Gewerkschaften mehr Verständnis als sein Vorgesetzter Felix Shinnar, der sich hauptsächlich mit Adenauers Ratgebern und mit leitenden Beamten der Bundesministerien befaßte[44]. Bei seinem Gespräch mit Ollenhauer überbrachte Yachil persönliche Grüße von Außenminister Moshe Sharett, der Ollenhauer vor über zwanzig Jahren bei einem Treffen der sozialistischen Jugendinternationale in Wien kennengelernt hatte. Ollenhauer versprach seinerseits die Hilfe der Partei bei der Ratifizierung und bat die sozialdemokratischen Regierungschefs von Hessen, Berlin, Hamburg, Bremen und Niedersachsen, sich für eine schnelle Verabschiedung des Vertrages durch den Bundesrat einzusetzen[45]. Fritz Erler versuchte die Angelegenheit im Haushaltsausschuß zu beschleunigen, und Carlo Schmid tat sein Bestes im Auswärtigen Ausschuß, dem er vorstand. Schmid sagte Yachil, der Vertrag wäre eine moralische Verpflichtung Deutschlands, die zur Stärkung des antinationalsozialistischen Bewußtseins notwendig sei und von keiner israelischen Gegenleistung abhänge[46].

Außer den Vertretern Israels und der jüdischen Organisationen wandte sich auch Julius Braunthal, der in London amtierende Sekretär der Sozialistischen Internationale, an die SPD. Er befürchtete, daß die Verzögerung der Ratifizierung die erneute Mitarbeit der Mapai in der Internationale gefährden könne, doch fand Ollenhauer Braunthals Vorschlag einer Interpellation beim Kanzler nicht opportun[47]. Im Gegensatz zu Fritz Berg[48], dem Bundesvorsitzenden des Verbandes der deutschen Industrie, setzte sich der DGB-Vorsitzende Walter Freitag für die sofortige Ratifizierung des Israel-Abkommens ein[49]. Anschuldigungen der ägyptischen Presse, die die Bundesregierung und die Opposition als Handlanger der Juden darstellte, wurden von der SPD aufs schärfste zurückgewiesen[50]. Fünfzehn sozialdemokratische Abgeordnete vereitelten im letzten Moment noch einen Verzögerungsversuch der Gegner, und bei der historischen Abstimmung am 18. März 1953 war die SPD die einzige Fraktion, die geschlossen für die Ratifizierung stimmte.

In seiner im Namen der SPD-Fraktion vor der Abstimmung über die Ratifizierung abgegebenen Erklärung drückte Carlo Schmid nochmals die Hoffnung aus, daß „der Abschluß und die Ausführung des Vertrags mit dem Staate Israel von der gesamten Welt als ein Zeichen des ernsten Willens des deutschen Volkes begriffen werden möge, wenigstens etwas von dem entsetzlichen Unheil wiedergutzumachen, das die

[44] Yachil an Sharett, 23. 3. 1953, 2417/17, AIA Jerusalem.
[45] Yachil an Sharett u. a., 13. 2. 1953, 2417/7, AIA, Jerusalem.
[46] Yachil an Sharett u. a., 5. 3. 1953, 2417/7, AIA, Jerusalem.
[47] Braunthal an Ollenhauer, 22. 1. 1953 und Ollenhauer an Braunthal, 29. 1. 1953, Korrespondenz der Soz. Internationale, Deutschland, IIS, Amsterdam.
[48] Kurt R. Großmann, Die Ehrenschuld, Frankfurt/M 1967, S. 47.
[49] Yachil an Sharett, 13. 2. 1953, 2417/7, AIA, Jerusalem.
[50] Yachil an die Forschungsabteilung im Außenministerium, 13. 2. 1953, 2417/7, AIA Jerusalem.

nationalsozialistische Gewaltherrschaft über das deutsche Volk und die anderen von ihr heimgesuchten Völker gebracht hat."[51]

Die zwei Jahre zuvor von ihm als erstem ausgesprochene Anerkennung der zentralen Rolle Israels im jüdischen Volke hatte zur Vorbereitung und zum erfolgreichen Abschluß der Wiedergutmachungsverhandlungen beigetragen. Sie war aber auch von grundlegender Bedeutung für die spätere Entwicklung von engen Beziehungen zwischen der SPD einerseits und Israel sowie der israelischen Arbeiterbewegung andererseits[52]. Um die Verabschiedung des mit der individuellen Wiedergutmachung zusammenhängenden Bundesentschädigungsgesetzes noch in der ersten Legislaturperiode zu ermöglichen, verzichtete die SPD auf ihren eigenen dem Bundestag im Juni 1952 unterbreiteten Entwurf und stimmte für die mangelhafte Fassung der Regierung, die 1956 durch das zweite Bundesentschädigungsgesetz verbessert wurde[53].

Israelische Diplomaten wie Elijahu Livneh und Chaim Yachil und auch andere waren der öffentlichen Meinung in Israel weit voraus. Noch vor Adenauers Erklärung im Bundestag und den darauf folgenden Verhandlungen anerkannten sie die Antinazi-Vergangenheit von führenden Sozialdemokraten und ihre Hilfsbereitschaft in Sachen der Wiedergutmachung. Doch auch in der Mapaispitze wurde der Anteil der SPD zur Kenntnis genommen, wenn auch zuerst nur in internen Debatten. Moshe Sharett lobte im September 1952 das „hervorragende Verhältnis" zwischen Vertretern Israels und führenden deutschen Sozialdemokraten; um eventueller Kritik im eigenen Lager vorzubeugen, wies er darauf hin, daß die Kontakte nicht im Rahmen der Partei angebahnt wurden[54]. Noch vor der Unterzeichnung des Luxemburger Vertrags hatte der Vorstand der Mapai beschlossen, die aktive Mitgliedschaft in der Sozialistischen Internationale wiederaufzunehmen, und das Argument, man könne nicht mit der SPD an einem Tische sitzen, fallengelassen[55]. Ein Jahr danach schloß sich die Histadrut dem Internationalen Bund Freier Gewerkschaften (IBFG) an[56]. Von diesen Beschlüssen, die zum Teil auch das Resultat der sukzessiven Hinwendung des zuerst quasi-neutralen Israels zum Westen waren, konnte man noch nicht auf Bereitschaft der Mapai zur Zusammenarbeit mit der SPD schließen. Eine Einladung an die Mapai, am Dortmunder Parteitag teilzunehmen, blieb unbeantwortet, und es dauerte noch sechs Jahre bis ein Knessethabgeordneter der Mapai den Stuttgarter Parteitag begrüßte[57]. Doch schon die erste Begegnung beider Delegationen beim Kongreß der Sozialistischen Internationale 1952 in Milano verlief in einer ganz anderen Atmosphäre als das Treffen fünf Jahre vorher in Zürich. Im Gegensatz zu Golda

[51] Verhandlungen des Deutschen Bundestages. 1. Wahlperiode, 254. Sitzung, 18.3. 1953, S. 12273–12282.

[52] Der Verfasser hat diese Entwicklung in seiner Monographie, die in hebräischer Sprache erschienen ist, behandelt. Siehe Shlomo Shafir, Eine ausgestreckte Hand: Deutsche Sozialdemokraten, Juden und Israel 1945–1967, Tel-Aviv 1986.

[53] Féaux de la Croix, a. a. O., S. 78–81, 91 f.

[54] Protokolle des politischen Ausschusses der Mapai, 5. 9. 1952, II, 26/52, Archiv Beit Berl.

[55] Protokolle des politischen Ausschusses, 13. 3. 1952, II, 26/52, und des Vorstandes der Mapai, 21. 4. 1952 und 17. 5. 1952, II, 23/52, ebd.

[56] Protokolle des Sekretariats, 23. 1. 1953, II, 24/53 und des Vorstandes der Mapai, 17. 5. 1953, II, 23/53, ebd.

[57] Heine an Aran, 9. 8. 1952, II, 101/52, ebd.; Begrüßung Herzl Bergers auf dem Stuttgarter Parteitag, SPD-Parteitag, 18.–23. Mai 1958, Stuttgart, S. 26–28.

Meir war Beba Idelson bereit, einer dort anwesenden deutschen Sozialdemokratin, deren Familienmitglieder von den Nazis wegen Hilfe an Juden verfolgt und ums Leben gekommen waren, die Hand zu drücken. Die israelische Delegation vermied direkte Kontakte, suchte aber auch keine Konfrontation mit den deutschen Sozialdemokraten. Auf Vorschlag der SPD und anderer Parteien wurde ein israelischer Sozialist in die Exekutive gewählt[58].

Die SPD war stets auf ihre maßgebende Rolle bei der Ratifizierung des Luxemburger Vertrags stolz und hat ihre konsequente Haltung nie bereut. Doch bedauerte sie es damals und auch noch nach Jahren, daß ihr Anteil von der Weltöffentlichkeit und auch von den deutschen Medien nie voll gewürdigt worden ist. Dasselbe trifft auch auf Israel und auf die jüdischen Organisationen zu[59]. Trotz einiger bescheidener Dankbezeugungen an die SPD galt und gilt das Abkommen im israelischen Bewußtsein als die große Tat Konrad Adenauers, dessen ersten erfolgreichen Besuch in den USA im April 1953 die zeitige Ratifizierung des Israel-Abkommens erleichtert hatte.

Andererseits bleibt es dahingestellt, ob es für die Wiedergutmachung besser gewesen wäre, wenn die Verantwortung dafür auf einer von der SPD geführten Bundesregierung gelegen hätte. Es ist sehr möglich, daß solch eine Regierung auf größeren Widerstand in der Bevölkerung – deren Mehrheit der Wiedergutmachung ohnehin abgeneigt war, aber Adenauer gewähren ließ – gestoßen wäre. Eine konservative Koalition, die von der sozialdemokratischen Opposition in dieser Frage eindeutig unterstützt und sogar angespornt wurde, hatte da ein leichteres Spiel.

---

[58] Protokolle des Sekretariats, 7.11.1952, II, 24/52, und des Vorstandes der Mapai, 13.11.1952, II, 23/52, Archiv Beit Berl.

[59] Z.B. SPD-Pressedienst, P/VII/81, 8.4.1953; P/VII/105, 7.5.1953; Altmaier an Barou, 5.4.1953, Z6/3680 und Putzrath an Großmann, 29.4.1953, Goldmann Archiv, Z6/76, CZA, Jerusalem.

Willy Albrecht

Ein Wegbereiter:
Jakob Altmaier und das Luxemburger Abkommen

Am 10. September 1952 wurde im Rathaus von Luxemburg das deutsch-israelische Wiedergutmachungsabkommen unterzeichnet[1]. Wegen befürchteter Attentatsversuche fand der für die künftige Entwicklung des Verhältnisses der Bundesrepublik zum Staat Israel so bedeutsame Akt fast unter Ausschluß der Öffentlichkeit statt. Nur wenige Journalisten wurden dazu eingeladen, und auch diese wurden über den Ort und die Zeit der Unterzeichnung sehr kurzfristig informiert. Den offiziellen Delegationen, die an den beiden Seiten des Verhandlungstisches Platz genommen hatten, bevor der israelische Außenminister Moshe Sharett und Bundeskanzler Adenauer ihre Unterschriften unter die verschiedenen Teile des Vertragswerkes setzten, gehörten je acht Personen an. Die meisten von ihnen waren hohe Beamte, die an den schwierigen Verhandlungen, die dem Abschluß des Vertragswerkes vorangegangen waren, maßgeblich beteiligt gewesen waren. Auf der deutschen Tischseite saß nur ein Nichtbeamter bzw. Nichtbeteiligter an den formellen Verhandlungen – der sozialdemokratische Bundestagsabgeordnete Jakob Altmaier. Ihn hatte Bundeskanzler Adenauer wegen seiner großen Verdienste um das Zustandekommen dieser Verhandlungen und damit des deutsch-israelischen Abkommens zur Unterzeichnung eingeladen. Von israelischer Seite wurde die Anwesenheit Altmaiers mit großer Freude zur Kenntnis genommen[2].

Wer war nun dieser Jakob Altmaier, der in der Literatur über das Wiedergutmachungsabkommen – wenn überhaupt – nur sehr beiläufig erwähnt wird[3]? Adenauer selbst bewahrte sein Dankbarkeitsgefühl, das er nach der Unterzeichnung des Abkommens in Luxemburg auch öffentlich artikuliert hatte[4], nicht bis zur Abfassung seiner „Erinnerungen": In dem längeren Abschnitt über die Wiedergutmachungsverhandlungen nennt er ihn kein einziges Mal[5].

[1] Zur Unterzeichnung des Abkommens vgl. den ausführlichen Bericht des israelischen Teilnehmers Felix E. Shinnar, Bericht eines Beauftragten, Tübingen 1967, S. 53–56; vgl. auch den kurzen Bericht von Jakob Altmaier am Schluß seines Memorandums „Meine Arbeit und Mitwirkung am ‚Israel-Vertrag', das er im Mai 1959 für den amerikanischen General Julius Klein verfaßte, Archiv der sozialen Demokratie (AdsD), Bonn, Nl Altmaier 7 (im folg. zitiert als Altmaier-Memorandum).

[2] Vgl. Shinnar, Bericht eines Beauftragten, S. 54.

[3] In der Dokumentation von Rolf Vogel, Deutschlands Weg nach Israel, Stuttgart 1967 sind Fotos der beiden Delegationen enthalten (Fotos nach S. 72). Auf dem der deutschen Delegation ist Altmaier gut zu erkennen. Hinweise auf Altmaiers Verdienste tauchen in zwei der abgedruckten Dokumente auf: in einer Stellungnahme von Carlo Schmid und in einer Rede Hendrik George van Dams auf der 5. Plenartagung des Jüdischen Weltkongresses 1966 (S. 21 u. 275).

[4] Vgl. den Kurzbericht der „Welt" vom 11. 9. 1951.

[5] Vgl. Konrad Adenauer, Erinnerungen 1953–1955, Stuttgart 1966, S. 132–159.

Jakob Altmaier wurde am 23. November 1889 in der hessischen Gemeinde Flörs-heim am Main als Sohn des jüdischen Bäckermeisters Joseph Altmaier geboren. Wäh-rend der nationalsozialistischen Schreckensherrschaft wurden einer seiner Brüder und zwei seiner Schwestern – wie viele seiner Verwandten – ermordet. Er selbst emigrierte schon am 1. April 1933 aus Deutschland, da er als jüdischer und sozialistischer Jour-nalist doppelt gefährdet war. Bis zum Einmarsch der deutschen Truppen im Frühsom-mer 1940 lebte und arbeitete Altmaier die meiste Zeit in Paris. 1940 floh er dann vor den deutschen Invasionstruppen zunächst von Paris nach Belgrad, später von Belgrad nach Kairo, wo er bis Ende 1945 blieb. Dann lebte er erneut in Paris, bis er 1948 wie-der aus dem Exil zurückkehrte.

Es wird an anderer Stelle in diesem Band darüber berichtet, daß und in welchem Maße Kurt Schumacher, der Parteivorsitzende der SPD, seit 1947 immer wieder auf die Notwendigkeit einer Wiedergutmachungsregelung für alle Juden, die den Mas-senmord der Nazis überlebt hatten, hinwies[6]. Da nun Schumacher und die SPD-Füh-rung mit einem Wahlsieg ihrer Partei bei den ersten Bundestagswahlen 1949 rechne-ten und da Schumacher die Regelung der Wiedergutmachungsfrage als eine der vordringlichsten Aufgaben der ersten deutschen Bundesregierung ansah, suchte er für die sozialdemokratische Bundestagsfraktion jemanden, der ihm als Vermittler zwi-schen seiner Regierung und dem Staat Israel bzw. dem Jüdischen Weltkongreß die-nen konnte. Altmaier schien ihm und der Parteiführung sehr geeignet, da er nicht nur Ju-de und Verfolgter des NS-Regimes war, sondern sich auch – anders als der 1949 zum Bundestag kandidierende Sozialdemokrat Peter Blachstein – zur jüdischen Religion bekannte. Schumacher überredete deshalb, im Verein mit Erich Ollenhauer und Fritz Heine, den sich zunächst sträubenden Altmaier, für den Bundestag zu kandidieren.

Altmaier errang ein Direktmandat, doch die SPD konnte ihr Wahlziel nicht errei-chen. Für Altmaier war dies sicherlich eine besonders große Enttäuschung[7]. Und als Bundeskanzler Adenauer in seiner ersten Regierungserklärung das deutsch-jüdische Problem mit einigen nichtssagenden Floskeln abtat und zum Problem der Wiedergut-machung mit keinem Wort Stellung nahm, da war es sehr verständlich, daß sich Alt-maier die Frage stellte: „Sollte ich vergebens nach Deutschland zurückgekehrt sein?" Er konnte zwar durch die Ausarbeitung eines Exposés zu den Fragen der Wiedergut-machung dazu beitragen, daß Kurt Schumacher in seiner Antwort auf die Regie-rungserklärung die Versäumnisse des Kanzlers scharf kritisierte und selbst sehr klar für eine Wiedergutmachungsregelung eintrat[8]. Doch war die Stellungnahme des Oppositionsführers für die jüdische Bevölkerung der Bundesrepublik, als deren Repräsentant sich Altmaier verstand, nur ein kleiner Trost[9].

---

[6] Vgl. den Beitrag von Shlomo Shafir in diesem Band und die – leider bislang nur in hebräischer Sprache erschienene – Monographie von Shlomo Shafir, Eine ausgestreckte Hand. Deutsche Sozialdemokraten, Juden und Israel 1945–1967, Tel Aviv 1986; vgl. auch Kurt Schumacher, Reden – Schriften – Korrespondenzen, hrsg. v. Willy Albrecht, Berlin u. Bonn 1987, S. 131 f., 508 f., 565 u. 989.

[7] Vgl. die Ausführungen Altmaiers zu Beginn des bereits erwähnten Memorandums von 1959 (siehe Anm. 1).

[8] Vgl. den Abdruck der Rede in Schumacher, Reden – Schriften – Korrespondenzen, S. 699 f.

[9] Zur wohltuenden Wirkung der Ausführungen Schumachers, die aber den negativen Eindruck der Rede Adenauers nicht wettmachen konnte, in einem Kreis von Delegierten der jüdischen

Da die Regierung Adenauer andere Prioritäten setzte als es die SPD für eine von ihr geführte Bundesregierung vorgesehen hatte, wurde es zunächst sehr ruhig um die Frage der kollektiven Wiedergutmachung. Die SPD als größte Oppositionspartei stritt sich derartig in anderen wichtigen Fragen mit der Regierung, daß auch sie die Dringlichkeit der Lösung dieses Problems etwas aus dem Auge verlor. Schumacher geißelte zwar auf dem Parteitag der SPD im Mai 1950 das Nichtstun der Regierung[10], er zögerte aber, von sich aus die Initiative zu ergreifen, da er voraussah, daß eine Lösung der Wiedergutmachungsfrage den moralischen Kredit der Regierung Adenauer im Ausland sehr stärken würde[11]. An der Jahreswende 1950/51 gelang es Altmaier dann, Schumacher und die Parteiführung von der Notwendigkeit zu überzeugen, Fragen der Parteitaktik hintanzustellen, um endlich der Lösung dieses so wichtigen Problems näherzukommen[12].

Am 24. Januar 1951 brachte die SPD-Fraktion des Bundestages eine Interpellation ein, in der zunächst ein Bundesgesetz gefordert wurde, um die sehr verschiedenen Länderregelungen für eine Wiedergutmachung zu vereinheitlichen[13]. Das war keine neue Forderung, sie war auch schon von anderen Parteien erhoben worden. Ein Novum – auch für die SPD – war dagegen die zweite Forderung der Interpellation, „... durch ein Bundesgesetz den Staat Israel als Repräsentanten des von den ermordeten Juden ohne Erben hinterlassenen Vermögens anzuerkennen". Diese Einbeziehung des Staates Israel in die SPD-Interpellation hatte nach seiner eigenen späteren Bemerkung Altmaier durchgesetzt[14]. Er konnte also erreichen, daß die SPD den Anspruch Israels auf kollekive Wiedergutmachung anerkannte, bevor noch die israelische Regierung diese Forderung in ihrer Note vom 12. März 1951 an die vier alliierten Mächte mit Nachdruck erhob[15]. Allerdings hatte Israel einen solchen Anspruch in der Note an die Vier Mächte vom 16. Januar bereits angedeutet.

Am 22. Februar 1951 wurde die Anfrage der SPD von Carlo Schmid im Bundestag begründet, vom Staatssekretär des für Wiedergutmachungsfragen zuständigen Finanzministeriums beantwortet und nach kurzen Stellungnahmen der anderen Parteien dem Rechtsausschuß überwiesen[16]. Die von der SPD geforderte Anerkennung eines israelischen Kollektivanspruchs auf Wiedergutmachung wurde nicht nur vom

Gemeinden der britischen Zone, die zur gleichen Zeit tagte, vgl. den Brief von Norbert Wollheim an Erich Lüth vom 26. 4. 1976, abgedruckt bei E. Lüth, Die Friedensbitte an Israel, Hamburg 1976, S. 103.

[10] Vgl. Protokoll des Parteitages der SPD von 1950, S. 164.

[11] Vgl. die unkorrigierte Schreibmaschinenabschrift eines Interviews, das der amerikanische General Josef Klein am 19. 12. 1953 in New York mit Altmaier führte, der an der Jahreswende 1953/54 mehrere Wochen in den USA weilte, AdsD, Nl Altmaier 9, S. 13.

[12] Vgl. ebd.; Altmaier-Memorandum, S. 3.

[13] Vgl. die „Interpellation der Fraktion der SPD betr. Vorlage des Entwurfs eines Wiedergutmachungsgesetzes", Deutscher Bundestag, 1. Wahlperiode 1949, Drucksache Nr. 1828.

[14] Vgl. Altmaier-Memorandum, S. 2. In den sehr kurzen Fraktionsprotokollen der SPD-Bundestagsfraktion ist im Ergebnisprotokoll der Sitzung vom 23. 1. 1951, 14 Uhr, nur die Bemerkung zu finden: „Die vorgeschlagenen Anträge und Interpellationen sollen eingebracht werden", AdsD, SPD/Fraktionsprotokolle I; Protokolle der Sitzungen des Fraktionsvorstandes sind nicht auffindbar.

[15] Zu den Noten Israels vom 16. Januar und 12. März 1951 an die vier alliierten Mächte vgl. Nana Sagi, Wiedergutmachung für Israel, Stuttgart 1981, S. 60 f.

[16] Vgl. Deutscher Bundestag, Stenographische Berichte, Sitzung v. 22. 2. 1951, S. 4589–4599.

Regierungsvertreter, sondern auch von fast allen Sprechern der anderen Fraktionen aus formalrechtlichen Gründen abgelehnt.

Nach dem Verlauf der Debatte mußte es den Interpellanten klar sein, daß weder die Regierung noch die Mehrheit des Parlaments von der Dringlichkeit einer Wiedergutmachungsregelung mit dem Staat Israel überzeugt war. Deshalb beschritt Altmaier einen anderen mit Schumacher vorher abgesprochenen Weg, den des persönlichen Einwirkens auf Adenauer. Er setzte, wie er seinem Mitstreiter auf israelischer Seite, dem israelischen Konsul in München Dr. Elijahu Livneh, mitteilte, den zweiten Hebel an[17]. Wörtlich schrieb er an Livneh: „Es ist meine Absicht, in Zukunft mit diesen zwei Hebeln zu arbeiten, um jenes Ziel zu erreichen, für das ich mich entschlossen hatte, nach Deutschland zurück – und in den Bundestag zu gehen: Erez Israel mit Hilfe der Deutschen aufzubauen."

Jakob Altmaier sprach Bundeskanzler Adenauer nach einer Sitzung des Auswärtigen Ausschusses, dem er als Mitglied angehörte, auf diese Frage an.[18]. Eine genaue Datierung dieser Unterredung ist nach den mir bekannten Akten leider nicht möglich[19].Wahrscheinlich fand sie im Februar 1951 statt. Altmaier wies den Kanzler in diesem Gespräch auf die Dringlichkeit von Verhandlungen mit dem Staat Israel hin und schlug ihm vor, sich persönlich mit einem Vertreter des Staates Israel zusammenzusetzen, um so die Voraussetzungen für formelle Verhandlungen zu schaffen. Adenauer ging sogleich auf diese Anregung ein und bat Altmaier, ihm einen solchen bevollmächtigten Vertreter Israels zu vermitteln. Altmaier leitete diesen Wunsch des Bundeskanzlers noch am gleichen Tage an den israelischen Konsul in München weiter, der wiederum sofort seine Regierung davon unterrichtete.

Die israelische Regierung ließ sich mit der Antwort etwas Zeit. Obwohl Altmaier die innerisraelischen Widerstände gegen Verhandlungen mit den Deutschen kannte, wurde er ungeduldig. Das geht aus einem Memorandum von 1959 hervor, in dem es wörtlich heißt: „Im Laufe der Woche kamen viele Rückfragen von Dr. Livneh, aber keine entscheidende Antwort. Der Bundeskanzler wollte mich selbst im Flugzeug nach Israel zur israelischen Regierung schicken. Dr. Livneh lehnte dies im Namen seiner Regierung ab. Es gab viele, viele Telefongespräche zwischen mir und Livneh und viele Reisen nach München. Eines Tages sandte mir Dr. Livneh einen Angestellten seines Konsulats mit einem versiegelten Brief. Dem konnte ich entnehmen, daß die israelische Regierung das Angebot Dr. Adenauers ernsthaft erwog. Ich mußte ein langes Exposé ausarbeiten und bis in alle Details meine Unterredung mit Dr. Adenauer schildern. Aus den Unterhaltungen mit dem israelischen Konsul und dem Brief ersah ich zugleich, wie schwer es für die israelische Regierung war, wie innenpolitisch umstritten und gefährlich, eine Unterhaltung mit Dr. Adenauer aufzunehmen. Nach vielen Wochen kam endlich die Nachricht aus Jerusalem über München. Die israelische Regierung ist zu einem Gespräch mit Dr. Adenauer bereit."[20]

---

[17] Altmaier an Livneh am 8.4. 1951, AdsD, Nl Altmaier 7.
[18] Vgl. Altmaier-Memorandum, S. 2 f.
[19] In seinem Brief an Livneh vom 8.April (vgl. Anm. 17) erwähnt Altmaier ein Gespräch mit Adenauer am 14.März, in dem Adenauer seine Bereitwilligkeit ausgesprochen habe, sich nach Ostern mit einem Vertreter des Staates Israel zu treffen. Doch handelte es sich dabei wohl schon um eine – wenn auch noch vage – Terminplanung nach der grundsätzlichen Einwilligung der israelischen Regierung.
[20] Altmaier-Memorandum, S. 2 f.

Die positive Antwort der israelischen Regierung vom 6. April 1951 leitete Altmaier sofort an Adenauer weiter[21]: Der israelische Gesandte in Paris, Dr. Maurice Fischer, sei bevollmächtigt, sich mit dem Bundeskanzler während dessen bevorstehenden Besuchs in Paris zu einer „vorbereitenden Besprechung" zu treffen. Als unabdingbare Voraussbedingung für eine solche Zusammenkunft forderte die israelische Seite die völlige Geheimhaltung der Kontaktaufnahme, der Unterredung und eventueller Ergebnisse dieser Unterredung. Adenauer sagte dies zu und versprach, er werde eventuelle Nachrichten über ein Treffen als „vollkommen erfunden" dementieren. Altmaier seinerseits nahm die Geheimhaltung so ernst, daß er, wie er Adenauer und Livneh versicherte, keinen seiner Parteifreunde davon unterrichtete: „Ich habe Herrn A[denauer] ferner gesagt, keiner meiner Parteifreunde, keiner, sei von mir über die Sache und von meinem Besuch bei Herrn A. unterrichtet. Ich sei nicht als Parteimann bei ihm, sondern rein privat als Jude, denn irgendeine Verständigung zwischen Deutschen und Juden dürfe keine Partei-Angelegenheit sein, sondern die Sache des gesamten deutschen Volkes."[22]

Das Gespräch fand während Adenauers Parisaufenthalt statt, der vom 11. bis 19. April 1951 dauerte, es blieb geheim, doch die Ergebnisse waren enttäuschend[23]. Die israelischen Gesprächspartner – Maurice Fischer und der Staatssekretär im israelischen Finanzministerium David Horowitz – beschränkten sich weitgehend auf scharfe Angriffe gegen Deutschland. Der Bundeskanzler seinerseits war zu dieser Zeit noch nicht bereit, die von Israel aufgestellte Mindestforderung von 1,5 Milliarden Dollar als Basis für eventuelle Verhandlungen zu akzeptieren[24].

Nach dem Scheitern des ersten Geheimgesprächs mit Vertretern des israelischen Staates versuchte nun Adenauer einen anderen Weg. Er aktivierte die schon seit längerem bestehenden indirekten Kontakte zu Nahum Goldmann, dem Präsidenten des Jüdischen Weltkongresses, um mit diesem zu einer persönlichen Unterredung zu gelangen[25]. Goldmann stellte für eine solche Zusammenkunft eine Vorbedingung: Der Bundeskanzler müsse zunächst eine öffentliche Erklärung abgeben, durch die er im Namen des deutschen Volkes die Verantwortung Deutschlands für die nationalsozialistischen Verbrechen an den Juden anerkenne und Israel sowie das Weltjudentum zu Verhandlungen über die Regelung einer kollektiven Wiedergutmachung einlade.

---

[21] Livneh unterrichtete Altmaier sogleich nach Eintreffen der positiven Antwort aus Israel telefonisch und schickte ihm dann per Boten den erwähnten Brief vom 6. April, vgl. Antwort Altmaiers vom 8. April, AdsD, Nl Altmaier 7.

[22] Altmaier an Livneh am 8. 4. 1951, AdsD, Nl Altmaier 7.

[23] Über dieses Gespräch, an dem auf deutscher Seite als stummer Zeuge noch Herbert Blankenhorn teilnahm, vgl. Kurt R. Grossmann, Die Ehrenschuld, Berlin u. Frankfurt 1967, S. 29; Inge Deutschkron, Israel und die Deutschen, Köln 1970, S. 41; Sagi, Wiedergutmachung für Israel, S. 74 f. Deutschkron und Sagi erwähnen, daß das Treffen von Altmaier und Livneh vorbereitet worden war.

[24] Bereits in seinem Schreiben vom 6. April hatte Livneh darauf hingewiesen, daß die israelische Seite die in den Noten vom 16. Januar und 12. März 1951 erhobenen Forderungen als „Basis" kommender Verhandlungen betrachtete.

[25] Die indirekten Kontakte liefen über Herbert Blankenhorn und Noah Barou, Goldmanns Vertreter in London, vgl. N. Goldmann, Mein Leben als deutscher Jude, München u. Wien 1980, S. 378 f.

Eine solche Erklärung gab Adenauer dann am 27. September 1951 vor dem Deutschen Bundestag ab[26].

Der Text dieser Erklärung war vorher mit Goldmann und dem israelischen Gesandten in Paris, Maurice Fischer, abgesprochen worden. Und dabei hatte wiederum Altmaier, der an den Vorgesprächen nicht beteiligt gewesen war, eine wichtige Rolle gespielt[27]. Auf Bitten Adenauers hatte er den Entwurf einer Regierungserklärung nach Paris überbracht, wo sich auch Goldmann aufgehalten hatte. Er hatte die Änderungswünsche von Goldmann und Fischer dann dem Bundeskanzler übergeben, der sie akzeptierte.

Nicht zufrieden mit dem zwischen Bonn und Paris ausgehandelten Text war die SPD-Bundestagsfraktion, nachdem Altmaier über seine Mission berichtet hatte[28]. Altmaier selbst bezeichnete ihn als „zu wäßrig", Schumacher fand ihn „zu lau"[29]. Die SPD-Fraktion lehnte deshalb den Vorschlag der Regierungsparteien ab, im Namen aller Fraktionen solle der frühere Reichstagspräsident und Alterspräsident des Bundestages, Paul Löbe, auf die Rede Adenauers mit einer kurzen Zustimmungserklärung antworten. Stattdessen beschloß sie, Löbe solle für die SPD eine eigene Erklärung abgeben, durch die dann einige Versäumnisse der Regierungserklärung gutgemacht werden könnten. Mit der Ausarbeitung eines Entwurfs wurden Adolf Arndt, Jakob Altmaier und Carlo Schmid beauftragt[30].

Die Stellungnahme der SPD, die Paul Löbe direkt nach der Regierungserklärung am 27. September vortrug, unterschied sich von dieser in einigen wichtigen Punkten[31]. Die SPD werde, so führte Löbe aus, den gerade angekündigten ersten Schritt zu einer allgemeinen Wiedergutmachungsregelung voll und ganz unterstützen, sie bedaure es jedoch, daß dieser Schritt nicht früher und mit „noch größerer Entschiedenheit" erfolgt sei. Hatte der Bundeskanzler zwar den Willen zu Wiedergutmachungszahlungen artikuliert, zugleich aber einschränkend die Berücksichtigung der Grenzen der deutschen Zahlungsfähigkeit gefordert, so betonte Löbe, daß die „furchtbare Größe des Unrechts" von allen Deutschen spürbare Opfer verlange. Mehr als für Adenauer war für die SPD Israel der Adressat des deutschen Angebots. Und wenn die Erklärung der SPD mit dem Satz endete: „Aus dieser Gesinnung bemühen wir uns um Frieden mit Israel", so bedeutete das ein ausdrückliches Bekenntnis zur Aktion „Friede mit Israel", die der Hamburger Pressechef Erich Lüth und der bekannte Hamburger Journalist Rudolf Küstermeier, beides SPD-Mitglieder, vier Wochen vorher ins Leben gerufen hatten[32]. Nach der Bundestagssitzung vom

---

[26] Deutscher Bundestag, Stenographische Berichte, Sitzung v. 27.9. 1951, S. 6697.

[27] Vgl. Goldmann, Mein Leben als deutscher Jude, S. 379; vgl. auch Altmaier-Memorandum, S. 4 f. Da Altmaier in die Vorgespräche, wie er selbst schreibt, nicht eingeweiht war, kommt er in seinem Memorandum zu der irrtümlichen Auffassung, ein erstes Gespräch Adenauer–Goldmann habe bereits vor der Bundestagssitzung vom 27. September stattgefunden, vgl. ebd., S. 3 f.

[28] Vgl. Protokoll der Fraktionssitzung v. 25.9. 1951, 14 Uhr, AdsD, SPD Fraktionsprotokolle I.

[29] Altmaier-Memorandum, S. 4.

[30] Vgl. Protokoll der Fraktionssitzung vom 25.9. 1951. Nach dem Altmaier-Memorandum gehörten zu der mit der Ausarbeitung der Erklärung beauftragten Kommission Schumacher, A. Arndt, Paul Löbe und er selbst, vgl. ebd., S. 5.

[31] Deutscher Bundestag, Stenographische Berichte, Sitzung vom 27.9. 1951, S. 6698 f.

[32] Zu dieser Aktion vgl. Erich Lüth, Die Friedensbitte an Israel 1951. Eine Hamburger Initiative, Hamburg 1976.

27. September dauerte es noch mehr als zwei Monate, ehe es zu einer ersten, geheimen Zusammenkunft von Adenauer und Nahum Goldmann kam[33]. Noch am gleichen Tag schrieb der Bundeskanzler an Nahum Goldmann als Vorsitzenden der Claims Conference einen Brief, in dem er zunächst erneut die Verhandlungsbereitschaft der Bundesrepublik signalisierte und Goldmann bat, die Claims Conference und die Regierung Israels von dieser Bereitschaft zu unterrichten[34]. Dann erklärte er erstmals, und beseitigte damit ein großes Hindernis auf dem Wege zu formellen Verhandlungen, die Bereitschaft der Bundesregierung, „... bei diesen Verhandlungen die Ansprüche, die die Regierung des Staates Israel in ihrer Note vom 12.3.1951 gestellt hat, zur Grundlage der Gespräche zu machen". Gleichzeitig deutete er an, daß die Bundesrepublik die Wiedergutmachungsforderungen wenigstens teilweise durch Warenlieferungen erfüllen wolle – ein Gedanke, für den Altmaier später die Urheberschaft beanspruchte[35].

Im Oktober 1951 wurde in der amerikanischen Presse bekannt, daß Altmaier bei den bisherigen Vorgesprächen für eine Wiedergutmachung eine wichtige Rolle gespielt hatte und eine solche auch bei den kommenden formellen Verhandlungen spielen sollte[36]. Ja, es wurde sogar die Falschmeldung verbreitet, Altmaier sei zum Beauftragten der Regierung für Wiedergutmachungsfragen ernannt worden[37]. Richtig war, daß Adenauer kurze Zeit mit dem Gedanken spielte, Altmaier zum Mitglied der deutschen Verhandlungsdelegation für die Wiedergutmachungsverhandlungen mit dem Staat Israel zu machen[38]. Dieser Plan des Kanzlers scheiterte vor allem daran, daß von jüdischer Seite schwere Bedenken dagegen geäußert wurden. Altmaier war schwer enttäuscht, ja schockiert, als er auf dem Umweg über Staatssekretär Hallstein von diesen Bedenken erfuhr. Er konnte sich diese nur damit erklären, daß von einem ihm feindlich gesinnten Repräsentanten der deutschen Juden die schon früher gegen ihn aufgetauchten Verdächtigungen gegen ihn verbreitet worden seien, er habe als Mitarbeiter des britischen Geheimdienstes illegale Transporte jüdischer Flüchtlinge aus den Balkanländern nach Palästina verraten[39]. Den Hintergrund solcher Verdächtigungen bildete der Umstand, daß Altmaier während des Krieges in Kairo für das Britische Hauptquartier als Experte für Balkanfragen tätig gewesen war[40].

---

[33] Zu dieser Zusammenkunft Adenauers am 6. Dezember 1951 mit Goldmann, die während des ersten Aufenthaltes von Adenauer in London stattfand, vgl. Goldmann, Mein Leben als deutscher Jude, S. 382–386; Adenauer, Erinnerungen 1953–55, S. 137–139.

[34] Für einen Abdruck dieses Schreibens, das Goldmann selbst mit entworfen hatte, vgl. Deutschlands Weg nach Israel, S. 39.

[35] Vgl. Altmaier-Memorandum, S. 7; vgl. auch den Brief von Marx an Livneh vom 5. 6. 1950, Israelisches Staatsarchiv, Akten des Israelischen Außenministeriums 532/12, auf den mich freundlicherweise Dr. Shlomo Shafir aufmerksam machte.

[36] Vgl. Wollheim aus New York an Altmaier am 12. 10. 1951, AdsD, Nl Altmaier 5.

[37] Vgl. Adolf Hamburger (New York) an Jakob Altmaier am 15. 10. und 7. 12. 1951, AdsD, Nl Altmaier 3.

[38] Zum folgenden vgl. den Brief von Altmaier an Goldmann vom 20. 2. 1952, AdsD, Nl Altmaier 7.

[39] Namentlich beschuldigte er den Herausgeber der Allgemeinen Wochenzeitung der Juden in Deutschland, Karl Marx, diese Lügen über ihn zu verbreiten (vgl. Anm. 38).

[40] Von Herrn Dr. Shlomo Shafir, der die Wiedergutmachungsakten des Israelischen Staatsarchivs und verschiedener jüdischer Archive in den USA gut kennt, erfuhr ich, daß in den dortigen Akten

Ob diese Anschuldigungen gegen Altmaier nun wirklich in der Absicht, ihn in jüdischen Kreisen zu desavouieren, vorgebracht wurden, kann nach der mir bekannten Quellenlage nicht entschieden werden. Bezweifelt werden muß, daß solche Verleumdungen die Hauptursachen für die jüdischen Bedenken gegen ihn waren. Denn aus dem hier als Hauptquelle herangezogenen Brief Altmaiers an Goldmann geht hervor, in welchem Maße ein gelegentlich fast zum Verfolgungswahn gesteigertes Mißtrauen, andere Menschen gönnten ihm keine politischen Erfolge, ihn daran hinderten, objektive Schwierigkeiten, die seinen Plänen entgegenstanden, in ihrem vollem Gewicht zu erkennen[41]. So übersah er zwar nicht völlig, unterschätzte jedoch die Gefahr, daß er als Mitglied der deutschen Verhandlungsdelegation in einen Loyalitätskonflikt kommen konnte, weil er Deutscher und Jude war.[42] Über den israelischen Konsul Livneh hatte Altmaier selbst schon erfahren, daß es die israelische Regierung lieber sähe, wenn er nur als Beobachter und nicht als deutsches Delegationsmitglied an den Verhandlungen teilnehmen würde. Zum anderen konnte er als sozialdemokratischer, d. h. oppositioneller Bundestagsabgeordneter zwar gelegentlich als Vermittler zwischen der deutschen und der israelischen Regierung auftreten, obwohl auch diese Tätigkeit – bei der Geheimhaltung seiner Vermittlertätigkeit im März/April 1951 gegenüber seinen Parteifreunden – für ihn schon zu Loyalitätskonflikten geführt hatte. Als Mitglied der deutschen Verhandlungsdelegation hätte er Verhandlungsergebnisse mit verantworten müssen, die seine Partei womöglich ablehnen würde. Der Fraktionsvorstand der SPD-Bundestagsfraktion, den Altmaier vom Angebot Adenauers unterrichtete, erkannte dieses Problem, er war wohl eher für die Entsendung einer parlamentarischen Beobachterdelegation zu den bevorstehenden Verhandlungen, der dann Altmaier als SPD-Mitglied angehören sollte. Er überließ jedoch die endgültige Entscheidung der Gesamtfraktion. Zu einer Beratung und Entscheidung der Gesamtfraktion kam es jedoch nicht, soweit die nur lückenhaft erhaltenen Fraktionsprotokolle ein Urteil erlauben. Als am 21. März 1952 die formellen Verhandlungen in Wassenaar, einem Vorort von Den Haag eröffnet wurden, gehörten der deutschen Delegation fast ausschließlich hohe Ministerialbeamte an, der Leiter, der Jurist Franz Böhm aus Frankfurt, war ein Universitätsprofessor.

Der Verlauf der schwierigen, mehrere Male vom Abbruch bedrohten Verhandlungen kann hier nicht nachgezeichnet werden[43]. Daß sie dann doch noch erfolgreich beendet werden konnten, daran hatte auch Altmaier einen nicht geringen Anteil. Einmal trat er im Auswärtigen Ausschuß des Bundestages Hermann Abs entgegen, als dieser die Ausschußmitglieder von der Unmöglichkeit überzeugen wollte, Israels For-

---

zwar Hinweise auf die Verdächtigungen gegen Altmaier zu finden sind, jedoch nicht die geringsten Beweise dafür, daß diese Verdächtigung auf Tatsachen beruhten.

[41] Gegen Marx hatte Altmaier anscheinend in aller Öffentlichkeit den Vorwurf erhoben, er würdige seine, Altmaiers, Rolle zu wenig in der „Allgemeinen Wochenzeitung", vgl. Karl Marx an Altmaier am 23. 1. 1952, AdsD, Nl Altmaier 4. Später ging Altmaiers Freundschaft mit Kurt Grossmann in die Brüche, weil letzterer in einer ersten kurzen Darstellung der Wiedergutmachungsverhandlungen („Germany's Moral Debt", Washington 1954) Altmaiers Rolle nicht erwähnt hatte, vgl. Grossmann an Altmaier am 25. 3. 1956, AdsD, Nl Altmaier 2.

[42] Zum folgenden vgl. den Brief von Altmaier an Goldmann (Anm. 38)

[43] Siehe dazu Sagi, Wiedergutmachung für Israel, S. 108–135, S. 153–170.

derungen zu erfüllen[44]. Mit seiner schon seit dem Frühjahr 1950 vertretenen Idee, ein großer Teil der Geldforderungen Israels könne doch durch Sachlieferungen abgegolten werden[45], konnte er zwar nicht Abs und auch nicht Bundesfinanzminister Schäffer überzeugen. Doch im Verein mit Professor Böhm, der, wie Abs, als Sachverständiger gehört wurde, und dem Ausschußvorsitzenden Carlo Schmid gelang es Altmaier, im Ausschuß den Antrag durchzubekommen, daß die Forderungen Israels und der Claims Conference Priorität vor den Handelsschulden, über die in London beraten wurde, besäßen[46].

Weiter war es Altmaier, der eine Anregung des israelischen Publizisten Dr. Robert Weltsch an den sehr schwer erkrankten Parteivorsitzenden der SPD, Kurt Schumacher, weitergab, dieser solle brieflich den Bundeskanzler drängen, die Priorität der Wiedergutmachungsforderungen öffentlich anzuerkennen, damit die Verhandlungen fortgesetzt werden könnten[47]. Am 10. Mai 1952 schickte Schumacher einen entsprechenden Brief an Bundeskanzler Adenauer, der dann am 21. Mai veröffentlicht wurde[48]. Dieser Brief trug sicher dazu bei, daß Adenauer den Widerstand im Kabinett gegen eine Erfüllung der Forderungen Israels überwinden konnte, auch wenn Altmaier diese Wirkung später etwas dramatisierte: „In einer folgenden Kabinettssitzung konnte der Bundeskanzler Dr. Adenauer ebenfalls einen Triumph feiern, als er zu Dr. Schäffer und den Opponenten der israelischen Forderungen innerhalb der Bundesregierung den Brief Schumachers in der Hand schwenkte und sagte: ‚Meine Herren, ich brauche Ihre Stimmen nicht, hier ist der Brief des Oppositionsführers, mit den Stimmen der Opposition werde ich im Parlament eine Mehrheit haben'."[49]

Nicht nur Altmaier, auch andere Sozialdemokraten, genannt seien nur Kurt Schumacher, Erich Ollenhauer, Fritz Heine, Carlo Schmid, Adolf Arndt, Paul Löbe und schließlich auch Rudolf Küstermeier und Erich Lüth[50], halfen mit, daß der deutsch-israelische Vertrag im Sommer 1952 fertiggestellt und am 10. September 1952 im Luxemburger Rathaus unterzeichnet werden konnte. Doch den Ehrentitel „Wegbereiter", mit dem der Vorsitzende des Landesverbandes der Juden in Hessen, Dr. Ewald Alschoff, Altmaier aus Anlaß seines 65. Geburtstages auszeichnete[51], den könnte man höchstens noch Kurt Schumacher zusprechen. So war es von Adenauer eine anerkennenswerte Tat, daß er Altmaier mit zur Vertragsunterzeichnung nach Luxemburg nahm.

---

[44] Vgl. Altmaier-Memorandum, S. 7 f.

[45] Vgl. ebd., S. 7.

[46] Vgl. Altmaier-Memorandum, S. 9; siehe auch Sagi, Wiedergutmachung für Israel, S. 143 f.

[47] Vgl. Altmaier-Memorandum, S. 8. Nach einem Manuskript von Adolf Arndt aus dem Jahre 1961 über die SPD und die Wiedergutmachung war es Nahum Goldmann, der Robert Weltsch mit dieser Anregung an Altmaier sandte, Ms. in AdsD, Nl A. Arndt M 45, S. 13 f.

[48] Vgl. Schumacher, Reden – Schriften – Korrespondenzen, S. 1005 f. Vgl. a. F. Heine an Adolph Held am 24. 5. 1952, AdsD. PV/ Heine 20 (He).

[49] Altmaier-Memorandum, S. 9.

[50] Vgl. Altmaier: Um Recht und Gerechtigkeit, in: „Neuer Vorwärts", 19. 9. 1952, S. 2.

[51] Vgl. Alschoff an Altmaier am 23. 11. 1954, AdsD, Nl Altmaier 2.

Norbert Frei

Die deutsche Wiedergutmachungspolitik gegenüber Israel im Urteil der öffentlichen Meinung der USA

Das 1952 zwischen Israel und der Bundesrepublik geschlossene Wiedergutmachungsabkommen förderte Deutschlands internationales Ansehen und diente der Integration der Bundesrepublik in die westeuropäisch-atlantische Staatengemeinschaft – so etwa lautet der zeithistorische Common sense. Er postuliert selbstverständlich kein Junktim zwischen Wiedergutmachung und Westintegration, unterstellt aber ein gewisses politisches Interesse der Westmächte und mißt der Bereitschaft der Bundesrepublik zu einer deutlichen Geste gegenüber Israel eine positive Wirkung auf die öffentliche Meinung der westlichen Welt bei. In den Worten Konrad Adenauers: „Ich war mir darüber klar, daß, wenn es der Bundesregierung gelang, zu einem Ausgleich mit Israel und mit den jüdischen Weltorganisationen zu kommen, das für die Bundesrepublik Deutschland ein politisches Ereignis war, das mindestens in die gleiche Reihe gestellt werden mußte mit dem Deutschlandvertrag und mit dem Vertrag über die Europäische Verteidigungsgemeinschaft. Die Weltöffentlichkeit begrüßte die Unterzeichnung des Luxemburger Abkommens mit großer Zustimmung."[1]

Der zeitgeschichtliche Common sense, den damalige Akteure und Zeitgenossen teilen, wird neuerdings von Michael Wolffsohn in Frage gestellt. Wolffsohn will eine Reihe von „Legenden" zerstören, von denen er das deutsch-israelische Wiedergutmachungsabkommen umrankt sieht. Eine dieser „Legenden" bestehe in der Auffassung, „daß die öffentliche Meinung in den westlichen Staaten von Bonn eine Geste des guten Willens erwartete, ja, geradezu verlangte". Tatsächlich, so Wolffsohn nach Durchsicht der Presse, könne davon keine Rede sein, denn „weder die Regierungen noch die Presse dieser Staaten setzten die Bundesregierung in der Wiedergutmachungsfrage unter Druck"[2].

Mit der Perzeption der Wiedergutmachungsproblematik durch die amerikanischen

---

[1] Konrad Adenauer, Erinnerungen 1953–1955, Stuttgart 1966, S. 158. Ähnlich Adenauer laut Protokoll am 17.6.1952 im Kabinett: „Der Bundeskanzler unterstreicht die überragende Bedeutung der Angelegenheit im Verhältnis zur gesamten westlichen Welt und insbesondere zu den USA"; zitiert nach Kai von Jena, Versöhnung mit Israel? Die deutsch-israelischen Verhandlungen bis zum Wiedergutmachungsabkommen von 1952, in: Vierteljahrshefte für Zeitgeschichte 34 (1986), S. 457–480, hier S. 477.

[2] Michael Wolffsohn, Die Wiedergutmachung und der Westen – Tatsachen und Legenden, in: Aus Politik und Zeitgeschichte 16–17 (1987), S. 19–29, hier S. 19 bzw. 28. Wolffsohns Kritik richtet sich gegen außerordentlich zugespitzte Behauptungen, die im Grunde schon durch den faktischen Ablauf widerlegt sind. So besagt seine zentrale „dritte Legende", die Wiedergutmachung habe die „Eintrittskarte Westdeutschlands in den Salon der internationalen Politik bedeutet" (S. 19).

Medien in den Jahren 1951 bis 1953 greift der folgende Beitrag einen Aspekt auf, dem auch Wolffsohn besondere Bedeutung beimißt. Seine Argumentation übersieht allerdings einige Probleme, die nicht allein auf der begrifflichen Ebene liegen, wo ungeklärt bzw. undefiniert bleibt, was unter „Druck" verstanden werden soll, den die Presse auszuüben in der Lage wäre. Hinzu kommt, daß der – jedenfalls in außenpolitischen oder gar in erster Linie dritte Staaten berührenden Fragen – ganz überwiegend reaktive Charakter von Presseberichterstattung übersehen wird: Zumindest Tageszeitungen gehen dabei normalerweise vom Anlaß aus, berichten über Ereignisse und Entwicklungen, die bereits stattgefunden haben, kommentieren diese auch, formulieren aber in aller Regel nicht selbst aktive Politik. Insofern befindet sich, wer Zeitungen auf von ihnen evozierte außenpolitische Anstöße, auf initiativen „Druck" hin absucht, in einer nicht sonderlich aussichtsreichen Position.

Jedem Versuch, in der historischen Forschung mit „öffentlicher Meinung" oder „der Öffentlichkeit" zu hantieren, sollten einige methodische Überlegungen und einschränkende Worte vorangehen. Das empfiehlt sich wegen der – allen definitorischen Bemühungen[3] zum Trotz – fortbestehenden Unklarheit des Begriffs wie wegen der komplizierten Natur der Sache. Dem allgemeinen Sprachgebrauch folgend, wird auch in diesem Beitrag „öffentliche Meinung" genannt, was strenggenommen bestenfalls die veröffentlichte Meinung einiger, meist „führender" oder „wichtiger" amerikanischer Presseorgane ist. Denn außer acht bleiben, von Stichproben abgesehen, sowohl die (oft auflagestarken) „Provinzzeitungen" und Boulevardblätter als auch das (Anfang der fünfziger Jahre als Nachrichtenmedium noch schwach entwickelte) Fernsehen und der (in der Auslandsberichterstattung recht dürftige) Hörfunk. Keine Berücksichtigung findet außerdem die Demoskopie[4]. Wenn gleichwohl behauptet werden kann, daß der für die hier verfolgte Fragestellung relevante Teil der amerikanischen öffentlichen Meinung weitgehend erfaßt ist, so wegen der seinerzeit noch ganz unbestrittenen Dominanz der Ostküsten-Publizistik gerade in Fragen der internationalen Politik, der ein notorisches Defizit der meisten anderen Medien auf diesem Feld entsprach[5].

Ein weiteres methodisches Problem gilt es zu berücksichtigen, selbst wenn eine wirklich befriedigende Lösung mit vertretbarem Aufwand nicht erreicht werden kann: Die Validität einer Untersuchung des öffentlichen Urteils zu einem eng

---

[3] Vgl. u.a. Harwood L. Childs, Public Opinion. Nature, Formation and Role, Princeton N.J. 1965, und die klassische Studie des amerikanischen Kolumnisten Walter Lippmann, Public Opinion, New York 1922, 1965 (dt. Ausgabe 1964).

[4] Den Umstand, daß die Amerikaner (wie auch Briten und Franzosen) zur deutschen Wiedergutmachung gegenüber Israel nicht direkt befragt worden sind, interpretiert Wolffsohn als Indiz einer geringen Bedeutung dieser Politik für die öffentliche Meinung der USA. Hinsichtlich des von den US-Demoskopen ermittelten positiv veränderten Deutschlandbildes Anfang der fünfziger Jahre räumt er allerdings ein: „Ob und inwieweit auch das Reparationsabkommen zu diesem neuen Bild beitrug, kann man nicht sagen."; Michael Wolffsohn, Das Wiedergutmachungsabkommen mit Israel: Eine Untersuchung bundesdeutscher und ausländischer Umfragen, in: Ludolf Herbst (Hrsg.), Westdeutschland 1945–1955, München 1987, S. 203–218, hier S. 218 bzw. 216.

[5] Dazu im Überblick Theodore Edward Kruglak, The Foreign Correspondents. A Study of the Men and Women Reporting for the American Information Media in Western Europe, Genf 1955, S. 17–42.

begrenzten Thema ist nicht nur abhängig von der Repräsentativität der dafür heran-gezogenen Periodika, sondern auch von der zeitlichen und inhaltlichen Breite ihrer Auswertung. Deshalb muß ein allzu punktuelles Vorgehen vermieden werden. Die völlige Ausblendung des Kontexts, in dem über eine spezielle Frage berichtet und kommentiert wird, birgt die Gefahr von Verzerrungen. Im konkreten Fall der ameri-kanischen öffentlichen Bewertung der deutschen Wiedergutmachungspolitik gegen-über Israel ist das „Meinungsklima" gegenüber Deutschland bzw. der Bundesrepublik zweifellos von einigem Belang. Zwar kann es nicht die Aufgabe eines Spezialbeitrags sein, die Gesamtperzeption, das „Image" Deutschlands in seinen Veränderungen seit 1945 darzustellen. Das zeitlich und thematisch engere Umfeld der deutsch-israeli-schen Wiedergutmachungsverhandlungen aber muß in stärkerem Maße berücksich-tigt werden, als dies bei Wolffsohn der Fall ist.

I.

Gegenstand der Berichterstattung in der amerikanischen Presse wurde das Thema Wiedergutmachung nicht erst durch Adenauers Erklärung vor dem Deutschen Bun-destag am 27. September 1951, die eine Anerkennung der Wiedergutmachungspflicht gegenüber Israel bedeutete. Zwar waren die im vorangegangenen Frühjahr begonne-nen deutsch-israelischen Sondierungen und die internen Überlegungen der Bundesre-gierung geheim geblieben, aber wiederholt hatten amerikanische Zeitungen über Pro-bleme der Rückerstattung – beispielsweise von erbenlosem jüdischem Vermögen[6] – und über die zum Teil recht zähen Entschädigungsverhandlungen der Jewish Restitu-tion Successor Organization (JRSO) mit den Bundesländern informiert[7]. Art Buch-wald, einer der meistgelesenen amerikanischen Kolumnisten, berichtete Anfang Sep-tember 1951 ausführlich über den Besuch eines Vertreters des American Jewish Committee in der Bundesrepublik. Der Artikel schloß mit einem wenig freundlichen Zitat: „Once the Germans take over again we may have a great deal of difficulty col-lecting any restitution at all."[8]

Wenn Informationen über die Wiedergutmachungsproblematik im Vorfeld der Adenauer-Offerte in den USA gleichwohl keine Schlagzeilen machten, so hing das auch damit zusammen, daß es 1951 an „harten" politischen Informationen aus Deutschland nicht mangelte: Auf der Tagesordnung standen so hochkarätige Themen wie die Revision des Besatzungsstatuts, die Montanunion und die Wiederbewaffnung im Rahmen des EVG-Projekts. Was die US-Medien allerdings ebenfalls aufhorchen ließ, war die offensichtlich milder gewordene Haltung des amerikanischen Hoch-kommissars gegenüber einer Reihe von Deutschen, die noch vor wenigen Jahren in

---

[6] Die Überschrift eines kritischen Berichts der New York Times (International Edition) vom 24. 4. 1950 lautete: „Former Nazis Are Said to Hold Heirless Property of Jews. Effort to Use Property for Relief Hits Snags, American Jewish Committee Official Says".

[7] So z. B. New York Times vom 13. 2. 1951 („Jews' Claims Cut To Aid Restitution. Fears of Ger-man Sovereignty Rise Spur Bulk Settlements With Individual States"), New York Times (Inter-national Edition) vom 24. 3. 1951 („Nazi Victims Are Paid. U. S. Zone Aide Says Average Com-pensation is $ 950") bzw. vom 29. 6. 1951 („Jewish Claims Settled. Bremen Compensates Victims of Nazi Persecution").

[8] Abgedruckt u. a. in New York Herald Tribune (European Edition) vom 1. 9. 1951.

Kriegsverbrecherprozessen verurteilt worden waren. „21 Nazi Criminals Saved from Death. McCloy, Gen. Handy Commute Sentences as Clemency – 7 to Die – Krupp to Go Free", lautete am 1.Februar 1951 eine Überschrift auf der Titelseite der *New York Times*.

Die Skepsis gegenüber der politischen Entwicklung in Deutschland, in der amerikanischen Presse jetzt wieder deutlich zu erkennen, war eindeutig älter als die Bundesrepublik. Gewiß war sie Anfang der fünfziger Jahre, auf dem Höhepunkt des Kalten Krieges, nicht mehr annähernd vergleichbar mit der anti-deutschen Stimmung in den ersten beiden Nachkriegsjahren[9]. Verflogen aber war auch alle Euphorie über die erfolgreiche Wiederankurbelung der westdeutschen Wirtschaft, den Widerstandswillen der Berliner gegen die sowjetische Blockade und die glückliche Etablierung der Bonner Republik – Themen, die Westdeutschland 1948/49 in positiver Weise auf die Titelseiten der US-Presse gebracht hatten. Stattdessen klangen in den Berichten über die nun auf allen Ebenen massiv vorangetriebene Westintegration der Bundesrepublik vermehrt Zweifel an hinsichtlich der inneren Stabilität der neuen Demokratie.

Die Sorge, nach Wiedergewinnung der Souveränität könne es zu einer nationalistischen Kehrtwende kommen, und die Furcht vor einem Wiederaufleben von Nationalsozialismus und Antisemitismus waren beträchtlich. Wiederholte Wahlerfolge der rechtsextremen Sozialistischen Reichspartei schienen die Pessimisten zu bestätigen. Natürlich schwankten die Einschätzungen auch entsprechend dem politischen Temperament des einzelnen Korrespondenten, aber für die Verbreitung von Negativmeldungen über Deutschland und die Deutschen sorgten keineswegs nur – inzwischen ziemlich peripher gewordene – Gruppen wie die „Society for the Prevention of World War III". Drew Middleton, als Chef des Bonner Büros der *New York Times* einer der einflußreichsten amerikanischen Deutschlandkorrespondenten, war im Kollegenkreis geradezu „berühmt" dafür, jedes scheinbare Anzeichen einer „Renazifizierung" zu registrieren[10]; aus seiner Feder stammten – neben vielbeachteten Deutschland-Reportagen in der Sonntagsbeilage der *Times* – fast alle großen Tagesberichte über die beginnende politische und militärische Eingliederung der Bundesrepublik in das westliche Bündnis[11].

Vor dem Hintergrund der rasch aufeinanderfolgenden, äußerst informationsträch-

---

[9] Dazu Hans-Peter Schwarz, Vom Reich zur Bundesrepublik, Deutschland in Widerstreit der außenpolitischen Konzeptionen in den Jahren der Besatzungsherrschaft 1945–1949, Neuwied und Berlin 1969, S.92–104.

[10] Das Nachrichtenmagazin Time eröffnete am 24.11. 1952 einen Artikel mit der rhetorischen Frage: „Are the Nazis coming back? Last week, commenting on West Germany's local elections, some foreign newsmen seemed to think they are. New York Times-man Drew Middleton, who has been making predictions of a Nazi revival for years, reported the specter of German fascism overhanging every ballot box. (. . .) But the Nazi propaganda got more attention in the foreign press than it did in Germany."

[11] Punktuelles Lob für Adenauer war bei Middleton begleitet von einer insgesamt skeptischen Einstellung gegenüber den Deutschen. Ein gutes Beispiel dafür ist Middletons Beitrag für die Wochenendbeilage der Times vom 9.3. 1952: „Hopes – And Doubts – About the Germans. The West needs them as partners in defense but fears their growing trend to nationalism."; vgl. auch seinen Artikel in der Ausgabe vom 22.1. 1952: „Apathy to Nazism found in Germany. Survey by U.S. Commissioner Shows Small Concern Over Threat of Minorities".

tigen Entwicklungen in der Deutschland- und Europapolitik fanden die Verhandlungen über das Wiedergutmachungsabkommen mit Israel selbst in der deutschen Presse insgesamt nur begrenzte Aufmerksamkeit; in der internationalen und speziell in der amerikanischen konnte das kaum anders sein.

II.

„Adenauer('s) statement and Bundestag's unanimous pledge to make restitution for wrongs done to Jews under Hitler regime were prominently reported in US press", hieß es Anfang Oktober 1951 im wöchentlichen Deutschland-Pressespiegel der Division of Public Studies des State Departments[12]. Zweifellos reflektierte es dabei die Prioritätensetzung der amerikanischen Zeitungen, wenn das Thema erst an zweiter Stelle abgehandelt wurde (nach dem US-Presseecho auf die Erklärung der Bundesregierung zur Wiederherstellung der deutschen Einheit, mit der Adenauer ebenfalls am 27. September auf Grotewohls Vorschlag für gesamtdeutsche Wahlen reagiert hatte). Aber nicht minder bezeichnend war die für diesen Abschnitt gewählte Zwischenüberschrift: „Bonn Attitude on Jews". Denn in der Tat zeigten sich die Kommentatoren einig darüber, daß die Erklärung des Kanzlers, über den konkreten Vorschlag zur Aufnahme von Verhandlungen hinaus, hohen symbolischen Wert besitze.

Ein subtiler Kommentar der *New York Times* sprach von einem ersten Schritt in die richtige Richtung im Umgang mit den von Hitler-Deutschland begangenen Verbrechen an den Juden. Adenauers Erklärung sei „a phase of moral regeneration. Much more important, however, is the assumption of moral responsibility on the part of the Germans. This is a demonstration of the realization that the Germans as a group incurred a dreadful burden of guilt by accepting the theories and practice of nazism in respect to the Jews. That guilt cannot be absolved by one gesture. It can, however, be to some extent assuaged by the genuineness of repentance. (. . .) German restitution will be valueless unless it is the outward manifestation of an inward state of being."[13]

Die damals zwar im Ausland noch wenig, in der US-Hauptstadt jedoch sehr beachtete *Washington Post* nannte Adenauers Angebot „the best thing to come out of Germany since 1933"[14]. Die *New York Herald Tribune,* in Fragen der internationalen Politik von unbestrittener Kompetenz, lobte, Bonn habe mit der Anerkennung der Idee einer kollektiven Wiedergutmachung den Weg zur praktischen Diskussion des Problems von Reparationszahlungen an Israel freigemacht[15]. Selbst die *St. Louis Post-Dispatch,* die nicht im Verdacht besonderer Sympathien für Deutschland stand, fand positive Worte: „If Chancellor Adenauer truly spoke for the German people when he promised reparations to Israel for wrongs inflicted on the Jews by the Nazis, then the new Germany has advanced far beyond the unspeakable racism of Hitler's day. (. . .)

---

[12] U.S. National Archives, Washington (im folgenden: NA), RG 59, Division of Public Studies, Weekly Summary of Opinion on Germany, 2.10.1951.

[13] New York Times (International Edition) vom 29.9.1951.

[14] NA, RG 59, Division of Public Studies, Weekly Summary of Opinion on Germany, 2.10.1951.

[15] Ebenda.

The test, of course, will be the degree to which the promises are made into realities"[16].

Obwohl keine Zeitung mit großem eigenen Korrespondentenstab und besonderer Betonung der Auslandsberichterstattung, blieb die *St. Louis Post-Dispatch* in den kommenden Monaten kontinuierlich am Thema. Das Blatt bediente sich dazu der regelmäßigen Meldungen der Nachrichtenagenturen Associated Press (AP) und United Press (UP). Wer daran interessiert war, konnte sich also auch in amerikanischen „Provinzzeitungen" über den Fortgang der Verhandlungen informieren[17]. Als es Anfang April 1952 in Wassenaar zur Krise kam[18], zeigte sich die *Post-Dispatch* gut informiert: Am 6. April, einen Tag vor Verhandlungsabbruch, erläuterte ein Kommentar die Schwierigkeiten der gegenwärtigen Situation. Die Initiative der Adenauer-Regierung fand darin erneutes Lob, aber klar wurde auch, daß ein Erfolg erwartet wurde: „Surely, since the actual payment is of relative unimportance, its timing will not be allowed to block this gesture of reconciliation."

Die Korrespondentenberichte der *New York Times* zu den deutsch-israelischen Verhandlungen ragten in Detailreichtum und Häufigkeit deutlich heraus, sowohl gegenüber anderen großen Tageszeitungen wie gegenüber den politischen Wochenmagazinen. Erkennbar entlang der Linie, auf der Nahum Goldmann namens der Jewish Agency for Palestine Adenauers Erklärung kommentiert hatte, begann Times-Korrespondent Jack Raymond seinen ersten ausführlichen Bericht, der am 13. Oktober 1951 erschien: „The sincerity of the West German Government's offer to make suitable financial restitution for the wrongs committed against Jews during the Nazi regime is scheduled to get a speedy test"[19]. Tags darauf schob Raymond, innerhalb der Bonner *Times*-Redaktion für das Thema nunmehr zuständig, einen Artikel über die politischen und psychologischen Motive der Bundesregierung nach: „The Federal Government would like to gain diplomatic recognition by Israel, which it is felt would be tacit if Tel Aviv accepted the German offer to discuss reparations. The Federal Government is convinced also that this will help in matters as far afield as the defense and sovereignty negotiations with the Western allies. A third and by no means uninfluential factor, it is said, is a personal desire by Dr. Adenauer to be invited to the United States in the near future. (...) The success of an Adenauer visit to the United States would depend in large measure on the attitude of Jewish groups toward him, German officials believe."[20]

Wiederum einen Tag später veröffentlichte die *New York Times* einen ausführlichen Bericht Raymonds über Antisemitismus in der Bundesrepublik, der auf das deut-

---

[16] St. Louis Post-Dispatch vom 5. 10. 1951; zur Haltung der Zeitung und ihres Verlegers Joseph Pulitzer II gegenüber Deutschland in der ersten Nachkriegszeit vgl. Norbert Frei, „Wir waren blind, ungläubig und langsam". Buchenwald, Dachau und die amerikanischen Medien im Frühjahr 1945, in: Vierteljahrshefte für Zeitgeschichte 35 (1987), S. 385–401, hier 393–396.

[17] Die Versorgung der US-Tagespresse mit dem Informationsmaterial mindestens einer der beiden Nachrichtenagenturen war nahezu vollständig; vgl. Frank Luther Mott, The News in America, Cambridge 1952.

[18] Einzelheiten bei Jena, S. 471–477.

[19] New York Times vom 13. 10. 1951 („Jewish Units Map Bonn Claims Talks. Will Call on West Germany to Fulfill its Promise to Repay Nazi Victims").

[20] New York Times vom 14. 10. 1951 („Bonn Delay Seen on Claim Payment. Offer of Restitution to Jews for Nazi Crimes Held Motivated by Psychological Factors").

sche Wiedergutmachungsangebot ausdrücklich Bezug nahm – hatte Adenauer bei dessen Bekanntgabe doch eine unnachsichtige Strafverfolgung antisemitischer Aktionen zugesichert. „Jews Here Target Of Some Germans. Anti-Semites Blame Americans for Post-War Ills – But Effort Is Made to Counter Feeling", lautete die Überschrift des Artikels, der nüchtern konstatierte: „Six years after the end of the war, most Allied observers agree that anti-Semitism continues to exist in Germany." Allerdings wurde auch deutlich, daß die Meinungen darüber auseinandergingen, ob es sich um einen neu aufkommenden Antisemitismus handelte oder – wie McCloy zitiert wurde – um „regurgitations" des alten. Wenngleich jedes negative Pauschalurteil vermeidend, war der Beitrag den am Vortag berichteten Reisewünschen Adenauers kaum förderlich, zumal er keineswegs isoliert stand[21].

Indizien eines fortlebenden Antisemitismus und andere aus liberaldemokratischer Perspektive bedenkliche Elemente der innenpolitischen Entwicklung in der Bundesrepublik veranlaßten führende politische Zeitschriften der USA zu eher zurückhaltenden Kommentaren. *The Nation* („America's Leading Liberal Weekly since 1865") kritisierte an herausgehobenem Ort, in der Rubrik „The Shape of Things" auf Seite eins: „The Chancellor talked too much of future provisions to punish practitioners of anti-Semitism"[22]. Und *New Republic* stellte einen Zusammenhang her zwischen Adenauers Angebot an Israel und dem hohen Anteil ehemaliger Nationalsozialisten im Auswärtigen Amt: „Presumably the agreement between the Bonn Government and Israel will be negotiated by Dr. Adenauer's foreign service. (...) In January of this year, the 252 members of the ‚new' German diplomatic service included 151 veterans of the old von Ribbentrop regime, 130 of them members of the Nazi Party; and since then the proportions has steadily increased. (...) Their fitness for the negotiations with Israel is indicated by the fact that several have been accused of complicity in the murder of Georges Mandel, done to death not because he was a French statesman or a Socialist but merely because of the fact that he was a Jew."[23] Vorbehaltloses Lob, verbunden mit einer bezeichnenden Ermahnung an die Adresse Israels, kam nur von der konser-

---

[21] New York Times vom 15. 10. 1951; Raymond schnitt das Thema Antisemitismus auch in Gesprächen mit hochrangigen HICOG- Mitarbeitern an, so in der New York Times vom 22.11. (Gespräch mit dem U.S. Commissioner for Bavaria, George N. Shuster), 1.12. (Gespräch mit dem Assistant High Commissioner Benjamin J. Buttenwieser) und 29.12. 1951 (Gespräch mit dem HICOG Director of Public Affairs, Shepard Stone). Am 6. 1. 1952 berichtete er, in HICOG-Kreisen werde bemängelt, die amerikanischen Deutschlandkorrespondenten gäben negativen Entwicklungen unverhältnismäßig breiten Raum. Raymond entgegnete, kein Zeichen von Antisemitismus habe vergleichbar große Aufmerksamkeit in der Presse erfahren wie die Ankündigung der westdeutschen Bereitschaft zur Wiedergutmachung. Gewiß hätten die Westalliierten eine „facade of democracy" etabliert, aber an der Existenz antisemitischer Haltungen gebe es keinen Zweifel. Schließlich nahm der Journalist die Kritik zum Anlaß einer persönlichen Bemerkung: „This correspondent often has felt he would like to write something kind about the Germans only to discover there often was too little one could dig into." Ein weiterer einschlägiger Artikel („Jews In Germany Play Scant Role", New York Times vom 10. 2. 1952) lokalisierte Antisemitismus speziell in Ostdeutschland; in einem tags darauf erschienenen Bericht, in dem sich Raymond mit der – großteil positiven – Einstellung der Westdeutschen zur Wiedergutmachung befaßte, war hingegen erneut von Antisemitismus die Rede.

[22] The Nation vom 3. 11. 1951, S. 1; Hervorhebung im Original.

[23] New Republic vom 29. 10. 1951, S. 9 („Nazism Rises Again"); dazu auch Jack Raymond in der New York Times vom 20. 2. und vom 28. 3. 1952.

vativen Zeitschrift *Christian Century:* „We hope the Israeli will be moderate and for-
giving in their demands. Germany has taken a long step in the direction of moral
regeneration. No payments can bring back life to the tortured and slain. But Israel
and Germany have to live in the same world and in a few years will probably be team-
mates on the side of the West in the struggle with Russia."[24]

III.

Kritische Nebenbemerkungen, obschon in der liberalen und linksliberalen Publizistik nicht selten, tangierten die positive Signalwirkung der bundesdeutschen Wieder-
gutmachungsofferte wohl nur am Rande. Aber unvermeidlich relativierend mußte
wirken, wenn handfeste politische Interessen, gar Zwänge benannt – oder auch bloß
behauptet – wurden, die Adenauers Offerte dem harten Licht realpolitischer Betrachtung aussetzten. Die *New York Times* hob wiederholt hervor, daß sich die Deutschen
von ihrer Verhandlungsbereitschaft außenpolitischen Gewinn versprachen: „German
Officials here say they realize that their drive for political acceptance in the Western
world would be affected by results of the talks."[25] Nicht minder klar hatte das Nachrichtenmagazin *Time* bereits anläßlich der Kanzlerrede im Bundestag kommentiert:
„Bonn's heartening gesture to the Jews – though it persisted in the theory that Hitler's deeds were done ‚in the name of the German peoples‘ rather than by them – was
unquestionably motivated in part by Germany's guilty conscience. It was also the
result of Israeli and allied pressure."[26]

Zu Jahresanfang 1952, als die Berichterstattung hinsichtlich des Themas Wiedergutmachung bestimmt war von der innerjüdischen Debatte über die Frage, ob Israel
direkt mit Bonn verhandeln dürfe, konnte man in amerikanischen Zeitungen allerdings auch von „politischem Druck" gegenüber Israel lesen. So schrieb die *New York
Times* in einem Eigenbericht aus Tel Aviv: „Under tacit pressure from Western
powers, Israel will make a direct approach shortly to Chancellor Konrad Adenauer's
Bonn Government demanding reparations to cover the cost of resettling Jewish refugees from countries once under Nazi control"[27].

Dem Umstand, daß die US-Medien wiederholt über diplomatisch-politische Einflußnahme auf Bonn wie auf Tel Aviv berichteten, kommt, zunächst sogar ungeachtet
der Frage der Richtigkeit dieser Informationen im einzelnen, erhebliche Bedeutung
zu. Ging doch schon von dem Faktum der Berichterstattung *an sich* ein nicht zu über-
sehender „Druck" aus[28]. Aber die Berichterstattung der amerikanischen Presse
beschränkte sich vielfach durchaus nicht auf die schiere Übermittlung von „facts and

---

[24] The Christian Century vom 17.10. 1951, S.1180 („Bonn Parliament Pledges Restitution for
Jews").
[25] So Jack Raymond beispielsweise anläßlich der zwischen der JRSO und dem Freistaat Bayern
geschlossenen Restitutionsvereinbarung; New York Times vom 16.3. 1952.
[26] Time vom 8.10. 1951, S. 33.
[27] New York Times (International Edition) vom 3.1. 1952.
[28] Dies wird von Wolffsohn ignoriert, der die besonders regelmäßige und ausführliche Berichterstattung der New York Times abtut mit der Bemerkung, Häufigkeit besage nur wenig über
Intensität, und konstatiert: „Auffallender und inhaltlich aussagekräftiger ist die Tatsache, daß die
meisten Artikel und Berichte sehr sachlich waren und kaum Druck auf die Bundesregierung auszuüben versuchten."; Wolffsohn (Anm. 2), S. 20, ähnlich S. 21 und passim.

figures", und Meinung, gar Stimmungsmache, ließ sich – wie stets – auch in der Frage der Wiedergutmachung noch anders unterbringen als im Leitartikel[29].

„Six Million Ghosts" betitelte das Nachrichtenmagazin *Time* seine Meldung von der Unterbrechung der Gespräche in Wassenaar. Meinung steckte hier nicht zuletzt in den Adjektiven, die keineswegs der bloßen Anschaulichkeit dienten: „The Germans, cold and businesslike, did not want to dwell on (the) past horrors. The Jews, an official delegation from Israel, did not want the Germans to consider their unpayable debt paid. So no one talked about the wasted bodies, parchment-white, stacked high in Nazi extermination camps. Yet that was what the negotiations were really about last week, in a suburb of The Hague. (...) The Germans stiffly conceded that they should pay cash, and muttered about a $ 750,000 total. But, they added, the Israelis would have to take their place in the line of 30 Allied creditor nations whose World War II claims are being negotiated in London. West Germany could only pay what it could afford to pay. At this point, the Israeli delegation angrily accused the Germans of welching, and broke off the talks. The memory of six million murders flitted briefly accross the inside pages of the world's newspapers, and then was locked away again."[30]

Schärfer kommentierte *The Nation* den einstweiligen Mißerfolg in Wassenaar. Die Zeitschrift erinnerte an das Widerstreben der „meisten Juden" gegen die Idee direkter Verhandlungen zwischen Deutschen und Israelis nur sieben Jahre nach dem Erkalten der Krematorien von Auschwitz und Dachau und an die Befürchtungen, daraus werde nichts weiter erwachsen als „good-will propaganda for the Germans". Nun sei festzustellen, daß bestimmte Aspekte der deutschen Verhandlungsführung diese Befürchtungen bestätigt hätten. Dazu zähle vor allem die von der deutschen Delegation gleich zu Anfang unmißverständlich getroffene Feststellung, die deutsche Leistungsfähigkeit hänge vom Ergebnis der Londoner Schuldenkonferenz ab. Nur für wenige komme dieser Standpunkt der Deutschen überraschend. Gerade deshalb aber sei zu hoffen, daß bis zur Wiederaufnahme der Gespräche „the Western capitals will remind the Germans that obligations due on a 3-percent bank loan are not to be equated with those arising out of the murder and plunder of a people"[31].

Während der Verhandlungspause in Wassenaar – Bonn hatte gerade angekündigt, eine konkrete Summe anbieten zu wollen – erörterte Jack Raymond am 8. Mai 1952 in einem Hintergrundbericht der *New York Times* Israels Verhandlungsposition. Wie in Beiträgen von Korrespondenten nicht unüblich, gab Raymond unter Berufung auf „hiesige Beobachter" seine Einschätzung der Lage: Jene Deutschen, die zu einem früheren Zeitpunkt aus Entsetzen über die negative Weltmeinung für Zahlungen an Israel eingetreten wären, schienen nun ganz zufrieden über das bei den Westalliierten Erreichte (Deutschlandvertrag, EVG-Projekt, Europarat, Schuman-Plan). Zwei Jahre früher, meinte Raymond, hätte Israel seine Interessen weitaus erfolgreicher durchsetzen können. „At that time Israel might have obtained suitable financial com-

---

[29] Ob und wann aus öffentlicher Meinung, in welcher Form sie sich auch äußert, politisch wirksamer „Druck" wird, vermag eine reine Presseanalyse naturgemäß meist nicht zu entscheiden.

[30] Time vom 21.4.1952, S.31; die Ausgabe vom 31.3.1952, S.31, enthielt eine Notiz über den Verhandlungsbeginn mit der eindeutig wertenden Überschrift: „Payment, But Not Expiation".

[31] The Nation vom 19.4.1952, S.358.

mitments that the Allies might have been prepared to support. As it is, reliable sources disclose, only the United States has displayed more than a casual interest in the subject."[32] Daran anknüpfend sprach Raymond von einer „informal intervention on behalf of Jewish organizations", wodurch die USA bereits eine zufriedenstellende Vorvereinbarung zwischen der Jewish Conference on Material Claims und der Bundesregierung ermöglicht hätten.

Zehn Tage später, am 18. Mai, meldete Raymond Hoffnung für die Wiederaufnahme der Gespräche in Wassenaar: Die Bonner Experten hätten ein neues umfassendes Wiedergutmachungsprogramm ausgearbeitet, das, wie zu hören sei, vielen israelischen Forderungen entgegenkomme. Allerdings bedürfe der Vorschlag noch der Zustimmung des Kanzlers, der ihn bisher nicht kenne. Über die vorgesehene Höhe der Zahlungen hatte Raymond nichts in Erfahrung bringen können[33]. Letzteres hatte, wie sich 48 Stunden später herausstellen sollte, einen einfachen Grund: Der Korrespondent der *New York Times* (und mit ihm das Heer der von der Hektik um den Generalvertrag in Atem gehaltenen Bonner Journalisten) war Desinformationen aufgesessen. Die Tatsache, daß es im Regierungslager seit Tagen heftige Auseinandersetzungen um die vertretbare Höhe der Wiedergutmachungszahlungen gab, daß die deutschen Verhandlungsführer Franz Böhm und Otto Küster bereits unter Protest zurückgetreten waren und daß Adenauer Gefallen gefunden hatte an dem Vorschlag des deutschen Delegationsleiters bei der Londoner Schuldenkonferenz, Hermann Josef Abs, das gerade kreditsuchende Israel für ein Provisorium zu gewinnen, – all das war der Öffentlichkeit verborgen geblieben[34].

Die Berichterstattung der nächsten Tage, als dank der Informationsbereitschaft Böhms, Küsters und „jüdischer Quellen" (Raymond) vieles bekannt wurde, war für Adenauer naturgemäß wenig schmeichelhaft. Hatte Raymond den Kanzler gerade noch gelobt als „sympathetic to virtually any form of restitutions to Israel, for diplomatic reasons in addition to his personal attitude", so zeigten die folgenden Berichte Adenauer eindeutig in der Defensive: „The West German Government was making strong efforts today to assure the world of its intentions to carry out its promise to pay restitutions to Israel and Jewish organizations and at the same time to ward off the possibility that the international conference on Germany's external debts in London would break down. Frightened by the possible consequences to West German prestige, on the verge of winning new sovereignty through a contractual agreement with the Allies, the Adenauer Government appealed to Prof. Franz Boehm of Frankfurt University to withdraw his resignation as chairman of the negotiating committee for restitutions to Israel."[35] Einen Tag später, am 22. Mai, verkündete die *New York Times:* „Adenauer Pledges Offer to Israel"; aufgrund dessen habe Böhm seinen Rücktritt zurückgezogen. Angehängt an den Bericht aus Bonn folgte die Meldung,

---

[32] New York Times vom 8.5. 1952 („Bonn Set to Offer Israel Fixed Sum"); Wolffsohn (Anm. 2), S. 20 f., interpretiert die gesamte Passage sehr stark in Richtung seiner eigenen Argumentation und übersetzt den zuletzt zitierten Satz in Umkehrung seiner Bedeutung: „Jetzt, berichten zuverlässige Quellen, interessieren sich lediglich die Vereinigten Staaten für dieses Thema – und auch dies nur sehr am Rande."

[33] New York Times vom 18.5. 1952 („Bonn Experts Map New Israeli Deal").

[34] Einzelheiten bei Jena, S. 471–475.

[35] New York Times vom 21.5. 1952 („Bonn Asks Top Aide on Israel to Stay").

wonach Israels Außenminister Sharett beim Eintreffen in New York gesagt habe, seine Regierung „would welcome ‚any moral pressure' that would compel the Bonn Government to fulfill its obligations to his nation and people."[36]

Ein Kommentar in der nächsten Ausgabe der *New York Times* nahm Sharetts Worte auf: „This appeal will undoubtedly find a sympathetic response."[37] Grund für den gegenwärtigen Stillstand der Verhandlungen sei das Versäumnis der Bundesregierung, ein konkretes und definitives Zahlungsangebot zu machen. Zwar habe Adenauer nunmehr versprochen, ein solches Angebot vor der für den 19. Juni in Aussicht genommenen Wiederaufnahme der Verhandlungen vorzulegen; aber die israelischen Politiker fürchteten, sofern das Angebot nicht vor der – kurz bevorstehenden – Unterzeichnung des Deutschlandvertrages zustande komme, könne sich Adenauers Versprechen immer noch als illusorisch herausstellen: „For the ‚peace contract' would restore a good deal of German sovereignty, and a sovereign Germany may prove less amenable in this matter than a Germany still under Allied occupation." Zwar bekundete der Kommentar Verständnis für die finanziellen Belastungen der Bundesrepublik und die Bedenken der deutschen Finanzexperten, aber es blieb auch kein Zweifel daran, daß die *New York Times* von der Notwendigkeit einer Politik überzeugt war, deren Verfolgung sie Adenauer mit den Worten zuschrieb, der Kanzler sei bemüht, die Angelegenheit zu regeln, um damit das diplomatische und moralische Prestige Deutschlands als eines Verbündeten des Westens wiederherzustellen (nicht etwa: zu heben).

Auf die eine oder andere Weise – eher freilich in allgemeinen Wendungen als durch besondere Deutlichkeit oder gar in der Form von Drohungen – daran zu erinnern, daß es einen inneren Zusammenhang zwischen ernsthaften deutschen Wiedergutmachungsanstrengungen und Fortschritten auch in der politisch-moralischen „Westintegration" der Bundesrepublik gab, war keine Spezialität der *New York Times*[38]. Entsprechende Töne schwangen in der einschlägigen Berichterstattung und Kommentierung der amerikanischen Presse über den gesamten Zeitraum der Verhandlungen hinweg mit; in der Frühjahrskrise 1952 waren sie besonders deutlich zu vernehmen[39].

---

[36] New York Times vom 22. 5. 1952.

[37] New York Times vom 23. 5. 1952 („Israel's Claim on Bonn").

[38] Über die weitere Entwicklung bis zur Wiederaufnahme der Verhandlungen veröffentlichte die New York Times noch mehrfach ausführliche Berichte Raymonds: „New Bonn Feeler to Israel Spurned" (1. 6.), „Bonn, Jews Reach New Parley Basis" (11. 6.), „Adenauer Cabinet Approves Offer To Settle Israel Restitution Claim" (18. 6. 1952).

[39] Die Zeitschrift New Republic brachte die übergeordnete Bedeutung eines deutsch-israelischen Abkommens nach Wiederaufnahme der Gespräche in Wassenaar noch einmal klar zur Sprache. Unter dem Titel „Germany and the Jews" hieß es in der Ausgabe vom 14. 7. 1952, S. 8 f.: „Settlement of the Israeli claim, and of the $ 500 million claim submitted by the non-Israeli Jews, would do much to put Germany's foreign relations on a healthier level. It would serve as a symbol of acknowledgment that Bonn has a responsibility not to allow unnecessary bitterness to weaken the cause of German democracy."

IV.

Die entscheidenden Weichen für einen Erfolg in der neuen Verhandlungsrunde, die am 24. Juni 1952 in Wassenaar begann, wurden zwei Wochen zuvor in Bonn gestellt. Dort trafen, von der Öffentlichkeit unbemerkt, Adenauer, Böhm, Hallstein und Abs am 10. Juni zu Gesprächen mit Nahum Goldmann, Felix Shinnar und Noah Barou zusammen[40]. Dank einer weitgehenden Verständigung auf das deutsche Angebot, innerhalb von 14 Jahren insgesamt 3,4 bis 3,5 Milliarden Mark zur Verfügung zu stellen, lagen die Grundzüge eines Abkommens seitdem fest. In den folgenden Wochen flossen die Informationen – in der amerikanischen Presse nicht anders als in der deutschen – jedoch nur spärlich. Von Zeit zu Zeit gab es kurze Agenturmeldungen, aber kaum Korrespondentenberichte[41]. Weder wurde über die komplizierten Detailverhandlungen in Wassenaar informiert, noch wurden die Auseinandersetzungen im Bundeskabinett bekannt, wo Finanzminister Schäffer hartnäckigen Widerstand gegen die vorgesehenen Zahlungen leistete. Der Grund für diese relative Ruhe lag wohl darin, daß nun keiner der direkt oder indirekt Beteiligten mehr ein Interesse an besonderer Publizität oder gar an einer Störung der weit fortgeschrittenen Verhandlungen hatte.

Wirkliche Beachtung fand das Thema Wiedergutmachung in der amerikanischen Presse erst wieder anläßlich der Unterzeichnung des Abkommens durch Adenauer und den israelischen Außenminister Sharett in Luxemburg am 10. September 1952. Jetzt allerdings machte es sogar Schlagzeilen: Wie die *New York Herald Tribune,* die den Abdruck auf ihrer Titelseite begann[42], brachten zahlreiche Zeitungen den ausführlichen Bericht von Associated Press, deren Korrespondent zu den wenigen Augenzeugen der „brief and frigid ceremony" gehörte: „With the secrecy of a high-school treasure hunt, correspondents were summoned by early-morning telephone calls to a rendez-vous point which had also been kept secret. West German press officers met the group there and led the newsmen into the city hall just a few minutes before 8 a.m. Dr. Adenauer, Mr. Sharett, Dr. Goldmann and other officials were waiting together in an adjoining room of the municipal building. After reporters and photographers had taken their places in the small salon, the West Germans and Israelis entered by separate doors. (...) Dr. Adenauer and the Germans sat facing the windows on one side of the long oak table, while the Israeli took seats on the other side. Not one word was said. (...) For almost ten minutes the only sound in the room was the scratching of pens[43] and the popping of flash bulbs. At the end, Dr. Adenauer,

---

[40] Vgl. Jena, S. 476 f., und Nicholas Balabkins, West German Reparations to Israel, New Brunswick 1971, S. 134.

[41] Einen etwas größeren und im Hinblick auf das deutsche Angebot recht präzisen Bericht formulierte allerdings der Korrespondent von New York Herald Tribune und St. Louis Post-Dispatch: „West Reich Offers Israel $ 714,000" (Überschrift der Post-Dispatch/Abendausgabe vom 18. 6. 1952).

[42] New York Herald Tribune (European Edition) vom 11.9. 1952; ein Vorbericht bereits in der Ausgabe vom 9.9. 1952. Der Bericht auf der Titelseite der New York Times vom 11.9. 1952 von Daniel Schorr basierte ebenfalls auf Agenturmeldungen.

[43] Die Nachrichtenmagazine Time und Newsweek berichteten in ihren Ausgaben vom 22.9. 1952 (S. 32 bzw. S. 46) jeweils unter der Rubrik „International" von der Vertragsunterzeichnung; eine Geste, die der AP-Korrespondent noch nicht recht zu deuten gewußt hatte, fand in den beiden

Dr. Hallstein, Mr. Sharett and Dr. Goldmann went into s smaller adjoining room for a private talk which lasted about ten minutes. None of the members shook hands in public. Press officers said Dr. Adenauer and Mr. Sharett had shaken hands amiably in the meeting before the signing."

Ungeachtet der massiven inner-israelischen Opposition gegen das Abkommen, auf die in der amerikanischen Berichterstattung deutlich hingewiesen wurde (und die auch Anlaß der Sicherheitsvorkehrungen war), stimmten die Kommentatoren in den nächsten Tagen weitgehend überein: Die Selbstverpflichtung der Bundesrepublik zu finanzieller Wiedergutmachung gegenüber Israel und den Juden sei ein „encouraging sign of growing democracy in West Germany" (*Chicago Sun-Times*) und ein „moral step forward" (*Baltimore Sun*). Lob kam auch von Zeitungen in der Provinz (*Louisville Courier-Journal, Des Moines Register, Richmond Times-Dispatch*), in denen Kommentare zu Auslandsereignissen nicht gerade an der Tagesordnung waren. Aber auch hier fehlte selten jener grundsätzliche Vorbehalt, den die Washington Post in die Worte kleidete, „no amount of formal reparations could ever recompense German Jews – or most peoples of Europe, for that matter – for their suffering at Nazi hands", und zu dem die *Chicago Daily News* bemerkte: „Germans can expiate this only by their behavior over years to come"[44].

Offensichtlich mit Blick auf die jüdischen Kritiker des Vertrages hoben *New York Times* und *New York Herald Tribune* in ihren Kommentaren besonders die Bedeutung hervor, die das Abkommen für die notleidende israelische Volkswirtschaft habe. Darüber hinaus pries die *New York Times* den Vertrag als einen „act of national atonement unique in the annals of international relations (...) As both Foreign Minister Sharett and the West German press agree, no money payment can make up for the dead or heal the wounds the Nazis have inflicted. But by assuming this obligation Western Germany does demonstrate its willingness to redress in so far as it is able the wrongs committed, and Mr. Sharett recognizes this step as both unique and of historic significance because it was undertaken not under duress but in obedience to the call of moral responsibility."[45] Die New *York Herald Tribune* sprach gleichfalls von einem historischen Pakt, ging in der Bewertung zugunsten der Bundesrepublik aber sogar noch einen Schritt weiter: „this agreement does not necessarily mean that bygones are bygones, any more than it raises the dead to life. It does mean, however, that Germany, by acknowledging her moral debt, and by trying to pay it off as best she can through financial outlays, had taken an important stride toward regaining her pre-Hitler status as a respected and responsible nation."[46]

---

knappen Artikeln wohl ihrer Symbolik wegen Erwähnung: Statt des von Hallstein gereichten goldenen Füllfederhalters hatte Sharett seinen eigenen benutzt – angeblich, weil sich der angebotene als ausgetrocknet erwies.

[44] Alle Zitate nach NA, RG 59, Division of Public Studies, Weekly Summary of Opinion on Germany, 16.9. 1952. Wolffsohn (Anm. 2), S. 21, datiert den Kommentar der Chicago Daily News unter Berufung auf Unterlagen des Presse- und Informationsamts der Bundesregierung erst auf den 27.9. 1952 und damit wohl zu spät.

[45] New York Times vom 12.9. 1952 („Germany's Atonement"); ausdrückliche Zustimmung zu der Formulierung Sharetts bekundete auch die Zeitschrift The Nation in einem Editorial ihrer Ausgabe vom 20.9. 1952 („Postscript to a Crime").

[46] New York Herald Tribune (European Edition) vom 17.9. 1952 („Israel and Germany").

Zusätzliche Anerkennung erntete die Bundesrepublik in den nächsten Wochen aufgrund der Standfestigkeit, die Adenauer angesichts des wachsenden Drucks der Arabischen Liga gegen das deutsch-israelische Abkommen bewies. Während Jack Raymond Anfang Oktober in der *New York Times* noch mit Skepsis über das Begehren
von 28 Bundestagsabgeordneten berichtete, der Kanzler möge die arabischen Proteste nicht auf die leichte Schulter nehmen und die Zahlungsmodalitäten überdenken
(der Vorschlag lautete, die Leistungen über die Vereinten Nationen laufen zu lassen),
rühmte ein *Times*-Kommentar sechs Wochen später die feste Haltung der Bundesrepublik[47]. „Adenauer Spurns Threat by Arabs on Israel Pact", lautete zum selben Zeitpunkt die Überschrift eines gemeinsamen Berichts von *New York Herald Tribune* und
St. Louis Post-Dispatch, und letzterer war diese Nachricht sogar einen Kommentar
wert, der auch das bei Vertragsunterzeichnung unkommentiert gebliebene deutsch-
israelische Abkommen pries. Die *Post-Dispatch* wies auf die Exportabhängigkeit und
die bedeutenden Wirtschaftsinteressen der Bundesrepublik im Nahen Osten hin und
folgerte: „Nevertheless we trust that Bonn will put righteousness above profits, that it
will stand by its gesture to Israel."[48]

Anfang Januar 1953, als der Druck der arabischen Staaten nachzulassen begann,
bekundeten führende amerikanische Zeitungen, darunter *New York Times, Washington Post* und *New York Herald Tribune,* noch einmal Respekt für Adenauers Unbeirr-
barkeit, wodurch, wie die *Herald-Tribune* schrieb, auch die von unverantwortlichen
Kräften ausgehende Gefahr für die politische Stabilität im Nahen Osten eingedämmt
werde[49].

Die Ratifizierung des Wiedergutmachungsabkommens durch den Deutschen Bundestag am 18. März 1953 forderte selbst den zurückhaltenden *Christian Science Monitor* zu einem Lob heraus: „This act of good faith and moral responsibility is a fitting
prelude to Germany's reentry into the concert of western nations."[50] *New York Times*
und *New York Herald Tribune* wiesen erneut auf die klare Haltung der Bundesrepublik angesichts der arabischen Boykottdrohung hin, und die *Herald Tribune* meinte,
das Abkommen sei für Israel zwar wirtschaftlich von großer Bedeutung, „but perhaps
it will be of even greater importance in the building of the new Germany, which by
this action takes a great stride along the path that is leading it back into the family of
nations"[51].

Vorderhand waren solche Formulierungen ein uneingeschränktes Lob für die Bundesrepublik. Und doch konnte, wer sich von Komplimenten nicht den Blick verstellen
ließ, bei sorgfältigem Hinsehen erkennen, daß durch das Abkommen in der Tat nichts

---

[47] New York Times vom 5. 10. 1952 („Arabs May Delay Bonn-Israeli Pact") und Kommentar vom
12. 11. 1952 („Reparations and the Arabs").

[48] St. Louis Post-Dispatch vom 13. 11. und Kommentar vom 25. 11. 1952 („Germans, Jews and
Arabs"); skeptischere Stimmen waren jetzt selten, vgl. jedoch den Kommentar in der Zeitschrift
Christian Century vom 26. 11. 1952, S. 1372.

[49] New York Herald Tribune (International Edition) vom 6. 1. 1953 („Arab Pressure on Bonn")
bzw. NA, RG 59, Division of Public Studies, Weekly Summary of Opinion on Germany, 6. 1.
1953.

[50] Zitiert nach NA, RG 59, Division of Public Studies, Weekly Summary of Opinion on Germany,
24. 3. 1953.

[51] New York Times vom 22. 3. („Bonn to Israel") bzw. New York Herald Tribune (International
Edition) vom 26. 3. 1953 („Reparations From Germany").

ungeschehen gemacht, nichts vergeben und nichts vergessen war – genau so, wie von den israelischen Verhandlungsführern aus guten Gründen immer wieder betont. Die öffentliche Meinung Amerikas zeigte sich durch den deutsch-israelischen Vertrag beeindruckt, aber nicht betört. Aus Lob für konkrete Aspekte deutscher Gegenwartspolitik erwuchsen keine Ansprüche auf allgemeine Nachsicht gegenüber der deutschen Vergangenheit. Nicht einmal als pauschaler Bonus für die Bundesrepublik durfte die Anerkennung der Wiedergutmachungspolitik so ohne weiteres verstanden werden: Die amerikanische Presse wußte sehr wohl zu differenzieren, und ebenso wie Zeichen deutscher „Arroganz"[52] aufgrund des Wirtschaftsbooms wurden bedenkliche Entwicklungen in der bundesdeutschen Gesellschaft weiterhin beim Namen genannt.

Wenn das New Yorker Massenblatt *World Telegram & Sun* kurz vor Ratifizierung des Wiedergutmachungsabkommens eine fünfteilige, groß aufgemachte Serie über Antisemitismus in Westdeutschland brachte[53], so steckte dahinter vermutlich keine besondere Strategie, aber es war auch weder reiner Zufall noch absolute Ausnahme. Als Indiz dafür kann die Artikelfolge „Germany at the Crossroads" gelten, mit der der seriöse *Christian Science Monitor* im August/September 1953 aufwartete. Mehrere der neun Beiträge beschäftigten sich – aus amerikanischer Perspektive ganz selbstverständlich – mit den Gefahren einer „Renazifizierung" und dem wiedererwachenden Antisemitismus in der Bundesrepublik[54].

Als das Nachrichtenmagazin *Time* Konrad Adenauer zu Jahresende 1953 zum „Man of the Year" erkor (Motto: „In the council of the great powers, a new member"), war das Anlaß für eine in der amerikanischen Presse beispiellose Eloge[55]. In geradezu hymnischen Worten schilderte der große Bericht die Erfolge des Kanzlers seit 1949. Das Wiedergutmachungsabkommen mit Israel blieb bezeichnenderweise unerwähnt: Die Linderung der Folgen des millionenfachen Verbrechens an den europäischen Juden war, so weit Geld hier etwas vermochte, auf den Weg gebracht; im Lobpreis auf den deutschen Bundeskanzler wie in der Tagespolitik mußte darüber nicht länger gesprochen werden. „Atonement" war Voraussetzung und Ausgangspunkt einer über Politik und Wirtschaft hinausreichenden, auch „moralischen Integration" Deutschlands in den Westen; aber diese war keine Sache von wenigen Jahren, sie mußte wachsen. Drei Jahrzehnte später sollten die Proteststürme um „Bitburg" zeigen, daß die seinerzeitige Bereitschaft der amerikanischen Öffentlichkeit, den deutschen Willen zu einem neuen Anfang anzuerkennen, nicht gleichzusetzen war – und ist – mit historischer Vergeßlichkeit.

Eine Untersuchung zur öffentlichen Meinung, selbst wenn sie ihren zeitlichen und thematischen Gegenstandsbereich nicht zu eng definiert, wird in ihren Schlußfolgerungen immer anfechtbar bleiben. Strukturelle, methodische und nicht zuletzt arbeitsökonomische Probleme machen die Absicherung ihrer Ergebnisse in einer Weise, wie

---

[52] New York Times vom 2. 11. 1952 („Western Germany in Economic Boom; it Worries Others").

[53] World Telegram & Sun vom 24.–28. 2. 1953; im dritten Teil der Serie schilderte Autor R. H. Shackford die antisemitische Propaganda rechtsextremer Gruppen und Blätter, die durch das zur Ratifizierung anstehende Wiedergutmachungsabkommen neue Nahrung bekommen habe.

[54] Christian Science Monitor vom 11. 8.–5. 9. 1953.

[55] Time vom 4. 1. 1954, S. 18–22.

sie etwa für die Studie eines diplomatischen Prozesses durch umfassende Quellenana-
lyse erreichbar ist, unmöglich. Schon aus diesen Gründen muß die Gewißheit erstaunen, mit der Michael Wolffsohn die angebliche „Legende" von der Bedeutung der
öffentlichen Meinung und eines von ihr ausgehenden Erwartungsdruckes in der
Frage der Wiedergutmachung widerlegt zu haben meint. Darüber hinaus dürfte im
Verlauf dieser Darstellung deutlich geworden sein, daß es nicht angemessen ist, im
Hinblick auf die – auch von Wolffsohn als besonders wichtig erachtete – Presse der
USA zu bilanzieren: „*Lob* und *kein Druck auf Bonn* – das ist der Tenor der amerika-
nischen Presse insgesamt geblieben."[56]

Vielmehr ist vor dem Hintergrund einer insgesamt keineswegs unkritischen
Deutschlandberichterstattung in den Jahren 1951 bis 1953 festzustellen, daß für die
Bereitschaft der amerikanischen Medien, die politische Westintegration der Bundesrepublik mitzutragen, das deutsche Wiedergutmachungsangebot an Israel von erheblicher Bedeutung gewesen ist. Der freundlichen Aufnahme, die Adenauers Offerte
vom September 1951 fand, folgte in der Verhandlungskrise des Frühjahrs 1952 kritische Aufmerksamkeit, und die bei Abschluß des Vertrags bzw. anläßlich seiner Ratifizierung durch den Deutschen Bundestag bekundete Genugtuung ließ keinen Zweifel,
daß die Bundesrepublik aus amerikanischer Perspektive gut daran getan hatte, den
Weg der finanziellen Wiedergutmachung zu gehen. Ohne das Angebot zum Abschluß
eines Wiedergutmachungsabkommens und erst recht bei einem Scheitern der Verhandlungen, so muß angenommen werden, wäre die amerikanische Presse gegenüber
weiteren Anstrengungen zur Westintegration der Bundesrepublik zweifellos skepti-
scher gewesen. Gewiß stand es nicht in der Macht der Medien, diesen seit Jahren eingeleiteten Prozeß zu stoppen oder gar rückgängig zu machen, aber für die relative
Reibungslosigkeit seines Ablaufs war das Wohlwollen der öffentlichen Meinung in
den USA von hohem Nutzen.

---

[56] Wolffsohn (Anm. 2), S. 22, Hervorhebungen im Original.

Karl Heßdörfer

Die Entschädigungspraxis im Spannungsfeld von Gesetz, Justiz und NS-Opfern

„Die Praxis freilich war kein moralisches Ruhmesstück. Verfolgte wurden zu Bittstellern, zu Unglaubwürdigen, zu Unwürdigen erniedrigt. Viele gingen leer aus." Diese bittere Bilanz zieht Dörte v. Westernhagen in der „Zeit"[1]. Die Fraktion der Grünen meint, das Bundesentschädigungsgesetz habe „zu neuen Diskriminierungen und zu neuen Leiden der Überlebenden geführt"[2]. Es ist auch schon das böse Wort gefallen, die Wiedergutmachung sei eine zweite Verfolgung gewesen[3]. Anders sieht das natürlich die Bundesregierung in ihrem Bericht vom 31. Oktober 1986[4]: die Wiedergutmachung sei insgesamt gesehen eine historisch einzigartige Leistung.

Die umfangreiche Literatur zu diesem Thema[5] zeigt eine starke Polarisierung. Wer die Wiedergutmachung von außen – aus der Sicht der Opfer – sieht (Journalisten, Anwälte, Oppositionspolitiker), neigt eher zu Kritik, wer von „innen" kommt (Beamte, Richter, Regierungspolitiker), zu freundlichem Verständnis. Nur die „großen alten Männer" der Wiedergutmachung, Walter Schwarz und Otto Küster, passen nicht in dieses Schema. Der Verfasser dieses Aufsatzes kennt zwar aus seiner Arbeit die Praxis von innen, er möchte aber nicht „eingeordnet" werden, denn er fühlt sich zu offizieller Milde nicht verpflichtet und ist der Mahnung Küsters eingedenk: Der

---

[1] Dörte v. Westernhagen, Wiedergutgemacht?, in: „Die Zeit", 5.10.1984, S.33; Replik von Walter Schwarz, in: „Die Zeit", 26.10.1984, S.40.

[2] Antrag der Abgeordneten Ströbele, Vogel (München) u.d. Fraktion DIE GRÜNEN v. 27.6. 1986, Gesetzentwurf zur Regelung einer angemessenen Versorgung für alle Opfer nationalsozialistischer Verfolgung in der Zeit von 1933 bis 1945, Deutscher Bundestag, Drucksache 10/5796.

[3] Vgl. Hearing im Innenausschuß des Deutschen Bundestages am 24.6.1987, Protokoll Nr.7.

[4] Vgl. Bericht der Bundesregierung über Wiedergutmachung und Entschädigung für nationalsozialistisches Unrecht sowie über die Lage der Sinti, Roma und verwandter Gruppen vom 31.10. 1986, Deutscher Bundestag, Drucksache 10/6287.

[5] Vgl. etwa Walter Schwarz, Schlußbetrachtung zum Gesamtwerk. Zugleich Nachtrag zu Bd.6, München 1985 (= Die Wiedergutmachung nationalsozialistischen Unrechts durch die Bundesrepublik Deutschland, hrsg. v. Bundesminister der Finanzen in Zusammenarbeit mit Walter Schwarz); ders., Gesetz und Wirklichkeit. Betrachtungen zur Wiedergutmachung im Spiegel von Praxis und Rechtsprechung. Vortrag gehalten am 12. November 1958, o.O. 1958; Hartmut Steinbach, Sinnerfüllung der Wiedergutmachung. Eine kritische Würdigung des Wiedergutmachungsverfahrens für Schäden an Körper und Gesundheit, in: Rechtsprechung zum Wiedergutmachungsrecht (= RzW) 24 (1973), S.81–86; Walter Schwarz, Spielregeln, RzW 24 (1973), S.441–444; Otto Küster, Höchstrichterliche Rechtsprechung zum Wiedergutmachungsrecht, RzW 22 (1981), S.97–104; Hermann Zorn, Die Entschädigungsrechtsprechung des Bundesgerichtshofs im Spiegelbild der RzW, RzW 22 (1981), S.104–106; Deutscher Bundestag, Innenausschuß: Ausschußdrucksache 11/8 vom 15.6.1987.

Ton der Selbstzufriedenheit möge verschwinden[6]. Er maßt sich auch nicht an, „die" Entschädigungspraxis in ihrer ganzen Vielgestaltigkeit beurteilen zu können, zumal er nur die Schlußphase in Bayern miterlebt hat.

Die Anfänge (1945 bis 1952)

Nach der Kapitulation des Deutschen Reiches mußten die aus den Lagern befreiten Opfer medizinisch und sozial betreut werden. Soweit die Betreuungsstellen staatlich waren, bildeten sie meist den Grundstock für die späteren Entschädigungsämter. Entschädigung und Betreuung waren anfangs nicht voneinander abgrenzbar[7].

In den ersten Nachkriegsjahren bestand das Personal der Entschädigungsämter zu einem großen Teil – in Bayern überwiegend – aus Menschen, die selbst verfolgt worden waren. Die verfolgten Mitarbeiter, die den Stil der Verwaltung bestimmten, kamen aus den verschiedensten Berufen, die wenigsten hatten Behördenerfahrung. Vorschriftenkenntnis war in dieser Phase auch weniger wichtig als Hilfsbereitschaft und Organisationstalent. Wer sich zur Arbeit in den Entschädigungsämtern hingezogen fühlte, mußte ein Idealist sein, denn die Arbeitsbedingungen waren schlecht. Vor den Türen der Ämter drängten sich oft viele hundert Menschen, die dringend Hilfe brauchten und diese auch „sofort" von der Behörde erwarteten. In Bayern mußte häufig die Polizei ausrücken, um den Ansturm in Grenzen zu halten.

Es ist später in Vergessenheit geraten, daß es damals in den Ämtern nicht an Einfühlungsvermögen, Engagement und Hilfsbereitschaft gefehlt hat; was fehlte, waren die finanziellen Mittel für eine schnelle Hilfe.

Die Stimmung in der Bevölkerung war damals den Entschädigungsbehörden gegenüber sicher nicht positiv. Abgesehen davon, daß viele Menschen wegen ihrer Schuldgefühle den Opfern gegenüber von Vergangenheitsbewältigung und Wiedergutmachung am liebsten nichts hören wollten, haben sich folgende Themen negativ ausgewirkt: die falschen Haftbescheinigungen, die „Macher", die „Affäre Auerbach" in Bayern.

In der Anfangsphase der Entschädigung ist es relativ oft vorgekommen, daß NS-Opfer falsche Bestätigungen von Mithäftlingen über Lager- oder Ghettoaufenthalte vorlegten. Der schlechte Eindruck, der dadurch in der Öffentlichkeit entstanden ist, bedarf einer Korrektur: man darf nämlich nicht vergessen, daß die Opfer damals in Beweisnot waren und – vor allem in Polen – oft kein essentieller Unterschied bestand zwischen dem zu Unrecht angegebenen und dem tatsächlich erlittenen Verfolgungsschicksal. Die falschen Haftbescheinigungen haben aber bewirkt, daß in der Verwaltung Mißtrauen entstand.

Mit Rechtsbeiständen aus dem Kreis der Verfolgten, die sich auf die Wiedergutma-

---

[6] Otto Küster, Die Druckstellen, in: RzW 18 (1967), S. 584.
[7] Vgl. Ernst Féaux de la Croix, Vom Unrecht zur Entschädigung: Der Weg des Entschädigungsrechts, in: ders. u. Helmut Rumpf, Der Werdegang des Entschädigungsrechts unter national- und völkerrechtlichem und politologischem Aspekt, München 1985 (= Die Wiedergutmachung nationalsozialistischen Unrechts durch die Bundesrepublik Deutschland, Bd. 3, hrsg. v. Bundesminister der Finanzen in Zusammenarbeit mit Walter Schwarz), S. 16; Marita Krauss, Verfolgtenbetreuung und Wiedergutmachung am Beispiel von München und Oberbayern (1945 bis 1952), erscheint demnächst in der Zeitschrift für bayerische Landesgeschichte.

chung spezialisiert hatten, sogenannten „Machern", haben Verwaltung und Opfer nicht immer gute Erfahrungen gemacht. Es gab unter ihnen einige unseriöse, die übermäßige Erfolgshonorare verlangten, Entschädigungsgelder an Mandanten nicht weitergaben oder Verwaltungsangehörige zu bestechen versuchten. In Israel wurden deshalb Erfolgshonorare durch Gesetz auf maximal 15 Prozent begrenzt[8].

In Bayern war die Zeit von 1946 bis 1951 von der starken Persönlichkeit Philipp Auerbachs geprägt[9]. Als Staatskommissar für die Verfolgten und Präsident des Landesentschädigungsamtes hatte er großes politisches Gewicht, bildete gleichsam einen Staat im Staate. Er war ein cholerisches Temperament, ein „Mann mit Eigenschaften": machtgierig, narzistisch, selbstherrlich, aber auch hilfsbereit, gutmütig und selbstlos. Bei seinen Mitarbeitern (auch den nichtjüdischen) war er sehr beliebt. Vorschriften jeder Art verachtete er, sein Verwaltungsstil hatte einen Zug ins Chaotische. Auerbach scheiterte daran, daß er die Grenze zwischen unbürokratischem und unkorrektem Handeln nicht wahrnehmen konnte. Anfang 1951 wurde er zusammen mit einigen Mitarbeitern in Untersuchungshaft genommen; das Amt war monatelang von der Kriminalpolizei besetzt. Einen Tag nach seiner Verurteilung im August 1952[10] beging er Selbstmord. Die Affäre Auerbach hat die Verwaltung so schockiert, daß sie mit einer Art Kontrollzwang reagierte.

Schon 1949 wurde der Grund für die überflüssige Kompliziertheit des Entschädigungsrechts und seine (gutgemeinte, aber in der bürokratischen Ausgestaltung verfehlte) Verzahnung mit dem Beamtenrecht gelegt. Damals trat in den süddeutschen Ländern das Entschädigungsgesetz der amerikanischen Besatzungszone (USEG)[11] in Kraft. Auf dieses Gesetz geht die bis heute nicht erhöhte recht geringe Haftentschädigung von 150 DM pro Monat Lager- oder Ghettohaft zurück (zum Vergleich: Kriegsheimkehrer erhielten für jeden Monat Gefangenschaft 30 DM, für unschuldig erlittene Untersuchungshaft zahlt der Staat heute mindestens 300 DM monatlich). In den frühen fünfziger Jahren waren die Entschädigungsämter hauptsächlich damit beschäftigt, die Freiheitsschäden abzuwickeln. Das Gros der Verfolgten kam also wenigstens in den Genuß der Haftentschädigung, bevor die Geldentwertung sich verstärkte.

Die Länderverwaltung ab 1953

Das erste Entschädigungsgesetz des Bundes trat am 1. Oktober 1953 in Kraft. Es trägt den etwas irreführenden Titel „Bundesergänzungsgesetz" und war eine noch nicht ganz ausgereifte „Frühgeburt". Die Regierung hatte den Entwurf in großer Hast konzipiert und der Gesetzgeber ihn (in Kenntnis seiner Unvollkommenheit) im Eiltempo verabschiedet[12].

---

[8] Otto Küster, Umschau, in: RzW 8 (1957), S. 258.
[9] Vgl. Erich Lüth, „Mein Freund Auerbach", in: Hans Lamm, Von Juden in München, München 1958, S. 364–368; Krauss, Verfolgtenbetreuung und Wiedergutmachung; siehe auch den Beitrag von Constantin Goschler in diesem Band.
[10] Vgl. Urteil des Landgerichts München I vom 14. 8. 1952, Prozeß gegen Auerbach und drei Andere, Staatsanwaltschaft München I, 2 KLs 1/52.
[11] Gesetz zur Wiedergutmachung nationalsozialistischen Unrechts (Entschädigungsgesetz) vom 12. 8. 1949, Bayerisches Gesetz- und Verordnungsblatt (BayGVBl.) 1949, S. 195–204.
[12] Vgl. Féaux de la Croix/Rumpf, Der Werdegang des Entschädigungsrechts, S. 73–84.

Die Bundesländer haben das Entschädigungsgesetz „als eigene Angelegenheit" (Art. 84 Grundgesetz) auszuführen; das ist keine Selbstverständlichkeit, denn die vergleichbare Materie des Lastenausgleichs wird in Bundesverwaltung abgewickelt. Walter Schwarz attestiert den Ländern wenig Verständnis für die politische Bedeutung der Wiedergutmachung und „einen Hauch von Provinzialismus"[13].

Die einzelnen Bundesländer haben die Entschädigungsverwaltung recht unterschiedlich organisiert, das gilt sowohl für die Behördenstruktur (zwischen einem und 7 Ämtern pro Land) wie auch für die Ressortzugehörigkeit. Vier Länder haben ihre Entschädigungsämter dem Finanzminister unterstellt, drei dem Innenminister, drei dem Arbeits- oder Sozialminister und eines dem Justizminister[14]. Man wird Gnirs[15] zustimmen müssen, daß das jeweilige Ressortdenken, der unterschiedliche „Geist des Hauses" für die nicht einheitliche Entschädigungspraxis mitverantwortlich war. Daran konnten auch die Koordinierungsbemühungen auf der Ministerialebene nicht viel ändern.

Leider hatten die Entschädigungsbehörden untereinander keine ständigen Kontakte (ausgenommen die leitenden Ärzte). Offenbar waren den Ministerien aus Furcht vor Kontrollverlust solche Kontakte unerwünscht. Zweifellos hätten manche Sachfragen in Gesprächen auf der unteren Ebene schneller und praxisnäher gelöst werden können.

Es ist oft beklagt worden, daß die Federführung für die Wiedergutmachung (außer für den Bereich öffentlicher Dienst) beim Bundesminister der Finanzen lag. Von einem „Haushaltsministerium" erwartet man mit Recht Sparsamkeit als oberste Tugend. In der Tat hat das Bundesfinanzministerium in vielen Fragen eine restriktive Haltung eingenommen[16]. Ob ein anderes Bundesressort großzügiger hätte sein können, muß trotzdem offen bleiben, weil alle Fachressorts ihre politischen Vorstellungen nur mit Zustimmung des Bundesfinanzministeriums in die Tat umsetzen können.

In den frühen fünfziger Jahren haben die Länder ihre Entschädigungsbehörden personell wesentlich verstärkt: 1960 waren im Bundesgebiet 4534 Menschen mit dieser Arbeit beschäftigt[17]. Nur wer weiß, mit welcher Zähigkeit beim Staat um jede Planstelle gerungen werden muß, kann diese Leistung würdigen. Niemand hatte damals eine Vorstellung, wie lange die Arbeit in der Entschädigung dauern werde; Beamte wurden manchmal nur für drei bis vier Jahre abgeordnet.

---

[13] Walter Schwarz, Eine historisch-politische Betrachtung, Vortrag 1979 in Bonn.
[14] Vgl. Hugo Finke, Otto Gnirs, Gerhard Kraus u. Adolf Peutz, Entschädigungsverfahren und sondergesetzliche Entschädigungsregelungen, München 1987 (= Die Wiedergutmachung nationalsozialistischen Unrechts durch die Bundesrepublik Deutschland, Bd. 6, hrsg. v. Bundesminister der Finanzen in Zusammenarbeit mit Walter Schwarz), S. 6–9.
[15] Vgl. ebd., S. 9.
[16] Beispiele:
– Nicht ausreichende Anpassung der Mindestrenten bis zur Entscheidung des Bundesgerichtshofs vom 29. 1. 1976, IX ZR 117/74 (Düsseldorf), vgl. RzW 27 (1976), S. 116; dazu Hans Raff, Angemessene Erhöhung der Mindestrenten?, in: RzW 29 (1978), S. 202
– Nichtanpassung der Kürzungspauschalen nach § 15a, 2. DV-BEG; dazu H. Raff, Einkommenssteigerung und Rentenhundertsatz, in: RzW 27 (1976), S. 165–171
– Wiedergutmachung bei Sterilisationen nach dem Erbgesundheitsgesetz; dazu Dokumentation im Petitionsausschuß des Deutschen Bundestages, Az.: Pet 2-10-08-250-10 134.
[17] Vgl. Finke usw., Entschädigungsverfahren und sondergesetzliche Entschädigungsregelungen, S. 7.

Nach dem Bundesergänzungsgesetz 1953 sollte die Entschädigung innerhalb von knapp 10 Jahren (bis 31. März 1963) abgeschlossen sein[18]. 1958 schrieb Walter Schwarz[19], es sei „eine billige Prophezeiung, daß am 31.3. 1963 alle Beteiligten eine böse Überraschung erleben werden". In der Tat ist es den Ländern trotz großer Anstrengungen nicht gelungen, die Entschädigung zu diesem Termin ganz abzuschließen. Immerhin waren von den damals geltend gemachten Ansprüchen (fast 3 Millionen) am 31. März 1963 81 Prozent erledigt.

Das BEG-Schlußgesetz von 1965 hat neue Ansprüche eröffnet und deshalb das Abschlußziel bis 31. Dezember 1969 verlängert. Obwohl als Folge dieses Gesetzes über eine Million neue Ansprüche angemeldet wurden, hat es die Verwaltung geschafft, bis Ende 1969 95 Prozent der Ansprüche (fast 4,2 Millionen) abzuschließen. Drei Jahre später, also Ende 1972, waren nur noch 1,7 Prozent offen, die Entschädigung also so gut wie abgeschlossen. Diese Zahlen beweisen, daß die Verwaltung quantitativ ihr Soll erfüllt hat.

Das bereits erwähnte „Auerbach-Trauma" hat – wohl nicht nur in Bayern – den Verwaltungsstil verändert. Eigenwillige und unorthodoxe Entscheidungen waren nicht mehr gefragt, der korrekte Beamte prägte jetzt das Erscheinungsbild. Den Mitarbeitern aus der Auerbach-Ära begegnete man eher mißtrauisch. In Bayern mußten alle Bescheide von Juristen geprüft werden, oft zwei- oder dreimal, jahrelang sogar zusätzlich von einer anderen Behörde. Diese Phase der Überängstlichkeit normalisierte sich wieder Ende der fünfziger Jahre.

Die Koordinierung

In der Anfangsphase der Wiedergutmachung (bis 1953) waren die jeweiligen Koordinierungsstellen gleichzeitig Motor der Wiedergutmachungspolitik. Zwei sehr gegensätzliche Männer der Verwaltung, verbunden nur durch Leidenschaftlichkeit, Philipp Auerbach und Otto Küster, haben für eine gerechte Wiedergutmachung gekämpft.

Auerbach leitete 1950 das interministerielle Koordinierungsbüro in München[20]. Er hatte dort einige spektakuläre Auftritte, wollte und konnte aber die juristische Kleinarbeit, die seinem Wesen fremd war, nicht leisten. Den Vertretern der anderen Bundesländer war Auerbach suspekt, es kam bald zu Spannungen.

Nach Auerbachs Sturz 1951 wurde das Koordinierungsbüro umgestaltet[21]. Otto Küster, Staatsbeauftragter des Landes Württemberg-Baden für die Wiedergutmachung und Leiter der Konferenz, war in dieser Zeit der herausragende Exponent der deutschen Wiedergutmachungsarbeit[22]. Schon Mitte 1951 hatte Otto Küster dem Bundeskanzler eine Denkschrift vorgelegt, die ein Gesamtkonzept der Wiedergutmachung enthielt[23]. Erstaunlicherweise hielt er damals (anfangs in Übereinstimmung mit der Bundesregierung) eine landesrechtliche Regelung der Wiedergutmachung für

[18] Vgl. § 169, Abs. 1, Bundesentschädigungsgesetz (BEG) v. 29. 6. 1956, Bundesgesetzblatt, S. 587.
[19] Sagittarius (d. i. Walter Schwarz), Bund und Länder, in: RzW 9 (1958), S. 385.
[20] Vgl. Féaux de la Croix, Weg des Entschädigungsrechts, S. 43.
[21] Vgl. ebd., S. 51.
[22] Vgl. ebd., S. 54.
[23] Vgl. ebd., S. 61.

möglich. Küster war stets ein Unbequemer: da er Halbherzigkeit verachtete und das offene Wort liebte, konnten Schwierigkeiten mit der Bundesregierung und seiner Landesregierung nicht ausbleiben. Viel zu früh (August 1954) mußte er aus seinem Amt ausscheiden.

Seit Ende 1953 obliegt die Koordinierung der Entschädigung den Wiedergutmachungsreferenten der Länder. Dieses Beamtengremium hatte nie den Ehrgeiz, Entschädigungspolitik zu machen. An den Sitzungen, die anfangs etwa vierteljährlich stattfanden, nimmt auch das Bundesfinanzministerium teil, es hat jedoch kein Stimmrecht.

In den ersten Jahren nach Inkrafttreten der Entschädigungsgesetze traten viele Zweifelsfragen auf, die die Länderreferenten nur zum Teil selbst gelöst haben. In heiklen Fällen überließ die Konferenz oft die Entscheidung den Gerichten. Diese übervorsichtige Haltung ist oft bedauert worden, weil sie zur Folge hatte, daß bestimmte Fallgruppen jahrelang nicht erledigt werden konnten. Otto Küster zitierte in diesem Zusammenhang den Alten Fritz, der gesagt haben soll: „In solchen Kriegsräten behält allemal die timidere Partey die Oberhand"[24]. Die Konferenz hat sich zweifellos bemüht, die Rechtsprobleme, die sie nicht den Gerichten überlassen hat, ohne fiskalische Engherzigkeit nach bestem Gewissen zu entscheiden. Großzügigkeit bewies sie beispielsweise in der historisch oft schwierigen Frage, inwieweit die Judenverfolgung durch ausländische Staaten auf deutsche Veranlassung zurückging.

Walter Schwarz[25] und andere fürchteten, die Konferenz könne ihre Koordinierungsaufgabe nicht voll erfüllen, weil Mehrheitsbeschlüsse die Minderheit nicht binden. Dieses Problem jeder föderativen Ordnung hat vereinzelt zu Schwierigkeiten geführt, spielte aber in der Praxis keine allzu große Rolle, weil Uneinigkeit unter den Ländern selten war und die überstimmten Länder sich manchmal doch noch der Mehrheitsmeinung anschlossen. Die aufgetretenen Koordinierungsmängel (z.B. in der Frage der Zwangssterilisation) können ihre Ursache auch darin haben, daß bestimmte Probleme überhaupt nicht erörtert wurden – die Ministerien waren ja auf Vorschläge der Ämter angewiesen – oder daß die Beschlußfassung nicht eindeutig genug war.

Der Bundesregierung wurde vorgeworfen, sie habe bei der Koordinierung der Wiedergutmachung versagt und von ihren verfassungsmäßigen Rechten keinen Gebrauch gemacht[26]. Die rechtliche Stellung der Bundesregierung den Ländern gegenüber war allerdings sehr schwach, weil die Regierung niemals eine Chance hatte, die Instrumente der Bundesaufsicht nach Art. 84 Grundgesetz (z.B. Allgemeine Verwaltungsvorschriften) anzuwenden. Dazu wäre die Zustimmung des Bundesrates notwendig gewesen. Da die Länderreferenten stets einmütig der Meinung waren, ein Tätigwerden des Bundes sei überflüssig, hätte der Bundesrat mit Sicherheit seine Zustimmung verweigert.

Erst ab 1970 wären die Probleme der Bundesaufsicht leicht lösbar gewesen, denn damals ging – fast unbemerkt – die ländereigene Verwaltung automatisch in Bundesauftragsverwaltung über (Art. 104 a Abs. 3 Grundgesetz). Den zögernden Versuch des

---

[24] Otto Küster, Umschau, in: RzW 8 (1957), S. 175.
[25] Vgl. Sagittarius, Bund und Länder, S. 385.
[26] Vgl. Otto Küster, Umschau, in: RzW 8 (1957), S. 175–177; Küster, Druckstellen, S. 583.

Bundes, aus dieser Rechtslage Konsequenzen zu ziehen, haben die Länder abwehren können[27]; es blieb alles beim alten.

Fast wichtiger als die Referentenkonferenz war für die Einheit der Verwaltung die Zeitschrift „Rechtsprechung zur Wiedergutmachung", die die Praxis von 1949 bis 1981 begleitete. Sie enthielt alle wichtigen Urteile und einen lebendigen, kritischen Aufsatzteil. Seele des Unternehmens war Walter Schwarz, der in seiner noblen Art kritisierte, aber auch ermunterte. Wenn Walter Schwarz glaubte, er habe „in den Wind gesprochen"[28], so irrt er. Seine Glossen wurden nicht nur gern gelesen, sie haben auch gewirkt.

Die Entschädigungsbürokratie

Abgesehen von den „wilden Jahren" der Frühphase unterschieden sich die Entschädigungsämter nur unwesentlich von anderen Behörden herkömmlicher Art. Wenn einzelne Verfolgte behaupteten, die Ämter seien „schlimmer als Gestapo und SS zusammen", dann war das meist der Ausdruck spontaner Wut über einen Ablehnungsbescheid. Die Behördenleiter, die oft selbst Verfolgte waren, haben in aller Regel dafür gesorgt, daß Beamte mit NS-Vergangenheit von den Entschädigungsämtern ferngehalten wurden. Da solche Mitarbeiter Angriffsflächen geboten hätten, war das schon ein Gebot der Verwaltungsklugheit.

Die Zahl der Verfolgten in der Entschädigungsverwaltung ging allerdings kontinuierlich zurück (1967 sollen es nur noch rund 200 gewesen sein)[29]. Zu ihnen gehörte auch Innensenator Lipschitz, jüngster „Innenminister" der Bundesrepublik, dessen legendäre Hilfsbereitschaft die Entschädigungspraxis in Berlin prägte. Leider starb er schon 1961 mit 43 Jahren[30].

Wie ist es möglich, daß die Entscheidungen einer „normalen" Bürokratie von vielen Opfern als kalt, herzlos, ja grausam empfunden wurden? Sicher gab es in den Entschädigungsämtern abgestumpfte und gleichgültige Mitarbeiter, aber die meisten waren keine „unbeseelten Wesen", viele waren erschüttert von den Verfolgungsschicksalen, die sie täglich lesen mußten, einzelne haben sich ihrer Tränen nicht geschämt. In den amtlichen Entscheidungen findet dies aber kaum Niederschlag: der Gesetzgeber hat den Ämtern in der Regel keinen Ermessensspielraum eingeräumt, sie mußten Ablehnungsbescheide erlassen, die nach gängiger Praxis nicht einmal das Wörtchen „leider" enthalten durften.

Jeanette Lander schreibt einmal, Auschwitz sei ermöglicht worden „durch das gehorsame Einhalten von Zuständigkeitsgrenzen, das ordnungsgemäße und exakte Ableisten von Dienstaufgaben innerhalb eines vorgegebenen Bereiches ohne die Frage

---

[27] Vgl. Finke usw., Entschädigungsverfahren und sondergesetzliche Entschädigungsregelungen, S. 13.

[28] Walter Schwarz: „In den Wind gesprochen", München 1969.

[29] Vgl. Finke usw., Entschädigungsverfahren und sondergesetzliche Entschädigungsregelungen, S. 7.

[30] Vgl. Walter Schwarz, Zum Gedenken an Senator Joachim Lipschitz, in: RzW 18 (1962), S. 58 f.; Walter Schwarz, Späte Frucht, Hamburg 1981, S. 133.

zu stellen nach Ursprung, Ziel und Sinn der Aufgabe"[31]. Der Ordnungssinn der deutschen Beamtenschaft, sonst gewiß ein Vorzug, mußte bei Menschen, die in deutschen Lagern gelitten hatten, böse Erinnerungen wachrufen. Die Bewacher waren ja nicht immer Sadisten, sondern oft nur exakte Befehlsausführer, die meinten, „anständig geblieben" zu sein, wie Heinrich Himmler das nannte[32].

Viele Mißverständnisse sind in der täglichen Praxis auch dadurch entstanden, daß es bei der Frage nach den Verfolgungsgründen (§ 1 BEG) auf die Motive der Verfolger ankam. Der Gesetzgeber hat der Verwaltung zugemutet, im braunen Unrat zu wühlen, um die Gedankengänge der Verfolger festzustellen. Man darf sich nicht wundern, wenn dann die Behörden mit diesem Geist identifiziert wurden.

Die Arbeit an der Wiedergutmachung hätte ein Maß an Einfühlungsvermögen gefordert, das eine große Verwaltungsmaschinerie nicht aufbringen konnte. „Flexibilität, Zügigkeit, Großzügigkeit und Phantasie sind Worte, die im Vokabular der Bürokratie nicht vorkommen", schreibt Walter Schwarz[33]. Auch die Beamtentugenden, die Guardini fordert[34], „Wachheit des Geistes, Verantwortung des Gewissens, Noblesse des Herzens", stehen bei der Beamtenausbildung nicht auf dem Stundenplan. Gelehrt wird Vorschriftenkenntnis und die Kunst des Subsumierens. Nach Sinn und Gerechtigkeit zu fragen ist unstatthaft, weil Sache des Gesetzgebers. Auch wenn keine „furchtbaren Juristen" am Werke sind, können manche Entscheidungen furchtbar sein.

Das Verhältnis zwischen Opfern und Bürokratie hat manche Ähnlichkeit mit einer gestörten familiären Kommunikation: die eine Seite ist verletzt, verbittert, deprimiert, manchmal aggressiv; die andere versteht überhaupt nicht warum, sie hat doch stets nur das Beste gewollt, war immer korrekt und geduldig. Was auf der verbalen Ebene geschieht, ist eben nicht das Entscheidende: es sind die alten Wunden, die noch bluten.

Gesetzgebung und Verwaltung

Die Experten sind sich darüber einig, daß die Wiedergutmachungsgesetzgebung kein großer Wurf geworden ist; am besten schneiden noch die Rückerstattungsgesetze ab[35]. Auch andere Kriegsfolgengesetze (Kriegsopferversorgung und Lastenausgleich) sind undurchschaubar kompliziert.

Ein Laie, der auf die Idee käme, sich anhand des Bundesentschädigungsgesetzes über seine Rechte informieren zu wollen, müßte scheitern. Der Gesetzgeber hat seinen Willen oft in überflüssig komplizierten, quälend verklausulierten, ja verschrobenen Bestimmungen ausgedrückt. So braucht der Verordnungsgeber jedes Jahr (zwangsläufig) fünf Druckseiten im Bundesgesetzblatt[36], um die einfache Tatsache

---

[31] Jeanette Lander, Unsicherheit ist Freiheit, in: Fremd im eigenen Land, hrsg. v. Hendryk M. Broder u. Michel R. Lang, Frankfurt 1979, S. 261.

[32] Rede Himmlers vor SS-Gruppenführern am 4. 10. 1943 in Posen, in: Joachim Fest. Das Gesicht des 3. Reiches, München 1963, S. 162.

[33] Walter Schwarz, Spielregeln, in: RzW 24 (1973), S. 442.

[34] Vgl. Otto Küster, Umschau, in: RzW 8 (1957), S. 175.

[35] Vgl. Schwarz, Schlußbetrachtung zum Gesamtwerk.

[36] Vgl. Bundesgesetzblatt I, 1986, S. 1175.

mitzuteilen, daß die Entschädigungsrenten wieder um ein paar Prozent steigen. Adolf Arndt soll einmal verzweifelt ausgerufen haben: „Wenn doch die Juristen bloß nicht so scharfsinnig wären"[37].

Was der Gesetzgeber für sich selbst beansprucht, verweigert er dem Bürger und der ausführenden Verwaltung: wer einen Gesetzentwurf im Parlament einbringen will, der hat in verständlichen Worten darzustellen, welche Ziele er erreichen will. Das fertige Gesetz enthält diese Hilfestellung nicht. Manche falsche Auslegung komplexer Bestimmungen könnte wohl vermieden werden, wenn der Gesetzgeber seine Absichten, Wertvorstellungen und Ziele dem Gesetz erläuternd mit auf den Weg gäbe.

Das Bundesentschädigungsgesetz ist seit 1965 (abgesehen von zwangsläufigen redaktionellen Änderungen) nicht mehr novelliert worden. Nicht etwa, weil es nichts zu verbessern gäbe, sondern aus Angst vor „Weiterungen". Die Exekutive hat geradezu ein „Novellierungstrauma" entwickelt, sie zweifelt an der Fähigkeit der Legislative, ein Gesetz so zu ändern, daß es noch finanzierbar bleibt.

Vielen Opfern ist nicht klar, daß die Entschädigungsbehörden nur gesetzliche Ansprüche erfüllen können. Auch der sogenannte Härteausgleich (der heute aus Fristgründen nicht mehr beantragt werden kann) ist ein gesetzlicher Anspruch mit begrenztem Ermessensspielraum[38]. Eine flexible Hilfe in Notfällen ist der Verwaltung nicht möglich, abgesehen von landesrechtlichen Hilfsfonds wie z. B. in Baden-Württemberg. Der Gesetzgeber hat die Behörden in ein enges Korsett geschnürt, da er (zu Unrecht) annimmt, die Gleichbehandlung erfordere dies. Er vergaß, daß zu viele Einzelheiten das Urteilsvermögen trüben und starre Regelungen zu unsinnigen Ergebnissen führen können. Wo der Gesetzgeber „alles" regelt, muß die Fähigkeit der Verwaltung zum Mitdenken verkümmern.

Die Kritik an der Wiedergutmachungsgesetzgebung entzündet sich heute hauptsächlich daran, daß einige Gruppen von NS-Opfern (z. B. Zwangsarbeiter) keine Entschädigung erhalten. Der Gesetzgeber hat von Anfang an erklärt, es sei unmöglich, alles NS-Unrecht zu entschädigen[39]. Er hat deshalb die Entschädigung beschränkt auf Opfer, die aus rassischen, politischen, religiösen oder weltanschaulichen Gründen verfolgt wurden[40]. Auch diese Gruppe wird nur entschädigt, wenn sie – wenigstens im Prinzip – eine „räumliche Beziehung" zu Deutschland hatte (Territorialitätsprinzip)[41]. Ehemalige deutsche Juden erhalten eine weitergehende Entschädigung (z. B. Berufsschaden) als osteuropäische Juden[42].

Die Entschädigung ist – wohl auch beeinflußt von der Stärke des politischen Drucks – zum Teil engherzig und zum Teil großzügig ausgefallen. „Wenn der Verfolgte A zu wenig bekommt, ist es keine Milderung, sondern die bitterste Verschärfung des Übels, wenn „dafür" der Verfolgte B Beträge erhält, von denen er selbst nicht weiß, wie er dazu kommt."[43] Unangemessen niedrig sind die Pauschalen für

---

[37] Vgl. Moritz Pineas, Zweitbescheid und „unterentwickelte" Wiedergutmachung, in: RzW 24 (1973), S. 162.
[38] Vgl. § 171 BEG.
[39] Vgl. Bericht der Bundesregierung vom 31. 10. 1986, S. 11.
[40] Vgl. § 1 BEG.
[41] Vgl. Bericht der Bundesregierung vom 31. 10. 1986, S. 12.
[42] Vgl. ebd.
[43] Otto Küster, Umschau, in: RzW 11 (1960), S. 15.

Haftentschädigung (150 DM pro Monat) und für den Ausbildungsschaden (10 000 DM), angemessen die Berufsschadensrenten, großzügig die Wiedergutmachung in der Sozialversicherung. Geradezu ein Ärgernis ist die Wiedergutmachung im öffentlichen Dienst, die dazu führen kann, daß ein ehemaliger Referendar – zusätzlich zu seinem sonstigen Einkommen – eine Pension erhält, die doppelt so hoch ist wie die Berufsschadensrente seines früheren Anwaltchefs[44]. Der Fall Gerstenmaier[45] hat viele „kleine" Verfolgte sehr verbittert. Bundestagspräsident Gerstenmaier erhielt 1965 für seine durch die Nazis verhinderte Professur eine Entschädigungsnachzahlung von 280 000 DM zuerkannt. Diese stand ihm nach dem Gesetz zur Wiedergutmachung für den öffentlichen Dienst von 1951 zu. Die hohe Entschädigungssumme sowie die prompte Erledigung seines Antrags binnen eines dreiviertel Jahres hoben sich kraß von den üblichen Erfahrungen der meisten Verfolgten ab.

Es liegt nahe, Entschädigung und Kriegsopferversorgung, die manches gemeinsam haben (z.B. Heilverfahren und Krankenversorgung), miteinander zu vergleichen. In einigen wichtigen Punkten sind die NS-Opfer besser gestellt:

	Entschädigung	Kriegsopfer- versorgung (Stand 1987)
Mindest- bzw. Grundrente bei 25 Prozent Minderung der Erwerbs- tätigkeit (MdE)	535 DM	165 DM
Mindestwitwenrente	1061 DM	522 DM

Auch die durchschnittlichen jährlichen Leistungen des Staates pro Rentenempfänger sind in der Entschädigung höher; sie betragen (Stand 1986) 9700 DM nach dem Bundesentschädigungsgesetz gegenüber 7400 DM in der Kriegsopferversorgung. In einem quantitativ unwesentlichen aber sozial wichtigen Punkt sind die Kriegsopfer allerdings besser gestellt: Bedürftige Witwen von Verfolgten erhalten eine Beihilfe erst ab 70 Prozent Minderung der Erwerbsfähigkeit (MdE) des Verstorbenen, Kriegerwitwen dagegen (seit 1976) schon ab 50 Prozent MdE[46]. Leider hat die Regierung die Anpassung bisher verweigert.

Die Trennung der Staatsgewalten in Gesetzgebung, Rechtsprechung und Verwaltung ist dem Bürger meist fremd oder gleichgültig; wie soll er auch unterscheiden, ob das Gesetz (das er ohnehin nicht verstehen kann) seinen Fall so entschieden hat oder ob der Beamte, mit dem er zu tun hat, bloß „nicht mag"? Die Verwaltung wird somit zum Prügelknaben für den Gesetzgeber. Auch wenn sich die Presse eines Falles annimmt, sieht sie oft nur das unbefriedigende Ergebnis und trifft keine feinsinnigen Unterscheidungen nach Staatsgewalten. Der Verwaltungsbeamte, der sich abmüht, einem Verfolgten zu erklären, warum ihm der Gesetzgeber nichts geben will, kommt manchmal in Argumentationsnotstand.

---

[44] Vgl. Schwarz, Schlußbetrachtung, S. 11.
[45] Vgl. Otto Küster, Die Rechtslage im Wiedergutmachungsfall Dr. Gerstenmaier, in: Mitteilungsblatt der bayerischen Verfolgten und Widerstandskämpfer, März 1969, S. 1.
[46] Vgl. §§ 41 a und 48 BEG.

Rechtsprechung und Verwaltung

Obwohl die Entschädigung zum öffentlichen Recht gehört, für das in der Regel die Verwaltungsgerichte zuständig sind, hat der Gesetzgeber diese Materie wegen der Nähe zum Schadensersatz- und Amtshaftungsrecht den ordentlichen Gerichten anvertraut[47]. Nach dem Bundesentschädigungsgesetz[48] soll jeweils ein Richter in jeder Spruchkammer selbst Verfolgter sein. Obwohl es heute kaum noch verfolgte Richter gibt, zeichnet sich in der Schlußphase die Tendenz zu einer „verfolgtenfreundlicheren" Rechtsprechung ab.

Der Gesetzgeber hat den Opfern das Prozessieren so leicht wie möglich machen wollen und deshalb auf Anwaltszwang verzichtet und Kostenfreiheit gewährt. Bayern ging sogar so weit, daß es den Opfern – ohne Rücksicht auf ihr Einkommen – auf Staatskosten sogenannte Offizialanwälte zur Verfügung stellte[49]. Etwa ein Viertel der Verfolgten macht von diesem Service Gebrauch. In der Entschädigung ist dann auch viel prozessiert worden; in Bayern wurden fast 20 Prozent aller Ablehnungsbescheide mit Klage angefochten.

Küster schrieb in einer Zwischenbilanz zur höchstrichterlichen Wiedergutmachungsrechtsprechung[50]: „Auffallend grell wechseln in einer – so unparteiisch wie möglich auswählenden – Gesamtschau Licht und Schatten". Die Verwaltung mußte die „Schattenurteile" des Bundesgerichtshofs in aller Regel übernehmen, auch wenn sie vorher eine andere Praxis hatte; andernfalls wäre sie von den Rechnungshöfen zur Ordnung gerufen worden. Es gibt aber Einzelfälle, in denen die Länder ihre großzügigere Praxis beibehalten haben[51]. Die für die Verfolgten positiven BGH-Urteile – auch wenn sie problematisch waren – wurden ausnahmslos in die Entschädigungspraxis übernommen (was in anderen Rechtsgebieten nicht ganz selbstverständlich ist).

Besonders realitätsfern war das Urteil des Bundesgerichtshofs von 1956 über die Verfolgung der Sinti und Roma vor dem „Auschwitz-Erlaß" von 1943[52]. Es wurde 1963 als unhaltbar korrigiert[53]. Verfehlt war auch die später revidierte BGH-Rechtsprechung, die Widerstand gegen den Nationalsozialismus nur „für sinnvolle Versuche, den Unrechtsstaat zu beseitigen" gelten ließ[54].

---

[47] Vgl. Finke usw., Entschädigungsverfahren und sondergesetzliche Entschädigungsregelungen, S. 107 ff.

[48] Vgl. § 208, Abs. 3 BEG.

[49] Vgl. § 15, Abs. 2, Organisationsverordnung vom 28. 12. 1956, BayGVBl. 1957, S. 2.

[50] Otto Küster, Höchstrichterliche Rechtsprechung zum Wiedergutmachungsrecht, in: RzW 32 (1981), S. 98.

[51] Beispiele:
– Eidesstattliche Versicherungen wurden trotz Urteil des Bundesgerichtshofs v. 5. 3. 1958, IV ZR 288/57 (Berlin), vgl. RzW 9 (1958), S. 193, Nr. 39, in der Regel anerkannt; siehe Walter Schwarz, Wirklichkeitsferne Justiz, RzW 19 (1968), S. 1
– ein verspäteter Härteausgleichsantrag wurde entgegen der Entscheidung des Bundesgerichtshofs v. 13. 7. 1973, IX ZB 204/73 (Berlin) (vgl. RzW 24 (1973), S. 468) als fristgerecht anerkannt, wenn das Erstverfahren am 31. 12. 1969 noch nicht abgeschlossen war.

[52] Vgl. Entscheidung des Bundesgerichtshofs v. 7. 1. 1956, IV ZR 211/55 (Koblenz), in: RzW 7 (1956), S. 113.

[53] Vgl. Entscheidung des Bundesgerichtshofs v. 18. 12. 1963, IV ZR 108/63 (Düsseldorf), in; RzW 15 (1964), S. 209.

[54] Vgl. Entscheidung des Bundesgerichtshofs v. 14. 7. 1961, IV ZR 71G/61 (Bremen), in: RzW 13 (1962), S. 68–70.

Neben solchen mißlungenen Urteilen, die meist auf die Anfangsphase zurückgehen, gibt es aber eine Reihe rechtsschöpferischer Entscheidungen, in denen der Bundesgerichtshof zugunsten der Verfolgten über den Gesetzeswortlaut hinausging[55]. Die
Verwaltung könnte sich nach unserem rechtsstaatlichen Verständnis solche Kühnhei-
ten nicht erlauben.

Soweit aufgrund der höchstrichterlichen Rechtsprechung die Verwaltungspraxis
korrigiert werden mußte, konnte dies auch noch in abgeschlossenen Fällen geschehen. Im Wege eines sogenannten Zweitverfahrens können nämlich Bescheide und
Urteile trotz formeller Rechtskraft noch geändert werden[56].

Die Verwaltung hat viel Lob dafür enthalten, daß sie in der Ländervereinbarung
vom 23. Juni 1959[57] eine Reihe von restriktiven Urteilen des BGH aus der Anfangsphase zugunsten der Verfolgten nicht anwandte[58]. Ohne massiven Druck von außen
hätte sich die Verwaltung dazu allerdings kaum durchringen können. Der Druck kam
vor allem von einigen Bundestagsabgeordneten, die sich entschlossen zeigten, das
Bundesentschädigungsgesetz in einigen Punkten zu novellieren. Das wollte aber die
Regierung drei Jahre nach Inkrafttreten des BEG 1956 unter allen Umständen vermeiden, weil sie weitere Forderungen fürchtete.

Eine ähnliche Situation – aber ohne parlamentarischen Druck – ergab sich später,
als die Rechtsprechung strenge und praktisch unerfüllbare Anforderungen an die
Substantiierung von Ansprüchen stellte[59]. Das Land Nordrhein-Westfalen hat im
sogenannten „Hebenstreit-Erlaß" vom 9. Juli 1980 bündig festgestellt: „Der von der
Rechtsprechung vertretenen strengeren Auffassung ist insoweit nicht zu folgen. Sie
wird den tatsächlichen Anforderungen ... nicht gerecht."[60] Man hätte sich solche
mutigen Erlasse öfter gewünscht.

Die Gerichte unterhalb des BGH haben im allgemeinen wohlwollend und einfühl-
sam Recht gesprochen; ebenso wie die Verwaltung konnten sie aber nicht rechts-
schöpferisch werden. Erfrischend plastisch hat einmal das Oberlandesgericht Köln zu
einem Fristenproblem geschrieben: „Es kann niemand als Verschulden angerechnet
werden, wenn er nicht sozusagen ständig auf der Lauer gelegen hat, ob er irgend-
wann von irgendwem irgend etwas bekommen könne."[61]

---

[55] Vgl. z. B. Entscheidung des Bundesgerichtshofs v. 22.3. 1979, IX-ZR 108/76 (Hamburg), in:
RzW 30 (1979), S. 134.

[56] Vgl. Entscheidung des Bundesverfassungsgerichts vom 17.12. 1969, 2 BvR 23/65, in: RzW 21
(1970), S. 160–162; Zweitverfahrensrichtlinien der Länder, vgl. RzW 23 (1972), S. 1 f.

[57] Schriftlicher Bericht des Ausschusses für Wiedergutmachung (7. Ausschuß) über den Antrag der
Fraktion der DP (Drucksache 328) betr. Bundesentschädigungsgesetz v. 23.6. 1959, Deutscher
Bundestag, Drucksache 3/1189; auszugsweise in RzW 10 (1959), S. 364.

[58] Vgl. Sagittarius (d.i. Walter Schwarz), De patria bene meritus, in: RzW 10 (1959), S. 337; Otto
Küster, Umschau, in: RzW 10 (1959), S. 363; Walter Schwarz, Zum Anlaß, in: RzW 18 (1967),
S. 577.

[59] Vgl. Richard Hebenstreit, § 150 BEG a. F., Substantiierung und kein Ende, in: RzW 31 (1980),
S. 126.

[60] Vgl. Erlaß des Innenministers des Landes Nordrhein-Westfalen v. 9.7. 1980 betr. die Durchführung des Bundesentschädigungsgesetzes, in: RzW 31 (1980), S. 122.

[61] Vgl. Entscheidung des Oberlandesgerichts Köln vom 21.12. 1962, 11 U (Entsch.) 119/62, in:
RzW 14 (1963), S. 465.

Die Ärzte in der Entschädigung

Der weitaus größte Teil der Entschädigungsgelder wird für Gesundheitsschadens-renten ausgegeben. Vertrauensärzte, die oft selbst Verfolgte waren, haben die Gesundheitsschäden in der Heimat der Verfolgten untersucht; ihre Gutachten wur-den in der Regel von staatlichen Ärzten in Deutschland überprüft. Da die Begutach-tung bis Anfang der sechziger Jahre dauerte, war es oft schwierig, die Kausalität zwi-schen Krankheit und Verfolgung festzustellen, vor allem, wenn es sich um Leiden handelte, die auch sonst „anlagebedingt" vorkommen. Einige Länder hatten einen eigenen Ärztlichen Dienst, der die gleichmäßige Behandlung aller Verfolgten sicher-stellen sollte[62]. Naturgemäß konnte er nicht alle vertrauensärztlichen Gutachten akzeptieren; er berichtigte aber nicht – wie oft behauptet worden ist – nur zuungun-sten, sondern auch (allerdings in geringerer Zahl) zugunsten der Verfolgten. Die staatlichen Ärzte waren oft besonders heftigen Angriffen ausgesetzt. Während die Verfolgten beim Verwaltungspersonal Verständnis dafür aufbrachten, daß ihnen das Gesetz Schranken setzte, glaubten viele, die Ärzte seien in ihrer Entscheidung frei. Natürlich ging die Verbitterung, die die Ärzte zu spüren bekamen, auch auf die Wun-den der Vergangenheit zurück. Menschen, die Selektionen oder gar Menschenversu-che erlebt hatten, konnten sich den Amtsärzten gegenüber nur schwer von Ängsten freimachen. Oft wurde schon die Untersuchungssituation als demütigend empfunden.

Die aus den Lagern entlassenen Häftlinge litten 1945 fast ausnahmslos an einer Hungerdystrophie. Meist wurde die Dystrophie als Verfolgungsleiden anerkannt, das in der Regel zwischen 1948 und 1950 abgeklungen war. Diese Anerkennung hatte aber – auch als Folge der Währungsumstellung – nur eine bescheidene Entschädigung (2000 bis 4000 DM) zur Folge. Für den Laien ist es erstaunlich, daß der extreme Hunger nicht öfter bleibende Gesundheitsschäden verursacht hat.

Die anerkannten Verfolgungsleiden sind statistisch nicht erfaßt. Nach einer Unter-suchung von Dr. W. Maier an mehreren tausend Fällen sind folgende Leiden am häu-figsten anerkannt worden[63]:
– psychische und vegetative Störungen
– Erkrankungen des Herz- und Kreislaufsystems
– Schäden am Stützapparat (Wirbelsäule).

In den fünfziger Jahren haben die Gutachter den seelischen Schäden noch kein großes Gewicht beigemessen; in der Ära Kretschmers glaubte man noch, der Mensch sei unbegrenzt belastbar und könne alles kompensieren[64]. Erst durch die Arbeiten von Baeyer, Ventzlaff u.a.[65] begann Ende der fünfziger Jahre das Umdenken. Die amtli-

---

[62] Vgl. Willibald Maier, in: Walter Brunn u.a., Das Bundesentschädigungsgesetz. Erster Teil (§§ 1 bis 50 BEG), München 1981 (= Die Wiedergutmachung nationalsozialistischen Unrechts durch die Bundesrepublik Deutschland, Bd. 4, hrsg. v. Bundesminister der Finanzen in Zusammenar-beit mit Walter Schwarz), S. 393.

[63] Vgl. ebd., S. 398.

[64] Vgl. ebd., S. 412 ff.

[65] Vgl. Ulrich Venzlaff, Grundsätzliche Betrachtungen über die Begutachtung erlebnisbedingter seelischer Störungen nach rassischer und politischer Verfolgung, in: RzW 10 (1959), S. 289–292; ders., Die Begutachtung psychischer Störungen Verfolgter, in: RzW 17 (1966), S. 196–200; Ent-scheidung des Bundesgerichtshofs vom 18.5.1960, IV ZR 244/59 (München), S. 453–456, in: RzW 11 (1960), S. 453.

chen Ärzte haben sich dieser Entwicklung nicht widersetzt und vor allem bei den
schwer verfolgten Opfern seelische Störungen relativ großzügig anerkannt (z.B.
beziehen in Bayern rund die Hälfte der Rentenempfänger eine Rente wegen psychischer Schäden). Nicht ganz befriedigend ist, daß Verfolgte, die eine eiserne Selbst-
disziplin hatten oder ihre Erlebnisse gut verdrängen konnten, mangels sichtbarer
Symptome nicht in den Genuß einer Rente kamen. Es bleibt auch unbefriedigend,
daß oft schon die Wahl des Gutachters durch das Gericht den Prozeß praktisch entschied.

Manches deutet darauf hin, daß die Tendenz, seelische Leiden relativ großzügig
anzuerkennen, in einem kompensatorischen Zusammenhang steht mit der Engherzigkeit des Gesetzgebers bei der Haftentschädigung: mit steigendem Wohlstand hat
wohl mancher Gutachter Scham darüber empfunden, daß ein Opfer, das beispielsweise drei Jahre lang in Auschwitz oder Buchenwald Unvorstellbares erlebt hat, mit
nur 5400 DM Haftentschädigung abgefunden wurde. Wahrscheinlich hat der Staat
durch übertriebene Sparsamkeit letzten Endes das Gegenteil erreicht.

Die Ämter haben die undankbare Aufgabe, den Verfolgten die Ausgaben zu erstatten, die ihnen bei der Behandlung von anerkannten Verfolgungsleiden entstehen. Es
muß also bis weit über das Jahr 2000 hinaus bei jeder Schachtel Veronal geprüft werden, ob ein Zusammenhang mit der Verfolgung besteht. Leider hat es der Gesetzgeber versäumt, das Gros der Schäden durch eine einmalige Abfindung (nach dem Vorbild der Versicherungsgesellschaften) abzugelten. Weder die Praxis noch die Verfolgten haben an dem verwaltungsaufwendigen und konfliktträchtigen Erstattungsverfah-
ren ihre Freude.

Einzelne Verfolgtengruppen

Da die Statistik keine Aufgliederung der einzelnen Verfolgtengruppen kennt, müssen die folgenden Ausführungen notwendig fragmentarisch und subjektiv bleiben.

Der Anteil der politisch Verfolgten ist in der Entschädigung im Vergleich zu den
rassisch Verfolgten relativ klein (in Bayern 2,3 Prozent der Rentenempfänger); am
schwersten verfolgt wurden die Kommunisten, von denen einige 12 Jahre lang in
Lagern und Gefängnissen einsaßen. Sie wußten, wofür sie leiden und haben deshalb
die Haft oft in besserer seelischer Verfassung überstanden als die noch mehr gede-
mütigten rassisch Verfolgten. Daß der Gesetzgeber in den Zeiten des Kalten Krieges glaubte, er müsse Kommunisten, die sich nach dem Krieg als Funktionäre in
der damals verbotenen KPD betätigt haben, von der Entschädigung ausschließen
(§ 6 BEG), ist heute nicht mehr verständlich. Es ist schon eine Naivität anzunehmen,
daß jemand, der in den Gestapokellern 12 Jahre lang an seiner politischen Überzeugung festgehalten hat, diese nach dem Krieg der Entschädigung zuliebe aufgeben
werde. Die Praxis – zumindest in Bayern und Baden-Württemberg – wußte sich
damit zu helfen, daß in vielen Fällen Entschädigung im Härteausgleich gewährt
wurde.

Nicht einfach hatten es die Emigranten aus politischen Gründen; ihnen begegnete
man oft mit Unverständnis. Wenn sie nicht gerade vom Tod bedroht waren, mußten
sie sich die Frage gefallen lassen, warum sie nicht hiergeblieben seien. Über das

Schicksal in der Emigration und die damit verbundene seelische Entwurzelung[66] hatten nur wenige eine Vorstellung.

Bei den rassisch verfolgten Emigranten gab es diese Ressentiments nicht. Man wußte, daß sie ihr Schicksal nicht selbst gewählt hatten. Die älteren jüdischen Emigranten, die im Ausland nicht wieder Fuß fassen konnten, erhielten in der Regel eine ausreichende Berufsschadensrente. In Ausnahmefällen (z. B. bei typischen Tropenkrankheiten) wurden bei Emigranten auch Gesundheitsschäden anerkannt.

Sinti und Roma wurden vom Gesetzgeber niemals diskriminiert, aber Verwaltung und Rechtsprechung müssen sich den Vorwurf gefallen lassen, diese Gruppe bis 1963 benachteiligt zu haben. Bis dahin wurde eine Verfolgung aus rassischen Gründen in den meisten Fällen erst ab 1. März 1943 („Auschwitz-Erlaß") anerkannt. Der BGH hat diese Praxis 1956 bestätigt, in einem Urteil, das üblen Zeitgeist widerspiegelt[67]. Dem Richter Calvelli-Adorno kommt das Verdienst zu, die Fehler dieses Urteils offengelegt zu haben[68]. Nachdem der Bundesgerichtshof 1963 seine Rechtsprechung korrigiert hatte[69], hat der Gesetzgeber im BEG-Schlußgesetz 1965 das Recht zu neuer Entscheidung eingeräumt (im Art. IV Abs. 2). Von dieser Möglichkeit haben fast alle Betroffenen auch Gebrauch gemacht. Damit war die volle rechtliche Gleichstellung erreicht.

Über die Frage, inwieweit noch nach 1963 kleinbürgerliche Ressentiments gegenüber „den Zigeunern" die Entscheidungen beeinflußt haben, gehen die Meinungen auseinander. Die Überprüfung einer größeren Zahl von Akten im Jahre 1987 ergab, daß nur in sehr wenigen Fällen Entscheidungen jetzt noch zugunsten von Sinti und Roma korrigiert werden können. Dieses Ergebnis ist aber stark vom formellen Recht (Rechtskraft, Fristablauf usw.) beeinflußt, beweist also nicht, daß alle bestandskräftigen Entscheidungen „gerecht" waren. Wer die Augen nicht vor der Wirklichkeit verschließt, wird in einigen Fällen das Gefühl nicht los, es habe bisweilen an Wohlwollen gefehlt, z. B. wenn ein Gutachter eine Erwerbsminderung von 20 Prozent anerkannt hat (die „Rentengrenze" liegt bei 25 Prozent). Von einer „zweiten Verfolgung" zu sprechen, ist allerdings stark überzeichnet.

Die Ausrottungspolitik der Nationalsozialisten wählte bei den Sinti und Roma (nicht bei den Juden) neben der Vergasung auch den Weg der Zwangssterilisation. Wenn dieser Eingriff aus rassischen Gründen vorgenommen wurde – was bei Sinti und Roma seit Ende 1963 nicht mehr zweifelhaft ist – kann er nach dem Bundesentschädigungsgesetz entschädigt werden. Renten können aber nur dann bezahlt werden, wenn eine Minderung der Erwerbsfähigkeit von mindestens 25 Prozent vorliegt. In der (nicht einheitlichen) Praxis ist dies nicht allzu oft anerkannt worden, eher noch bei Frauen als bei Männern. Als eine Art Schmerzensgeld haben die Ämter in der Regel bei Sterilisationen 5000 DM bezahlt (aber auch hier ist die Praxis nicht ganz einheitlich). Rückschauend muß man zugeben, daß die Folgen dieses Eingriffs bis in

---

[66] Vgl. dazu Venzlaff, Begutachtung erlebnisbedingter seelischer Störungen.

[67] Vgl. Anm. 52.

[68] Vgl. Franz Calvelli-Adorno, Die rassische Verfolgung der Zigeuner vor dem 1. März 1943, in: RzW 12 (1961), S. 529–537.

[69] Vgl. Anm. 53.

die achtziger Jahre hinein unterschätzt worden sind[70]. 5000 DM sind keine adäquate Entschädigung für diesen menschenverachtenden Eingriff.

Andere Verfolgtengruppen, die heute in der politischen Diskussion eine große Rolle spielen (z. B. Zwangsarbeiter, Wehrdienstverweigerer, Homosexuelle, „Asoziale", nach dem Erbgesundheitsgesetz Zwangssterilisierte), fallen nicht unter das Bundesentschädigungsgesetz. Diese Personen – ausgenommen die Zwangsarbeiter – können aber nach dem Allgemeinen Kriegsfolgengesetz Leistungen erhalten, vor allem wenn sie in Konzentrationslagern inhaftiert waren. Die Praxis der hierfür zuständigen Bundesbehörden (Oberfinanzdirektionen) war allerdings restriktiv. Leider haben auch die Entschädigungsämter oft nicht über den Tellerrand ihrer Zuständigkeiten hinausgeschaut und es an Aufklärung fehlen lassen. Die Bundesregierung hat in ihrem ausführlichen Bericht vom 31. Oktober 1986[71] die Rechtslage dargestellt. Das positive Bild trügt aber, denn man darf nicht vergessen, daß sehr viele Opfer die Frist (31. Dezember 1959) nicht einhalten konnten und außerdem Anträge oft nicht anerkannt wurden, die vor Inkrafttreten des Allgemeinen Kriegsfolgengesetzes bei den Entschädigungsbehörden gestellt worden sind. Um diese Härten zu mildern, hat die Bundesregierung auf Drängen des Deutschen Bundestags am 7. März 1988 Richtlinien erlassen, die im Regelfall Beihilfen von 5000 DM vorsehen (Bundesanzeiger Nr. 55 vom 19. 3. 1988).

Entschädigung und Geschichtsforschung

Die Entschädigungspraxis ist von den Historikern noch nicht umfassend wissenschaftlich untersucht worden. Zur Zeit könnte das auch gar nicht gelingen: erstens gibt es nur wenig statistisches Material und zweitens ist der Zugang zu den Akten noch auf mehrere Jahrzehnte stark beschränkt. Die Länder haben (auf Weisung des Bundes) statistisch nur erhoben, wie viele Ansprüche in den einzelnen Schadensarten des Bundesentschädigungsgesetzes angemeldet und erledigt wurden und welche Beträge hierfür aufgewendet worden sind. Diese Statistik gibt keine Antwort auf beispielsweise folgende Fragen:
– Zahl der Personen, die Entschädigung beantragt oder erhalten haben
– Aufgliederung in rassisch, politisch und religiös Verfolgte
– Untersuchung nach Verfolgtengruppen (Kommunisten, Sinti und Roma, Zwangssterilisierte, Euthanasieopfer usw.)
– anerkannte Verfolgungsleiden.

Eine nachträgliche statistische Erfassung ist bei 4,4 Millionen angemeldeten Ansprüchen natürlich nicht möglich. Stichprobenerhebungen, begrenzt auf jeweils einige hundert Akten in jedem Land, wären denkbar und zumutbar, bringen aber brauchbare Resultate nur im Massenbereich. Wenn nur wenige Akten vorhanden sind (z. B. Euthanasieopfer), ist auf diese Weise keine Aufklärung zu erwarten.

Die Einsicht in Entschädigungsakten, die in der Regel auch medizinische Gutachten enthalten und damit dem sensiblen, besonders geschützten Datenbereich angehö-

---

[70] Vgl. P. Petersen u. U. Liedtke, Zur Entschädigung zwangssterilisierter Zigeuner, in: Der Nervenarzt (1971), S. 197 ff.
[71] Vgl. Bericht der Bundesregierung vom 31. 10. 1986, S. 39 ff.

ren, ist praktisch nur mit Zustimmung der Betroffenen möglich. In den meisten Bundesländern sind die Archivgesetzte noch im Entwurfsstadium. Das Bundesarchivgesetz vom 6. Januar 1988[72] (das allerdings auf Entschädigungsakten nicht unmittelbar anwendbar ist) sieht Sperrfristen von 30 Jahren nach dem Tode oder 110 Jahren nach der Geburt vor. Da bei sehr vielen Entschädigungsberechtigten das Todesjahr nicht bekannt ist, stehen die Akten gerade der geburtenstärksten Jahrgänge (um 1920) also erst um das Jahr 2030 ohne Einschränkung zur Verfügung. Das Bundesarchivgesetz (§ 5 Abs. 4) sieht allerdings vor, daß Archivgut vor Ablauf der Schutzfrist ohne Einwilligung des Betroffenen für ein wissenschaftliches Vorhaben benutzt werden kann, wenn die Unterlagen anonymisiert werden.

Die Ämter haben in den letzten Jahren begonnen, Teile ihrer Akten an die staatlichen Archive abzugeben. Da voraussichtlich nicht alle Archive die Bestände vollständig übernehmen können, wird die Kassation von Entschädigungsakten lange vor dem Jahr 2030 einsetzen müssen. Es gibt bis jetzt noch keine ländereinheitlichen Kriterien dafür, welche Akten archivwürdig sind. Für den Lastenausgleich wird dagegen ein Zentralarchiv im Bundesarchiv errichtet[73].

Das Ende der Entschädigung

Die Entschädigung ist inzwischen abgeschlossen; von 4,4 Millionen angemeldeten Ansprüchen – das entspricht schätzungsweise 1,5 Millionen antragstellenden Personen – sind alle bis auf 0,02 Prozent erledigt. Bund und Länder haben für die Wiedergutmachung bis Ende 1987 etwa 80 Milliarden DM ausgegeben, davon fast 80 Prozent für die Entschädigung nach dem Bundesentschädigungsgesetz. Die Gesamtbelastung der Wiedergutmachung dürfte – einschließlich Sozialversicherung – bei rund 130 Milliarden DM liegen.

Die Ämter haben ihr Personal bis auf einen kleinen Rest abgebaut, der die laufenden Arbeiten abwickelt (Rentenzahlungen an noch etwa 190 000 Empfänger, Heilverfahrensleistungen usw.). Im großen und ganzen gibt man sich beträchtliche Mühe, die Verfolgten umfassend zu informieren und über etwaige andere Hilfen (z. B. Fonds) aufzuklären.

Wer sich die Frage nach „Ursprung, Ziel und Sinn" seiner Arbeit in der Schlußphase der Entschädigung stellt, dem können Zweifel kommen. Die gravierendsten sind folgende:

– Der Gesetzgeber hat die Höhe mehrerer Entschädigungsrenten von den wirtschaftlichen Verhältnissen, der Höhe anderer Renten und dem Familienstand abhängig gemacht[74]. Das zwingt die Behörden dazu, Einkommenserklärungen zu verschikken, Steuerbescheide anzufordern und nach Unterhaltsverpflichtungen zu forschen. Hat ein Rentenberechtigter vergessen, ein paar Mark Zinseinkünfte anzugeben, dann wird „Anstoß genommen", die Schuldfrage (!) geklärt, gestraft und prozessiert. Kaum jemand denkt daran, in welche Aufregung man die alten Menschen damit

---

[72] Vgl. Bundesgesetzblatt I, 1988, S. 62.
[73] Vgl. Gesetz über die zentrale Archivierung von Unterlagen aus dem Bericht des Kriegsfolgenrechts vom 6. 1. 1988, in: Bundesgesetzblatt I, 1988, S. 65.
[74] Vgl. z. B. §§ 18, Abs. 2; 31, Abs. 4; 85, Abs. 2 BEG.

stürzt. Dem deutschen Steuerzahler bringt diese Geschäftigkeit nichts ein, denn die jährlichen Rentenänderungen nach oben oder unten gleichen sich etwa aus. Es wäre an der Zeit, die Renten jetzt – außer den linearen Erhöhungen – nicht mehr zu ändern und sie damit für die Verfolgten „sicher" zu machen.

– Wenn ein Verfolgter stirbt, der eine Gesundheitsschadensrente bezieht, erhält seine Witwe[75] nur dann eine Rente, wenn der Tod durch die Verfolgung verursacht wurde (§ 41 BEG). Das kann natürlich 40 Jahre nach Verfolgungsende nur noch in wenigen Fällen anerkannt werden. Die Begünstigten erhalten dann eine Witwenrente, die oft doppelt so hoch ist wie die Rente des Verstorbenen. Die anderen Witwen gehen in der Regel leer aus, und zwar auch dann, wenn die Witwe ausschließlich von der Entschädigungsrente ihres Mannes, den sie vielleicht jahrelang gepflegt hat, leben mußte. Der Gesetzgeber hatte wahrscheinlich nicht Phantasie genug, sich vorzustellen, daß die Frage der Kausalität zwischen Verfolgung und Tod (die auch die Frage einschließt, ob der Tod verfolgungsbedingt früher eingetreten ist) noch über das Jahr 2030 hinaus Ärzte und Richter vor fast unlösbare Probleme stellen wird. Die meisten Verfolgten hätten sicher Verständnis dafür, wenn künftig ohne Rücksicht auf die Todesursache alle Witwen eine Rente erhalten würden, die sie zum Leben brauchen. Diese Umschichtung zugunsten der Bedürftigen würde den Staat kaum mehr belasten.

Die Arbeit in der Wiedergutmachung, „abseits vom öffentlichen Interesse, einsam und glanzlos getan"[76], wäre befriedigender, wenn die Verwaltungsbeamten nicht „Ablehnungsautomaten" sein müßten, sondern mehr Möglichkeiten hätten, allen NS-Opfern in Notfällen flexibel zu helfen. Hierzu würde ein winziger Bruchteil der Ausgaben für gesetzliche Leistungen (jährlich derzeit 1,7 Milliarden DM) genügen. Die „endgültige Abschlußregelung", die der Deutsche Bundestag am 3. Dezember 1987 verabschiedet hat[77], sieht eine flexible Hilfe in erster Linie für solche NS-Opfer vor, die nicht unter das Bundesentschädigungsgesetz fallen (z. B. sog. Asoziale, Euthanasieopfer und Homosexuelle). Das Parlament konnte sich leider nicht dazu durchringen, einige Ungereimtheiten des Entschädigungsrechts zu beseitigen. Die relativ geringen Mittel von 300 Millionen DM, die für die Abschlußregelung vorgesehen sind, ließen eine großzügige Bereinigung des Entschädigungsrechts offenbar nicht zu.

---

[75] Seit 1.1.1986 auch der Witwer.
[76] Otto Küster, Umschau, in: RzW 9 (1958), S. 129.
[77] Vgl. Beschlußempfehlung, Drucksache 11/1392; Deutscher Bundestag, Sitzung vom 3.12. 1987, S. 3193 ff.; Richtlinien der Bundesregierung vom 7.3.1988, in: Bundesanzeiger Nr. 55 vom 19.3.1988.

Hans Günter Hockerts
Anwälte der Verfolgten. Die United Restitution Organization

Herkömmliche Politikgeschichte hat auch bei der Erforschung der Wiedergutmachung ihren legitimen Platz. Aber sie bedarf ergänzender Perspektiven und Methoden. Denn sie neigt dazu, eher die Entstehung von Gesetzen als ihre Auswirkungen zu untersuchen, eher die Intentionen des Gesetzgebers als die Verfahren des Gesetzesvollzugs und ihre erfahrbaren Resultate.

Eine doppelte Erweiterung ist also gefragt. Die eine hat sich in den Sozialwissenschaften unter dem unschönen Namen der Implementationsforschung etabliert und befaßt sich mit der „Durchführung bzw. Anwendung der im Prozeß der Politikentwicklung entstandenen Gesetze und anderen Handlungsprogramme"[1]. Hier können Vollzugsdefizite, Zielverschiebungen, unbeabsichtigte Nebenwirkungen und ein Wechselspiel von Vollzug und Novellierung ins Gesichtsfeld treten. Bei der anderen Erweiterung handelt es sich um das neuerdings stark expandierende Arbeitsfeld der Erfahrungsgeschichte: Sie lenkt den Blick nicht so sehr nach „oben" und „außen" als vielmehr nach „unten" und „innen" – auf die subjektive Wahrnehmung der alltäglichen Lebenswelt. Hierzu zählen nicht zuletzt die in die Umstände des Lebens intervenierenden Gesetze.

Auf die Wiedergutmachung bezogen, werfen solche Ausweitungen eine Fülle von Fragen auf. Die Vollzugsprobleme einer Gesetzgebung, die „keine einheitliche Rechtsquelle, keine einheitliche Konzeption und Zielsetzung" hatte, waren ungewöhnlich groß[2]. Es gab Diskrepanzen zwischen Legislative, Exekutive und Rechtsprechung in vielfältigen Formen und zuweilen geradezu verblüffenden Konstellationen.

Je näher man hinsieht, umso uferloser wird das Meer problematischer Einzelheiten der „Implementation". Wie sollten eigentlich jüdische Verfolgte, die es nach Australien, Kanada oder sonstwohin verschlagen hatte, ihre deutschen Gesetzesansprüche

---

[1] Renate Mayntz, Die Implementation politischer Programme: Theoretische Überlegungen zu einem neuen Forschungsgebiet, in: Die Verwaltung 10 (1977), S. 51–66.
[2] Walter Schwarz, Schlußbetrachtung, S. 4. Diese Schlußbetrachtung ist Beilage zu Bd. VI (später Bestandteil von Bd. VII) des grundlegenden Werkes: Die Wiedergutmachung nationalsozialistischen Unrechts durch die Bundesrepublik Deutschland. Hrsg. vom Bundesminister der Finanzen in Zusammenarbeit mit Walter Schwarz, Bd. I–VI, München 1974–1987 (im folgenden zit. Wiedergutmachung I–VI). – Zur Sache vgl. auch Walter Schwarz, Gesetz und Wirklichkeit. Betrachtungen zur Wiedergutmachung im Spiegel von Praxis und Rechtsprechung, o. O. 1958; Georg Ott, Die Diskrepanz zwischen Legislative und Exekutive im Wiedergutmachungsrecht, in: Freiheit und Recht 13 (1967) Nr. 6, S. 16–19.

kennenlernen? Und wie sollten sie diese dann auf so riesige Entfernungen realisieren? Nahmen sie wegen der ungemein komplizierten Form der Gesetze einen Anwalt – wer garantierte, daß er den harten juristischen Acker des Wiedergutmachungsrechts hinreichend zu bestellen verstand, und womit sollte der verarmt in Toronto sitzende Wolf Israel B. ihn bezahlen, wenn der Prozeß verlorenging und die erhoffte Entschädigung ausblieb? Vielleicht geriet Jacob Z. ins Mahlwerk einer jener kommerziell betriebenen „Wiedergutmachungsfabriken", die sich bildeten, als sich zeigte, daß die Wiedergutmachung einen wahren „Ozean von Chancen" eröffnete[3]. Wohlgemerkt ist hier von Chancen nichtanwaltlicher und anwaltlicher Helfer die Rede. Spöttische Geister meinten, die Wiedergutmachung habe „spezialisierten Juristen wirkungsvoller als manchem Opfer" geholfen[4]. So entschieden falsch jede Verallgemeinerung wäre, so gehört es doch zu den besonders betrüblichen Kapiteln in der Geschichte der deutschen Wiedergutmachung, daß es in Kreisen in- und ausländischer Anwälte ausbeuterische Vereinbarungen gab, denen zufolge die Mandanten im Falle des Prozeßgewinns einen sehr großen Teil ihrer Entschädigung an den Anwalt abführen mußten[5].

Die Gesetze machten aus Verfolgten Berechtigte – aber wurde ihnen auch zu ihrem Recht verholfen? Im folgenden geht es um einen Ausschnitt aus diesem Fragenkreis. Freilich weniger in der Perspektive konkreter Einzelfälle, obgleich erst dort die Auswirkungen der Gesetze im Bedürfnishorizont der Empfänger sichtbar werden, ihre Verknüpfung mit dem Netz subjektiver Lebensbeziehungen, das die Verfolgung oft so gründlich zerstört hatte. Der Blick richtet sich vielmehr auf eine Organisation. Sie ist in der Forschungsliteratur bisher allenfalls am Rande erwähnt[6]. Und doch handelt es sich um ein in verschiedener Hinsicht einzigartiges Unternehmen: Als die größte Rechtshilfeorganisation in der bisherigen Rechtsgeschichte bot sie den in alle Winde zerstreuten jüdischen Verfolgten ein weltweites Rechtshilfenetz.

Auch die Öffentlichkeit – soweit sie sich überhaupt für Wiedergutmachung interessierte: diese hat sich „Jahrzehnte in einer Art von politischem und publizistischem

---

[3] Walter Schwarz, Späte Frucht. Bericht aus unsteten Jahren, Hamburg 1981, S.129.

[4] So – referierend – Hermann Langbein, Offengebliebene Probleme der Wiedergutmachung, in: Frankfurter Hefte 31 (1976), S.61–64 (Zit. S.62).

[5] Schwarz, Frucht (Anm.3), S.145ff.; Adolf Pentz, Das gerichtliche Verfahren, in: Wiedergutmachung VI, München 1987 (Anm.2), S.113–167, hier S.162. Vgl. auch einen Schriftsatz (1958), in dem Franz Böhm, einer der führenden Wiedergutmachungspolitiker der CDU, sich mit dem von Bundesfinanzminister Schäffer erhobenen Vorwurf auseinandersetzt, der Steuerzahler zahle „Milliardenbeträge an gewinnsüchtige Anwälte" (Nachlaß Böhm, Nr.006/4 GIV, Archiv für Christlich-Demokratische Politik, St.Augustin, [ACDP]).

[6] Ernest H.Weismann, Die Nachfolge-Organisationen, in: Wiedergutmachung II, München 1981 (Anm.2), S.749f. Eine Broschüre, mit der die URO sich selbst kurz darstellte, ist dort nicht erwähnt: Norman Bentwich, The United Restitution Organization 1948–1968. The work of restitution and compensation for victims of Nazi oppression, London 1968.
Herrn Dr. Kurt May, dem inzwischen 91 Jahre alten, die Geschicke der URO nach wie vor tatkräftig steuernden Leiter des „Central Office" der URO in Frankfurt a.M., möchte ich sehr herzlich danken: für unvergeßliche Gespräche und die Erlaubnis, in den Geschäftsakten des Central Office zu stöbern. Vom direkten Aktenzitat wird im folgenden sparsam Gebrauch gemacht; bei der Kennzeichnung des Fundorts steht C.O. für das Frankfurter Central Office der URO. – Die Hunderttausende Einzelfall-Akten der URO werden zu gegebener Zeit in den „Central Archives for the History of the Jewish People" in Jerusalem deponiert: eine nahezu unerschöpfliche, wenngleich methodisch nicht leicht zu handhabende Fundgrube für eine Erfahrungsgeschichte der Wiedergutmachung.

Ghetto" abgespielt[7] – nahm von ihr kaum Notiz. Immerhin zollte ihr einer der führenden CDU-Abgeordneten, Franz Böhm, im Bundestag einmal hohes Lob. Es handle sich, führte er im Juni 1956 aus, „um eine ganz ausgezeichnet organisierte, mit hochspezialisierten Juristen ausgestattete Einrichtung". Sie vertrete „in allererster Linie solche Verfolgte, die im Ausland wohnen, und Verfolgte, die – das müssen wir ihnen nachfühlen können – gewisse berechtigte Hemmungen haben, sich von deutschen Anwälten vertreten zu lassen. Sie wohnen im Ausland, wissen hier nicht Bescheid, während diese United Restitution Organization ihr Vertrauen genießt und ganz zweifellos mit Recht. Diese Büros haben sich auch das Vertrauen unserer Entschädigungsbehörden – auch der Länderinstanzen – erworben"[8].

Im folgenden wird zunächst über Gründung, organisatorische Entwicklung und Personalia berichtet. Die Gründungsgeschichte der URO lenkt den Blick auf ein vielfältiges Geflecht jüdischer Nachkriegsorganisationen. Sie rückt bedeutende Namen des deutschen Judentums in einen bisher weniger vertrauten Blickwinkel und wirft Licht darauf, wie es „nach Hitler" weiterging in der Lebensgeschichte verfolgter jüdischer Juristen. Sodann werden die Tätigkeitsfelder der URO untersucht, von denen die Rechtshilfe für Hunderttausende das wohl wichtigste war, aber nicht das einzige. Schließlich folgen einige Überlegungen zum Verhältnis von jüdischen und nichtjüdischen Anspruchsgruppen auf dem Feld der Wiedergutmachung – ein Feld, das ein Spannungsfeld war zwischen Solidaraktion und Konkurrenzsituation.

Gründung, organisatorische Entwicklung und Personalia

Die URO ist 1948 mit Sitz in London als eine Institution britischen Rechts gegründet worden[9]. Gründer und Mitglieder waren in der Mehrzahl frühere deutsch-jüdische Anwälte, die, aus Hitlerdeutschland emigriert, in England Zuflucht gefunden hatten. Den Gründungsanlaß boten die ersten Rückerstattungsgesetze der Militärregierungen in den Westzonen Deutschlands. Diese eröffneten den Opfern nationalsozialistischer Verfolgung die rechtliche Möglichkeit, Vermögenswerte (Sachen oder Rechte) zurückzuerhalten, die die Verfolger ihnen entzogen hatten[10]. Der Gründungsgedanke zielte auf eine international tätige, gemeinnützige Rechtshilfeorganisation, an die sich die vielen verarmten, in weltweit verstreuten Emigrationszentren lebenden jüdischen Flüchtlinge („indigent claimants") wenden könnten, wenn sie ihre Rückerstattungsansprüche ohne Kostenrisiko – insbesondere ohne Zahlung von Gebührenvorschüssen – vor den zuständigen Behörden und Gerichten in Deutschland anwaltlich vertreten wissen wollten. Zu den intern geäußerten Gründungsmotiven gehörte auch dies: Es könne den Verfolgten nicht zugemutet werden, „sich an

---

[7] Schwarz, Schlußbetrachtung (Anm. 2), S. 25.

[8] Stenographische Berichte des Deutschen Bundestages, 2. Wahlperiode, 147. Sitzung am 6. Juni 1956, S. 7810.

[9] Am 6.11.1948 in Form einer „Company Limited by Guarantee and not having a Share Capital". Der Name lautete bis zur Eintragung eines neuen Status im Londoner Vereinsregister am 4.3. 1955 „United Restitution Office". Noch ohne juristischen Status war die URO vor ihrer offiziellen Gründung bereits 1947 tätig.

[10] Walter Schwarz, Rückerstattung nach den Gesetzen der Alliierten Mächte, München 1974 (= Wiedergutmachung I).

einen unbekannten Anwalt in Deutschland zu wenden oder ihn sich beiordnen zu lassen", von dem man nicht wisse, „ob er in der Zeit des Nationalsozialismus bei Verfolgungsmaßnahmen mitgewirkt oder das Hitler-Regime aktiv unterstützt hat"[11]. Hier wirkte deutlich die Erfahrung nach, daß ein solidarisches Verhalten der Anwälte und Anwaltskammern mit ihren jüdischen Kollegen bzw. Mitgliedern nach 1933 weit eher die Ausnahme als die Regel gewesen war[12].

Die Gründungsinitiative ging von dem in London residierenden „Council of Jews from Germany" aus – einer 1945 gegründeten Dachorganisation jüdischer Flüchtlinge aus Deutschland, die eines ihrer Hauptarbeitsgebiete in der Wiedergutmachung sah[13]. Leo Baeck – in der NS-Zeit Präsident der Reichsvertretung der deutschen Juden, im Mai 1945 in Theresienstadt befreit – förderte den Rechtshilfeplan als Präsident des Council; noch tatkräftiger nahm sich der Geschäftsführer des Council, Kurt Alexander, der Sache an. 1939 nach KZ-Haft in Dachau emigriert, war Alexander zuvor Rechtsanwalt in Krefeld und einer der führenden Repräsentanten des „Central-Vereins deutscher Staatsbürger jüdischen Glaubens" und der „Reichsvertretung der deutschen Juden" gewesen. Nun erreichte er in zähen Verhandlungen, daß drei große jüdische Wohltätigkeitsorganisationen die Startfinanzierung der URO einstweilen sicherten. Die Kosten waren sehr erheblich, denn neben der Londoner Zentrale wurden 1949 auch Büros in Israel, den USA und Frankreich eingerichtet sowie in fünf deutschen Städten: Düsseldorf und Hannover für die britische, Frankfurt für die amerikanische, Baden-Baden für die französische Zone sowie in Berlin. Die meisten Zuschüsse kamen vom „American Joint Distribution Committee" – der damals wohl finanzkräftigsten und bestorganisierten jüdischen Organisation, seit ihrer Gründung im Ersten Weltkrieg als eine „Zusammenfassung der reichen Juden" Amerikas sowohl umstritten wie auch wegen aufwendiger Hilfeleistungen geachtet[14].

Kurt Alexander übernahm kurzfristig die Leitung des Londoner URO-Büros, wanderte indessen 1949 in die USA aus, wo er beim Aufbau eines URO-Büros in New York mitwirkte[15]. In der Leitung des Londoner Büros folgten ihm zwei frühere

---

[11] Aus einem die Gründungsmotive erläuternden Schreiben der URO (London) an das Bundesjustizministerium, 20.1.1954 (C.O.).

[12] Horst Göppinger, Die Verfolgung der Juristen jüdischer Abstammung durch den Nationalsozialismus, Villingen 1963. Die Verhältnisse in Berlin, wo 1933 die meisten deutschen Juden lebten und die meisten jüdischen Juristen tätig waren, sind in einer ebenso scharfsinnigen wie anschaulichen biographischen Studie transparent gemacht: Reinhard Bendix, Von Berlin nach Berkeley. Deutsch-jüdische Identitäten, Frankfurt a.M. 1985. Für München vgl. Baruch Z.Ophir, Falk Wiesemann (Hrsg.), Die jüdischen Gemeinden in Bayern 1918–1945. Geschichte und Zerstörung, München – Wien 1979, S.45.

[13] Die Arbeit des Council of Jews from Germany auf dem Gebiet der Wiedergutmachung – Bericht erstattet im Auftrag des Council von Dr. W. Breslauer und Dr. F. Goldschmidt, London 1966.

[14] Zitat aus: Kurt R.Grossmann, Die jüdischen Auslandsorganisationen und ihre Arbeit in Deutschland, in: Die Juden in Deutschland 1951/52. Ein Almanach, hrsg. v. Heinz Ganther, Frankfurt a.M. – München 1953, S.91–136, hier S.94. – Die beiden anderen Organisationen waren der Central British Fund for Jewish Relief and Rehabilitation, eine 1933 (ursprünglich: for German Jews) gegründete englisch-jüdische Spitzenorganisation zur Finanzierung der Hilfe für verfolgte Juden außerhalb Großbritanniens, sowie die Jewish Agency for Palestine, eine im Palästina-Mandat des Völkerbundes begründete jüdische Vertretungskörperschaft zur Beratung der britischen Mandatsmacht.

[15] Zur Entstehung und Tätigkeit dieses Büros vgl. ein Oral History-Interview mit Gunter Kamm,

deutsch-jüdische Juristen, die beide 1939 nach KZ-Haft in Sachsenhausen nach Großbritannien emigriert waren. Das war zum einen Hans Reichmann, ehemals Berliner Syndikus des „Central-Vereins" (C. V.). Er hatte vor 1933 zu jener Gruppierung junger deutscher Juden gehört, die den politischen Kampf gegen den Nationalsozialismus härter, aktiver führte als es der vornehm zurückhaltenden Linie der älteren C. V.-Generation entsprach[16]. Auch der andere, Fritz Goldschmidt, zählte nach dem 1933 erlittenen Verlust seines Amts als Hilfsrichter beim Berliner Kammergericht zu den führenden Rechtsberatern des „Central-Vereins" und der „Reichsvertretung".

Leo Baeck verstand es, eine in der britischen Juristenszene und im britischen Judentum gleichermaßen herausragende Persönlichkeit als Vorsitzenden des Aufsichtsgremiums zu gewinnen: Norman Bentwich, der u. a. als früherer Kronanwalt der britischen Mandatsregierung in Palästina (1918–31) und als Förderer internationaler Fluchthilfe für deutsche Juden hohes Ansehen genoß[17]. Nicht zuletzt Bentwich's Kontakten dürfte es gelungen sein, der Neugründung sogleich regierungsoffiziellen Rückhalt zu sichern: Das Foreign Office unterstützte die Gründungsvorbereitungen, bestätigte der URO im September 1948 „official recognition" und stellte Zusammenarbeit „in every possible way" in Aussicht[18]. Solche Amtshilfe tat auch not, als einzelne deutsche Gerichte in der britischen Zone die Vertretungsbefugnis der URO-Juristen zu bezweifeln begannen. Im Einvernehmen mit dem Foreign Office erließ der britische Hochkommissar daher 1951 eine Verordnung, wonach „besondere Organisationen für die Vertretung und Rechtsberatung der Beteiligten an Rückerstattungsverfahren" im Geltungsbereich des für die britische Zone erlassenen Rückerstattungsgesetzes zugelassen werden konnten. Mit einer am selben Tag veröffentlichten Bekanntmachung ließ der britische Hochkommissar die URO als eine solche Organisation zu; sie ist die einzige zugelassene Organisation geblieben[19].

Etwas komplizierter verliefen die URO-Anfänge im Bereich der US-Zone. Zwar dürfte die amerikanische Militärregierung durchaus nicht gefürchtet haben, die URO könne sich als ein in die eigene Tasche wirtschaftendes, dubioses Unternehmen herausstellen[20]. Eher scheinen Kompetenz-Überlegungen dem Wirken einer Londoner Institution im US-Kontrollgebiet Grenzen gesetzt zu haben. Noch schwerer wog

---

der dort anfangs eine Abteilung leitete und später (1966 bis 1978) die Direktion übernahm, in: Jewish Immigrants of the Nazi Period in the USA. Volume 5: The Individual and Collective Experience of German-Jewish Immigrants 1933–1984. An Oral History Record. Compiled by Dennis Rohrbangh, New York u. a. 1986, S. 193–200.

[16] Vgl. Arnold Paucker, Der jüdische Abwehrkampf gegen Antisemitismus und Nationalsozialismus in den letzten Jahren der Weimarer Republik, Hamburg 1968.

[17] Norman Bentwich, My 77 Years. An account of my life and times 1883–1960, London 1962. In seiner URO-Tätigkeit vgl. dort S. 287–291, S. 325 f.

[18] Wie Anm. 11.

[19] Verordnung Nr. 233 zur Ergänzung des Gesetzes Nr. 59 der Militärregierung, 17.8. 1951; Bekanntmachung Nr. 1 auf Grund der Verordnung Nr. 233 der Hohen Kommission des Vereinigten Königreichs, 17.8. 1951. Beide Texte in: Rückerstattungsrecht. Textausgabe mit Verweisungen und Sachverzeichnis (Beck'sche Textausgaben), München – Berlin 1957, S. 126–129.
Auch an der Einsetzung des dreiköpfigen „O'Sullivan Committee", das 1951 die Rückerstattung in der britischen Zone beschleunigte, wirkte das Foreign Office mit. Eines der drei Mitglieder war Norman Bentwich. Vgl. dazu Bentwich, My 77 years (Anm. 17), S. 288 f.

[20] So ohne Beleg und wohl irrig Weismann, Nachfolge-Organisationen (Anm. 6), S. 750.

wohl die Erwägung, daß neben einer ohnehin schon ins Auge gefaßten jüdischen Rückerstattungs-Organisation, von der gleich die Rede sein wird, nicht noch eine zweite auftreten solle. Jedenfalls zeigte sich die Militärregierung nicht bereit, die URO in der US-Zone als eine selbständige Rechtshilfeorganisation zuzulassen. Statt dessen ermächtigte sie die „Jewish Restitution Successor Organization" (JRSO), eine eigene Rechtshilfeabteilung (Legal Aid Department) einzurichten.

Bei dieser JRSO handelte es sich um eine der in den westalliierten Rückerstattungs-gesetzen vorgesehenen „Nachfolge-Organisationen": Ihnen sollte das rückerstat-tungspflichtige jüdische Vermögen zugesprochen werden, sofern es von den Verfolg-ten oder ihren Erben nicht (fristgemäß) eingefordert wurde oder als „erblos" zu gelten hatte – wie die blasse juristische Formel für die Hinterlassenschaft der im Völ-kermord mit Kind und Kindeskind umgekommenen Familien hieß. Zur Nachfolge-Organisation für das jüdische Vermögen in der US-Zone bestimmte die Militärregie-rung die unter maßgeblicher Beteiligung amerikanisch-jüdischer Organisationen neugegründete JRSO[21].

Mit Domizil im Nürnberger Justizpalast nahm die JRSO Mitte 1948 ihre Arbeit auf. Den hauptsächlich aus Juristen gebildeten Mitarbeiterstab leitete Benjamin B. Ferencz, ein sehr junger Amerikaner ungarisch-jüdischer Herkunft, der nach dem Jurastudium in Harvard mit der amerikanischen Armee nach Europa kam, an der Aufdeckung nationalsozialistischer Verbrechen mitwirkte und 1947/48 im Nürnber-ger Einsatzgruppenprozeß die Anklage vertrat[22]. Den Juristen der JRSO ging es pri-mär um die Sicherung von Rechten für die Nachfolgeorganisation, was zu erhebli-chen Spannungen im Verhältnis zu individuellen Rückerstattungsansprüchen führen konnte und auch führte[23]. Hingegen suchte das „Legal Aid Department", das die JRSO sich Ende 1948 aufgrund der erwähnten Ermächtigung angliederte, genau die-sen Aspekt der Rechtshilfe für individuelle Berechtigte ins Auge zu fassen. Das war identisch mit dem Gründungsmotiv der URO.

---

[21] Weismann, Nachfolge Organisationen (Anm. 6), S. 725–799. Eine entsprechende Organisation für die britische Zone wurde 1950 unter dem Namen Jewish Trust Corporation for Germany (JTC) gegründet und 1952 um eine „French-Branch" für die französische Zone erweitert. – Die französische und die sowjetische Besatzungsmacht favorisierten im Kontrollrat eine andere Lösung: Einbringen des herrenlosen jüdischen Vermögens in einen allgemeinen, also nicht spezi-fisch jüdischen Wiedergutmachungsfonds. An ihrem Widerstand scheiterte eine Kontrollratsei-nigung auf den Typus der Nachfolge-Organisation. Vgl. hierzu Rainer Hudemann, Anfänge der Wiedergutmachung. Französische Besatzungszone 1945–1950, in: Geschichte und Gesell-schaft 13 (1987), S. 181–216, hier S. 202 f.

[22] Einige Züge von Memoiren zeigt Benjamin B. Ferencz, Lohn des Grauens. Die Entschädigung jüdischer Zwangsarbeiter – Ein offenes Kapitel deutscher Nachkriegsgeschichte, Frankfurt/ New York 1986 (amerikan. Erstausgabe 1979).

[23] Eher vorsichtige Andeutungen finden sich in: Die Arbeit des Council (Anm. 13), S. 30; bei Ben Ephraim, Der steile Weg zur Wiedergutmachung, in: Die Juden in Deutschland (Anm. 14), S. 214–242, hier S. 227; bei Schwarz, Rückerstattung (Anm. 10), S. 263. Daß die Interessen der Nachfolge-Organisationen mit denen der individuellen Berechtigten in einigen wichtigen Fra-gen nicht identisch waren, läßt sich den Akten klarer entnehmen.
   JRSO und JTC haben bei ihrer Liquidation den Vorschlag der „Central Archives for the History of the Jewish People" in Jerusalem angenommen, große Teile ihrer Aktenbestände nicht zu vernichten, sondern in den „Central Archives" zu deponieren. Da sie unter Datenschutz ste-hende Angaben enthalten, sind sie der Forschung nicht ohne weiteres zugänglich.

Die Leitung des Department übernahm Kurt May. Bis 1933 ein sehr erfolgreicher Rechtsanwalt am Oberlandesgericht in Jena, gehörte auch er zu den deutsch-jüdischen Juristen, die Hitlers Machtergreifung ihrer beruflichen Existenz beraubte und in die Emigration trieb[24]. Von Kurt May wird mehrfach die Rede sein: ihre Entfaltung zum weltumspannenden Rechtshilfenetz in den 1950er und 1960er Jahren leitete er als Spiritus rector der URO. „Die URO: Das war für uns Kurt May", konnte ein Richter am Karlsruher Bundesgerichtshof im Rückblick formulieren[25].

Zwischen Mays JRSO-Department und der URO entwickelte sich von Anfang an eine sehr enge Zusammenarbeit: Beide Institutionen bildeten eine Handlungseinheit, wobei das JRSO-Department die formale Verantwortung für die Tätigkeit der URO auf dem Gebiet der US-Zone (mit Büros in Frankfurt und München) und des US-Sektors von Berlin übernahm[26].

Eine Zäsur in der Wiedergutmachungsgeschichte und der darin eingeschlossenen Geschichte der URO bewirkten die Haager Protokolle. Die Bundesregierung schloß diese Vereinbarungen im September 1952 mit der Conference on Jewish Material Claims against Germany – jener ursprünglich von 23 jüdischen Organisationen getragenen Gesamtvertretung der außerhalb Israels lebenden Juden, die unter der Präsidentschaft von Nahum Goldmann so nachhaltig auf die deutsche Wiedergutmachungspolitik eingewirkt hat. Mit den Haager Protokollen verpflichtete sich die Bundesregierung auf ein Gesetzgebungsprogramm. Dieses sollte die Haftung der Bundesrepublik für die rückerstattungsrechtlichen Geldverbindlichkeiten des Deutschen Reiches regeln; vor allem aber sollte der bisher dominierende Bereich der Wiedergutmachung – die Rückerstattung entzogenen Vermögens – durch einen zweiten, weit größeren Bereich ergänzt werden: die Entschädigung für Eingriffe in die Lebenschancen, die Gesundheit, die Freiheit der Verfolgten.

In der Perspektive der Entschädigungsgesetzgebung wurden weit mehr Verfolgte zu Berechtigten, und so kündigte sich auf dem Arbeitsfeld der URO eine gewaltige Masse neuer Rechtsansprüche an. Zwar hatte es bisher schon auf Länderebene Entschädigungsgesetze gegeben, aber „many potential beneficiaries had such little confidence in those laws that they did not even care to register their claims"[27]. Deutsch-

---

[24] Im Unterschied zu den anderen bisher genannten Namen fehlt dieser in: Biographisches Handbuch der deutschsprachigen Emigration nach 1933, Bd. 1, München u. a. 1980. Vgl. hingegen die von Walter Schwarz verfaßten Würdigungen zum 75. bzw. 80. Geburtstag von Kurt May, in: Rechtsprechung zum Wiedergutmachungsrecht (RzW) 22 (1971), S. 388 f. bzw. RzW 27 (1976), S. 171 f.; weiterhin Hermann Zorn, Zum 85. Geburtstag von Rechtsanwalt Kurt May in RzW 32 (1981), S. 66.

[25] Zorn, May (Anm. 23), S. 66. – Hermann Zorn war seit den frühen 1950er Jahren einer der im federführenden Bundesressort, dem Bundesfinanzministerium, für das Wiedergutmachungsrecht maßgeblichen Beamten. 1968 wechselte er von Bonn nach Karlsruhe ins Richteramt des Entschädigungssenats des Bundesgerichtshofs.

[26] Diese Ersatzkonstruktion entfiel 1955, als die URO mit Statutenänderung bundesweit tätig wurde.

[27] Report on URO's Activities 1954, 1. 2. 1955 (C. O.). Vgl. auch aus einer Denkschrift Franz Böhms vom 29. 11. 1957, daß „neuerdings sehr viele Verfolgte Anträge stellen, die das früher unterlassen haben". Anfangs sei „unter den Verfolgten, besonders unter den im Ausland lebenden Verfolgten, eine tiefe Skepsis verbreitet" gewesen. „Man glaubte weder an die Fähigkeit des zusammengebrochenen Deutschland, die Opfer der nationalsozialistischen Verfolgung zu entschädigen, noch glaubte man an die Ernsthaftigkeit des Willens hierzu. Die Verfolgten nahmen

lands Bereitschaft zur Wiedergutmachung werde sich im wesentlichen in der Rückerstattung geraubten und noch dinglich vorhandenen Vermögens erschöpfen: das galt in weiten Kreisen der überlebenden Juden – auch im Hinblick auf die desolate Wirtschaftslage Deutschlands – lange als ausgemacht. Diese Erwartung zeigt sich noch in dem auf „Restitution" eingeengten Namenszug der URO.

Mit den Haager Protokollen 1952, dem ersten Bundesgesetz auf dem Gebiet der Entschädigung 1953 und der wirtschaftlichen Konsolidierung im Westen Deutschlands zeichnete sich nun jedoch eine starke Expansion der URO-Klientel ab. Das machte zunächst eine kostenträchtige Ausweitung des Apparats innerhalb und außerhalb der Bundesrepublik erforderlich. Andererseits lief die Startfinanzierung der ursprünglichen Sponsoren aus, ohne daß die URO sich mit den relativ geringen Gebühren, die sie von ihren Mandanten erhob, aus den roten Zahlen hätte herausarbeiten können. In dieser Situation übernahm 1953 die Claims Conference die finanzielle Verantwortung und steuerte mehrere Jahre lang erhebliche Summen bei. Sie stammten aus dem der Claims Conference zustehenden Teil der Zahlungen, die die Bundesrepublik aufgrund des Israel-Vertrags von 1952 zu leisten hatte.

Die Finanzhilfe der Claims Conference war nicht ohne organisatorische Veränderungen zu haben. Bisher hatte die URO als eine Organisation deutsch-jüdischer Flüchtlinge gegolten. Im Board saßen hauptsächlich Juristen deutscher Herkunft, welche die dem Council of Jews from Germany angeschlossenen Organisationen jüdischer Refugees aus Deutschland repräsentierten. Eine Erweiterung des Board schien nunmehr geboten, weil den Haager Protokollen zufolge größere Kreise als die der Juden aus Deutschland entschädigungsberechtigt wurden (z.B. auch Juden aus osteuropäischen Vertreibungsgebieten).

Daß die Neugestaltung des Board zum Gerangel geriet, dürfte freilich zum Teil auch auf das Konto von Einflußambitionen amerikanischer Organisationen zu buchen sein. Das jüdisch-amerikanische Element war in der Claims Conference stark vertreten und personifizierte sich nicht zuletzt im gewichtigen Schatzmeister dieser Konferenz. Vielleicht mischte sich in sachlich respektable Gründe auch ein Stück Distanz zu den „Londonern", als von Seiten der Claims Conference auf die Gründung eines „Central Office" der URO in einer deutschen Stadt (gewählt wurde dann Frankfurt) gedrungen wurde.

Aber „Judaica interna sind schwer zu durchschauen"[28]. So sei hier nur festgehalten: Zusätzlich zu seinem Amt als Direktor der JRSO wurde Benjamin Ferencz zum „Director of Operations" der URO ernannt, ebenso zum „Director for Germany" der Claims Conference. In allen drei Funktionen standen ihm indessen hochqualifizierte Juristen zur Seite, die der deutsch-jüdischen Traditionslinie entstammten. Sie brachten die erforderlichen Spezialkenntnisse des deutschen Rechts, der deutschen Sprache und der Verwaltungspraxis deutscher Behörden mit. So erhielt Herbert Schoenfeldt die Leitung des Bonner Verbindungsbüros der Claims Conference – auch er ein frü-

---

vielfach an, daß die in den ersten Jahren erlassenen Landes-Entschädigungsgesetze nicht auf deutsche Initiative, sondern auf die Initiative der Besatzungsmächte zurückzuführen seien und daß die Wiedergutmachung wahrscheinlich ein Ende finden werde, wenn die gesetzgebende und exekutive Gewalt eines Tages wieder in die Hände unabhängiger deutscher Staaten zurückgelangt sein würde" (Nachlaß Böhm, Nr. 006/2 GII, ACDP).

[28] So in anderem Zusammenhang Otto Küster, in: RzW 27 (1976), S. 1.

herer jüdisch-deutscher Rechtsanwalt, 1939 nach Frankreich emigriert und dann unter schwierigsten Bedingungen in die USA entkommen. Sein Büro hatte die jüdischen Interessen bei der legislativen und administrativen Durchführung des in den Haager Protokollen vereinbarten Wiedergutmachungsprogramms zu vertreten. In der JRSO sah Ferencz sich maßgeblich von Ernst Katzenstein unterstützt. Diesem exzellenten Juristen, vor der Emigration nach Palästina Rechtsanwalt in Hameln und Hannover, war es dank palästinensischer und britischer Zusatzexamina gelungen, eine Anwaltspraxis in Jerusalem aufzubauen. Ferencz' Stellvertreter im Frankfurter „Central Office" der URO wurde Kurt May.

Als Ferencz sich 1956/57 von seinen vielfältigen Aufgaben zurückzog, um in die USA zurückzukehren[29], übernahm Kurt May die Stellung als „Director of Operations" im Frankfurter „Central Office" der URO. Als wichtigster Mitarbeiter unterstützte ihn dort Alfred Schüler, der – früher jüdischer Rechtsanwalt in Breslau – 1935 emigriert und nach mancherlei Irrfahrten 1940 in die USA gelangt war; nach Kriegsende fand er dann in der URO eine neue berufliche Heimat, zunächst in London, seit 1956 im „Central-Office" in Frankfurt. Ernst Katzenstein rückte in die Leitung der JRSO und ins Amt des „Director for Germany" der Claims Conference nach, wo er (nach Schönfeldts Tod 1956) der engste Berater von Nahum Goldmann in allen Wiedergutmachungsverhandlungen mit der Bundesregierung wurde. Weiterhin übernahm Katzenstein die Leitung des Frankfurter Regionalbüros der URO, das für die in Hessen, Baden-Württemberg und Rheinland-Pfalz anhängigen Fälle zuständig war.

Wie diese personellen Verflechtungen bereits andeuten, arbeiteten die genannten Organisationen – wiewohl rechtlich voneinander ganz unabhängig – bei der Kontrolle der Durchführung des Haager Wiedergutmachungsprogramms aufs engste zusammen. Das Bild einer tiefgestaffelten Phalanx drängt sich auf. Die URO spielte in diesem Verbund die Rolle eines mit hochspeziellen juristischen und administrativen Erfahrungen ausgestatteten Brain-Trust, ohne den die Claims Conference ihren Einfluß auf die bundesdeutsche Gesetzgebung zur Wiedergutmachung nicht so wirkungsvoll hätte ausüben können. Daß die URO sich in den späten 1950er Jahren in der Lage sah, alle von der Claims Conference erhaltenen Gelder zurückzuzahlen, gab ihr zusätzliches Eigengewicht.

Freilich war die URO 1953 nicht nur in finanzielle Engpässe geraten, sondern auch in eine Problemzone anderer Art. Denn es wurde zweifelhaft, ob und in welchem Umfang diese Rechtshilfeorganisation (die bisher allein eine besatzungsrechtliche Legitimation in Rückerstattungsverfahren besaß) auch in Entschädigungssachen nach bundesdeutschem Recht tätig werden dürfe. Ein Teil der Entschädigungsbehörden und -gerichte setzte die Vertretungsbefugnis der URO zunächst stillschweigend voraus. Dabei scheint sie in einen eigentlich unpassenden rechtlichen Rahmen eingeordnet worden zu sein[30]. Eine Reihe von Gerichten und Anwaltskammern folgerten aus

---

[29] Zu seinen Verdiensten treffend Bentwich, My 77 Years (Anm. 17), S. 291; zu den privaten Gründen seiner Rückkehr in die USA vgl. Ferencz, Lohn (Anm. 22), S. 74.

[30] Als eine Vereinigung im Sinne von Artikel 1, § 7 des Gesetzes zur Verhütung von Mißbräuchen auf dem Gebiete der Rechtsberatung vom 13.12.1935 (RGBl. 1935, Teil I, S. 1478–1481). Demnach bedurfte es keiner besonderen Erlaubnis, wenn eine auf berufsständischer Grundlage gebildete Vereinigung im Rahmen ihres Aufgabenbereichs ihren Mitgliedern Rat und Hilfe in Rechts-

der unsicheren Rechtslage, die URO habe keinerlei Legitimation zur Mandantenver-
tretung in Entschädigungsverfahren. Das der URO wohlgesonnene Bundesjustizministerium empfahl einen Ausweg: Die URO solle bei den einzelnen Landesgerichts-
präsidenten den Antrag auf Zulassung als „Rechtsberater" auf der Grundlage eines
aus der NS-Zeit stammenden Rechtsberatungs-Mißbrauchsgesetzes stellen. Dies war
ein noch in Kraft befindliches berufsständisches Protektionsgesetz für Rechtsanwälte;
es gestattete jedoch bestimmten Personenkreisen (insbesondere ehemaligen Bürovor-
stehern) unter bestimmten Bedingungen und Kontrollen die Tätigkeit als Rechtsberater. In einem Rundschreiben empfahl das Bundesjustizministerium allen Landesjustizverwaltungen im März 1954, solche Zulassungsanträge, kämen sie von der URO,
wohlwollend zu behandeln[31]. Mit Hinweis auf die Verbindung zwischen URO und
Claims Conference deutete das Ministerium an, es seien hier schwierige Fragen des
internationalen Rechts impliziert. Von seiten des Auswärtigen Amts und des Bundes-
innenministeriums sei erklärt worden, daß „eine Förderung der Tätigkeit der URO in
Sonderheit auch aus außenpolitischen Gründen als notwendig" angesehen werde.

Der so gewiesene Ausweg konnte die URO-Juristen aus verschiedenen Gründen
nicht gerade begeistern. Vor ihrer Verfolgung hatten viele aus ihren Reihen selbst als
Rechtsanwälte praktiziert. Ihnen galt eine Legitimationsgrundlage, die im Ruche
stand, ein Gesetz für Winkeladvokaten zu sein, als nahezu ehrenrührig. So zog die
URO einstweilen den Weg vor, nur zugelassene Anwälte vor Gericht auftreten zu lassen, damit die kritische Frage erst gar nicht zur Sprache kam. Im übrigen hoffte sie,
daß die (dann 1956 verabschiedete) große Novellierung des Bundesentschädigungsgesetzes die Vertretungsbefugnis rechtlich regeln werde.

Tatsächlich sah der Regierungsentwurf zu dieser Novelle einen Artikel vor, wonach
Verfolgtenverbände von den Landesjustizverwaltungen die Erlaubnis erhalten konnten, ihre Mitglieder in Entschädigungsverfahren vor den Behörden und Landgerichten unentgeltlich zu vertreten. Einzig die URO war von den einschränkenden Formulierungen dieses Artikels (z. B. Kann-Regelung, Unentgeltlichkeit) ausgenommen. Sie
sollte also explizit und generell die Vertretungsbefugnis vor den Behörden und Landgerichten im Entschädigungsverfahren erhalten. Die parlamentarischen Ausschußberatungen reduzierten indessen – nicht zuletzt auf Druck von Rechtsanwaltsseite – die
Vertretungsbefugnis der Verbände und der URO auf die Ebene der Behörden. Ein
Änderungsantrag der SPD, auch von dem der CDU zugehörigen stellvertretenden
Vorsitzenden des Wiedergutmachungsausschusses des Bundestages, Franz Böhm,
stark unterstützt, suchte in der abschließenden Plenardebatte des Bundestages die
Vertretungsbefugnis wieder auf die Landgerichtsebene zu erweitern. Das scheiterte an
den Mehrheitsverhältnissen der Schlußabstimmung[32].

Immerhin stattete das Bundesentschädigungsgesetz in seiner Fassung von 1956 die
URO (und nur sie) mit dem Recht aus, ihre Mandanten ohne jede Beschränkung bei
den Entschädigungsbehörden zu vertreten – und dort, an den Schreibtischen der

---

angelegenheiten gewährt. – Es hat sein Eigenartiges, diesen auf NS-Verbände wie die DAF
   gemünzten Paragraphen auf eine Organisation wie die URO angewandt zu sehen.

[31] Wobei an eine Genehmigung zur Rechtsberatung im Sinne von Artikel 1, § 1 des genannten
   Gesetzes gedacht war. Vgl. Bundesminister der Justiz an die Landesjustizvertretung, 25. 3.
   1954 (C.O.).

[32] Stenographische Berichte (Anm. 8), S. 7794–7796, S. 7808–7810.

Bezirks- und Landesämter für Wiedergutmachung, wurde ja der größte Teil aller Fälle bewältigt. Zudem gab dieses Gesetz allen Rechtsanwälten, die aus Verfolgungsgründen ihre Zulassung verloren hatten und noch im Ausland wohnten, die Vertretungsbefugnis bei den Entschädigungsbehörden und Landgerichten[33]. Dies konnte für die in den Auslandsbüros der URO arbeitenden oder ihren Wohnsitz jenseits der deutschen Grenzen beibehaltenden Juristen wichtig werden. Was die nach Deutschland zurückkehrenden verfolgten Rechtsanwälte betrifft, so ging das Gesetz davon aus, daß sie ohne weiteres ihre Zulassung zur Anwaltschaft wiedererhielten. Für die URO ergab diese Rechtslage im ganzen, daß sie vor den Behörden als juristische Körperschaft, vor den Gerichten jedoch nur indirekt über zugelassene Anwälte tätig wurde. Nicht die URO selbst, sondern der jeweilige Anwalt trat dann als Bevollmächtigter des Antragstellers auf.

Die Überwindung der unsicheren Rechtslage verhalf der URO auch aus jener Gefahrenzone, in der sie am Widerstand von Anwaltskammern und frei praktizierenden Anwälten aufzulaufen drohte. Hier waren einige Turbulenzen entstanden, als die URO den besatzungsrechtlich gesicherten Aktionsradius zu überschreiten begann. Es ging um standes- und berufsrechtliche Erwägungen gegenüber dem Vordringen einer neuartigen, zudem ausländischen Organisationsform. Auch dürften Rechenstifte, mit denen potentielle Mandantenzahlen überschlägig addiert und ins Auge gefaßt wurden, am Werke gewesen sein.

Zwar lebten zu Beginn der fünfziger Jahre nur noch etwa 15 000 Juden in der Bundesrepublik, und Deutschland galt als „gebanntes Land", in das zurückzukehren Juden in aller Welt verschmähten[34]. Aber die Entschädigungsansprüche der im Ausland lebenden Juden, deren sich die URO in erster Linie anzunehmen gedachte, eröffneten ein weites Feld. Anfangs hatte die URO einige Widerstände von seiten jüdischer Anwaltspraxen zu überwinden, die eine Art Monopolisierungsunternehmen fürchteten[35]. Nachhaltiger widerstrebten nichtjüdische Anwälte und Anwaltskammern, wenngleich eine zeitlang in der Schwebe blieb, was denn nun obsiegen würde: das Interesse, möglichst viele Entschädigungssachen an sich zu ziehen, oder die Befürchtung, es könne sich die Betreuung ausländischer Mandanten, zumal bei kompliziert gelagerten Sachverhalten, als zu zeit- und kostenaufwendig erweisen.

Die URO setzte sich indessen rasch durch. Es zeigte sich, daß sie gebraucht wurde. Sie konnte kollektiv vieles leisten, was die Möglichkeiten eines einzelnen Anwalts überstieg, ohne dessen Einsatzbereitschaft überflüssig zu machen. Davon wird noch die Rede sein. Das Verhältnis zur seriösen Anwaltschaft entspannte sich und machte der Kooperation Platz, z.B. in Form einer Koordinierungskonferenz mit der

---

[33] Hierzu vgl. § 183 des Bundesentschädigungsgesetzes in der Fassung vom 29. 6. 1956. Zur Sonderstellung der URO vgl. Abs. 16 von Artikel III (Übergangsvorschriften) des 3. Gesetzes zur Änderung des Bundesergänzungsgesetzes zur Entschädigung für Opfer der nationalsozialistischen Verfolgung vom 29. 6. 1956. Bequem zu finden in: Bundesentschädigungsgesetz. Textausgabe mit Verweisungen und Sachverzeichnis (Beck'sche Textausgaben), 3. erw. Aufl., München – Berlin 1956.

[34] Monika Richarz, Juden in der Bundesrepublik Deutschland und in der Deutschen Demokratischen Republik seit 1945, in: Jüdisches Leben in Deutschland seit 1945, hrsg. von Micha Brumlik u. a., Frankfurt a. M. 1986, S. 13–30 (Zit. S. 14).

[35] Ein Reflex in einem „Rechtshilfe für Entschädigungspflichtige" überschriebenen Artikel, in: Allgemeine Wochenzeitung der Juden in Deutschland, 23. 10. 1953, S. 5.

„Arbeitsgemeinschaft für Wiedergutmachungsrecht im Deutschen Anwaltsverein" bei der Beratung des Gesetzgebers. Zu den Gründungsmotiven der 1959 gebildeten Arbeitsgemeinschaft gehörte ein der URO wahlverwandtes Ziel: den Rechtsberatungsmißbrauch durch die „Macher" zu verhindern[36].

In den mittfünfziger Jahren expandierte die URO zum Riesenapparat. Wenn das Central Office eine „Staff Conference" zum Erfahrungsaustausch ins Taunusgebiet einlud, dann waren nicht nur die Leiter der fünf in der Bundesrepublik gelegenen URO-Büros zu begrüßen (Berlin, Frankfurt, München, Köln, Hannover), sondern auch aus London, Paris, Brüssel und Stockholm kamen Leiter von URO-Büros herbei. Vertreten waren weiterhin die beiden größten außereuropäischen Auswanderungszentren: Israel (mit URO-Büros in Tel Aviv, Haifa, Jerusalem) und die USA (mit Büros in New York und Los Angeles). Wollte man vollzählig sein, so waren weitere Einladungen zu adressieren an URO-Büros in aller Welt (Kanada, Australien, Brasilien, Chile, Argentinien, Südafrika, Uruguay) und an korrespondierende Institutionen (in Österreich und der Schweiz)[37].

Die Zahl der Mandanten (Claimants) bzw. der vertretenen Ansprüche (Claims) stieg gewaltig: von 65 000 bzw. 121 000 im Jahre 1955 auf etwa 300 000 Claimants mit etwa 450 000 Claims. Dies war der in den 1960er Jahren erreichte Gesamtbestand. Dementsprechend stieg die Zahl der von der URO beschäftigten Mitarbeiter: von rund 700 im Jahre 1955 (die sich ungefähr zur Hälfte auf Büros „inside" und „outside Germany" verteilten) auf 1026 „full-time" und 106 „part-time" Mitarbeiter während der Spitzenperioden der URO-Aktivität um 1960; hierzu zählten 223 zugelassene Rechtsanwälte[38]. Nahezu alle in den Auslandsbüros der URO arbeitenden Anwälte waren vom Nationalsozialismus in die Emigration getrieben worden; auch das Büropersonal setzte sich dort hauptsächlich aus „refugees" zusammen, womit ihnen eine Existenz und der URO-Klientel ein der gewohnten Sprache kundiger Ansprechpartner gesichert war.

Die URO arbeitete auf der Basis von Erfolgshonoraren. Zu Beginn des Antragsverfahrens hatte der Mandant also keine Kostenvorschüsse zu zahlen (was die zumeist in Not geratenen Verfolgten auch selten konnten und nie wollten), und auch am Ende wurde ihnen nichts berechnet, falls der Antrag erfolglos geblieben war. Andernfalls erhob die URO, sofern sie nicht in Fällen besonderer Bedürftigkeit davon absah, nach Anspruchsgruppen abgestufte Gebühren in Höhe bestimmter Prozentsätze der Entschädigungszahlung: anfangs fünf bis sechs Prozent, bei Mandanten aus Israel

---

[36] 20 Jahre Arbeitsgemeinschaft für Wiedergutmachungsrecht im Deutschen Anwaltsverein, Landesgruppe Nordrhein-Westfalen, in: RzW 30 (1979), S. 46 f.
[37] Zur Veranschaulichung des Expansionsdrucks vgl. aus einem Schreiben des Düsseldorfer URO-Büros an URO London, 16. 2. 1954: „Herr O. war auf 2 Tage in Brüssel und hatte dort den deutschen Konsul aufzusuchen. Dieser erzählte ihm, daß sie laufend Anfragen wegen des Entschädigungsgesetzes erhielten. Sie schickten die Leute zu den dortigen Anwälten, die aber ihrerseits erklärten, daß sie keine Ahnung von der Materie hätten und die Leute wieder wegschickten. Herr O. wies darauf hin, daß man die Leute veranlassen sollte, sich an unsere Büros in London oder Paris zu wenden. Der Konsul erwiderte, daß hieran diesen Leuten nichts läge. Sie benötigten jemand, der an Ort und Stelle die Sache mit ihnen durchspricht". Das Schreiben (C. O.) entstammt der Gründungsgeschichte des URO-Büros in Brüssel.
[38] URO operations in 1955 (C. O.) bzw. Bentwich, United Restitution Organisation (Anm. 6), S. 33.

weniger[39], später sieben bis neun Prozent, niemals mehr als zehn Prozent. Mit Bedacht suchte man unter dieser Grenzmarke zu bleiben: Nachdem die Anwaltschaft das der deutschen Rechtstradition fremde, in Entschädigungssachen aber mit respektablen Gründen vertretbare Erfolgshonorarsystem übernommen hatte, galten Vereinbarungen bis zehn Prozent des erzielten Erfolges als standesrechtlich zulässig[40]. Freilich wurden anstößig hohe Honoraransprüche von zwanzig Prozent oder auch einem Drittel der Entschädigungssumme gerichtsnotorisch – und manches wurde erst gar nicht bekannt[41].

Aus relativ kleinen Anfängen entwickelte sich die URO also zu einem gewaltigen Apparat, wobei die Führungsfunktion des Frankfurter „Central Office" sowohl die Kontrolle der Büros in Deutschland wie auch den engen Kontakt mit den Außenbüros in aller Welt umschloß. Daß dabei Ansätze zur Überorganisation und zur unproduktiven Papierflut zu bekämpfen waren, versteht sich bei einem Unternehmen dieser Größenordnung von selbst. Folgt man dem kompetenten Urteil einer sehr unabhängigen Anwaltspersönlichkeit, die das Feld der Wiedergutmachungspraxis ebenso scharfsinnig mitgestaltet wie scharfzüngig kommentiert hat, dabei durchaus „nicht immer einer Meinung mit der URO"[42], folgt man mithin dem Urteil von Walter Schwarz, dann ist der URO-Apparat jedoch „niemals zu einer Fabrik degeneriert". In der URO blieb vielmehr neben einer „unvergleichlich höheren Qualität" auch das solidarische Gefühl für „das Helfenwollen und das Helfenmüssen" aufbewahrt[43].

Tätigkeitsfelder der URO

Eine Typologie der URO-Tätigkeit wird zunächst und vor allem die zur anwaltlichen Betreuung von 300 000 Schicksalen der Verfolgungsgeschichte summierte individuelle Rechtsberatung und Rechtsvertretung hervorheben müssen. Im Unterschied zu den üblichen Anwaltspraxen besaß die URO für alle Sparten des Wiedergutmachungsrechts Spezialisten, und sie stand nicht gleichermaßen unter Rentabilitätsdruck. Daher übernahm sie nicht nur die einfachen und klaren Fälle: Sie lehnte grundsätzlich niemals einen Mandanten ab, wie kompliziert auch immer der Fall liegen mochte. Vom Umfang der damit verbundenen Arbeitslast mag einen Eindruck geben, daß das von Ernst Katzenstein geleitete, in fünf Abteilungen eingeteilte Frankfurter Regionalbüro im Monat September 1957 etwa 24 000 Posteingänge und rund 40 000 Postausgänge zu bewältigen hatte[44].

Teils über die Auslandsbüros informiert, teils von jüdischen Organisationen an die URO vermittelt, konnten jüdische Verfolgte in vielen Teilen der Welt von den rechtli-

---

[39] Besonders günstige Konditionen galten für die von MILTAM vermittelten Mandanten, einer 1949 von den nach Israel eingewanderten Vertretern des „Zentralkomitees der befreiten Juden in der US-Zone Deutschlands" zusammen mit Jrgun Olej Merkas Europa (einer Interessenvertretung der in Israel ansässigen jüdischen Einwanderer aus Mitteleuropa) in Israel gegründeten gemeinnützigen Organisation.

[40] Heinrich Oswald, Erfolgshonorare in Entschädigungssachen, in: RzW 12 (1961), S. 150–152.

[41] Vgl. etwa ein die Honorarlandschaft beleuchtendes Honorarstreit-Urteil des Landgerichts Berlin, auszugsweise abgedruckt in RzW 12 (1961), S. 143.

[42] Schwarz, Frucht (Anm. 3), S. 148.

[43] Walter Schwarz, Dem 80jährigen Kurt May, in: RzW 27 (1976), S. 171 f.

[44] Aus einem während einer Staff Conference am 9. 10. 1957 gegebenen Bericht (C.O.).

chen Möglichkeiten der Wiedergutmachung Kenntnis erhalten. In den ausländischen Büros wurden dann Wiedergutmachungsanträge entgegengenommen und darauf geprüft, ob sie begründet waren. Das „Central Office" legte Wert auf sorgfältige Vorprüfung in den Außenstellen; unglaubwürdige Versicherungen der Antragsteller sollten so weit wie möglich eliminiert, die Einfügbarkeit der Ansprüche in den rechtlichen Rahmen möglichst gesichert sein. Die weitere Bearbeitung in Deutschland, die Verhandlungen mit den zuständigen Behörden und gegebenenfalls die Vertretung vor Gericht erfolgte dann durch Mitarbeiter der deutschen URO-Büros. Deren Zuständigkeitsverteilung war derjenigen der deutschen Entschädigungsbehörden angepaßt. Mit dem behördlichen Bescheid oder dem gerichtlichen Urteil endete das Betreuungsverhältnis durchaus nicht ohne weiteres. Es folgte dann das, was die URO als ihre Initiativ- oder Wächteraufgabe ansah. Sie initiierte, daß die Mandanten bei rechtserheblichen Veränderungen neue Anträge stellten, also etwa – um nur ein zugleich die Komplikationsfülle der Materie andeutendes Beispiel zu geben – die durch eine Sozialversicherungsnovelle 1971 eröffnete Möglichkeit wahrnahmen, sich Verfolgungszeiten besonders günstig als Ausfall- und Zurechnungszeiten in der Rentenversicherung anrechnen zu lassen und Zeiten, in denen der Verfolgte den Judenstern tragen oder in der Illegalität leben mußte, als rentenrechtliche Ersatzzeit[45]. Oder sie wachte darüber, daß die den Klienten zustehenden Rentenbeträge auch in jeweils korrekter Berechnung ausgezahlt wurden[46].

Die umfassende und weitverzweigte Rechtshilfe setzte eine unaufhörliche und genaue Beobachtung aller einschlägigen Vorgänge in Gesetzgebung, Rechtsprechung und Verwaltung voraus. Das „Central Office" sammelte und sicherte diesen Informationsstrom. Mit regelmäßigen Rundschreiben leitete sie ihn zur ständigen und systematischen Unterrichtung sämtlicher URO-Büros in alle Welt weiter[47].

Um die Beweisnot zu überwinden, in der sich bestimmte ausländische Verfolgtengruppen befanden, erweiterte die URO ihr Tätigkeitsfeld. Als historisch-dokumentarische Forschungsstelle beteiligte sie sich an der Klärung rechtserheblicher Tatsachen der nationalsozialistischen Verfolgungsgeschichte. Eine Brücke zwischen Historie und Jus bildete der mit § 43 des Bundesentschädigungsgesetzes eingeführte Begriff der „Veranlassung". Demnach sollte entschädigungsberechtigt sein, wem eine ausländische Macht, veranlaßt durch die nationalsozialistische Regierung, die Freiheit entzogen hatte. Inwieweit beruhte die Errichtung des – überwiegend Juden ghettoisierenden – Sperrbezirks in Shanghai-Hongkew auf deutscher Mitverantwortung? Gab es für die Judenverfolgung in Frankreich, in Algerien, Marokko, Tunis, in Italien und Ungarn und anderen osteuropäischen Staaten eine „deutsche Veranlassung"? Das

---

[45] Gesetz zur Änderung und Ergänzung der Vorschriften über die Wiedergutmachung nationalsozialistischen Unrechts in der Sozialversicherung, 22. 12. 1970 (BGBl. 1970, Teil I, S. 1845). – Viel „Nachbetreuung" ergab sich aus §§ 35, 206 des Bundesentschädigungsgesetzes, die bestimmte Ansprüche im Hinblick auf die Veränderung persönlicher Lebensverhältnisse variabel machten. Starb ein Empfänger bestimmter Entschädigungsleistungen, so kümmerte die URO sich um die gemäß § 41 dieses Gesetzes zustehenden Hinterbliebenenansprüche.

[46] Was dabei herauskommen konnte, veranschaulicht ein durch alle Instanzen getragener, im abschließenden Urteil des Bundesgerichtshofs detailliert geschilderter Fall, nachlesbar in: RzW 30 (1979), S. 73 f.

[47] Die vielen Tausende Rundschreiben, chronologisch gesammelt in langen Ordner-Reihen des „Central Office", sind eine erstrangige Quelle der historischen Forschung.

historische Wissen über solche Fragen der Verfolgungsgeschichte war anfangs ähnlich schwach wie das Vertrauen auf schnelle Resultate behördlicher Amtsermittlungspflicht. So entschloß sich die URO in den 1950er Jahren zu weitgespannten Archiv-Recherchen und mühevoller Dokumentationsarbeit[48]. Dabei reiste das von Kurt May geleitete Team bis Whaddon Hall in Großbritannien, wo die Akten des Auswärtigen Amtes und der deutschen Auslandsvertretungen verwaltet wurden, und nach Alexandria im US-Bundesstaat Virginia, wo u.a. Überlieferungen der Wehrmachtsführung und oberster Parteidienststellen einschließlich der SS lagerten.

Auf heutigem Forschungsstand wird man nicht sagen können, daß die URO den Wirkungsanteil der nationalsozialistischen „Veranlassung" ausnahmslos richtig gewichtet hat – etwa im Hinblick auf Vichy-France. Hier war die Kräfteverteilung komplizierter und die eigenständige Verfolgungskomponente wohl doch stärker als sich aus den damals zugänglichen Dokumenten ablesen ließ[49]. Aber höchstrichterlichem Urteil zufolge genügte eine „nicht nur unwesentliche Mitveranlassung", und im übrigen waren es in erster Linie Dokumente und nicht Interpretationen, die die URO allen zuständigen Behörden und Gerichten zugänglich machte. Als Fundstelle von Beweismitteln beeinflußten die Dokumentensammlungen sowohl Verwaltungsrichtlinien wie auch Gerichtsentscheidungen und sogar eine Gesetzesnovellierung[50].

Eine weitere große Nachforschungsaufgabe ergab sich aus einem Paragraphen des Rückerstattungsrechts[51]. Demnach sollte die Bundesrepublik für im Ausland geraubtes Vermögen Schadensersatz leisten, wenn das Raubgut nachweislich auf das später zum Geltungsbereich bundesdeutscher Gesetzgebung zählende Territorium gelangt war. Was folgte daraus für einen der größten nationalsozialistischen Beutezüge – die „M-Aktion"? Im Verlauf dieser Aktion sind 1942 bis 1944 jüdischen Familien in Frankreich, Belgien und den Niederlanden nahezu 70 000 Wohnungseinrichtungen entzogen und mit Eisenbahnwaggons abtransportiert worden. Einen gesetzlichen „Gelangensnachweis" zu erbringen, damit waren die Geschädigten oder ihre Erben hoffnungslos überfordert. Die Rechercheure der URO nicht. Sie fanden penibel

---

[48] Ein Überblick bei Franz Calvelli-Adorno, Die Dokumentenarbeit der URO, in: RzW 16 (1965), S. 198 f.

[49] Vgl. einerseits URO. Dokumente über die Verantwortlichkeit des Reiches für die Judenmaßnahmen im besetzten und unbesetzten Frankreich, insbesondere auch in Algerien, Marokko, Tunis, hektographische Sammlung Juni 1959; andererseits Michael R. Marrus, Robert O. Paxton, Vichy et les Juifs, Paris 1981; Georges Wellers, André Kaspi, Serge Klarsfeld (Hrsg.), La France et la Question Juive 1940–1944, Paris 1981.

[50] Vgl. z. B. den in RzW 11 (1960), S. 253 kommentierten Beschluß der Länderkonferenz vom 22./23. Juni 1960 über Verfolgung in Rumänien, Teildruck in: RzW 11 (1960), S. 355 mit Hinweis auf das zugrundeliegende URO-Material; Urteil des Kammergerichts Berlin vom 12. 8. 1957 über einen Fall der Inhaftierung in südfranzösischen Lagern 1940/42 mit Bezug auf URO-Dokumente in der Urteilsbegründung, Teildruck in: RzW 8 (1957), S. 406; Urteil des Oberlandesgerichts Neustadt vom 3. 6. 1960 über Haftentschädigung für Ghettoisierung in Shanghai-Hongkew 1943/45, Teildruck in: RzW 11 (1960), S. 506–508. In diesem Teildruck fehlt der Hinweis auf die von der URO vorgelegten Dokumente, hingegen nicht im Urteil selbst, das dem URO-Rundschreiben Nr. 579/60 vom 18. 7. 1960 als „ein erfreuliches Zeitdokument" beigefügt war. – Die im Bundesentschädigungs-Schlußgesetz vom 14. 9. 1965 für Freiheitsentziehungen in Bulgarien, Rumänien und Ungarn festgelegte Regelung (§ 43) basiert auf der Dokumentationsarbeit der URO.

[51] § 5 des Bundesrückerstattungsgesetzes vom 19. 7. 1957.

genaue „Leistungsberichte" der mit der Aktion befaßten Dienststelle. So gelang der
Nachweis, daß etwa 80 Prozent des Hausrats ins Gebiet der späteren Bundesrepublik
gelangt war – zwecks Ausstattung ausgebombter Volksgenossen mit Ersatz-Mobi-
liar[52]. Diese Dokumentation löste einen Erlaß des Bundesfinanzministeriums, später
eine gesetzliche Durchführungsverordnung aus, mit denen zehntausende von Einzel-
ansprüchen durch das Angebot eines vereinfachten Verfahrens zügig abgewickelt
werden konnten[53].

Das weite Feld der individuellen Rechtshilfe und eine die Amtsermittlungspflicht
der Behörden und Gerichte erleichternde dokumentarische Erschließung der Verfolgungsgeschichte: diese beiden Aufgabenkreise verband die URO mit einem dritten
Aktionsradius, den man die „Logistik" im Einlegen von Rechtsmitteln genannt hat.
Das „Central Office" bestimmte, in welchen Fällen der langwierige Weg durch sämt-
liche Instanzen eingeschlagen und durchgehalten werden sollte, um grundsätzliche
Rechtsfragen zu klären oder im Interesse einer einheitlichen Rechtsprechung einen
höchstrichterlichen Spruch herbeizuführen. Auch in dieser Hinsicht überstiegen die
Dispositionsmöglichkeiten bei weitem das Zeit- und Kostenbudget, das einem einzel-
nen Anwalt bzw. seinem begrenzten Mandantenkreis zumutbar war[54]. So legten Kurt
May als „Logistiker" am Frankfurter Schreibtisch und Alfred Schüler in der Robe des
Rechtsanwalts vor dem Bundesgerichtshof in Karlsruhe „weitgehend die Bandbreite
der Rechtsprechung" fest[55].

Dabei investierte die URO auch für sehr kleine Personenkreise viel Zeit und Mühe.
In anderen Fällen hingen zehntausende Verfahren vom Ausgang des Rechtsstreits ab.
Die Führung von Grundsatzprozessen diente nicht nur URO-Mandanten oder
Juden, sondern hatte allgemeine Bedeutung. Einige Beispiele können das angedeutete
Spektrum veranschaulichen. Eine von der URO 1960 erwirkte OLG-Entscheidung
überwand massive behördliche und gerichtliche Widerstände gegen eine Haftentschä-
digung für nichtdeutsche Juden, die in Shanghai während des Zweiten Weltkriegs
interniert worden waren[56]. Um sehr viel größere Zahlen handelte es sich bei jenen

---

[52] M-Aktion. Frankreich, Belgien, Holland und Luxemburg 1940–1944 (I Erläuterungen,
II Dokumente, III Sachverzeichnis). Hektographie URO 1958.
[53] Mitteilung des Bundesministeriums der Finanzen, in: RzW 11 (1960), S. 353–355. Erste Durchführungsverordnung zum Bundesrückerstattungsgesetz vom 14. 5. 1965 (BGBl. Teil I, S. 420).
Vgl. auch aus einem Schreiben von Franz Böhm an einen nach Rio de Janeiro emigrierten luxem-
burgischen Juden (18. 2. 1959), der sich mit der Bitte um Rechtsauskunft an diesen prominenten
Politiker gewandt hatte: Das Bundesfinanzministerium habe aufgrund des von der URO vorgelegten Dokumentenmaterials alle Oberfinanzdirektionen davon verständigt, „daß für Wohnungseinrichtungen, die in den Beneluxländern beschlagnahmt worden sind, ohne weitere
Beweiserhebung 80% des Wertes ersetzt werden sollen". Da der Fragesteller weitere Verluste geltend machen wollte, empfahl Böhm ihm, einen Rechtsanwalt zu nehmen. „Sollte sich in Rio de
Janeiro ein Büro der URO befinden, so könnten Sie auch diese Organisation mit der Vertretung
Ihrer Ansprüche beauftragen" (NL Böhm, Nr. 005/1 F I, ACDP).
[54] Vgl. z. B. aus dem Bericht „20 Jahre Arbeitsgemeinschaft" (Anm. 36): Zu den Bemühungen um
eine flexiblere Stichtagsregelung für die Anmeldung und Substantiierung bestimmter Entschädigungsansprüche gehörten „Anträge auf Vorlagen an das Bundesverfassungsgericht und auch an
den gemeinsamen Senat der Obersten Bundesgerichte in laufenden BEG-Prozessen, wie sie vorwiegend auf Veranlassung der URO eingerichtet worden sind".
[55] Walter Schwarz, Namen, in: Wiedergutmachung II (Anm. 2), München 1981, S. 817 f.
[56] Urteil des OLG Neustadt (Anm. 50).

polnischen Juden, die 1939/40 aus dem deutsch besetzten Westpolen ins sowjetisch besetzte Ostpolen oder in die Sowjetunion flüchteten und dort ein oft schlimmes Deportationsschicksal erlitten. Stand ihnen, wenn sie im Nachkriegsjahrzehnt oder noch später in den Westen auswandern konnten, von deutscher Seite Wiedergutmachung für in der Sowjetunion erlittene gesundheitliche Schäden zu?

Die Behörden und Gerichte lehnten das ab, bis ein Urteil des Bundesgerichtshofs 1962 eine Wende brachte. Am Beispielsfall einer 1939 nach Lemberg geflüchteten, von dort nach Sibirien deportierten und 1949 ausgewanderten Jüdin anerkannte das oberste deutsche Entschädigungsgericht einen für das deutsche Entschädigungsrecht relevanten Kausalzusammenhang[57]. Dies war für die betroffenen Flüchtlinge ein großer Rechtserfolg. Allerdings hat der Bundesgerichtshof dann 1971 in der Frage der Antragsfristen und Fristversäumnisse so streng und eng entschieden, daß die URO das Bundesverfassungsgericht anrief. Es ging um die Rechtsfigur der „Wiedereinsetzung in den vorigen Stand", auf die der Antragsteller bei unverschuldetem Fristversäumnis einen gesetzlichen Anspruch hat. Das Bundesverfassungsgericht teilte die Bedenken gegen die vom Bundesgerichtshof bestimmten Wiedereinsetzungs-Voraussetzungen nicht (1982), und so entschloß die Leitung der URO sich im Interesse der letzten, überall zu spät gekommenen Hilfesuchenden zu einem noch größeren Schritt: Sie rief in mehreren (heute noch schwebenden Fällen) die Straßburger Menschenrechtskommission und den Europäischen Gerichtshof an[58].

Intensive Auseinandersetzungen führte die URO auf einem Rechtsgebiet, das zu den kompliziertesten und umstrittensten Feldern der Wiedergutmachung zählt. Es handelt sich um die Verfolgten aus den osteuropäischen Vertreibungsgebieten, die keine deutsche Staatsangehörigkeit, wohl aber eine deutsche „Sprach- und Kulturkreis"-Zugehörigkeit besessen hatten[59]. Mehrfach ging die URO hier über den Bundesgerichtshof hinaus an das Bundesverfassungsgericht. Dieses Gericht brachte einen 1965 unternommenen gesetzgeberischen Versuch zu Fall, durch rückwirkende Einführung eines Stichtags all jene Spätaussiedler von der vollen Entschädigung auszuschließen, die die Vertreibungsgebiete erst nach dem 1. Oktober 1953 verlassen hatten[60]. Auch einige vom Bundesgerichtshof zur Anspruchseindämmung aufgeworfene Wälle hielten dem Bundesverfassungsgericht nicht stand[61].

Das Engagement der URO auf diesem Gebiet hatte einen besonderen Hintergrund. Es betraf eine große Zahl von Juden, die aus Osteuropa nach Israel ausgewandert waren. Im Israel-Vertrag von 1952 war eine Pauschalabgeltung von Eingliederungskosten vereinbart, woraus folgte, daß große Teile dieser Einwanderungsgruppen keine individuellen Gesundheitsschadensansprüche nach dem Bundesentschädigungs-

---

[57] Urteil des BGH vom 25.10.1961, Teildruck in: RzW 13 (1962), S.116 f.; ähnlich Urteil des BGH vom 18.4.1962, Teildruck in: RzW 13 (1962), S.449 f.

[58] Die Kläger vertritt Prof. Dr. F.A. Mann, Solicitor of the Supreme Court, London, Fellow of the British Academy, der URO als stellv. Mitglied des Board verbunden.

[59] Hierzu im einzelnen Heinz Klee, Die besonderen Gruppen von Verfolgten, in: Wiedergutmachung V (Anm. 2), München 1983, S. 393–451.

[60] Urteil des Bundesverfassungsgerichtes vom 23.3.1971, Teildruck in: RzW 22 (1971), S.310–315.

[61] Urteil des Bundesgerichtshofes vom 16.1.1980, Teildruck in: RzW 31 (1980), S.62–67; kommentierend RzW 31 (1980), S.123–127.

gesetz anmelden konnten. Es sei denn, man wählte die für „Verfolgte aus den Vertreibungsgebieten" offengehaltene Bresche. Anscheinend haben zehntausende israelische
URO-Mandanten über diesen Rechtsweg einen Rentenanspruch wegen Gesundheitsschäden erhalten. Im ganzen hat die auf die Vertreibungsgebiete bezogene Entschädigungspraxis viel harte Kritik auf sich gezogen. Daß die Größe der hier einbezogenen
Zielgruppe und des für sie eingesetzten Finanzvolumens den ursprünglichen Intentionen des Gesetzgebers entsprach, ist in der Tat bestreitbar. Unbestreitbar ist hingegen
die Bedürftigkeit und das leidvolle Schicksal der meisten in den Genuß solcher Renten gelangten Bürger Israels. Abstrakt gesprochen scheint hier ein besonders deutlicher Fall einer sich im Gesetzesvollzug ergebenden Programmverschiebung beobachtbar zu sein.

In höherem Maß reichten andere Rechtsfragen, die die URO zur Entscheidung
brachte, über den Kreis der jüdischen Verfolgten hinaus. Dies gilt etwa für das 1976
mit einem spektakulären Urteil des Bundesgerichtshofs erkämpfte Recht des Übergangs von der niedrigeren Mindestrente – auf sie hatten sich viele Antragsteller zur
Beschleunigung ihres Verfahrens in Zeiten eingelassen, da sich die Fälle in den Verwaltungen hoffnungslos stauten – in eine höhere, den persönlichen Verhältnissen
angemessenere Tabellenrente[62]. Eine große Tragweite erreichte auch ein vom Bundesgerichtshof (1972) in Verfahrensrecht umgegossenes Urteil des Bundesverfassungsgerichts (1969), wonach eine gerichtliche Prüfung von „Zweitverfahren" möglich
wurde: hier handelte es sich um Fälle, in denen ein Antragsteller sich bei rechtskräftigen, doch offenbar irrigen Bescheiden an die Ämter wandte mit dem Ziel der
„Abhilfe"[63].

Schließlich ist die Beratungstätigkeit hervorzuheben, mit der die URO auf Gesetzgebung und Verwaltungspraxis einzuwirken suchte. Die Claims Conference bildete
nach den Haager Protokollen ein „Legal Committee". Unter dem Vorsitz von Herbert Schoenfeldt bzw. (seit 1956) von Ernst Katzenstein umfaßte es einen kleinen
Kreis von Experten. Diese beobachteten die legislatorische Arbeit zur Wiedergutmachung mit großer Intensität und beeinflußten sie durch vielfältige Kontakte mit Ministerien, dem Wiedergutmachungsausschuß des Bundestages und mit Abgeordneten
aller maßgeblichen Parteien. Im Kreise dieses Committee spielten führende URO-
Repräsentanten eine bedeutende Rolle. Von den sieben Persönlichkeiten, die das
Committee 1958 umfaßte, sind vier ganz oder mit einem Teil ihrer Funktionen der
URO zuzurechnen. Daß dieses Committee im ganzen und die URO im besonderen
einen sehr bedeutenden Einfluß auf die Gestalt der Gesetze ausgeübt hat, ist von Spitzenbeamten des federführenden Bundesressorts mehrfach hervorgehoben worden[64].

Der ständige Beratungskontakt mit der Verwaltungspraxis führte dazu, daß die
URO auch in jener als „Sternstunde der Verwaltung" in die Rechtsgeschichte einge

---

[62] BGH-Urteil vom 29. 1. 1976, Teildruck in: RzW 27 (1976), S. 116–118.

[63] Urteil des Bundesverfassungsgerichtes vom 17. 12. 1969, Teildruck in: RzW 21 (1970), S. 160;
einschlägige BGH-Urteile in: RzW 23 (1972), S. 341, 344, 346.

[64] Vgl. z. B. Zorn, May (Anm. 23 u. 25): „Für alle gesetzgeberischen Arbeiten auf dem Gebiet des
Entschädigungsrechts, angefangen von der großen BEG-Novelle von 1956 bis zu den einzelnen
Durchführungsverordnungen, war Kurt May ein unentbehrlicher Berater, weil er auch den
unmittelbaren Kontakt zu den Verfolgten und ihren Problemen hatte und die Praxis kannte wie
kaum ein anderer".

gangenen Verwaltungsvereinbarung der Länder nicht beiseite stand, mit der die Exekutive 1959 angesichts einer „Häufung beunruhigender Urteile des BGH" beschloß, großzügigere Leistungen zu erbringen als ihnen die Rechtsprechung auferlegte. In diese Vereinbarung haben mehrere URO-Anregungen Eingang gefunden[65]. Eine fortlaufende Kommentierungsarbeit führender URO-Juristen in der einzigen Fachzeitschrift dieses Rechtsgebiets gehörte ebenfalls zu dem vielschichtigen Beitrag, den die URO zur Entwicklung des Entschädigungsrechts leistete. Als diese Zeitschrift 1981 ihr Erscheinen einstellte – „Unsere Arbeit ist getan" –, sah der nicht immer mit üppigen Abonnentenzahlen gesegnete Hauptherausgeber sich auch in anderer Hinsicht zur Hervorhebung der URO veranlaßt: Sie hatte in schwierigen Situationen „bei der Überwindung der Abgründe des Defizits" geholfen[66].

Einige Überlegungen zum Verhältnis von jüdischen und nichtjüdischen Anspruchsgruppen

Wie gezeigt, war die URO eine in verschiedener Hinsicht sehr erfolgreiche Unternehmung. Das zahlte sich aus. Einer 1968 gezogenen Bilanz zufolge hat die URO Entschädigungsansprüche in Höhe einer Gesamtsumme von etwa 700 Millionen Dollar realisiert. Hinzu kamen Rückerstattungswerte in Höhe von 40 Millionen Dollar und Leistungsbestandteile aus der Sozialversicherung, die sich einer Berechnung entziehen[67]. An den ohne sichere Rechtsgrundlage geführten Verhandlungen mit Privatfirmen – für die jüdische KZ-Häftlinge Zwangsarbeit geleistet hatten und die sich später teils bereit fanden, teils kategorisch weigerten, Entschädigungen zu zahlen – war die URO mittelbar beteiligt[68]. Im ganzen nahmen jüdische Verfolgte zu einem weit höheren Prozentsatz Rechtsbeistand in Anspruch als alle anderen Verfolgtengruppen[69]. Dies hängt zum Teil mit dem Wirken der URO zusammen, indirekt wohl

[65] „Sternstunde" nach Schwarz, Schlußbetrachtung (Anm. 2), S. 22. Das weitere Zitat aus einem Schreiben von Franz Böhm an das Central Office der URO, 24.2. 1959 (C.O.). Die Verwaltungsvereinbarung vom 23.6. 1959 ist abgedruckt in: RzW 10 (1959), S. 365. – Auf Anregung der URO gelangte z.B. der Beschluß zu § 189 BEG hinein, wonach die „Nachschiebung weiterer Ansprüche" (z.B. wegen Gesundheitsschaden) bei „rechtzeitiger Geltendmachung mindestens eines Anspruchs" (z.B. auf Haftentschädigung) als nach ständiger Verwaltungspraxis zulässig festgelegt wurde. Daß vorsichtshalber der Präsident des Bundesrechnungshofes in die Vereinbarung einbezogen wurde, ging anscheinend auch auf einen URO-Ratschlag zurück.

[66] RzW 32 (1981), S. 115. – Ständiger Kommentator mit zahllosen Beiträgen in vielen Jahrgängen der RzW war Alfred Schüler; oft schrieben auch H. Knopf (URO Tel Aviv) und M. Stranz (URO London).

[67] Bentwich, United (Anm. 6), S. 31. Renten sind dabei mit einer durchschnittlichen Laufzeit von 10 Jahren eingerechnet. – Warum der erhebliche Beitrag der Sozialversicherung zu den Leistungen der Wiedergutmachung nicht quantifizierbar ist, erläutert der „Bericht der Bundesregierung über Wiedergutmachung und Entschädigung für nationalsozialistisches Unrecht sowie über die Lage der Sinti, Roma und verwandter Gruppen" vom 31.10. 1986 (Bundestagsdrucksache 10/6287), S. 28.

[68] Ferencz, Lohn (Anm. 22).

[69] Einer aus rund 500 Fallakten des Amtes für Wiedergutmachung Düsseldorf bestehenden Stichprobe zufolge nahmen 82% der jüdischen Verfolgten einen Rechtsbeistand in Anspruch, jedoch nur 36% der aus „sonstigen" Gründen Verfolgten und 21% der politisch Verfolgten. Vgl. Leistungsverwaltung und Verwaltungsleistung. Analyse von Vollzugsproblemen am Beispiel der Entschädigung für Opfer der nationalsozialistischen Verfolgung. Vervielfältigter Projekt-Schlußbericht des Instituts für Angewandte Sozialforschung der Universität zu Köln, Köln 1983,

auch mit dem überproportional hohen Anteil juristischer Berufe im Traditionsstrom des deutschen Judentums.

Doch wäre es perspektivisch falsch, diese Organisation isoliert zu betrachten. Sie war, wie erinnerlich, eingefügt ins Ensemble der jüdischen Nachkriegsorganisationen. Von kompetenter Seite ist gesagt worden, es habe „Regie und Rollenverteilung unter den verschiedensten jüdischen Institutionen" mit einer „erstaunlichen Präzision" funktioniert: „Die Koordination aller Maßnahmen und Schritte war einfach ohne Fehl". Das „geschickte Zusammenspiel aller Kräfte" habe der jüdischen Seite zu „außerordentlichem Einfluß" auf die Wiedergutmachung verholfen. Sie habe ihre Möglichkeiten „voll ausgeschöpft"; auch „Spaltungserscheinungen" auf deutscher Seite seien „nüchtern genutzt" worden.

Man glaubt dieses Beobachters Bemühen um das Austarieren einer mit brisanten Gewichten belasteten Waage förmlich spüren zu können. Angesichts der Massenverbrechen an den Juden und des nicht „wieder gut" Machbaren (übrigens auch angesichts der Großzügigkeit, mit der die Beamten sich im Wiedergutmachungsrecht behandelt sahen) verbietet sich der Zeigefinger des Moralschulmeisters oder die Abwehrgebärde des Finanzbuchhalters gegenüber der Stoßkraft jüdischer Wiedergutmachungsansprüche. Faktum ist andererseits, daß andere, weniger gut oder gar nicht organisierte, mit geringerem oder gar keinem politischen Gewicht ausgestattete Gruppen von Verfolgten und Geschädigten mehr oder minder leer ausgegangen sind. „Die Frage nach der inneren Rechtfertigung solcher Differenzierung steht im Raum"[70].

Sie sollte nicht mit flinken Formeln beantwortet werden. Das hier entfachbare Feuer sollte auch nicht zum Kochen parteilicher Süppchen, sondern zur Entfaltung und Klärung der richtigen Fragen benutzt werden. Vieles wäre hier zu bedenken. Etwa: Inwieweit hat das äußere Bild der Geschlossenheit, das die jüdischen Organisationen so wirkungsvoll vermittelten, interne Divergenzen überdeckt? Dabei ist nicht allein an materielle Verteilungskämpfe zu denken (man müßte schon sehr im Überfluß leben, um sie anstößig zu finden), von deren Schlachtenlärm durchaus einiges nach außen drang, sondern auch an Dispute über das normativ Richtige und Wichtige[71]. Inwieweit waren in der Wiedergutmachung gleichsam Meistbegünstigungs-

---

S. 305. Ungeachtet ihrer Bedeutung für die Verwaltungstheorie lassen sich dieser Quantifizierungsstudie leider nur sehr begrenzt neue Einsichten in die Historizität der Wiedergutmachung abgewinnen.

[70] Ernst Féaux de la Croix, Vom Unrecht zur Entschädigung: Der Weg des Entschädigungsrechts, in: Wiedergutmachung III (Anm. 2), München 1985, S. 1–118; ders., Internationalrechtliche Grundlagen der Wiedergutmachung, in: ebenda, S. 119–199, hier S. 181–198. Dieser Autor gehörte dem federführenden Bundesfinanzministerium als Ministerialdirektor an.

[71] Vgl. Anm. 23. Auf eine „gewisse Rivalität" zwischen den Nachfolge-Organisationen und den wieder gegründeten jüdischen Kultusgemeinden verweist Otto Gnirs, Die Entschädigung von juristischen Personen, in: Wiedergutmachung V (Anm. 2), München 1983, S. 375–392, hier S. 383; auf Rivalitäten anderer Art Grossmann, Auslandsorganisationen (Anm. 14), S. 105. Zum Teil offenbar heftige eigene Auseinandersetzungen mit JRSO, JTC und Claims Conference läßt der Bericht des Council of Jews from Germany (Anm. 13) erkennen. – Normative Divergenzen scheinen u. a. über das Ausmaß der Einbeziehung osteuropäischer Juden in die Wiedergutmachung, über die Vorzugsbehandlung früherer Beamter jüdischer Gemeinden und auch über das richtige Verhältnis zu anderen Verfolgtengruppen bestanden zu haben.

klauseln angelegt, die eine von einer Gruppierung durchgesetzte Positionsverbesserung sogleich verallgemeinerten (wie manches von der URO erwirkte BGH-Urteil automatisch allen Anspruchsgruppen nützte)? Und umgekehrt: Inwieweit waren Positionsgewinne einer Gruppe nur auf Kosten einer anderen zu haben? Soweit die Wiedergutmachung sich nicht als Solidaraktion – etwa im Rahmen der Arbeitsgemeinschaft Deutscher Verfolgtenorganisationen –, sondern als Konkurrenzsituation von Anspruchsgruppen darstellte: Inwieweit sind die Gründe hierfür in den extern gesetzten Bedingungen zu suchen und inwieweit im eigenen Abgrenzungsverhalten der verschiedenen Verfolgtengruppen?

Das sind bisher noch weitgehend offene Fragen. Ehe sich genaues darüber sagen läßt, wird noch viel tiefer in die Realgeschichte der Wiedergutmachung einzudringen sein. Daß es dabei bisher verborgene Zusammenhänge zu entdecken gibt, zeigt das folgende Beispiel.

Der Bundesgerichtshof entschied 1956, daß die Zigeuner erst seit März 1943, seit dem sogenannten Auschwitz-Erlaß Himmlers, aus rassischen Gründen verfolgt worden seien. Zuvor habe es sich grundsätzlich um sicherheitspolizeilich oder militärisch motivierte Maßnahmen gehandelt, für die keine Wiedergutmachung zu gewähren sei. Dies gelte z. B. auch für eine im April 1940 angeordnete Deportation tausender Zigeuner ins Generalgouvernement. Dieses Urteil wurde zum Angelpunkt der gesamten Rechtsprechung auf diesem Gebiet. Der Bundesgerichtshof selbst hielt in vielen Revisionsurteilen mit großer Konsequenz (um die Rechtseinheit und Rechtssicherheit zu wahren?) an seiner Ansicht fest.

Den Leiter des Frankfurter Central Office der URO empörte das. In ihrer Dokumentationsarbeit war die URO auf Quellenstücke gestoßen, die die Dinge in einem anderen Licht zeigten: Die Kommentare zu den Nürnberger Gesetzen attestierten den Zigeunern „artfremdes Blut", Einsatzgruppenberichte führten über die Erschießung von Zigeunern Buch. Kurt May entschloß sich, alle der URO verfügbaren Hebel in Bewegung zu setzen, um den höchstrichterlich zementierten Justizirrtum – auf dem Wege gesetzlicher Novellierung oder einer neuen Grundsatzentscheidung des BGH – zu korrigieren. Der Kampf dauerte sechs Jahre lang. Die URO intensivierte ihre Quellenforschung, trat in Materialaustausch mit anderen Forschungsstellen[72], übersandte neue Funde fortlaufend an sämtliche einschlägig befaßten Behörden und Gerichte, startete Korrespondenz-Offensiven und nutzte vielfältige Gesprächskontakte. Auch der Wiedergutmachungsausschuß des Bundestages sah sich von der URO ständig an dieses Skandalon erinnert[73]. Dem Central Office der URO war auch zu danken, daß die juristische Fachzeitschrift zum Wiedergutmachungsrecht sich der Sache mit einer großen, kritischen Abhandlung annahm[74].

---

[72] Insbesondere mit dem Institut für Zeitgeschichte in München. In einem Schreiben an dessen damaligen Mitarbeiter Hans Buchheim, 26. 3. 1957, nannte Kurt May, die BGH-Urteile in der Zigeunerfrage „krasse Fehlurteile" (C.O.).

[73] Um aus dem dicken Aktenkonvolut „Zigeuner" ein Beispiel für die an Mitglieder des Wiedergutmachungsausschusses unterschiedlicher Parteizugehörigkeit gerichteten Appelle zu geben: „Wenn jetzt die Arbeiten im Wiedergutmachungsausschuß unter dem Vorsitz eines recht aktiven Juristen wieder aufgenommen werden, bitte ich Sie sehr, die Zigeuner nicht zu vergessen", schrieb der Leiter des Central Office an einen Abgeordneten am 26. 1. 1961 (C.O.).

[74] Franz Calvelli-Adorno, Die rassische Verfolgung der Zigeuner vor dem 1. März 1943, in:

Aufgrund des von der URO gelieferten Beweismaterials[75] rebellierten mehrfach Tatsacheninstanzen der Oberlandesgerichte gegen die ständige Rechtsprechung des Bundesgerichtshofs. Ihre zugunsten der Zigeuner ergangenen Entscheidungen hob der BGH dann jedoch in der Revision wieder auf, so daß manche Tatsachenrichter zu resignieren begannen.

Aufgrund einer von der URO vorgelegten Dokumentation kam das Oberlandesgericht Frankfurt im Mai 1961 ein weiteres Mal zu dem Befund: „Der Ansicht des BGH, Zigeuner seien erst nach dem sogenannten Auschwitz-Erlaß aus Gründen der Rasse verfolgt worden, kann nicht gefolgt werden". Auf dieses Urteil stützte sich eine entsprechende Entscheidung des OLG Düsseldorf im April 1963. Als diese wiederum vor den Bundesgerichtshof gebracht wurde, kam Ende 1963 die Wende. Das oberste deutsche Entschädigungsgericht anerkannte nunmehr, daß seit 1935, zumindest aber seit 1938 die Zigeuner auch aus Gründen der „Rasse" verfolgt worden seien: „Die bisherige abweichende Rechtsprechung wird aufgehoben"[76].

Die Gewichtung von Wirkungsanteilen in komplexen Zusammenhängen ist immer schwierig. Doch läßt sich nachweisen, daß die Korrektur dieses Justizirrtums in einem besonders hohen Maße dem nicht nachlassenden Drängen der URO zu danken ist. Warum der Leiter ihres Central Office viel Zeit und Mühe für eine mitunter aussichtslos scheinende Sache aufbrachte, die zudem in gar keiner Weise die jüdische URO-Klientel betraf, auch das läßt sich den Quellen klar entnehmen: Es ließ ihn angesichts solcher Fehlurteile sein „Rechtsgewissen nicht ruhen", zumal klar erkennbar sei, daß den Zigeunern – diesen „viel geschmähten und gehetzten Menschen" – aus eigener Kraft keine Änderung gelänge. Denn sie seien „nicht richtig organisiert und nicht richtig vertreten"[77].

Einige Zeit nach der Korrektur des höchstrichterlichen Irrtums erhielt das Frankfurter Central Office einen Brief aus dem Londoner Generalsekretariat der URO. Es war die Gratulation zu dem großen Erfolg zugunsten einer Menschengruppe, „für

---

RzW 12 (1961), S. 529–537. Calvelli-Adorno, Präsident des Entschädigungssenats des OLG Frankfurt und mit dem Leiter des Frankfurter Central Office freundschaftlich verbunden, breitete hier das URO-Material aus. Die Initiative der URO, die sich übrigens auch erbot, die durch die Überlänge der Abhandlung eventuell entstehenden Druckkostennöte zu beseitigen, trat mit Bedacht ganz hinter dem Verfassernamen des Senatspräsidenten zurück. Zuvor hatte sich einzig Alfred Schüler mit einer kritischen Anmerkung zu einem Zigeunerurteil des BGH zu Wort gemeldet, in: RzW 10 (1959), S. 134 f.

[75] Das die Richter zur Stopfung ihrer Kenntnislücken zumeist gerne aufgriffen: „Das Tagebuch von Höß steht dem Senat nicht zur Verfügung. Falls es sich ermöglichen läßt, wird um Übersendung einer Abschrift der in Ihrem Schreiben erwähnten Seite 104 gebeten", konnte die URO in einem Antwortschreiben des Entschädigungssenats des OLG Neustadt, 11.5. 1960, lesen. – Der Entschädigungssenat des OLG Koblenz übermittelte am 24.7. 1961 verbindlichsten Dank für „Ihre selbstlose und um so wertvollere Hilfe"; er bedaure, „daß uns das – zur Hauptsache von Ihnen – zugänglich gemachte Material nicht schon früher zur Auswertung vorgelegen hat". – Etwas distanzierter reagierte der zuständige BGH-Senatspräsident, Walter Ascher, auf die Dokumentenübersendungen, immerhin z. B. am 18.4. 1961 mit „bestem Dank", „mit Interesse davon Kenntnis genommen . . ." (C. O.).

[76] Urteil des OLG Frankfurt a. M. vom 2.5. 1961, Teildruck in: RzW 12 (1961), S. 544–546. BGH-Urteil vom 18.12. 1963, Teildruck in: RzW 15 (1964), S. 209–211. Die Wende hatte sich mit einem BGH-Urteil vom 14.2. 1962 angebahnt, Teildruck in: RzW 13 (1962), S. 353.

[77] Kurt May an Franz Calvelli-Adorno, 10.8. 1959, an Kai Kösling, 25.7. 1961, an den Vorsitzenden des Wiedergutmachungsausschusses des Bundestages, Edgar Jahn, 13.6. 1961 (C. O.).

die sonst kaum ein halbes Dutzend Männer eingetreten" sei. „Ich erinnere mich genau", schrieb Hans Reichmann[78], „daß, als ich 1945 Dokumente zur Vorbereitung der Nürnberger Prozesse in der Wiener Library sammelte, mir der Gedanke kam, daß wir Juden uns der verlassenen und zur eigenen Vertretung nicht fähigen Gruppe der Zigeuner annehmen und dem Nürnberger Tribunal Material unterbreiten sollten. Es würde uns als Minderheit ehren, wenn wir öffentlich für die noch Schwächeren eintreten". – Zur Realisierung dieses Gedankens ist es damals nicht gekommen. Es darf auch gefragt werden, ob das vom Central Office zugunsten der Zigeuner gerufene J'accuse in den jüdischen Reihen nur wohlwollendes Echo gefunden hat. Auf jeden Fall blieb, wie Hans Reichmann an Kurt May schrieb, die „Befriedigung über den glücklichen Ausgang eines selbstlos geführten Kampfes ums Recht". Und der Geschichtsschreibung zur Wiedergutmachung bleibt ein eindrucksvolles Beispiel für eine auch im metaphorischen Sinn übernommene Anwaltschaft.

[78] Hans Reichmann an Kurt May, 15. 4. 1964 (C. O.).

Ulrich Herbert

Nicht entschädigungsfähig?
Die Wiedergutmachungsansprüche der Ausländer

Wer aus rassischen, politischen, weltanschaulichen oder religiösen Gründen von den Nationalsozialisten geschädigt worden ist, hat einen Anspruch auf Entschädigung – dieser Grundsatz des westdeutschen Wiedergutmachungsrechts ist jedoch insofern eingeschränkt, als es sich um innerdeutsches Recht handelt und sich auf Deutsche beschränkt bzw. auf solche Menschen, die eine „räumliche Beziehung" zur Bundesrepublik oder dem Deutschen Reich haben oder doch hatten[1]. Dem steht aber gegenüber, daß die überwiegende Mehrzahl der Opfer nationalsozialistischer Verfolgung eben nicht Deutsche, sondern Ausländer waren, die nicht unter die Bestimmungen der verschiedenen Bundesentschädigungsgesetze fallen – die Angehörigen der Länder also, die während des Krieges von Deutschland besetzt waren. Dieser Widerspruch und die daraus entstandenen politischen und juristischen Auseinandersetzungen stehen im Mittelpunkt der folgenden Überlegungen.

I.

Während des Krieges wurden etwa zehn bis zwölf Millionen Menschen aus ihrer von den Deutschen besetzten Heimat deportiert und in eines der mehr als 20 000 Lager der unterschiedlichsten Art im „Reich" oder in den von Deutschland besetzten Gebieten gebracht. Die überwiegende Mehrzahl von ihnen befand sich bei Kriegsende auf deutschem Gebiet, von den Alliierten mit dem Sammelbegriff „Displaced Persons" (DPs) bezeichnet[2]. Dabei handelt es sich jedoch um ganz unterschiedliche Gruppen von Menschen, die aus ebenso unterschiedlichen Gründen deportiert worden waren. Hier sind zunächst zwei große Gruppen voneinander zu unterscheiden:

– Die etwa sechs Millionen ausländischen Zivilarbeiter, umgangssprachlich „Fremdarbeiter" genannt, die im Rahmen des nationalsozialistischen „Ausländereinsatzes" seit Ende 1939 überwiegend zwangsweise nach Deutschland zur Arbeit gebracht worden waren; davon waren Bewohner fast aller von Deutschland besetzten Länder betroffen, mehr als die Hälfte der „Fremdarbeiter" waren jedoch Polen und Russen, die zudem am untersten Ende der rassistischen Hierarchie der Nationalso-

---

[1] Georg Blessin, Hans Wilden: Bundesentschädigungsgesetze, Kommentar, München 1957, S. 131.

[2] Dazu ausf. Wolfgang Jacobmeyer: Vom Zwangsarbeiter zum Heimatlosen Ausländer. Die Displaced Persons in Westdeutschland 1945–1951, Göttingen 1985.

zialisten standen und ganz besonders schlecht behandelt wurden. In einer ähnlichen Lage, was die Behandlung und den Arbeitseinsatz anbetraf, aber statusrechtlich von den Zivilarbeitern unterschieden, waren die etwa 2 Millionen Kriegsgefangenen, unter denen Russen und Franzosen sowie später die italienischen Militärinternierten die größten Gruppen darstellten; während die polnischen Kriegsgefangenen bald nach ihrer Gefangennahme zwangsweise in den Zivilarbeiterstatus überführt worden waren[3].

– Sowohl was die Art der Behandlung, als auch den juristischen Status betrifft, sind die bei Kriegsende etwa 750 000 KZ-Häftlinge von Fremdarbeitern und Kriegsgefangenen deutlich zu unterscheiden[4]. Sie unterstanden der Gewalt der SS und setzten sich wiederum aus einer Vielzahl von verschiedenen Gruppen zusammen. Für den hier zu behandelnden Zusammenhang sind dabei die folgenden Unterscheidungen von Bedeutung: die weitaus meisten KZ-Häftlinge, die bei Kriegsende von den Alliierten befreit wurden, waren Ausländer, wobei die Zahl der „Nichtjuden“ um ein Vielfaches höher war als die der jüdischen Häftlinge, die den Holocaust überlebt hatten; der Anteil der deutschen KZ-Häftlinge hingegen war mit weniger als 10 Prozent relativ gering. Nahezu alle KZ-Häftlinge waren – jedenfalls in der letzten Kriegsphase – zur Zwangsarbeit unter wahrhaft fürchterlichen Bedingungen eingesetzt worden, vorwiegend in der Rüstungsindustrie. Die nichtjüdischen ausländischen Häftlinge waren von den deutschen Besatzungsbehörden und der Gestapo aus den unterschiedlichsten Gründen in die Konzentrationslager gesperrt worden – wegen Vergehens gegen eine Anordnung der deutschen Organe, wegen tatsächlichen oder vermeintlichen Widerstands, weil sie der polnischen Intelligenz angehörten, weil sie als Geiseln genommen waren und aus vielen anderen Gründen. Eine im Verlaufe des Krieges immer größer werdende Gruppe von ausländischen KZ-Häftlingen, bei Kriegsende vermutlich die größte, bestand wiederum aus „Fremdarbeitern“ und Kriegsgefangenen, die wegen irgendeines „Vergehens“ bei ihrem Arbeitseinsatz in der Privatwirtschaft von der Gestapo ins KZ eingeliefert worden waren[5].

[3] Hierzu im einzelnen Ulrich Herbert: Fremdarbeiter. Politik und Praxis des „Ausländer-Einsatzes“ in der Kriegswirtschaft des Dritten Reiches, Berlin/Bonn 1985; ders.: Geschichte der Ausländerbeschäftigung in Deutschland 1880 bis 1980, Berlin/Bonn 1986, S. 120–178. Der Begriff „Zwangsarbeiter“ ist allerdings unscharf und wird vor allem in der Publizistik häufig undifferenziert oder falsch verwendet. Er hat keinen personenstandsrechtlichen Charakter, sondern drückt unter Berücksichtigung der Umstände sowohl der Rekrutierung wie der Arbeits- und Lebensbedingungen eine Bewertung des Schicksals der Betroffenen aus. Zu unterscheiden ist dabei aber zwischen den ausländischen Zivilarbeitern, umgangssprachlich „Fremdarbeiter“ genannt, den Kriegsgefangenen, die zur Arbeit in der Privatwirtschaft herangezogen wurden, und den KZ-Häftlingen, die Zwangsarbeit leisten mußten. Diese Unterscheidung ist wegen der erheblichen Unterschiede, sowohl, was die Lebensbedingungen als auch den juristischen Status angeht, von Bedeutung. Von diesen Gruppen noch einmal deutlich zu trennen sind die deutschen „Dienstverpflichteten“, deren Schicksal sich von dem der genannten drei Gruppen grundlegend unterscheidet. Im Folgenden spreche ich von „Zwangsarbeitern“, wenn ich Zivilarbeiter, Kriegsgefangene und KZ-Häftlinge insgesamt meine, sonst verwende ich die Einzelbezeichnungen.

[4] Vgl. i. e. Falk Pingel: Häftlinge unter SS-Herrschaft. Widerstand, Selbstbehauptung und Vernichtung im Konzentrationslager, Hamburg 1978; Ulrich Herbert: Arbeit und Vernichtung. Ökonomisches Interesse und Primat der „Weltanschauung“ im Nationalsozialismus, in: Dan Diner (Hrsg.): Ist der Nationalsozialismus Geschichte? Frankfurt a. M. 1987, S. 198–236.

[5] Vgl. Herbert, Arbeit und Vernichtung, S 226ff.; hinzu kamen weitere Gruppen, etwa die zur

Bei den Nürnberger Prozessen standen die nationalsozialistische Ausländerpolitik und die Verhältnisse in den Konzentrationslagern im Mittelpunkt sowohl des Hauptverfahrens als auch der Nachfolgeprozesse gegen führende Industrievertreter, SS-Offiziere und Ministerialbürokraten; das „Sklavenarbeiterprogramm", wie es in den Anklageschriften hieß, war einer der vier Hauptanklagepunkte. Sauckel und Speer, die Industriemanager von Flick, IG-Farben und Krupp sowie die Leiter des SS-Wirtschafts- und Verwaltungshauptamtes sind vor allem wegen dieses Anklagepunktes verurteilt worden. Gleichwohl ist der Zwangsarbeitereinsatz in der Bundesrepublik nie Gegenstand öffentlicher Auseinandersetzungen gewesen. Zum einen verblaßte die Beschäftigung von 8 Millionen Zwangsarbeitern hinter den Berichten über den Völkermord in den nationalsozialistischen Vernichtungslagern; zum zweiten wurde der „Ausländereinsatz" gar nicht als spezifisch nationalsozialistisches Phänomen, ja nicht einmal als ein Unrecht angesehen; vielmehr standen in der Nachkriegszeit die Plünderungen der „DPs" nach der Befreiung im Vordergrund der Beschäftigung mit diesem Komplex[6]. Drittens war, anders als bei den Massenmorden im Osten, die deutsche Bevölkerung beim „Ausländereinsatz" selbst aktiver Faktor nationalsozialistischer Rassenpolitik und mit den ausländischen Zivilarbeitern und Kriegsgefangenen, in der letzten Kriegsphase an vielen Orten auch mit den zur Zwangsarbeit eingesetzten KZ-Häftlingen, täglich und unmittelbar konfrontiert, was die Tendenzen zum Vergessen noch bestärkte. In der internationalen Öffentlichkeit hingegen standen Massendeportation und Zwangsarbeit im Vordergrund der Aufmerksamkeit – schon deshalb, weil es sich bei den davon Betroffenen eben um Landsleute, nicht um Deutsche handelte.

Der Ruf nach „Wiedergutmachung", der in der Weltöffentlichkeit nach Kriegsende erscholl, bezog sich daher in besonderer Weise auf die „Displaced Persons". Diese Erwartung ist gegenüber den jüdischen Verfolgten durch die Abkommen der Bundesregierung mit dem Staat Israel und der Jewish Claims Conference vom Jahre 1952[7] sowie durch die bundesdeutschen Entschädigungsgesetze bis zu einem bestimmten Grad erfüllt worden. Ähnliches gilt auch für einen Teil der deutschen KZ-Häftlinge, soweit sie aus Gründen verfolgt worden waren, die die Gerichte als spezifisch nationalsozialistisches Unrecht anerkannten.

Von den Vereinbarungen mit Israel und der Claims Conference sowie den Bestimmungen der Bundesentschädigungsgesetze aber waren weder die ausländischen zivilen Zwangsarbeiter erfaßt noch die ausländischen KZ-Häftlinge, darunter diejenigen Juden, die nach 1945 in eines der Ostblockländer zurückgekehrt waren; während eine Entschädigung für Kriegsgefangene nach internationalem Recht von vornherein nicht zur Diskussion stand.

Welche finanziellen Größenordnungen bei der Frage einer möglichen Entschädigung der ausländischen NS-Verfolgten im Spiel waren, verdeutlicht ein – hier belie-

---

Arbeit bei der Organisation Todt verpflichteten Zwangsarbeiter; die „Hiwis", also zivile Hilfskräfte der Wehrmacht; und andere Gruppen, auf die in diesem Zusammenhang nicht näher eingegangen wird.

[6] Vgl. Ulrich Herbert: Apartheid nebenan. Erinnerungen an die Fremdarbeiter im Ruhrgebiet, in: Lutz Niethammer (Hrsg.): Lebensgeschichte und Sozialkultur im Ruhrgebiet 1930–1960, Bd. 1, Berlin/Bonn 1983, S. 233–266.

[7] Vgl. dazu die Beiträge von Huhn und Wolffsohn in diesem Band.

big gewähltes – Beispiel: die Gewährung einer monatlichen Rente von 100 DM für 5 Millionen Menschen bei einer durchschnittlichen Laufzeit von 20 Jahren würde zu einer Gesamtbelastung von 120 Milliarden DM führen – eine für die Verhältnisse in der Nachkriegszeit vollkommen unvorstellbare Summe.

Die zentrale Frage bei der Behandlung von Entschädigungsforderungen ehemaliger KZ-Häftlinge und Fremdarbeiter bestand nun darin, ob sie als individuelle Forderungen von Privatpersonen oder als Teil der Reparationsforderungen der ehemaligen Feindmächte einzustufen waren. Schon wegen der zu erwartenden finanziellen Größenordnungen wurde von westdeutscher Seite aus hier von vornherein nur an eine pauschale Regelung im Rahmen von Reparationszahlungen gedacht, da nach internationalem Recht Ansprüche aus Kriegs- und Besatzungshandlungen nur von Staat zu Staat, nicht aber von einzelnen Individuen gegen den ehemaligen Feindstaat zu erheben seien; dabei wurde auf das Vorbild des Versailler Vertrages, in dem ebenso verfahren worden sei, verwiesen[8]. Als Rechtsgrundlage für diese Auffassung dienten vor allem die Reparationsbestimmungen der internationalen Vereinbarungen aus der unmittelbaren Nachkriegszeit, insbesondere das Potsdamer Abkommen. Dort war das für Reparationszwecke vorgesehene deutsche Vermögen in eine „Ostmasse" und eine „Westmasse" geteilt worden; die Sowjetunion sollte demnach durch Entnahmen aus der sowjetischen Besatzungszone ihre Reparationsansprüche befriedigen und außerdem aus den Westzonen gewisse zusätzliche Leistungen erhalten. Darüberhinaus sollte die UdSSR aus ihrer Zone auch die Ansprüche Polens befriedigen – eine Regelung, mit der sich die Provisorische Polnische Regierung am 16. August 1945 einverstanden erklärte[9].

Nach dieser Rechtsauffassung also waren Staatsangehörige eines ehemaligen Feindlandes von direkter Entschädigung ausgeschlossen und auf Leistungen ihres eigenen Staates angewiesen, die dieser wiederum aus den zu vereinbarenden deutschen Reparationsleistungen zu begleichen hatte.

Dieser Auffassung widersprach jedoch vor allem die polnische Seite, die seit Kriegsende immer zwischen „individueller Wiedergutmachung" und „staatlichen Reparationen" unterschieden hatte – bereits im ersten Dokument der Provisorischen Polnischen Regierung Anfang 1945 war davon die Rede gewesen; auf der Konferenz der Außenminister-Stellvertreter in London am 23. Januar 1945 betonte die polnische Regierung diese Forderungen erneut und hob dabei vor allem auf die ehemaligen polnischen Zwangsarbeiter ab[10]. Polen hat diese Ansprüche auf individuelle Wiedergut-

---

[8] Vgl. etwa Hans Granow: Ausländische Kriegsschädenansprüche und Reparationen, in: Archiv für öffentliches Recht, 77 (1951), S. 66–78; Hans Gurski: Das Abkommen über deutsche Auslandsschulden und seine Durchführungsbestimmungen, Kommentar (Loseblattsammlung), Köln 1956 ff., S. 182 a.

[9] Absatz IV des Potsdamer Abkommens, „Reparationen aus Deutschland", Amtsblatt des Kontrollrats in Deutschland, Jg. 1945, Erg.bl. Nr. 1, S. 13 ff.; die Erklärung Polens in Art. II der „Vereinbarung über die Ersatzleistung für Schäden, die durch die deutsche Besatzung verursacht worden sind", v. 16. 8. 1945, abgedr. in: Dokumentation der deutsch-polnischen Beziehungen 1945–1959, zusammengest. v. J. Maass, Bonn 1960, S. 82 f.; vgl. auch Czesław Pilichowski: Wiedergutmachung für die Polen, in: Die Bundesrepublik Deutschland und die Opfer des Nationalsozialismus, Evangelische Akademie Bad Boll, Protokolldienst 14/84, S. 34–50, hier S. 35 f.

[10] Heinz Geyr: Auf dem Wege zur Aussöhnung. Bonn, Warschau und die humanitären Fragen, Stuttgart 1978, S. 70 f.

machung neben der zwischenstaatlichen Reparationsregelung bis heute nicht aufgegeben.

Was nun mögliche Forderungen von Angehörigen der ehemaligen Feindmächte anbetraf, die laut Potsdamer Abkommen aus der Westmasse der Reparationen zu bedienen waren, so bezog sich die Argumentation der Bundesregierung seit 1949 auf die Bestimmungen des „Pariser Reparationsabkommens" vom 14. Januar 1946, in dem die beteiligten Staaten die Verteilung der Reparationsleistungen untereinander geregelt und dies ausdrücklich als „Abgeltung aller ihrer Forderungen ihrer Staatsangehörigen gegen die ehemalige deutsche Regierung oder gegen deutsche Regierungsstellen" bezeichnet hatten, gültig für „Forderungen öffentlicher oder privater Natur, die aus den Kriegsverhältnissen entstanden sind"[11]. Dieser Passus hatte dazu gedient, die Verteilung der während der Besatzungszeit aus den Westzonen entnommenen Werte zu regeln, ohne daß einer der Vertragspartner weitere Forderungen aus der zu verteilenden Masse sollte erheben können. Ausdrücklich war bestimmt worden, daß den Ergebnissen von Verhandlungen mit Deutschland über zu leistende Reparationen dadurch nicht vorgegriffen werden sollte. Gleichwohl spielte das Pariser Reparationsabkommen in den einschlägigen juristischen Kommentaren und Urteilen bei der Abwehr von Ansprüchen ausländischer ehemaliger Zwangsarbeiter und KZ-Häftlinge eine bedeutsame Rolle[12].

In der historischen Situation der Nachkriegszeit aber waren solche juristischen Gedankengänge politisch nur von untergeordneter Bedeutung und eher ein Arbeitsgebiet für Spezialisten, das die Öffentlichkeit nicht berührte. Denn im Zuge des sich verschärfenden Ost-West-Konflikts war an eine Berücksichtigung von Forderungen polnischer und sowjetischer Staatsangehöriger durch die Bundesrepublik nicht zu denken. Die ungeklärte Frage der deutschen Teilung verhinderte den Abschluß eines Friedensvertrages – und damit eines endgültigen Reparationsabkommens – auf nicht absehbare Zeit; und die schwierige wirtschaftliche Lage in Westdeutschland ließ, schon angesichts der Erfahrungen nach dem Ersten Weltkrieg und mit den Versailler Vertragsbestimmungen, weitere deutsche Reparationsleistungen in den Augen der Westdeutschen und der an einem Erstarken der Bundesrepublik interessierten Westalliierten als wirtschaftlich und politisch widersinnig erscheinen. Demgegenüber entnahm die Sowjetunion aus der SBZ/DDR weiterhin Reparationen in erheblichem Ausmaß.

Zudem hielt die Bundesregierung östlichen Forderungen, die sich aus der Verfolgung der Zivilbevölkerung durch die Deutschen während des Krieges herleiteten, die Unrechtshandlungen gegenüber der deutschen Bevölkerung bei der Vertreibung aus den Ostgebieten entgegen. Es sei „politisch wohl kaum zu verantworten", bemerkte ein Vertreter des Bundesfinanzministeriums im Juli 1950 bei einer interministeriellen Besprechung zu diesem Komplex, „Wiedergutmachungsansprüche für Angehörige solcher Staaten anzuerkennen, die selbst durch Ausraubung und Vertreibung das Völkerrecht schwer verletzt hätten"[13].

---

[11] Abgedr. in Blessin/Wilden, 1957, S. 1295f.

[12] Vgl. Gurski, Das Abkommen; Ernst Féaux de la Croix: Betrachtungen zum Londoner Schuldenabkommen, in: Beiträge zum ausländischen öffentlichen Recht und Völkerrecht, Heft 29, (Festgabe Bilfinger), Köln/Berlin 1954, S. 27–70; ders.: Schadensersatzansprüche ausländischer Zwangsarbeiter im Lichte des Londoner Schuldenabkommens, in: NJW 1960, S. 2268–2271.

[13] Prof. Scheuner, 2.6. 1950, zit. n. Jacobmeyer, S. 234.

War also der politische Wille zur Ablehnung solcher Forderungen auf westdeutscher Seite eindeutig, so stand die juristische Position der Bundesregierung hier doch auf wackeligem Fundament, solange nicht durch eindeutigere Abkommen, an denen die deutschen Nachfolgestaaten beteiligt waren, das Reparationsproblem insgesamt und besonders die Einbeziehung der Forderungen ehemaliger KZ–Häftlinge und Fremdarbeiter darin geregelt waren. Die Lösung für dieses Problem im deutschen Sinne kam gewissermaßen durch die Hintertür – in Form des „Londoner Schuldenabkommens" vom 27. Februar 1953[14]. Dieses Abkommen, das wie nebenher „die wichtigste Reparationsregelung, an der eine deutsche Regierung nach dem Zweiten Weltkrieg beteiligt war"[15], enthielt, ist ein recht kompliziertes Vertragswerk, das in der historischen Forschung bislang kaum und nur am Rande behandelt wurde, obwohl man es geradezu als das wirtschaftliche Pendant des Deutschlandvertrages bezeichnen könnte[16].

Zu Beginn der fünfziger Jahre stand einer vollständigen Reintegration der westdeutschen in die internationale Wirtschaft die noch ungeregelte Frage der Schulden des Deutschen Reiches entgegen; dabei handelte es sich sowohl um Vorkriegsschulden als auch um die aus der Nachkriegs-Wirtschaftshilfe entstandenen Verbindlichkeiten gegenüber den Westmächten, vor allem den USA. Mit der Regelung dieser Frage verband sich die Kreditwürdigkeit und damit die Voraussetzung für einen wirtschaftlichen Wiederaufstieg der Bundesrepublik insgesamt. Bereits im März 1951 hatte sich die Bundesregierung zur Anerkennung dieser Verpflichtungen bereit erklärt – und dabei sogleich auf die schwachen finanziellen Kräfte und die außerordentli-

---

[14] BGBl. 1953 II, S. 331; auch: Deutscher Bundestag (BT), Drucksache 1/4260.

[15] Helmut Rumpf: Die deutsche Frage und die Reparationen, in: Zeitschrift für ausländisches öffentliches Recht und Völkerrecht (ZaöRV), 33 (1973), S. 344–370, hier 347.

[16] Die Akten der deutschen Delegation bei den Londoner Verhandlungen sind im PA d. AA Bonn als Verschlußsache gekennzeichnet und nicht freigegeben; die Protokolle der vorbereitenden Besprechungen vom 5.–17. Juli 1951 und der Vorkonferenz vom 5.–17. Juni 1951 in: Deutsche Auslandsschulden. Dokumente zu den internationalen Verhandlungen Oktober 1950 bis Juli 1951, hrsg. vom Auswärtigen Amt u. a., Hameln 1951; die Regierungskonferenz v. 15. 9. 1952 bis 27. 2. 1953 in: Dokumente. Protokolle zum Abkommen über deutsche Auslandsschulden vom 27. Februar 1953, hrsg. vom Auswärtigen Amt, Bonn. Die Protokolle der Informellen Besprechungen v. 29. 1. bis 6. 2. 1953 in: BT-Drs. 1/4478, Anl. 3. Zur historischen Würdigung vgl. v. a. Hans-Peter Schwarz (Hrsg.): Die Wiederherstellung des deutschen Kredits. Das Londoner Schuldenabkommen, Stuttgart/Zürich 1982; Hermann J. Abs: Konrad Adenauer und die Wirtschaftspolitik der fünfziger Jahre, in: Konrad Adenauer und seine Zeit, Bd. 1, hrsg. v. Dieter Blumenwitz u. a., Stuttgart 1976, S. 229–245; ders.: Zeitfragen der Geld- und Wirtschaftspolitik. Aus Vorträgen und Aufsätzen, Frankfurt 1959. Christoph Buchheim: Das Londoner Schuldenabkommen, in: Ludolf Herbst (Hrsg.): Westdeutschland 1945–1955, München 1986, S. 219–227. Zur juristischen Beurteilung vgl. v. a. den Kommentar von Gurski, Das Abkommen (Anm. 8); ders.: Die Forderungen der Verbündeten des Deutschen Reiches gegen deutsche Schuldner nach dem Londoner Schuldenabkommen, in: Der Betriebsberater 9 (1954), S. 909 ff.; ders.: Kriegsforderungen, in: Außenwirtschaftsdienst des Betriebsberaters, Januar 1961, S. 12–16; Granow, Ausländische Kriegsschädensansprüche (Anm. 8); Féaux de la Croix, Betrachtungen (Anm. 12); ders.: Wiedergutmachung als Aufgabe der deutschen Nachkriegspolitik – Lösungen und ungelöste Probleme, in: Hans Jochen Vogel u. a. (Hrsg.): Die Freiheit des Anderen, Baden-Baden 1981, S. 243–256; ders., Schadensersatzansprüche; J. Wolany: Sieben Jahre Londoner Schuldenabkommen, ein Rückblick, in: Wertpapiermitteilungen, 1960, S. 1106 ff.

chen Belastungen, die die junge Republik zu tragen habe, hingewiesen[17]. In den Verhandlungen selbst verpflichtete sich die Bundesrepublik, die Schulden des Reichs durch eine vertraglich festgelegte und durch jährliche Zahlungen abzutragende Pauschalsumme zu begleichen und so die internationalen Gläubiger zu befriedigen. Die Gesamthöhe von 7,3 Milliarden DM, verteilt auf zwölf Jahre[18], konnte zwar im Verhältnis zu den weit höheren Ausgangsforderungen der Verhandlungspartner als außerordentlicher Erfolg gewertet werden, stellte aber gleichwohl für die Finanzkraft der Bundesrepublik Anfang der fünfziger Jahre eine merkliche Belastung dar, was auch von der deutschen Delegation immer wieder betont wurde. Ihr Leiter, Hermann Josef Abs, hatte noch auf der Schlußsitzung der Schuldenkonferenz am 8. August 1952 darauf hingewiesen, daß die Bundesrepublik nicht in der Lage sei, die Vereinbarungen des Abkommens zu erfüllen, wenn weitere Forderungen, insbesondere nach Reparationszahlungen, an sie gestellt würden[19]. Dieses Argument wurde vor allem dadurch bekräftigt, daß zur gleichen Zeit wie die Londoner Verhandlungen in Wassenaar die Vereinbarungen zwischen der Bundesrepublik und Israel bzw. der Claims Conference über die Wiedergutmachung gegenüber den Juden ausgehandelt wurden. Auf die hierzu entstehenden zusätzlichen finanziellen Lasten wies Abs gegenüber den Israelis eindringlich hin, denn „wenn die Londoner Verhandlungen nicht scheiterten, sei die Bundesrepublik zu keiner Leistung, an wen auch immer, fähig". Ebenso betonte Abs zu den Forderungen der Londoner Verhandlungspartner, „Zahlungen an Israel würden nur dann möglich sein, wenn die Vereinigten Staaten darauf ganz oder teilweise verzichteten"[20]. Da die USA als Hauptgläubiger das Londoner Abkommen mittrugen, war mit bilateralen Zahlungen über den hier vereinbarten Schuldendienst hinaus nicht zu rechnen, so daß nahezu alle westlichen und einige östliche Gläubigerstaaten dem Vertrag beitraten.

Die in dem hier untersuchten Zusammenhang entscheidende Vereinbarung des Londoner Schuldenabkommens lehnte sich an die Bestimmungen des Überleitungsvertrages vom 26. Mai 1952[21] sowie des Pariser Reparationsabkommens an und lautete in Art. 5 (2): „Eine Prüfung der aus dem Zweiten Weltkriege herrührenden Forderungen von Staaten, die sich mit Deutschland im Kriegszustand befanden oder deren Gebiet von Deutschland besetzt war und von Staatsangehörigen dieser Staaten gegen das Reich und im Auftrage des Reichs handelnde Stellen oder Personen … wird bis zu der endgültigen Regelung der Reparationsfrage zurückgestellt." Dieser Artikel war die unmittelbare Folge der von Seiten der deutschen Delegation immer wieder vorgebrachten Hinweise auf die Zahlungsunfähigkeit der Bundesrepublik,

---

[17] Vgl. den Schriftwechsel vom 6. März 1951 zwischen der Bundesregierung und den Regierungen der drei Westmächte, in: BT-Drs. 1/4260, Anhang A, S. 141 ff.

[18] Vgl. die Berechnungen von Abs, in: Schwarz, Die Wiederherstellung (Anm. 16), S. 32.

[19] Vgl. die Einlassungen Abs bei den Informellen Besprechungen über die Regierungsanfrage zu dem Entwurf des Abkommens über deutsche Auslandsschulden (sog. „minutes"), 1. Sitzung, 29. 1. 1953, Anl. 3 zu BT-Drs. 1/4478, P. 75, S. 10.

[20] Konrad Adenauer: Erinnerungen, 1953–1955, Stuttgart 1966, S. 143.

[21] „Vertrag zur Regelung aus Krieg und Besatzung entstandener Fragen" (Überleitungsvertrag), v. 26. 5. 1952, i. d. Fassung des Protokolls über die Beendigung des Besatzungsregimes vom 23. Oktober 1954, BGBl. 1955 II, S. 215 ff., hier: Art. 1 des sechsten Teils: „Die Frage der Reparationen wird durch den Friedensvertrag zwischen Deutschland und seinen ehemaligen Gegnern oder vorher durch diese Frage betreffende Abkommen geregelt werden."

wenn weitere Reparationsforderungen gestellt würden[22]. Aber auch die Westalliierten drängten darauf, die Priorität des Schuldendienstes vor allen anderen Forderungen festzulegen. Der Leiter der amerikanischen Delegation bei den „Informellen Besprechungen" zum Londoner Abkommen betonte am 4. Februar 1953 noch einmal ausdrücklich, „die drei Regierungen seien nicht bereit, zuzusehen, wie die Mittel der Bundesrepublik zersplittert würden, um Reparationsforderungen zu erfüllen, wenn diese Mittel aus Zugeständnissen stammten, die von den drei Regierungen bei der Regelung ihrer früheren Forderungen gewährt worden seien."[23] Von seiten der holländischen Delegation allerdings waren gegen diese Bestimmungen des Art. 5 (2) Einwände erhoben worden. Denn durch eine so weitgehende Bestimmung seien auch individuelle Wiedergutmachungsforderungen holländischer Staatsbürger betroffen; als Beispiel nannte der niederländische Delegationsleiter „die Frage der Lohnforderungen ehemaliger niederländischer Konzentrationslager-Häftlinge gegen deutsche Arbeitgeber, wie z. B. die IG-Farbenindustrie, über welche die niederländische Regierung gerne zu einer Vereinbarung in [r.: mit] Deutschland gelangen würde und die sie nicht bis zur endgültigen Reparationsregelung aufgrund der in dem Londoner Schuldenabkommen gebrauchten Fassung zurückstellen möchte."[24] Gegen diesen Vorstoß bezogen die Delegationsleiter der drei Westalliierten und der Bundesrepublik entschieden Stellung – wiederum unter Hinweis auf die Finanzkraft der Bundesrepublik und die Priorität der alliierten Schuldenforderungen vor allen Reparationsfragen: „Es ist dem Dreimächteausschuß und der Deutschen Delegation gelungen", heißt es in der Denkschrift der Bundesregierung zu dem Abkommen, „diesen Versuch abzuwehren. Was erreicht worden ist, enthält der Artikel 5 des Schuldenabkommens."[25] Dieser Vorstoß der niederländischen Delegation ist deshalb so bedeutsam, weil er zeigt, daß den Beteiligten, insbesondere den Deutschen, klar war, worum es hierbei ging: um die Abwehr der Ansprüche aller ehemaligen KZ-Häftlinge und zivilen Zwangsarbeiter an deutsche Stellen; lediglich ein interpretierender Zusatz wurde in das Vertragswerk aufgenommen, wonach Art. 5 (2) nicht so ausgelegt werden dürfe, „als würden dadurch Rechte gemäß den in der Bundesrepublik geltenden Rechtsvorschriften oder solche Rechte beeinträchtigt, die aus Abkommen hergeleitet werden können, welche vor der Unterzeichnung des Abkommen über Deutsche Auslandsschulden zwischen der Bundesrepublik Deutschland und einer Partei dieses Abkommens unterzeichnet wurden."[26] Das war eine ganz unverbindliche Bestimmung, die in den Augen der westdeutschen Delegation zu nichts verpflichtete.

Die Regelung der Schuldenbegleichung selbst als eigentlicher Kern des Londoner Abkommens ist mittlerweile längst abgeschlossen; bereits nach wenigen Jahren war klar, daß die daraus erwachsenden finanziellen Verpflichtungen der Bundesrepublik angesichts der gesamtwirtschaftlichen Entwicklung viel weniger schwerwiegend waren, als befürchtet oder zumindest gegenüber den Vertragspartnern betont worden war – im Gegenteil, „nach einigen Jahren war die Bundesrepublik bereits froh", resü-

[22] Vgl. „Denkschrift zu den Abkommen über deutsche Auslandsschulden", Anl. 1 d zur BT-Drs. 1/4260, 13. 4. 1953, S. 158.
[23] Informelle Besprechungen (wie Anm. 19), S. 55.
[24] Ebd., S. 11.
[25] Denkschrift v. 13. 4. 1953 (Anm. 22), S. 158.
[26] Anl. VIII zum LSchA, BT-Drs. 1/4260, S. 132.

miert Hans-Peter Schwarz, „durch vorzeitige Tilgungszahlungen ihren gefährlich hohen Devisenbestand etwas abtragen und damit zugleich einen Beitrag zur Erleichterung der angelsächsischen Stationierungskosten leisten zu können."[27]

Aus der unverdächtig klingenden Formulierung des Art. 5 (2) aber, der einstweiligen Zurückstellung der Prüfung von Reparationsforderungen, ist durch das Ausbleiben eines Friedensvertrages eine Dauerregelung geworden – mithin nichts anderes als die Erledigung sämtlicher aus dem Zweiten Weltkrieg herrührenden Reparationsforderungen und zugleich die politisch-juristische Grundlage für die Abwehr aller Wiedergutmachungsansprüche ehemaliger ausländischer KZ-Häftlinge und Fremdarbeiter, also des überwiegenden Teils der Opfer der nationalsozialistischen Verfolgung.

Die Bedeutung dieses Aspekts wurde in der westdeutschen Öffentlichkeit zeitgenössisch aber gar nicht wahrgenommen, vielmehr standen die aus dem Abkommen erwachsenden finanziellen Belastungen im Vordergrund der Berichterstattung in der Presse, wo zusätzlich auf den Zusammenhang mit den „Reparationsleistungen an Israel" hingewiesen wurde[28]. Inwieweit von seiten der beteiligten Delegationen, insbesondere der deutschen, die Tragweite des Art. 5 (2) erkannt worden ist, ist ohne Kenntnis der – im Archiv des Auswärtigen Amtes gesperrten Akten nicht zu entscheiden. Der Kommentator des Londoner Schuldenabkommens, Gurski, meint dazu, die an der Konferenz beteiligten Regierungen seien sich der allgemeinen Tragweite der Bestimmung in diesem Artikel wohl bewußt gewesen, „die letzten Auswirkungen der Bestimmungen dürften allerdings nicht immer voll erkannt worden sein."[29]

Die aus dem Londoner Abkommen hergeleitete Abwehr aller Entschädigungsforderungen ausländischer NS-Verfolgter bezieht sich jedoch nicht allein auf Ansprüche, die aus erlittener Verfolgung hergeleitet wurden, sondern auch auf alle Lohnnachforderungen der ehemaligen Zwangsarbeiter. Nach den Bestimmungen der Haager Landkriegsordnung ist die Besatzungsmacht verpflichtet, Leistungen der Einwohner besetzter Gebiete sofort in barem Geld zu vergüten[30]. Da den KZ-Häftlingen durchweg kein Arbeitslohn gezahlt worden war, den zivilen Zwangsarbeitern, insbesondere denen aus Polen und der Sowjetunion, erheblich weniger als den deutschen Arbeitern (und in der Praxis häufig gar nichts), hatte sich der Einwand des niederländischen Vertreters genau auf diesen heiklen Punkt der Vereinbarung bezogen. In einer juristischen Analyse dieser Bestimmungen aus dem Jahre 1979 heißt es dazu: „Man ging bei den Verhandlungen davon aus, daß die Lohnansprüche der Fremd- und Zwangsarbeiter die Zahlungsfähigkeit des Schuldnerstaats wesentlich beeinträchtigen könnten;

---

[27] Hans-Peter Schwarz: Die Ära Adenauer, 1949–1957 (Geschichte der Bundesrepublik Deutschland, Bd. 2) Stuttgart 1981, S. 184.

[28] Vgl. etwa: „Vertrag mit 18 Gläubigern", Die Welt, 28. 2. 1953; „Deutschland bezahlt die Schulden", Die Zeit, 26. 2. 1953; „Schulden-Rückzahlung soll beginnen", Handelsblatt, 23. 3. 1953. Die Berichterstattung über das Abkommen war insgesamt aber wenig umfangreich, beschränkte sich auf die Wirtschaftsteile der überregionalen Zeitungen und behandelte vor allem technische Fragen.

[29] Gurski, Das Abkommen, S. 179.

[30] Dazu i. e. Arthur Bergmann: Fremd- und Zwangsarbeiter – Ansprüche nach dem Londoner Schuldenabkommen und in der Sozialversicherung, in: Rechtsprechung zur Wiedergutmachung (RzW) 30 (1979), S. 41–45.

aus diesem Grunde – und wohl allein aus diesem Grunde – wich das Londoner
Abkommen von der allgemeinen Regel des Völkerrechts ab.“[31]

Schließlich ist noch auf eine weitere in diesem Zusammenhang bedeutsame Vereinbarung zu verweisen. Am 22. August 1953 erklärte die Sowjetunion ihren Entschluß,
auf weitere Reparationsentnahmen aus ihrer Zone, der SBZ/DDR, fürderhin zu verzichten und „im Einverständnis mit der Regierung der Volksrepublik Polen (in Bezug
auf den sie betreffenden Anteil an den Reparationen) ab 1. Januar 1954 die Entnahme
der Reparationen aus der Deutschen Demokratischen Republik sowohl in Form von
Warenlieferungen als auch in jeder anderen Form vollständig zu beenden.“ Damit, so
die Rechtsauffassung in der Bundesrepublik, hatten Polen und die Sowjetunion auf
alle Reparationsforderungen gegenüber ganz Deutschland verzichtet, worunter eben
auch individuelle Ansprüche einzelner Staatsangehöriger fielen[32].

Mit diesen Abkommen im Rücken wurden in der Folgezeit alle Forderungen nach
Entschädigung, die von ehemaligen KZ-Häftlingen und Fremdarbeitern aus dem
Ausland an die Bundesrepublik gestellt wurden, durchweg abgelehnt: es handle sich
dabei um Reparationsforderungen – und die seien nach dem Londoner Schuldenabkommen zurückgestellt bzw. nach dem Reparationsverzicht Polens und der Sowjetunion hinfällig[33]. Darüberhinaus waren im Bundesentschädigungsrecht Ansprüche
von Angehörigen solcher Staaten, mit denen die Bundesrepublik keine diplomatischen Beziehungen unterhielt, bis zum Jahre 1965 explizit ausgeschlossen worden[34].

Neben dieser prinzipiellen Rechtsposition, die bis heute von seiten der Bundesregierung eingehalten wird, gab es jedoch einige Streitfälle, die das Problem der Lohn-
erstattung, die Haftung von Privatunternehmern und die Gültigkeit der Bestimmungen des Londoner Abkommens nach der Erfüllung der Verbindlichkeiten betrafen.

Die Frage des vorenthaltenen Lohns wurde vom Bundesgerichtshof (BGH)
abschließend am 26. Februar 1963 entschieden: der Antrag eines polnischen KZ-
Häftlings auf Rückerstattung des nicht gezahlten Lohnes für die von ihm geleistete
Zwangsarbeit wurde unter Hinweis auf das Londoner Schuldenabkommen abgelehnt.
Aus der Zurückweisung der Forderungen des niederländischen Vertreters bei den

---

[31] Ebd., S. 42; vgl. Gurski, Das Abkommen, S. 196 f.; Féaux de la Croix, Schadensersatzansprüche,
    S. 266. Daß es sich bei den Lohnforderungen um individuelle Forderungen, nicht um einen Repa-
    rationsanspruch, handelte, wurde vom Bundesverwaltungsgericht ausdrücklich bestätigt:
    BVerwG v. 12. 6. 1970, VII, C 64/68.

[32] „Protokoll über den Erlaß der deutschen Reparationszahlungen und über andere Maßnahmen
    zur Erleichterung der finanziellen und wirtschaftlichen Verpflichtungen der DDR, die mit den
    Folgen des Krieges verbunden sind“ vom 22. August 1953, Text in: Europa-Archiv 18 (1953),
    S. 5974 f.; Zustimmung Polens am 23. August 1953, ebd., S. 5981. Vgl. Rumpf, Die deutsche
    Frage, S. 350 f.; ders.: Völkerrechtliche und außenpolitische Aspekte der Wiedergutmachung, in:
    Ernst Féaux de la Croix, Helmut Rumpf: Der Werdegang des Entschädigungsrechts unter natio-
    nal- und völkerrechtlichem und politologischem Aspekt, (Die Wiedergutmachung nationalso-
    zialistischen Unrechts durch die Bundesrepublik Deutschland hrsg. vom Bundesminister der
    Finanzen in Zusammenarbeit mit Walter Schwarz, Bd. III, im folgenden: Wiedergutmachung)
    München 1985, S. 311–346, hier: S. 338; Gurski, Das Abkommen, S. 182 a; zur abweichenden
    Interpretation durch die polnische Seite vgl. Pilichowski, S. 35.

[33] Vgl. Gurski, Das Abkommen, S. 173 ff. (mit Verweis auf die entsprechenden höchstinstanzlichen
    Urteile); Féaux de la Croix, Schadensersatzansprüche, S. 2286–2271. Gurski und Féaux de la
    Croix waren Ministerialbeamte des BMF.

[34] § 4, 1 (c) BEG; vgl. Blessin/Wilden, Kommentar BEG 1957, S. 7.

Londoner Verhandlungen ergebe sich, „daß durch Art. 5 nicht nur die Bundesrepublik als Staat, sondern auch Wirtschaft und Währung der Bundesrepublik geschützt werden sollten."[35]

Inwieweit aber waren davon private Unternehmen betroffen? Denn es war – und ist – ja denkbar, daß ausländische KZ-Häftlinge und Fremdarbeiter sich direkt und zivilrechtlich gegen die Rüstungsbetriebe wenden, bei denen sie als Zwangsarbeiter eingesetzt waren. Auch diese Forderungen wurden abgelehnt – die Unternehmen seien im Sinne des Art. 5 als „im Auftrage" des Reiches („agency of the Reich") handelnde Personen anzusehen, denn: „Mit der Zuweisung von Zwangsarbeitern hat der Staat die ‚Quasi-Arbeitgeber' mehr oder minder stark … mit der Durchführung und Gestaltung des Zwangs-Gewaltverhältnisses betraut, das zwischen den Arbeitern und dem Staat bestand … Die ‚Quasi-Arbeitgeber' waren Hilfsorgane der staatlichen Gefangenenverwaltung."[36] Diese Auffassung ist im Lichte der historischen Forschung sicherlich sehr angreifbar[37]; entscheidend ist aber hier, daß sie sich durchsetzte. Die Folge dieser Rechtsauffassung war und ist, daß ehemalige zivile Zwangsarbeiter oder KZ-Häftlinge gegenüber den deutschen Firmen, bei denen sie während des Krieges beschäftigt worden waren, weder Entschädigungsforderungen noch Lohnnachzahlungen geltend machen können. Wenn man berücksichtigt, daß 1944 etwa ein Drittel aller in der deutschen Rüstungsindustrie Beschäftigten ausländische Zivilarbeiter und Kriegsgefangene waren und in vielen Unternehmen der Ausländeranteil bei weit über 50 Prozent lag, tritt die Bedeutung dieser herrschenden Rechtsauffassung vor Augen.

Lediglich der Claims Conference gelang es, durch erheblichen politischen Druck von einigen Großunternehmen pauschale und ausdrücklich als freiwillig und rechtlich unverbindliche deklarierte Zahlungen zur Entschädigung für dort eingesetzt gewesene jüdische KZ-Häftlinge zu erhalten. Dabei waren jedoch Forderungen nichtjüdischer KZ-Häftlinge (mit Ausnahme des Abkommens mit der I.G. Farben in Liquidation im Jahr 1958) sowie ziviler und kriegsgefangener Zwangsarbeiter von seiten der Firmen explizit ausgeschlossen worden[38].

---

[35] RzW 1963, S. 525–528; vgl. Gurski, Das Abkommen, S. 197f.

[36] Féaux de la Croix, Schadensersatzansprüche, S. 2271.

[37] Sie findet ihre Entsprechung in den historischen Darstellungen industrienaher Autoren wie August von Knieriem (Nürnberg, Rechtliche und menschliche Probleme, Stuttgart 1953) und Hans-Eckhardt Kannapin (Wirtschaft unter Zwang, Köln 1966) die darauf abheben, die Unternehmen seien von den NS-Behörden gezwungen worden, Zwangsarbeiter zu beschäftigen und hätten insoweit keine eigene Entscheidungsbefugnis über die Art der Behandlung der Zwangsarbeiter besessen. Diese Darstellung, das wird in diesem Kontext deutlich, diente als historiographische Unterstützung der politischen und juristischen Abwehr von Entschädigungsforderungen ehemaliger Zwangsarbeiter von Seiten der Rüstungsunternehmen. Diese Auffassung wurde im Frühjahr 1986 zur Abwehr von Entschädigungsansprüchen ehemaliger jüdischer KZ-Häftlinge an den Flick-Konzern erneut vorgetragen; Günther Gillessen: „Ein Stoffabzeichen mit weißer Schrift auf wattierten Jacken: Flick und die Zwangsarbeit", in: FAZ 9.1. 1986. Zum Entscheidungsspielraum der Unternehmensleitungen gegenüber den Zwangsarbeitern vgl. Herbert, Fremdarbeiter, S. 229ff., S. 273ff. u.ö.

[38] Vgl. dazu Benjamin B. Ferencz: Lohn des Grauens. Die verweigerte Entschädigung für jüdische Zwangsarbeiter. Ein Kapitel deutscher Nachkriegsgeschichte, Frankfurt usw. 1981; Constantin Goschler: Streit um Almosen. Die Entschädigung der KZ-Zwangsarbeiter durch die deutsche Nachkriegsindustrie, in Sklavenarbeit im KZ (Dachauer Hefte 2), Dachau 1986, S. 174–194. So sind z.B. über 5000 Entschädigungsforderungen ehemaliger polnischer Zwangsarbeiter gegen-

Was aber nun, wenn der Gegenstand des Londoner Schuldenabkommens – die Schuldenregelung – durch Befriedigung der Gläubigerforderungen hinfällig wurde? Dies war seit Anfang der sechziger Jahre absehbar – da eine Regelung der Reparationsforderungen mangels Friedensvertrag nicht vorgenommen war, hätte man schlußfolgern können, daß die entsprechende Zurückstellungsklausel des Art. 5 ihre Begründung und somit ihre Gültigkeit verlöre. Aber auch dies wurde bestritten. Die „Antwort" an die, „die immer wieder versuchen, Klagen wegen Kriegsschulden – insbesondere aus Zwangsarbeitsverhältnissen – zu erheben", lautete, „daß die Bestimmungen über die Kriegsforderungen auch nach Erledigung aller Verpflichtungen aus dem Schuldenabkommen ... ihre Bedeutung noch behalten werden."[39] Die Begründung für diese Auffassung des führenden Kommentators des Londoner Abkommens, Gurski, eines Beamten aus dem Bundesfinanzministerium, ist aufschlußreich. Ziel des Londoner Schuldenabkommens sei es laut Präambel gewesen, „‚einen Beitrag zur Entwicklung einer blühenden Völkergemeinschaft zu leisten' ... Normale Wirtschaftsbeziehungen der Bundesrepublik Deutschland innerhalb einer ‚blühenden Völkergemeinschaft' sind nur bei einem gesicherten Lebens- und Sozialstandard im Innern denkbar"; allein die Abschaltung der Forderungen nach Art. 5 des Schuldenabkommens habe es ermöglicht, „daß sich die Bundesrepublik Deutschland an den Verteidigungsanstrengungen der freien Welt, später an der Entwicklungshilfe beteiligen konnte." Gleiches gelte für die Leistungen durch das Bundesentschädigungsgesetz (BEG) und die Abkommen mit Israel und der Claims Conference. Würde man nun die Forderungen der ehemaligen Zwangsarbeiter berücksichtigen, so würde das Ziel der „blühenden Völkergemeinschaft" als Voraussetzung dieser Leistungen gefährdet. Ein gleiches gelte für Forderungen an die privaten Unternehmer, denn diese würden dann so sehr belastet, daß ein Steuerausfall entstünde und somit wiederum der Staat, mithin die „blühende Völkergemeinschaft" geschädigt würde[40]. Diese Argumentation mag absonderlich klingen; sie ist aber doch nur eine juristische Hilfskonstruktion zur auch formalen Ablehnung von Forderungen, die angesichts der historisch-politischen Entwicklung insgesamt für die Bundesregierung zu dieser Zeit gar nicht auf der Tagesordnung standen – allerdings nur, was die Ostblockstaaten betraf, denn gegenüber den westeuropäischen Staaten war es nach dem Londoner Abkommen zu einer anderen, für die Bundesregierung überraschenden Entwicklung gekommen.

Kurz nachdem das erste bundesdeutsche Entschädigungsgesetz in Kraft getreten war – worauf hier später eingegangen wird –, monierte die Alliierte Hohe Kommission (AHK) am 10. Dezember 1953 bei der Bundesregierung, daß nach den Bestimmungen dieses Gesetzes die von den Nationalsozialisten verfolgten Staatsangehörigen der westeuropäischen Länder von allen Leistungen ausgeschlossen seien[41].

über den IG-Farben unter Berufung auf das LSchA und dessen Auslegung durch die westdeutsche Rechtsprechung abgewehrt worden, vgl. Pilichowski, S. 34.

[39] Gurski, Kriegsforderungen, S. 12–16, auch für das Folgende.

[40] Ebd., S. 14.

[41] Note der Alliierten Hohen Kommission (AHK) an die Bundesregierung, 10. 12. 1953, n.: Ernst Féaux de la Croix: Staatsvertragliche Ergänzungen der Entschädigung, in: Wiedergutmachung, Bd. III, S. 201–310, hier S. 202, auch für das Folgende; sowie Helmut Buschbom: Die völkerrechtlichen und staatsrechtlichen Maßnahmen zur Beseitigung des im Namen des Deutschen Reiches verübten nationalsozialistischen Unrechts, in: Wiedergutmachung, Bd. II, S. 1–72, hier

„Hauptbeispiel" dafür, so wurde bei Verhandlungen auf Sachverständigenebene ein Jahr später dazu von alliierter Seite erklärt, seien die „aus Frankreich deportierten, im Reich unmenschlich behandelten Zwangsarbeiter oder KZ-Häftlinge französischer Staatsangehörigkeit"[42]. Während die Vertreter der Bundesregierung unter Hinweis auf das Londoner Schuldenabkommen erklärten, es handele sich dabei eindeutig um ein Problem des Reparationsrechts, zudem seien die daraus erwachsenden finanziellen Folgen für die Bundesrepublik untragbar, erklärten die Vertreter der drei Westmächte, es handele sich bei den hier in Rede stehenden Unrechtshandlungen des NS-Regimes nicht um Kriegsmaßnahmen, also auch nicht um die Regelung von Reparationsforderungen.

Als im zweiten Entschädigungsgesetz 1956 erneut keine Berücksichtigung der NS-Verfolgten aus Westeuropa enthalten war, sah sich die Bundesregierung, die die Bedeutung dieser Frage für die westeuropäischen Staaten offensichtlich unterschätzt hatte, am 21. Juni 1956 gleichlautenden Noten von acht westeuropäischen Regierungen gegenüber, in denen die Entschädigung der bisher nicht berücksichtigten, von Deutschland während des Krieges verfolgten Angehörigen dieser Länder, im Juristenjargon „Westverfolgte" genannt, gefordert wurde[43]. Diese Forderungen stießen sowohl in der westdeutschen Öffentlichkeit wie bei der Bundesregierung auf strikte Ablehnung; um aber kein politisches Porzellan gegenüber den befreundeten bzw. verbündeten westeuropäischen Staaten zu zerschlagen, andererseits aber durch die Anerkennung der westlichen Forderungen keinen im Hinblick auf die osteuropäischen Staaten gefährlichen Präzedenzfall zu schaffen, bot auf Initiative Außenministers von Brentano die Bundesregierung Anfang Februar 1957 eine „karitative Lösung" im Umfang von etwa 100 Millionen DM an; dabei sollten – den Bestimmungen des Bundesentschädigungsrechts entsprechend – Widerstandskämpfer und Zwangsarbeiter jedoch von allen Leistungen ausgeschlossen werden, um auch hier weitergehende Forderungen nicht zu präjudizieren[44]. Dies stieß bei den westeuropäischen Regierungen jedoch auf Ablehnung, so daß sich die Bundesregierung, „um die Möglichkeiten von Störungen der bilateralen Beziehungen zu verringern", die, wie der Völkerrechtler Rumpf formuliert, von „einflußreichen Gruppen jüdischer und anderer Verfolgter ...., besonders durch ihren Einfluß in den Massenmedien ausgehen konnten"[45], bereit erklärte, in Einzelverhandlungen mit den intervenierenden Mächten über diese Forderungen einzutreten, jedoch unter dem Vorbehalt, angesichts der eindeutigen Rechtslage könne es sich allein um Verhandlungen über freiwillige Leistungen der Bundesrepublik, nicht aber um völkerrechtliche Verpflichtungen handeln[46]. In den

---

S. 56 f.; Rumpf, Völkerrechtliche und außenpolitische Aspekte, S. 333 ff.; ders., Die deutsche Frage, S. 353 ff.; Lazlo Schirilla: Wiedergutmachung für Nationalgeschädigte. Ein Bericht über die Benachteiligung von Opfern der nationalsozialistischen Gewaltherrschaft, München/Mainz 1982, S. 50 f.; Gurski, Das Abkommen, S. 192 f.

[42] Féaux de la Croix, Staatsvertragliche Ergänzungen, S. 203.

[43] Es handelte sich um Belgien, Dänemark, Frankreich, Griechenland, Großbritannien, Luxemburg, die Niederlande und Norwegen; später schlossen sich Italien, Österreich, die Schweiz und Schweden an.

[44] Féaux de la Croix, Staatsvertragliche Ergänzungen, S. 206.

[45] Rumpf, Völkerrechtliche und außenpolitische Aspekte, S. 334.

[46] Note der Bundesregierung an die acht intervenierenden Staaten vom 8. Dezember 1958, n. Féaux de la Croix, Staatsvertragliche Ergänzungen, S. 206.

nun folgenden Verhandlungen wurde zudem von Seiten der Bundesregierung strikt darauf geachtet, daß bei den zu vereinbarenden Pauschalleistungen nur solche Fälle berücksichtigt wurden, die nach bundesdeutscher Rechtsauffassung analog zu den Bestimmungen des BEG auch tatsächlich als „Verfolgung" durch das NS-Regime angesehen wurden; Zwangsarbeiter sowie „Kriminelle (Asoziale), Saboteure und Widerstandskämpfer wie auch Kommunisten", sollten ausgenommen bleiben, wie etwa bei den Verhandlungen mit Dänemark betont wurde[47]. Insbesondere in den deutsch-französischen Verhandlungen war der Ausschluß von Widerstandskämpfern und Zwangsarbeitern jedoch ein schwieriges Problem, hatte doch die französische Nationalversammlung am 20. November 1956 ihre Regierung ausdrücklich aufgefordert, sich für eine Entschädigung für *alle* französischen Deportierten gegenüber der Bundesregierung einzusetzen[48]. Bei den Verhandlungen kam erschwerend hinzu, daß die französische Seite von mehr als 8 Millionen Geschädigten ausging, davon allein 6 Millionen Zwangsarbeiter, die sich zum geringeren Teil aus den nach Deutschland verbrachten Zivilarbeitern, zum größeren Teil aus den innerhalb des besetzten Frankreichs Zwangsverpflichteten zusammensetzten. Um angesichts so weit auseinander liegender Ausgangsvorstellungen überhaupt zu einem Ergebnis zu gelangen, stellte die Bundesregierung bei Vertragsabschluß fest, daß die vereinbarten Zahlungen nur „typisch NS-Verfolgte" berücksichtigten und die Ansprüche aller anderen während des Krieges von Deutschland geschädigten französischen Staatsangehörigen unter das Londoner Schuldenabkommen fielen[49]. Auf der anderen Seite war die Verteilung der von der Bundesrepublik gezahlten Gelder ausschließlich Sache der französischen Behörden, so daß die französische Rechtsauffassung in der Praxis dennoch wirksam werden konnte.

Die Verhandlungen mit den anderen westeuropäischen Staaten kamen in der Sache zu ähnlichen Übereinkünften, wobei im Falle Italiens die etwa 600 000 italienischen Militärinternierten, die seit dem September 1943 in Deutschland unter besonders schlechten Bedingungen zur Zwangsarbeit eingesetzt worden waren[50], ebenso von den deutschen Zahlungen ausgeschlossen wurden wie die Angehörigen der italienischen Widerstandsgruppen – in der westdeutschen Öffentlichkeit war erheblicher Protest dagegen laut geworden, daß den Partisanen, den „Meuchelmördern deutscher Väter und Söhne", von deutscher Seite aus Entschädigung gezahlt werden sollte[51]. Insgesamt wurden bei diesen globalen Wiedergutmachungsabkommen mit elf westeuropäischen Staaten Pauschalleistungen der Bundesrepublik in Höhe von 876 Millionen DM vereinbart, wovon die Zahlungen an Frankreich mit 400 Millionen DM beinahe die Hälfte ausmachten[52].

Es war klar, daß durch diese Verträge Präjudizien im Hinblick auf gleichlautende Ansprüche von Ostblockstaaten, insbesondere Polens nicht auszuschließen waren. In der juristischen Kommentierung dieser Abkommen wurde daher auf den rechtlich

---

[47] Sachverständigenbesprechung am 17. März 1959 in Bonn, ebd., S. 224 f.
[48] Ebd., S. 240.
[49] Die Verhandlungen fanden vom 23.–25. Mai 1960 statt, ebd., S. 244.
[50] Vgl. Herbert, Fremdarbeiter, S. 259 ff.
[51] Zit. n. Féaux de la Croix, Staatsvertragliche Ergänzungen, S. 259.
[52] Zu den einzelnen Vereinbarungen vgl. ebd., S. 208 ff.; sowie die Übersicht im Bericht der Bundesregierung über die Wiedergutmachung vom 31. 10. 1986, BT-Drs. 10/6287, S. 50.

unverbindlichen Charakter der Leistungsgewährung durch die Bundesrepublik abgehoben: „Derartige Abkommen", bemerkte etwa Gurski, „werden von Art. 5 [LSchA, U.H.] nicht berührt, da es sich bei der Wiedergutmachung an die NS-Verfolgten um eine moralische Pflicht des deutschen Volkes handelt, die mit Billigung der freien Welt am Schuldenabkommen nicht zu messen ist."[53]

Solange allerdings mit Polen keine diplomatischen Beziehungen bestanden und keine Veränderungen im Klima des Ost-West-Verhältnisses eintraten, war dieses Thema nicht aktuell. Erst als sich diese Situation zu verändern begann, bekamen auch die seit langem erhobenen Forderungen Polens nach Entschädigung für polnische KZ-Häftlinge und Zwangsarbeiter wieder politische Bedeutung. Noch im Februar 1965 hatte der polnische Delegierte auf der 21. Sitzung der UN-Menschenrechtskommission das Problem der Zwangsarbeiter-Entschädigung erneut vorgebracht und die westdeutsche Rechtsauffassung kritisiert, wonach die Ansprüche ausländischer NS-Verfolgter abzuweisen seien. Nach den Abkommen mit Israel und mit den Westmächten empfand die polnische Seite nicht zu Unrecht diese Haltung als nahezu ausschließlich gegen Polen gerichtete Diskriminierung[54]. Zwei Jahre später wiederholte der polnische Außenminister in London diese Forderungen und wies darüber hinaus auf das Schicksal von mehr als 200 000 polnischen Kindern hin, die von der SS während des Krieges entführt und im „Reich" „eingedeutscht" worden waren[55]. Der polnische Völkerrechtler Klafkowski untermauerte im Jahre 1969 diese Forderungen mit einer Untersuchung der historischen und juristischen Grundlagen der polnischen Forderungen und betonte, „daß unter den polnischen Ansprüchen auf Kriegsentschädigung der Anspruch auf Entschädigung für die Opfer von Konzentrationslagern oder für die zur Zwangsarbeit ins Deutsche Reich Deportierten einen hergehobenen Platz einnehmen muß."[56] Am 27. September 1969 konkretisierte Polen diese Forderungen gegenüber den Vereinten Nationen und nannte acht Gruppen von polnischen NS-Verfolgten, die gegenüber der Bundesrepublik Anspruch auf individuelle Entschädigung erhöhen; darunter Angehörige der von den Organen des NS-Staats Ermordeten; Menschen, die durch Terrorakte der Besatzungsmacht gesundheitlich geschädigt worden waren und – als größte Gruppen – „ehemalige KZ-Häftlinge und andere politische Gefangene" sowie „Personen, die zu Zwangsarbeit ins Reich deportiert wurden oder als Kriegsgefangene Sklavenarbeit verrichten mußten, ohne für diese Arbeit einen angemessenen Lohn zu erhalten."[57]

Juristische Grundlage für diese Ansprüche war der von der polnischen Seite seit jeher betonte Unterschied zwischen Reparationsregelungen zwischen Staaten und individuellen Ansprüchen einzelner Geschädigter, die durch staatliche Vereinbarun-

---

[53] Gurski, Das Abkommen, S. 193.
[54] Vgl. Alfons Klafkowski: Der Vertrag zwischen der Volksrepublik Polen und der Bundesrepublik Deutschland vom 7. Dezember 1970, Warschau 1973, S. 90 ff.; Geyr, S. 70 f.
[55] Vgl. Geyr, S. 71; Georg W. Strobel: Deutschland-Polen. Wunsch und Wirklichkeit, Bonn usw. 1969, S. 31 f.; die Zahl 200 000 ist nicht nachprüfbar, aber realistisch; zu dem Komplex der „eingedeutschten" Kinder aus Polen sowie aus der Sowjetunion vgl. Herbert, Fremdarbeiter, S. 247 ff.
[56] Alfons Klafkowski: Obozy Koncentracyjze Hitlerowkie jako Zagadnienie Prawa Miedzynarodowego, Warschau 1969, S. 92 ff., zit. n.: Geyr, S. 72.
[57] Erklärung der polnischen Regierung an die Vereinten Nationen vom 27. September 1969, zit. b. Rumpf, Völkerrechtliche und außenpolitische Aspekte, S. 339.

gen wie das Londoner Abkommen oder die polnische Verzichterklärung bezüglich
Reparationsleistungen aus der DDR vom 22. August 1953 nicht berührt seien[58].
Kurze Zeit vor der Aufnahme der Verhandlungen zwischen der Bundesrepublik und
Polen, die schließlich zum Warschauer Vertrag führten, hatte Polen in einer Note
vom 22. Dezember 1969 noch einmal auf diese Forderungen verwiesen[59], bei den Verhandlungen selbst aber blieben sie, jedenfalls nach den regierungsamtlichen Verlautbarungen, außen vor[60]. Bei Brandts Besuch in Polen im Dezember 1970 hatte der polnische Parteichef Gomulka diesen Punkt allerdings angesprochen – der Reparationsverzicht von 1953 gelte nach wie vor, und „das Thema Entschädigungen wolle er
nicht vertiefen, weil die Zeit dafür vielleicht noch nicht reif sei." Er wies aber darauf
hin, daß, legte man die Bestimmungen des westdeutschen Entschädigungsgesetzes zu
Grunde, etwa 10 Millionen Polen entschädigungsberechtigt seien und man dabei auf
eine Gesamtsumme von 180 Milliarden DM käme – „notwendig sei jedoch eine politische Lösung", etwa in Form eines größeren zinsgünstigen Kredits. Brandt wies demgegenüber auf das Londoner Schuldenabkommen hin und hielt den polnischen Forderungen die Westerweiterung Polens auf ehemals deutsches Gebiet sowie das von
Polen übernommene Eigentum der deutschen Flüchtlinge entgegen[61].

Bis zur Ratifizierung des Warschauer Vertrages berührte die polnische Regierung
diesen Komplex daraufhin nicht mehr, schon um die Verabschiedung des Vertrages
im Bundestag nicht zu gefährden. Vielmehr bestätigte sie gegenüber der Bundesregierung und auf deren Wunsch am 20. Oktober 1970 die Gültigkeit der Erklärung zum
Reparationsverzicht vom August 1953[62]. Während aber die Bundesregierung der
Meinung war, dieses Problem sei nun endgültig erledigt, wurden die Entschädigungsforderungen von polnischer Seite nach Inkrafttreten des Warschauer Vertrages erneut
vorgetragen. Bereits eine Woche nach der Verabschiedung im Bundestag wies ein
Abgeordneter bei der Ratifizierungsdebatte vor dem Sejm daraufhin, „daß die riesigen Verluste unter der Zivilbevölkerung Polens während der Besatzung durch die
Deutschen bisher in keiner Weise entschädigt" worden seien; dies sei Aufgabe des
durch den Warschauer Vertrag erst eingeleiteten Normalisierungsprozesses: „Eine der
Angelegenheiten, die im Rahmen dieser Normalisierung erledigt werden müssen, ist
die Entschädigung für die Opfer der hitlerischen Verbrechen, für jene, die in Konzentrationslagern waren, und für jene, die zur Zwangsarbeit genötigt wurden."[63] Im
gleichen Sinne äußerte sich in einer Parteiversammlung wenig später der polnische
Ministerpräsident Jaroszewicz, der als vordringliches Problem „die Frage der Entschädigung, insbesondere im Zusammenhang mit Zwangsarbeit und Einkerkerung in

---

[58] Dazu i. e. Ludwik Gelberg: Die Normalisierung der Beziehungen zwischen der Volksrepublik
    Polen und der Bundesrepublik Deutschland, Hamburg 1977, S. 82 ff., 121 ff.; sowie Klafkowski,
    Der Vertrag (Anm. 54).
[59] Archiv der Gegenwart, 1969, S. 15157.
[60] Vgl. etwa die schriftliche Antwort d. Bundesregierung auf die Anfrage d. Abg. Haase am 16. 9.
    1970, BT-Prot. S. 3612. Derartige Anfragen wurden von Seiten der Opposition häufig gestellt
    und immer in diesem Sinne beantwortet.
[61] Willy Brandt: Begegnungen und Einsichten. Die Jahre 1960–1975, Hamburg 1976, S. 539 f.
[62] Vgl. Geyr, S. 80.
[63] Rede des Abg. Henry Korotynski vor dem Sejm, 25. Mai 1972, in: Trybuna Ludu, 26. 5. 1972, zit.
    n. Geyr, S. 85; dazu Karl Hartmann: Schwierige Normalisierung zwischen Bonn und Warschau,
    in: Osteuropa, März 1973, S. 161 f.

den hitlerischen Konzentrationslagern" ansprach[64]. Als dann der polnische Außenminister Olschowski im September 1972 in seinem Antrittsbesuch nach Bonn kam, machte er gegenüber der Bundesregierung nun auch offiziell die polnischen Entschädigungsforderungen geltend[65].

Damit war ein Streitpunkt entstanden, der die deutsch-polnischen Beziehungen in der Folgezeit stark belastete. Die polnische Seite wollte bei den vereinbarten Verhandlungen zu „humanitären Fragen" vor allem diesen Punkt erörtern, während die Bundesregierung darunter ausschließlich Fragen der „Familienzusammenführung" und der Ausreise von Deutschen aus Polen verstand und es weiterhin ablehnte, über die polnischen Forderungen auch nur zu diskutieren[66]. Daraufhin drosselte die polnische Seite die Ausreisegenehmigungen für deutschstämmige Polen in die Bundesrepublik, was in der westdeutschen Öffentlichkeit zu scharfen Reaktionen und bei den parlamentarischen Beratungen zu dem Vorwurf des „Menschenhandels" – Geld gegen Ausreisegewährung – führte[67]. In der Bundesrepublik wurde den polnischen Forderungen außer mit juristischen auch mit politischen Argumenten begegnet: zum einen wurde unter Hinweis auf die an Deutschen begangenen Verbrechen während der Vertreibung aus den Ostgebieten eine Gegenrechnung aufgemacht; zweitens wurde kritisiert, daß lediglich an die Bundesrepublik, nicht aber an die DDR Forderungen gestellt würden und damit, wie Bundeskanzler Schmidt formulierte, so getan werde, „als ob die heute in der DDR lebenden Deutschen im Gegensatz zu uns damit überhaupt nichts zu tun hätten."[68] Schließlich und drittens wurde vor allem von der Opposition gerügt, daß die Bundesregierung nicht als Gegenleistung zur Anerkennung der polnischen Westgrenze die Aufrechnung der Entschädigungsforderungen gegen die „Landnahme" verlangt habe[69]. So argumentiert auch der Völkerrechtler Rumpf, der moniert, „daß das Verschweigen der vermögensrechtlichen Kriegsfolgeprobleme in den Ostverträgen politisch zu Lasten der Bundesrepublik geht, die den territorialen Kriegsgewinn ihrer östlichen Vertragspartner anerkannt hat, ohne dafür

[64] Rede am 16. Juni 1972, in: Europa-Archiv 28 (1973), S. D 429 ff.; vgl. auch die Rede Edward Giereks am 22. 3. 1973 in Posen, durch die die Entschädigungsfrage für die polnische Seite endgültig zum Kernproblem der „Normalisierung" mit der Bundesrepublik erhoben wurde, dazu Dieter Bingen: Die Stellung der Bundesrepublik Deutschland in der internationalen Politik aus polnischer Sicht, 1969–1976, Königsstein/Ts. 1980, S. 114.

[65] Geyr, S. 88.

[66] Vgl. Jahresbericht der Bundesregierung 1973, hrsg. vom Presse- und Informationsamt der Bundesregierung, Bonn 1974, S. 43. Zu den Standpunkten der beiden Regierungen und zur Entwicklung der Verhandlungen vgl. Carl Christoph Schweitzer: Konflikt und Kooperation zwischen der Bundesrepublik Deutschland und der Volksrepbliik Polen seit dem Warschauer Vertrag von 1970, in: Hans-Adolf Jacobsen u. a. (Hrsg.): Bundesrepublik Deutschland – Volksrepublik Polen: Bilanz der Beziehungen, Probleme und Perspektiven ihrer Normalisierung, Frankfurt am Main/Warschau 1979, S. 103–130; Jerzy Sułek: Die politischen Beziehungen zwischen der Volksrepublik Polen und der Bundesrepublik Deutschland in den siebziger Jahren, in: ebd., S. 131–160.

[67] Vgl. etwa Die Zeit v. 8. 8. 1975; z. Diskussion im Bundestag vgl. Das Parlament, Nr. 47, 22. 11. 1975; Nr. 49, 6. 12. 1975.

[68] Interview mit Schmidt im RIAS Berlin, 23. 3. 1975, zit. n. FAZ v. 24. 3. 1975.

[69] Vgl. etwa den Leitartikel der FAZ v. 6. 8. 1975, S. 1.

eine Abschlußquittung über die anderen, insbesondere die finanziellen Kriegsfolgen zu erhalten."[70]

Auch hier wurde von bundesdeutscher Seite schließlich ein Kompromiß gesucht, durch den dieser für das Werk der deutsch-polnischen Aussöhnung belastende Faktor ausgeschaltet werden konnte, ohne daß die Bundesregierung juristisch die polnischen Forderungen anerkannte. Am Rande der Helsinki-Konferenz vereinbarte Schmidt am 1. August 1975 mit Gierek eine Regelung, die diese Bedingungen erfüllte: die Bundesrepublik räumte Polen einen Wirtschaftskredit von 1 Mrd. DM zu günstigen Bedingungen ein. Gleichzeitig wurde ein Abkommen zur wechselseitigen Abgeltung von Rentenansprüchen geschlossen, wodurch Polen weitere 1,3 Milliarden DM erhielt. Im Gegenzug verpflichtete sich Polen, binnen vier Jahren 120 000 bis 125 000 Deutschen das Überwechseln von Polen in die Bundesrepublik zu gestatten[71].

Ist die Einräumung des Kredits durchaus als Form der „indirekten Wiedergutmachung" anzusehen, so liegen die Verhältnisse im Fall des Rentenabkommens anders. Denn durch die Rentenbeiträge der polnischen Zwangsarbeiter während des Krieges in Deutschland wäre eine individuelle Begleichung von Rentenansprüchen – womöglich auf deutschem Rentenniveau – erheblich teurer gekommen. Das betonte in der Bundestagsdebatte über die Vereinbarungen mit Polen auch Außenminister Genscher gegenüber der Kritik der Opposition, die eine individuelle Rentenversorgung befürwortete und das Rentenabkommen als Ergebnis polnischer Erpressung wertete[72]. Unmittelbar nach Verabschiedung des Abkommens wurden von polnischer Seite die Renten ehemaliger KZ-Häftlinge erhöht, um so demonstrativ die Verwendung der Mittel vor Augen zu führen; denn auch in Polen waren die Abkommen nicht unumstritten. Radio Warschau wies am 10. Oktober 1975 darauf hin, daß die Millionen ehemaligen polnischen KZ-Häftlinge und Zwangsarbeiter „in ihrem Bewußtsein ein tiefes Trauma gegenüber den Schuldigen ihres Schicksals" bewahrt hätten und in dem Abkommen „den Verlust des Rechtes auf persönlichen Anspruch für eine Wiedergutmachung ihrer Leiden, für den Lohnverlust usw." erblickten[73].

Von seiten der Sowjetunion hingegen waren Forderungen nach Entschädigung nicht erhoben worden, obwohl doch ihre Staatsbürger mehr als alle anderen unter Deportation, Zwangsarbeit und Terrormaßnahmen der Deutschen hatten leiden müssen. Die Gründe dafür liegen sicherlich zuerst in der Entwicklung der deutsch-sowjetischen Beziehungen selbst. Zudem aber ist von Bedeutung, daß die DDR auf direktem und indirektem Wege sehr erhebliche Anstrengungen für die Reparationsleistungen an die Sowjetunion hat unternehmen müssen. Darüber hinausgehende Forderun-

---

[70] Rumpf, Völkerrechtliche und außenpolitische Aspekte, S. 341.

[71] Zu den Vereinbarungen im einzelnen und der Debatte, die sie in der Bundesrepublik auslösten vgl. u. a. Benno Zündorf: Die Ostverträge, München 1979, S. 70 ff.; Karl Hartmann: Vier Jahre deutsch-polnischer Vertrag, in: Osteuropa, 1975, S. 246–256; Schweitzer, Konflikt und Kooperation, S. 125 ff., Sułek, Die polnischen Beziehungen, S. 140 ff.

[72] BT-Prot. v. 26. 11. 1975, S. 13932 ff.; zur Kritik der Opposition ausf.: Joachim Krause: Außenpolitische Opposition im und über den Bundesrat. Eine Fallstudie am Beispiel der Auseinandersetzungen um die Ratifizierung der deutsch-polnischen Vereinbarungen vom Oktober 1975, in: Zeitschrift für Parlamentsfragen, 11 (1980), S. 423–440. Dabei wurde deutlich, daß ohne das Rentenabkommen individuelle Rentennachforderungen hätten fällig werden können, deren Höhe auf etwa 8 Mrd. DM berechnet wurden (Krause, S 428 f.).

[73] Zit. n.: Bingen, S. 331.

gen hätten – wie von seiten Polens – auf individuellen, privatrechtlichen Ansprüchen der ehemaligen Verfolgten gegenüber der Bundesrepublik basieren müssen. Das aber wäre einer offiziellen Rehabilitierung der sowjetischen Zivilarbeiter und Kriegsgefangenen gleichgekommen, von denen jedoch ein großer Teil nach ihrer Repatriierung aus Deutschland unter dem Verdacht der „Kollaboration" erheblichen Repressionen von seiten der sowjetischen Behörden ausgesetzt war[74]. Von daher ist das Ausbleiben sowjetischer Forderungen in diesem Zusammenhang erklärlich.

Insgesamt also hat die Bundesrepublik an ausländische Staaten im Zusammenhang mit Entschädigungsforderungen von KZ-Häftlingen und Zwangsarbeitern 876 Millionen DM an die westeuropäischen Länder sowie – neben dem für die Bundesrepublik finanziell eher vorteilhaften Rentenabkommen – einen zinsgünstigen Kredit an Polen in Höhe von 1 Milliarde DM gezahlt[75]. Im Vergleich zu den Zahlungen an deutsche Opfer der nationalsozialistischen Verfolgung sind dies verhältnismäßig geringe Summen – blieb doch die Ablehnung aller individuellen Entschädigungsansprüche von Ausländern unter Hinweis auf das Londoner Schuldenabkommen als juristische Grundposition aller Bundesregierungen unverändert bestehen, insbesondere soweit sie aus Verfolgung durch Deportation und Zwangsarbeit herrührten. Vergleicht man diese Entwicklung nun mit den nach 1945 angesichts des Elends der überwiegend ausländischen KZ-Häftlinge und der Fremdarbeiter gegenüber den Deutschen einhellig geäußerten Erwartungen, das an diesen Menschen begangene Unrecht wiedergutzumachen, so kann dieses Ergebnis nicht befriedigen.

Nun war von seiten der Bundesregierung schon das Abkommen mit Israel und der Claims Conference nur gegen erheblichen Widerstand in der westdeutschen Öffentlichkeit und auch in den eigenen Reihen der Regierungskoalition Adenauers abgeschlossen worden; die Berücksichtigung von KZ-Häftlingen und Zwangsarbeitern etwa aus Polen oder der Sowjetunion wäre zu dieser Zeit in der Bundesrepublik vermutlich politisch nur sehr schwer durchsetzbar gewesen, weil – anders als gegenüber den Juden – gegenüber diesen Menschen in weiten Teilen der Bevölkerung ein Unrechtsbewußtsein gar nicht bestand, oder doch durch den Bombenkrieg der Alliierten, durch Flucht und Vertreibung aus den Ostgebieten, aber auch durch die vielzitierten „Plündererbanden" ehemaliger Zwangsarbeiter in der Nachkriegszeit dieses Unrecht als beglichen angesehen wurde[76].

Diese ablehnende Haltung gegenüber Entschädigungsansprüchen ehemaliger ausländischer KZ-Häftlinge und Zwangsarbeiter, insbesondere, wenn sie von Polen gestellt wurden, blieb auch bis in die siebziger und achtziger Jahre unverändert. Auffällig ist dabei aber, daß es weder in der Öffentlichkeit noch im Bundestag bis 1985 je eine Debatte darum gegeben hat, welches Schicksal die Fremdarbeiter und die zur Arbeit eingesetzten KZ-Häftlinge während des Krieges in Deutschland erlitten hatten. Die Beschäftigung mit diesem Komplex war, wenn sie denn stattfand, nahezu ausschließlich durch die Abwehr möglicher finanzieller Forderungen geprägt. Proble-

---

[74] Vgl. Jacobmeyer, S. 123–152; Herbert, Fremdarbeiter, S. 341 ff.

[75] Zahlungen an Opfer medizinischer Versuche werden hierbei nicht berücksichtigt, vgl. dazu Rumpf, Völkerrechtliche und außenpolitische Aspekte, S. 340. In dem Bericht der Bundesregierung vom 31. Oktober 1986 wird die Höhe der Zahlungen an die westeuropäischen Staaten für Opfer medizinischer Versuche insgesamt mit 1 Mrd. DM beziffert, BT-Drs. 10/6287, S. 30.

[76] Vgl. Jacobmeyer, S. 204–231; Herbert, Apartheid.

matisch erscheint in dieser Frage also nicht allein oder in erster Linie, wieviel oder ob genug gezahlt worden war, sondern die dahinter aufscheinende Haltung ist beunruhigend: zu zahlen, damit endlich Ruhe gegeben wird, ohne den Gegenstand der Forderungen selbst öffentlich und nachdenklich zu debattieren.

II.

Nach der Rechtsauffassung der westdeutschen Behörden fielen also die Ansprüche ausländischer Geschädigter unter Reparationsvorbehalt, während die der deutschen NS-Verfolgten[77] über die bundesdeutschen Entschädigungs- und Rückerstattunggesetze befriedigt werden sollten. Weder von der einen noch von der anderen Regelung waren hingegen diejenigen „Displaced Persons" erfaßt, die sich einer Repatriierung entzogen hatten und nicht in ihre – in der Regel osteuropäischen – Heimatländer zurückgekehrt waren, darunter ein großer Teil gerade solcher Menschen, die in Deutschland nach dem Kriege unter besonders schlechten Bedingungen lebten; darunter viele Kranke und Nichtarbeitsfähige, die nicht wie viele ihrer Schicksalsgenossen in ein anderes westeuropäisches Land oder nach Übersee auswandern wollten oder konnten – „Hard Core", wie sie von den alliierten Behörden in Westdeutschland daher genannt wurden. Ihre Zahl wurde bei Gründung der Bundesrepublik auf etwa 130 000 geschätzt und sank bis Mitte der fünfziger Jahre auf etwa 50 000[78]. Diese Menschen befanden sich auch im Hinblick auf die Frage ihrer Entschädigung „in einer wenig beneidenswerten Lage", wie ein Autor 1951 bemerkte, denn sie wurden weder von einem der ehemaligen Feindstaaten Deutschlands unterstützt noch von seiten der westdeutschen Regierungen der Länder bzw. des Bundes. Bei den westdeutschen Behörden und in der Bevölkerung waren sie ausgesprochen unbeliebt; selbst bei den Linken fanden sie keine Unterstützung; für die KPD etwa handelte es sich bei den rückkehrunwilligen DPs, die vorwiegend aus Polen und der Sowjetunion stammten, „im wesentlichen um solche ..., die im Dienst des Nationalsozialismus gegen ihre eigenen früheren Länder gekämpft hatten", und deren Aufenthalt in Deutschland „wegen ihres zu einem großen Teil asozialen Verhaltens" sowie „wegen ihres politischen Auftretens ... alles andere als wünschenswert und tragbar" sei[79].

Das Wiedergutmachungsrecht, das – uneinheitlich und mit starken Abweichungen im einzelnen – in den Ländern der Westzonen entstanden war, hatte einen Begriff des zu entschädigenden NS-Unrechts entwickelt, der sich auf Verfolgung aus rassischen, politischen, weltanschaulichen oder religiösen Gründen bezog[80]. Diese Definition trennte also solche Verfolgungsmotive von jenen, die nicht als spezifisch nationalsozialistisches Unrecht angesehen wurden, sondern entweder als „normale" staatliche Verfolgung – wie z.B. gegenüber Kriminellen und „Asozialen" – oder als Folge der besonderen Umstände des (bzw. jedes) Krieges. Unter diese letzte Kategorie fiel nach

---

[77] Zum „Territorialitätsprinzip" vgl. Blessin/Wilden, Kommentar BEG 1957, S. 131 ff.

[78] Dazu ausf. Jacobmeyer, S. 176 ff.; von den etwa 500 000 DP's, die sich 1947/48 noch in der amerikanischen und englischen Zone befanden, waren mehr als 40% nicht arbeitsfähig (ebd., S. 185, 188); die Zahl 130 000 nannte der Bundesvertriebenenminister Lukaschek im Oktober 1949 (ebd., S. 226).

[79] Abg. Müller, KPD, am 28. 2. 1951 vor dem Bundestag, BT-Prot., S. 4629.

[80] Dazu Schirilla, S. 17 f.

diesem Verständnis auch ein Großteil der DPs, deren Verfolgung nach der sich im westdeutschen Wiedergutmachungsrecht entwickelnden Auffassung nicht auf spezifisch nationalsozialistische Unrechtshandlungen zurückzuführen gewesen, sondern als Begleiterscheinung von Krieg und Besatzungsherrschaft anzusehen sei. Ihre Verfolgung beruhe auf „Gründen der Nationalität", wie der unscharfe Sammelbegriff lautete, der sich nach Kriegsende durchzusetzen begann – also nicht auf rassischen bzw. politischen Gründen. Unter diese Kategorie fielen auch und vor allem Anhänger einer nationalen Widerstandsorganisation sowie die Zwangsarbeiter, mithin die überwiegende Mehrzahl der 1951 noch etwa 60 000 „Displaced Persons" in der Bundesrepublik. Im Verständnis der westdeutschen Behörden handelte es sich bei diesen Gruppen gar nicht um Verfolgte des NS-Regimes, entsprechend waren sie auch nicht entschädigungsfähig. In den Wiedergutmachungsgesetzen der Länder tauchten die „Nationalverfolgten" folgerichtig auch nicht auf[81].

Nun ist dieser Begriff der „Verfolgung aus nationalen Gründen" unter historischen Gesichtspunkten sehr zweifelhaft; er gründet sich auf die Auffassung, daß bei Ausländern von einer Verfolgung aus politischen, rassischen, religiösen und weltanschaulichen Gründen in der Regel überhaupt nicht gesprochen werden könne. In dem juristischen Kommentar zum BEG von 1956 ist ausgeführt, warum zum Beispiel ein polnischer Widerstandskämpfer, der ins KZ eingeliefert wurde, kein „politischer Gegner" des Nationalsozialismus gewesen sei und daher keine Entschädigung erhalten könne: „Die geforderte politische Gegnerschaft kann sich nur auf die Einstellung zur Innenpolitik beziehen. Richtig ist zwar, daß das Wort ‚politisch' auch die Außenpolitik des eigenen Staates umfaßt, doch bezeichnet man die Einstellung zur Außenpolitik eines fremden Landes als Nationalbewußtsein ... Wer daher als Angehöriger einer fremden Nation verfolgt wurde, erlitt dies fast ausnahmslos aus nationalen Gründen und nicht wegen seiner dem NS-Staat häufig gleichgültigen Einstellungen zur deutschen Innenpolitik."[82] Ebenso wurde eine Verfolgung aus rassischen Gründen verneint, weil hier der Begriff von „Rassismus" aus der nationalsozialistischen Rassenlehre zur Grundlage genommen und als nahezu identisch mit „Antisemitismus" aufgefaßt wurde; daraus ergebe sich, „daß die Angehörigen slawischer Völker (Polen, Ukrainer, Serben, Tschechen, Russen usw.) nicht aus Gründen der Rasse verfolgt wurden, weil sie nach der natsoz. Rassenlehre einer dem deutschen Blute artverwandten Rasse angehörten." Auch wenn in der Verordnung über Strafrechtspflege gegenüber Polen und Juden von 1941 beide Gruppen gleichermaßen diskriminiert worden seien, so seien doch, „die Gründe für die Juden in der Rassenlehre", für die Polen jedoch in politischen Erwägungen (Terrormaßnahmen) zu suchen[83].

Abgesehen von den hier verwendeten, historisch schwerlich haltbaren Begriffen von Widerstand und Rassismus wird hier ein allgemeineres Problem sichtbar: während die Verfolgung der Juden als spezifisch nationalsozialistisches Unrecht verstanden wird, werden die Maßnahmen etwa gegen Polen oder Russen in Zusammenhang mit der deutschen Besatzungspolitik gesehen, mithin nicht als spezifisch nationalso-

---

[81] Dazu ausf. Ernst Féaux de la Croix: Vom Unrecht zur Entschädigung: Der Weg des Entschädigungsrechts, in: Wiedergutmachung, Bd. III, S. 1–118, hier S. 14 ff.; sowie Schirilla, S. 17 ff.
[82] Blessin/Wilden, Kommentar BEG 1957, S. 169 f.
[83] Ebd., S. 180.

zialistische Verfolgungshandlung. Diese Einengung, die man etwa bei Zwangssterilisierten, „Asozialen" oder Homosexuellen ebenfalls feststellen kann, verweist darauf,
wie sehr die Frage der Wiedergutmachung abhängig ist von dem Prozeß der sich ver-
ändernden Wahrnehmung der Geschichte des Nationalsozialismus und seiner Verbrechen. Gerade dadurch, daß das Wiedergutmachungsrecht unterschiedliche Verfolgungstatbestände juristisch definiert und daß die zugesprochenen finanziellen
Entschädigungsleistungen signalisieren, für wie schwerwiegend, verwerflich und
außergewöhnlich Richter, Gesetzgeber und letztlich die westdeutsche Öffentlichkeit
die einzelne Verfolgungsmaßnahme der NS-Behörden erachtet, wird der dabei ange-
nommene Standpunkt zum Rechts- bzw. Unrechtscharakter der Maßnahmen der
NS-Behörden und damit zur Geschichte des „Dritten Reiches" insgesamt deutlich.
Der Begriff des „Nationalverfolgten" signalisiert, daß die Verfolgung von Einwohnern der von der deutschen Wehrmacht während des Krieges besetzten Gebiete in
Westdeutschland nach dem Kriege und bis in die sechziger Jahre hinein mehr als
kriegsbedingte Maßnahme, wie sie in Kriegszeiten generell üblich sind, empfunden
wurde, denn als nationalsozialistisches Unrecht und Verbrechen.

Für die Entwicklung des Entschädigungsrechts gegenüber Heimatlosen Ausländern
in der Bundesrepublik aber war dieser Begriff der „Verfolgung aus nationalen Gründen" folgenschwer, denn durch seine mangelnde historische und juristische Präzision
lud er zu einer politischen Weisungen und fiskalischen Interessen folgenden Rechtsprechung geradezu ein.

Bereits im Pariser Reparationsabkommen vom Januar 1946 hatten daher die Westalliierten vereinbart, einen Sonderfonds aus Reparationsmitteln „für die Wiedergutmachung und Wiederansiedlung von nicht repatriierungsfähigen Opfern deutscher
Maßnahmen" zu bilden, da diese Gruppe von Menschen „schwer durch die Nazis
gelitten hat und jetzt Hilfe dringend benötigt, um ihre Wiedergutmachung durchzusetzen, aber nicht in der Lage ist, den Beistand irgendeiner Regierung zu Erlangung
von Reparation von Deutschland zu verlangen."[84] Die westdeutschen Behörden aber
weigerten sich beharrlich, „Nationalverfolgte" als entschädigungsberechtigt anzuerkennen, obwohl sich in- und ausländische Interessenverbände dafür einsetzten. Diese
starre Haltung der Bundesregierung war vor allem fiskalisch motiviert und stützte
sich auf den in der Bundesrepublik verbreiteten Mangel an Unrechtsbewußtsein
gegenüber den DPs, die zudem keine durchsetzungsstarke Interessenvertretung besaßen: „Daß die Staatenlosen bei der Wiedergutmachung ihrer von Deutschland erlittenen Schäden schutzlos seien", formulierte etwa das Bundesjustizministerium im Juni
1950, „liege an ihrer allgemeinen Schutzlosigkeit und habe mit den hier vorliegenden
Problemen nichts zu tun."[85] Auch gegenüber der „International Refugee Organization" (IRO) die sich Anfang 1951 mit einer größeren Denkschrift über die Benachteiligung der DPs an die Bundesregierung wandte[86], bestätigte das Bundesfinanzministerium, daß die Wiedergutmachung gegenüber Ausländern eine Reparationsfrage sei

---

[84] Pariser Reparationsabkommen v. 14. Januar 1946, Teil I, Art. 8, in: Blessin/Wilden, Kommentar
    BEG 1957, S. 1295ff.; vgl. Granow, S. 70; Gurski, Das Abkommen, S. 185.
[85] Interministerielle Besprechung über Wiedergutmachung gegenüber DP's am 2. Juni 1950, zit. n.
    Jacobmeyer, S. 235.
[86] Denkschrift der IRO v. 8. 1. 1951, ebd., S. 236 f.

und Heimatlose Ausländer im Wiedergutmachungsrecht nach Auffassung der Bundesregierung nicht diskriminiert würden[87]. Erst als der Hohe Flüchtlingskommissar (UNHCR) im September 1952 in Bonn eine Zweigstelle eröffnet hatte und sich für die Interessen der DPs vor allem gegenüber der Alliierten Hohen Kommission einzusetzen begann, wurde der Druck auch auf die Bundesregierung in dieser Frage stärker[88]. Nun waren seit dem „Gesetz über die Rechtstellung heimatloser Ausländer" vom 25. April 1951[89] die nichtrepatriierten DPs beim Wiedergutmachungsrecht tatsächlich juristisch den Deutschen gleichgestellt, d.h. sie durften wie Bundesbürger Anträge auf Entschädigung stellen. Der SPD-Abgeordnete Brill hatte bei der parlamentarischen Beratung sogar sehr deutliche Worte gefunden, warum die Bundesrepublik hier aktiv geworden sei; dieses Gesetz diene dazu, „eine der schrecklichsten Erscheinungen des zweiten Weltkrieges zu liquidieren. Diese Erscheinung bestand in der Deportation von rund 9 Millionen ausländischer Arbeiter nach Deutschland und ihrer völkerrechtswidrigen Verwendung in der deutschen Kriegsindustrie. Man greift im Ausdruck gewiß nicht zu hoch, wenn man sagt, daß diese Maßnahme der Nationalsozialisten ein Versuch zur Wiedereinführung der Sklaverei gewesen ist; denn die Bedingungen, unter denen diese ausländischen Arbeiter in Deutschland tätig gewesen sind, liegen so sehr unter dem niedrigsten Sozialniveau, das man sich überhaupt vorstellen kann, daß man diese Maßnahmen nicht scharf genug verurteilen kann ... In Deutschland sitzengeblieben sind 50- bis 60 000 heimatlose Ausländer aus den Ländern, die zwischen der Sowjetunion und Deutschland liegen. Diesen eine Rechtsstellung zu geben, die den Grundsätzen der Menschlichkeit und des Rechts entspricht, ist der Zweck dieses Grundentwurfs"; das Gesetz sei politisch „eine der Handlungen, auf die die Welt sehen wird, um die Sinneswandlung des deutschen Volkes seit 1945 zu beurteilen."[90] Die postulierte Sinneswandlung gegenüber den DPs bezog sich im Hinblick auf die Entschädigung allerdings nur auf die Rechtstellung als Antragsberechtigte; materiell galt die so eindrucksvoll beschriebene Lage der Zwangsarbeiter hingegen weiterhin als „Nationalverfolgung" und mithin nicht als Entschädigungsgrund.

Von seiten der Alliierten allerdings wurde zu dieser Zeit gegen den hinhaltenden Widerstand der Bundesregierung darauf gedrängt, ein einheitliches Bundesentschädigungsrecht zu schaffen und darin die „nationalverfolgten" DPs zu berücksichtigen[91]. Die britischen Vertreter der AHK gingen dabei sogar so weit, daß sie von dieser Frage die Aufgabe von Vorbehaltsrechten aus dem Besatzungsstatut abhängig machten[92]. In den Verhandlungen zum Überleitungsvertrag spielte das Problem eine bedeutsame Rolle; in dem für Wiedergutmachung zuständigen Unterausschuß ver-

---

[87] Stellungnahme des BMF v. 25.9.1951 zur IRO-Denkschrift, ebd., S.237.

[88] Vgl. i. E. Schirilla, S.23f.

[89] BGBl. 1951 I, S.269ff.; zu Entstehung und Inhalt vgl. Jacobmeyer, S.226ff.

[90] BT-Prot. v. 28.2.1951, S.4628. Die Rede des Abg. Brill ist übrigens, so weit ich sehe, das einzige Mal in der Geschichte des Deutschen Bundestages, daß das Schicksal der Zwangsarbeiter im Plenum in dieser zutreffenden Weise beschrieben worden ist.

[91] Ernst Féaux de la Croix: Internationalrechtliche Grundlagen der Wiedergutmachung, in: Wiedergutmachung Bd. III, S.119–200, hier S.125ff.; Jacobmeyer, S.240ff.

[92] Besprechung zw. Auswärtigem Amt und britischen AHK-Vertretern in Bonn, 6.3.1951, b. Jacobmeyer, S.240; vgl. Féaux de la Croix, Internationalrechtliche Grundlagen, S.127ff.; auch zum Folgenden.

langten die alliierten Vertreter kategorisch eine Einbeziehung der „Verfolgten aus
Gründen der Nationalität" in die Entschädigungspflicht, was die westdeutschen Vertreter mit dem Hinweis ablehnten, dies sei eine Hereinnahme reparationsrechtlicher
Elemente in die Wiedergutmachung. Gegenüber dem beharrlichen Druck der Alliierten in dieser Frage konnte sich die Bundesregierung, schon um die Verhandlungen
über den Überleitungsvertrag insgesamt nicht zu gefährden, aber nicht durchsetzen
und mußte die Hereinnahme der „Nationalverfolgten" in den Katalog der Entschädigungsberechtigten akzeptieren. Die deutschen Vertreter versuchten nun im Verlaufe
der weiteren Verhandlungen, den Kreis der entschädigungsberechtigten „Nationalverfolgten" durch einengende Bestimmungen so zu begrenzen, daß nur wenige DPs
überhaupt für eine Entschädigung in Betracht kamen. Diese Taktik hatte Erfolg. Am
27. Februar 1952 wurde vereinbart, die „Verfolgung aus Gründen der Nationalität"
als Entschädigungsgrund anzuerkennen – allerdings unter drei Voraussetzungen: die
Einzelnen mußten a) anerkannte politische Flüchtlinge sein, b) sie mußten „unter
Mißachtung der Menschenrechte" verfolgt worden sein und c) dadurch einen dauernden Gesundheitsschaden erlitten haben[93].

Mit diesen Einschränkungen wurde die Bundesrepublik im vierten Teil des Überleitungsvertrages auch explizit zur Entschädigung von „Nationalverfolgten" verpflichtet[94]. Damit war diese Gruppe zwar erstmals als entschädigungsberechtigt anerkannt,
aber als Sonderfall von den anderen Gruppen „echter Verfolgter" getrennt. Trotz dieser vertraglichen Verpflichtung jedoch enthielt der Entwurf des Sonderausschusses
des Bundesrates für ein Bundesentschädigungsgesetz vom 15. Dezember 1952 die
Nationalverfolgten nicht – erst durch erneute Intervention des UNHCR und der Alliierten wurde der Passus schließlich doch in das Gesetz mit hineingenommen[95].
Danach mußten „Nationalverfolgte" aufgrund der während des Krieges erlittenen
Schäden eine mindestens 50prozentige Erwerbsminderung – alle anderen Verfolgtengruppen 25 Prozent – nachweisen, um Anspruch auf eine Rente von 100 DM zu
besitzen. Schaden „am Leben", an Freiheit, an Eigentum und Vermögen, im beruflichen und wirtschaftlichen Fortkommen und in der Ausbildung, die bei den anderen
Verfolgtengruppen berücksichtigt wurden, fielen bei den „Nationalverfolgten" nicht
ins Gewicht[96]. Diese offenbare Diskriminierung der „Nationalverfolgten" – die in der
westdeutschen Rechtsauslegung jedoch nicht als „Verfolgte" angesehen und daher
nunmehr „Nationalgeschädigte" genannt wurden[97] – kritisierte die AHK unmittelbar
nach Verabschiedung des Gesetzes und verlangte von der Bundesregierung, den Ausschluß der „Nationalgeschädigten" von den genannten Leistungen in einer Gesetzesnovellierung rückgängig zu machen[98]. In der novellierten Fassung von 1956 jedoch
wurde lediglich die Voraussetzung des Gesundheitsschadens von 50 auf 25 Prozent

---

[93] Féaux de la Croix, Internationalrechtliche Grundlagen, S. 131 f.
[94] BGBl. 1955 II, S. 215 ff., Vierter Teil, Abs. 1.: S. 431; vgl. Buschbom, S. 49 f.; Schirilla, S. 25.
[95] Vgl. Schirilla, S. 25.
[96] Bundesergänzungsgesetz zur Entschädigung für Opfer der nationalsozialistischen Verfolgung
vom 18. September 1953, BGBl. 1953 I, S. 1387, hier § 76.
[97] Blessin/Wilden, Kommentar zum BErgG, München, Berlin 1954, S. 326 f.
[98] Vgl. Féaux de la Croix, Internationalrechtliche Grundlagen, S. 141; diese Kritik vom Dezember
1953 führte „auf deutscher Seite zu einer schweren Verstimmung" (ebd.).

herabgesenkt[99]. Die zunächst geplante Einbeziehung der „Anhänger einer nationalen Widerstandsbewegung" in den Kreis der Anspruchsberechtigten hingegen wurde verworfen und die Anerkennung der „Nationalgeschädigten" ausdrücklich als „Härteregelung" bezeichnet, die auf „Wünsche" der Alliierten Hohen Kommission zurückginge: „Die Bundesregierung hat geglaubt, sich den Wünschen nicht verschließen zu können", hieß es in der Begründung der Regierungsvorlage zu § 167 BEG, allerdings müsse diese Regelung, „sowohl was den Schadensbestand wie auch den in Frage kommenden Personenkreis anbelangt, sich in engsten Grenzen halten"[100].

Das war eine eindeutige politische Vorgabe, die in der Praxis erhebliche Folgen nach sich zog. Denn nicht so sehr das Gesetz selbst, als seine gerichtliche Auslegung stellte für die Betroffenen in der Folgezeit das Hauptproblem dar. Sollte sich der Kreis der zu entschädigenden Heimatlosen Ausländer in „engen Grenzen" halten, wie es die Bundesregierung intendierte, mußte sich dies vornehmlich auf die beiden größten Gruppen beziehen: die Zwangsarbeiter – sowohl Zivilarbeiter als auch KZ-Häftlinge – und die Widerstandskämpfer.

Die die Zwangsarbeiter betreffende abschließende Rechtsauslegung wurde vom Bundesgerichtshof am 7. Dezember 1960 vorgenommen[101]. Ein polnischer Arbeiter hatte während des Krieges „Feindsender" gehört, war verhaftet und als Fremdarbeiter nach Deutschland geschickt worden, wo er zunächst im Allgäu bei einem Bauern arbeiten mußte; später wurde er in die Konzentrationslager Dachau, Buchenwald und „Dora" eingeliefert und mußte dort Zwangsarbeit leisten; er hatte dadurch einen dauernden Gesundheitsschaden erlitten. Der BGH lehnte seine Entschädigungsforderung ab, weil nicht die Nationalität des Polen der Grund für seine Verschickung gewesen sei, sondern der „Arbeitskräftemangel" im nationalsozialistischen Reich: „Die Nationalität dieser Zwangsarbeiter war den deutschen Arbeitseinsatzbehörden hierbei gleichgültig. Es kam ihnen vielmehr ausschließlich darauf an, neue Arbeitskräfte zur Stärkung der deutschen Volkswirtschaft, insbes. der Rüstungsindustrie" zuzuweisen. Auch seine Einweisung in ein KZ sei nicht als Verfolgung aus nationalen Gründen anzusehen: „Es spreche vielmehr alles dafür, daß der Kl(äger) deshalb als Zwangsarbeiter in einem dem KZ Dachau angegliederten Rüstungsbetrieb und später im V-Waffenwerk ‚Dora' bei Nordhausen bei der Montage der V1-Waffe eingesetzt worden sei, weil er als Schlosser ein wertvoller Facharbeiter gewesen sei, der für die Rüstung benötigt worden sei."

Mit dieser Grundsatzentscheidung, der bereits in den Jahren zuvor entsprechende Urteile vorausgegangen waren[102], war die von den Alliierten gegen den Widerstand

---

[99] Bundesentschädigungsgesetz (BEG) v. 29. 6. 1956, BGBl. 1956 I, S. 559; Fünfter Abschnitt, § 167; in der parlamentarischen Beratung betonte der Berichterstatter, Dr. Greve (SPD), ausdrücklich, „daß der Begriff ‚aus Gründen der Nationalität' nicht zu eng ausgelegt werden soll", und verwies darauf, „daß eine Reihe von Entscheidungen der Entschädigungsbehörden und der Entschädigungsgerichte nur mit Erschrecken und Entsetzen von uns zur Kenntnis genommen werden konnten." BT-Prot. v. 6. 6. 1956, S. 7786, 7788.

[100] Begründung der Bundesregierung zu § 167 BEG, n. Schirilla, S. 31; vgl. Féaux de la Croix, Vom Unrecht, S. 83 ff.

[101] BGH, v. 7. 12. 1960, in: RzW 1961, S. 184 f.

[102] Vgl. BGH-Urteil v. 28. 1. 1956, IV ZR 323/55. Schon im Kommentar zum BEG von 1956 hatte es geheißen: „Die Verschickung als Zwangsarbeiter ist nicht wegen der Nationalität, sondern wegen des Mangels an Arbeitskräften erfolgt ..., auch in einem Arbeitseinsatz allein kann doch

der Bundesregierung erzwungene Entschädigungspflicht für „Nationalgeschädigte"
inhaltlich weitgehend unterlaufen worden, weil die Zwangsarbeiter als größte Gruppe
dieser Kategorie aus dem Kreis der Entschädigungsberechtigten hinausdefiniert wurden. Ein gleiches widerfuhr den Widerstandskämpfern: nach höchstrichterlichem
Urteil waren diese ebenfalls nicht aus „nationalen" Gründen von den Nationalsozialisten verfolgt worden, „sondern – wie von jeder Besatzungsmacht – wegen ihres
Angriffs auf die militärische Sicherheit der Besatzungsmacht"[103] – ein Circulus vitio-
sus: politischer Widerstand gegen den Nationalsozialismus hatte es nach dieser Auffassung nur von Deutschen geben können, bei Ausländern hingegen handelte es sich
um „nationalen Widerstand" gegen die deutsche Besatzungsmacht; der Grund der
Verfolgung aber lag nicht in der Nationalität des Widerstandkämpfers, sondern in
notwendigen Sicherheitsmaßnahmen der Besatzungsbehörden. Mit dieser Rechtsauffassung war nun die Basis gelegt, um Entschädigungsanträge von „Nationalgeschädigten" nur noch in besonders gelagerten Einzelfällen positiv zu bescheiden, im
Regelfall aber abzulehnen. Der Prozentsatz der abgelehnten Anträge spielte sich in
den sechziger Jahren bei etwa 85 Prozent ein. Da der Antragsteller selbst beweis-
pflichtig war und – etwa bei den Zwangsarbeitern – nachweisen mußte, daß er eine
besonders schlechte Behandlung erfahren hatte, vom „Normalfall" also abwich, waren
schon die Ausgangsbedingungen für die Kläger äußerst ungünstig. Die Rechtsprechung gegenüber „Nationalgeschädigten" führte aber nicht nur zu einer rigiden
Ablehnungspraxis insgesamt, sondern auch zu Einzelurteilen, die über die juristische
Begründung hinaus Aufschlüsse auf das dahinterstehende Geschichtsverständnis
zulassen – einige Beispiele:

– Im Frühjahr 1942 hatte ein 1901 geborener Pole als aktives Mitglied des polnischen Katholischen Männervereins in seiner von den Deutschen besetzten Heimatstadt Flugblätter in
Umlauf gebracht, auf denen die Deportation polnischer Männer und Frauen zur Zwangsarbeit
nach Deutschland angeprangert wurde. Er wurde von der Gestapo verhaftet und zunächst in ein
Gefängnis, anschließend nacheinander in die Konzentrationslager Groß-Rosen, Neckargerach
und Dachau gesperrt und als KZ-Häftling zur Zwangsarbeit herangezogen. In Neckargerach
zog er sich dabei eine beiderseitige Lungen-TBC zu, die ihn körperlich dauerhaft schädigte. Am
29. April 1945 wurde er befreit; aus politischen Gründen zog er es vor, nicht in das mittlerweile
kommunistisch regierte Polen zurückzukehren, sondern als DP, später als „Heimatloser Ausländer" und anerkannter Flüchtling in Westdeutschland zu bleiben. Im Jahre 1948 stellte er erstmals
einen Antrag auf Entschädigung, der alle Instanzen durchlief und im Februar 1959 vom Oberlandesgericht München ablehnend beschieden wurde[104]. Das Gericht begründete seinen Entscheid damit, daß „ursächlich" für die Deportation des Klägers, seine Widerstandshandlung
gewesen sei, nicht sein katholischer Glaube: „Da aber auch der Inhalt der Flugblätter zeigte, daß
der Verein sich nicht nur auf eine rein glaubensmäßige Tätigkeit beschränkte, sondern auch die
sog. ‚Anwerbung von Ostarbeitern' erschweren wollte, mußte die nach den Grundsätzen der ns.
Machthaber arbeitende Polizei im besetzten Polen ein solches Verhalten des Kl. und der anderen ehemaligen Vereinsangehörigen als grundsätzliche Mißachtung der von der Besatzungsmacht erlassenen Vorschriften und als planmäßige Erschwerung der den Besatzungsbehörden
aufgetragenen Tätigkeit ansehen. Eine solche grundsätzliche Widersetzlichkeit gegen die
Anordnung der Besatzungsmacht ... wurde in den besetzten Gebieten durchweg mit polizeilicher Freiheitsentziehung geahndet ... Es liegt deshalb weder eine Verfolgung aus Gründen poli-

nicht eine Mißachtung der Menschenrechte gesehen werden." Blessin/Wilden, Kommentar
  BEG 1957, S. 756.
[103] Blessin/Wilden, Kommentar BEG 1957, S. 756.
[104] OLG München, v. 25. 2. 1959, RzW 10 (1959), Beih. S. 12 f.

tischer Gegnerschaft gegen den Nat. soz. noch eine solche aus Gründen des Glaubens vor." Die „politische Gegnerschaft" wurde deshalb ausgeschlossen, weil der Flugblattprotest des Polen gegen die Massendeportationen zur Zwangsarbeit keine Opposition gegen eine „Mißachtung der Menschenwürde" gewesen sei: „Die Heranziehung zur Arbeit ist aber an sich noch kein Eingriff in die Sphäre der der Menschenwürde zugrundeliegenden Persönlichkeitsrechte. Sie wird es auch nicht dadurch, daß in diesem Fall zur Arbeit nicht Staatsangehörige des betreffenden Landes, sondern Angehörige eines eroberten Landes herangezogen worden sind, um für Zwecke der Besatzungsmacht eingesetzt zu werden. Auch die Verwendung außerhalb des Heimatgebiets, die aus kriegsbedingten Gründen erfolgt, ist eine noch zu rechtfertigende Einschränkung der persönlichen Freiheit, wenn sie nur aus diesen Gründen erfolgt."

– Ein 15jähriges polnisches Mädchen war von den Deutschen jahrelang in ein Konzentrationslager gesperrt worden, weil die Gestapo vermutete, daß ihre Brüder in der Sowjetunion als Partisanen gegen die Deutschen kämpften. Der Antrag der Polin auf Entschädigung wurde abgelehnt, weil sie nicht aus „nationalen" Gründen verfolgt worden sei; ihre Verbringung in ein KZ sei vielmehr eine „Sicherheitsmaßnahme der deutschen Behörden gegen eine Familienangehörige gefährlicher Partisanen" gewesen[105].

– Eine polnische Frau hatte in ihrer Wohnung während des Krieges einen Juden vor der Verfolgung durch die Deutschen versteckt; sie wurde ergriffen und in ein KZ eingeliefert. Das Urteil des OLG Köln: entscheidend seien die Motive der Verfolger gewesen; die Frau sei nicht aus nationalen Gründen verfolgt worden, sondern weil sie sich gegen die nationalsozialistische Politik der Ausrottung der Juden aufgelehnt habe: „Wer Juden versteckt hielt und damit der Ausrottungspolitik gegen die Juden entgegentrat, ist von dem NS-Regime ohne Rücksicht auf seine Staats- und Volkszugehörigkeit verfolgt worden." Der Entschädigungsantrag wurde abgelehnt[106].

– Einer Polin, die der Polnischen Sozialistischen Partei (PPS) angehört hatte und von den deutschen Besatzungsbehörden verfolgt worden war, wurde Entschädigung mit der Begründung verwehrt, „daß als ideologischer Gegner im allgemeinen nur ein Deutscher ernstgenommen worden sei, nicht dagegen ein Ausländer. Dies gelte in besonderem Maße für Polen, die vom Nationalsozialismus als minderrassiges Volk angesehen wurden und von denen nicht erwartet wurde, daß sie eine gegnerische Einstellung zum Nationalsozialismus als einer innerdeutschen Lebensform besaßen. In aller Regel hätten Maßnahmen deutscher Stellen in Polen nicht den Zweck verfolgt, einen ideologischen Gegner zu bekämpfen."[107]

– Eine ganze polnische Schulklasse in Kielce war von den deutschen Behörden wegen illegalen Schulbesuchs zunächst in ein Gefängnis, dann in ein Konzentrationslager eingeliefert worden. Nach Entscheid des Bundesverwaltungsamtes (BVA) wurden die Anträge der Betroffenen auf Entschädigung verworfen, weil der Grund für ihre Verfolgung in sicherheitspolizeilichen Maßnahmen der Besatzungsbehörden, nicht in der Nationalität der Schulkinder gelegen habe[108].

– Eine polnische Frau war 1942 als Zwangsarbeiterin nach Österreich deportiert worden und hatte sich durch die schwere Arbeit bei jeder Witterung und ohne zureichende Ernährung einen dauernden Gesundheitsschaden zugezogen. Die Entschädigungsklage wurde abgelehnt, weil „als Beweggrund des Schädigers die Gewinnung und Ausnutzung der Arbeitskraft der Kl. im Vordergrund gestanden und die Nationalität keine Rolle gespielt" habe. Im übrigen müsse bei den Bedingungen während der Zwangsarbeit „die damals schwierige Arbeits- und Versorgungslage" berücksichtigt werden; die Lage der polnischen Zwangsarbeiterin während des Krieges entspräche den „typisch harten, manchmal armseligen Lebens- und Arbeitsverhältnissen der Gebirgsbauern. Daß sie sich diesem Leben nicht freiwillig unterworfen habe, sei ihr nicht aus Gründen der Nationalität widerfahren, sondern die Folge der rücksichtslosen Beschaffung von Arbeitskräften gewesen."[109]

---

[105] Zit. b. Erwin Rossmeissl: Entspricht die Auslegung von Art. VI BEG-SchlG. dem Willen des Gesetzgebers?, in: RzW 19 (1968), S. 241–246, hier S. 244.

[106] OLG Köln, v. 4. 12. 1967, RzW 19 (1968), S. 205.

[107] OLG Köln, v. 2. 2. 1966, zit. n. Rossmeissl, S. 245; das Urteil wurde später vom BGH aufgehoben.

[108] Entsch. d. BVA IV/VIII-9793, zit. v. Abg. Czaja im Bundestag, 2. 7. 1969, S. 13717.

[109] BGH v. 9. 7. 1970, RzW 21 (1970), S. 566 f.; zur Praxis der Gerichte bei Nationalgeschädigten vgl. ausf. Schirilla, S. 36 ff.; sowie Maurer: Die Entschädigung von Personen fremder Nationa-

Angesichts dieser Entwicklung in der westdeutschen Entschädigungsrechtsprechung hatte der Hohe Flüchtlingskommissar schon seit 1958 gegenüber der Bundesregierung auf eine Verbesserung der Lage der „Nationalgeschädigten" hingewirkt und war dabei von seiten der britischen und amerikanischen Regierung unterstützt worden[110]. Der United Nations High Commissioner for Refugees (UNHCR) regte dabei die Gründung eines Sonderfonds an, der nach langen Verhandlungen mit Vertretern des Auswärtigen Amtes und des Bundesfinanzministeriums, darunter Ernst Féaux de la Croix, auch zustande kam und 45 Millionen DM umfaßte, die die Bundesregierung dem UNHCR zur Verfügung stellte[111]. Diese Übereinkunft stellte zweifellos einen Erfolg für die „Nationalgeschädigten" dar; problematisch war sie aber insofern, als im Anhang zu diesem Abkommen die Rechtsauffassung der Bundesregierung über den Kreis der Empfangsberechtigten festgeschrieben wurde; als „Nationalgeschädigter" wurde definiert, „wer nicht geschädigt worden wäre, wenn er nicht Angehöriger eines fremden Staates oder nichtdeutschen Volkstums gewesen wäre" – damit waren Zwangsarbeiter und Widerstandskämpfer wiederum ausgeschlossen, zumal das Bundesverwaltungsamt die Verteilung der Gelder zu organisieren hatte und dabei die Praxis der bundesdeutschen Rechtsprechung zur Grundlage nahm.

Der letzte Versuch, die ehemaligen Zwangsarbeiter unter den Heimatlosen Ausländern in der Bundesrepublik in das Entschädigungsrecht mit einzubeziehen, ging im Jahre 1965 bei den Beratungen zum BEG-Schlußgesetz vom Wiedergutmachungsausschuß des Bundestages aus, der in seinem Gesetzentwurf vom 13. Mai 1965 eine Sonderregelung für Zwangsarbeiter vorschlug, da nach den bisherigen Regelungen und dem Abkommen mit dem UNHCR „Zwangsarbeiter nicht ohne weiteres als aus Gründen ihrer Nationalität Geschädigte anzusehen seien". Nunmehr sollten Zwangsarbeiter, die „unter besonders diskriminierenden Bedingungen haben arbeiten müssen", eine Entschädigung erhalten – allerdings erst ab 50 Prozent Erwerbsminderung[112]. Von seiten der Bundestagsmehrheit wurde jedoch dieser Vorstoß abgelehnt – es blieb bei den bisherigen Regelungen auch im dritten Bundesentschädigungsgesetz, in dem zugleich als Stichtag für einen Antrag auf Entschädigung für „Nationalgeschädigte" der 30. September 1966 festgelegt wurde, um den Komplex möglichst bald zum Abschluß bringen zu können[113].

Damit war die bisherige Rechtspraxis nun zementiert, was durch Richtlinien des Bundesministers der Finanzen zur Handhabung des Art. VI BEG-Schlußgesetz auch

---

lität, in: RzW 10 (1959), S. 145–148; Gerhard Hartstang: Schädigung aus Gründen der Nationalität gem. Art. VI BEG-SchlG bei Zwangsarbeit – eine Untersuchung am Beispiel der polnischen Zwangsarbeiter, in: RzW 21 (1970), S. 102–105; ders. Bemerkungen zum Problem der Nationalgeschädigten, in: RzW 23 (1972), S. 244 f.; Erwin Rossmeissl: Stagnation oder Fortschritt in der Entschädigung Nationalverfolgter?, in: RzW 21 (1970), S. 145–148.

[110] Schirilla, S. 51–66, auch für das Folgende.
[111] Abkommen v. 5. 10. 1960, abgedr. ebd., S. 54 ff. Die Mittel wurden 1966 um 3,5 Mio. DM, am 2./26. 11. 1981 um 5 Mio. DM (BGBl. 1982 II, S. 80), am 10. 9./27. 11. 1984 um bis zu 3,5 Mio. DM aufgestockt; vgl. Bericht der Bundesregierung vom 31. 10. 1986, S. 42 f., 51.
[112] Schr. Bericht d. Ausschusses für Wiedergutmachung v. 13. 5. 1965, BT-Drs. IV/3423, S. 24 ff.
[113] BEG-SchlG. v. 14. 9. 1965, BGBl. 1965 I, S. 1315, hier Art. VI; neu war allerdings die Berücksichtigung solcher Nationalgeschädigten, die erst nach 1953 als Flüchtlinge in die Bundesrepublik gekommen waren; i. e. vgl. Féaux de la Croix, Vom Unrecht, S. 95 ff.; Schirilla, S. 67 ff.

nach außen dokumentiert wurde[114]. Die explizite Ablehnung des Vorschlags des Bundestags-Ausschusses vom Mai 1965 wirkte sich darüber hinaus noch verschärfend auf die Bekämpfung der Anträge ehemaliger Zwangsarbeiter aus: „Die Mehrheit des Bundestages hat sich dazu entschlossen", urteilte das Landgericht Köln im Mai 1968, „daß die nur allgemein diskriminierten Zwangsarbeiter die vom Ausschuß vorgesehene Entschädigung nicht erhalten". Diskriminierende Bestimmungen gegen Polen, „wie die Verpflichtung zu Sonderabgaben (‚Polensteuer'), Verbot des Besuchs von deutschen Gottesdiensten und deutschen Vergnügungsstätten, Verbot der Benutzung von öffentlichen Verkehrsmitteln und Fahrrädern sowie ähnliche Anordnungen begründen als solche aber noch keinen Entsch(ädigungs-)Anspruch."[115] Es mußten vielmehr besondere Umstände hinzu kommen; nach den Richtlinien des Bundesministeriums der Finanzen waren darunter zu verstehen: KZ oder Arbeitserziehungslager für Polen aufgrund der Polenerlasse; KZ für Polen und Ostarbeiter wegen Geschlechtsverkehrs mit deutschen Frauen[116]; Übergabe aus der Strafhaft in ein KZ[117]; KZ wegen objektiv unbegründeten Verdachts von Widerstandshandlungen; KZ im Zuge von Kollektivmaßnahmen; KZ für Kriegsgefangene; Zwangsarbeit von Jugendlichen unter 17 Jahren; KZ in Zusammenhang mit dem Warschauer Aufstand; Zwangsarbeit für kranke oder ältere Menschen; dauernde Arbeitsunfähigkeit in Folge des Zwangsarbeitseinsatzes; Verfolgung wegen Weigerung von Polen, sich in die deutsche Volksliste eintragen zu lassen.

Der „normale" Fremdarbeiter aber, der als Flüchtling anerkannt worden war und einen Gesundheitsschaden erlitten hatte, erhielt in aller Regel nach seinem Antrag vom Bundesverwaltungsamt einen vorgedruckten Bescheid wie den folgenden: „Seine Verbringung zum Arbeitseinsatz erfolgte nicht wegen seiner Zugehörigkeit zu einem fremden Staat oder zu einem nichtdeutschen Volkstum. Sie war vielmehr eine Maßnahme zur Beseitigung des kriegsbedingten Mangels an Arbeitskräften, von der Personen aller Nationalitäten betroffen wurden. Die von dem Antragsteller vorgetragenen Umstände des Arbeitseinsatzes sind nach eingehender Würdigung auf die allgemeine Verschlechterung der Lebensbedingungen im Verlaufe des Krieges zurückzuführen. Der Antrag war daher abzulehnen."[118]

Insgesamt wurden bis November 1986 beim Bundesverwaltungsamt 36812 Anträge auf Entschädigung für „Nationalgeschädigte" gestellt, davon wurden 6355 in irgendeiner Weise positiv entschieden, der Rest wurde abgelehnt: 83 Prozent[119]. Die Gesamtaufwendungen für Nationalgeschädigte betrugen bis 30. Juni 1986 553,2 Mil-

---

[114] Richtlinien des BMF zur Durchführung des Art. VI BEG-SchlGes. vom 8. Mai 1968, BAnz. Nr. 94 v. 18. 5. 1968, S. 1 ff.; abgedr. b. Schirilla, S. 107–118; entsprechend bereits der Aufsatz des Ministerialbeamten Hermann Zorn: Die Entschädigung für Nationalgeschädigte, in: RzW 17 (1966), S. 145 ff.

[115] LG Köln, v. 6. 5. 1968, RzW 19 (1968), S. 525 ff.

[116] „GV-Verbrechen" von Polen und Ostarbeitern wurden in aller Regel mit dem Tode bestraft, vgl. Herbert, Fremdarbeiter, S. 79 ff., S. 122 ff.

[117] Aufgrund der Vereinbarung zwischen Himmler und Thierack v. 18. 9. 1942, vgl. ebd., S. 244 f.

[118] Bescheid d. BVA v. 28. 11. 1966, zit. b. Herbert, Fremdarbeiter, S. 10; vgl. auch die Beantwortung einer Anfrage des Abg. Czaja (CDU) durch Staatssekretär Leicht (BMF) im Bundestag am 2. 7. 1969, S. 13716 ff.

[119] Schreiben d. BVA an den Verf. v. 7. 11. 1986.

lionen DM, sowie 57 Millionen DM an den UNHCR[120]. Die Zahlungen an die westeuropäischen Staaten (ca. 1 Milliarde DM) hinzugerechnet, kommt man auf einen Gesamtbetrag von etwa 1,6 Milliarden DM, verteilt über 32 Jahre. Nimmt man nun auch die Zahlungen an Israel und die Claims Conference noch hinzu, so belaufen sich die Aufwendungen für ausländische NS-Verfolgte im weitesten Sinne auf etwa 5 Milliarden DM. Insgesamt kann man also feststellen, daß mehr als 90 Prozent des Gesamtaufwandes für Wiedergutmachung (77 Milliarden DM bis 1. Januar 1986) auf Verfolgte entfallen sind, die die deutsche Staatsangehörigkeit besitzen oder doch eine „räumliche Beziehung" zur Bundesrepublik oder dem Deutschen Reich nachweisen konnten.

Durch diese Bilanz soll die Bedeutung der von der Bundesrepublik geleisteten Entschädigung für die Opfer von NS-Verbrechen insgesamt nicht herabgesetzt werden, sie wird aber relativiert. Zweifellos ist eine vollständige „Wiedergutmachung" für die Verbrechen, die während der NS-Diktatur von Deutschen begangen worden sind, nicht möglich, wie die verschiedenen Bundesregierungen immer wieder betont haben. Die hier beschriebene Politik jedoch, ausländische Verfolgte durch reparations- und entschädigungsrechtliche Argumentation von Entschädigungsleistungen soweit wie möglich auszuschließen und nur dann Zugeständnisse zu machen, wenn der internationale Druck so stark wurde, daß die Gefahr einer politischen Isolierung der Bundesrepublik entstand, verweist auf eine politische Haltung, die die Wiedergutmachung vor allem als Instrument der internationalen Reputationsgewinnung begreift. Das beschränkt sich nicht allein auf Behörden und Politiker; die deutsche Wirtschaft – nicht allein die Industrie, sondern auch die Landwirtschaft – hat in einem historisch beispiellosen Ausmaß Millionen von Zwangsarbeitern beschäftigt, ohne die spätestens seit 1942 die Produktion gar nicht mehr möglich gewesen wäre. Durch die Rechtspositionen der Bundesregierungen und die entsprechenden Gerichtsurteile sind die privaten Unternehmen von jeder Entschädigungspflicht, ja sogar von Lohnnachzahlungen vollständig befreit worden. Gleichzeitig ist in der westdeutschen Öffentlichkeit 40 Jahre lang dem Schicksal der ausländischen NS-Verfolgten, vor allem dem der Zwangsarbeiter, mit Schweigen und Desinteresse begegnet worden. Von seiten der Behörden und der Justiz wurde – dieser Haltung in der Öffentlichkeit entsprechend – sogar bestritten, daß es sich überhaupt um „Verfolgte" des Nationalsozialismus handele. Sicherlich sind bei der Entschädigung finanzielle Grenzen auch für die reiche Bundesrepublik einmal erreicht; sicherlich können nicht alle Forderungen erfüllt werden. Daß die Verteilung der Wiedergutmachungsleistungen jedoch ausländische Verfolgte in so eklantanter Weise benachteiligte und dabei den Betroffenen schließlich in juristischer Diktion sogar ihre Würde, nämliche ihre Eigenschaft als Verfolgte, abgesprochen wurde – dies sind politische und moralische Hypotheken, die fortwirken und nicht mit dem Tod der direkt Betroffenen erlöschen werden.

---

[120] Bericht der Bundesregierung vom 31. 10. 1986, BT-Drs. 10/6287, S. 18.

Wolfgang Benz

Der Wollheim-Prozeß.
Zwangsarbeit für I. G. Farben in Auschwitz

Die Gläubiger der „I. G. Farbenindustrie AG. in Auflösung" und ihrer Nachfolgegesellschaften – von der Agfa-Photo GmbH bis zu den Zünderwerken Ernst Brün GmbH – waren am 1. August 1950 in Zeitungsanzeigen aufgefordert worden, ihre Ansprüche, die vor dem 5. Juli 1945 entstanden waren, innerhalb bestimmter Fristen anzumelden. Die Anmeldungen nahm das „Tripartite I. G. Farben Control Office" in Frankfurt entgegen, die alliierte Behörde, der die Überwachung der Liquidation des Chemiekonzerns oblag. Der Industriegigant, der ab 1925 durch den Zusammenschluß u. a. der Firmen Agfa, BASF, Bayer Leverkusen, Farbwerke Hoechst und Dynamit Nobel entstanden war, bildete nach dem Zusammenbruch des NS-Staats in zweifacher Weise den Gegenstand des Interesses. Zum einen hatten die Alliierten beschlossen, den Konzern, der in den Rüstungs- und Kriegsanstrengungen des Dritten Reiches eine beträchtliche Rolle gespielt hatte, zu entflechten[1], zum anderen standen 23 leitende Persönlichkeiten des I. G. Farbenkonzerns 1947/48 im sechsten der Nürnberger Kriegsverbrecherprozesse vor einem amerikanischen Militärtribunal, um den Beitrag der Firma zur nationalsozialistischen Wirtschaft und Politik zu verantworten. Punkt drei der Anklage im Nürnberger Prozeß lautete „Versklavung und Tötung der Zivilbevölkerung, Kriegsgefangenen- und Konzentrationslagerinsassen"; dreizehn der angeklagten Vorstandsmitglieder und leitenden Angestellten waren am 29./30. Juli 1948 zu Strafen zwischen eineinhalb und acht Jahren Gefängnis verurteilt worden. Zwar fiel die Hauptverantwortung für die Zustände in den Produktionsstätten wie dem Buna-Werk Auschwitz-Monowitz der SS zur Last, erwiesen war aber auch, daß die Ingenieure und Meister der I. G. Farben, viele von ihnen waren fanatische Nazis gewesen, das Äußerste an Leistung aus den Arbeitssklaven herauspreßten, daß deren Leben als wertlos erachtet wurde[2]. Als Zeuge der Anklage war damals in Nürnberg Norbert Wollheim aufgetreten. Er hatte als Häftling Nr. 107 984 bei den I. G. Farben in Auschwitz-Monowitz als Schweißer gearbeitet.

Unter dem Briefkopf des Verbands der Jüdischen Gemeinden Nordwestdeutschlands, dessen Vorsitzender er damals war, bat Norbert Wollheim am 27. November 1950 den Frankfurter Rechtsanwalt Henry Ormond um eine gelegentliche Meinungs-

---

[1] Vgl. Hans-Dieter Kreikamp, Die Entflechtung der I. G. Farbenindustrie A. G. und die Gründung der Nachfolgegesellschaften, in: Vierteljahrshefte für Zeitgeschichte 25 (1977), S. 220–251.

[2] Vgl. Das Urteil im I. G.-Farben-Prozeß. Der Vollständige Wortlaut mit Dokumentenanhang, Offenbach 1948; s. a. die umfassende Dokumentation: Trials of War Criminals before the Nuernberg Military Tribunals under Control Council Law No. 10, Vol. 7, Vol. 8 (The I. G. Farben Case), Washington 1952, 1953.

äußerung zu einer Aktennotiz, in der er Überlegungen zu den Ansprüchen ehemaliger Häftlinge im Buna-Werk Auschwitz-Monowitz zusammengefaßt hatte. Das Nürnberger Militärgericht habe in seinem Urteil anerkannt, daß die Methoden der I. G. Farben in Auschwitz beim Häftlingseinsatz unter die Kategorie „Verbrechen gegen die Menschlichkeit" gefallen seien, und die Verantwortlichen seien dafür bestraft worden. „Offen gelassen", schrieb Wollheim weiter, „wurde bei diesem auf das Strafrechtliche beschränkten Urteil die Frage der bürgerlich rechtlichen Haftung des IG Konzerns hinsichtlich der Entschädigungsansprüche, die die als Arbeitssklaven in Auschwitz beschäftigten Personen geltend machen können."[3]

Wollheim lenkte mit diesen Überlegungen die Aufmerksamkeit auf eine besondere Gruppe von Gläubigern, die im Aufruf des „Tripartite I. G. Farben Control Office" gar nicht gemeint gewesen waren. Die Sachlage war im Grunde einfach: Wie alle anderen Rüstungsfirmen in Deutschland hatte die I. G. Farben mit dem Wirtschafts- und Verwaltungshauptamt der SS Verträge geschlossen, mit denen Häftlinge aus dem Gewahrsam der Konzentrationslager zur Arbeitsleistung ausgeliehen wurden. Die I. G. Farben zahlten Lohn nach einem für Hilfs- und Facharbeiter unterschiedlichen Festsatz an die SS (es waren Minimallöhne), die Häftlinge selbst erhielten keinen Pfennig. Während Ansprüche, die aus der zwangsweisen und unrechtmäßigen Inhaftierung im KZ herrührten, mit Hilfe der Haftentschädigungsgesetze geltend gemacht werden konnten, waren die Ansprüche auf den Lohn für die erzwungene Häftlingsarbeit noch gar nicht anerkannt.

Es ging also Ende 1950 zuerst um die Prüfung, wie diese Ansprüche juristisch geltend gemacht werden konnten, ob die Durchsetzung dieser Ansprüche von jedem einzelnen Häftling individuell oder besser durch eine Interessengemeinschaft zu erzielen sei und ob – falls die geltenden Bestimmungen nicht ausreichen würden – gesetzliche Maßnahmen gefordert werden müßten. In Auschwitz-Monowitz waren etwa 10 000 Häftlinge im Arbeitseinsatz gewesen, bis zu 72 Stunden pro Woche im Sommer zu Tagessätzen von höchstens 4,– bis 5,– Reichsmark, wie Wollheim vermutete, und die Folgerung, daß der I. G. Farben Konzern sich an nicht gezahlten Arbeitslöhnen ungerechtfertigt bereichert habe, war alles andere als eine kühne Spekulation.

Wollheim war sich über die Dimension eines etwaigen Rechtsstreits im klaren. Seine Aufzeichnung schloß mit dem Satz: „Sollte es gelingen, ein obsiegendes Urteil im Sinne dieser Ansprüche gegen die I. G. Farben zu erlangen, so dürfte damit ein wichtiges Präjudiz hinsichtlich aller Ansprüche geschaffen sein, die unterbezahlte Häftlinge gegen ihre früheren Arbeitgeber geltend machen können."

Einen solchen Prozeß zu führen, würde mindestens langwierig sein und das ganze Engagement einer großen Anwaltskanzlei fordern. Ob der Empfänger von Norbert Wollheims Brief dazu in der Lage sein würde? Zumindest am Engagement war nicht zu zweifeln, denn Henry Ormond war selbst ein Verfolgter des NS-Regimes. Bis

---

[3] Norbert Wollheim an Henry Ormond, 27. 11. 1950, mit Anlage „Betr. Ansprüche ehemaliger Häftlinge aus Buna/Monowitz gegen die I. G. Farbenwerke", Nachlaß Henry Ormond. Alle im folgenden zitierten Schriftstücke zum Wollheim-Prozeß stammen, wenn nicht anderes angegeben, aus diesem Nachlaß, den Frau Ilse Ormond dem Verfasser freundlicherweise zur Verfügung stellte. Die Auswertung der Prozeßunterlagen erfolgte auch mit Zustimmung von Norbert Wollheim, New York, dem der Verfasser darüber hinaus für Auskünfte zu danken hat.

1933 war er Richter in Mannheim gewesen, er war nach Hitlers Machtübernahme entlassen worden und hatte zunächst bei einer Frankfurter Kohlengroßhandlung eine Anstellung als Justitiar gefunden. 1938 verlor er aber auf Druck der NSDAP als „Nichtarier" auch diese Beschäftigung. Nach dem Novemberpogrom, der „Reichskristallnacht", wurde er verhaftet und in das Konzentrationslager Dachau eingeliefert. Im März 1939 entließ man ihn mit der Auflage, Deutschland zu verlassen. Ormond, alleinstehend, vermögenslos, gesundheitlich geschädigt (nach einer durchstandenen Dachauer Appellnacht waren beide Hände erfroren) und ohne Verbindungen zum Ausland, mußte bis August 1939 warten, ehe er ein Visum für die Vereinigten Staaten via England erhielt. Da er nach seiner Entlassung als Justitiar in Frankfurt eine Dienerschule besucht hatte, arbeitete er bis zu seiner Internierung als „enemy alien" 1940 als Haushaltshilfe in dem englischen Pfarrhaus, das auch die Bürgschaft für ihn übernommen hatte. Während der Internierung in Kanada meldete sich Ormond zur britischen Armee und diente zunächst im Pioneer Corps, dann bei einer Propaganda-Einheit.

Nach Kriegsende kam er, nunmehr als britischer Besatzungsoffizier, zur Information Services Division erst nach Hannover, dann nach Hamburg. Zu den Obliegenheiten der Information Services Division gehörten die Kontrolle und der Neuaufbau der Institutionen eines demokratischen kulturellen Lebens: Rundfunk, Presse, Film, Theater, Musik. Ormond war einer der drei britischen Presseoffiziere, die für die Gründung des Periodikums „Der Spiegel" verantwortlich waren. Die Geburtshelfer- und Patendienste blieben unvergessen, das zu Einfluß und Wirkung gekommene Nachrichtenmagazin hat sie im Nachruf auf Ormond 1973 gewürdigt. Nach dem Ausscheiden aus der britischen Besatzungsbürokratie hatte sich Henry Ormond im April 1950 in Frankfurt als Rechtsanwalt niedergelassen. Ormond sollte auf seinem Felde berühmt werden, er war in den 60er Jahren u. a. Nebenkläger im Frankfurter Auschwitz-Prozeß; im Mai 1973 starb er, einundsiebzigjährig, während eines Plädoyers im Gerichtssaal[4].

Im November 1950 war er als Anwalt noch ziemlich unbekannt, und als er die Vertretung Wollheims übernahm, wurde er von Kollegen und anderen, die sich in der Materie auskannten, bemitleidet und belächelt. Eine Art Don Quichotte sei er, und an einen Erfolg glaubte so gut wie keiner. Hinzu kam das finanzielle Risiko des Verfahrens: Norbert Wollheim war dabei, sich in den USA eine Existenz aufzubauen. Die jüdischen Organisationen übten sich, solange kein Erfolg in Sicht war, in Zurückhaltung, und deshalb bildeten der Idealismus und die Opferbereitschaft der kleinen Anwaltskanzlei Ormond den größten Aktivposten. Wollheim war dieser Teil der Inanspruchnahme des Anwalts Ormond lange Zeit eine große Sorge, aber Ormond beruhigte ihn. Am 21. März 1952 schrieb er seinem Mandanten, er solle sich über die Finanzierung des Prozesses keine Sorgen machen, wenn er freilich eine Möglichkeit sehe, daß jüdische Organisationen – etwa der Jewish World Congress – dazu beitragen könnten, wenigstens die Barauslagen wie Vorschüsse für Zeugengebühren oder Reisekosten zu Zeugenvernehmungen und Archivstudien (die Ormond in der Wiener Library in London, im Staatsarchiv Nürnberg, im Centre de Documentation Juive Contemporaine in Paris betrieb) zu übernehmen, wäre es ihm natürlich lieb, nicht

---

[4] Vgl. Der Spiegel, 14. 5. 1973 (Hausmitteilung).

alles aus eigener Tasche vorschießen zu müssen: „Aber noch einmal – daran darf und wird die Durchführung dieses Prozesses nicht scheitern. Solange ich es einigermaßen kann – und ich bin mit der gegenwärtigen Entwicklung der Praxis überaus zufrieden – werde ich es als meine Ehrenpflicht betrachten, mich für die gute Sache persönlich und finanziell einzusetzen."[5]

Schrittweise kam das Verfahren in Gang. Anfang August 1951 wurde von der alliierten Aufsichtsbehörde die Genehmigung zur Feststellungsklage erteilt. Am 3. November 1951 erhob Ormond gegen die I.G. Farbenindustrie A.G. in Liquidation – gesetzlich vertreten durch die Tripartite I.G. Farben Control Group – Klage auf Feststellung, „daß die Beklagte dem Kläger denjenigen Schaden zu ersetzen hat, der ihm durch mißbräuchliche Verwendung seiner Arbeitskraft in der Zeit vom 15. März 1943 bis 18. Januar 1945 entstanden ist". Der Streitwert war mit Absicht niedrig angesetzt, auf 10 000,– DM. 23 Punkte dienten der Begründung der Klage auf Schadensersatz für erbrachte Arbeit ohne Lohn, erbracht unter Bedingungen, bei denen vorsätzlich die Arbeitsschutzbestimmungen außer Kraft waren. Argumentiert wurde mit der ungerechtfertigten Bereicherung, die der Konzern durch den Häftlingseinsatz erfahren habe. Die I.G. Farben-Anwälte hatten in den Vorverhandlungen dagegen vorgebracht, die Bereicherung sei weggefallen, da das in Auschwitz mit der Arbeit des Schweißers Wollheim erstellte Bauwerk kriegsbedingt verlorengegangen sei. Zurückgewiesen wurden von Ormond auch die ebenfalls in den Vorverhandlungen geäußerten Mutmaßungen über ein noch schlimmeres Schicksal, das den Kläger möglicherweise ereilt hätte, wenn er nicht für I.G. Farben gearbeitet hätte.

In Kenntnis der Biographie des Klägers waren solche Einwendungen nichts anderes als Zynismus. Einige dramatische Details standen in der Begründung der Klageschrift: „Am 8. März 1943 wurde der Kläger, zusammen mit seiner Ehefrau und seinem dreijährigen Sohn, aus seiner damaligen Wohnung in Berlin-Halensee heraus verhaftet und in das unter Aufsicht der Gestapo stehende bewachte Sammellager für Juden in der Großen Hamburger Straße in Berlin verbracht. Mit einem aus 1000 jüdischen Menschen bestehenden Transport wurde die Familie Wollheim am 12. März 1943 in Eisenbahnwaggons verladen und nach Auschwitz verbracht. Die Ankunft erfolgte am Nachmittag des 13. März. Bei der Ankunft wurde der Kläger von seiner Frau und seinem Kinde getrennt. Von diesem Augenblick an hat er sie nie wieder gesehen."[6]

Wollheim kam von der Selektionsrampe in Auschwitz-Birkenau zum Arbeitseinsatz ins Buna-Werk, wo er erst zu Transport- und Ausschachtungsarbeiten, dann, ab Mitte April 1943, als Schweißer bei Montagearbeiten eingesetzt wurde. Wollheim, 1913 in Berlin geboren, war ursprünglich kein Arbeiter; vor der nicht freiwillig gewählten Ausbildung zum Schweißer hatte er 1933 als Jude ein gerade begonnenes Studium der Rechtswissenschaft und Nationalökonomie abbrechen müssen. Er war dann in jüdischen Organisationen tätig, als Geschäftsführer des Bundes deutschjüdischer Jugend, er arbeitete in einer Exportfirma der Metallbranche, später, nach dem Novemberpogrom 1938, organisierte er die Auswanderung jüdischer Kinder nach Großbritannien und Schweden. Dann kümmerte er sich als Referent bei der Reichs-

---

[5] Ormond an Wollheim, 21. 3. 1952.
[6] Henry Ormond, Klageschrift vom 3. 11. 1951 an das Landgericht Frankfurt, Zivilkammer.

vereinigung der Juden in Deutschland um die handwerkliche Ausbildung (Umschichtung) der aus ihren Berufen verdrängten Juden. Ab Herbst 1941 bis zur Deportation nach Auschwitz war Wollheim Zwangsarbeiter in Berlin gewesen.

Am 18. Januar 1945 wurde der Lagerkomplex Auschwitz in Erwartung der Roten Armee evakuiert. Mit anderen Häftlingen gelangte Wollheim über die Konzentrationslager Sachsenhausen und Mauthausen im April 1945 auf einem der „Todesmärsche" nach Mecklenburg, wo er sich am 2./3. Mai durch Flucht selbst befreite. Über Schwerin kam er nach Lübeck, wo er die nächsten Jahre lebte, die jüdische Gemeinde reorganisierte, Verbindung zur Zentrale der überlebenden Juden in Berlin herstellte. Er war 2. Vorsitzender des Zentralkomitees der befreiten Juden in der britischen Zone und Mitgründer der „Jewish Trust Corporation" der britischen Zone. Ende 1951, als die Kanzlei Ormond eben seine Klage einreichte, wanderte Norbert Wollheim, inzwischen wieder verheiratet und bald Vater zweier Kinder, in die Vereinigten Staaten aus. Seither lebt er in New York, beruflich erfolgreich als Wirtschaftsprüfer und ehrenamtlich tätig in jüdischen Organisationen wie dem US Holocaust Council und der World Federation of Bergen Belsen Survivors[7].

Der Prozeß Wollheim gegen I. G. Farben begann am 16. Januar 1952. Ab 20. November wurden die Zeugen vernommen. 18 Zeugen hatte die klagende Partei aufgeboten, um ihre Behauptungen zu beweisen, daß Unterbringung und Verpflegung der Zwangsarbeiter äußerst dürftig gewesen waren, daß die primitivsten Arbeitsschutzvorrichtungen gefehlt hatten, daß Arbeitstempo und -intensität in erster Linie von den Leuten der I. G. Farben (und nicht von der SS) bestimmt waren, daß sich diese Leute durch besondere Brutalität hervorgetan hatten, daß die wöchentliche Arbeitszeit im Durchschnitt 72 Stunden betragen hatte und daß dem Kläger in der ganzen Zeit kein Lohn gezahlt worden war. Die Gegenseite bot ebenfalls eine stattliche Anzahl von Zeugen auf, um ihren Standpunkt zu beweisen: Für die äußeren Lebensumstände der Häftlinge – Verhaftung, Unterkunft, Verpflegung, Behandlung – in Auschwitz-Monowitz sei ausschließlich die SS zuständig gewesen. Zwar hätten sich die Häftlinge während der Arbeitszeit in der Gewalt der I. G. Farben befunden, aber wenn das nicht der Fall gewesen wäre, wären sie mit großer Wahrscheinlichkeit dem nationalsozialistischen Vernichtungsprogramm zum Opfer gefallen. „Insofern habe es der Kläger der Beklagten zu verdanken, daß er noch lebe." Außerdem habe die Firma I. G. Farben, gestützt auf eine besonders große soziale Tradition und die Erfahrung im Umgang mit Betriebsangehörigen, alles ihr mögliche getan, um das Los der Häftlinge zu erleichtern. In diesem Zusammenhang wurde vor allem die zusätzlich zu der von der SS verantworteten Verpflegung gereichte „Buna-Suppe" ins Treffen geführt, die nach Bekundung ehemaliger leitender I. G.-Farben-Angestellter eine nahrhafte Köstlichkeit gewesen sein soll, nach Aussage ihrer Empfänger hatte es jedoch trotz des Hungers Überwindung gekostet, sie zu essen. („Wenn man den Deckel von dem Buna-Suppenkessel hoch hob, dann stank es."[8]) Wegen der Kriegsver-

---

[7] Die Daten zur Biographie wurden im Gespräch mit Norbert Wollheim am 11. 2. 1987 in New York erhoben; vgl. Allgemeine unabhängige jüdische Wochenzeitung, 20. 12. 1968 (Häftling Nr. 107 984. Alfred Joachim Fischer interviewte Norbert Wollheim). Aufbau, 22. 4. 1988 (Norbert Wollheim 75).

[8] Aussage Robert Ferris in der öffentlichen Sitzung der 3. Zivilkammer des Landgerichts Frankfurt, 19. 2. 1953, Niederschrift S. 17.

hältnisse und der Dominanz der SS, auch weil es gefährlich gewesen sei, in jenen Jahren Juden behilflich zu sein, habe die I. G. Farben AG nicht mehr für die Zwangsarbeit leistenden Häftlinge tun können. Im übrigen hätten lediglich sachliche und kriegsbedingte Interessen für die Firma eine Rolle gespielt, nämlich die rasche Durchführung des Baues der Buna-Fabrik und der baldige Produktionsbeginn in Monowitz[9].

Mitte Februar 1953 war die Beweisaufnahme abgeschlossen und Rechtsanwalt Ormond konnte von der Feststellungsklage zur Leistungsklage übergehen. 10 000,– DM Schmerzensgeld (nebst 4 Prozent Zinsen ab 1. Juli 1951) waren gefordert als Ersatz für zwanzig Monate Zwangsarbeit. Der Rechnung zugrundegelegt war der damalige Stundenlohn von 1,40 RM für Schweißer als hochqualifizierte Facharbeiter. In der Klageschrift hatte Ormond ausführlich die Ergebnisse der Beweiserhebung gewürdigt und nach grundsätzlichen Darlegungen der zivilrechtlichen Situation den niedrig bemessenen Betrag von DM 10 000,– begründet: „Ein solcher Betrag scheint mir an der nach unten äußersten Grenze dessen zu liegen, was unter Berücksichtigung der Gesamtumstände des Falles billigerweise der Beklagten zugemutet werden kann." Und abschließend: „Die Beklagte ist es dem Kläger aus moralischen, menschlichen und rechtlichen Gründen schuldig, ihm einen, wenn auch geringen Ausgleich durch diese Zahlung für das zu leisten, was sie ihm und seinen Leidensgenossen angetan hat. Die Beklagte ist es aber auch ihrer Stellung und ihrer Bedeutung im Wirtschaftsleben des deutschen Volkes in Vergangenheit, Gegenwart und Zukunft schuldig, daß sie mit dieser Zahlung ein Unrecht aus der Welt zu schaffen sucht, das sie begangen hat, und daß sie damit den Willen dokumentiert, ein Kapitel abzuschließen, das kein Ruhmesblatt in der Geschichte der I. G. Farbenindustrie darstellt[10]."

Zweifellos störte sich die Gegenseite, vertreten durch den Frankfurter Rechtsanwalt und Vorsitzenden der hessischen Anwaltskammer Dr. Flesch, der von seinen Kollegen Dr. Seidl (München) und Dr. Dix (Köln) unterstützt war, am Pathos des Klägers, aber gefährlicher war doch die Aussicht, daß zahlreiche Leidensgenossen Wollheims seinem Beispiel folgen würden, wenn er Recht bekäme. Die meisten Zeugen des Klägers hatten entsprechende Absichten auch schon zu Protokoll gegeben, und dank der Publizität des Falles meldeten sich sowohl bei den Anwälten der I. G. Farben wie in der Kanzlei Ormond immer mehr ehemalige Buna-Häftlinge mit ihren Ansprüchen, im Herbst 1952 waren es über elfhundert. Die Anwälte der I. G. Farben kämpften also weniger gegen die drohenden 10 000 DM Schmerzensgeld für Wollheim als gegen eine Flut von Nachfolgeprozessen. Daß beide Parteien ihre Argumente auch in die Öffentlichkeit trugen, war nichts weniger als selbstverständlich. So war ein Zeitungsartikel im März 1953 inspiriert, in dem versucht wurde, die Klage Wollheims als im Auftrag zweifelhafter Hintermänner in sinistrer Absicht angestrengt und generell als unzulässig zu diskreditieren: „Zu einem Zeitpunkt, in dem die umstrittene Entflechtung der IG Farbenindustrie durch die Alliierten ein Ende findet, läuft vor dem Frankfurter Landgericht ein Zivilprozeß gegen die IG Farben, dessen Zielsetzung und Begründung rechtlich nicht weniger zweifelhaft sind.

---

[9] Urteil vom 10. 6. 1953, S. 4.
[10] Henry Ormond, Schriftsatz zur Leistungsklage vom 11. 3. 1953, S. 23.

Läßt schon der Termin, zu dem die Klage zur Verhandlung kam, gewisse Rückschlüsse auf Nebenabsichten der hinter dem Kläger stehenden Kreise zu, so macht die Klage selbst offensichtlich, daß es sich hierbei um einen Musterprozeß handeln soll, der – wenn er vom Kläger gewonnen werden sollte – zu unabsehbaren Folgen für weite Kreise der deutschen Industrie führen muß."[11]

Die journalistischen Hilfstruppen der Klägerseite waren ebenfalls rührig. Eher kontraproduktiv mutete die Berichterstattung in der betont antifaschistischen Zeitung „Die Tat" an, die im Dezember 1952 die große politische Bedeutung des Prozesses konstatierte: Die Herren von I. G. Farben seien alle rehabilitiert, hätten ebenso wie unter Hitler hohe Ämter in Wirtschaft und Politik und arbeiteten daran, „mit ausländischer Unterstützung die alte Machtposition der IG-Farben wieder herzustellen". Ob das Halten von Sklaven in Deutschland erlaubt sei – darin bestünde die Kardinalfrage des Prozesses, und für „Die Tat" stand auch schon fest, daß nicht die SS die I. G. Farben kommandiert habe, sondern umgekehrt. Ihr Aufsichtsratsvorsitzender habe Befehle an die SS gegeben, das sei einwandfrei nachgewiesen[12]. Ungleich differenzierter, wenngleich mit viel Sympathie für den Kläger, schrieb die „Neue Zeitung" – immerhin ein mit amerikanischem Geld finanziertes publizistisches Unternehmen – über den Prozeß, und die Berichterstattung stand durchaus im Gegensatz zur Vermutung der „Tat", daß die amerikanischen Kapitalisten mit den I. G.-Farben-Bossen in der Hoffnung auf neue Kriegsgewinne unter einer Decke steckten. Man könne sich schwer vorstellen, hieß es in der „Neuen Zeitung", mit welchen Argumenten die I. G. Farben bei den der Klage vorausgehenden Verhandlungen ihre Entschädigungspflicht ablehnte. „Aber sie wurden produziert: Man habe ja an die SS Zahlungen für die bei den Bauarbeiten eingesetzten Häftlinge geleistet."[13]

Von November 1952 bis Februar 1953 hörte das Gericht insgesamt 23 Zeugen – 14 waren vom Kläger, 9 von der Beklagten benannt worden – unter ihnen waren zwölf ehemalige Häftlinge und zwei englische Kriegsgefangene, die im Buna-Werk gearbeitet hatten. Einer der beiden Briten, Charles Josef Coward, war Lagersprecher und Beauftragter des Roten Kreuzes gewesen und hatte sich einmal, als jüdischer Häftling verkleidet, ins Lager der jüdischen Häftlinge eingeschlichen, um sich ein Bild über ihre Situation machen zu können. Coward hatte seine Eindrücke an das Rote Kreuz nach Genf berichtet[14].

Unter den von den I. G. Farben benannten Zeugen waren drei leitende Angestellte (die Chefs der Hauptabteilungen Bauleitung, Kaufmännische Leitung und Fabrikation) aus Auschwitz-Monowitz, vier weitere gehörten dem mittleren Management an, zwei waren Meister. Wie es später im Urteil hieß, hatte das Gericht im Einverständnis der Parteien entgegen sonst üblichem Brauch „die Zeugen auch über Dinge reden lassen, die vielleicht für die Entscheidung nicht unbedingt wesentlich waren",

---

[11] Handelsblatt (Düsseldorf), 18. 3. 1953 (I. G. Farben nochmals vor Gericht. Der Modellprozeß eines ehemaligen Zwangsarbeiters).

[12] Die Tat, 6. 12. 1952 (I. G. Farben, der Sklavenhalter-Konzern. Bedeutsamer Prozeß vor dem Frankfurter Landgericht).

[13] Die Neue Zeitung, 4. 4. 1952 (Anspruch auf Entschädigung für Sklavenarbeit noch heute unerfüllt. Die „segensreiche Freundschaft" zwischen IG-Farben und SS).

[14] Aussage Charles Josef Coward in der öffentlichen Sitzung der 3. Zivilkammer des Landgerichts Frankfurt, 19. 2. 1953, Niederschrift S. 10 f.

die Kammer hatte, wie es der Prozeßbevollmächtigte der I.G.Farben ausdrückte, „die Beweisaufnahme ‚überquellen' lassen". Mit nur leichter Übertreibung könne gesagt werden, „daß in den wesentlichen Fragen die Zeugen des Klägers das Gegenteil von dem bekundet haben, was die Zeugen der Beklagten aussagten", hieß es im Urteil: „Die jüdischen Zeugen schildern die Jahre in Monowitz als die Zeit einer phantastischen, ungeheuerlichen und fast unglaublichen Not und Qual; die Zeugen der Beklagten sind dagegen bemüht, das Schicksal der Häftlinge in jener Zeit als nicht besonders schlimm oder jedenfalls als nicht wesentlich schlimmer darzustellen, als dasjenige etwa eines freien deutschen Arbeiters während der Kriegsjahre im Ruhrgebiet auch."[15]

Benedikt Kautsky, Autor eines Buches über Erfahrungen in Buchenwald und Auschwitz (Teufel und Verdammte, Zürich 1946), war als „Nichtarier" und Träger eines in der Arbeiterbewegung prominenten Namens ins KZ geraten. (Sein Vater hatte 1891 das Erfurter Programm der SPD entworfen und war 1918/19 Unterstaatssekretär im Auswärtigen Amt gewesen.) Am 30. Januar 1953 wurde er, jetzt Privatdozent und Leiter einer Gewerkschaftsschule in Graz, vormals Leichenwäscher in Auschwitz und Zwangsarbeiter im Buna-Werk in Frankfurt, als Zeuge vernommen. Als Vorarbeiter und Kommandoschreiber beim Kabelkommando hatte er genügend Überblick über Arbeitsbedingungen und Behandlung der Häftlinge gewonnen. Ab Frühjahr 1943 seien die Zustände etwas besser geworden. Die Mißhandlungen durch SS und Kapos hätten deutlich nachgelassen, aber die Mißhandlungen durch die Meister der I.G.-Farben hätten nie aufgehört. „Zum Schluß war es so, daß die Häftlinge bei der SS Schutz vor den Zivilisten gesucht haben." Er wolle nicht behaupten, daß die I.G.-Arbeiter schlechthin Schläger waren, aber es habe „eine Reihe von Meistern, Zivilarbeitern und auch Ingenieuren gegeben, die sich den Häftlingen gegenüber mehr als merkwürdig benommen haben". Kautsky erläuterte das auch an Beispielen. So gab es einmal einen Zusammenstoß mit einem Werkschutzmann, der Kautsky und seinem Arbeitskommando den Zutritt zum Bunker während eines Fliegeralarms verwehrte. Im Zuge der Auseinandersetzung, bei der auch ein Ingenieur beteiligt war, forderte ein Zivilist dazu auf, den aufsässigen Häftlingsvorarbeiter doch einfach über den Haufen zu schießen. Immerhin wurde Kautsky Strafarbeit an sechs Sonntagen zudiktiert. Er gab das Erlebnis in Frankfurt zu Protokoll, um zu beweisen, daß sich die Leute der I.G.Farben auf dem Werksgelände durchaus als Herren gefühlt hätten[16]. Diese wiederum bemühten sich sehr, im Zeugenstand des Wollheim-Prozesses den Eindruck zu erwecken, als habe die Verfügungsgewalt über die Häftlinge ausschließlich bei der SS gelegen, während das I.G.-Farbenpersonal alles mögliche unternommen habe, um das Los der Zwangsarbeiter zu erleichtern. Trotz der teilweise schlechten Arbeitsleistung, die die Firma wegen des Termindrucks in Schwierigkeit gebracht habe, sei in den Sitzungen des Managements immer wieder die Frage aufgeworfen worden: „Wie können wir den Leuten helfen?" In Werksleiter- und Ingenieurbesprechungen und Betriebsversammlungen sei darauf hingewiesen worden, daß die Häftlinge menschlich zu behandeln seien. Der Betriebsführer habe wiederholt

---

[15] Urteil vom 10.6.1953, S.7f.
[16] Aussage Benedikt Kautsky in der öffentlichen Sitzung der Zivilkammer des LG Frankfurt vom 30.1.1953, Niederschrift S.3f.

verboten, daß Häftlinge mißhandelt würden, erklärte der Diplomvolkswirt Rolf Brüstle, der Direktionsassistent in Auschwitz gewesen war, im Frankfurter Zeugenstand[17].

Im Mai 1953 begründete Henry Ormond in ausführlichem Plädoyer vor dem Landgericht Frankfurt die Klage Norbert Wollheims auf Leistung von Schadensersatz wegen mißbräuchlicher Verwendung seiner Arbeitskraft in der Zeit von 15. März 1943 bis zum 18. Januar 1945. Ormond bewies – in Entgegnung auf die in der Öffentlichkeit vorgebrachten Argumente der Gegenseite –, daß das Begehren des Klägers ausschließlich im Bürgerlichen Gesetzbuch seine rechtliche Stütze hatte und weder auf Besatzungs- noch sonstigem Sonderrecht aufgebaut war. „Dieser Prozeß, den zu führen ich die Ehre habe, für einen Mann, der 20 Monate Frondienst für die IG Farben zu leisten hatte, dessen Frau und Kind in den Gaskammern von Auschwitz ums Leben gekommen sind, wird von einem deutschen Zivilgericht, nach deutschem bürgerlichem Recht und nach den Verfahrensnormen der deutschen Zivilprozeßordnung geführt." Und weiter erklärte Henry Ormond am 11. Mai 1953: „Alle Versuche der Beklagten, der Öffentlichkeit einzureden, hier handele es sich um einen auf dem Sonderrecht der Wiedergutmachung aufgebauten Anspruch, müssen deshalb als verfehlt und unrichtig zurückgewiesen werden."[18]

Vier Wochen später, am 10. Juni 1953, verkündete Landgerichtsdirektor Dr. Kunkel das Urteil der dritten Zivilkammer des Landgerichts Frankfurt am Main: 10 000,– DM Schadensersatz und Schmerzensgeld nebst vier Prozent Zinsen seit dem 1. Juli 1951 für Norbert Wollheim. Das Gericht hatte die Tatsache der Sklavenarbeit als gesundheitsverletzenden Eingriff in das Leben des Klägers gewertet; dadurch, daß der I. G.-Farben-Konzern nicht alles getan habe, was er zugunsten der Häftlinge hätte tun können oder sollen, habe er seine Fürsorgepflicht mindestens fahrlässig verletzt, also schuldhaft gehandelt.

Bemerkenswert waren auch Feststellungen in der Urteilsbegründung über die Zeugen der I. G. Farben, die überwiegend keinen guten Eindruck gemacht hatten: „Diese Zeugen waren es, die versuchten, alles abzustreiten, sich mit Nichtwissen oder Unzuständigkeit zu entschuldigen oder abwegige theoretische Ausführungen zu machen oder sich angesichts des Unglücks und Todes von vielen Tausenden von Menschen, ihrer Mitarbeiter, auf häßliche Ausflüchte zurückzuziehen oder sogar unverständliche, jedenfalls unmenschliche und auch sachlich unrichtige Berechnungen anzustellen ... Mit dem Nichtwissen der Beklagten verhalte es sich im übrigen wie es wolle: Aus den erwähnten Aussagen der Zeugen der Beklagten folgert die Kammer in jedem Fall eine entsetzliche Gleichgültigkeit der Beklagten und ihrer Leute gegenüber dem Kläger und den gefangenen Juden, eine Gleichgültigkeit, die nur dann verständlich ist, wenn man mit dem Kläger unterstellt, die Beklagte und ihre Leute hätten damals den Kläger und die jüdischen Häftlinge tatsächlich nicht für vollwertige Menschen gehalten, denen gegenüber eine Fürsorgepflicht bestand."[19]

Zugunsten der Beklagten hatte das Gericht aber auch die allgemeinen Umstände der Jahre 1942 bis 1945 gewürdigt; die Kammer habe bedacht, hieß es im Urteil, daß in die-

[17] Aussage Rolf Brüstle, LG Frankfurt, 19. 2. 1953, Niederschrift S. 4.
[18] Henry Ormond, Plädoyer vor dem LG Frankfurt, 11. 5. 1953, S. 2.
[19] Urteil vom 10. 6. 1953, S. 18.

sen Jahren auch die deutsche Zivilbevölkerung Not gelitten habe, daß die Buna-Fabrik in Auschwitz-Monowitz außerhalb der alten Reichsgrenzen in größter Eile errichtet werden mußte, daß Krieg herrschte, auch daß die große Mehrzahl der Angestellten von I. G.-Farben oder ihrer Subunternehmer aus durchaus anständigen Menschen bestand, aber „daß es natürlich ist, daß während des Krieges zwar tüchtige, aber nicht unbedingt auch die moralisch besten Männer aus der großen Belegschaft der Beklagten nach Monowitz, also fern der Front und in eine einigermaßen ‚koloniale‘ Umgebung geschickt wurden", schließlich, daß in Auschwitz die soziale Tradition der Beklagten sich nicht so wirksam gezeigt haben mochte wie in Ludwigshafen oder Hoechst und daß auch unter den Häftlingen eine erhebliche Korruption geherrscht habe.

Das Gericht ließ dahingestellt, ob zwischen dem Kläger (und seinen Kameraden) und der Firma I. G.-Farben bzw. deren Subunternehmern ein arbeitsrechtliches Vertragsverhältnis bestanden habe, ob Wollheim zur Gefolgschaft im Sinne des Arbeitsordnungsgesetzes von 1933 gehörte oder nicht; für seinen Anspruch galt dem Gericht als maßgeblich, daß er in jedem Fall ein Mensch war, „der der Fürsorgepflicht, der Obhut der Beklagten anvertraut oder übergeben worden war"[20].

Das Urteil war eine Sensation. Daß die Anwälte der I. G.-Farben ankündigten, Berufung einzulegen, überraschte niemanden, auch die Reaktionen in der interessierten Öffentlichkeit waren kaum erstaunlich. Der Prozeß war nicht nur ein Kristallisationspunkt moralischen und emotionalen Engagements für viele, sondern auch und in erster Linie ein politisches Problem. Die „New York Times" nannte das Urteil bahnbrechend, Kurt R. Grossmann schrieb in der deutsch-jüdischen New Yorker Wochenzeitung „Aufbau", der Spruch des Frankfurter Landgerichts werde seinen Eindruck in der zivilisierten Welt nicht verfehlen, und in der „Stuttgarter Zeitung" empfahl Otto Küster das Urteil als Lehrstück, das es verdiene, im Wortlaut zum Gegenstand elementaren Rechtsunterrichts in den Schulen gemacht zu werden[21]. In den „Münchner Jüdischen Nachrichten" hieß es, das Urteil habe „alle rechtlich denkenden Menschen in Deutschland mit Genugtuung erfüllt" und es habe „die Unabhängigkeit des deutschen Richterstandes unter Beweis gestellt"[22].

Dagegen führten die Kommentare der an der Industrie orientierten Blätter Argumente ins Treffen, die auf böse ökonomische und kaum zu verkraftende Folgen des Prozesses hinausliefen. In der „Wirtschaftszeitung" wurden Parallelen zu den Reparationslasten gezogen, unter der die Weimarer Republik zusammengebrochen war, in die Warnung mündend, die Politiker sollten sich „beizeiten überlegen, wieviel der neuen Generation an Lasten für die wirklichen und vermeintlichen Verfehlungen der alten Generation noch aufgehalst werden könne". Der finanzielle Druck der verschiedenen Wiedergutmachungsprogramme würde ganz unerträglich, wenn die Rechtsprechung durch Fälle wie den Wollheim-Prozeß den „politisch unvermeidlichen gesetzgeberischen Entschädigungsmaßnahmen noch weitere Schadenersatzpflichten aufgrund des Bürgerlichen Gesetzbuches hinzufügte".

---

[20] Urteil vom 10. 6. 1953, S. 19.
[21] New York Times, 11. 6. 1953 (Farben is ordered to pay Damages for Slave Labor); Aufbau (New York), 19. 6. 1953 (I. G. Farben schuldig); Stuttgarter Zeitung, 2. 7. 1953 (Wegen entsetzlicher Gleichgültigkeit).
[22] Münchner Jüdische Nachrichten, 9. 9. 1953 (Der Modell-Prozeß).

Zur Abschreckung rechnete die „Wirtschaftszeitung" hoch, was passieren würde, wenn das Wollheim-Urteil Rechtskraft erhielte und zum Präzedenzfall würde. „Vier bis fünf Millionen Kriegsgefangene, Internierte, KZ-Häftlinge und andere Zwangsarbeiter" sollten nach dieser Rechnung ein Schadensersatzvolumen von 60 bis 80 Milliarden Mark verkörpern. (Der aufrechnende Vergleich mit deutschen Kriegsgefangenen, „die etwa in der ersten Zeit der russischen Kriegsgefangenschaft die gleiche Hölle wie die von Auschwitz durchzumachen hatten", durfte in einer solchen Argumentation wohl nicht fehlen.) Die Schlußfolgerung lautete, soweit die Demokratie überhaupt wiedergutmachen könne, was die Diktatur angerichtet habe, sei der Staat, nicht aber die Privatindustrie, die richtige Adresse für Schadensersatzansprüche. Dafür gebe es die Entschädigungsgesetze, und alle darüber hinausgehenden Versuche, „mit vagen Theorien das bürgerliche Recht zu überfordern", wurden entschieden mißbilligt[23].

Auch das „Handelsblatt" hielt den Richterspruch für ein Fehlurteil. Es handele sich, da mit der Klage die Diffamierung der I. G. Farben beabsichtigt gewesen sei, „um einen neuen Kollektivschuldprozeß". Weder dem Wiedergutmachungsgedanken noch dem Rechtsdenken überhaupt sei ein Dienst erwiesen worden, und die „Art der Kollektivierung und Personifikation des Kollektivs", wie sie in dem Prozeß und der Entscheidung zutage getreten sei, unterscheide sich nicht vom „Geist des Systems, das hinter uns liegt und doch immer noch wirksam ist"[24].

Die Urteilsschelte im Wochenblatt „Die Zeit" war differenzierter. Es sei für jedermann, der den Prozeßgegenstand unvoreingenommen betrachte, zu erkennen, daß bei der Größe und dem Umfang des Unrechts, das im Kriege auf allen Seiten vorgekommen sei, die Grenzen, die dem Recht und den Gerichten gesetzt seien, durchbrochen würden, wenn man auf dem in Frankfurt beschrittenen Weg fortfahre. Wiedergutmachungsansprüche, die solcherart auf allgemeine Normen – also des BGB – gestützt würden, müßten rein quantitativ die staatliche und gesellschaftliche Ordnung aus den Angeln heben. Das hätten auch die Alliierten erkannt, die von den Deutschen lediglich eine Wiedergutmachungsgesetzgebung verlangt hätten. Denn nur in juristisch festgesetzten Grenzen könne die Wiedergutmachung für Vermögensschäden durchgeführt werden. Es sei daher zu bedauern, „daß ein deutsches Gericht sich offenbar aus dem Schuldbewußtseinskomplex, der in dem entsetzlichen Geschehen in Auschwitz (oder in den Konzentrationslagern überhaupt) seinen Grund findet, nicht herauszulösen vermochte"[25].

Wie zur Bestätigung der schlimmen Ahnung der industriefreundlichen Presse schien im Juni 1953, wenige Wochen nach dem Wollheim-Urteil, eine neue Prozeßfront eröffnet. Offenbar ermuntert durch den Erfolg in Frankfurt verklagte ein amerikanischer Sergeant vor dem amerikanischen Militärgericht in Mannheim die I. G. Farbenindustrie in Ludwigshafen auf 500 000,– DM Schadensersatz und 50 000,– DM Schmerzensgeld für nichtbezahlten Lohn als Zwangsarbeiter in Auschwitz. An der

[23] Wirtschaftszeitung/Deutsche Zeitung, 11. 7. 1953 (Wer soll wiedergutmachen? Anmerkungen zu einem Frankfurter Fehlurteil).

[24] Handelsblatt, 31. 7. 1953. (Es ging nicht um ein einzelnes Schicksal. Wollheim gegen I. G. Farben – ein neuer Kollektivschuld-Prozeß?)

[25] Die Zeit, 25. 6. 1953 (Wollheim contra I. G. Farben).

Tatsache, daß der Kläger als Vierzehnjähriger nach Auschwitz deportiert worden war, wo er alle Familienangehörigen verlor, war nicht zu zweifeln, um so zweifelhafter waren jedoch die juristischen Konstruktionen, mit denen sein Anwalt die Sache verfocht. Das US-Militärgericht in Mannheim war nicht die richtige Instanz, und die Annahme, daß die SS und I.G.Farben eine einheitliche Organisation gebildet hätten, war ebenso grotesk wie naiv. Der Sache Wollheims hat der dubiose Versuch des in Schlesien geborenen Sergeanten Rudolf Wachsmann, mit amerikanischen Methoden eine Entschädigung zu erstreiten, geschadet, auch wenn der Vorsitzende des Zentralrats der Juden in Deutschland, H.G.van Dam, sich energisch von solchen Bestrebungen distanzierte[26]. Die Mannheimer Klage blieb ein Einzelfall und bildete keineswegs den Auftakt einer organisierten Prozeßlawine wie geargwöhnt wurde, und auch die Meldungen, die I.G.Farben bereiteten den Konkurs-Antrag vor, um den Schadenersatzansprüchen zu entgehen, entbehrten der Grundlage.

Wegen der möglichen materiellen Konsequenzen des Falles hatte die Bundesregierung mit Vertretern der Industrie schon vor dem Urteil Kontakt aufgenommen. Ende Mai 1953 trafen sich im Bundesministerium der Finanzen Vertreter des Bundeskanzleramts und der Ressorts Justiz, Arbeit, Inneres und Finanzen mit Beauftragten der Firmen Krupp, I.G.-Farben, Mannesmann, Eisen- und Stahlwerke sowie des Bundesverbands der Deutschen Industrie zu einer Besprechung. Die Konferenz auf der Ministerialrats- und Justiziarsebene sollte klären helfen, ob der Wollheim-Prozeß Konsequenzen für die Entschädigungsgesetzgebung haben könnte. Der Vertreter des Finanzministeriums, der den Vorsitz führte, bat die Herren von der Industrie um ihre Einschätzung der Situation. Rechtsanwalt Walter Schmidt, einer der von den Alliierten eingesetzten Liquidatoren des I.G.-Farben-Konzerns, skizzierte den Standpunkt der I.G.Farben, wobei er ausführte, die Wahl von Auschwitz als Standort des Buna-Werks habe mit der Nähe des Konzentrationslagers nichts zu tun gehabt. Luftschutzgründe seien ausschlaggebend gewesen; auch und insbesondere die Beschaffung von Arbeitskräften habe bei der Standortwahl gar keine Rolle gespielt. Die Industrie habe keinerlei Einfluß auf die Gestellung von Arbeitskräften gehabt, und die Verletzung der Aufsichtspflicht könne man der Firma ebensowenig zum Vorwurf machen. Aus alledem folgerte er, daß eine Haftung der I.G.Farbenindustrie „aus unerlaubter Handlung für die vom Kläger geltend gemachten Ansprüche wegen Freiheitsentziehung, Körperverletzung und Zahlung des Arbeitslohns nicht gegeben sei"[27]. Und die Frage nach der Haftung für den Arbeitslohn aus ungerechtfertigter Bereicherung beantwortete er mit bemerkenswerten juristischen Umschreibungen des Sachverhalts: „Die Arbeiter hätten unmittelbar von der I.G.Farbenindustrie keinen Lohn erhalten.

---

[26] H.G.van Dam, Wiedergutmachung – juristisches Experimentierfeld. Zu der Klage gegen die IG Farben vor dem amerikanischen Gericht, in: Allgemeine Wochenzeitung der Juden in Deutschland, 21.8. 1953; Die Zeit, 13.8. 1953 (Von Wollheim zu Wachsmann). Der Wachsmann-Prozeß schloß mit einem außergerichtlichen Vergleich, bei dem W. 20000,– DM von I.G.Farben erhielt, vgl. Handelsblatt, 19.2. 1954 (IG-Prozesse nur nach deutschem Recht).

[27] Damals hatten sich die leitenden Herren der Firma allerdings freudiger geäußert, etwa im März 1941, als es im Wochenbericht der Auschwitzer I.G.Farben-Bauleitung hieß: „Mit dem KZ-Lager wurde die Verbindung aufgenommen und es ist ein schönes, reibungsloses Arbeiten mit demselben zu erwarten." Zit. nach Falk Pingel, Häftlinge unter SS-Herrschaft. Widerstand, Selbstbehauptung und Vernichtung im Konzentrationslager, Hamburg 1978, S.146.

Die Zahlung sei vielmehr in Pauschalbeträgen an das Reichssicherheitshauptamt in Berlin erfolgt. Geringe Beträge seien von der SS den Häftlingen gegeben worden. Mit den Häftlingen seien in der Regel keine Einzelverträge abgeschlossen worden."

Sicherlich lag dem, der dies protokollieren ließ, Ironie völlig fern, ebenso wie dem Vertreter der Mannesmann A.G., der meinte, die Entlohnung der Zwangsarbeiter sei zwar geringer gewesen als bei freien Arbeitskräften, der Lohn sei aber den Leistungen angemessen gewesen. Daß die Arbeitsleistungen der Häftlinge in jeder Hinsicht gering gewesen waren, hatte der I.G.Farben-Anwalt auch schon bekundet. Assessor Büll stellte im Namen der Firma Krupp fest, „daß die gesamte Industrie nur Werkzeug des Staates gewesen sei", und seine Kollegen von I.G.Farben und Mannesmann kamen zum Fazit, „daß das Unrecht, das den Arbeitskräften zugefügt worden sei, vom Staat, nicht aber von einzelnen Firmen gesetzt worden sei. Man könne daher einen unmittelbaren Anspruch der Geschädigten aus unerlaubter Handlung gegen das Reich oder den Bund, jedenfalls aber einen Regreßanspruch der Industrie im Falle ihrer Haftung bejahen." Da die Zwangsarbeit durch den Staat, nicht aber durch die Unternehmer veranlaßt worden sei, habe nur das Deutsche Reich eine unerlaubte Handlung vorgenommen und die Bundesrepublik sei als Rechtsnachfolger letzten Endes allein haftpflichtig. Dem Beamten des Bundesfinanzministeriums blieb bei diesem Argumentationsstand nicht viel mehr übrig, als die Aufforderung an die Herren von der Industrie, „die tatsächlichen Verhältnisse aufzuklären" und das Ministerium über den Fortgang des Musterprozesses zu unterrichten. Der Vertreter des Bundesverbands der deutschen Industrie machte sich auch erbötig, Erlasse vorzulegen, aus denen hervorgehe, „daß sich die Industrie hinsichtlich der Beschäftigung der Zwangsarbeiter in einem Notstand befunden habe"[28].

Auf der Argumentation, die Errichtung des Buna-Werks in Monowitz zur Erzeugung von künstlichem Kautschuk sei mit Einschluß aller Begleiterscheinungen ausschließlich das Ergebnis staatlicher Wirtschaftslenkung gewesen, waren auch der Berufungsantrag und seine Begründung gegen das Urteil vom Juni 1953 aufgebaut[29]. Anfang März 1955 begann vor dem 5.Zivilsenat des Oberlandesgerichts Frankfurt der Prozeß in zweiter Instanz, nachdem zwei Gütetermine im Juli und im Oktober 1954 zu keinem Vergleich geführt hatten. Dabei schien die Einigung durch einen Vergleich im Herbst 1954 schon zum Greifen nahe, denn einmal bestand an der grundsätzlichen Vergleichsbereitschaft kein Zweifel – die Anwälte von I.G.Farben verhandelten längst auch mit Vertretern jüdischer Organisationen – während zum andern auch schon über die Dimensionen der Entschädigungszahlungen für die weiteren Anspruchsberechtigten gesprochen wurde. (Übrigens hatte auch Ormonds Kontrahent Dr. Schmidt, der die Interessen der I.G.Farben vertrat, als in „Mischehe" lebender Vater von vier Kindern bittere Erfahrungen in der NS-Zeit machen müssen.) Wenn die in Liquidation stehende Firma auch der Meinung sei, daß keine Schadenersatzpflicht bestehe, da ihr nichts anderes übrig geblieben sei als KZ-Häftlinge zu beschäftigen, so wolle sie doch der öffentlichen Meinung und dem Urteil erster Instanz Rechnung tragen. Man sei aber zuversichtlich, daß der Prozeß in allen

---

[28] Niederschrift über die Besprechung mit Vertretern der Industrie im Bundesministerium der Finanzen, 27.5.1953, Bundesarchiv Koblenz, B 136, Nr.1153.
[29] Schriftsatz Dr. Wedesweiler zur Begründung der Berufung gegen das Urteil vom 10.Juni 1953.

Instanzen gewonnen würde, dann wolle man „aus moralischen Gründen einen gewissen Betrag für die ehemaligen Zwangsarbeiter zur Verfügung stellen"[30].

Der größte Unsicherheitsfaktor war – neben der Frage, wann die Ansprüche verjährt sein würden – das Problem, wieviele Kollegen Norbert Wollheims sich noch melden würden. Die Anwälte der I.G. Farben meinten, die Zahl ließe sich überhaupt nicht abschätzen, Ormond legte hingegen dar, daß kaum mehr als etwa 4000 berechtigte Interessenten auftreten würden. Er stützte sich darauf, daß bis Herbst 1954 trotz der großen Publizität des Urteils erster Instanz sich nur 2200 Personen gemeldet hatten, und da die meisten in sehr dürftigen wirtschaftlichen Umständen lebten, könne man davon ausgehen, daß sich damit die Mehrzahl aller Anspruchsberechtigten bereits habe registrieren lassen.

Auch über Details wurde bei dem Gütetermin im Oktober 1954 schon geredet, wie man die Anträge prüfen könne, um die seriösen Ansprüche von den dubiosen zu scheiden, wie verfahren werden solle gegen Einzelne, die sich nicht auf der Basis eines zu schließenden Vergleichs einigen wollten, sondern auf überhöhten Forderungen bestehen würden. Ormond gab zu Protokoll, daß kaum einer der Berechtigten in der Lage sei, einen kostspieligen Prozeß um eine höhere Abfindung zu finanzieren, daß kaum ein Anwalt sich finden würde, in derartigen Fällen auf Vorschuß zu arbeiten, und man könne mit fast absoluter Sicherheit damit rechnen, daß 99 Prozent der Berechtigten eine sofortige Entschädigungszahlung einem langwierigen Rechtsstreit mit ungewissem Ausgang vorziehen würden. Allerdings, meinte Ormond, müsse die Entschädigungszahlung namhaft sein. Das war auch die Ansicht von Dr. Schmidt, und man unterhielt sich über Summen. Ormond hielt 500,– DM für jeden im Buna-Werk Monowitz verbrachten Arbeitsmonat für angemessen. Für seine Akten hielt Ormond folgendes fest: „Das Gericht und die Anwesenden gelangten dann zu einer Summe von DM 40 Millionen bei etwa 4000 Berechtigten. Es war offensichtlich, daß die Herren der Gegenseite über den Betrag durchaus nicht erstaunt waren, sondern hiermit gerechnet hatten."[31]

Den Vergleichsentwurf, den Ormond skizziert hatte, hielten der Vorsitzende, Senatspräsident Dr. Müller, wie die Herren von I.G. Farben für diskutabel. Strittig waren vor allem Details wie die Ausschlußfrist und das Rücktrittsrecht vom Vergleich. Man hätte sich also wohl bald einigen können. Aber offensichtlich ging es auch um das Prestige. Denn als der Vorsitzende darum bat, zum Verhandlungstermin zweiter Instanz den Umfang der Schriftsätze möglichst zu beschränken und auch von Plädoyers abzusehen, da alles Wesentliche ja bereits gesagt sei, erlebte er eine arge Überraschung; die Herren der I.G. Farben erklärten nämlich, darauf könnten sie sich unter keinen Umständen einlassen. Man sei es schon der Öffentlichkeit schuldig, den Standpunkt ausführlich klarzustellen. Mit einiger Bestürzung vernahm der Vorsitzende, daß die Materie aufgeteilt werden sollte und nicht weniger als vier Anwälte plädieren würden, nämlich Dr. Wedesweiler als Prozeßbevollmächtigter und Professor Benvenuto Samson aus Frankfurt, Dr. Alfred Seidl aus München und Dr. Hellmuth Dix aus Köln.

---

[30] Aktennotiz Henry Ormond über den Verlauf des Gütetermins in Sachen Wollheim gegen I.G. Farbenindustrie am 21.10.1954.
[31] Ebenda.

Die beim Gütetermin anwesenden Richter bemühten sich, wie Ormond sich notierte, „verzweifelt, die Herren der I.G. von diesem Vorhaben abzubringen, wobei sie betonten, daß in einem derartigen Fall das Gericht sich von dem, was mündlich noch vorgebracht werde, kaum überzeugen oder gar umstimmen lasse. Man habe vielleicht angenommen, daß Rechtsanwalt Ormond, wie er es in erster Instanz getan habe, ein großes Plädoyer halten werde, habe es aber bestimmt nicht von der I.G. erwartet." Während die Vertreter des Industriekonzerns erklärten, es sei ihnen zu riskant, auch nur die geringste Chance auszulassen, um sich Gehör zu verschaffen, gab Ormond seiner Erwartung Ausdruck, daß er dann die Möglichkeit habe, so lange zu plädieren wie alle Anwälte der Gegenseite zusammen.

Am 1. März 1955 standen sich die beiden Parteien also wieder vor Gericht gegenüber. Ormond, der beim Oberlandesgericht nicht zugelassen war, hatte aus formalen Gründen einen Kollegen, Ernst Müller, beiziehen müssen, der als offizieller Prozeßbevollmächtigter agierte. Außerdem standen ihm zwei renommierte auswärtige Kollegen, Dr. Werner aus Düsseldorf und Otto Küster aus Stuttgart zur Seite. Die Gegenseite hatte außer dem Aufgebot an prominenten Anwälten – Dr. Wedesweiler, Dr. Seidl, Professor Samson und (anstelle von Dr. Dix) Dr. Kranzbühler aus Düsseldorf – auch außergerichtlich mobil gemacht und für publizistische Schützenhilfe gesorgt.

Nicht nur, daß in einigen Zeitungen kolportiert wurde, die Klage von Wollheim basiere auf dem Nürnberger Urteil des US-Militärgerichts von 1948 gegen 23 leitende Angestellte der I.G. Farben[32] – das war juristisch und tatsächlich falsch, aber wirkungsvoll –, am Gerichtstag war ein Artikel in der „Frankfurter Allgemeinen" erschienen, der in düsteren Farben die Folgen ausmalte, wenn der Musterprozeß zugunsten Wollheims und der hinter ihm stehenden Zwangsarbeiter ausgehen würde: „Es handelt sich bei dieser Klage um einen Musterprozeß, in dem eine Wiedergutmachungspflicht in einem Zivilprozeß festgestellt werden soll. Dieser Fall kann für die Bundesrepublik von weitreichender Bedeutung werden. Würde Wollheim in letzter Instanz Recht bekommen, dann wäre zu erwarten, daß alle Menschen, die im Dritten Reich in derselben Lage wie er gewesen waren, Zivilprozesse gegen die damaligen Arbeitgeber anstrengen würden. Allein 700 Firmen beschäftigten während des Krieges Konzentrationslagerhäftlinge. Vielleicht würde dann sogar der Fall eintreten, daß die Streitfälle nicht nur auf die Insassen von Konzentrationslagern beschränkt blieben, sondern sämtliche zwangsverpflichteten Arbeiter die Möglichkeit für eine Klage sähen. Das aber würde bedeuten, daß eine Lawine von Schadensersatzforderungen, die hoch in die Milliarden gehen würde, nicht nur auf die beklagten Firmen, sondern auf die Bundesrepublik zukommen würde. Die IG Farbenindustrie AG i.L. hat die Bundesregierung bereits darauf hingewiesen, daß ihr der Kläger Wollheim im Rahmen des staatlichen Arbeitseinsatzes als Zwangsarbeiter und im Rahmen der sogenannten ‚Endlösung der Judenfrage' zugewiesen wurde. Daher trage die Verantwortung für die ihm zugefügte Freiheitsberaubung nebst allen Folgen ausschließlich das frühere Dritte Reich, für das nunmehr der Bund als Rechtsnachfolger eintreten müsse."[33]

---

[32] Frankfurter Allgemeine Zeitung, 26.2. 1955 (Entschädigung ehemaliger KZ-Häftlinge); Abendpost 26./27.2. 1955 (Modellprozeß Wollheim gegen I.G. Farben).

[33] Frankfurter Allgemeine Zeitung, 1.3. 1955 (Wollheim contra I.G. Farben. Der Schadensersatzprozeß in der zweiten Instanz).

Dieser Artikel bildete den Ausgangspunkt des Plädoyers von Rechtsanwalt Ormond. Im Gegensatz zu den für die Position der I.G. Farben Plädierenden, die mit möglichst allgemeinen Aspekten, weitreichenden Folgen und unabsehbaren Dimensionen operierten, bemühte sich Ormond, den Fall Wollheim juristisch und tatsächlich zu begrenzen. Es gehe nicht um die Beschäftigung von Zwangsarbeitern an sich und nicht um deren Beschäftigung durch die deutsche Industrie schlechthin. Er betreffe vielmehr ausschließlich „den Anspruch eines ehemaligen KZ-Häftlings, der, nur weil er Jude war, ins KZ kam, gegen einen ganz speziellen Arbeitgeber, den IG-Farbenkonzern". Dieser Prozeß, sagte Ormond, gehe „ausschließlich die IG und die von ihr im Werk Buna IV in Auschwitz beschäftigten KZ-Sklaven an".

Ormonds Argumentation verfolgte im wesentlichen drei Ziele. Außer dem Bestreben nach Begrenzung des Falles auf die jüdischen Zwangsarbeiter beim Buna-Werk legte er dar, daß Wollheims Klage sich nicht auf das Nürnberger Urteil oder sonstwie auf Besatzungsrecht oder Besatzungsfolgen stütze. Es gehöre inzwischen zum guten Ton in Deutschland, „sich von den Urteilen, die in Nürnberg gefällt wurden, zu distanzieren und sie in Bausch und Bogen zu verdammen. Der Kläger hat das nicht nötig. Denn seine Klage, die ich von Anfang an vertreten habe, ist weiß Gott nicht auf dem Nürnberger Prozeß aufgebaut." Und einmal mehr bewies Ormond, daß die Klage ausschließlich auf dem Bürgerlichen Gesetzbuch basiere, daß der Anspruch des Klägers gar nichts mit Besatzungsrecht zu tun habe, daß er es auch nicht als seine Aufgabe betrachte, die schuldigen Männer des IG-Farben-Konzerns strafrechtlich zur Verantwortung zu ziehen, daß dieser Prozeß auch nichts zu tun habe mit Ansprüchen nach dem Bundesentschädigungsgesetz oder mit sonstiger Wiedergutmachungsgesetzgebung, daß sich die Klage nicht gegen die Bundesrepublik oder ein deutsches Land richte, es sei nicht die Schuld des Klägers, „wenn durch die Streitverkündung der IG an den Bundesjustizminister, an den Bundeswirtschaftsminister und an den Bundesfinanzminister die Deutsche Bundesrepublik nach dem Willen der Beklagten in den Prozeß nach nahezu 3½jähriger Prozeßdauer hineingezogen wird".

Schließlich verwahrte sich Ormond gegen den Versuch der Beklagten, Haftung und Verantwortlichkeit auf die Allgemeinheit abzuwälzen, wie es auch im Versuch zum Ausdruck gekommen war, im Hinblick auf diesen Prozeß den Artikel 9 des Bundesentschädigungsgesetzes ändern zu lassen. (In der Sitzung vom 3. Dezember 1954 war beim zuständigen Ausschuß des Bundestags die Aufnahme einer Bestimmung beantragt worden, wonach für alle Ansprüche auf Schadenersatz für von Industriefirmen beschäftigte Zwangsarbeiter ausschließlich der Staat haften sollte, die Haftung des jeweiligen Unternehmens sollte ausdrücklich und gesetzlich ausgeschlossen werden.)

Die dritte Position, die von Ormond und seinen Kollegen vor Gericht vertreten wurde, zielte auf den Nachweis, daß die I.G. Farben als Arbeitgeber der Häftlinge nicht das willenlose und ohnmächtige Werkzeug des NS-Staats gewesen, sondern in eigener Verantwortung für die Behandlung der Zwangsarbeiter gestanden hatte. Ormond begnügte sich mit eher prozeduralen Hinweisen auf die Zeugenvernehmungen in der ersten Instanz, ihm kam es vor allem darauf an, eine erneute Erhebung von Zeugenaussagen zu vermeiden, weil das nur den Prozeß verlängert hätte, ohne neue Beweise zu erbringen. Mit einer Blütenlese aus Aussagen der Zeugen der Gegenpartei illustrierte er seine These, daß man dadurch der Wahrheit schwerlich näherkomme. Man habe die KZ-Häftlinge zu „wertvollen Arbeitskräften für das Werk machen, bei ihnen Freude an der Arbeit und am Erfolg" wecken wollen, oder: „nicht Zwang und Druck waren die Grundlagen des Arbeitssystems im Werk Auschwitz der IG, sondern Belohnung für gute Leistungen und Erzeugung von Lust und Liebe zur Arbeit", und ein Diplom-Ingenieur hatte das Lager gar „praktisch ein Erholungslager" genannt, das „durchaus gern aufgesucht worden" sei. Nach Auskunft des Niederländischen Generalkonsuls in Frankfurt seien dagegen von 1300 niederländischen jüdischen Staatsangehörigen, die von Auschwitz nach Buna-Monowitz überstellt wurden, nur noch 60 lebend zurückgekommen, fügte Ormond hinzu[34].

Die Verantwortlichkeit der Firma I.G.-Farben für die bei ihr beschäftigten Zwangsarbeiter stand im Mittelpunkt des Plädoyers von Otto Küster, der im Anschluß an Ormond diesen Teil der Argumentation auf eindrucksvolle Weise vertrat. Rechtsanwalt Küster war der wohl bedeutendste Spezialist für das Wiedergutmachungsrecht. Er war 1933 als Richter entlassen worden; 1945 bis 1954 war er, neben seiner Tätigkeit als Anwalt, Staatsbeauftragter für die Wiedergutmachung und Leiter der Abteilung Gesetzgebung im Stuttgarter Justizministerium. 1952 war Küster stellvertretender Chef der deutschen Delegation, die das Wiedergutmachungsabkommen mit Israel vorbereitete. Küster hat sich auch theoretisch und philosophisch mit dem Problem der Wiedergutmachung auseinandergesetzt[35]. Sein Vortrag im Wollheim-Prozeß wurde als ‚Plädoyer zum Minimum der Menschlichkeit' berühmt.

Über die materielle Begründung der Klage hinaus – das war im wesentlichen Gegenstand des Plädoyers von Henry Ormond gewesen, und in den Schriftsätzen des Düsseldorfer Anwalts Alfred Werner, der als Kommentator des Schuldrechts einen Namen hatte, untermauert worden – zeigte Küster die metaphysische Dimension dessen, was geschehen war, um daraus rechtliche Forderungen abzuleiten. Er unterstellte zu diesem Zweck, daß der Beklagten keine vorsätzliche Beteiligung an den begangenen Verbrechen zur Last falle und daß der Kläger als Person weder mißhandelt worden sei noch gezwungen, sich durch die Zwangsarbeit selbst zu mißhandeln, daß er nicht am Leben bedroht war und keine dauernden Gesundheitsschäden erlitten habe. Küster entwickelte drei Thesen, die den Anspruch Wollheims und seiner Leidensgenossen auf Entschädigung aus geltendem zivilem Recht herleiteten. Es war eine Art juristisches Kolleg, und so wollte Küster es auch verstanden wissen, als er auf den Fortschritt der deutschen Justiz durch diesen Prozeß hoffte. Aber nicht künftiges, sondern gegenwärtiges Recht sei, was er der Beklagten wohlformuliert entgegenhielt:

„1. Wer, zum Widerstand nicht berufen, ein Geschäft des Unrechtsstaats führen muß, wer insbesondere hinnehmen muß, daß ihm geängstigte Menschen zugetrieben werden, damit er ihre angstgepeitschten Kräfte bewirtschafte, der schuldet diesen Mitmenschen, will er nicht als willfähriger Gehilfe der Unmenschlichkeit gelten, als rechtliches Minimum die Erzeugung von Menschlichkeit – in Taten, wo noch dazu

---

[34] Henry Ormond, Plädoyer vor dem 5. Zivilsenat des OLG Frankfurt am 1. März 1955. Im Wortlaut auch abgedruckt in: Dachauer Hefte 2 (1986), S. 147–156.

[35] Vgl. Otto Küster, Erfahrungen in der deutschen Wiedergutmachung, Tübingen 1967.

Raum ist, in Worten, wo Handeln nicht mehr möglich ist, stumm, wo auch das Wort verwehrt ist. Er schuldet diese Erzeigung von Menschlichkeit nicht moralisch, sondern rechtlich. Er schuldet sie, im Sinne der Schulbegriffe, ex facto: aus der Tatsache, daß es ihn traf, da mitzumachen.

2. Wer die Macht über eine Gruppe, in der die Kollektivangst haust, dazu benützt, diesem oder jenem Übles zu tun, hat sich gegen jeden Angehörigen der Gruppe vergangen, weil jeder damit rechnen muß, der nächste zu sein.

3. Das Ausstehenlassen von Angst als solches ist im Sinne des Gesetzes Verletzung der Gesundheit. Es ist überflüssig, daneben noch nach sinnfälligen Auswirkungen im Organismus zu fragen."

Nach ausführlichen und scharfsinnigen Beweisen seiner Thesen fand Küster eindrucksvolle Worte des Bedauerns über die öffentliche Zurückweisung der Mitverantwortung durch den I.G.-Farben-Konzern, der der Stolz der Deutschen gewesen sei, „geziert mit dem Doppelruhm der Wissenschaft und der sozialen Leistung", und er schloß sein Plädoyer: „Es wäre viel daran gelegen, daß gerade die Beklagte eingesehen hätte, was ja das deutsche Volk als Ganzes in der Wiedergutmachungsgesetzgebung auch einzusehen sich entschlossen hat: man ist ganz gewiß ohne viel eigene Bosheit da hineingeraten, ohne mehr Bosheit, als den Menschenherzen durchschnittlich und von Natur eben innewohnt – aber dieses Gefühl eigener Harmlosigkeit ändert doch nichts daran, daß das entsetzlichste Unrecht im deutschen Namen begangen wurde, und ändert im Fall dieser Beklagten nichts daran, daß ein Werk der IG den Namen des Ortes trug, der – es sei denn, die bisherige Geschichte habe ein Ende – in die Jahrhunderte hinaus als der Ort der irdischen Hölle bekannt bleiben wird. Sie hat sich nicht ermannen können, daraus die Konsequenz zu ziehen, die Konsequenz, mit der unter Menschen Unrecht gesühnt wird. So war es meine Aufgabe, unter absichtlicher Isolierung einer Position einen ergänzenden Nachweis dafür zu führen, daß zunächst einmal der heute verhandelte Klageanspruch begründet ist: daß nach einer Grundvorschrift unseres alltäglichen bürgerlichen Gesetzbuches für einen bis auf unsere Tage ganz und gar außeralltäglichen Schaden Entschädigung geschuldet wird, und zwar diesem Kläger von dieser Beklagten."[36]

Für die Gegenseite hatte Dr. Wedesweiler vor den Milliardenansprüchen gewarnt, die entstünden, wenn man auf das Bürgerliche Gesetzbuch (und nicht ausschließlich auf die Wiedergutmachungsgesetzgebung) gestützte Forderungen zulasse, Dr. Seidl (München) verwies auf den geringen Einfluß der I.G. Farben beim Arbeitseinsatz, Professor Samson forderte die Abweisung der Klage und bestritt, daß I.G.-Farben eine Gesundheitsschädigung des Klägers verursacht habe, und Dr. Kranzbühler legte in rechtsphilosophischen Ausführungen dar, daß für den Konzern eine Rechtpflicht bestanden habe, KZ-Häftlinge zu beschäftigen. Genau dies hatte Dr. Werner als Vertreter des Klägers in seinem Plädoyer gegen den Konzern verneint: Während andere Firmen sich erfolgreich gegen die Verwendung von Häftlingen als Sklaven gewehrt hätten, habe I.G. Farben diese Arbeitskräfte gern gemietet.

Mit den insgesamt sieben Plädoyers hatte am 1. März 1955 der Wollheim-Prozeß seinen Höhepunkt erreicht. Das Gericht kündigte eine Entscheidung für den

---

[36] Otto Küster, Plädoyer vor dem OLG Frankfurt am 1. März 1955. Im Wortlaut u.a. abgedruckt in: Dachauer Hefte 2 (1986), S. 156–174.

15. März an; sie bestand dann in einem Beweisbeschluß, wonach u. a. zwei Sachverständige, die vom Deutschen Industrie- und Handelstag in Bonn zu benennen waren, über zwei Komplexe befragt werden sollten: Zum einen, ob und in welchem Umfang es einer Firma von der Größe und Bedeutung der I. G. Farben möglich war, arbeitsrechtliche Verpflichtungen bezüglich Ernährung, Bekleidung und Arbeitsschutz zu erfüllen, zum anderen, ob und in welcher Weise und mit welcher Erfolgsaussicht der Zuweisung von Häftlingen widersprochen, ob die Beschäftigung von Zwangsarbeitern verweigert werden konnte[37].

Daraufhin wurden wieder Schriftsätze gewechselt, Beweise erhoben und bezweifelt bis im Oktober das Gericht die vergleichsweise Regelung des Streits nahelegte. Die Schwierigkeit der Sachfragen, die erheblichen Kosten, die unabsehbare Dauer des Verfahrens und berechtigter Zweifel, ob sich trotz aller Beweise und Zeugen ein eindeutiges Bild der Verhältnisse und Vorgänge erzielen lasse – aus diesen Gründen sei ein Vergleich allen Beteiligten anzuraten, denn auch eine Entscheidung, die sich schließlich auf Gesichtspunkte formal-rechtlicher Art stützen müsse, würde „als Lösung der aufgeworfenen Lebensfragen keine allgemeine Billigung finden können". Der Senat neigte deshalb der Auffassung zu, „daß im besonderen die Beklagte sich nichts vergibt, wenn sie im Rahmen ihrer Leistungsfähigkeit ohne Rücksicht auf die von ihr verteidigte Rechtsauffassung materielle Opfer größeren Umfangs erbringt, um an der Wiedergutmachung eines vor ihren Augen geschehenen offensichtlichen Unrechts mitzuhelfen". Andererseits empfahl der Senat dem Kläger, nicht „in seinen vergleichsweise erhobenen Forderungen an die Grenze dessen heranzugehen, was ihm nach seiner Auffassung dem Rechte nach zuzustehen scheint"[38].

Nicht ganz innerhalb der vom Gericht gesetzten Frist, aber zu Beginn des Jahres 1956 kamen die Vergleichsverhandlungen in Gang. Aber längst wurde nicht nur in der Arena der Juristen in Sachen Wollheim contra I. G. Farben gefochten. Es gab auch genügend politisches Interesse an einer außergerichtlichen Lösung des Problems.

Anläßlich der ersten Lesung des Bundesentschädigungsgesetzes im Dezember 1955 ließ der Vorsitzende des Ausschusses für Fragen der Wiedergutmachung, der Abgeordnete Otto Heinrich Greve (SPD), die Öffentlichkeit einen Blick hinter die Kulissen tun. Er berichtete, daß unter dem Datum des 27. Juli 1955 einer Reihe von Dienststellen der Bundesrepublik, unter ihnen dem Bundesfinanzministerium und den Länderfinanzministerien, ein Memorandum zugegangen war, in dem die Konsequenzen des Wollheim-Prozesses für die öffentlichen Haushalte und für die Wirtschaft der Bundesrepublik in düsteren Farben geschildert waren. Aus Industriekreisen seien gleichzeitig persönliche Vorstellungen beim Finanzminister und anderen Spitzenpolitikern, wohl auch beim Bundeskanzler selbst, erhoben worden. Zweck aller dieser Interventionen sei es gewesen, eine gesetzliche Regelung zu erreichen, die verhinderte, daß der Prozeß Wollheim gegen I. G. Farben auf dem ordentlichen Rechtsweg erledigt werden könne.

Unter lebhaftem Beifall und Zurufen aus den Reihen der Abgeordneten gab Greve Kostproben aus dem ominösen Schriftstück zum besten. (Das Dokument enthielt kei-

---

[37] Aufklärungs- und Beweisbeschluß des OLG Frankfurt, 5. Zivilsenat, 15. 3. 1955; vgl. Frankfurter Rundschau, 16. 3. 1955 (Unternehmervertreter werden gehört).
[38] Beschluß und Beweisbeschluß, OLG Frankfurt, 5. Zivilsenat, 21. 10. 1955.

nen Hinweis auf den Absender, ins Bundesfinanzministerium war es „durch einen leitenden Herrn aus dem Bereich der Hoechster Farbenwerke" gekommen.) Der Wollheim-Prozeß, so wurde argumentiert, sei auch deshalb gefährlich, weil er es den Kommunisten ermögliche, aus ihrer politischen Verfolgung Kapital zu schlagen; auf die erschreckende Devisenlage wurde verwiesen, die einträte, wenn die Industrie im großen Stil Entschädigungszahlungen an ausländische Antragsteller leisten müsse; mit einem radikalen Rückgang der Steuereinnahmen wurde gedroht (weil die Wirtschaft große steuerliche Rückstellungen vornehmen müsse), und der Bundesregierung wurde nahegelegt, rasch zu handeln, ehe möglicherweise eine oberstgerichtliche Entscheidung im Sinne des Frankfurter Urteils es politisch und verfassungsrechtlich erschweren würde, die Entschädigungsansprüche mit Mitteln der Legislative zu verhindern. Es herrsche bereits Unmut in den Kreisen der Vertriebenen und Kriegsopfer, daß durch die Entschädigungsgesetze die Verfolgten bessergestellt seien als sie. „Wenn darüber hinaus", zitierte Greve aus dem Memorandum, „der Gruppe der Verfolgten es noch gelänge, Schmerzensgeldanspruch von mindestens DM 10 000 zu verwirklichen, so wäre eine feindselige Reaktion der anderen Geschädigtengruppen mit all ihren unerwünschten innen- und außenpolitischen Konsequenzen vorauszusehen."[39]

Die „erhebliche Sorge", die der Bundesverband der Deutschen Industrie wegen der Entschädigungsprobleme empfand, wurde auch an höchster Stelle artikuliert, allerdings mit offenem Visier. Gustav Stein, der stellvertretende Hauptgeschäftsführer des BDI, schrieb im März 1956 an den Staatssekretär im Bundeskanzleramt, daß der bevorstehende Vergleich zwischen Wollheim und I.G. Farben in Industriekreisen als „ein gefährliches Präjudiz für die gesamte übrige Wirtschaft", die KZ-Häftlinge und Zwangsarbeiter beschäftigt habe, empfunden werde. Er selbst teile diese Befürchtungen in vollem Umfange, ließ Stein den Staatssekretär Globke wissen, und fuhr fort: „Der Abschluß des Vergleichs der IG. Farben i. L. mit den Verfolgten-Organisationen wird, wie Sie wahrscheinlich wissen werden, aus außenpolitischen Gründen gefördert. Ohne ihn müßte damit gerechnet werden, daß wegen des Falles Wollheim eine umfangreiche Beweisaufnahme erfolgt, im Rahmen derer auch eine Reihe angesehener amerikanischer Staatsbürger, die früher im KZ gesessen haben, als Zeugen vernommen werden müßten. Es wird befürchtet, daß eine solche Zeugenvernehmung, die in den USA stattfinden würde, unserem dortigen Ansehen abträglich sein und außerdem unsere Bemühungen um die Rückgabe des deutschen Eigentums gefährden könnte. Herr Botschafter Krekeler soll sich deshalb sehr für den Vergleichsabschluß einsetzen und beabsichtigen, Sie in dieser Angelegenheit noch einmal anzusprechen. Offenbar wird von den Kreisen, die einen Vergleich seitens der IG. Farben i. L. befürworten, übersehen, daß damit das Problem, um das es hier geht, nicht aus der Welt geschafft wird. Statt des Wollheim-Prozesses würde dann anschließend natürlich in einem weiteren Musterprozeß gegen eine andere Firma – an erster Stelle kommt hier wohl Krupp in Frage – vorgegangen werden. Dann würde wiederum das gleiche Problem einer Beweisaufnahme in den USA auftreten. Wir würden deshalb also möglicherweise im Falle der IG. Farbenindustrie i. L. aus politischen Rücksichten ein Opfer bringen, das uns nicht nachhaltig nützt, sondern nur die Auseinandersetzung über die

---

[39] Deutscher Bundestag, 14. 12. 1955, Sten. Ber., S. 6333 f.

Rechtsfrage – abgesehen von dem Präjudiz, was damit geschaffen wird – hinausschiebt."[40]

Die Vergleichsverhandlungen schleppten sich unterdessen dahin. Neben der Kanzlei Ormond und ihrem Mandanten Wollheim, der keineswegs nur als Stichwortgeber und Aufhänger des Falles diente, sondern in intensiver Korrespondenz von New York aus erheblichen Anteil nahm, spielten jüdische Organisationen eine wichtige Rolle. So sehr sie sich, solange die Sache aussichtslos schien, in Zurückhaltung geübt hatten, so beherrschten die Funktionäre der Claims Conference, der United Restitution Organization (URO) und der Jewish Restitution Successor Organization (JRSO) jetzt die Szene. Wenn Norbert Wollheim zu Beginn seines Prozesses die Publizitätssucht einiger Vertreter des Zentralrats der Juden in Deutschland beklagt und sich über die der Sache nicht immer dienliche Geschäftigkeit etlicher Funktionäre der Claims Conference und anderer Organisationen geärgert hatte, so waren die Vergleichsverhandlungen schließlich doch nicht ohne sie zu führen.

Rechtsanwalt Ormond und sein Mandant Wollheim waren in diesem Punkt aber sehr verschiedener Meinung. Ormond hatte, seit die Gegenpartei Berufung eingelegt hatte, immer den Vergleich im Auge. Ende November 1954 schrieb er an Wollheim, er sei sich durchaus im klaren, daß auch er, wie Wollheim, noch unerfreuliche Erfahrungen mit der Eitelkeit prominenter jüdischer Organisationsvertreter machen werde, das dürfe aber nicht daran hindern, das Ziel unverrückbar im Auge zu behalten, „unter allen Umständen einen sicheren und annehmbaren Vergleich im gegenwärtigen Zeitpunkt einem ungewissen Prozeßausgang in der Zukunft vorzuziehen. Unausbleiblich wird sein, daß, nachdem wir die Kastanien aus dem Feuer geholt haben, die Organisationen sich mehr und mehr in den Vordergrund schieben und den Erfolg ihrem Konto gutzubringen wünschen." Aber, fragte Ormond, könne man es „mit gutem Gewissen verantworten, einen Vergleich, der summenmäßig irgendwo zwischen 20 und 60 Millionen liegt – wahrscheinlich zwischen 30 und 40 –, aufs Spiel zu setzen, nur weil uns die Aktivität der Verbände und irgendwelche Vergleichsbestimmungen nebensächlicher Art nicht passen"[41]?

Wollheim, ganz unzufrieden mit den bisherigen Vergleichsvorschlägen, aber auch mit der Verhandlungstaktik der jüdischen Organisationen, antwortete empört, er werde sich die Entmündigung durch Funktionäre nicht gefallen lassen. Wollheim wollte, auch aus moralischen Gründen, lieber weiterkämpfen als einem zu billigen Vergleich zustimmen, nur dies sei die Haltung, „mit der ich vor meinem Gewissen, meinen früheren Leidensgefährten und last not least denen glaube bestehen zu kön-

---

[40] Gustav Stein (BDI) an Staatssekretär Globke, 15. 3. 1956, Bundesarchiv, BA 136, Bd. 1154. Botschafter a. D. Dr. Heinz L. Krekeler teilte in einem Brief dem Verfasser am 12. 7. 1988 mit, daß er sich zwar nicht an den Prozeß Wollheim contra I. G. Farben erinnere, hielt es aber für sehr wahrscheinlich, daß er in der von Stein angedeuteten Weise interveniert habe: „Das lag ganz auf der Linie meiner Vorstellungen." Im übrigen hatten für Krekeler „die menschlichen und die politischen Aspekte des Problems absoluten Vorrang vor den wirtschaftlichen". Zur Illustration erwähnte er folgende Episode: „Ein privates amerikanisches Ermittlungsinstitut bot uns seine Dienste an. Es wollte die Ansprüche früherer jüdischer Bürger auf Wiedergutmachung auf ihre Berechtigung prüfen. Ich ließ dem Institut daraufhin postwendend mitteilen, die Botschaft in Washington sähe ihre Aufgabe nicht darin diese Ansprüche zu überprüfen sondern unseren ehemaligen Mitbürgern behilflich zu sein, sie geltend zu machen."

[41] Ormond an Wollheim, 27. 11. 1954.

nen, die wir in Auschwitz haben zurücklassen müssen". Wollheim machte seine weiteren Entschlüsse von einer Unterhaltung mit Nahum Goldmann abhängig, bei der er
dem Präsidenten des Jewish World Congress und der Claims Conference auseinan-
dersetzen wolle, daß er sich nicht „von seinen boys in Deutschland entmündigen" lassen und daß er mit den bisherigen Verhandlungen zwischen seinen Emissären und der
I. G. „weder formell noch inhaltlich einverstanden" sein könne[42].

Das Gespräch mit Nahum Goldmann und eine Unterhaltung mit dem New Yorker
Sekretär der Claims Conference, Saul Kagan, beruhigten Wollheim. Einerseits hatte
Goldmann sowohl das Büro in New York wie die Vertretung in Frankfurt ermahnt,
nur im Einverständnis mit Wollheim und Ormond zu agieren, andererseits teilte man
in New York die Bestürzung Wollheims über die Verhandlungsführung der Vertreter
der Claims Conference, von denen einer das Gespräch mit der I. G. Farben mit der
Bemerkung eingeleitet habe, „daß man auf den düsteren und schrecklichen Hintergrund des Gesprächsthemas nicht eingehen wolle"[43].

Saul Kagan konnte Wollheim das Gefühl vermitteln, daß man in der New Yorker
Zentrale der Claims Conference genauso dachte wie er und die Auffassung teilte, die
Emissäre in der Bundesrepublik hätten „in ihrem Auftreten erheblich den geschichtlichen und moralischen Hintergrund vergessen, der die Basis der gesamten prozessua-
len Auseinandersetzung mit der I. G. bildet"[44].

Ungeachtet des Verdrusses, den Wollheim empfand, wäre man aber ohne die Hilfe
der Claims Conference und der URO kaum so weit gekommen. Nicht nur die finanzielle Unterstützung, die für die Prozeßführung in zweiter Instanz geleistet wurde –
sie war nicht üppig und schloß vor allem nicht die Honorierung Ormonds ein,
ermöglichte aber die Beiziehung der Rechtsanwälte Küster und Werner –, machte die
Beteiligung der einschlägigen jüdischen Spitzenorganisationen unverzichtbar, denn
der I. G. Farben Konzern bestand auf der Garantie der Einmaligkeit einer Entschädigungszahlung, und eine solche Garantie konnte nur von einer mit höchster Autorität
legitimierten jüdischen Organisation gegeben werden.

Wichtigster Verhandlungspartner der I. G. Farben war deshalb, als es um Einzelheiten des Vergleichs ging, der Vertreter der Claims Conference. Es war ein Glücksfall,
daß der Leiter des Bonner Verbindungsbüros, Dr. Herbert Schönfeldt, mit dem maßgeblichen Mann bei I. G. Farben, dem Liquidator Dr. Walter Schmidt, auf gutem Fuße
stand. Schönfeldt war, ehe er emigrieren mußte, als Jurist in Berlin im Staatsdienst
gewesen, nach dem Krieg, nunmehr US-Bürger, war er Anklagevertreter bei den
Nürnberger Prozessen, dann leitete er das Stuttgarter Büro der JRSO. Aber nicht nur
das gute Verhältnis zwischen Schönfeldt und Schmidt, das auf die Berliner Zeit
zurückging, förderte die Sache. Bei aller Loyalität gegenüber den Interessen der
I. G.-Farben und deren Aktionären war Schmidt, da von der Notwendigkeit der Entschädigungszahlungen überzeugt, grundsätzlich dazu bereit. Es ging ihm außer um
die Begrenzung der Summe vor allem um das Prestige des Unternehmens. Schönfeldt
erlebte das gute Ende der Verhandlungen nicht mehr, an seine Stelle trat Ernst Katzenstein. Beteiligt auf jüdischer Seite waren auch Kurt May, der Chef des Frankfurter

[42] Wollheim an Ormond, 5. 12. 1954.
[43] Wollheim an Ormond, 5. 12. 1954.
[44] Wollheim an Ormond, 26. 12. 1954.

URO-Büros, und Benjamin Ferencz, der in Frankfurt die Aktivitäten von JRSO, URO und der Claims Conference koordinierte. Als Vermittler war außer Nahum Goldmann, der in New York als guter Geist wirkte, auch der prominente deutsch-amerikanische Bankier Eric Warburg einmal tätig[45].

Im Februar 1957 wurde in Frankfurt das Abkommen unterzeichnet, das eine Gesamtsumme von 30 Millionen DM als Entschädigung für die Zwangsarbeit in Auschwitz vorsah. 27 Millionen wurden, als das Abkommen in Kraft trat, an die Claims Conference im Jahre 1958 ausgezahlt, 3 Millionen blieben für nichtjüdische Zwangsarbeiter reserviert. Zu den Bedingungen der Vereinbarung gehörte, daß keine weiteren Ansprüche an die I. G. Farben gestellt würden. Ein eigenes Bundesgesetz war nötig, das alle früheren Zwangsarbeiter aufrief, ihre Forderungen gegen die I. G. Farben bis zum 31. Dezember 1957 geltend zu machen, nach diesem Termin waren sie verfallen[46].

Viele Schwierigkeiten standen auch dann noch der Befriedigung der einzelnen Ansprüche im Weg. Die Klage nichtjüdischer Polen gegen die I. G. Farben führte im Oktober 1961 zu einer Rückforderung des Konzerns an die Adresse der Claims Conference, da die zurückgestellten 3 Millionen nicht ausreichten. Nach längerem Verhandeln zahlte die Claims Conference 750 000 DM an die I. G. Farben zurück.

Das größte Problem bildete die Prüfung der Anträge auf Entschädigung. Zur Bearbeitung der gesamten Materie – von der Entgegennahme der Forderungen bis zur Auszahlung der Entschädigung – gründete die Claims Conference eine eigene Organisation, die „Kompensations-Treuhandgesellschaft m. b. h.". An insgesamt 5855 jüdische Berechtigte in 42 Ländern verteilte diese Agentur dann das Geld. Die Quoten betrugen 5000,– DM für jeden Zwangsarbeiter, der länger als sechs Monate im Buna-Werk gearbeitet hatte, die Hälfte dieser Summe erhielten alle, die weniger als sechs Monate dort arbeiteten. Das Geld wurde in zwei Raten überwiesen, zwischen denen Jahre lagen: Die Prüfung der Ansprüche dauerte deshalb so lange, weil die Schlußzahlung erst geleistet werden konnte, als die Zahl der Berechtigten endgültig feststand. Aus einem Härtefonds – der sich aus den Zinsen speiste – wurden auch besonders bedürftige Hinterbliebene bedacht, insgesamt waren es etwa 1800 Personen, die zusammen 3,5 Millionen erhielten, fast die Hälfte davon lebte in Israel, viele Empfänger lebten in Ungarn, der Tschechoslowakei und in Frankreich.

Trotz aller Querelen, die bei der Verteilung der bescheidenen Summen an die ehemaligen Zwangsarbeiter nicht ausbleiben konnten, war das Ergebnis des Prozesses Norbert Wollheim contra I. G. Farben ein großer Erfolg in moralischer und juristischer Hinsicht, der allen Beteiligten zur Ehre gereichte: Der Erfolg bestand zum einen darin, daß die Entschädigungspflicht grundsätzlich festgestellt und eine Summe gezahlt wurde. Zum anderen hatte ein deutsches Gericht die Mitverantwortung der Firma konstatiert, die die Arbeitskraft der Häftlinge ausgebeutet hatte. Schließlich hob die Entschädigungsbereitschaft des in Liquidation befindlichen I. G. Farben-Kon-

---

[45] Vgl. die Darstellung aus der Perspektive der jüdischen Organisationen: Benjamin B. Ferencz, Lohn des Grauens. Die Entschädigung jüdischer Zwangsarbeiter. Ein offenes Kapitel deutscher Nachkriegsgeschichte, Frankfurt, New York 1981, S. 59–97.
[46] Gesetz über den Aufruf der Gläubiger der I. G. Farbenindustrie Aktiengesellschaft in Abwicklung vom 27. Mai 1957, Bundesgesetzblatt 1957 I, S. 569.

zerns nicht nur das Renommee der Firma; die positive Wirkung im Ausland, vor allem in den Vereinigten Staaten, reichte weit über den eigentlichen Gegenstand der Auseinandersetzung hinaus. Am wenigsten Ruhm blieb freilich für die beiden Männer, die das Ganze in Bewegung gebracht und die auch in wenig aussichtsreichen Phasen des Kampfes die Sache unbeirrt verfolgt hatten, übrig, für Norbert Wollheim und seinen Anwalt Henry Ormond.

Hermann Langbein

Entschädigung für KZ-Häftlinge? Ein Erfahrungsbericht

Am 22. und 23. Mai 1954 gründeten Überlebende von Auschwitz, die in Wien zusammentrafen, das Internationale Auschwitz-Komitee (IAK). Zum Präsidenten wählte man Henryk Korotyński, einen Polen, zur Sekretärin für Öffentlichkeitsarbeit Odette Elina aus Frankreich und zum Generalsekretär mich. Der Sitz des IAK wurde nach Wien gelegt. Das Komitee bemühte sich, Verbindungen mit Auschwitz-Lagergemeinschaften in weiteren Ländern herzustellen, beziehungsweise die Bildung solcher Gruppen anzuregen. Als aktuelle Aufgaben stellte sich das IAK, würdige Gedenkkundgebungen anläßlich des 10. Jahrestages der Befreiung von Auschwitz zu organisieren und sich für die gerichtliche Verfolgung von NS-Verbrechern einzusetzen.

Bereits bei seiner Tagung im Juli 1956 beschloß das IAK, sich in die Verhandlungen einzuschalten, die damals von der „Conference on Jewish Material Claims against Germany" (Claims Conference) mit der „IG-Farben AG in Abwicklung" geführt wurden. Die Claims Conference hatte durchgesetzt, daß die IG-Farben 30 Millionen DM als Entschädigung für diejenigen ehemaligen Auschwitz-Häftlinge zur Verfügung stellte, welche im IG-Farben-Werk Buna in Monowitz bei Auschwitz zur Arbeit gezwungen worden waren. Das IAK schaltete sich ein, weil bis dahin nur zugunsten solcher Auschwitz-Überlebenden verhandelt worden war, welche aus „rassischen" Gründen in dieses KZ eingeliefert worden waren. In langwierigen Verhandlungen konnte durchgesetzt werden, daß aus politischen Gründen Verhaftete ebenfalls anspruchsberechtigt wurden.

Zusätzlich sollte erreicht werden, daß auch sogenannte „Nationalverfolgte" anspruchsberechtigt würden, die nach dem Bundesentschädigungsgesetz nicht anerkannt wurden, weil sie nicht wegen nachweisbarer politischer oder religiöser Betätigung verhaftet worden waren. Das betraf vor allem viele Polen, die bei Razzien oder Vergeltungsmaßnahmen ohne nachweisbare individuelle „Schuld" nach Auschwitz deportiert worden waren. Ferner wollte das IAK durchsetzen, daß auch solche ehemaligen Häftlinge in den Kreis der Entschädigungsberechtigten aufgenommen wurden, die zwar aus „rassischen" Gründen verhaftet worden waren und daher im KZ den Judenstern zu tragen hatten, aber nicht der jüdischen Religionsgemeinschaft angehörten. Die Claims Conference sah sich statutengemäß nur imstande, für Mitglieder dieser Religionsgemeinschaft zu verhandeln. Schließlich erreichte das IAK, daß neben einer Haft im Auschwitzer Außenlager in Buna-Monowitz auch die in den kleineren Außenlagern Günthergrube, Janinagrube, Jawischowitz und Blechhammer/ Heydebreck untergebrachten Häftlinge anerkannt wurden, da sie dort ebenfalls für die IG-Farben zu arbeiten hatten. Die vom IAK zur Verfügung gestellten Dokumente brachen den Widerstand der IG-Farben gegen diese Erweiterung.

Zur gleichen Zeit wandte ich mich namens des IAK an das Bundesministerium der Finanzen in Bonn, um eine Entschädigung von ehemaligen Auschwitz-Häftlingen, die Opfer pseudomedizinischer Versuche geworden waren, zu erreichen[1]. Die meisten, die das IAK bevollmächtigt hatten, sie zu vertreten, lebten in dem Teil Rumäniens, der während des Krieges an Groß-Ungarn angeschlossen war. Das Ministerium wandte ein, keine Möglichkeit für eine Entschädigungszahlung aus dem für diese spezielle Gruppe von NS-Opfern geschaffenen Härtefond zu sehen, wenn die Opfer ihren Wohnsitz in einem Land hatten, mit dem die Bundesregierung keine diplomatischen Beziehungen unterhielt[2]. (Solche bestanden 1958 zwischen Bonn und Bukarest noch nicht). So erhielten zwar Holländerinnen, die in Auschwitz zu Experimenten herangezogen worden waren, eine Entschädigung. Aber das IAK rechnete vor, daß die 24 Holländerinnen, für die es interveniert hatte, lediglich eine durchschnittliche Entschädigung von 2485 DM unter diesem Titel erhielten und erklärte: „Die Entschädigung der Opfer medizinischer Versuche in den Konzentrationslagern bedeutet kein finanzielles Problem für die Bundesrepublik Deutschland ..." (In einem Bericht des Finanzministeriums werden 427 Fälle angeführt). „Der Fond, der dem Finanzministerium unter diesem Titel zur Verfügung steht, ist nicht ausgeschöpft. Die Entschädigung dieser Opfer bedeutet aber ein ernstes wirtschaftliches Problem für die Betroffenen; sie bedeutet ein schwerwiegendes moralisches Problem."[3]

Das Ministerium bedauerte, diese Forderungen nicht abschließend behandeln zu können, da „gegenwärtig (im April 1959; H.L.) globale Entschädigungsverhandlungen zwischen Den Haag und Bonn geführt werden."[4] Entschädigungen für überlebende Opfer von Menschenversuchen, die in Ländern lebten, mit welchen die Bundesrepublik keine diplomatischen Beziehungen unterhielt, wurden auch weiterhin abgelehnt. Zusätzlich wurde diese Ablehnung auch damit begründet, daß in diesen Ländern kein Vertrauensarzt der Bundesrepublik zur Verfügung stehe, der die Angaben des Antragstellers verifizieren könne. Mein Vorschlag, einen Vertrauensarzt des Landes zu benennen, das in diesen Staaten die Rechte der Bundesrepublik Deutschland wahrnimmt, wurde nicht akzeptiert[5].

Am 29. Juni 1959 nahm ich namens des IAK mit dem Bundesfinanzministerium auch Verhandlungen darüber auf, daß diejenigen, denen bei ihrer Ankunft in Auschwitz die Habe genommen worden war, nach dem Bundesrückerstattungsgesetz entschädigt werden sollten. Eine Pauschalzahlung wäre zweifellos am zweckmäßigsten gewesen. Das IAK bot den Beweis dafür an, daß diese Effekten ins „Altreich" gebracht worden waren. Unter dieser Voraussetzung konnten sie nach dem Wortlaut des Gesetzes zurückerstattet werden. In zähen Verhandlungen wurde dem Finanzmi-

---

[1] Vgl. Internationales Auschwitz-Komitee (IAK) an das Bundesfinanzministerium am 1. 11. 1957, alle zitierten Dokumente befinden sich im Privatbesitz von Hermann Langbein, Wien.

[2] Vgl. Bundesfinanzminister Franz Etzel an das IAK am 22. 4. 1958.

[3] Bulletin des IAK, 23. 4. 1959.

[4] Bundesfinanzminister Etzel an das IAK am 29. 4. 1959.

[5] Vgl. Besprechung Hermann Langbeins mit Ministerialrat Blessin vom Bundesfinanzministerium am 29. 6. 1959, Gedächtnisprotokoll.

nisterium endlich die Zusage abgerungen, jedem berechtigten Antragsteller eine Summe von 1200 DM zu überweisen. Die Zusage wurde jedoch später zurückgezogen. Die Begründung bewies einmal mehr, wie wenig die mit dieser Materie befaßten Ämter sich vorstellen konnten, welche Hoffnungen geweckt worden waren und durch den Rückzug des Angebots brutal zerstört wurden. Eine Zeitlang brachte die Post täglich einen Sack von Anmeldungen in meine Wohnung, dem „Büro" des IAK, insgesamt mehr als 10000. Die Briefe kamen vor allem aus der Tschechoslowakei und aus Polen – also von Auschwitz-Überlebenden, die bis dahin von jeder Wiedergutmachungszahlung seitens der Bundesrepublik Deutschland ausgeschlossen und auch von keiner anderen Stelle entschädigt worden waren.

Parallel zu diesen Verhandlungen wurden auch Schritte unternommen, um andere Firmen, die ebenso wie die IG-Farben vom Lagerkommandanten von Auschwitz Häftlinge für ihre nahe des Konzentrationslagers errichteten Werke angefordert hatten, zu bewegen, Entschädigung für die dort geleistete Zwangsarbeit zu zahlen. Hier gab es ähnliche Probleme wie zu Beginn der Verhandlungen mit den IG-Farben-Nachfolgern. Die Claims Conference hatte am 23. Dezember 1959 ein Abkommen mit der Firma Friedrich Krupp in Essen abgeschlossen, demzufolge wiederum nur diejenigen KZ-Überlebenden entschädigungsberechtigt waren, welche nachweisen konnten, daß sie zur Zwangsarbeit bei den Krupp-Werken gezwungen worden waren und der jüdischen Religionsgemeinschaft angehörten. Bedauerlicherweise veranlaßten die Erfahrungen bei den Verhandlungen mit den IG-Farben-Werken die Claims-Conference nicht dazu, Kontakt mit dem Internationalen Auschwitz-Komitee aufzunehmen, damit die Einschränkung nur auf diejenige Häftlingsgruppe, für die sie bevollmächtigt war, unterblieb. Das IAK meldete zwar bereits am 16. Juli 1958 Ansprüche aller bei den Krupp-Werken zur Arbeit gezwungenen Auschwitz-Häftlinge unabhängig vom Haftgrund an, wurde jedoch weder von Krupp noch von der Claims Conference in die Verhandlungen mit einbezogen.

Warum das unterblieb, wurde nie klar ausgesprochen. Das IAK mußte deshalb vermuten, daß die Krupp-Werke – ähnlich wie zuvor die IG-Farben-Werke – eine Gesamtsumme zugesagt hatten und den von der Claims Conference Vertretenen ein größerer Betrag überwiesen werden konnte, wenn die Summe nicht mit weiteren Entschädigungsberechtigten zu teilen war. Es setzte sich deshalb für eine Erhöhung der Gesamtsumme ein; daß das nicht leicht zu erreichen war, konnte jeder, der die Zähigkeit solcher Verhandlungen kannte, voraussehen.

Als ich mich namens des Internationalen Auschwitz-Komitees in die Verhandlungen einschaltete, wollten die Vertreter der Krupp-Werke anfangs jede Legitimation des IAK bestreiten. Bisher wurden die Verhandlungen mit der Claims Conference wegen der Zwangsarbeit von Häftlingen anderer Konzentrationslager geführt, bei denen Krupp Betriebe errichtet hatte. Krupp bestritt, auch in Auschwitz Häftlinge für seine Werke angefordert zu haben. Das IAK konnte jedoch Dokumente vorlegen, die zweifelsfrei bewiesen, daß Krupp eine Werkshalle beim KZ Auschwitz benutzt hatte und dort von der Kommandantur Häftlinge zugewiesen erhielt, wenn diese Halle auch später von Krupp geräumt wurde, um sie den Union-Werken Werl zu überlassen[6]. Nun konnten Verhandlungen mit dem IAK nicht weiter abgelehnt werden. Die

---

[6] Vgl. IAK an die Direktion der Friedrich-Krupp-Werke am 2.3.1960.

Rechtsabteilung der Krupp-Werke erbat sich jedoch Bedenkzeit, ob auch für ehemalige Häftlinge, die nicht „rassisch" verfolgt waren, Entschädigung geleistet werden sollte, sofern sie nachweislich Zwangsarbeit für Krupp in Auschwitz geleistet hatten. Auch die Siemens-Schuckert-Werke wiesen Forderungen nach Entschädigung von Zwangsarbeit, die vom IAK erhoben wurden, zurück. Ebenso wie viele andere betroffene Firmen beriefen sie sich darauf, daß Siemens sich der zwangsweisen Zuweisung von KZ-Häftlingen nicht habe entziehen können[7].

Alle diese mit ungewöhnlicher Zähigkeit geführten Verhandlungen wurden abrupt unterbrochen. Im Internationalen Auschwitz-Komitee wurde ich nach einer abstoßenden Kampagne nicht nur als Generalsekretär abgewählt; es wurde mir auch die Vollmacht entzogen, die Entschädigungsverhandlungen fortzuführen. Der Grund war, daß ich nach der Niederschlagung des Aufstandes in Ungarn im Jahr 1956 durch russische Panzer mit der Kommunistischen Partei Österreichs (KPÖ) gebrochen hatte. Diese setzte die Bruderparteien davon in Kenntnis, daß ich als Feind zu betrachten sei. Finanziell war das IAK vor allem vom polnischen Verband der Opfer des Nationalsozialismus abhängig, der seine Direktiven stets von staatlichen Stellen erhielt. Die Mehrzahl der Mitglieder der Leitung des IAK waren Kommunisten. Viele von ihnen betrieben eine Verleumdungskampagne, um auch diejenigen Mitglieder der Leitung, welche nicht durch Parteidisziplin dazu veranlaßt werden konnten, zu bewegen, gegen mich aufzutreten oder sich zumindest nicht für mich einzusetzen. Die Vertreter der DDR im IAK taten sich dabei besonders hervor. Zwar kam keine Mehrheit dafür zustande, mir zu untersagen, daß ich weiter namens des IAK Entschädigungsverhandlungen führte. Aber der Sitz des Komitees wurde einfach von Wien nach Warschau verlegt und dem Wiener Büro alle Mittel entzogen, so daß ich im Juli 1961 gezwungen war, alle erteilten Vollmachten zurückzulegen. Das IAK verlautbarte, daß „Herr Langbein gegenwärtig eine Privatperson"[8] sei.

Damit die laufenden Entschädigungsverhandlungen und auch andere Aktivitäten, vor allem die mit der Vorbereitung des großen Frankfurter Auschwitz-Prozesses verbundenen, dennoch weitergeführt werden konnten, traten Vertreter von internationalen Widerstandskämpfer-Organisationen an mich heran. Sie zählten nur nationale Organisationen und Gruppen zu ihren Mitgliedern, die demokratisch aufgebaut waren. Organisationen der Länder des Ostblocks, die alle direkt oder indirekt von staatlichen Institutionen abhängig waren, befanden sich nicht darunter. Französische und belgische Repräsentanten schlugen mir vor, die bisher eingeleiteten Aktivitäten, nicht nur auf dem Sektor der Entschädigungsverhandlungen, mit ihrer Hilfe fortzuführen.

Mir war bekannt, daß diese Organisationen in manchen Fragen der aktuellen Politik einen eindeutig „westlich" oder „rechts" zu nennenden Standpunkt einnahmen: in diesen Jahren war der Kalte Krieg noch nicht voll abgeklungen. Ich vertrete jedoch den Standpunkt, daß selbstverständlich jeder seine politische Meinung vertreten soll, daß aber eine Organisation von ehemaligen Opfern des Nazi-Regimes dazu nicht

---

[7] Vgl. Siemens-Schuckert-Werke AG an Georg Bürger, der das CIC anwaltlich vertrat, am 2.3. 1966.
[8] Bulletin des IAK, September-Oktober 1961.

berufen ist, denn zu diesen zählen Menschen aller politischen und weltanschaulichen Richtungen. Spricht man in deren Namen, sollte man die dadurch erworbene Autorität nicht im Interesse tagespolitischer Fragen mißbrauchen. Eindeutig hat man gegen den Nationalsozialismus, gegen noch wirkende Wurzeln seiner Ideologie aufzutreten. Darauf hat man sich zu konzentrieren und zu beschränken.

Dieser Standpunkt wurde bei den Verhandlungen akzeptiert. Ich trat daher nicht der „Union Internationale de la Résistance et de la Déportation" (UIRD) bei. Aber mit ihrer Hilfe wurde bei einer Tagung in Frankfurt am 30. Januar 1963 das „Comité International des Camps" (CIC) gegründet, in dessen Leitung Überlebende nationalsozialistischer Konzentrationslager, die nicht abhängig von politisch einseitig ausgerichteten Instanzen waren, gewählt wurden. Als Vertreter der in Deutschland Lebenden wurde Eugen Kogon zum Vizepräsidenten gewählt und ich zum Sekretär des CIC. Aus den oben genannten Gründen wählte man keinen in einem Ostblock-Staat lebenden ehemaligen KZ-Häftling in die Leitung. Kontakte mit vielen von ihnen hielt ich so gut als nur möglich aufrecht. Auf Grund meiner schlechten Erfahrungen im Zuge der Auseinandersetzungen in der Leitung des Internationalen Auschwitz-Komitees und meiner Kenntnis der Einstellung der Union Internationale de la Résistance et de la Déportation beantragte ich, von vornherein festzuhalten, daß sich das Comité International des Camps „von jeder parteipolitischen, weltanschaulichen, religiösen oder nationalen Einseitigkeit fernzuhalten und in der Öffentlichkeit sowie bei den Behörden in dem Sinn zu wirken"[9] habe. Dieser Grundsatz wurde problemlos eingehalten.

Von Anfang an formulierte das Comité International des Camps einen eindeutigen Standpunkt zu Entschädigungsfragen: „Es legt größten Wert darauf, daß die Wiedergutmachungs-Gesetzgebung eine völlige Gleichheit zwischen allen Gruppen der Verfolgten herstellt, ohne Unterschied der Nationalität, der Ursache der Verfolgung und des Zeitpunktes, zu welchem die Betreffenden in Länder gekommen sind, an die von der Bundesrepublik Deutschland Entschädigungen überwiesen werden."[10] Auch in dieser Frage hatte das Bonner Finanzministerium formale Hindernisse eingebaut. Das CIC forderte weiter eine Neueröffnung der Anmeldefrist im Bundesrückerstattungsgesetz (BRüG) und eine Angleichung der österreichischen Wiedergutmachungsgesetze an die deutschen. Was das Bundesrückerstattungsgesetz betrifft, so konnte erreicht werden, daß ein Härtefonds in Höhe von 800 Millionen DM geschaffen wurde, aus dem diejenigen bedacht werden konnten, die aus Unkenntnis des Gesetzes oder erschreckt durch Schwierigkeiten wie dem Verbringungsnachweis den Anmeldetermin versäumt hatten. Das Gesetz verlangte von dem Antragsteller den Nachweis, daß die ihm abgenommene Habe in das Gebiet der heutigen Bundesrepublik verbracht worden war, was für einen nach Auschwitz Deportierten individuell praktisch unmöglich war. Hingegen erbrachte das CIC anhand von Dokumenten einen generellen Nachweis.

Weitere Verhandlungen mit dem Finanzministerium scheiterten. Die Rechtsberaterin des Internationalen Auschwitz-Komitees, Frau Orfinger aus Brüssel, resümierte: „Die deutschen Behörden haben ihren Vorteil aus den Veränderungen in der Organi-

---

[9] Bulletin des Comité International des Camps, Nr. 1, 7. 2. 1964.
[10] Ebd.

sation des IAK gezogen."[11] Henry Ormond, der seinerzeit durch einen Musterprozeß gegen die IG-Farben-Werke den Weg für Entschädigungsverhandlungen mit diesem Konzern – und in der Folge auch mit weiteren – geöffnet hatte und ebenfalls das IAK juristisch beriet, schrieb: „Meiner Überzeugung nach hat die Tatsache der Reorganisation des IAK und die Verlegung des Sitzes des Generalsekretariats von Wien nach Polen sowie der Wechsel in der Person des Generalsekretärs eine nicht zu unterschätzende Rolle beim schließlichen Scheitern der Verhandlungen gespielt."[12] Beide Juristen beendeten deswegen auch ihre Beratertätigkeit.

Da die Bemühungen der Organisationen von Überlebenden der nationalsozialistischen Konzentrationslager ohne Erfolg blieben, ergriffen einzelne ehemalige KZ-Häftlinge die Initiative. Ein Überlebender des KZ Neuengamme, der in einem Außenlager für die Firma Büssing Zwangsarbeit hatte leisten müssen, verklagte die Firma deswegen. Das Amtsgericht Braunschweig verurteilte Büssing. Wenn auch die Summe, welche die Firma an den ehemaligen Häftling zu zahlen hatte, lächerlich gering war – 177,80 DM für ein halbes Jahr Zwangsarbeit, da die Abwertung durch die Währungsreform von 1948 vom Gericht eingerechnet wurde –, so lag die Bedeutung des Spruchs in der Anerkennung, daß Ansprüche dieses Charakters nicht verjährt sind.

Edmund Bartl verklagte die Heinkel-Werke, da er als Häftling des KZ Sachsenhausen für diese Zwangsarbeit hatte leisten müssen. Nachdem er in erster und zweiter Instanz vor dem Oberlandesgericht Stuttgart den Prozeß gewonnen hatte, riefen die Heinkel-Werke den Bundesgerichtshof an. Dem Spruch des höchsten Gerichts kam grundsätzliche Bedeutung zu; andere Firmen, an die das Comité International des Camps wegen Entschädigungsleistungen herangetreten war, zum Beispiel Messerschmitt, wollten diesen erst abwarten, bevor sie dem CIC antworteten.

Das CIC war mehr als überrascht, als es erfahren mußte, daß das Bundesfinanzministerium der Firma Heinkel AG im Verfahren zweiter Instanz als Streithelfer beigetreten war und einen Ministerialrat zu der Verhandlung entsandt hatte. Namens des CIC schrieb ich deswegen am 14. März 1967 dem Finanzminister unter anderem: „Wir würden es verstehen und begrüßen, wenn die Bundesregierung die Forderungen ehemaliger KZ-Häftlinge unterstützte. Moralisch hätten sie wohl einen Anspruch darauf ... Wir bedauern, daß bisher eine solche Unterstützung weder offiziell noch indirekt gegeben wurde. Völlig unverständlich ist aber, daß die Gegenseite von ihrem Ministerium unterstützt worden ist ... Wir dürfen der Erwartung Ausdruck geben, daß diese Unterstützung noch vor dem Zusammentritt des Zivilsenats des Bundesgerichtshofs eingestellt wird."[13]

Mit seinem Beitritt in diesen Rechtsstreit zeigte das Bundesfinanzministerium seine Sympathie für die Begründung der Ablehnung der Wiedergutmachungsansprüche ehemaliger Zwangsarbeiter gegenüber den betreffenden Firmen, die Rechtsanwalt Weller dem Oberlandesgericht Stuttgart vorlegte: „Wenn ein Staat in seinem Machtbereich die vollständige Rechtlosmachung, d. h. die Versklavung von Menschen nicht nur geduldet, sondern sie durch die Gesamtheit seiner Maßnahmen ausdrücklich

---

[11] Orfinger-Karlin an den Präsidenten des IAK, Robert Waitz, am 4. 5. 1961.
[12] Henry Ormond an Robert Waitz am 4. 5. 1961.
[13] Langbein an Bundesfinanzminister Franz-Josef Strauß am 14. 3. 1967.

gebilligt und durch gezieltes Vorgehen in den Dienst der Kriegswirtschaft gestellt hat, kann dann allein die Unterwerfung privatwirtschaftlich organisierter Kriegswirtschaftsunternehmen unter den Zwang dieser Gewaltmaßnahme mit bürgerlich-rechtlichen Maßstäben gemessen werden? Ist nicht das Verhalten jener Kriegswirtschaftbetriebe, die sich auf staatlichen oder staatlich gelenkten Druck hin zur Erfüllung staatlich vorgeschriebener Kriegswirtschaftsziele des Einsatzes von Staats wegen versklavter Menschen (menschlicher Produktionsmittel) bedienten, letzten Endes auch auf ihre Verstrickung in das Geflecht der nationalsozialistischen Gewaltherrschaft zurückzuführen? Kann der in unserem Staat wieder voll in ihre Funktionen eingetretenen staatlichen Rechtsordnung unterstellt werden, daß sie allein schon die Unterwerfung unter Gewaltmaßnahmen eines Unrechtsstaats als Haftungsgrund im Sinne des allgemeinen bürgerlichen Rechts anerkannt wissen und auf diese Weise zivilrechtliche Verantwortlichkeiten, die vom Ursprung her den Staat oder die Gesamtheit treffen, auch einzelnen Gewaltunterworfenen anlasten will?"[14] Der eigene Anwalt des Bundesfinanzministeriums nahm vor dem Bundesgerichtshof in Karlsruhe eine „vorsichtigere" Haltung ein. Der Bundesgerichtshof wies die Klage Bartls am 2. Juni 1967 wegen Verjährung ab. Alle Dokumente, die belegen, wie sehr sich Firmen um die Zuteilung von Häftlingen bei den Kommandanturen der Konzentrationslager bemüht hatten, blieben unberücksichtigt.

Die Folgen dieses Spruches waren vorauszusehen: Dr. Bartl war infolge der Prozeßkosten hoch verschuldet; sein Beispiel schreckte andere ab, ebenfalls Zivilklagen zu erheben. Die Firmen, welche seinerzeit KZ-Häftlinge als Arbeitssklaven – „menschliche Produktionsmittel", wie sie in der oben zitierten Verteidigungsschrift tituliert wurden – benützt hatten, wiesen Forderungen unter Hinweis auf das höchstgerichtliche Urteil ab; ihre Zahl hatte sich inzwischen vermehrt. Neben Messerschmitt und Heinkel kamen noch die Deutschen Ausrüstungswerke, die Deutschen Erd- und Steinwerke, die Gustloff-Werke, die Agricola – Düsseldorfer Auto Union AG, die Hasag, die Klinker-Werke, AEG, Steyr, Junkers, die Walter-Werke, die Union-Werke Werl, die Sylva-Werke, und die Rhenania Shell Oil Company dazu, um nur die wichtigsten zu nennen, die nachweislich KZ-Häftlinge für sich hatten arbeiten lassen.

Siemens, Krupp und die Telefunken-AEG hatten zwar ein Abkommen mit der Claims Conference abgeschlossen, weigerten sich aber beharrlich, auch solchen ehemaligen KZ-Häftlingen Entschädigungen zu zahlen, welche nicht der jüdischen Religionsgemeinschaft angehörten. Die IG-Farben-Werke, die seinerzeit bewogen werden konnten, keine solchen Einschränkungen zu machen, wiesen dennoch aus kleinlichen formalen Gründen zahlreiche Polen ab. Diese hatten eine polnische Organisation beauftragt, gemeinsam ihre Forderungen bei IG-Farben einzureichen. Die Anmeldefrist für Ansprüche unter diesem Titel lief am 31. Dezember 1957 ab. Die Organisation hatte das Paket mit den Forderungen zwar am 27. Dezember abgeschickt, es kam aber erst am 3. Januar 1958 in Frankfurt an. Nach dem Buchstaben des Entschädigungsabkommens ist aber nicht das Datum des Poststempels, sondern der Zeitpunkt des Eintreffens maßgebend.

Wie die Zurückweisung von Forderungen begründet wurde, mag ein Beispiel zei-

[14] Rechtsanwalt Dr. Weller an den 10. Zivilsenat des Oberlandesgerichts Stuttgart vom 6. 4. 1965.

gen: Auf den Hinweis, daß zahlreiche Dokumente und Zeugnisse, die im Verlauf der großen NS-Komplexprozesse der sechziger Jahre bekannt wurden, belegen, daß die Firmen, welche sich um KZ-Häftlinge als Arbeitskräfte beworben hatten, keineswegs als „im Auftrag des Reiches handelnde Person" gesehen werden können[15], wie es in einem Urteil des Bundesgerichtshofs zu lesen war, erwiderte die Telefunken-AEG Berlin, sie anerkenne keine Schadenersatz-Verpflichtung, sondern habe das Abkommen mit der Claims Conference freiwillig abgeschlossen, weil „bei dem Kreis der damals Begünstigten besondere Umstände vorlagen, auf die sich andere KZ-Häftlinge nicht berufen können."[16] Worin diese besonderen Umstände zu sehen sind, die KZ-Häftlinge, die der jüdischen Religionsgemeinschaft angehören, von anderen unterschieden hatten, die ebenfalls im KZ den Judenstern zu tragen hatten, aber nicht dieser Gemeinschaft angehörten, wurde nicht angegeben.

Im Lauf der langwierigen Korrespondenzen mit den verschiedenen Firmen einigten sich diese auf folgende Argumentation: Bei Forderungen von Nichtdeutschen verwiesen sie auf das Londoner Schuldenabkommen, das vorsieht, daß Ansprüche von Angehörigen der Mächte, die seinerzeit gegen Hitler-Deutschland Krieg geführt hatten, als Teil von Reparationsleistungen anzusehen und daher in einem Friedensvertrag zu regeln seien[17]. Der Standpunkt des Comité International des Camps, daß es moralisch nicht vertretbar sei, Ansprüche Überlebender der Konzentrationslager in der gleichen Art zu behandeln wie Forderungen juristischer Personen, und daß vorauszusehen sei, daß kein Überlebender der KZ's den Abschluß eines Friedensvertrags erleben werde, wurde abgewiesen. Klagen schienen sinnlos, da die Gerichte der oben skizzierten Argumentation folgten.

Für ausländische NS-Verfolgte, die nur unter sehr eingeschränkten Bedingungen einen Anspruch nach dem Bundesentschädigungsgesetz stellen konnten, bestand nur dann noch eine Chance, eine Entschädigung zu erhalten, wenn ihr Staat diplomatische Beziehungen mit der Bundesrepublik unterhielt. Eine Ausnahme bildet hierbei Israel. Durch die sogenannten Globalabkommen mit Israel und elf westeuropäischen Staaten erhielten diese Pauschalbeträge, mittels derer sie die NS-Opfer dann jeweils in eigener Regie entschädigen konnten. Das CIC hingegen forderte, daß ausländische Verfolgte auch Ansprüche nach dem Bundesentschädigungsgesetz und dem Bundesrückerstattungsgesetz (BRüG) stellen könnten. Als Bonn und Bukarest diplomatische Beziehungen aufnahmen, wandte sich das Comité International des Camps am 2. Februar 1967 mit einem Schreiben an die Bundesregierung, wo es unter anderem hieß: „In Rumänien leben Opfer des deutschen Nationalsozialismus, vor allem Überlebende der sogenannten „Ungarn-Transporte", die ab Mai 1944 von Siebenbürgen, das damals zu Ungarn geschlagen war, nach Auschwitz deportiert wurden, weil sie als Juden dem Regime lebensunwert erschienen. Diese Überlebende waren bisher von jeder Art der materiellen Wiedergutmachung ausgeschlossen, da die Bundesregierung keine Entschädigung an Bürger jener Staaten zahlte, mit denen sie keine diplomati-

---

[15] Auslegung des § 8 BEG durch die deutsche Rechtssprechung, zitiert nach einem Schreiben des Bundesministeriums der Finanzen an das CIC vom 5. 4. 1967.

[16] Telefunken-AEG Berlin an Georg Bürger am 10. 3. 1966.

[17] Vgl. Abkommen über deutsche Auslandsschulden, Artikel 5 II, London, 27. 2. 1953, in: Bundesgesetzblatt, 1953, II, S. 340.

schen Beziehungen unterhielt. Dieses Hindernis ist nun weggefallen. Es scheint uns billig, daß man nun den Überlebenden der nationalsozialistischen Konzentrationslager die im allgemeinen abgelaufenen Fristen nach dem BEG und dem BRüG neu eröffnet, da sie bisher als rumänische Staatsbürger von der seinerzeitigen Anmelde-Möglichkeit verständlicherweise keinen Gebrauch gemacht haben."[18]

Nach der Aufnahme diplomatischer Beziehungen zwischen Jugoslawien und der Bundesrepublik Deutschland wurde in gleichem Sinn in Bonn interveniert. Die Antworten waren hinhaltend. Auf immer wieder erfolgte Mahnungen erwiderte das Auswärtige Amt am 31. März 1968: „Sie haben in Ihrem Schreiben schwierige Fragen völkerrechtlicher und politischer Bedeutung angeschnitten. Es ist selbstverständlich, daß diese Fragen von der Bundesregierung geprüft werden."[19] Am 24. April 1968 mahnte das CIC nochmals, einen unbürokratischen Weg zu finden. Selbst unter voller Berücksichtigung der schwierigen Materie „wäre es doch möglich, in 15 Monaten auch sehr komplizierte Fragen zu klären."[20]

Die nächste Antwort Bonns war vom 5. Dezember 1968 datiert und begann mit der Entschuldigung, daß der Brief des CIC „durch ein Registraturversehen so lange unbeantwortet geblieben" sei. Weiter heißt es dort: „Entscheidend ist, daß die in Rumänien und in Jugoslawien lebenden NS-Verfolgten in aller Regel nicht die Wohnsitz- und Stichtagsvoraussetzungen des Bundesentschädigungsgesetzes (§ 4 BEG) erfüllen und ihnen deshalb grundsätzlich keine Ansprüche eingeräumt werden können ... Diese Bestimmungen können nur vom Gesetzgeber geändert werden. Dem stehen jedoch schwerwiegende Hindernisse entgegen, die ich Ihnen zum Teil andeuten möchte, und für die ich um Ihr Verständnis bitte: Noch nie in der Geschichte sind alle Opfer von Krieg und Verfolgung wirklich angemessen entschädigt, noch nie konnten von einer Regierung *alle* von einem früheren verbrecherischen Regime verursachten Schäden voll wiedergutgemacht werden." Nach Aufzählung einer Reihe formaler Gründe – das Londoner Schuldenabkommen fehlte dabei natürlich nicht – heißt es dort schließlich: „Endlich konnte die deutsche Regierung in diesem Zusammenhang nicht unberücksichtigt lassen, welche Haltung die betreffenden Staaten gegenüber dem neuen Deutschland und seiner Politik einnahmen." Der Brief endet mit der Bemerkung: „Ich kann Ihnen keine Änderung der deutschen Wiedergutmachungsgesetzgebung zugunsten rumänischer und jugoslawischer Staatsangehöriger in Aussicht stellen, möchte Ihnen jedoch versichern, daß sich die deutsche Regierung die Prüfung dieser Fragen nicht leicht macht, weil sie für das von Ihnen verfolgte humanitäre Anliegen großes Verständnis hat."[21] Das Schreiben war vom damaligen Finanzminister Franz-Josef Strauß unterzeichnet.

Da in diesen Jahren größere Gruppen von Tschechen, Slowaken und Polen zur Emigration gezwungen waren und sich unter diesen auch ehemalige KZ-Häftlinge befanden, die in ihrer Heimat ohne jede Entschädigung geblieben waren und sich nun an das CIC wandten, regten wir 1969 an, für diese die abgelaufene Anmeldefrist für Ansprüche nach dem Bundesentschädigungsgesetz neu festzusetzen: „Der

---

[18] CIC an Außenminister Willy Brandt am 2. 2. 1967.
[19] Auswärtiges Amt an das CIC am 31. 3. 1968.
[20] CIC an Außenminister Brandt am 24. 4. 1968.
[21] Bundesfinanzminister Franz-Josef Strauß an das CIC am 5. 12. 1968.

Gesetzgeber konnte nicht voraussehen, als er den Endtermin des 31. Dezember 1965 festlegte, daß nun Personengruppen aus dem Kreis der ehemals Verfolgten, die bisher ohne Entschädigung geblieben waren, unverschuldet in eine so akute Notsituation geraten werden wie diejenigen, die infolge der Besetzung der Tschechoslowakei ihre Heimat verlassen mußten oder diejenigen, die als Juden aus Polen vertrieben wurden. In Würdigung dieser Notlage könnte der Gesetzgeber seinen damals festgelegten Beschluß nochmals überprüfen ... Der Personenkreis ist überschaubar, der in den Genuß einer Wiedereröffnung käme."[22] Auf dieses Schreiben erfolgte wiederum eine Absage[23], diesmal „im Auftrag" unterzeichnet.

Wir blieben hartnäckig. Die Finanzminister wechselten, mit ihnen das Klima der Gespräche über diese Probleme. Zeitweise hatte es den Anschein, als ob unser Vorschlag, möglichst schnell einen denkbar unbürokratischen Weg zu wählen, der den Antragstellern auch ermöglichen könnte, ohne Anwalt zu einer, wenn auch nur geringfügigen, pauschalen Entschädigung zu kommen, angenommen würde. Die Verhandlungen zogen sich hin, mit Vorbehalt gemachte Zusagen wurden zurückgezogen, die Jahre vergingen. Am 2. Juli 1974 ließ der Finanzminister, diesmal war es Hans Apel, mitteilen, daß „die Bundesregierung zur Zeit Überlegungen darüber anstellt, in welcher Weise dem von Ihnen angesprochenen Personenkreis geholfen werden könnte. Die Prüfung dieser Fragen ist jedoch noch nicht abgeschlossen, so daß ich Ihnen zur Zeit leider noch nichts Näheres über diese Angelegenheit sagen kann."[24] Es folgten weitere Vorsprachen und Schreiben. Am 10. März 1975 hieß es nur kurz: „Die Frage einer Hilfe in besonders begrenzten Ausnahmefällen für notleidende Opfer nationalsozialistischer Verfolgungsmaßnahmen wird gegenwärtig auf politischer Ebene erörtert. Beschlüsse sind bisher nicht gefaßt worden."[25]

In diesen Jahren intervenierte das CIC mit wechselndem Erfolg auch in individuellen Fällen, die besondere Härten aufwiesen. Offenbar glaubte der zuständige Ministerialrat im Finanzministerium, durch Entgegenkommen in sozial krass liegenden Fällen das hartnäckige „Nein" im Grundsätzlichen etwas verschönern zu können. Auch die nach dem Bundesrückerstattungsgesetz angemeldeten Ansprüche stießen nur zu oft auf Ablehnung. So haben die wenigen Überlebenden der Judendeportationen aus Saloniki im Jahr 1943 rechtzeitig ihre Ansprüche wegen der bei ihrer Einlieferung nach Auschwitz abgenommenen Habe geltend gemacht. Seitdem warteten sie 15 Jahre lang vergeblich auf ihre Entschädigung. Die zuständigen deutschen Stellen verweigerten dem Pauschal-Nachweis des Comité International des Camps, daß alle den Juden abgenommenen Gegenstände zur weiteren Verwertung ins „Altreich" gebracht worden waren, ihre Anerkennung. Das CIC konnte nur nochmals wiederholen, daß „in kritischen Fällen der Geist der deutschen Wiedergutmachungsgesetzgebung berücksichtigt und großzügig entschieden werden soll."[26]

Die Entschädigungsprobleme der Staatsbürger derjenigen Länder, mit denen die Bundesrepublik in diesen Jahren diplomatische Beziehungen aufgenommen hatte,

---

[22] CIC an das Bundesfinanzministerium am 20. 8. 1969.
[23] Vgl. Bundesfinanzministerium an das CIC am 29. 9. 1969.
[24] Bundesfinanzministerium an das CIC am 2. 7. 1974.
[25] Bundesfinanzministerium an das CIC am 10. 3. 1975.
[26] Bulletin des CIC vom 4. 3. 1947.

entwickelten sich gleichfalls ungünstig. Während das CIC den Standpunkt vertrat, daß nur die Überlebenden der KZs selbst anspruchsberechtigt seien, wählte Bonn einen anderen, für die Regierung sicherlich günstigeren Weg: Man verhandelte mit der Regierung des Staates, in dem die ehemaligen Häftlinge lebten. Der erste Vergleich dieser Art wurde mit Jugoslawien abgeschlossen. Belgrad erhielt eine günstige Anleihe und verzichtete dafür im Namen seiner Staatsbürger auf Ansprüche nach der deutschen Entschädigungsgesetzgebung. Nachdem das geglückt war, verhandelte Bonn im ähnlichem Sinne mit Polen. Man einigte sich stillschweigend mit der Warschauer Regierung, daß polnischen Staatsbürgern keine Möglichkeit eingeräumt würde, ihre individuellen Forderungen in Bonn geltend zu machen. Dafür bekam Polen einen Kredit zu günstigen Bedingungen. Die ehemaligen KZ-Häftlinge erhielten von der polnischen Regierung die gleichen Rechte wie Kriegsinvalide. Damit sollte ihre Empörung gegen diese Regelung gemildert werden.

So unbefriedigend diese Vereinbarungen für die KZ-Opfer waren, am schlimmsten war das Los derjenigen, welche ihre Heimat in den sechziger Jahren hatten verlassen müssen, insbesondere Juden aus Polen sowie Tschechen und Slowaken nach 1968. „Für diesen Personenkreis verhandelt keine Regierung. Hier steht der moralische Anspruch allein ... Das Gewicht eines solchen Anspruchs sollte dennoch schwer genug wiegen, um ein weiteres Vertagen dieses seit bald einem Jahrzehnt offenen Problems zu verbieten."[27] Das verlautbarte das CIC, ohne daß irgendeine positive Reaktion der zuständigen Stellen erfolgt wäre.

Diese Verhandlungen waren nicht nur für mich zermürbend. Viel schlimmer waren sie für diejenigen, die immer wieder hofften und regelmäßig neuerlich enttäuscht wurden. Derselbe Vorgang wiederholte sich bei den Verhandlungen mit den verschiedenen Privatfirmen, die seinerzeit Sklavenarbeit der KZ-Häftlinge in Anspruch genommen hatten. Einklagbar waren solche Entschädigungsansprüche nicht. Die Firmen wußten recht gut, daß ein Hinweis auf das Londoner Schuldenabkommen genügte, um den Klageweg ungangbar zu gestalten. Und sie machten davon immer wieder Gebrauch. Unsere Appelle an die Öffentlichkeit, die Unmoral eines so kaltschnäuzig stets wiederholten „Nein" bloßzustellen, blieben praktisch wirkungslos. Obwohl die weit überwiegende Mehrzahl der Anmeldungen aus Polen und der Tschechoslowakei kam – diese ehemaligen KZ-Häftlinge hatten bis dahin noch von keiner Seite irgendeine Entschädigung erhalten und nicht wenige lebten in Not –, kämpften wir ohne sichtbaren Erfolg gegen die allgemeine Ansicht an, die ehemaligen KZler seien ohnedies reichlich entschädigt worden. Die zahlreichen Zuschriften aus den erwähnten Ländern belegen, daß das CIC trotz der feindlichen Haltung der neuen Leitung des Internationalen Auschwitz-Komitees und der mit diesem zusammenarbeitenden nationalen Organisationen der Überlebenden der KZs in Staaten des Ostblocks von vielen als eine Stelle betrachtet wurde, die sich auch für ihre Interesesn einsetzte. Umso schmerzhafter war es, nicht helfen zu können.

Die „Rheinmetall Berlin AG" (früher Rheinmetall Borsig AG) sagte völlig ungeniert, warum sie zwar ehemaligen Häftlingen, welche der jüdischen Religionsgemeinschaft angehören, eine Entschädigung gezahlt hatten, sich aber strikt weigerte, auch

---

[27] Entschließung der vom CIC einberufenen internationalen Konferenz in Wien vom 22. bis 25. 4. 1977.

andere zu entschädigen, die unter den gleichen Bedingungen als KZ-Häftlinge Zwangsarbeit für sie hatten leisten müssen. Sie habe niemanden individuell entschädigt – und einen Entschädigungsanspruch auch nicht anerkannt. Sie antwortete dem CIC wörtlich, „daß die Ihnen bekannte Zahlung an die Jewish Claims Conference allein in Hinblick auf einen uns in Aussicht gestellten Auftrag erfolgt ist ... Den Firmenleistungen stand demnach eine Gegenleistung gegenüber."[28]

Andere Firmen wählten den Weg, einfach zu leugnen, seinerzeit KZ-Häftlinge beschäftigt zu haben. So unterzeichneten die Herren Osswald und Reuter für die Direktion der Daimler Benz AG am 18. Februar 1969 ein Schreiben an den Anwalt des CIC, in dem es knapp hieß: „Da wir in unserer Firma keine Häftlinge aus Konzentrationslagern beschäftigt haben, stehen ihrer Mandantschaft auch keine Ansprüche gegen uns zu."[29] Wir erbrachten den Nachweis, daß eine Reihe von Häftlingen – konkret lagen Dokumente von Polinnen vor – für diese Firma hatten arbeiten müssen. Zum Beispiel war am 13. Oktober 1944 ein Vertreter der Firma aus Genshagen in das Frauen-Konzentrationslager Ravensbrück gekommen, um Arbeiterinnen auszuwählen. Die Daimler Benz AG flüchtete aus ihrer Verantwortung, indem sie nun schrieb, es hätte sich nicht um ihr Werk, sondern um die Daimler Benz Motorenbau GmbH gehandelt, eine Tochtergesellschaft der Firma. Es schien hoffnungslos, jemals zu einer positiven Lösung zu kommen. Nach einer langen Pause unternahm der Anwalt des CIC nochmals einen Versuch. Daraufhin verlegte sich die Daimler Benz AG nun auf eine andere Argumentation und schrieb im Januar 1987: Man habe „veranlaßt, daß die Beschäftigung von Zwangsarbeitern während des Krieges untersucht wird. Diese Arbeiten werden noch geraume Zeit in Anspruch nehmen ... Zu der Frage einer Entschädigung können wir uns derzeit noch nicht äußern. Wir meinen allerdings heute schon sagen zu können, daß aus verschiedenen Gründen individuelle Entschädigungen nicht in Betracht kommen. Zur Frage einer möglichen Pauschalleistung können wir zur Zeit auf der Basis der vorhandenen Erkenntnisse ebenfalls noch keine Aussage machen."[30] Am 5. Mai erwiderte ich für das CIC: „Wir sehen uns gezwungen, darauf hinzuweisen, daß diejenigen, die als KZ-Häftlinge seinerzeit Zwangsarbeit bei Daimler Benz leisten mußten, inzwischen alt sind. Müssen wir hinzufügen, daß nicht wenige einen labilen Gesundheitszustand haben? Und begründen, welche Ursachen dieser hat? Wenn diese Causa nicht so enden soll, daß Ihre „ausführliche Untersuchung" dann abgeschlossen ist, wenn kein Fordernder mehr am Leben ist, dann legen wir Ihnen nahe, eine solche Untersuchung radikal abzukürzen und sich schnell zu entscheiden."[31]

Die Bayerischen Motorenwerke benutzten eine ähnliche Argumentation. Anfangs

[28] Rheinmetall Berlin AG an das CIC am 14. 2. 1969.
[29] Dr. Osswald und Dr. Reuter, Daimler Benz AG, an das CIC am 18. 2. 1969.
[30] Daimler Benz AG an das CIC am 15. 1. 1987.
[31] Langbein an die Daimler Benz AG am 5. 5. 1987. – Im Juni 1988 gab die Daimler-Benz AG bekannt, daß sie mit etwa 20 Millionen DM Einrichtungen fördern wolle, die den Opfern des NS, insbesondere ausländischen Fremdarbeitern, KZ-Häftlingen und Kriegsgefangenen zugute kommen sollten, die zwangsweise während des Zweiten Weltkrieges in den Werken des Unternehmens arbeiten mußten. 10 Millionen DM sollte dabei die Claims Conference erhalten, weitere 5 Millionen DM das Deutsche Rote Kreuz und seine Schwesterorganisationen in Belgien, Frankreich und den Niederlanden; vgl. Süddeutsche Zeitung, 14.6.1988, „Zwangsarbeiter erhalten ein Denkmal".

leugneten sie, jemals Häftlinge beschäftigt zu haben, fügten allerdings gleich hinzu: „Außerdem sind etwaige Entschädigungsansprüche verjährt."[32] Als wir ihnen nachwiesen, daß im BMW-Werk in Allach Häftlinge aus Dachau Zwangsarbeit zu leisten hatten, erwiderten sie, „das Werk München-Allach gehörte der ehemaligen BMW Triebwerkebau GmbH"[33].

Wieder anders argumentierte die Friedrich Krupp GmbH, die ihren Standpunkt verteidigte, nur jüdische Häftlinge zu entschädigen. Sie schrieb am 24. März 1986: „Herr Alfried Krupp von Bohlen und Halbach hat sich ohne Rechtspflicht allein auf freiwilliger Basis dazu entschlossen, gerade diesem Personenkreis eine finanzielle Hilfe zu gewähren, da es wohl unbestreitbar ist, daß gerade die jüdischen KZ-Häftlinge während der NS-Zeit ganz besonderen Leiden ausgesetzt waren."[34] Daraufhin antwortete für das Comité International des Camps Rechtsanwalt Georg Bürger im Juli: „Aus dieser Formulierung ist wohl der Umkehrschluß zu ziehen, daß Nichtjuden in Ihrer Firma durch die Meister weniger hart behandelt wurden, mithin also Ihre Meister sich besonders antisemitisch betätigt haben."[35] Es ist bekannt, daß die SS bei den Firmen, die sich von der Leitung eines KZs Häftlinge „ausborgten", nur die äußere Überwachung vorzunehmen hatte. Für die Arbeitseinteilung, und damit auch für jede dabei stattfindende Antreiberei, waren die deutschen Meister verantwortlich.

Wenn hier die Schilderung der Bemühungen um eine Entschädigung ehemaliger KZ-Häftlinge abbricht, so hat der Redaktionsschluß dieses Sammelbandes das Datum bestimmt. Es ist möglich, daß noch weitere Briefe in dieser Sache geschrieben werden. Daß keine Illusionen gestattet sind, ist schon seit langen Jahren offenbar. Mag da oder dort noch durch hektisch geführte Kampagnen für die eine oder andere kleine Gruppe etwas durchgesetzt werden, so ändert das nichts an der Tatsache, daß es die Öffentlichkeit schon lange müde ist, sich mit der Entschädigungsproblematik zu befassen. Gehässige Äußerungen dazu kursieren wirkungsvoller als ein Aufzeigen der Situation derer, die von einer Entschädigung noch nie etwas gespürt haben. Erreicht eine kleine Gruppe jetzt doch noch etwas, so macht das denen, die davon ausgeschlossen bleiben, ihre Lage nur noch spürbarer. Für eine Organisation, die sich für die Rechte der Opfer des deutschen Nationalsozialismus einsetzt, war es eine selbstverständliche Pflicht, diejenigen zu mahnen, die eigentlich ohne Mahnung das Wenige wieder gut machen sollten, was noch gutzumachen ist. Das Ergebnis solcher Aufforderungen ist hier summarisch festgehalten. Es gehört zur Zeitgeschichte der Jahre nach 1945.

---

[32] Bayerische Motorenwerke AG an Georg Bürger am 6. 2. 1969.
[33] Bayerische Motorenwerke an Georg Bürger am 31. 7. 1969.
[34] Friedrich Krupp GmbH an das CIC am 24. 3. 1986.
[35] Georg Bürger, CIC, an die Friedrich Krupp GmbH, am 3. 7. 1986.

Ernst G. Lowenthal

Die Entschädigung der jüdischen Gemeindebediensteten

Auf der unscheinbaren Eingangstür des verwohnten, kriegsbeschädigten Hauses Sternstraße 63 inmitten der Bonner Altstadt prangte seit dem Frühjahr 1953 ein Hinweisschild mit der Aufschrift „Beratungsausschuß der Claims-Conference"[1]. Im Klartext bedeutete das „Pensions Advisory Board of the Conference on Jewish Material Claims against Germany".

Der Normalbürger der jungen Bundeshauptstadt, seit 1949 an manche solcher neuen fremden Bezeichnungen gewöhnt, ging achtlos vorüber. Aber für die Existenz von vielen hundert, ja sogar, wie sich später herausstellte, tausend von aus Deutschland mittellos vertriebenen Bediensteten der vom Nazi-Regime zerschlagenen jüdischen Gemeinden, Organisationen und Institutionen sollten die beiden kleinen, unzureichend und altmodisch möblierten Räume im obersten Stockwerk jenes Hauses zu einer wichtigen Adresse werden. Denn da wurde in den Jahren 1953/57 (und hernach noch eine Zeitlang fortgesetzt in Frankfurt am Main) die Zuerkennung einer von der Bundesregierung zu zahlenden Entschädigung an diese aus Heimat und Beruf abrupt verdrängten Menschen vorbereitet.

Der Beratungsausschuß sollte seinen Sitz sowohl in der Nähe des Büros des aufsichtführenden Deutschlandrepräsentanten der Claims Conference in Bad Godesberg haben als auch in Reichweite zum Bundesinnenministerium. Ferner sollte er sich nicht allzu weit entfernt von der eigens zu diesem Zweck eingerichteten „Bundesstelle für Entschädigung jüdischer Gemeindebediensteter" in Köln befinden. Der Beratungsausschuß war nur als eine temporäre Einrichtung gedacht. Das jedoch erwies sich

---

[1] „Beratungsausschuß" war, in diesem Fall, die vereinfacht abgekürzte Übersetzung von „Pensions Advisory Board". – „Conference", nicht identisch mit dem deutschen Wort Konferenz, bedeutet, namentlich in der amerikanischen Welt, soviel wie ausgedehnter Zusammenschluß von ähnlich eingestellten Persönlichkeiten oder ähnlich ausgerichteten Vereinigungen. – Die Mitgliedsorganisationen der „Claims Conference" waren: Agudath Israel World Organization; Alliance Israélite Universelle (Paris); American Jewish Committee; American Jewish Congress; American Jewish Joint Distribution Committee; American Zionist Federation; Anglo-Jewish Association; B'nai B'rith; Board of Deputies of British Jews; British Section (World Jewish Congress); Canadian Jewish Congress; Central British Fund for Jewish Relief and Rehabilitation; Conseil Représentatif des Institutions Juives de France; Council of Jews from Germany; Delegacion de Asociaciones Israelitas Argentinas; Executive Council of Australian Jewry; Jewish Agency for Israel; Jewish Labor Comittee (USA); South African Jewish Board of Deputies; Synagogue Council of America; World Jewish Congress; World Union for Progressive Judaism und der Zentralrat der Juden in Deutschland.

insofern als ein nachhaltiger Irrtum, als die Zahl der potentiell Berechtigten zunächst mit rund 800 angenommen wurde; sie war jedoch von Anfang an falsch geschätzt worden.

Vorgeschichte

Gemäß Ziffer I,9 des Protokolls Nr. 1 vom 10. September 1952, aufgesetzt von Vertretern der Regierung der Bundesrepublik und der Claims Conference war u. a. vereinbart worden: „Die Bundesregierung wird den Geschädigten, die Beamte oder Angestellte jüdischer Gemeinden oder öffentlicher Einrichtungen im Gebiet des Deutschen Reiches vom 31. Dezember 1937 waren, eine Entschädigung gewähren. Soweit diesen Personen nach geltendem oder künftigem Entschädigungsrecht ein Wiedergutmachungsanspruch gegen die öffentliche Hand zusteht, werden sie eine Überbrückungshilfe bis zum Beginn der Entschädigungsleistungen erhalten. Soweit ihnen Ansprüche solcher Art nicht zustehen, wird ihre Versorgung unter Zugrundelegung ihrer früheren Dienstbezüge durch monatliche Renten gesichert". Diesen Sachverhalt erläuterte H. G. van Dam in seiner Einführung zu den „Haager Vertragswerken"[2]: Diese meist betagten Kultusbeamten, Verwaltungsbeamten und ihre Witwen, hätten bisher keinerlei Entschädigung erhalten. Sie befänden sich in einem unhaltbaren Zustand der Diskriminierung gegenüber den Staatsbeamten. Nach der Rechtsprechung des früheren Reichsgerichts seien jedenfalls die Beamten der ehemaligen jüdischen Gemeinden Beamte im Sinn des Artikel 129 der Weimarer Verfassung, demnach Angehörige des öffentlichen Dienstes. Auf sie sollten daher auch die Bestimmungen des Bundesgesetzes über die Wiedergutmachung der Beamten und Angestellten des öffentlichen Dienstes vom 12. Mai 1951 (BWGöD) Anwendung finden. Die Bundesregierung hätte sich bislang auf den Standpunkt gestellt, daß das Gesetz nicht auf kirchliche Beamte, unabhängig welcher Religionsgemeinschaft, angewandt werden könnte. Hierbei wurde nicht berücksichtigt, daß der Rechtsvorgänger der Bundesrepublik, das Deutsche Reich, eine Zerschlagung der jüdischen Gemeinden herbeigeführt hatte, so daß jeder Vergleich mit den christlichen Kirchen vollkommen tatsachenfremd war. Die jüdischen Gemeinden selbst hätten noch keine Entschädigung aufgrund eines Entschädigungsgesetzes erhalten. Ein Kirchensteueraufkommen im nennenswertem Umfang stehe ihnen angesichts der zusammengeschmolzenen Zahl ihrer Mitglieder nicht zur Verfügung. Hieraus ergäbe sich ein klarer Wiedergutmachungstatbestand und eine Pflicht des Staates, den Beamten und Angestellten durch Entschädigung ihr Recht auf Ruhegehalt wiederherzustellen.

Durch das vorgenannte Protokoll Nr. 1 wird nunmehr die Entschädigungspflicht des Bundes bejaht, ohne daß die juristische Struktur im einzelnen angegeben wird. Insoweit wird auf das geltende oder künftige Entschädigungsrecht verwiesen. Bis zum Beginn der Entschädigungsleistungen soll eine Überbrückungshilfe gewährt werden.

Schon nach kurzer Zeit, es war Anfang Februar 1953, trafen sich in Bonn Vertreter

---

[2] „Die Haager Vertragswerke". Deutsch-englische Textausgabe, Verlag Allgemeine Wochenzeitung der Juden in Deutschland, Düsseldorf-Benrath 1952, S. 61.

der Claims Conference mit Repräsentanten der Bundesregierung, um Richtlinien für die Entschädigung der Bediensteten jüdischer Gemeinden und die Prozedur der Durchführung der Entschädigung festzulegen. Am 9. April 1953 wurden die „Richtlinien" bekannt gegeben, sie stellten eine Verwaltungsanordnung für die vorläufige Regelung dar, um die Berechtigten und deren Hinterbliebenen rasch und schon vor einer gesetzlichen Fixierung in den Genuß einer Versorgungszahlung zu bringen. Eigens zu diesem Zweck wurde in Köln die vorgenannte „Bundesstelle" als eine dem Bundesinnenministerium nachgeordnete Behörde geschaffen. Sie sollte zunächst die Anträge sammeln und registrieren und später – d. h. erst nach Anhörung, d. h. Ergänzung, Empfehlung oder Nichtempfehlung durch den Beratungsausschuß – entscheiden.

Rechtsgrundlagen

In einem detaillierten Vordruck, der als Antragsformular galt, wurde, abgesehen von den Personalien des vermutlich Berechtigten, gegebenenfalls seiner Witwe und seiner Kinder, nach folgenden Einzelheiten gefragt: Letzter Wohnsitz des Verfolgten im heutigen Bundesgebiet einschließlich West-Berlins oder in anderen Teilen des früheren Deutschen Reiches (nach dem Stand vom 31. Dezember 1937): Bezeichnung des Berufs zur Zeit der Verfolgung; Rechtsnatur der Dienststelle; Dauer der Beschäftigungszeit; letztes Gehalt bzw. Ruhegehalt; Art des Vertragsverhältnisses. Wichtig war eine kurze Darstellung der Berufslaufbahn, und schließlich sollten Beweismittel für Gehalt bzw. Ruhegehalt beigebracht werden.

In den „Richtlinien" vom 9. April 1953 wurde im einzelnen festgestellt, was unter jüdischen Gemeinden und öffentlichen jüdischen Einrichtungen verstanden wurde, z. B. Schulen, soziale Institutionen usw., und wer als anspruchsberechtigt zu gelten habe. Als Beamter einer jüdischen Gemeinde galten diejenigen besoldeten jüdischen Angestellten jüdischer Gemeinden oder öffentlicher jüdischer Einrichtungen, denen aufgrund ihrer Anstellungsverträge Ansprüche auf Versorgungsbezüge zustanden oder die ohne die Verfolgung derartige Ansprüche erlangt haben würden. Und es wurde weiterhin festgestellt, daß diese „Richtlinien" außer auf Beamte auch auf solche jüdischen Angestellten und Arbeiter Anwendung finden sollten, die einen vertraglichen Anspruch auf Versorgung oder Ruhelohn hatten oder ohne die Verfolgung erlangt haben würden.

Für die Versorgungsbezüge, die rückwirkend ab 1. Oktober 1952 zu zahlen wären, wurden die letzten ruhegehaltsfähigen Bruttobezüge (unter Ausschluß von Nebeneinnahmen) zugrundegelegt. 80 Prozent dieser Bezüge sollten als Entschädigung gelten, im Höchstfall 1000 Mark, mindestens aber 250 Mark monatlich bezahlt werden. Die Höchst- und Mindestbezüge wurden später wiederholt angehoben. Die Witwengelder waren auf 48 Prozent festgesetzt, Gelder für Halbwaisen auf 12 und für Vollwaisen auf 20 Prozent der Bruttobezüge. Schließlich wurde stipuliert, daß etwaige Wiedergutmachungsansprüche aufgrund der geltenden oder künftigen Wiedergutmachungsgesetzgebung unberührt bleiben; jedoch sollten Zahlungen im Rahmen der „Richtlinien" als Abschlagszahlungen auf solche Ansprüche gelten.

Anträge auf Entschädigung für die in der Zeit vom Ausscheiden aus dem jüdischen Gemeindedienst bis zum 30. September 1952 entgangenen Dienst- oder Versorgungs-

bezüge waren – aufgrund des BEG (Bundesentschädigungsgesetz) – an die Landesentschädigungsämter zu richten.

Am 6. Juli 1956 wurden die Anspüche der ehemaligen Bediensteten jüdischer
Gemeinden in einer Durchführungsverordnung zum Paragraphen 31d des Gesetzes
zur Regelung der Wiedergutmachung für Angehörige des öffentlichen Dienstes
(BWGöD) (in der Fassung vom 23. Dezember 1955) verankert. Die Neufestsetzung
der Versorgungsbezüge, so hieß es in einer gedruckten Information der Bundesstelle
vom 20. Juli 1956, erfolgte „automatisch von Amts wegen". Gleichzeitig wurde darauf
aufmerksam gemacht, daß Aufrückungsmöglichkeiten oder Gehaltserhöhungen, wie
sie sich bei längerem Verbleiben im jüdischen Gemeindedienst ergeben hätten, nicht
berücksichtigt werden könnten. Die bis dahin noch aufgrund der „Richtlinien"
von 1953 bewilligten schätzungsweise 2100 Anträge, wurden nochmals überprüft
und neu festgesetzt. Zu diesem Zeitpunkt lagen noch mindestens 2000 neue Anträge
vor.

Durch das 6. Änderungsgesetz zum BWGöD vom 18. August 1961 wurde die Wiedergutmachung ausgedehnt auf Bedienstete jüdischer Gemeinden, die in Danzig oder
im Saargebiet oder zur Zeit der Angliederung in den dem Deutschen Reich nach dem
31. Dezember 1937 angegliederten Gebieten einschließlich des ehemaligen Protekto-
rats Böhmen und Mähren bedienstet waren.

Am 2. April 1962 wurden durch eine Neufassung der Durchführungsverordnung
zu § 31 BWGöD neue Bestimmungen zugunsten der früheren jüdischen Gemeindebediensteten erlassen. Darin wurde die Pflicht des Staates zur Wiedergutmachung des
Schadens, der den jüdischen Gemeindebediensteten durch nationalsozialistische Verfolgungsmaßnahmen zugefügt worden war, gesetzlich statuiert und gleichzeitig dem
Bundesinnenministerium die Ermächtigung erteilt, zur Durchführung dieser Wiedergutmachung eine Verordnung zu erlassen. Diese Verordnung ersetzte die bis dahin
geltende vom 6. Juli 1956. Der Verfolgungskreis wurde wesentlich erweitert, in erster
Linie durch Wegfall des heftig umkämpften § 3 der bisherigen Regelung. Dieser sah
vor, daß solche Personen, die aus ihrem früheren Beruf verdrängt, erst nach dem
30. Januar 1933 in den Dienst einer jüdischen Gemeinde oder öffentlichen Einrichtung eintraten, von Versorgungszahlungen ausgeschlossen waren. Nicht minder strittig und oft erörtert war der Begriff „öffentliche jüdische Einrichtung". Diese Frage
wurde nunmehr dadurch geregelt, daß eine aus 173 sonstigen jüdischen Einrichtungen bestehende Liste aufgestellt wurde, in die auch solche Institutionen aufgenommen wurden, die bis dahin nicht anerkannt worden waren. Die Annahme weiterer
Einrichtungen, wie z.B. Institutionen des jüdischen Frauenbundes, war ausdrücklich
vorgesehen.

Der Kreis der Antragsteller

Wer waren die zwischen 1933 und 1940 (mit Höhepunkt im Jahre 1939!) in die
Emigration getriebenen Verfolgten, die der Entschädigung bedurften? Bei erster
Überlegung hätte man glauben können, sie seien vorwiegend Kultusbeamte, also
Rabbiner, Religions- und andere jüdische Lehrer, Kantoren, auch Schächter. Doch
angesichts der Tatsache, daß bis Anfang 1933, d.h. bis zu Hitlers Machtübernahme
im Deutschen Reich ungefähr 1500 jüdische Gemeinden mit insgesamt etwa

565 000 Mitgliedern[3] existierten und daß diese, vor allem in den Großstädten, jeweils über ein Netz von sozialen und kulturellen Organisationen und Einrichtungen verfügten, wurde bald klar und in den Anträgen sichtbar, daß der Begriff „jüdischer Gemeindebediensteter" weit zu ziehen war, jedenfalls viel weiter als ursprünglich angenommen.

Von jenen 565 000 jüdischen Gemeindemitgliedern lebten vor 1933 allein in Berlin 172 000. Dann folgten in der Statistik sechs große Städte, nämlich Frankfurt a. M., Breslau, Hamburg, Köln, Leipzig und München mit insgesamt 111 000 jüdischen Einwohnern. Die Hälfte der Juden im Deutschen Reich lebte demgemäß in diesen insgesamt sieben Städten. Dem entsprachen die Zahl und die Struktur der Gemeindebediensteten ungefähr, auch dann, wenn man in Betracht zieht, daß von der mehr als einer halben Million Juden im Deutschen Reich sich höchstens etwa drei Fünftel, also rund 300 000 durch Flucht oder Auswanderung in die Länder der westlichen Welt hatten retten können.

Zur Illustrierung sei hier Köln als Beispiel angeführt: Diese Großgemeinde zählte vor 1933 nahezu 19 000 Seelen. Die Zahl der Anträge jüdischer Gemeindebediensteter aus dieser Stadt lag bei etwa 200. Neben den reinen Kultusbeamten meldeten sich seit dem Frühjahr des Jahres 1953 vor allem Lehrer an jüdischen Schulen, soweit diese, was selten vorkam, nicht städtische Körperschaften waren. Deren Lehrkräfte fielen wiedergutmachungsrechtlich direkt unter das BWGöD. Dazu kamen vor allem im Sozialdienst stehende Personen, wozu gehörten: das Personal des jüdischen Krankenhauses, vom Chefarzt bis zur langjährigen Krankenschwester, ferner die Mitarbeiter des Wohlfahrtsbereichs der Synagogengemeinde (Fürsorgerinnen und Kindergärtnerinnen, Wirtschafts- und Heimleiterinnen), und schließlich die der Gemeindeverwaltung direkt unterstellten Personen, wozu die Personal-, die Steuer- und die Friedhofsbeamten und -angestellten zählten. Gerade letztere Gruppe zählte auch in Köln nicht wenige Mitarbeiter, denn nach jüdischem Religionsgesetz müssen Friedhöfe auf Dauer erhalten bleiben (allein im Bereich der Bundesrepublik zählt man fast 1600), so daß auch für geschlossene Begräbnisstätten gesorgt werden mußte.

Demgegenüber gab es in einer kleineren Gemeinde wie z. B. Marienburg/Ostpreußen nur einen einzigen Kultusbeamten, der Prediger, Kantor und Lehrer in einer Person war, sozusagen ein „Mädchen für alles". Diese kleineren, zusammen mit den zahllosen ländlichen Kleinstgemeinden, stellten den Großteil der insgesamt 1500 jüdischen Gemeinden im vormaligen Deutschen Reich, eine sozialhistorisch erklärbare Erscheinung, die dazu führte, daß es entsprechend zahlreiche Gemeindebedienstete gab.

Die „Bundesstelle"

Die im Eiltempo geschaffene „Bundesstelle" war anfangs mit schätzungsweise zehn Mitarbeitern besetzt. Sie residierte zwischen 1953 und 1962 nacheinander an vier ver-

---

[3] Unentbehrlich für die Arbeit des Beratungsausschuses und die vorliegende Darstellung war der (heute vergriffene) „Führer durch die jüdische Gemeindeverwaltung und Wohlfahrtspflege in Deutschland 1932/33", herausgegeben von der Zentralwohlfahrtsstelle der deutschen Juden, Berlin o. J.

schiedenen Stellen der Stadt Köln. Von ihrem ziemlich ausgedehnten Notquartier nahe dem Druckhaus Köln-Deutz wurde sie 1956 für kurze Zeit nach Ludwigstraße 2 in der Kölner Innenstadt verlegt und von dort später auf den Kaiser-Wilhelm-Ring. Ihren endgültigen Sitz fand sie als Abteilung in dem inzwischen in Köln geschaffenen Bundesverwaltungsamt, einer dem Bundesinnenministerium direkt nachgeordneten Behörde, im Hochhaus am Habsburgerring.

Die „Bundesstelle" hatte die Aufgabe, jeden einzelnen Fall definitiv zu entscheiden, d.h. bei positivem Ergebnis die Entschädigung im Rahmen der geltenden Bestimmungen festzustellen und dies dem Antragsteller mitzuteilen. Dabei war sie berechtigt, notfalls, abgesehen von der Vorprüfung durch den Beratungsausschuß, andere zuständige bundesdeutsche Behörden wie z.B. Entschädigungsämter, die Anträge nach dem Bundesentschädigungsgesetz (BEG) bearbeiteten, oder die Bundesversicherungsanstalt für Angestellte (BfA) zu konsultieren, um zusätzliche Einzelheiten über die Berufsumstände des Antragstellers zu erfahren, aber auch, um Zahlungen aus anderen Quellen festzustellen; denn hin und wieder kam es vor, daß ein Antragsteller Leistungen nach dem BEG beantragt hatte oder gar bezog oder, sofern er sozialversicherungsberechtigt war, Zahlungen bei der BfA beantragt hatte. – Die monatlichen Zahlungen der „Bundesstelle" wurden und werden den jeweiligen Teuerungszuschlägen für Beamte angepaßt.[4]

Für alle Mitarbeiter der „Bundesstelle" waren die Sachzusammenhänge, wie sie sich aus der Tätigkeit jüdischer Gemeindebediensteter ergaben, zunächst ein Buch mit sieben Siegeln. Nach und nach verfügte sie jedoch über einen Stamm qualifizierter Inspektoren und sonst mit den komplizierten der Beamtenversorgung vertrauten Fachkräften. Schwerer war es, einen für diesen besonderen Klientenkreis geeigneten und politisch einwandfreien Leiter zu finden[5]. – In späteren Jahren firmierte die „Bundesstelle" als „Bundesstelle für Verwaltungsangelegenheiten – Entschädigung der Bediensteten jüdischer Gemeinden".

Der Beratungsausschuß (BA)

Die Aufgabe des am 1. März 1953 mit seiner Tätigkeit beginnenden Beratungsausschusses bestand darin, in jedem einzelnen Fall die Sachzusammenhänge, deren Kenntnis bei der „Bundesstelle" nicht ohne weiteres vorausgesetzt werden konnte, zu ermitteln, z.B. den über die ganze Welt verstreuten Antragstellern bei der Beschaf-

---

[4] Einen langen, aber aussichtslosen Kampf gegen die Entschädigungsobergrenze führte in Denkschriften an die „Bundesstelle" und in Rücksprachen beim BA Dr. Ismar Freund (1876–1956), Historiker und Jurist, der bis 1932 Syndikus der Jüdischen Gemeinde zu Berlin war und als der höchstbesoldete jüdische Beamte in Deutschland galt. Er war überdies Fachmann für Fragen der Ruhegehaltsversorgung jüdischer Gemeindebediensteter und deren Hinterbliebenen.

[5] Der erste, 1953/54, war ein Landrat (z. Wv.) namens Möhring, sein unmittelbarer Nachfolger der aus dem gehobenen mittleren Dienst (Grenzkontrolldienst) hervorgegangene Ministerialrat Fritz Schuchardt. Als dieser vorzeitig in den Ruhestand trat, übernahm den Posten Oberregierungsrat Jürgen von Damm, der jedoch in ein Amt im Rahmen der damals entstehenden Bundeswehr hinüberwechselte. Schließlich wurde Oberregierungsrat Günther Wille zum Leiter der „Bundesstelle" bestimmt, der in dieser Position zum Regierungsdirektor bzw. Leitenden Regierungsdirektor aufrückte. Seit Anfang 1969 stand für lange Zeit Regierungsdirektor Susmann an der Spitze der „Bundesstelle".

fung ihrer Beweisunterlagen zur Seite zu stehen. Nur in seltenen Fällen erwies sich eine solche Mithilfe als überflüssig, weil der Antrag vollständig und daher empfehlungs- und abgabereif war. Aber in der Mehrzahl der Fälle war sie aus mannigfachen Gründen vonnöten.

Die ersten Wochen und Monate waren allein damit ausgefüllt, die Namen und Adressen der potentiellen Antragsteller zu finden. Dies geschah, sofern sich die Entschädigungsmöglichkeit nicht schon in der Zwischenzeit herumgesprochen hatte, durch geeignete Veröffentlichungen in den jüdischen Presseorganen des In- und Auslandes und mit Hilfe von ad hoc gebildeten losen Zusammenschlüssen von vermutlich Berechtigten in den Hauptzentren jüdischer Einwanderung in der ganzen Welt. So entstanden z.B. in den USA und Israel, und zwar unter fachkundiger Leitung meist juristisch geschulter ehemaliger Gemeindemitarbeiter aus Deutschland, kleine Ausschüsse. In den USA war es die „Association of Former Officials of Jewish Congregations and other Jewish Agencies" (New York) und in Israel der „Verband ehemaliger deutscher Beamter und Angestellter jüdischer Gemeinden" (Tel Aviv). In Großbritannien war vorübergehend eine ähnliche Interessengemeinschaft entstanden.

Während der Monate März bis Juni 1953 wurden die ersten, schätzungsweise 1000 Personen beim Beratungsausschußes bekannt. Diese erhielten vom BA vier Antragsformulare, von denen drei ausgefüllt an die „Bundesstelle" in Köln zurückzuschicken waren.

Der BA als Gremium bestand aus einigen jüdischen Volljuristen, die sämtlich ehrenamtlich mitarbeiteten[6]. Von ihnen residierte, abgesehen von einem nach Deutschland zurückgekehrten Richter, je einer in den USA, Israel und England und repräsentierte dort die „Claims Conference" als Gesamtheit oder die ihr angeschlossenen Flüchtlingsvertretungen in jenen Ländern.

Als Geschäftsführer des BA fungierte von 1953 bis 1957 in Bonn und von 1957 bis 1962 in Frankfurt a.M. Ernst G. Lowenthal[7]. Ihm oblag einerseits die gesamte Vor-

---

[6] Es waren dies: Der New Yorker Anwalt Benjamin B. Ferencz, der 1952 am Zustandekommen des Abkommens zwischen der „Claims Conference" und der Bundesrepublik Deutschland beteiligt war. Sein ständiger Vertreter in Deutschland war Herbert S. Schoenfeldt (1956 in Bad Godesberg gestorben). Er wurde durch Ernst Katzenstein (Jerusalem/Frankfurt a.M., Direktor bei der Jewish Restitution Succcessor Organization, kurz JRSO genannt) ersetzt. Für die der „Claims Conference" angehörige „Jewish Agency for Israel" gehörte Manfred Rosenthal (Tel Aviv/Frankfurt a.M., gest. 1966) dem BA an, während Frederick Goldschmidt (London, gest. 1968) als Vertreter des „Council of Jews from Germany" in den BA delegiert worden war. Mitglied des BA-Gremiums war von Anfang an Senatspräsident Siegfried Ikenberg (Köln, gest. 1972), und zum Schluß der Tätigkeit des BA gehörte der frühere tschechische Anwalt Robert Hermann (London) dazu, der insbesondere für die Beurteilung der später noch hinzugekommenen Anträge aus dem böhmisch-mährischen Raum zuständig war.

[7] Der in Berlin, in der Emigration in England und im Nachkriegsdeutschland tätige Sozialarbeiter war zum Geschäftsführer des BA insbesondere deshalb vorgeschlagen worden, weil er, auch aufgrund seiner langjährigen jüdisch-journalistischen Arbeit, mit dem jüdischen Organisationswesen im früheren Deutschland und, vor allem, mit dem damit verbundenen Personenkreis als besonders vertraut galt. Er hat, mehr auf eigene Erinnerung als auf in seinem Besitz befindliche Dokumente gestützt, diese Darstellung verfaßt. Seine Übersiedlung von Bonn nach Frankfurt a.M. im Jahre 1957 erfolgte, weil er zusätzlich die Geschäftsführung eines anderen (erst 1957 ins Leben getretenen) „Kindes" der „Claims Conference" übernahm. Es war dies die „Compensation Treuhand G.m.b.H.". Sie hatte die Durchführung des damals geschlossenen IG-Farben-

prüfungskorrespondenz des BA und andererseits die ständige Verbindung mit der „Bundesstelle" in Köln, telefonisch, schriftlich, oder, nicht selten, auch persönlich. In all diesen insgesamt neun Jahren ließ die Zusammenarbeit mit der „Bundesstelle" nichts zu wünschen übrig, sie war fruchtbar.

Der Schriftverkehr der „Bundesstelle" mit den Antragstellern verlief reibungslos und in guter Form. Darauf legten alle Leiter besonderen Wert. Denn inzwischen hatten sie eine Vorstellung davon gewonnen, wer die Verfolgten waren und was sie seit 1933 bzw. 1938 in Deutschland erlebt und in der Emigration, oft ohne richtigen Erwerb, durchgestanden hatten. In diesem Zusammenhang ist ein Brief zu sehen, den Rabbiner Dr. Leo Baeck, von 1933 bis 1943 Präsident der Reichsvertretung der deutschen Juden bzw. der Reichsvereinigung der Juden in Deutschland, am 10. Oktober 1956, kurz vor seinem Tod aus London an den Leiter der „Bundesstelle" in Köln richtete. „Es fügt sich des öfteren" so hieß es da, „daß Briefe, die von Ihnen kommen, durch die Empfänger mir vorgelegt werden. Immer wieder erfahre ich, wie sehr der freundliche, menschliche Ton Ihrer Schreiben, von denen, die sie empfangen, aufs dankbarste empfunden wird. Wie ein wahrer Trost sind sie ihnen".

Worin bestand nun die Vorprüfung, d. h. die Vorbereitung der Anträge zur Vorlage vor den Beratungsausschuß? Bevor sie nämlich dem BA vorgelegt werden konnten, verging in den meisten Fällen eine längere Zeit; denn nur wenige waren, wie schon bemerkt, von vornherein und ohne weiteres vorlagereif. Geprüft wurde insbesondere die Frage der als ruhegehaltsfähig angesehenen Tätigkeit, der Höhe des letztbezogenen Gehalts und einer Ruhegehaltsberechtigung. Da die Antragsteller über die ganze Welt verstreut wohnten, in erster Linie in den USA, Israel und England, aber auch in entlegeneren Ländern, war eine vielseitige und ausgedehnte Korrespondenz notwendig; denn wer hatte schon die entsprechenden Dokumente mit in die Emigration retten können?

Wo der Beratungsausschuß aus eigener Kraft bei der Beschaffung der Beweismittel zu helfen in der Lage war, konnte das Verfahren abgekürzt werden. So erwies es sich als günstig, daß bei Antragstellern aus Berlin dem BA ein seltenes Exemplar des Personaletats der Jüdischen Gemeinde aus den dreißiger Jahren zur Verfügung gestellt worden war[8]. Daraus ergab sich unmittelbar manche Angabe zur Ergänzung des Antrags der Berliner Gemeindebediensteten. Und soweit Anträge von früheren jüdischen Kultusbeamten aus Bayern vorlagen, war es hilfreich, daß der BA schon in einem frühen Stadium in Erfahrung gebracht hatte, daß solche Personen normalerweise bei der Bayerischen Versicherungskammer in München ruhegehaltsversichert waren und daß diese Behörde mit ihren sämtlichen Unterlagen noch in der bayerischen Landeshauptstadt existierte. Demgemäß zog der BA die nötigen Erkundigungen in München ein und nahm damit dem Antragsteller, mochte er in Montreal, Montevideo oder Melbourne wohnen, die Mühe des Korrespondierens rund um den halben Globus ab. In wenigen Fällen konnten schon durch den Briefverkehr des BA mit Verfolgten oder deren Bevollmächtigten per Zufall nützliche Informationen über

Abkommens zugunsten ehemaliger jüdischer KZ-Zwangsarbeiter im Bereich von Auschwitz zur Aufgabe.
[8] Diese Rarität wurde später dem Archiv des Leo-Baeck-Instituts in New York zugeführt, welches Dokumente zur neuzeitlichen Geschichte der Juden in Deutschland sammelt.

Ruhegehaltsregelungen, wie sie beispielsweise früher in Ostpreußen bestanden, einge-
zogen und angewandt werden. Entsprechendes galt für die Ruhegehaltsversorgung
jüdischer Krankenschwestern.

Was sollte man aber tun, wenn ein solches vereinfachendes Verfahren nicht möglich war, um zu den benötigten Beweisdokumenten zu gelangen? Solche Fälle, und
sie waren nicht selten, verlangten viel Kombinationsvermögen, viel Zeit und gegenüber dem Antragsteller, viel Vertröstungskraft seitens des BA. Nehmen wir – hierfür
nur als Beispiel – einen Applikanten aus Stolp in Pommern, der einen beweismittelar-
men Entschädigungsantrag gestellt hatte. Der BA war mittels eines aus seiner Spezial-
arbeit nach und nach entstandenen Adressen- und Auskunftsapparats in der Lage,
einen früheren Gemeindevorsitzenden, der emigriert war, oder ein früheres Vor-
standsmitglied der betreffenden Gemeinde mit seiner Adresse in Amerika ausfindig zu
machen. Wie oft hat es sich ergeben, daß solche Personen entweder dem Antragsteller oder dem BA gegenüber zweckdienliche Auskünfte erteilen konnten und auf diese
Weise den Antrag prüfungs- und abgabereif machten. In diesem Fall, der sich öfters
ereignete, war die Vorlage einer notariell beglaubigten eidesstattlichen Erklärung
unerläßlich. Hundertfach haben sich solche Dienste, auch wenn sie nicht immer auf
Anhieb zu einem Ergebnis führten, geholfen. Eine Erschwernis lag zuweilen darin,
daß Menschen in der Emigration häufiger ihre Wohnung wechselten und daß nicht in
allen Ländern Post nachgesandt wurde. Solche Umstände auf Seiten des Antragstellers wie auf Seiten der angegangenen Auskunftsperson waren in Rechnung zu stellen
– das Schicksal in der Emigration hatte die Menschen umhergetrieben, so daß, genau
gesehen, der BA weit mehr als das, was man gemeinhin unter Beratung versteht, leistete. Es war, um es einfach auszudrücken, im Einzelfall die Hilfe in einer Lebensnot,
im ganzen ein Stück Sozialhilfsgeschichte ganz eigener Art. Ein kleiner Beweis dafür
ist, daß die Zahl der Briefe, die allein im Lauf des Jahres 1956 beim BA eingingen,
nicht weit von 5000 entfernt war. Dazu kamen in beträchtlichem Umfang die Rücksprachen, um die Rechtsanwälte oder sonstige bei den Entschädigungsbehörden
zugelassene Rechtsberater beim BA nachsuchten. Ihre Zahl ist im nachhinein nur
schwer abzuschätzen; aber es gab Tage, an denen einer dem anderen die Türklinke in
die Hand gab.

Sobald etwa 15 oder 20 Fälle als reif zur Rückgabe an die „Bundesstelle" angesehen wurden, konnten sie dem BA als Gremium vorgelegt werden. Dieser trat meist
„in kleiner Besetzung", d.h. mit einem Mitglied, meist dem Deutschland-Repräsen-
tanten der Claims Conference, und dem Geschäftsführer zusammen, seltener und vor
allem zur Prüfung komplizierter und problematischer Anträge „in voller Stärke" von
vier bis sechs Personen. Von den Sitzungen „in kleiner Besetzung" wurden allen Mitgliedern des BA durchnummerierte Listen mit allen für jeden Einzelfall notwendigen
Angaben, d.h. Nachweisen der Art und Dauer der Tätigkeit, des Alters, des letzten
Gehalts, der Ruhegehaltsberechtigung zugänglich gemacht. Während die „unproble-
matischen" Anträge mit einer Empfehlung des BA umgehend an die „Bundesstelle"
zurückgeleitet werden konnten, wurden die übriggebliebenen bis zum Zusammentritt
des "großen BA" gesammelt. 1954 zum Beispiel tagte der BA im ganzen 25 mal,
davon viermal in voller Besetzung.

Bis zum 31. Januar 1956 waren 3285 Anträge bei der „Bundesstelle" eingereicht
worden. 2506 wurden vom BA geprüft, davon 1974 mit positiven und 284 mit negati-

ven Ergebnissen. Die übrigen waren mittlerweile zurückgezogen worden oder wurden in der Schwebe gehalten. Festzuhalten ist, daß in den meisten Fällen die „Bundesstelle" sich dem Votum des BA anschloß, obwohl diese in ihrer letzten Entscheidung
völlig frei war. Das Ende der „ganzen Operation", deren Höhepunkt mit dem Jahr
1957 erreicht war, zog sich noch sehr lange hin. Bis Ende 1972 sollen rund 6700
Anträge behandelt worden sein[9]. Einige Fälle blieben noch in der Schwebe, vornehmlich vor den Gerichten; denn es gab für Verfolgte, die mit der Entscheidung der
„Bundesstelle" über ihren Antrag nicht zufrieden waren, die Möglichkeit, bei Gericht
Klage einzureichen. Dabei handelte es sich, nicht selten, um Fälle, bei denen zu klären war, ob die Tätigkeit bei einer jüdischen Gemeinde oder anderen jüdischen Einrichtungen haupt- oder nur nebenamtlich, z. B. als Kantor an den Hohen Feiertagen
ausgeübt wurde.

Unter Gerichten sind hier verstanden das Verwaltungsgericht in Köln, das Ober-
verwaltungsgericht in Münster/Westfalen und in letzter Instanz, das Bundesverwaltungsgericht in Berlin. So entschied z. B. noch 1964 das letzere in einem Musterprozeß, „daß die Hochschule für die Wissenschaft des Judentums in Berlin eine
öffentliche Einrichtung im Sinne des § 31 d des BWGöD" war. Die Hochschule war
im Zuge der nationalsozialistischen Verfolgungsmaßnahmen geschlossen worden. Die
erwähnte Bestimmung des BWGöD gewährt, wie in dem schriftlichen Urteil ausgeführt wird, den früheren Bediensteten jüdischer Gemeinden oder jüdischer öffentlicher Einrichtungen im Gebiet des Deutschen Reiches nach dem Stande von 1937
einen Versorgungsanspruch gegen den Bund, wenn sie gegenüber ihrem Dienstherrn
einen Anspruch auf Versorgung hatten oder ohne die Verfolgung erlangt hätten."[10]

Rückblick

Die Durchführung der Entschädigung einer so speziellen Berufsgruppe, wie es die
der jüdischen Gemeindebediensteten war, stellte im Rahmen der Gesamtwiedergut-
machung an den Verfolgten des nationalsozialistischen Regimes einen einmaligen,
einzigartigen Vorgang dar, der jedoch in der Öffentlichkeit kaum beachtet wurde.
Ursprünglich sollte diese Entschädigung rasch abgewickelt sein, aber angesichts der
Tatsache, daß die Zahl der Berechtigten von vornherein nicht nur unterschätzt wurde,
sondern auch ihr Kreis besonders vielgestaltig war, zog sich die Durchführung, wie
bereits geschildert, über mindestens anderthalb Jahrzehnte hin.

---

[9] Diese Ziffern sind dem 152 Seiten umfassenden 20-Jahres-Bericht der „Claims Conference"
(New York, o. J.) entnommen. Der genaue Titel lautet: „Twenty Years Later – Activities of the
Conference on Jewish Material Claims Against Germany 1952–1972". Der Report berichtet nur
kurz über den BA, weil dieser inzwischen praktisch zu bestehen aufgehört hatte. Die Gesamtziffer von 6700 dürfte zu hoch gegriffen sein.

[10] Zitiert nach einer in der Frankfurter Allgemeinen Zeitung vom 2. August 1964 veröffentlichten
dpa-Meldung; das Aktenzeichen dieser Entscheidung: VIII c 279/63.

William G. Niederland

Die verkannten Opfer. Späte Entschädigung für seelische Schäden[*]

Zwar endete die nationalsozialistische Herrschaft vor mehr als 40 Jahren, die Folgen für die Überlebenden sind jedoch keineswegs überwunden. Bereits 1964 führte ich den Begriff „Überlebenden-Syndrom" ein, dessen Bedeutung ich im folgenden veranschaulichen möchte. Ein ehemals Verfolgter, der niemals einen Entschädigungsantrag an deutsche Behörden gestellt hat (da er gemäß seiner Aussage auch heute von den Deutschen nichts Gutes erwartet) und jetzt als einsamer Greis in New York lebt – richtiger gesagt, vegetiert – sagte mir zu Anfang der von mir bei ihm vor Jahren unternommenen ärztlich-psychiatrischen Behandlung: „Since my persecution years a dark shadow covers everything in my life". Damit sprach er in kurzen Worten das meiste dessen aus, was ich in meinen wissenschaftlichen Schriften über die innere Welt Verfolgungsüberlebender – leider oft vergeblich – darzulegen versucht habe[1].

Der Patient erlebte seine Kindheit und Jugend als Sohn einer wohlhabenden, gesichert und harmonisch lebenden jüdischen Familie, die dem gehobenen Mittelstand angehörte. Er wurde 1911 in Lodz (Polen) als achtes von zehn Geschwistern geboren und genoß eine gute Erziehung. Der Vater besaß ein Sägewerk, und er selbst hatte schon als junger Mann in einem benachbarten Sägewerk einen leitenden Posten als Holzfachmann inne. Im Jahre 1939 kamen die Deutschen, machten aus Lodz Litzmannstadt und errichteten dort zunächst ein Ghetto, worin er und seine Familie Aufenthalt nehmen mußten. Er verlor natürlich seinen Posten und mußte im Torf arbeiten. Das hieß, zwölf Stunden täglich mit wenig Essen und unter ständiger Bedrohung stehende, oftmals mit Hieben und Schlägen verbundene Zwangsarbeit. Zwischen 1940 und 1942 wurden die Eltern und sieben Geschwister von den Nazis umgebracht. Am 24. August 1942 kam der Befehl seitens der Gestapo, daß sich alle noch in Lodz lebenden Juden auf dem dortigen jüdischen Friedhof sammeln mußten. Viele wurden wie Vieh mit Peitschen dorthin getrieben, und dann kam die Selektion: Alle älteren Leute und Kinder zur einen Seite, die weniger alten und weniger jungen auf die andere Seite, auf die „gute" Seite, als Arbeitsfähige. Die Alten und Jungen wurden erschossen, und er mußte mit anderen, die noch nicht vierzig Jahre alt waren, die Erschossenen auf Lastwagen aufladen, worunter sich die meisten seiner Familienmitglieder befanden. Diese „Toten-Aufladearbeit" dauerte einen vollen, für ihn fürchter-

---

[*] Der Beitrag beruht auf einem im Juli 1985 gehaltenen Vortrag im psychologischen Institut der Universität Heidelberg
[1] Vgl. William G. Niederland, Folgen der Verfolgung: Das Überlebenden-Syndrom. Seelenmord, Frankfurt a. M. 1980. Dort findet sich eine ausführliche Bibliographie der einschlägigen Veröffentlichungen des Autors bis 1980.

lichen Tag, und auch er wurde wiederholt mit Erschießen bedroht, konnte sich aber retten, da er immer wieder auf sich selbst deutete und dabei ausrief: „Zimmermann!" Da man Zimmerleute auch im KZ benötigte, half ihm das, am Leben zu bleiben und später nach Auschwitz transportiert zu werden. Auch dort arbeitete er als Zimmermann, oft sechzehn Stunden am Tag. Schließlich wurde er dann nach Görlitz verfrachtet, wo er in einer Munitionsfabrik Zwangsarbeit zu leisten hatte. In der Nähe der Munitionsfabrik war ein Schweinestall, und dort stahl er öfters heimlich Futter, um sich trotz des dauernden Hungerns am Leben zu erhalten. Einmal wurde er beim Stehlen erwischt und an die Wand gestellt, schon sicher, daß er erschossen würde. Aber nur der Mann, der neben ihm an der Wand stand und sein bester Freund war, fiel tot um, und als er an die Reihe kam, sagte der SS-Mann: „Du kannst weggehen". Er hatte „Glück", und so blieb er am Leben.

Ohne hier auf seine weiteren Lebensgefahren und auf die schließliche Befreiung durch die Russen und seine Emigration nach Amerika einzugehen, mag es genügen, einiges von dem, was ich von ihm während meiner ärztlichen Behandlung erfuhr, darzulegen. Immer wieder berichtete er mir Folgendes: „Mein Leben ist heute so, daß ich immer noch verfolgt bin, wo immer ich auch sein mag, in New York, in New Jersey oder anderswo. Manchmal denke ich, daß es besser wäre, nicht am Leben geblieben zu sein, sondern zugrunde gegangen zu sein wie die anderen Millionen, die getötet wurden, meine Eltern, meine Geschwister und all die anderen. Ich habe immer Angst vor den Menschen und kann noch immer das Schreien und Toben der Kinder im Lodzer Ghetto hören, die nichts zu essen hatten, auch der Eltern, die in Panik verfielen, als man ihnen die Kinder wegnahm. . . . Ich habe eine zerrissene Seele. . . . in der Munitionsfabrik hat man Menschen vor meinen Augen gezwungen, Wagenschmiere zu essen, wenn sie über Hunger klagten. . . . deswegen stahl ich Schweinefutter und aß es . . ."

Der Patient sprach von einer „zerrissenen Seele". In meiner ärztlichen Auffassung gehe ich einen Schritt weiter: Ich nenne es *Seelenmord* – aus zwei Gründen, nämlich Mord an der Seele des Überlebenden, der immer noch fühlt, daß er verfolgt ist, auch in dem Land, in dem er heute befreit und sicher lebt. Und Mord in der Seele der Täter und Untäter, die all dies zustande brachten und verursachten. Seelenmord ist zweifellos ein starkes Wort, das ich den bedeutenden Schriften von Anselm Feuerbach und August Strindberg im 19. Jahrhundert und dem auf psychiatrischem Gebiet höchst aufschlußreichen Buch „Denkwürdigkeiten eines Nervenkranken" des einstmaligen Senatspräsidenten Daniel Paul Schreber[2] entlehnt habe. Ich gebrauche das Wort, um das häufig fast unabsehbare Labyrinth aus seelischen Leiden, psychisch ebenso wie körperlich fortwirkenden Gesundheitsstörungen, Dauer- und Spätschäden, die ich bei den von mir untersuchten, behandelten und oft auch begutachteten Verfolgungsopfern beobachtet habe, zu benennen. Im Grunde bezeichne ich damit dieses Faktum: Ein Leben lang leiden an einem Leid, dessen Herkunft und Natur auf die nationalsozialistische Verfolgung innerhalb und außerhalb der Konzentrationslager zurückgeht, sowie eine lebenslängliche seelische Verkümmerung.

Wie sieht dieses Labyrinth klinisch aus und wie manifestiert es sich bei den darun-

---

[2] Daniel Paul Schreber: Denkwürdigkeiten eines Nervenkranken, hrsg. u. eingeleitet von Samuel M. Weber, Frankfurt a. M. 1973.

ter leidenden Menschen? Zur Klärung dieser Fragen muß ich auf die wesentlichen Charakteristika des von mir so benannten Überlebendensyndroms zurückkommen. Dessen Hauptmerkmale schließen ein:

1. Eine alles beherrschende depressive Verstimmung mit mürrischem Verhalten, einer Tendenz zu Rückzug, Apathie und wortloser Trauer, letztere gelegentlich durch kurzlebige Wutausbrüche unterbrochen; Fehlen von Interesse und Initiative; Gefühle von Unsicherheit, Mißtrauen und Hilflosigkeit; Mangel an Kontakt mit Mitmenschen; Unfähigkeit zur aktiven Teilnahme an Gesellschaftsspielen und harmlosen Unterhaltungen; allgemeine Freudlosigkeit und Unsicherheit. Letztere geht oft mit Furcht vor erneuter Verfolgung auch im gesicherten Emigrationsland einher.

2. Ein schwerwiegender, beharrlicher, zumeist jedoch innerlich unbewußter Schuldkomplex, der von einer inneren Überlebensschuld herrührt und sich unbewußt oder bewußt auf die Frage zentriert: Warum habe ich das Unheil überlebt, dem die anderen von mir geliebten Menschen – die Eltern, Kinder, Geschwister, Freunde, Lebensgefährten – erlagen? Die Überlebensschuld ist wohl eine der stärksten psychischen Belastungen im Dasein dessen, der durch Glück, Zufall, rechtzeitige Flucht, Hilfe seitens mitfühlender Bekannter oder Unbekannter, Zusammentreffen sonstiger günstiger Umstände oder durch eigene selbst bei Hunger und Zwangsarbeit erhalten gebliebene Ich-Stärke am Leben blieb. Auch ist es eine der makabersten Erscheinungen der Zeitgeschichte, daß an intensiver Überlebensschuld hauptsächlich die Opfer der nazistischen Verfolgung, nicht aber deren Vollstrecker und aktiven Verbrecher zu leiden scheinen. Häufig begegnet man bei ihnen Hinweisen auf militärische Gehorsamkeit, Befehle von oberen Amtsstellen einschließlich des geliebten Führers und ähnlichen Aussagen. Nicht selten entdeckt jedoch der erfahrene Psychiater und Psychologe unter solchen Untätern eine verborgene sadistische Lust am Töten und Quälen von Menschen.

3. Angst- und Erregungszustände, die Schlaflosigkeit, Albträume, innere Spannung und ein Gefühl des persönlichen Anderssein, Überwältigt- und Verringertseins verursachen. Zahlreiche ehemals Verfolgte berichteten mir bei der psychiatrischen Exploration immer wieder, daß sie anders fühlten und anders seien als die anderen: gepeinigt von der Furcht vor erneuter Verfolgung, vor Klingeln an der Haustüre, des Telefons und dergleichen, von der Angst, daß Schlimmes in der Welt und speziell für sie selbst (und mich als Arzt) bevorstehe und beherrscht davon, daß man stets auf der Wache gegen Gefahren und bald wieder eintretendes Unheil sein müsse. Wenn man das Gefühl des Andersseins als die Anderen psychologisch exploriert, so findet man, daß es von den Erlebnissen totaler Entwürdigung, Entehrung, des Standesverlusts, Verlustes der Familie und der Schändung während der Verfolgungszeit stammt und so in nahezu gleichem Sinne bei vielen ehemals Verfolgten fortwirkt.

4. Im Gegensatz zum Vorgesagten findet man bei zahlreichen anderen Verfolgungsopfern, zuweilen aber auch bei den gleichen Überlebenden, die an der Angst- und Erregungssymptomatik leiden, einen Zustand des psychischen „Numbing", das äußerlich wie ein eigenartiger und in Worten schwer beschreibbarer Zustand der persönlichen Betäubtheit oder Erstarrtheit erscheint. Ich betone das Wort äußerlich (oder manifest), da sich innerlich darunter sehr schwerwiegende Gefühle melancholischer, depressiver, verhalten suicidaler und nebst Gefühlen der Verzweiflung zutiefst erbitterter Art verbergen können. Ein solcher Zustand liegt klinisch dem tragischen

Symptom des sogenannten Anhedonismus zugrunde, d.h. Unfähigkeit zum Frohsinn und Genießen, auch zur freien Aussprache und seelischen Teilnahme an irgendeiner Annehmlichkeit, z.B. Ablehnung von Geselligkeit, eines Kino-, Konzert- oder Theaterbesuchs und dergleichen mehr. Der eingangs dieses Aufsatzes beschriebene Patient, der zu mir von seiner zerrissenen Seele sprach, war selbst vor der Erreichung seines Greisenalters ein solcher dem Anhedonismus verfallener Mensch, dessen schwer verstörter, zurückgezogener seelischer Zustand zwar im Zuge mehrjähriger Behandlung ein wenig gebessert, jedoch niemals vollständig geheilt werden konnte.

5. Die Persönlichkeitsveränderungen und seelischen Störungen führen, da sie als Dauerstörungen anhalten und innerlich fortwährend wirksam sind, im Laufe der Zeit bei den meisten der ehemals Verfolgten auch zu somatischen Leidenszuständen, die sich im körperlichen Bereich als Magen-, Herz-, Darm-, Gefäß- und sonstigen Krankheiten (Blutdruckerhöhung, vorzeitige Alterung, Arterienverkalkung usw.) kundtun. Kopfschmerzen, Gliederschmerzen, Händezittern, sogenannte rheumatische Beschwerden sind bei ihnen die Regel, nicht die Ausnahme. Mit zunehmendem Alter werden sie plötzlich von Angstzuständen befallen, etwa wenn sie von neonazistischen Umtrieben hören oder diese im Fernsehen erleben. In ihren Träumen sehen sie dann tatsächlich wieder Berge von Leichen, wie sie dies als jüngere Menschen in den Konzentrationslagern erlebt hatten. Oder in nächtlichen Albvisionen verstecken sie sich hinter solchen Leichenbergen, werden von uniformierten SS-Leuten gefaßt und in ein Krematorium gestoßen. Röchelnd sagen diese Menschen zum behandelnden Arzt, der sie in ein Krankenhaus schickt: „Ich hätte lieber sterben sollen".

Es darf nicht übersehen werden, daß in den Konzentrations- und Arbeitslagern die meisten dieser Menschen auch direkten körperlichen Mißhandlungen und Torturen ausgesetzt waren, somit bei weitem nicht alle ihrer jetzigen Beschwerden psychosomatischer Natur sind, sondern also sowohl auf seelischem als auch körperlichem Wege zustandegekommene Spätschäden zu betrachten sind. Von einem heutzutage von mir behandelten jüdischen Patienten weiß ich, daß er, damals ein kaum dreißig Jahre alter rüstiger Rheinländer, mitten im Winter 1943 nach vieltägigem Transport in einem Viehwagen, der ihn mit vielen anderen Schicksalgenossen von Düsseldorf nach Auschwitz brachte, halb verdurstet ankam, dort an einem Busch einen Eiszapfen sah, den er ergriff und in den Mund steckte. Daraufhin versetzte ihm die begleitende SS-Wache sofort heftige Schulter- und Rückenhiebe mit dem Gewehrkolben. Mein Patient fragte die Wache noch in naiver Weise „warum", worauf er prompt die grobe, aber wahrheitsgemäße Antwort erhielt: „Hier gibt es kein Warum!" Dieser Patient hatte in der Tat Glück. Falls er anstatt der Schulter- und Rückenhiebe einen kräftigen Kopfhieb erhalten hätte, wäre er wohl niemals mein heutiger Patient geworden, sondern wahrscheinlich dort vor mehr als vier Jahrzehnten an Ort und Stelle elend verendet.

6. Im Kindesalter Verfolgte, falls sie überhaupt den grausigen Geschehnissen des Holocaust entrinnen konnten, stellen eine Sonderklasse dar; denn welcher Art und Weise die gegen sie ergriffenen Gewaltmaßnahmen gewesen sein mögen, sie führten fast allesamt zu einer permanenten seelischen Fehlentwicklung, d.h. zu einem Seelenmord im eigentlichen und härtesten Sinne. Der folgende Fall eines Kindes, das die sogenannte Kristallnacht im November 1938 in einer westfälischen Kleinstadt erlebte, soll dies veranschaulichen.

H.W., geboren 1931, wuchs als einziges Kind jüdischer Eltern in einer westfälischen Kleinstadt auf. Im Alter von fünf Jahren wurde er aus dem Kindergarten in jener Kleinstadt wegen seiner jüdischen Rasse und Herkunft ausgewiesen. Er konnte die Schule nur in äußerst beschränktem Maß besuchen, wurde des öfteren angepöbelt, beschimpft und bedroht. In der Nacht vom 8./9. November 1938 – der „Kristallnacht" – verdichteten sich seine schon seit langem währenden Verängstigungen zu akuten Terror-Erlebnissen, als plötzlich eine Horde von Nazis in das elterliche Ladengeschäft, das nahe der Hauptstraße des Ortes gelegen war, eindrang, die Ladenfenster durch Steinwürfe zerschlug und dann auch in die im ersten Stockwerk gelegene Wohnung eindrang, Geschirr, Möbelstücke und viele andere Gegenstände mit lautem Getöse auf die Straße warf. Er mußte mit ansehen, wie sein Vater in der gleichen Nacht von dieser Horde unter Drohungen abgeführt und in ein Konzentrationslager gebracht wurde. Der Vater, früher ein sehr gesunder und kräftiger Mann, der den Ersten Weltkrieg als Frontsoldat mitgemacht hatte, kehrte nach ca. zweimonatiger KZ-Haft schwer verletzt – Fußtritte in den Unterleib – als körperlich und seelisch gebrochener Mann zurück und siechte ohne Arbeit bis zur Auswanderung des damals achtjährigen Jungen vor dessen Augen dahin. Einige Monate danach gelang es den Eltern, den zarten, verängstigten Jungen auf einen der damals nach England gehenden Kindertransporte zu bringen und ihm dadurch wahrscheinlich das Leben zu retten. Er sah seine Eltern nie mehr wieder. Später – nach Kriegsende – erfuhr er, daß sie in einem KZ ums Leben gekommen waren.

Er selbst gelangte mit dem Kindertransport im Jahre 1939 nach England, wurde dort von fremden, jedoch freundlichen christlichen Menschen aufgenommen und in eine englische, ihm total sprachfremde Schule gegeben. Nach eidesstattlicher Aussage der englischen Familie kam er bei ihnen als ein „bundle of fear" (ein „Angstbündel") an und verblieb so eine lange, lange Zeit. In der Tat wurde er in England bald zu einem „Sorgenkind": scheu, zurückgezogen und andersartig als andere Kinder, obgleich er gut behandelt wurde.

Einige Zeit nach Beendigung des Zweiten Weltkrieges holten ihn amerikanische Verwandte nach New York, um ihm ein neues Heim zu geben. Diese Verwandten waren die ersten Menschen, die ihm mitteilten, daß seine Eltern im Jahre 1942 in ein deutsches KZ deportiert worden und darin umgekommen waren. Auf diese Mitteilung reagierte er zunächst mit „psychic numbing" (einer Art von seelischem Erstarrt- und Betäubtsein) und sprach kaum mehr ein Wort mit diesen Verwandten. Dann wurde er ihnen gegenüber mißtrauisch und glaubte ihnen den Bericht über den Tod der Eltern nicht. Er versuchte aber, eine Arbeitsstelle zu finden und besuchte auch Schulen, was ihm wenig glückte. Im Jahre 1949, inzwischen achtzehn Jahre alt geworden, meldete er sich als Freiwilliger zum Militärdienst in der amerikanischen Armee. Als Soldat in der Garnisonsstadt Norfolk (Virginia) stationiert, hatte er das folgende akut-traumatische Erlebnis, das zu einem Nervenzusammenbruch führte: Als er eines Abends durch die Straßen von Norfolk ging, sah er eine Gruppe von Burschen stehen, die ihm als rabaukenhaft und gefährlich erschien. Obwohl diese Burschen nichts taten und sich nur ziemlich laut unterhielten, glaubte er plötzlich, daß diese „Kerle" ganz ähnlich denen (oder vielleicht auch die gleichen) seien, die 1938 das elterliche Ladengeschäft in Westfalen zerstört, das Heim überfallen und seinen Vater mit sich fortgeführt hatten. Daraufhin begann er loszubrüllen, mit Steinen aus einer nahegelegenen Baustelle um sich zu werfen und zerbrach durch Steinwürfe die Schaufenster eines Ladens, vor dem sich diese Burschen aufhielten. Er irrte dann in der Nacht ruhelos durch die Straßen der Stadt, bis er von der Polizei aufgegriffen und in ein Krankenhaus eingeliefert wurde. Dort wurde er als geisteskrank diagnostiziert und dann natürlich aus dem Militärdienst entlassen.

Ohne nun auf die weitere traurige Geschichte des W. einzugehen, mag es genügen, kurz festzustellen, daß ich ihn bei meiner weit späteren psychiatrischen Untersuchung – im Wiedergutmachungsverfahren im Jahre 1962 – geistesgestört fand und daß er es auch heute noch, obschon in vermindertem Grade, ist. Bedeutsam ist hier, daß seine Wiedergutmachungsansprüche – von mir und anderen Gutachtern positiv beurteilt – von deutschen Entschädigungsämtern und -gerichten wiederholt abgelehnt wurden. Ein Obermedizinalrat L. in D. erklärte (als Amtsarzt) die Geisteskrankheit des H. W. als eine „eigengesetzliche" Entwicklungsstörung, die nichts mit der Verfolgung zu tun habe, sondern eben aus „eigengesetzlichen" Gründen anlagegemäß entstanden sei. Um diese Argumentation zu verstärken, wandelte der gute Medizinalrat in seinem Amtsgutachten sogar das verstörte Flüchtlingsdasein des Jungen in England, in dem ihm sprach- und kulturfremden Ausland, in einen idyllisch beschriebenen Aufenthalt bei nahen „Verwandten" um.

Als ich daraufhin in meiner erneuten gutachtlichen Stellungnahme auf diese eindeutige Verfälschung des Tatbestandes verwies, erklärte der gleiche Amtsarzt meine Richtigstellung zur persönlichen „Verunglimpfung". Und so ging es weiter mit Gutachten, Gegengutachten, erneuten Begutachtungen und so fort – über nahezu fünfzehn Jahre! Immer wieder mußte meinerseits betont werden, daß der erste akute und schwerwiegende Nervenzusammenbruch des W., nämlich der in Norfolk, mit dessen plötzlich auftretendem Irresein, seinen Steinwürfen gegen die dortigen Ladenfenster usw. genau die aktive Wiederholung dessen darstellten, was er als damals durch die Verfolgung schon traumatisiertes Kind bei der Zerstörung des elterlichen Geschäfts und Heims passiv erlebt und erduldet hatte. Von den weiteren traumatischen Vorgängen, dem ihn seelisch zertrümmernden Anblick des gebrochen aus dem KZ zurückkehrenden Vaters und dem Verfolgungstod der Eltern, den er später erfuhr, ganz zu schweigen. Zum Abschluß und zur Ehre des Bundesgerichtshofs in Karlsruhe, wo der Fall auf Betreiben Otto Küsters schließlich verhandelt wurde, sei hinzugefügt, daß H. W. nach fast fünfzehnjährigem Rentenkampfverfahren Wiedergutmachung erhielt und heute noch erhält. Doch seit der „Kristallnacht" ist seine geistige Gesundheit niemals mehr völlig wiederhergestellt worden.

In der tragischen Geschichte des H. W. tun sich weitere Aspekte des Themas „Seelenmord und Wiedergutmachung" auf. Wie man aus dem authentischen, wenn auch summarisch zusammengefaßten Bericht ersieht, führte der Wiedergutmachungsantrag des so schwer und auf Lebenszeit geschädigten Menschen nicht nur zu einem fünfzehnjährigen Rentenkampf mit all der erneuten Verunsicherung und Erbitterung für den Betroffenen, sondern auch zur Verleugnung, z.T. sogar Verfälschung des Tatbestandes durch den für das deutsche Wiedergutmachungsgericht tätigen Gutachter. Leider ist das Verhalten des im vorstehenden Bericht erwähnten Obermedizinalrats L. kein Einzelfall. Ein anderer, ebenfalls für eine deutsche Wiedergutmachungsbehörde arbeitender, medizinischer Gutachter lehnte Entschädigungsansprüche für verfolgungsbedingte seelische Dauerschäden grundsätzlich ab mit der Begründung, daß solche Schädigungen lediglich psychische Störungen seien und ihnen „die organische Würde" abgehe. Wiederum ein anderer an einem deutschen Generalkonsulat beschäftigter sogenannter Vertrauensarzt sprach in seinen Ablehnungsgutachten mit Bezug auf die entsetzlichen Erlebnisse von Konzentrationslagerhäftlingen als „Unannehmlichkeiten des Konzentrationslagers", denen keine krankheitserzeugende Verursachung zuzuschreiben sei. Man erwartet jedenfalls von einem geschulten Psychiater, daß durch seine fachärztliche Kenntnis und Explorationstechnik Daten und Vorgänge zutage gefördert werden, die der Klärung des komplizierten Sachverhalts dienlich sein können. Dies ist häufig nicht der Fall und so kommt es zu einer Bagatellisierung des Verfolgungs- und Krankheitsgeschehens im seelisch-nervösen Bereich, die unter Umständen einer direkten Irreführung der Gerichte durch den amtlichen Gutachter gleichzusetzen ist.

Wie es mit den „Unannehmlichkeiten" eines KZs in Wirklichkeit aussah, mag der folgende Fall kundtun. Eine von mir wiederholt untersuchte Patientin L., ehemalige Insassin des Konzentrationslagers P., hatte im Zuge der nazistischen Verfolgungsmaßnahmen in Polen zwischen 1939 und 1942 nacheinander ihre beiden Eltern, die Großeltern, den größten Teil naher Anverwandter und zuletzt ihren eigenen jungen Ehemann verloren, der auf der Straße erschossen wurde. Die damals 24jährige Frau wurde dann zusammen mit ihrem jüngeren Bruder, 15 Jahre alt, für den sie nach dem Verfolgungstod der Eltern im Ghetto P. die Mutter vertrat, in das genannte Lager P. eingeliefert, wo sie in der Schneiderwerkstatt arbeitete und sich dadurch am Leben erhalten konnte. Der halbwüchsige Bruder wurde bald zusehends elender und erkrankte mit mäßigem Fieber. Sie fühlte sich für ihn verantwortlich und bestand darauf, daß er am Morgen das Krankenrevier des KZ aufsuchen solle. Dort wurde er prompt für arbeitsuntauglich befunden und entweder in der Krankenbaracke selbst oder in deren Nähe noch am gleichen Tag getötet. Jedenfalls sah sie, als sie aus der KZ-Schneiderei zurückkam, seine Leiche zusammen mit vielen anderen Toten auf dem Hauptplatz des Lagers aufgestapelt und mußte zusehen, wie die zusammengeschrumpfte Körpermasse des toten Bruders vor ihren Augen im Schutt verkohlte. In dem genannten KZ gab es damals noch keine Vergasungsstätte und kein Krematorium. Die aufgeschichteten Leichen wurden in Anwesenheit der lebenden Häftlinge verbrannt und es war ihnen keine Schmerzensäußerung, keine Träne, kein Weinen oder Schluchzen im Angesicht des grausigen Geschehens erlaubt. So hat die Patientin stumm und tränenlos das Ende des jungen Bruders über sich ergehen lassen müssen.

Während meiner Behandlung klagte sie sich an, daß sie dessen Tod verschuldet habe; sie habe ihn ins Krankenrevier geschickt, sie hätte wissen sollen, daß er von dort nicht wieder lebend zurückkommen würde. So schreit sie während meiner psychiatrischen Exploration wild auf: „Es ist meine Schuld, ich tötete ihn, er war so jung, erst fünfzehn Jahre alt . . ." Gewöhnlich aber brütet sie stumpf vor sich hin, sitzt stundenlang regungslos am Fenster oder am Küchenherd in ihrer spärlichen Wohnstelle und verbrennt sich unbemerkt am Herd die Hände, Arme und Füße (selbstschädigendes, jedoch unbewußtes Reagieren auf ihre innere Überlebensschuld). Ihr späterer Wiedergutmachungsantrag, von mir gutachterlich begründet und unterstützt, wurde vom konsularischen Vertrauensarzt wegen der rein seelischen Natur ihres Zustands negativ beurteilt.

In der Tat sind auf dem Wiedergutmachungsgebiet viele – gottlob, bei weitem nicht alle – der von Medizinaldezernenten erstatteten Gutachten durch mangelndes Einfühlungsvermögen oder des öfteren auch durch ihre verleugnende und verhüllende Mentalität charakterisiert. Leider ist dies nicht allzu verwunderlich. Verneinung und Verleugnung haben nach dem Krieg in Deutschland stets eine erhebliche Rolle gespielt und auch heutzutage hört man von den Deutschen nicht selten den gleichen Satz: Wir haben es nicht gewußt. Im Bereiche der Gesetzgebung und Wiedergutmachung haben die Gesetzgeber der fünfziger Jahre in der Bundesrepublik zweifellos Wichtiges geschaffen und die Notwendigkeit einer entsprechenden Hilfeleistung für die durch die nationalsozialistische Gewaltherrschaft zustandegekommenen Schäden gesetzlich anerkannt. Es scheint mir, daß bei Vermögens- und Berufsschäden und dergleichen (ich bin kein Fachmann auf diesen Gebieten) dem Gesetz im großen und ganzen gefolgt wurde. Aber bei den durch die Verfolgung verursachten Gesundheitsschäden, insbesondere Spätschäden, gesundheitliche Dauerstörungen, seelische und nervöse Leidenszustände, psychosomatische Krankheiten usw., trug nach meinen Erfahrungen eine Mischung von Ignoranz, Gleichgültigkeit, Verleugnung, Verhüllung und Inhumanität unter manchen mit der medizinischen Beurteilung solcher Schäden betrauten Dezernenten dazu bei, die traumatischen Folgen der Holocaust-Erlebnisse zu ignorieren oder nur in unzureichendem Maße zu berücksichtigen.

Obwohl die im Vorstehenden geschilderten Fälle dies wohl zur Genüge beweisen, möchte ich hier noch ein oder zwei zusätzliche Beispiele anführen, die ich ebenfalls selbst gutachterlich-ärztlich erlebt habe. Als ich vor Jahren einen damals in New York dahinsiechenden jüdischen Zahnarzt, der früher in Frankfurt am Main praktiziert hatte, bescheinigte, daß er in der „Kristallnacht" des Jahres 1938 nahezu alles, was ihn an das Leben band – seine Heimat, seine Praxis, sein Selbstwert- und Sicherheitsgefühl, sein Vertrauen zu den Mitmenschen und in sich selbst – verloren habe, das alles in jener einen Nacht, wurde mir von einem durch das Frankfurter Landgericht beauftragten Obergutachter vor Gericht entgegen gehalten, daß in meinen Ausführungen jene Nacht „in den Rang eines seelischen Großereignisses rücke". Demnach hätte also ich, nicht die Nazis die Kristallnacht zu einem Großereignis gemacht. Die brutale Tatsache, daß während der sogenannten Kristallnacht – dieser Name selbst ist eine Verschönerung, ja Verleugnung des bestialischen Geschehenen – mehr als fünfhundert jüdische Gotteshäuser, Synagogen, Betsäle in Deutschland verbrannt oder sonstwie zerstört wurden, daß ferner neben dem Geschirr, den Möbeln usw., die man damals aus jüdischen Wohnungsfenstern auf die Straße warf, auch zahlreiche Menschen bestialisch mißhandelt und deportiert wurden, daß also die Nazis jenes zentral gesteuerte „Großereignis" mit Feuer und Brand bewerkstelligten, überging der landgerichtliche deutsche Obergutachter völlig mit Schweigen, den nazistischen Pogrom verleugnend, und schob mir in grob ironischer Weise dessen Ursache zu.

In einem völlig anderen Fall diagnostizierte ein gleichfalls bei einer Wiedergutmachungsbehörde tätiger Obergutachter „anlagebedingte hysterische Symptome" bei einer chronisch leidenden jüdischen Frau, der es als junge Krankenschwester im KZ gelungen war, dadurch am Leben zu bleiben, daß sie mit einem SS-Oberscharführer in regelmäßige sexuelle Beziehungen trat und mit einer Anzahl anderer jugendlicher Geschlechtsgenossinnen zur „Nazi-Hure" wurde, wie sie sich selbst innerlich sah und nannte. In derartiger Weise erkaufte sie sich sexuell das Leben, während ihre beste Freundin, die mehrere Jahre älter war als sie und von den sexuell interessierten SS-

Männern nicht so attraktiv befunden wurde, den Todesweg in das Krematorium antreten mußte. Daß auch hier bei ihrer späteren seelischen Invalidität, d.h. nach der Befreiung aus dem KZ und ihrer Emigration in die USA, das innere Schuldgefühl eine große Rolle spielte und diese Überlebensschuld zeitlebens in ihr fortwirkte, wurde vom Gerichtsgutachter nicht nur diagnostisch vollständig verkannt, sondern als anlagebedingt und verfolgungsunabhängig erklärt.

Anlagebedingt versus verfolgungsbedingt ist wohl die häufigste Streitfrage im Wiedergutmachungswesen. Wenn die amtsärztliche oder vertrauensärztliche Beurteilung von bei Überlebenden vorhandenen Gesundheitsstörungen dieselben als „anlagebedingt" bezeichnete, war damit der Weg zur Abweisung eines vom geschädigten Naziopfer gestellten Wiedergutmachungsantrags geebnet. Der Leidenszustand des Überlebenden wurde damit als verfolgungsunabhängig erklärt. In solchen Begutachtungen wurden die traumatischen Einwirkungen der vom überlebenden Naziopfer durchstandenen Schreckenserlebnisse bagatellisiert und die bleibenden Gesundheitsschäden, vor allem Spätschäden, im Nachhinein einer morbiden Anlage bzw. schwächlichen Konstitution zugeschrieben. Der New Yorker Psychoanalytiker K.R. Eissler nahm schon in einer in den Jahren 1963/64 veröffentlichten wissenschaftlichen Abhandlung hierzu Stellung, die den Titel trägt: „Die Ermordung von wievielen seiner Kinder muß ein Mensch symptomfrei ertragen können, um eine normale Konstitution zu haben?"[3]

Im Sinne dieser Kernfrage, deren Beantwortung ich dem Leser überlasse, ende ich mit dem Fazit, daß für die überlebenden Opfer des Nazi-Regimes, die im Wiedergutmachungsverfahren Entschädigung erhalten, es nicht eine bestimmte Summe (oft bescheiden genug) in Geld ist, die am meisten zählt, sondern die ihnen damit zugebilligte Anerkennung ihres Leids und Leidens. Denn hierin liegt der in die Seelentiefe reichende wahre Sinn der Wiedergutmachung, wie ich sie verstehe und bewerte.

---

[3] Eissler, K.R., Die Ermordung wievieler seiner Kinder muß ein Mensch symptomfrei ertragen, um eine normale Konstitution zu haben? in: Psyche 17, 1963, S.S.241–291.

Gotthard Jasper

Die disqualifizierten Opfer.
Der Kalte Krieg und die Entschädigung für
Kommunisten

Die Wiedergutmachungsdiskussion der späten achtziger Jahre hat deutlich ins Bewußtsein gehoben, daß auch vierzig Jahre nach dem Ende der braunen Diktatur das insgesamt durchaus imponierende Werk der Rückerstattungs- und Entschädigungsgesetzgebung Lücken und Unvollkommenheiten aufweist. Zwar versucht der große Bericht der Bundesregierung vom Oktober 1986 den Nachweis zu führen, daß die Wiedergutmachung „insgesamt gesehen als eine historisch einzigartige Leistung angesehen werden [kann], die auch die Anerkennung der Verfolgtenverbände im In- und Ausland gefunden hat"[1], aber der Bundestag sah sich im Spätjahr 1987 nach einer Anhörung von Betroffenen noch veranlaßt, gegen den Widerstand des Bundesfinanzministeriums noch einmal „als abschließende Regelung" 300 Millionen DM bereitzustellen, um bestehende Härten bei der Wiedergutmachung für Opfer nationalsozialistischer Verfolgung zu mildern[2]. Bisher vergessene oder zu kurz gekommene Gruppen wie Sinti und Roma, Homosexuelle und Zwangssterilisierte, Opfer medizinischer Versuche sowie der Euthanasie-Aktionen und die Zwangsarbeiter sollten berücksichtigt werden.

Die Oppositionsparteien bezweifelten allerdings, ob mit diesen 300 Millionen DM tatsächlich eine abschließende Regelung zu erreichen sei, denn die Erfahrungen mit der Wiedergutmachungsgesetzgebung hatten gelehrt, daß Lücken geblieben waren, Fristen zu kurz bemessen wurden und auch gewandelte Rechtsauffassungen sowie vertiefte Kenntnisse über Wesen und Ziele nationalsozialistischen Terrors zu Korrekturen zwangen. Galt z.B. das Erbgesundheitsgesetz lange Zeit nicht als „typisches NS-Unrecht", so setzte sich in den letzten Jahren vermehrt die Auffassung durch, daß dieses Gesetz einem radikalen Programm der „sozialen Endlösung"[3] diente, dessen formal rechtsstaatliche Anwendung diese Intention nicht verdecken konnte, sondern nur Fassade war. Aus dieser Erkenntnis folgte die Forderung, den Opfern der Zwangssterilisation auch dann, wenn sie einem „normalen" Gerichtsverfahren unterworfen worden waren, eine Wiedergutmachung zuzugestehen. In ähnlicher Weise wandelte sich die Auffassung über die medizinischen Versuche an den sog. Mengele-Zwillingen, die zunächst nicht als Opfer „pseudomedizinischer Versuche" galten und

---

[1] Vgl. Bericht der Bundesregierung über Wiedergutmachung und Entschädigung für nationalsozialistisches Unrecht sowie über die Lage der Sinti, Roma und verwandter Gruppen. Deutscher Bundestag, Drucksache 10/6287, S. 11.

[2] 11. Deutscher Bundestag, 46. Sitzung, 3. 12. 1987, Protokoll S. 3194–3219.

[3] Vgl. Klaus Dörner, Ein Heer der Vergessenen – die Sozialverfolgten des Dritten Reiches. Immer noch Opfer zweiter Klasse, in: Die ZEIT Nr. 35 – 23. August 1985, S. 16.

deshalb von Wiedergutmachungsleistungen ausgeschlossen geblieben waren[4]. Mit gutem Recht bezeichnete darum der Spiegel in einem zusammenfassenden Bericht diese Gruppen als „vergessene Nachhut" der Wiedergutmachung[5].

In diesem Bericht behandelte der Spiegel auch die von den Nationalsozialisten verfolgten Kommunisten, obwohl man bei diesen Opfern nationalsozialistischen Terrors und ihrer Behandlung durch die bundesrepublikanischen Wiedergutmachungsinstanzen kaum von „vergessener Nachhut", sondern wohl eher schon von einer „disqualifizierten Widerstandsgruppe" sprechen muß. Dieser Vorgang der „Disqualifizierung" setzte keineswegs unmittelbar nach 1945 ein. Damals wurde nicht bestritten, daß neben den Juden die Kommunisten ein Hauptangriffsziel des Naziterrors waren. Sie kamen darum selbstverständlich in den Genuß der ersten Wiedergutmachungsleistungen. Doch ab Beginn der fünfziger Jahre wurden aktive Kommunisten von den Wiedergutmachungszahlungen ausgeschlossen. Dieser Ausschluß, der in der zweiten Hälfte der sechziger Jahre – wenn auch eher informell – korrigiert wurde, ist ohne Frage ein Produkt des Kalten Krieges. Er reflektiert die politische Stimmung der fünfziger Jahre, die – wie heute immer wieder festzustellen ist – aus vielerlei Gründen einer vertieften Auseinandersetzung mit dem Nationalsozialismus auswich und dadurch reduzierten Interpretationen des NS-Regimes Vorschub leistete. Der disqualifizierende Ausschluß aktiver Kommunisten von den Leistungen des Wiedergutmachungsrechtes wirft ferner Grundsatzfragen in der historisch-politischen Einordnung des nationalsozialistischen Widerstandes auf, die auch heute noch Anlaß zu politischen Kontroversen geben. Darum lohnt es sich, die Geschichte dieser Disqualifikation in groben Zügen nachzuzeichnen. Die folgende Analyse stützt sich dabei vor allem auf die einschlägigen Parlamentsprotokolle und Beilagen sowie Kommentare und Urteile zum Wiedergutmachungsrecht.

Vorgeschichte und Entstehung der politischen Ausschlußklausel im Bundesergänzungsgesetz von 1953

Schon vor der Entstehung der Bundesrepublik wurden Wiedergutmachungsregelungen auf kommunaler und Landesebene getroffen. Vor allem die Besatzungsmächte waren hier aktiv und erließen Regelungen für die Rückerstattung von Vermögensgegenständen und für die Wiedergutmachung sonstiger Personen- und Vermögensschäden. In der amerikanischen Besatzungszone ergingen bereits 1946 erste Regelungen. 1949 wurden sie als einheitliches Gesetz für die gesamte Zone formuliert und durch besondere Landesgesetze in Bayern, Bremen, Hessen und Württemberg-Baden verkündet. In der französischen und britischen Besatzungszone galten im Prinzip ähnliche Vorschriften. Für die weitere Bundesgesetzgebung bekam insbesondere das Entschädigungsgesetz der amerikanischen Besatzungszone (USEG) Maßstabcharakter, weil sich die Bundesrepublik im Überleitungsvertrag vom 26. Mai 1952 verpflichtete, die Rückerstattungsgesetzgebung der Alliierten beschleunigt durchzuführen, auf der Grundlage des in der amerikanischen Zone geltenden Rechtes bundeseinheitliche Rechtsvorschriften für die Entschädigung zu erlassen und hierbei alle Personen, „die

---

[4] Deutscher Bundestag Drucksache 10/6287, S. 19.
[5] So der Titel eines einschlägigen Berichtes in: Der Spiegel, 1986, Nr. 46, S. 108 ff.

wegen ihrer politischen Überzeugung, aus Gründen der Rasse, des Glaubens oder der Weltanschauung verfolgt wurden", gleich zu behandeln. Auch im Haager Protokoll vom 10. September 1952, das die Verhandlungen mit der Jewish Claims Conference zusammenfaßte, übernahm die Bundesregierung die Verpflichtung, die Rechtslage für die Verfolgten durch ein Bundesergänzungs- und Rahmengesetz nicht weniger günstig als nach dem USEG zu gestalten[6].

Diese internationalen Verpflichtungen führten dazu, daß der Bundestag 1953 noch kurz vor Ende der Legislaturperiode zur Vereinheitlichung der Rechtslage in der Bundesrepublik das Bundesergänzungsgesetz (BErgG) verabschiedete, wobei die Beratungen unter solchem Zeitdruck standen, daß alle Parteien darin einig waren, das BErgG in der kommenden zweiten Wahlperiode einer umfassenden Novellierung und Neufassung zu unterziehen. Das Ergebnis war dann das Bundesgesetz zur Entschädigung für Opfer der NS-Verfolgung (BEG) vom Juni 1956.

Für die Behandlung der Wiedergutmachungsansprüche von Kommunisten ist diese allgemeine Gesetzgebungsvorgeschichte von Bedeutung, weil das USEG Kommunisten ganz selbstverständlich zu den entschädigungsberechtigten Verfolgten zählte. Gemäß § 1 (1) hatte ein Recht auf Wiedergutmachung, „wer unter der nationalsozialistischen Gewaltherrschaft (30. Januar 1933 bis 8. Mai 1945) wegen seiner politischen Überzeugung, aus Gründen der Rasse, des Glaubens oder der Weltanschauung verfolgt wurde und hierdurch Schaden an Leben, Körper, Gesundheit, Freiheit, Eigentum, Vermögen oder in seinem wirtschaftlichen Fortkommen erlitten hat."

Ausgeschlossen von Wiedergutmachungsleistungen war gemäß § 1 (2)

„1. wer der nationalsozialistischen Gewaltherrschaft Vorschub geleistet hat,

 2. wem nach dem 8. Mai 1945 die bürgerlichen Ehrenrechte aberkannt wurden,

 3. wer nach dem 8. Mai 1945 rechtskräftig zu Zuchthausstrafen von mehr als 3 Jahren verurteilt wurde."

Das Bundesergänzungsgesetz von 1953 übernahm im wesentlichen die Bestimmungen über den Kreis der anspruchsberechtigten Verfolgten (verfolgt „wegen seiner gegen den Nationalsozialismus gerichteten politischen Überzeugung, aus Gründen der Rasse, des Glaubens oder der Weltanschauung"), aber es erweiterte und präzisierte die Ausschlußgründe. Der hier einschlägige § 1 (4) BErgG lautete:

„Keinen Anspruch auf Entschädigung nach diesem Gesetz hat,

1. wer der nationalsozialistischen oder einer anderen Gewaltherrschaft Vorschub geleistet hat;

2. wem nach dem 8. Mai 1945 rechtskräftig die bürgerlichen Ehrenrechte aberkannt worden sind;

---

[6] Vgl. hierzu Deutscher Bundestag, Drucksache 10/6287, S. 8 sowie die sehr detaillierte allgemeine Darstellung der Wiedergutmachungsgesetzgebung, in: Die Wiedergutmachung des nationalsozialistischen Unrechtes durch die Bundesrepublik Deutschland, hrsg. vom Bundesminister der Finanzen in Zusammenarbeit mit Walter Schwarz, München 1981 ff. Hier besonders Band 3, Ernst Féaux de la Croix/Helmut Rumpf, Der Werdegang des Entschädigungsrechts unter national- und völkerrechtlichem und politologischem Aspekt, München 1985 sowie Band 4, Walter Brunn u. a., Das Bundesentschädigungsgesetz, 1. Teil (§ 1–50 BEG), München 1981 und Band 5, Hans Giessler u. a., Das Bundesentschädigungsgesetz, 2. Teil (§ 51–171 BEG), München 1983.

3. wer nach dem 8. Mai 1945 rechtskräftig zu Zuchthausstrafen von mehr als 3 Jahren
   verurteilt worden ist;
4. wer die freiheitliche demokratische Grundordnung bekämpft."

Mit den Formulierungen unter Ziffer 1 und 4 waren zwei neue Ausschlußgründe:
das Vorschubleisten einer anderen Gewaltherrschaft und das Bekämpfen der freiheitlichen demokratischen Grundordnung konstruiert, die eindeutig über das USEG hin-
ausgingen. Sie bildeten in der Folgezeit das Einlaßtor für die Diskriminierung verfolgter Kommunisten. Die parlamentarische Vorgeschichte dieser politischen Ausschlußklausel ließ diese Wirkung zwar erahnen, aber noch nicht voll erkennen, zumal
die Diskussion über die Einzelbestimmungen im Bundestag außerordentlich kurz
gewesen war.

Um die Entschädigungsgesetzgebung voranzutreiben, hatte die SPD bereits im
Juni 1952 einen Gesetzentwurf „zur Anerkennung des deutschen Widerstandes und
zur Wiedergutmachung nationalsozialistischen Unrechts" im Bundestag eingebracht,
der noch keine politischen Ausschlußklauseln kannte. Die Stoßrichtung des Entwurfs
zielte vielmehr – wie schon der vorgeschlagene Titel deutlich macht – auf eine ausdrückliche Anerkennung des Widerstandes gegen den Nationalsozialismus. Deshalb
schickten die Sozialdemokraten den eigentlichen Wiedergutmachungsvorschriften
einen allgemeinen Paragraphen 1 voraus, der folgenden Wortlaut hatte: „Wer aus
Überzeugung oder um seines Glaubens oder Gewissens willen der nationalsozialistischen Gewaltherrschaft Widerstand leistete, um die Menschenrechte zu verteidigen
oder einem Verfolgten beizustehen oder der Zerstörung Deutschlands Einhalt zu
gebieten oder sich gegen die Unterdrückung aufzulehnen, hat sich um das Wohl des
deutschen Volkes und Staates verdient gemacht. Sein Verhalten war rechtmäßig."[7]

Der Tenor dieses Paragraphen ist eindeutig. Sein deklaratorischer Inhalt zielt auf
ausdrückliche Legitimierung des Widerstands gegen die nationalsozialistische Gewaltherrschaft. Daß man 1952 solche Deklarationen als notwendig betrachtete, ist gewiß
bezeichnend und charakterisiert eine politische Stimmung, die den Widerständlern
eher ablehnend als zustimmend gegenüberstand und in der Dolchstoßlegenden und
Landesverratsvorwürfe durchaus virulent waren. Hervorzuheben ist an diesem Paragraphen aber auch, daß er eine große Vielfalt anerkennenswerter Widerstandsziele
gelten läßt. Kommunistischer Widerstand war hier mühelos zu subsumieren. Er sollte
nach dieser Entwurfsformulierung als Verdienst um das Wohl des deutschen Volkes
und Staates angesehen werden.

Allerdings blieb dieses Anliegen nicht unumstritten, wie eine Plenardebatte am
11. September 1952 im Bundestag erwies[8]. Ein Entschließungsentwurf des Rechts-
und Verfassungsausschusses hatte sich zwar in Anlehnung an den SPD-Entwurf die
Formulierung zu eigen gemacht, daß der „aus Überzeugung oder um des Glaubens
oder Gewissens willen gegen die nationalsozialistische Gewaltherrschaft geleistete
Widerstand ein Verdienst um das Wohl des deutschen Volkes und Staates war" – eine
Formulierung, die später in der Präambel des Bundesergänzungsgesetzes wieder auf-

[7] Deutscher Bundestag, Drucksache 1/3472.
[8] Deutscher Bundestag, Protokolle 1. Wahlperiode, S. 10429–10445. Die Zitate: Berichterstatter
   Weber, S. 10430f., Arndt S. 10433f., Ewers S. 10436, Müller S. 10440, Greve S. 10441, Thadden
   S. 10442, Weber S. 10444.

tauchte –, aber gerade dieser letzte Satz hatte im Ausschuß ausgedehnte Debatten ausgelöst. Dennoch einigte man sich schließlich im Hinblick auf „Vorgänge und Erörterungen der letzten Zeit" auf diesen Text, da es notwendig und angebracht erschien, „Frauen und Männern, die in trübster Zeit der Zwangsherrschaft das Banner der Freiheit zu entfalten versuchten ... wie es z. B. die Männer des 20. Juli 1944 getan haben, die Anerkennung des deutschen Volkes" auszusprechen. Allerdings hatte sich der Ausschuß, wie der Berichterstatter ausführte, dabei vor schwierigen Abgrenzungsproblemen gesehen, insbesondere gegenüber Kriminellen, die in Konzentrationslagern eingesperrt waren und 1945 befreit wurden, und die sich dann als „Verfolgte" und „Widerständler" ausgegeben hätten. Zwar habe es zweifelsfrei auch solchen Kriminellen gegenüber unrechtmäßige Verfolgungen gegeben, aber die Bereinigung solcher Übergriffe sei durch andere Gesetze als das Wiedergutmachungsgesetz zu regeln. Neben den Kriminellen setzte sich der Ausschuß auch von solchen politisch motivierten Tätern ab, die „auch Leben und Sicherheit anderer Menschen gewissenlos aufs Spiel setzten". Solche „Sabotageakte", von denen „von gewisser Seite" zwar viel geredet werde, wollte der Ausschuß nicht als anerkennenswerten Widerstand gelten lassen. Um Dolchstoßlegenden erst gar nicht aufkommen zu lassen, fügte man außerdem hinzu, bislang seien solche Aktionen auch gar nicht bekannt geworden.

Adolf Arndt von der SPD sah in dem Wiedergutmachungsanliegen den Gedanken der Versöhnung verwirklicht und interpretierte diesen als ein „Vermächtnis des deutschen Widerstands". Es gelte eine Brücke zu schlagen zwischen „den Männern und Frauen des Widerstandes und denen, die durch die Soldaten von Stalingrad repräsentiert werden." In diesem Sinne wollte Arndt auch die Präambel des SPD-Entwurfes verstanden wissen. Das Gesetz solle ein „Friedensspruch der Volksvertretung sein und unseren Willen zur Rechtfertigung des Widerstands kundtun, um von nun an diesen Streit aus unserer Mitte zu bannen". Die unselige Zeit, da ganze Gruppen von Menschen „rechtlos gemacht und minder geachtet wurden, muß abgeschlossen und vergangen sein". Diesen Gruppen gegenüber müsse „für das Verletzen der Menschenrechte in der Vergangenheit" eingestanden werden.

Widerspruch gegen diese Tendenz artikulierte der Abgeordnete Ewers von der Deutschen Partei. Er machte sich zum Sprachrohr derjenigen, die noch abseits der neuen Demokratie standen und dem Denken des vergangenen Reiches verhaftet blieben. Man dürfe die „heute noch Dissentierenden nicht zu Staatsfeinden" machen, denn die Gefühle seien hinsichtlich der Einschätzung des Dritten Reiches und des Widerstandes nicht so im deutschen Volk verbreitet, wie das wohl gewünscht werde. Deshalb könne die Deutsche Partei die Aussage, daß jeder Widerstand ein Verdienst gewesen sei, nicht mittragen. So heldenhaft der Widerstand des 20. Juli gewesen sei, „so wenig kann ich einsehen, daß etwa der Kommunist, der nach 1945 in Buchenwald andere Leute einsperrte, ... durch seinen Widerstand sich ein Verdienst erworben habe."

Der SPD-Abgeordnete Greve widersprach Ewers mit dem Argument, man müsse den Widerstand aus der damaligen, nicht aus der heutigen Schau sehen, auch wenn es einem schwerfalle, „jemandem zuzuerkennen, er habe damals Widerstand geleistet, der heute zum Widerstand herausfordert, wie es in den Gebieten jenseits des Eisernen Vorhangs der Fall ist." Nach dem „Grundsatz der compensatio lucri cum damno"

könne man da jedoch vielleicht weiterkommen. Diesem Gedanken widersprach freilich der fraktionslose Abgeordnete von Thadden, der spätere Vorsitzende der NPD.
Seiner Meinung nach sollten diejenigen, „deren ganzer Widerstand darin bestand,
daß sie ein totalitäres Regime durch ein anderes ersetzen wollten, nicht als Widerstandskämpfer anerkannt werden." Insofern könne man nicht von einer „damaligen"
und einer „heutigen" Schau sprechen. Diesen Gesichtspunkt bekräftigte später nochmals der CDU-Abgeordnete Weber. Es habe Anspruch auf Anerkennung, wer „aus
idealer Gesinnung und im Interesse des deutschen Volkes gehandelt hat, aber nicht
derjenige, der ... dem System der Gewalt Widerstand geleistet hat, um ein anderes
System der Gewalt an die Stelle zu setzen." Es gehe darum, hier den Männern des
20. Juli die Anerkennung auszusprechen.

Die Debatte aus dem September 1952 ist in mehrfacher Hinsicht bezeichnend. Sie
reflektiert einmal die Erregung über den Remer-Prozeß, in dem kurz zuvor mühsam
und gegen eine weit verbreitete Stimmung der Major Remer wegen Beleidigung der
Attentäter vom 20. Juli verurteilt worden war. Dolchstoßlegenden reüssierten damals
noch, und noch hatte auch die neue demokratische Ordnung in den Augen der
Bevölkerung nicht ihren Leistungsnachweis erbracht. Aus dieser Situation erklärt
sich das deutliche Bemühen der Parteien im Parlament, dem Widerstand gegen
Hitler Anerkennung zu verschaffen. Aber angesichts der offenkundigen Stimmung
in der Bevölkerung waren insbesondere die bürgerlich-konservativen Sprecher
ängstlich bemüht, nur den „richtigen Widerstand" zu legitimieren, Sabotageakte
z. B. auszuschließen, um den verbreiteten Dolchstoßlegenden keine Nahrung zu
liefern. Dieser Situation entsprach das auch von allen politisch Verfolgten geteil-
te Anliegen, sich deutlich von den kriminellen Mithäftlingen aus den KZs abzuset-
zen.

Gleichzeitig wird aber in diesen Debatten die Neigung spürbar, kommunistischem
Widerstand gegen den Nationalsozialismus die innere Legitimation zu bestreiten bzw.
den Anspruch auf Wiedergutmachung in Frage zu stellen. Die Begründung sah man
in der diesem Widerstand unterstellten Absicht, an die Stelle der NS-Diktatur ein
anderes „totalitäres Regime" zu stellen, wobei vielfach mit den Methoden der Machtdurchsetzung der Kommunisten in der SBZ/DDR argumentiert wurde. Gewiß gab es
hier auch den Versuch zu differenzieren. Aber der Appell, Widerstand aus der damaligen und nicht aus der heutigen Sicht zu sehen, blieb ohne großes Echo. Er enthielt
außerdem die Tendenz, Entschädigungsansprüche an ein bestimmtes aktuelles politisches Verhalten zu knüpfen.

Der im Juni 1953 endlich vorgelegte Regierungsentwurf für das Bundesergän-
zungsgesetz übernahm aus dem SPD-Entwurf die volkspädagogische Absicht der
Anerkennung des Widerstandes durch folgende Präambel: „In Anerkennung der Tatsache, daß Personen, die wegen ihrer politischen Überzeugung, aus Gründen der
Rasse, des Glaubens oder der Weltanschauung unter der nationalsozialistischen
Gewaltherrschaft verfolgt worden sind, Unrecht geschehen ist, und daß der aus
Überzeugung oder um des Glaubens oder Gewissens willen gegen die nationalsozialistische Gewaltherrschaft geleistete Widerstand ein Verdienst um das Wohl des deut-
schen Volkes und Staates war, hat der Bundestag mit Zustimmung des Bundesrates
das nachstehende Gesetz beschlossen:"
Schon dieser Entwurf enthielt die oben zitierten Ausschlußklauseln als § 1 (4) Zif-

fer 1 „Vorschubleisten einer anderen Gewaltherrschaft" und Ziffer 4 „Bekämpfung der freiheitlichen demokratischen Grundordnung"[9].

Ob diese Formulierungen, denen keine detaillierte schriftliche Begründung beigefügt war, auf den generellen Ausschluß der Kommunisten von den Wiedergutmachungsleistungen zielte und insofern eine Unterscheidung zwischen anerkennenswertem und illegitimem Widerstand intendierte, oder ob er nur besonders aktive Gegner der freiheitlich-demokratischen Grundordnung der Bundesrepublik auszuschließen beabsichtigte, blieb unklar.

Eine dem Regierungsentwurf konkurrierende Vorlage des Bundesrates war in dieser Hinsicht eindeutiger. Nach § 2 dieses Entwurfes hatte kein Recht auf Wiedergutmachung, wer

„a) Mitglied der NSDAP oder einer ihrer Gliederungen war,

b) die nationalsozialistische Gewaltherrschaft gefördert hat,

c) rechtskräftig wegen einer aus niederer Gesinnung begangenen Tat zur Freiheitsstrafe verurteilt ist und bei Abwägung seines strafbaren Handelns und der Schwere der erlittenen Verfolgung eine Wiedergutmachung aus öffentlichen Mitteln unwürdig erscheint oder

d) kraft Urteil des Bundesverfassungsgerichts ein Grundrecht verwirkt hat, weil er es zum Kampf gegen die freiheitliche demokratische Grundordnung mißbraucht hat, oder wegen eines Vergehens gegen diese Grundordnung rechtskräftig zu Freiheitsstrafe verurteilt worden ist."[10]

In diesem Paragraphen war die politische Klausel präzise auf einen Kampf gegen die freiheitlich-demokratische Grundordnung der Bundesrepublik bezogen und an ein vorgängiges Urteil des Bundesverfassungsgerichtes oder der Strafgerichte geknüpft. Im später Gesetz gewordenen Regierungsentwurf war genau diese Klarheit nicht enthalten. Der ungeheure Zeitdruck, unter dem das Parlament stand – man wollte das im Juni eingebrachte Bundesergänzungsgesetz noch vor Ende der Legislaturperiode im Juli 1953 verabschieden –, führte dazu, daß der Bundestag auf Änderungsanträge verzichtete. Eine gründliche Überarbeitung verschob man einvernehmlich auf die neue Legislaturperiode.

Die Debatten im Parlament beschränkten sich demnach auf das Wesentlichste. Die politische Ausschlußklausel wurde kaum ernsthaft diskutiert. Nur der Sprecher der KPD, der Abgeordnete Oskar Müller, der mehrere Jahre im KZ gesessen hatte und führend in der Vereinigung der Verfolgten des Nazi-Regimes (VVN) tätig war, wandte sich gegen Ziffer 4 mit der Behauptung, „daß nicht nur Kommunisten, sondern ebenso Sozialdemokraten und Gewerkschaftler, die Verfolgte sind, durch dieses Gesetz und seine Bestimmungen getroffen werden"[11]. Diese Behauptung provozierte den bezeichnenden Zwischenruf: „Nein, nur Sie". Müller wies ferner darauf hin, daß durch die Ausschlußklauseln der Rechtszustand des USEG verschlechtert werde, und zweifelte darüber hinaus wegen Verstoßes gegen den Gleichheitsgrundsatz die Verfassungsmäßigkeit des Gesetzes an. Tausende, die bisher Wiedergutmachungsrenten

---

[9] Deutscher Bundestag, Drucksache 1/4527.
[10] Ebd., Anlage II, § 2.
[11] Deutscher Bundestag, Protokolle 1. Wahlperiode, S. 10410 und 14013.

erhalten hätten, würden nun um diese Rentenansprüche gebracht. Die Verfolgten von damals würden jetzt gleichsam noch einmal bestraft.

Verständnis fand Müller, der bis Januar 1947 in Hessen Landesminister gewesen war, im Bundestag nicht. Der Kalte Krieg forderte seinen Tribut. Die Gegenredner verwiesen auf die Weigerung der DDR, Wiedergutmachungsansprüche Israels anzuerkennen und prangerten die freiheitsfeindliche Machtdurchsetzung der SED an. Den Verfolgten des Nazi-Regimes, soweit sie von links Widerstand gegen den Nationalsozialismus geleistet hatten, blies der Wind der öffentlichen Meinung ins Gesicht. Im antitotalitären Konsens gingen Müllers schrill vorgetragene Mahnungen unter. Die Reichweite der Ausschlußklauseln wurde offensichtlich vielerorts verkannt, obwohl Müller kritisch davor gewarnt hatte, die Auslegung dieser Formeln den Richtern zu überlassen, „von denen ein erheblicher Teil zu jenen gehört, die in der Zeit des Dritten Reiches die Urteile gegen Verfolgte und Widerstandskämpfer erlassen haben."[12]

Die Anwendung der Vorschriften des Bundesergänzungsgesetzes

Ob durch den Nationalsozialismus verfolgte Kommunisten wegen ihrer kommunistischen Ziele generell von Wiedergutmachungsleistungen ausgeschlossen sein sollten, das war angesichts der vagen Formulierungen im BErgG zunächst keineswegs ausgemacht. In dem Kommentar von Viktor Grimpe zum BErgG, der noch 1953 erschien, wurde darauf verwiesen, daß nach Aussagen von Regierungsvertretern in der Ausschußberatung erklärt worden sei, mit der „anderen Gewaltherrschaft" sei beispielsweise die sudetendeutsche Henlein-Partei in der Tschechoslowakei gemeint. In dem späteren Standardkommentar von Blessin-Wilden-Ehrig wird in der ersten Auflage von 1954 der Kreis allerdings schon weiter gezogen: Der Gesetzgeber habe damit „offenbar die faschistische Herrschaft in Italien, die Herrschaft der SED in der Ostzone und die in den östlichen totalitären Staaten geltenden Regierungssysteme gemeint." Der Kommentar fährt jedoch fort: „Es sind aber nicht etwa die Angehörigen der KPD ausgeschlossen, die gerade wegen ihrer Zugehörigkeit zur KPD verfolgt wurden und in den ersten Jahren nach dem Zweiten Weltkrieg maßgeblich am Aufbau der staatlichen demokratischen Ordnung in einzelnen Ländern beteiligt waren."[13]

In dieser ersten Kommentierung der zuständigen Bonner Ministerialreferenten kann man noch den Geist des „antifaschistischen Konsenses" des Widerstandes und der ersten Nachkriegsjahre erahnen. Damals war Antifaschismus noch kein vereinnahmtes Schlagwort, sondern stand für ein Neuordnungsstreben mit unverkennbar auch antikapitalistischen Akzenten, das bis weit ins bürgerlich-christliche Lager hinein vertreten wurde. Es war noch bewußt, daß auch im Widerstand und im KZ Bürgerliche, Sozialdemokraten und Kommunisten zusammengearbeitet hatten. Aber zwischenzeitlich war im Zeichen der Reintegration der alten Eliten, vieler Mitläufer

---

[12] Ebd., S. 13644.
[13] Viktor Grimpe (bisher Leiter der Abteilung für Wiedergutmachung im Innenministerium des Landes Nordrhein-Westfalen), Kommentar zum Bundesentschädigungsgesetz vom 18. September 1953, Siegburg 1953, S. 66; Georg Blessin (Oberregierungsrat im Bundesministerium der Finanzen), Hans Wilden (Oberregierungsrat im Bundesministerium der Justiz) unter Mitwirkung von Hans-Georg Ehrig (Oberverwaltungsgerichtsrat in Frankfurt/Main), Kommentar zum Bundesentschädigungsgesetz, München/Berlin 1954, S. 100.

und auch mancher Belasteter das Klima umgeschlagen. Die Vorgänge um die „Sowjetisierung" Mitteldeutschlands und die Zwangsvereinigung der SPD und KPD in der Sowjetischen Besatzungszone zur SED hatten den traditionellen Antikommunismus neu legitimiert, so daß der kommunistische Widerstand gegen Hitler aus dem historischen Bewußtsein ausgegrenzt wurde[14] und sich der antifaschistische zum antitotalitären Konsens umformte. In der „Frontstadt" Berlin hatte das dortige Landesgesetz über die Entschädigung der Opfer des Nationalsozialismus vom 10. Januar 1952 diese Tendenz präzise in Worte gefaßt und zum ersten Male eine politische Ausschlußklausel formuliert. Gemäß § 2, Abs. 1, Ziffer 3 dieses Gesetzes sollten von der Entschädigung ausgeschlossen sein „Personen, die als Anhänger eines totalitären Systems die demokratische Staatsform bekämpfen."[15]

Die Ausschlußklauseln des Bundesergänzungsgesetz hatten – ebenso wie die parlamentarischen Debatten – viele Unklarheiten gelassen. Eindeutig war allenfalls die Absicht, daß der Kampf gegen die freiheitlich-demokratische Grundordnung der Bundesrepublik, also das aktuelle Verhalten eines Antragstellers, eine „Entschädigungsunwürdigkeit" des vom Nationalsozialismus Verfolgten begründen konnte. Dafür sprach die Präsensformulierung in Ziffer 4: „bekämpfen". Aber nicht einmal dieses blieb unbestritten. Da nämlich nach Ziffer 1 der Klausel ausgeschlossen sein sollte, wer einer anderen Gewaltherrschaft Vorschub geleistet *hat*, fanden viele Gerichte eine Möglichkeit, vom Nationalsozialismus verfolgten Kommunisten den Entschädigungsanspruch prinzipiell zu bestreiten. Das lag ganz auf der Linie, kommunistischem Widerstand die Anerkennung zu verweigern, ihn trotz der Formulierungen in der Präambel des BErgG zu disqualifizieren. Aus der Fülle der Rechtsprechungsbeispiele seien einige besonders prägnante hervorgehoben.

Unter Bezug auf § 1 (4) Ziffer 1 BErgG versagte das Oberlandesgericht München einem Kommunisten die Entschädigung für unter dem Nationalsozialismus erlittene Verfolgungen, weil die aktive Unterstützung der bayerischen Räterepublik im Frühjahr 1919 ein Vorschubleisten einer anderen Gewaltherrschaft darstelle und dadurch Entschädigungen ausschließe[16].

Ähnlich, aber noch allgemeiner, urteilte das Oberlandesgericht Neustadt, daß kommunistische Betätigung nicht als „achtenswerte politische Haltung" angesehen werden könne. Es verneinte damit die Entschädigungsansprüche eines verfolgten Kommunisten, weil „die rußlandhörige KPD einer freiheitlichen demokratischen Grundordnung zu allen Zeiten abträglich war", denn die „KPD alter und neuer Prägung ... würde ... – zur Herrschaft gelangt –, diejenigen Maßnahmen, deren Auswirkungen das Entschädigungsgesetz als anspruchsberechtigt bezeichnet, noch in weit brutalerer Weise ergreifen, als es die NSDAP getan hat; denn beide Parteien sind des gleichen Geistes Kinder."[17]

---

[14] Vgl. Gerhard Ritters berühmte Goerdeler Biographie aus dem Jahr 1954, die den Widerstand der „Roten Kapelle" expressis verbis nicht zum deutschen Widerstand zählt. Vgl. Gerhard Ritter, Karl Goerdeler und die deutsche Widerstandsbewegung, Taschenbuchausgabe München 1964, S. 108 ff.

[15] Hier zitiert nach Joseph E. Drexel, Der Fall Niekisch – Eine Dokumentation, Köln 1964.

[16] OLG München v. 3. 3. 1954 = Rechtsprechung zum Wiedergutmachungsrecht (im folgenden abgekürzt RzW) 1955, S. 116.

[17] OLG Neustadt v. 29. 7. 1953, RzW 1953, S. 342.

Auch das Berliner Kammergericht bestritt bei der Auslegung entsprechender Formulierungen des Berliner Entschädigungsgesetzes Anhängern des Kommunismus die Möglichkeit zu einer entschädigungswürdigen Gegnerschaft zum Nationalsozialismus. Solche Gegnerschaft müsse sich „gegen die nationalsozialistische Grundeinstellung zur Frage des Verhältnisses von ‚Staat und Individuum'" richten und sich insofern „aus bewährter, anzuerkennender lauterer Grundeinstellung" speisen. Kommunisten sei es aber nicht darum gegangen, das totalitäre System als solches zu bekämpfen, sondern nur das eine durch ein anderes zu ersetzen, das ebenfalls die völlige Unterwerfung des Individuums unter die Staatsgewalt verlange[18].

Mit Recht wies gegen diese Argumentation das Landgericht Berlin darauf hin, daß frühere Mitglieder der KPD mittlerweile an maßgeblicher Stelle im politischen Leben stünden und sich als Vertreter der demokratischen Staatsform bewährt hätten. Das Gericht verwies ferner auf die Zusammenarbeit der Kommunisten im Widerstand mit allen anderen Oppositionsgruppen und bestritt dem Kammergericht die Aufgabe, darüber zu befinden, welche politischen Glaubensbekenntnisse achtbarer seien als andere. Andernfalls müsse auch darüber diskutiert werden, ob Verfolgte aus monarchistischen Kreisen entschädigungsberechtigt wären[19].

Auch der Bundesgerichtshof versuchte später diese ausufernde Rechtsprechung dadurch einzugrenzen, daß er verlangte, Voraussetzung für das Vorschubleisten einer anderen Gewaltherrschaft sei, daß es zu einer solchen tatsächlich gekommen sei und der Geschädigte sich in einer Weise für diese Gewaltherrschaft eingesetzt habe, die über eine bloße Mitgliedschaft in den die Gewaltherrschaft tragenden politischen Organisationen hinausgehe[20].

Mit diesem Tenor des Bundesgerichtshofs war jedoch weder das Münchener Räterepublik-Urteil noch die Argumentation des OLG Neustadt zu treffen. Denn beide Gerichte hatten zusätzlich darauf abgestellt, daß der Kommunismus schlechthin die freiheitlich-demokratische Grundordnung bekämpfe; dieses Bekämpfen konnte nach Meinung der Richter auch in der Vergangenheit – auch vor 1933 – liegen.

Ob der Gesetzgeber soweit hatte gehen wollen, muß bezweifelt werden. Unstrittig war jedoch seine Absicht gewesen, die Entschädigungswürdigkeit an gegenwärtige demokratische Loyalität zu knüpfen. Wie weit diese einem Kommunisten zu bestreiten war, entschieden nun die Wiedergutmachungsbehörden und im Streitfall die Gerichte. Die Wiedergutmachungsrichter beanspruchten in eigener Zuständigkeit zu beurteilen, welches Ausmaß kommunistischer Aktivität als Bekämpfen der freiheitlich-demokratischen Grundordnung zu werten sei. An ein vorrangiges Strafverfahren wegen Verstoßes gegen die einschlägigen Normen des politischen Strafrechts oder gar an ein Verfassungsgerichtsurteil über die Verfassungswidrigkeit der KPD oder eine Verwirkung individueller Grundrechte wollten sie sich nicht binden und waren sie auch nicht gebunden, weil der Gesetzgeber die in diesem Punkt klaren Bestimmungen des Bundesratsentwurfes[21] nicht übernommen hatte. So wurde es möglich,

---

[18] Kammergericht Berlin v. 9.1. 1953, RzW 1953, S.276 mit ablehnendem Kommentar von W.R.Beyer.

[19] Urteil des LG Berlin v. 21.3. 1953, ebd., S.278.

[20] BGH v. 9.2. 1955, RzW 1955, S.51. Scharfe Kritik bei gleichzeitiger Zustimmung zum obigen Kammergerichtsurteil (vgl. Anm. 18) durch Biermann in RzW 1955, S.298 ff.

[21] Siehe Anm.10. In den einschlägigen Kommentaren Blessin/Ehrig/Wilden (1954), S.101 f. und

den Anspruch auf Wiedergutmachung wegen bestimmter kommunistischer Aktivitäten zu bestreiten, obwohl die KPD noch zum Bundestag kandidierte sowie in Landtagen und Gemeinderäten vertreten war. Das OLG Koblenz entschied 1954, wer sich als Mitglied besonders aktiv für die KPD einsetze, bekämpfe die freiheitlich-demokratische Grundordnung und sei von Entschädigungen ausgeschlossen. Die Aktivität des Antragstellers bestand darin, daß er 1945 eine Ortsgruppe der KPD gegründet hatte[22]. Andere Gerichte entzogen bei bloßer Mitgliedschaft die Entschädigung nicht[23]. Der Bundesgerichtshof meinte sogar, daß Stimmabgabe für die bei den Berliner Stadtverordneten-Wahlen zugelassene SED sowie das Kandidieren auf ihrer Liste und die Unterstützung ihrer Kandidaten nicht ausreiche, um die Wiedergutmachung zu verweigern[24].

Ähnlich argumentierend hielt das Berliner Kammergericht die bloße Mitgliedschaft in der Vereinigung der Verfolgten des Nazi-Regimes in den Jahren 1948 bis 1952 für unschädlich, obwohl die Vereinigung eine Nebenorganisation der SED sei[25]. Immerhin hatten die Vorinstanzen die Aktivität in dieser Organisation der NS-Verfolgten und ehemaliger KZ-Häftlinge für einen Ausschlußgrund gehalten. An dieser Beurteilung wird der Umschwung vom „antifaschistischen" zum „antitotalitären" Konsens schlaglichtartig deutlich. Er spiegelte sich auch in der Organisationsgeschichte der VVN, die im Juni 1946 als umfassende, überparteiliche aber politische Verfolgtenorganisation auf einer internationalen Tagung der Opfer des Faschismus zur Vertretung der Interessen der Verfolgten, zur Durchsetzung einer gerechten Wiedergutmachung und zur Verhinderung neuer totalitärer Herrschaft gegründet worden war. In ihr setzten Bekenntnispfarrer und Sozialdemokraten mit Kommunisten und Gewerkschaftlern die im KZ erprobte Solidarität durch gemeinsame Arbeit fort.

Im Zeichen des Kalten Krieges zerbrach im Sommer 1950 die Einheitsfront der Nazigegner, weil die nichtkommunistischen Mitglieder sich an die Wand gespielt sahen und eigene Organisationen gründeten. Mit Beschluß vom 21. Juli 1951 hatte die Bundesregierung den Rat der VVN gemäß Art. 9, Abs. 2 des Grundgesetzes für verboten erklärt. Aber dieser Beschluß hatte vor Gericht keinen Bestand und wurde auch von den Ländern nicht mitvollzogen[26]. In Berlin freilich galt die VVN als Nebenorganisation der SED und aus diesem Zusammenhang legitimierten die Vorinstanzen ihre Einschätzung, daß Aktivitäten in der von Kommunisten bestimmten VVN als Wiedergutmachungshindernis angesehen wurde. Der Bundesgerichtshof folgte dieser

---

H.G. van Dam/H. Loos, Berlin/Frankfurt 1957, S. 121 wurde eindeutig die Meinung vertreten, der Ausschluß wegen Bekämpfung der freiheitlich-demokratischen Grundordnung sei an ein Verwirkungs- oder Strafurteil bzw. an ein vorrangiges Partei- oder Organisationsverbot zu knüpfen. Die Wiedergutmachungsgerichte entschieden jedoch anders.

[22] OLG Koblenz v. 22.11.1954, RzW 1955, S. 88.

[23] OLG Oldenburg und ähnlich BGH v. 9.2.1955, RzW 1955, S. 151.

[24] BGH v. 7.7.1956, RzW 1956, S. 371.

[25] Berliner KG v. 28.4.1954, RzW 1954, S. 366 f.

[26] Vgl. Stichwort: Vereinigung der Verfolgten des Nazi-Regimes, in: Lexikon zur Geschichte und Politik im 20. Jahrhundert, Köln 1971; vgl. ferner Der Spiegel, 1979, Nr. 12, S. 106 ff. mit einem Bericht über die Geschichte und Gegenwart der Verfolgtenorganisationen. Zum Verbotsbeschluß der Bundesregierung Alexander von Brünneck, Politische Justiz gegen Kommunisten in der Bundesrepublik Deutschland 1949–1968, Frankfurt 1978, S. 65.

Bewertung zunächst nicht. Erst in den späteren Jahren schwenkte er auf einen ebenso harten Kurs um.

Die sich etablierende Unterscheidung zwischen einfacher Mitgliedschaft und besonderer Aktivität hatte mit ihren außerordentlich fließenden Übergängen Tradition in der strafrechtlichen Rechtsprechung zur KPD schon in der Weimarer Zeit. Die bundesrepublikanischen Wiedergutmachungsgerichte nahmen wiederholt auf die damaligen Reichsgerichtsurteile Bezug[27]. Diese Unterscheidung wurde jedoch auch dadurch aktiviert, daß sowohl im Entnazifizierungsrecht wie auch bei den Wiedergutmachungsprozessen die Frage der „nominellen" Mitgliedschaft in der NSDAP eine besondere Rolle spielte. Hier allerdings mit der Tendenz, die Gewichte möglichst zugunsten der nur nominellen Mitglieder zu verschieben, während bei Kommunisten der Aktivistenstatus „großzügiger" zuerkannt wurde.

Zusammenfassend ist festzustellen, daß die Wiedergutmachungsansprüche von Kommunisten bis 1956 uneinheitlich behandelt wurden. Einige Gerichte bestritten Kommunisten schlechthin die Entschädigungswürdigkeit, wobei insbesondere in Berlin – aber nicht nur dort – diese harte Praxis vorherrschte. Andere Gerichte verweigerten die Wiedergutmachung wegen gegenwärtiger besonderer Aktivität gegen die freiheitlich-demokratische Grundordnung, aber viele Wiedergutmachungsbehörden gewährten weiterhin die vor Erlaß des Bundesergänzungsgesetz bewilligten Renten, weil sie offensichtlich – wie die einschlägigen Kommentatoren – eine verfassungsgerichtliche Entscheidung über die Verfassungswidrigkeit der KPD als Voraussetzung für die Ausschlußklausel ansahen[28].

Der BGH ließ solche Auffassungen freilich nicht gelten. Für ihn war es „rechtlich unerheblich", ob eine totalitäre Partei bereits gemäß Art. 21 des Grundgesetzes als verfassungswidrig erklärt worden sei oder nicht[29].

Die Novellierung der Ausschlußklauseln und das KPD-Verbots-Urteil von 1956

Zwei Ereignisse änderten 1956 die Rechtslage für die Wiedergutmachungsansprüche der Kommunisten grundlegend. Nach ausführlichen Vorbereitungen trat am 29. Juni 1956 die Neufassung des Bundesergänzungsgesetzes, das Bundesentschädigungsgesetz (BEG) in Kraft. Wenige Wochen später, am 17. August 1956, verkündete das Bundesverfassungsgericht seinen Beschluß über die Verfassungswidrigkeit der KPD.

Bei der Novellierung des BErgG wurden die politischen Ausschlußklauseln grundsätzlich bestätigt, aber im Wortlaut präzisiert. Der Gesetzgeber korrigierte damit einige Gerichtsurteile. Das Vorschubleisten für eine „andere Gewaltherrschaft" wurde völlig gestrichen und der Gegenwartsbezug der alten Ziffer 4 eindeutig gefaßt. Nach § 6, Abs. 1 BEG war von einer Entschädigung ausgeschlossen:

„1. wer Mitglied der NSDAP oder einer ihrer Gliederungen gewesen ist oder der nationalsozialistischen Gewaltherrschaft Vorschub geleistet hat; die nominelle

---

[27] Zur Rechtsprechung über die KPD in der Weimarer Justiz vgl. Gotthard Jasper, Justiz und Politik in der Weimarer Republik, in: Vierteljahrshefte für Zeitgeschichte 1982, S. 177 ff.
[28] So Dam/Loos, Kommentar zum BErgG, S. 121.
[29] BGH v. 20. 4. 1955, RzW 1955, S. 250 f.

Mitgliedschaft in der NSDAP oder in einer ihrer Gliederungen schließt den Anspruch auf Entschädigung nicht aus, wenn der Verfolgte unter Einsatz von Freiheit, Leib oder Leben den Nationalsozialismus aus Gründen, die den Verfolgungsgründen des § 1 entsprechen, bekämpft hat und deswegen verfolgt worden ist;

2. wer nach dem 23. Mai 1949 die freiheitliche demokratische Grundordnung im Sinne des Grundgesetzes bekämpft hat;

3. wem nach dem 8. Mai 1945 rechtskräftig die bürgerlichen Ehrenrechte aberkannt worden sind;

4. wer nach dem 8. Mai 1945 rechtskräftig zu Zuchthausstrafe von mehr als 3 Jahren verurteilt worden ist."

Mit diesen Präzisierungen, die den Begriff der „nominellen Mitgliedschaft" zugunsten bestimmter Nationalsozialisten in den Gesetzestext aufnahm, war kommunistische Aktivität vor 1933, während des Dritten Reiches und vor Erlaß des Grundgesetzes kein Ausschlußgrund mehr. Dieses wurde auch dadurch unterstrichen, daß der Gesetzgeber bei der Definition des Verfolgten in § 1 BEG und in der Präambel nicht mehr auf die „politische Überzeugung" als Ursache für NS-Verfolgung, sondern auf „politische Gegnerschaft" abstellte. Aus den parlamentarischen Beratungen geht hervor, daß diese Änderung sich gegen Gerichtsurteile wandte, die inhaltliche, sittliche Maßstäbe an den Begriff „Überzeugung" geknüpft hatten und daraus kommunistischen Widerstand disqualifizierten[30].

Zwar wurde im Gesetzgebungsverfahren vielerlei Kritik an Entscheidungen der Wiedergutmachungsbehörden und der Gerichte laut, aber diese bezog sich allgemein auf Ablehnungen der Verfolgteneigenschaften und kleinliche Bemessungen der Renten, die man mit den großzügigen Pensionen ehemaliger Nazigrößen verglich. Am Prinzip, kommunistische Aktivität gegen die verfassungsmäßige Ordnung des Grundgesetzes als Ausschlußgrund zu werten, wurde nicht gerüttelt, zumal die KPD nicht mehr im Bundestag vertreten war[31]. Der § 6, Abs. 1, Ziffer 2 wurde im Grunde überhaupt nicht diskutiert. Die Präambel des BEG erkannte zwar an, daß Widerstand aus politischer Gegnerschaft zum Nationalsozialismus ein Verdienst gewesen sei und deshalb Entschädigungsansprüche auslöse. Aber zugleich wurden diese Ansprüche bei Gegnerschaft gegen die Grundordnung der Bundesrepublik aberkannt.

Die Bundesregierung begründete diese – mit dem Gedanken des Entschädigungsrechtes nur schwer vereinbare Regelung – mit dem Hinweis auf die öffentlich-rechtli-

---

[30] Vgl. dazu Deutscher Bundestag, Drucksache 2/1949 (Regierungsentwurf mit Begründung zum BEG), S. 93 f.; vgl. ferner den schriftlichen Bericht des Ausschußvorsitzenden Dr. Greve, ebendort, 2/2382, S. 2 f.: „Achtbarkeit der politischen Überzeugung, Würdigkeit des Verfolgten, Billigungsgrad und Reife dürfen künftig nicht mehr Voraussetzungen für die Annahme der politischen Gegnerschaft sein." Zu § 6 (1), Ziffer 2 vermerkt Greve: „Damit ist zum Ausdruck gebracht, daß nur eine Bekämpfung der freiheitlichen demokratischen Grundordnung nach Inkrafttreten des Grundgesetzes zum Ausschluß der Entschädigung führt."

[31] Vgl. die Grundsatzkritik von Dr. Greve, ebendort, S. 1, ferner Plenarprotokoll 119. Sitzung v. 14. 12. 1955, S. 6325 sowie Protokoll v. 6. 6. 1956, S. 7786, S. 7790, S. 7804 mit der bezeichnenden Forderung, das BEG grundsätzlich im Zweifelsfall zugunsten des Verfolgten auszulegen. Heftige Kritik an der engherzig kleinlichen Rechtsprechung und Verwaltungspraxis übte schon Adolf Arndt am 15. 10. 1954. Er verband diese Kritik mit dem bezeichnenden Hinweis auf die „Wechselwirkung zwischen dem Leidensweg der Wiedergutmachung und dem faulen Klima unserer Innenpolitik." Ebendort, S. 2452 f.

che Natur des Entschädigungsanspruches. Da die Leistungen aus öffentlichen Mitteln erbracht würden, wäre es „staatspolitisch nicht zu verantworten", diese Leistung Personen zukommen zu lassen, „die sich durch politische oder kriminelle Betätigung zu der Ordnung des heutigen Staates in Gegensatz gesetzt haben." Darüber hinaus sei es „auch rechtlich vertretbar, Personen, die an sich durch nationalsozialistische Gewaltmaßnahmen Schaden erlitten haben, durch ihr Verhalten jedoch die politische oder rechtliche Ordnung des heutigen Staates gestört haben, gleichwohl von der Entschädigung auszuschließen oder ihren Anspruch auf Entschädigung als verwirkt zu erklären, was bei bürgerlich-rechtlichen Schadensersatzansprüchen grundsätzlich nicht möglich gewesen wäre."[32]

Diese Rechtskonstruktion, die es erlaubte, unbestritten entstandene Entschädigungsansprüche wieder abzuerkennen bzw. an politisches Wohlverhalten zu knüpfen, wurde im Bundestag nicht weiter diskutiert. Sie war offensichtlich allgemein akzeptiert, weil das Ergebnis auf Zustimmung stieß. Dabei ist freilich anzumerken, daß ansonsten die öffentlich-rechtliche Natur der Entschädigungsleistungen ganz anders begründet wurde. Der wiedergutmachungspolitische Hauptsprecher der CDU, der Abgeordnete Professor Böhm, betonte anläßlich der Beratungen zum Bundesentschädigungsschlußgesetz 1963 in einem historischen Rückblick, daß man stets die Auffassung vertreten habe, „Rechtsgrundlage der Wiedergutmachungspflicht" seien die §§ 823 ff. des BGB zur zivilrechtlichen Schadenersatzpflicht. Mit der Übernahme dieser Pflicht durch die Bundesrepublik habe man jedoch die privatrechtliche Schuld in eine öffentlich-rechtliche Entschädigungsverpflichtung verwandelt, was für die Verfolgten zu einer positiven und einer negativen Wirkung führe. Zugunsten der Verfolgten habe sich ausgewirkt, daß die Beweisbeschaffung ex officio durch die Wiedergutmachungsbehörden erleichtert worden sei. Zum Nachteil für die Verfolgten sei gewesen, daß durch die öffentlich-rechtliche Konstruktion – in Abweichung von der vollen Schadloshaltung des Entschädigungsberechtigten nach dem BGB – eine Limitierung der Wiedergutmachungsleistungen erfolgen konnte. Diese Begrenzung sei notwendig gewesen angesichts der beschränkten finanziellen Leistungsfähigkeit der Bundesrepublik und der notwendigen Abstimmung der Ausgaben mit den anderen Staatsaufgaben[33].

Daß die öffentlich-rechtliche Grundlage der Entschädigungsleistungen auch dazu benutzt wurde, entstandene Ansprüche mit politischen Klauseln abzuwehren, thematisierte Böhm hier nicht, da dies seiner Grundargumentation eigentlich widersprach[34]. Aber dieser Widerspruch wurde offensichtlich nicht registriert, obwohl die Verfolgtenorganisationen schwere verfassungsrechtliche Bedenken wegen der Ungleichbehandlung gleichwertiger Entschädigungsansprüche geltend machten.

---

[32] Deutscher Bundestag, Drucksache 2/1949, S. 93.
[33] Deutscher Bundestag, 4. Wahlperiode, 96. Sitzung v. 14. 11. 1963, S. 4415.
[34] Auf diesen Grundwiderspruch hat der langjährige Vorsitzende des Wiedergutmachungsausschusses des Bundestages, der spätere Bundesverfassungsrichter Martin Hirsch immer wieder hingewiesen, ohne sich jedoch während seiner parlamentarischen Tätigkeit mit dieser Auffassung durchsetzen zu können. Vgl. Martin Hirsch, Folgen der Verfolgung – Schädigung – Wiedergutmachung – Rehabilitierung. In: Protokolldienst der Evangel. Akademie Bad Boll Nr. 14/84, S. 24. Hirsch nennt dort die politische Klausel des BEG einen „unentschuldbaren Fehler".

Hinsichtlich der Zuständigkeitsfrage, wer feststellen solle, ob ein Verfolgter die freiheitlich-demokratische Grundordnung bekämpfe oder nicht, beließ es das Bundesentschädigungsgesetz bei der Unklarheit, die schon im Bundesergänzungsgesetz gegolten hatte. Das hatte zur Folge, daß die Wiedergutmachungsbehörden und die sie kontrollierenden Gerichte nach wie vor die Entscheidungskompetenz für sich beanspruchten.

Mit der Entscheidung des Bundesverfassungsgerichts zur Verfassungswidrigkeit der KPD, die wenige Wochen nach der Verabschiedung des BEG fiel, klärte sich in gewisser Weise die Rechtslage. Die Gerichte, die schon zuvor kommunistische Aktivitäten als Bekämpfung der freiheitlich-demokratischen Grundordnung gewertet hatten, konnten sich bestätigt sehen. Wiedergutmachungsbehörden entzogen nunmehr aktiven Kommunisten schon gewährte Wiedergutmachungsrenten und wurden darin von den Gerichten bestätigt. Zwar galt die feine Unterscheidung von bloßer Mitgliedschaft und besonderer Aktivität nach wie vor, aber schon die Verteilung von kommunistischem Propagandamaterial oder einfache Funktionärstätigkeiten reichten zur Aberkennung des Wiedergutmachungsanspruchs oder zum Widerruf bewilligter Renten und zu Rückzahlungsforderungen. Dabei beschränkte man sich keinesfalls auf die Zeit nach dem verfassungsgerichtlichen Verbot[35].

Erst mit Entscheidung vom 27. Juni 1961 korrigierte das Bundesverfassungsgericht diese Praxis der Behörden und Gerichte, indem es seinem Urteil zur Verfassungswidrigkeit der KPD eindeutig konstitutive Bedeutung zuschrieb. Daraus folgte, daß ein Einsatz für die Ziele der KPD mit allgemein erlaubten Mitteln in der Zeit vor dem Verbot nicht als Bekämpfung der freiheitlich-demokratischen Grundordnung gewertet werden durfte und somit auch nicht die möglichen Wiedergutmachungsansprüche tangierte[36].

Ein Einsatz für die Ziele der KPD nach dem Verbot rechtfertigte allerdings auch nach Meinung des Bundesverfassungsgerichtes den Ausschluß von Entschädigungsleistungen. In diesem Punkt schloß sich das Verfassungsgericht dem Bundesgerichtshof an, der die Verfassungsmäßigkeit des § 6, Abs. 1, Ziffer 2 wiederholt bestätigt hatte. Das Verfassungsgericht betonte dabei, daß die Wiedergutmachung „ihrer ganzen Struktur nach kein Schadenersatz im Sinne des bürgerlichen Rechtes" sei, darum sei „politische Unwürdigkeit" des zu Entschädigenden wegen der „staatsschädlichen Folgen des politischen Verhaltens" nicht auszuschließen. „Angesichts der in Art. 9 (2), Art. 18, Art. 21 (2) zum Ausdruck gekommenen Grundsatzentscheidung des Verfassungsgebers für eine Bekämpfung der aktiven Feinde der demokratischen Wertordnung" sei es „verfassungsrechtlich unbedenklich", in solchen Fällen die Entschädigung zu versagen. Damit war das sogenannte „Streitbarkeitsprinzip" des Grundgesetzes über seine konkreten verfassungsrechtlichen Fixierungen hinaus als umfassendes Konzept auf andere Bereiche ausgedehnt worden und vernichtete dort Ansprüche aus dem Wiedergutmachungsrecht.

Den unabhängig vom KPD-Verbot erhobenen grundsätzlichen Einwand, durch § 6, Abs. 1, Ziffer 2 BEG werde Art. 18 GG, das Monopol des Bundesverfassungsgerichtes auf die Feststellung von Grundrechtsverwirkungen, ausgehöhlt, wies das Bun-

---

[35] Statt vieler weiterer Nachweise: BGH v. 5. 8. 1958, RzW 1959, S. 65 f. und öfter.
[36] BVerfG 13, S. 46 ff. Vgl. dazu auch den begleitenden Bericht in: Der Spiegel, 1961, Nr. 36, S. 29 f.

desverfassungsgericht lapidar mit dem Hinweis zurück, daß die Ansprüche auf Entschädigung „nicht zu den in Art. 18 GG behandelten Grundrechten gehören". Diese Argumentation kann wenig überzeugen. Faktisch machte das Bundesverfassungsgericht damit selbst den Art. 18 GG obsolet, denn das mit allgemein zugelassenen Mitteln erfolgende Eintreten für die Ziele der KPD muß als die Wahrnehmung von Meinungsfreiheit gewertet werden. Der Entzug der Entschädigung wegen solchen Eintretens für die KPD ist deshalb als Konkretisierung des Ausmaßes der Verwirkung des Rechts auf freie Meinungsäußerung und Vereinigungsfreiheit anzusehen. Insofern wäre eben doch eine Entscheidung des Bundesverfassungsgerichtes über die Verwirkung dieser Grundrechte gemäß Art. 18 zu fordern, wie es der Bundesratsentwurf ja auch vorgesehen hatte. Das Bundesverfassungsgericht verzichtete freilich mit seiner anders lautenden Entscheidung auf sein Monopol, allein über die faktische Verwirkung von Grundrechten zu entscheiden. Die vom Verfassungsgeber intendierte Sperrwirkung, an der in Art. 21 des Grundgesetzes beim Parteiverbot noch festgehalten wurde, lief damit und läuft seitdem bei Art. 18 GG leer[37].

Mit dem Spruch des Verfassungsgerichtes von 1961 war die verfassungsrechtliche Zulässigkeit der politischen Ausschlußklausel verbindlich festgestellt. Allerdings hatte die Klarstellung des Gerichtes über die konstitutive Wirkung des KPD-Verbotes erhebliche Bedeutung. Mit dem Hinweis auf kommunistische Aktivitäten konnten hinfort nur Entschädigungsansprüche zurückgewiesen werden, wenn diese Aktivitäten in die Zeit nach dem Verbot fielen, also als Umgehung des Verbotes aufgefaßt werden konnten.

So war die Wirkung der politischen Ausschlußklausel ein weiteres Mal begrenzt. Hatte das BEG von 1956 präzisiert, daß nur ein Kampf gegen die freiheitlich-demokratische Grundordnung nach dem Mai 1949 den Entschädigungsanspruch vernichte, so bestimmte nun das Bundesverfassungsgericht als neues Datum den August 1956 und hob alle Rückwirkungen auf. Rechtspolitisch führte das zu der problematischen Folge, daß ältere Kommunisten, die nach 1956 passiv blieben, ihre Wiedergutmachungsrenten erhalten konnten. Die Entschädigung wurde zur Prämie für politisches Wohlverhalten, „verrenteter Lohn für den Verkauf von Gesinnung", wie Helmut Ridder sarkastisch schrieb[38]. Wer dagegen den Zusammenhalt der Partei aufrechtzuerhalten versuchte – und geschah das auch in relativ harmlosen Formen –, geriet in die Mühlen der Justiz und gefährdete seine Entschädigung. Dabei war das Ausmaß an „Aktivität", das die Gerichte in Fortsetzung ihrer früheren Judikatur für ausreichend zum Entzug oder zur Entschädigungsverweigerung ansahen, außerordentlich gering[39]. Auch jetzt noch hielt der Bundesgerichtshof an der problematischen Meinung fest, daß die Entschädigung verweigert werden konnte, selbst wenn kein Strafurteil wegen Verstoßes gegen das politische Strafrecht vorlag[40].

---

[37] Vgl. dazu Helmut Ridder, in: Kommentar zum Grundgesetz für die Bundesrepublik Deutschland, (Reihe Alternativkommentare), Neuwied/Darmstadt 1984, Bd. 2, S. 1447 ff. mit weiteren Nachweisen.

[38] Ebd.

[39] Ich verzichte auf weitere Einzelbelege und verweise generell auf die einschlägigen Kommentare und die Urteilsdokumentationen in RzW. Besonders aufschlußreiche Beispiele bei Walter Brunn, Richard Hebenstreit, Kommentar zum BEG-Schlußgesetz, Berlin 1965, S. 49 ff.

[40] BGH, v. 15. 4. 1959, RzW 1959, S. 315.

Die Sondersituation in Berlin und der Fall Niekisch

Die „Schutzwirkung", die die Entscheidung des Bundesverfassungsgerichtes generell für kommunistische Wiedergutmachungsansprüche bis zum KPD-Verbot und für passive Mitglieder auch darüber hinaus entfaltete, blieb wegen der verfassungsrechtlichen Sondersituation in Berlin ohne Rechtskraft. Das besondere Klima der Inselstadt Berlin im Zentrum des Kalten Krieges und der Auseinandersetzungen zwischen den beiden sich etablierenden deutschen Teilstaaten widersetzte sich dem mäßigenden Einfluß des Votums aus Karlsruhe. So kam es hier zu einer besonders intensiven Einbeziehung und Instrumentalisierung der Wiedergutmachungsansprüche von Kommunisten in den aktuellen Ost-West-Konflikt. Am Fall Niekisch wurde dies exemplarisch deutlich.

Der Schriftsteller Ernst Niekisch hatte schon in der Weimarer Zeit eine „Widerstandsbewegung" gegründet. Diese verfolgte in Abgrenzung von der „internationalistischen KPD" radikal sozialistische und nationalistische Ziele, welche durch ein Bündnis zwischen den proletarischen Völkern Deutschlands und Rußlands verwirklicht werden sollten. Die „nationalbolschewistische" Stoßrichtung galt sowohl dem kapitalistischen Westen wie der aufkommenden NSDAP. Nach 1933 blieb die Gruppe um Niekisch aktiv, plante sogar die Ermordung Hitlers, bis sie 1939 aufflog und vom Volksgerichtshof brutal abgeurteilt wurde[41]. Niekisch galt daher auch nach Meinung der Berliner Entschädigungsgerichte als „einer der schärfsten Gegner Hitlers", der schwer verfolgt worden sei[42].

Gleichwohl wurden seine Ansprüche auf Entschädigung bereits aufgrund des landesrechtlichen Berliner Entschädigungsgesetzes abgelehnt. Noch vor dem Erlaß des Bundesentschädigungsgesetzes 1953 hatten die Berliner in ihr Landesentschädigungsgesetz 1952 eine politische Klausel aufgenommen, durch die „Personen, die als Anhänger eines totalitären Systems die demokratische Staatsform bekämpfen" ihre Entschädigungsansprüche verloren. 1956 verschärfte man diese Klausel sogar noch auf alle „Anhänger eines totalitären Systems" (§ 6, Ziffer 3, Berliner Entschädigungsgesetz in der Fassung vom 13. April 1956). Allerdings hielt das Bundesverwaltungsgericht diese Gesetzesformulierung für unvereinbar mit Art. 3, Abs. 3 des Grundgesetzes, weil sie eine unzulässige Differenzierung aus Gründen politischer Anschauung darstelle[43].

Die Berliner Entschädigungsbehörden verweigerten Niekisch schon aufgrund der ersten Fassung des Berliner Entschädigungsgesetzes von 1952 die Wiedergutmachungsrente. Das Gericht sah in seiner „heute noch bestehenden Mitgliedschaft in der SED" und in weiteren Organisationen, „obwohl er ihren auf Errichtung eines totalitären Systems gerichteten Charakter erkennen mußte", die „geistige ideologische Verbindung des Antragstellers mit der politischen Zielsetzung dieser die demokratische Staatsform bekämpfenden Vereinigung."[44]

Niekisch war in der Tat nach 1945 erstmals der KPD beigetreten und hatte in Berlin-Wilmersdorf die Volkshochschule geleitet. Der Wunsch nach politischer Einheit

---

[41] Vgl. Helmut Beer, Widerstand gegen den Nationalsozialismus in Nürnberg 1933–1945, Nürnberg 1976, S. 236–278.
[42] Zitiert nach Drexel (Anm. 15), S. 46 f.
[43] Ebd., S. 40, vgl. ferner Brünneck (Anm. 26), S. 297.
[44] Drexel (Anm. 15), S. 47.

der Arbeiterschaft in ganz Deutschland ließ ihn auch zur SED stoßen. Als Intellektu-
eller hohen Ranges und in Tradition seiner nationalbolschewistischen Auffassungen
beteiligte er sich führend am „Kulturbund zur demokratischen Erneuerung Deutschlands" und der „Gesellschaft für deutsch-sowjetische Freundschaft", was ihm auch im
Berufungsurteil des Berliner Kammergerichtes negativ angerechnet wurde. „Als intel-
ligentem und politisch geschultem Manne" hätte ihm völlig klar sein müssen, daß
diese angeblich unpolitischen Organisationen dazu dienten, „die kommunistische
Ideologie zu propagieren und Sympathien für das von der übergroßen Mehrheit der
in der Ostzone wohnenden Deutschen abgelehnte sowjet-deutsche Regierungssystem
zu erwecken."[45]

    In der Revision zum Bundesgerichtshof vertrat der einstige konservative Wider-
standskämpfer und spätere Verfassungsrichter Fabian von Schlabrendorff Niekischs
Interessen. Er rügte u. a., das Kammergericht habe die innere Einstellung von Niekisch sowohl gegenüber der sowjetischen Gewaltherrschaft wie sein Engagement für
die freiheitlich-demokratische Grundordnung überhaupt nicht gewürdigt und an keiner Stelle zu sagen vermocht, daß und wie der Kläger die Gewaltherrschaft im
Bereich der sowjetischen Besatzungsmacht unterstützt habe, da diese Herrschaft auf
den Bajonetten der Roten Armee beruhe. Niekisch habe nur versucht, innerhalb dieses Gebietes „noch deutsche Belange zu vertreten". Schlabrendorff verwies auf die
Tatsache, daß die SED in West-Berlin, wo Niekisch wohnte, nach wie vor zugelassen
sei. Er fragte weiterhin, wie man hätte 1945 erkennen können, „es werde für verant-
wortungsbewußte Deutsche nicht möglich sein, innerhalb dieser Gruppe eine deutsche Aufgabe wahrzunehmen". Zwar sei Niekisch nicht erfolgreich gewesen mit dem
Versuch, eine deutsche Sendung wahrzunehmen, deshalb habe er auch seine Aktivitäten seither begrenzt und sei aus dem Nationalrat ausgeschieden, aber man könne
doch nicht „in Abrede stellen, daß er sich im Rahmen des Möglichen für die deutsche
Sache eingesetzt hat." Die bloße Zugehörigkeit zur Volkskammer der Gewaltherrschaft könne ebensowenig als Teilnahme an der Gewaltherrschaft interpretiert werden, wie die Mitgliedschaft im liedersingenden Reichstag unter Adolf Hitler[46].

    Schlabrendorff hatte mit seinen Argumenten vor dem BGH keinen Erfolg. Mit
Urteil vom 20. April 1955 bestätigte das Karlsruher Gericht die Berliner Urteile, weil
Niekisch als angesehene Persönlichkeit durch seinen aus freien Stücken erfolgten Beitritt in kommunistische Organisationen für die Gewaltherrschaft in der DDR gewor-
ben habe[47]. Niekisch legte gegen dieses Urteil Beschwerde bei der Europäischen
Kommission für Menschenrechte ein, doch diese verlangte die Ausschöpfung des
Rechtsweges beim Bundesverfassungsgericht. Dabei wurde freilich übersehen, daß
das Bundesverfassungsgericht damals in ständiger Rechtsprechung „Berliner Fälle"
nicht annahm.

    Aufgrund des neuen Bundesentschädigungsgesetzes von 1956 stellte Niekisch
wegen der Neuformulierung der Ausschlußklauseln 1958 erneut Antrag auf Entschädigung, der freilich wiederum von der Entschädigungsbehörde abgelehnt wurde.
Obwohl Niekisch unbestritten nach dem 17. Juni 1953 heftige Kritik an der politi-

---

[45] Ebd., S. 52.
[46] Ebd., S. 53 ff.
[47] Das Urteil ist abgedruckt ebd., S. 64 ff.

schen Führung der SED geübt und 1954 diese Partei verlassen hatte, blieb er auch jetzt bei Gericht mit seinen Ansprüchen ohne Erfolg. Die Berliner Gerichte hielten an ihrer alten Rechtsauffassung fest und konstruierten den Kampf gegen die freiheitlich-demokratische Grundordnung der Bundesrepublik aus der Tatsache, daß Niekisch als Bewohner West-Berlins seine Funktionen und Ämter in der DDR „noch nach dem 23. Mai 1949" ausgeübt habe[48]. Sie bürdeten Niekisch außerdem die Kosten des Verfahrens auf – was unüblich war – und schlossen darüber hinaus eine Revision zum Bundesgerichtshof aus.

Dieses Urteil von 1960 löste erhebliche öffentliche Kritik aus, zumal zeitgleich mit Niekischs Ablehnung das Landesverwaltungsgericht Schleswig dem Staatssekretär im Reichsministerium der Justiz Schlegelberger, der in Nürnberg zu lebenslänglicher Freiheitsstrafe verurteilt worden war, gemäß Art. 131 GG eine Pension von DM 2900 zuerkannte[49]. Zahlreiche prominente Politiker setzten sich nun für Niekisch ein. Aber auch eine schließlich erzwungene Revision blieb 1961 erfolglos, wobei der Bundesgerichtshof ausdrücklich auf die Nichtgeltung des verfassungsgerichtlichen KPD-Verbotes in West-Berlin abstellte. Damit entfiel für den BGH auch die konstitutive Wirkung dieses Verbotes, die eine belastende Verwendung legaler Aktivitäten für die KPD vor 1956 ausgeschlossen hatte. Gegen die West-Berliner SED konnte darum – im Unterschied zur westdeutschen KPD – auch für die Zeit vor 1956 festgestellt werden, sie kämpfe gegen die freiheitlich-demokratische Grundordnung und sei verfassungswidrig. Da Niekisch mehr als ein bloßes Mitglied gewesen sei, sei darum die Verweigerung der Rente rechtmäßig[50].

Eine trotz aller Berlin-Problematik eingereichte Verfassungsbeschwerde veranlaßte den Verfassungsgerichtspräsidenten Gebhard Müller – wohl wegen eben dieser Berlin-Problematik – beim Berliner Senat einen Vergleich mit Niekisch anzuregen. Doch die Berliner Regierung knüpfte ihre grundsätzliche Vergleichsbereitschaft an den Ausgang des Verfassungsbeschwerdeverfahrens, um auf diese Weise entgegen der Absicht des Gerichtspräsidenten den verfassungsrechtlichen Status von Berlin klären zu lassen.

Nicht nur das politische Sonderklima, sondern auch der rechtliche Sonderstatus von Berlin ließen auf diese Weise Niekischs Wiedergutmachungsansprüche nach über zehnjähriger Prozeßdauer ohne greifbaren Erfolg.

Auch die Distanzierung von der SED hatte Niekisch nichts genützt, denn das Berliner Kammergericht stellte grundsätzlich fest, daß eine gesinnungsmäßige Wandlung am einmal verwirkten Ausschluß von den Entschädigungsleistungen nichts ändere, da das Gesetz kein Wiederaufleben des Entschädigungsanspruches infolge tätiger Reue kenne[51].

---

[48] Ebd., S. 107.
[49] Ebd., S. 110 ff.
[50] Ebd., S. 142 ff., Urteil v. 29. 11. 1961. Zur Nichtwirkung des KPD-Verbotes S. 149 f.
[51] Kammergericht Berlin v. 14. 12. 1960, RzW 1961, S. 169.

Die Lockerung der Ausschlußklausel im Bundesentschädigungs-Schlußgesetz 1965

Trotz dieser eindeutigen Fixierung lockerte sich ab Mitte der sechziger Jahre die Haltung gegenüber Wiedergutmachungsansprüchen von Kommunisten. Im Zusammenhang mit der Novellierung des Bundesentschädigungsgesetzes zum sogenannten Bundesentschädigungs-Schlußgesetz vom 14. September 1965 wurde – zwar nicht im Plenum, aber doch im Wiedergutmachungsausschuß – über die politischen Ausschlußklauseln diskutiert. Der Vorsitzende des Ausschusses, Martin Hirsch (SPD), versuchte hier – unterstützt von einigen Gesinnungsgenossen – eine bessere und gerechtere Regelung für die Ausschlußbestimmungen zu finden, zumal diese „an sich dem Schadenersatzprinzip zuwiderlaufen." Doch die Ausschußmehrheit lehnte alle Änderungsanträge ab, weil sie glaubte, daß „über eine noch so geringfügige Aufweichung dieser Ausschlußbestimmungen Personen Entschädigungsansprüche bekommen könnten, welche das nicht verdienen." Man war allerdings übereinstimmend der Meinung, „daß besondere Härten, die sich aus § 6 insgesamt ergeben, über den Härteausgleich gemäß § 171 des Gesetzes bereinigt werden müssen."[52]

Diese Härteausgleichsklausel im Entschädigungsrecht hat eine lange Geschichte. Schon das Bundesergänzungsgesetz von 1953 hatte im § 79 eine Härteklausel vor allem für eigens aufgezählte Sonderfälle gekannt. Das Bundesentschädigungsgesetz von 1956 löste sich vom Enumerationsprinzip und traf eine Pauschalregelung, die nach dem Willen des Gesetzgebers „unter Umständen auch" Härten der politischen Ausschlußklauseln des § 6 zu mildern ermöglichen sollte. Dabei dachte man jedoch – wie sich aus den Unterlagen ergibt – weniger an Kommunisten, sondern eher an die nach § 6 (1) Ziffer 1 von Entschädigung ausgeschlossenen „übernominellen" Mitglieder der NSDAP, die später vom Nationalsozialismus verfolgt worden waren[53].

Die Richtlinien der Länder zur Handhabung der Härteklausel waren dann aber restriktiv und sahen in den Ausschlußklauseln des § 6 ein Hindernis für den Härteausgleich. Auch die Rechtsprechung war uneinheitlich. Während der BGH in Übereinstimmung mit allen Kommentatoren auch nach § 6 ausgeschlossene Entschädigungsansprüche über die Härteklausel zu befriedigen für zulässig erklärte, hielt das OLG München dieses für nicht mit dem Gesetz vereinbar[54].

Hier setzte nun die Klärung bei der Novellierung 1964/65 an. Der Wiedergutmachungsausschuß des Bundestages verzichtete auf eine ausdrückliche Aufzählung von Sondertatbeständen, die unter den Härteausgleich fallen sollten, nachdem die Länder erklärt hatten, in den in Betracht kommenden Fällen auch ohne ausdrückliche gesetzliche Regelung Härteausgleich zu gewähren[55]. Dieses sollte u.a. auch für die politischen Ausschlußklauseln des § 6 gelten, wie der Ausschußbericht an das Plenum ausdrücklich feststellte. Wiederum erwähnte der Bericht dabei „insbesondere" Fälle von „übernomineller Mitgliedschaft in der NSDAP", die vom Gesetzeswortlaut eigentlich expressis verbis ausnahmslos von Entschädigungsleistungen ausgeschlossen waren, auch wenn die betroffenen Personen später zum Widerstand gestoßen und verfolgt

---

[52] 4. Deutscher Bundestag, Drucksache IV/3423, S. 4.
[53] 2. Deutscher Bundestag, Drucksache II/2382 (Schriftlicher Bericht des Ausschusses), S. 12 u. S. 3.
[54] OLG München, RzW 1964, S. 448. Vgl. auch G. Blessin, H. Giessler, Kommentar zum Bundesentschädigungs-Schlußgesetz, München/Berlin 1967, S. 805 ff.
[55] 4. Deutscher Bundestag, Drucksache IV/3423, S. 16.

worden waren. Aus den Ausschußunterlagen ergibt sich jedoch auch, daß ebenfalls kommunistische Entschädigungsansprüche dem Härteausgleich zugeführt werden sollten, auch wenn das nicht deutlich ausgesprochen wurde. Daß man das gleichsam versteckte und mit einer entsprechenden Aktion für NS-belastete Verfolgte verband, erscheint typisch. Die unter dem Nationalsozialismus verfolgten Kommunisten hatten keine Lobby, ihre Probleme wurden kaum angesprochen. Verbesserungen ergaben sich allenfalls aus einem „Ausgewogenheitskalkül": Man konnte nicht gut für aktive, „übernominelle" Mitglieder der NSDAP etwas tun, wenn man nicht auch die verfolgten Kommunisten besser behandelte[56].

Der Erfolg dieser Debatten war tatsächlich eine großzügigere Anwendung der Härteklausel gegenüber Kommunisten. Die Länder entfernten nämlich aus ihren Richtlinien den Hinweis, daß der Ausschluß von Entschädigungsansprüchen nach § 6 ein absolutes Hindernis für den Härteausgleich sei[57]. Damit waren die Voraussetzungen geschaffen, kommunistische Entschädigungsansprüche wieder aufleben zu lassen und zu befriedigen. Der langjährige Vorsitzende der KPD und Bundestagsabgeordnete Max Reimann erhielt, als er in den späten sechziger Jahren – nach der Neugründung der DKP – aus der DDR in die Bundesrepublik zurückkehrte, erneut eine Verfolgtenrente in Höhe von DM 233 für sechsjährige Haft in Hitlers KZs und Zuchthäusern, nachdem man ihm 1959 seine Rente entzogen und die Kapitalentschädigung zurückgefordert hatte[58].

Es ist unverkennbar, daß die „großzügigere" Behandlung kommunistischer Entschädigungsansprüche seit 1965 in den generellen Zusammenhang des Abbaus der straf- und verfassungsrechtlichen Verfolgung der Kommunisten in der Bundesrepublik gehört. Amnestie, Strafrechtsreform und Zulassung der DKP signalisieren den Umschlag des Klimas. Der Kalte Krieg war der Entspannungspolitik gewichen, die Bundesrepublik war politisch so gefestigt, daß sie den heftigen Antikommunismus der ersten Jahre nicht mehr zur Legitimation benötigte. Dieser stand vielmehr jetzt einer außenpolitisch ebenso erwünschten wie notwendigen Kontaktaufnahme mit den Repräsentanten der seit dem Mauerbau sich zusehends konsolidierenden DDR entgegen[59].

Wenn somit seit dem Ende der sechziger Jahre kommunistische Wiedergutmachungsansprüche praktisch befriedigungsfähig geworden sind, so kann diese Entwicklung eigentlich dennoch nicht befriedigen, denn auf den Härteausgleich besteht – darin sind sich alle Kommentatoren einig – kein Rechtsanspruch. Die grundsätzliche These von der „Entschädigungsunwürdigkeit" kommunistischer Aktivisten blieb offiziell bestehen und gilt heute noch.

Das zwingt zu einem abschließenden Versuch, die Entstehung, Wirkung und

---

[56] Denselben Mechanismus setzte der zum rechten FDP-Flügel zählende Bundestagsabgeordnete Achenbach in Gang, als er schon 1959 im Gegenzug zu einer Amnestierung nationalsozialistischer Täter eine Amnestie für Kommunisten vorgeschlagen hatte. Vgl. Brünneck (Anm. 26), S. 322.

[57] Vgl. Giessler (Anm. 6), S. 469 ff.

[58] Der Spiegel 1970, Nr. 44, S. 216. 1959 hatte man Reimann seine Rente aberkannt und eine Kapitalentschädigung von DM 27.000 zurückgefordert, obwohl er in der Bundesrepublik nicht verurteilt worden war.

[59] Zur Lockerung der strafrechtlichen Verfolgung von Kommunisten in den 60er Jahren und zu der Reformdiskussion, die zur Neuzulassung der DKP führten, vgl. zusammenfassend Brünneck (Anm. 26), S. 315 ff.

Rechtfertigung dieser Verweigerung von Entschädigung an kommunistische Opfer der nationalsozialistischen Verfolgung historisch einzuordnen und zu bewerten. Hier gilt es freilich, verschiedene Perspektiven zu beachten, wobei die Einordnung der Ausschlußklausel in das Auf und Ab des Kalten Krieges und der deutsch-deutschen Auseinandersetzungen aus der obigen Darstellung selbst offenkundig geworden sein dürfte und keine weitere Hervorhebung erfordert. Allenfalls kann überraschen, wie schnell man in den fünfziger Jahren bereit war, die aktuelle Auseinandersetzung mit den Kommunisten und dem Osten auf die Entschädigungsansprüche verfolgter Kommunisten durchschlagen zu lassen oder – anders formuliert – die vielberufene „Bewältigung der Vergangenheit" politisch zu instrumentalisieren für die Politik der Stunde. Das politisch gewollte Unwerturteil gegenüber dem gegenwärtigen kommunistischen Gegner wurde gleichsam zurückverlagert, indem man dessen Widerstand gegen den Nationalsozialismus disqualifizierte oder seine Wiedergutmachungsansprüche an politisches Wohlverhalten band.

Das lenkt auf die eher innenpolitische Bedeutung der politischen Klausel des Wiedergutmachungsrechtes, auf die Bedeutung also, die sie für die Interpretation der nationalsozialistischen Diktatur in den fünfziger Jahren und für die Rezeptionsgeschichte des Widerstandes hatte. Überspitzt könnte man sagen, die politische Klausel des Wiedergutmachungsrechtes sei sowohl Indikator als auch Motor der Verdrängung in den fünfziger Jahren. Sie führte im Effekt dazu, daß Wiedergutmachung im wesentlichen nur an die jüdischen Opfer des Nationalsozialismus geleistet wurde. Diese Praxis beförderte jene damals weitverbreitete Vorstellung, die Herrschaft Hitlers sei insgesamt so schlecht eigentlich nicht gewesen, wenn nur der Antisemitismus nicht so übertrieben worden wäre.

Mit der Disqualifikation kommunistischen Widerstandes legitimierte man zudem Hitlers Kampf gegen den Bolschewismus und ermöglichte Mitläufern und Belasteten aus dem Nationalsozialismus die Integration in die neue Republik. Denn die alten Fronten blieben bestehen. Im Zeichen des antitotalitären Konsenses minimalisierten diese alten Konfliktlinien die Anforderungen an das „Umlernen" und die eigene Gewissenserforschung. Während des Korea-Krieges und nach der Niederschlagung des Arbeiteraufstandes vom 17. Juni 1953 – wenige Wochen vor Verabschiedung des Bundesergänzungsgesetzes – sind solche Reaktionen verständlich. Auch der gewiß in seiner Anti-Nazihaltung unverdächtige Adolf Arndt zollte diesem Klima mit seiner oben zitierten Bemerkung Tribut, als er davon sprach, die Wiedergutmachung sei ein Werk der Versöhnung, ein Brückenschlag zwischen Widerständlern und Stalingradkämpfern. Diese Kämpfer, die es mit dem Widerstand zu versöhnen galt, standen für den Abwehrkampf gegen den Bolschewismus. Ihnen gegenüber glaubte Arndt den Widerstand als „Nichtdolchstoß" legitimieren zu müssen. Damit wurde eine gefährliche Mißinterpretation des Nationalsozialismus erleichtert. Wer den Nationalsozialismus als Bollwerk gegen den Bolschewismus verstand, vergaß allzu leicht, daß Hitlers gescheiterter Eroberungs- und Vernichtungskrieg die Russen an die Elbe gebracht hatte, daß der „Abwehrkampf" der Armee Hitlers Terror und Auschwitz ermöglichte. In solch eingeschränkter Perspektive konnte kommunistischem Widerstand gegen den Nationalsozialismus die Anerkennung ohne Diskussion versagt werden; die Verfolgung der Kommunisten durch den Nationalsozialismus mußte vielmehr legitim erscheinen. Darin waren die Kommunisten den auch sonst vergessenen Opfern

nationalsozialistischer Verfolgung, den Sinti und Roma sowie den Opfern des Erbge-
sundheitsgesetzes und der Euthanasie nun doch vergleichbar. Auch deren Verfolgung
galt ebenso wie die der Kommunisten lange Zeit nicht als „typisches NS-Unrecht".

Der mit der Wiedergutmachungsgesetzgebung verknüpfte Versuch, dem Widerstand gegen Hitler Anerkennung zu verschaffen und auf dem moralischen Fundament des „anderen Deutschland" die neue Demokratie zu gründen, wurde in dieser
zeitgeschichtlichen Situation und Interpretation bezahlt mit einer nicht unproblemati-
schen Verengung dessen, was man zum Widerstand zählte oder als Widerstand gelten
ließ. Kommunistischer Widerstand wurde weniger gesehen als ein Versuch, massive
Verfolgung, Unrecht und Unterdrückung abzuwehren, Hitlers Kriegsabsichten bloßzustellen und den Zusammenhalt der Genossen aufrechtzuerhalten, sondern er wurde
einzig und allein auf das unterstellte Fernziel der Errichtung einer anderen totalitären
Diktatur festgelegt und deshalb abgewertet.

Eine solche Sichtweise enthält ohne Frage einen berechtigten Kern, der freilich
mehr die kommunistische Ideologie als die konkreten Menschen und ihre Handlungen trifft. In ihrer Verabsolutierung übersieht diese Perspektive jedoch, daß viele
Kommunisten im Widerstand gegen Hitler die Zusammenarbeit mit Andersgesinnten
suchten und fanden, als Bündnispartner akzeptiert wurden und die Frage der zukünftigen Staats- und Gesellschaftsordnung im Widerstand offenblieb und durchaus im
Fluß war. Etliche aus dem kommunistischen Widerstand fanden auch zu einer neuen
Einschätzung von Demokratie und Freiheitsrechten und stießen nach 1945 zum
demokratischen Sozialismus. Herbert Wehner steht dafür als Beispiel. Aber seine von
Verdächtigungen begleitete politische Karriere ist zugleich ein Beispiel dafür, daß die
deutsche Gesellschaft „kommunistische Jugendsünden" oder eine „kommunistische
Vergangenheit" nicht zu vergessen gewillt ist. Das Recht auf politischen Irrtum wird
nach rechts schneller zugestanden. Während der „anständig gebliebene" Nazi eine
zentrale Argumentationsgröße war, wollte man seinen Bruder im roten Lager kaum
zur Kenntnis nehmen. Daß Wehners 1978 vorgesehene Gedenkrede zum 20. Juli in
der Berliner Gedenkstätte durch konservative Kreise verhindert wurde, ist ein deutli-
ches Indiz für die Aktualität unseres Problems[60].

Die Festlegung kommunistischer Aktivitäten und Gesinnungen auf ein stalinistisch
definiertes Endziel und die daraus resultierende Abwertung kommunistischen Widerstands verkennt darüber hinaus, daß es zuvörderst auf die unmittelbaren Motive und
Ziele des Widerstandes ankommt. Diese lagen im Sturz Hitlers, in der Beseitigung
von Terror und Unrecht, in der Verhinderung des Krieges. Die Legitimität des
Widerstandes und die moralische Relevanz des menschlichen Wagnisses, die mit ihm
verknüpft war, darf nicht daran gemessen werden, ob heute die meist recht vagen ver-
fassungspolitischen Vorstellungen zur Neuordnung nach Hitler annehmbar oder realistisch erscheinen. Längst hat doch die Forschung ermittelt, daß auch die verfas-
sungs- und gesellschaftspolitischen Vorstellungen der bürgerlichen und konservativen
Träger des 20. Juli nicht widerspruchsfrei waren. Auch kommunistischer Widerstand
dokumentiert „das andere Deutschland", und darum ist die Verfolgung der Kommunisten durch den Nationalsozialismus zu entschädigen.

---

[60] Der Wortführer des Protestes war der Bundestagsabgeordnete Stauffenberg, der Sohn des Hit-
ler-Attentäters. Vgl. dazu statt vieler Pressebelege: Der Spiegel, 1978, Nr. 35, S. 38 f.

Die auf das gegenwärtige Wohlverhalten eingeschränkte Ausschlußklausel des Wiedergutmachungsrechtes ist in ihrer Anwendung ebenfalls dadurch gekennzeichnet, daß Behörden und Gerichte in jedweder kommunistischer Aktivität relativ umstandslos die objektive Unterstützung der stalinistischen Herrschaft in der DDR und den Versuch, diese auf den Westen auszudehnen, als gegeben ansahen. Die subjektiven Motive des einzelnen Kommunisten, seine Absichten und sein konkretes Handeln wurden in die Bewertung faktisch nicht einbezogen. Man unterstellte vielmehr immer absolute Linientreue und innere Aneignung der Linie der SED bzw. der KPdSU. Diese Bewertungspraxis kontrastiert auffällig mit der hohen Bereitschaft westdeutscher Gerichte, bei Dienern des Dritten Reiches deren objektive Funktion bei der Etablierung und Sicherung des nationalsozialistischen Terrorsystems herunterzuspielen und die subjektiven Motive hervorzuheben. Die Formel vom „Mitmachen", um Schlimmeres zu verhüten, galt als Entschuldigungsgrund. Daß in den Behörden und Gerichten im ersten Fall häufig die ehemaligen Verfolger, im zweiten jedoch die ehemaligen Kollegen zu entscheiden hatten, dürfte für diese Entscheidungspraxis nicht ohne Wirkung geblieben sein[61]. Die Glaubwürdigkeit der Ausschlußklausel mußte dadurch zusätzlich in Frage gestellt werden.

Das Grundsatzproblem der Instrumentalisierung des Entschädigungsrechtes zugunsten des Schutzes der freiheitlich-demokratischen Grundordnung liegt freilich tiefer. Mit Recht hatten sich die Väter des Grundgesetzes für eine wertbewußte, abwehrbereite Demokratie entschieden. Aber sie waren sich des Ausnahmecharakters und der politischen Struktur der einschlägigen Grundrechtsartikel, insbesondere der Art. 18 und 21 GG, bewußt. Das Parteiverbot ist an Erwägungen politischer Opportunität der antragsberechtigten Instanzen geknüpft. Die Grundrechtsverwirkung schaltet den politischen Gegner aus dem politischen Willensbildungsprozeß aus, tastet seine privatbürgerlichen Rechtspositionen aber nicht an, was sich aus dem begrenzten Katalog der verwirkbaren Grundrechte ergibt. Kriterium der politischen Erwägungen ist dabei die potentielle Gefährlichkeit für die freiheitlich-demokratische Grundordnung. Einer Verbots- oder Verwirkungsentscheidung liegt demnach immer Prognosecharakter zugrunde, der im übrigen auch ein Kennzeichen des politischen Strafrechtes ist und zu äußerster Zurückhaltung zwingt.

Diese innere Logik des Verfassungsschutzsystems des Grundgesetzes verbietet es, die gewollte und legitime Ausschaltung des politischen Gegners aus dem Prozeß der politischen Willensbildung mit individuell moralischen Unwerturteilen zu verbinden. Ein solches moralisches Unwerturteil lag aber im Entzug der Entschädigung durch die Konstruktion einer politisch definierten „Entschädigungsunwürdigkeit". Insofern verletzt die Ausschlußklausel des Wiedergutmachungsrechtes nicht nur die Grundprinzipien des bürgerlich-rechtlichen Entschädigungsgedankens, sondern auch das Konzept des Schutzes der freiheitlich-demokratischen Grundordnung, das den Systemgegner wegen seiner potentiellen Gefährlichkeit aus der Politik ausschaltet, aber seine persönliche Gesinnung und Integrität nicht antastet.

---

[61] Vgl. G.Jasper, Wiedergutmachung und Westintegration. Die halbherzige justizielle Aufarbeitung der NS-Vergangenheit in der frühen Bundesrepublik, in: Westdeutschland 1945–1955, hrsg. v. L.Herbst, München 1986, S. 183–202.

Arnold Spitta

Entschädigung für Zigeuner?
Geschichte eines Vorurteils

Während der Völkermord des nationalsozialistischen Gewaltregimes an den Juden aus „rassischen Gründen" nach Kriegsende in der internationalen Öffentlichkeit eine unbestrittene Tatsache gewesen ist, blieb die Verfolgung der Zigeuner[1] jahrzehntelang außerhalb des Blickfelds des öffentlichen Interesses. Zigeuner hatten es mithin wesentlich schwerer als Juden, ihre verfolgungsbedingten Wiedergutmachungsansprüche geltend zu machen. Die Praxis der Entschädigungsämter und die Rechtsprechung der Wiedergutmachungsgerichte war in der Frage der Beurteilung der Verfolgung der Zigeuner nicht einheitlich, insbesondere der Zeitpunkt, ab welchem man von einer *generellen* rassischen Verfolgung der Zigeuner durch die Nationalsozialisten auszugehen hatte, war umstritten.

Das Kontinuitätsproblem des Antitsiganismus[2] – Antitsiganistische Sondermaßnahmen vor 1933

Um die Gründe für die unterschiedliche Beurteilung der Verfolgung der Juden und Zigeuner zu erhellen, ist es notwendig, auf die allgemeine Problematik des Verhältnisses der seßhaften Mehrheitsbevölkerung zu den Zigeunern einzugehen[3].

Die Juden in Deutschland hatten sich in den knapp anderthalb Jahrhunderten seit der Aufklärung weitgehend assimiliert, die Zigeuner nicht. Sie lebten weiterhin als unangepaßte, nomadisierende Minderheit, ein Dorn im Auge staatlichen Ordnungs-

---

[1] Ich verwende den traditionell in Deutschland verwendeten Begriff, so wie er in der gesamten Wiedergutmachungsliteratur erscheint. Unter den Betroffenen gibt es neben denjenigen, die für die Ersetzung des häufig negativ angesehenen Wortes durch die Eigenbezeichnungen Sinte und Roma plädieren, auch andere, die die Ansicht vertreten, daß wichtiger als ein Begriffswechsel ein Sinneswandel der Mehrheitsbevölkerung gegenüber der Minderheit sei.

[2] Ich verwende den Terminus Antitsiganismus in Anlehnung an den Antisemitismusbegriff, um das Phänomen eines spezifisch antizigeunerischen Vorurteils hervorzuheben, das unabhängig vom konkreten Verhalten des einzelnen Zigeuners existiert und die Einstellung ihm gegenüber (im Sinne einer Voreingenommenheit) bestimmt, ähnlich, wie es beim Antisemiten gegenüber dem Juden der Fall ist.

[3] Zum Gegensatz zwischen Mehrheit und unangepaßter Minderheit, zwischen seßhafter und nomadisierender Lebensform und den sich daraus ergebenden Konflikten siehe Mark Münzel, Bernhard Streck (Hrsg.), Kumpania und Kontrolle. Moderne Behinderungen zigeunerischen Lebens, Gießen 1981; Wolfgang Günther, Zur preußischen Zigeunerpolitik seit 1871 im Widerspruch zwischen zentraler Planung und lokaler Durchführung, Hannover 1985; vgl. auch die Berichte von Zigeunern in dem Dokumentarfilm von Katrin Seybold und Melanie Spitta, Es ging Tag und Nacht liebes Kind (Zigeuner in Auschwitz), 1982.

denkens – gleichgültig ob zur Zeit des Kaiserreichs, der Weimarer Republik, des Dritten Reichs oder der Bundesrepublik. Daher konnten sich ihnen gegenüber in der Gesellschaft voraufklärerische Vorurteile erhalten. Nach dem Kriege war Antisemitismus verpönt, und antisemitische Äußerungen wurden unter Strafe gestellt. Antitsiganismus hingegen blieb „gesellschaftsfähig". Antitsiganistische Ideen konnten weiterhin als „wissenschaftliche Erkenntnisse" verbreitet werden, ihre Urheber waren als Berater von Ministerien und Gerichten tätig[4]. In dem Maße, in dem die Kontinuität von antitsiganistischen Tendenzen als gesamtgesellschaftliches Phänomen nach 1945 erhalten blieb, verminderten sich die Chancen der Zigeuner, als Opfer rassischer Verfolgung anerkannt zu werden. Der genannte Gegensatz zwischen der Lebensweise der Zigeuner und der der seßhaften Bevölkerung und die daraus resultierende jeweilige Fremdwahrnehmung dürfte auch mit ein Grund dafür gewesen sein, daß eine Solidarisierung anderer NS-Verfolgter (Juden, politische Gegner) mit den Zigeunern ausblieb, als bei diesen die Wiedergutmachung in Frage gestellt wurde.

Die von den Nationalsozialisten praktizierte Gleichsetzung Zigeuner = Asozialer blieb nach dem Kriege kaum modifiziert erhalten in der Gleichsetzung nomadisierende Lebensweise = asoziale Lebensweise. In einem Grundsatzurteil des Bundesgerichtshofs vom 7. Januar 1956 heißt es lapidar: „Da die Zigeuner sich in weitem Maße einer Seßhaftmachung widersetzt haben, gelten sie als asozial. Sie neigen, wie die Erfahrung zeigt, zur Kriminalität, besonders zu Diebstählen und Betrügereien, es fehlen ihnen vielfach die sittlichen Antriebe der Achtung vor fremdem Eigentum, weil ihnen wie primitiven Urmenschen ein ungehemmter Okkupationstrieb eigen ist"[5].

Zur Ablehnung von Wiedergutmachungsansprüchen genügte den Gerichten der Nachweis, daß sich einzelne nationalsozialistische Maßnahmen nicht wesentlich von denen aus dem Kaiserreich oder der Weimarer Republik unterschieden. Damit ging man von der Prämisse aus, daß die vornationalsozialistischen Sondermaßnahmen „zur Bekämpfung der Zigeunerplage" rechtstaatlich einwandfrei gewesen seien. Der Bundesgerichtshof stellte in dem erwähnten Urteil zur NS-Verfolgung der Zigeuner fest, daß die von 1933 bis 1943 „von seiten der nat[ional]soz[ialistischen] Gewalthaber gegen die Zigeuner ergriffenen Maßnahmen ... sich nicht samt und sonders von ähnlichen auch vor dem Jahre 1933 getroffenen Handlungen zur Bekämpfung des Zigeunerunwesens ..." unterschieden[6]. Der Bundesgerichtshof folgerte, daß jene NS-Maßnahmen, die in der Tradition früherer Sondermaßnahmen standen, deshalb nicht als rassische Verfolgungsmaßnahmen angesehen werden könnten. Das Umgekehrte ist eher der Fall: Maßnahmen, die kollektiv, ohne Ansehen der Person, sich gegen Angehörige einer ethnischen Minderheit richten, sind eine Diskriminierung bzw. Verfolgung aufgrund von rassischen Vorurteilen. Hierzu zählen z.B.: die preußische „Anweisung zur Bekämpfung des Zigeunerunwesens" von 1906, eine Bestim-

---

[4] Vgl. Arnold Spitta, Deutsche Zigeunerforscher und die jüngste Vergangenheit, in: Tilman Zülch (Hrsg.), In Auschwitz vergast, bis heute verfolgt, Reinbek 1979, S. 183–188.

[5] BGH-Urteil vom 7. 1. 1956, AZ IV ZR 211/55 (Koblenz), auszugsweise veröff. in: Rechtsprechung zum Wiedergutmachungsrecht (RzW), 1956, S.113–115. (Zitierte Passage nicht in RzW).

[6] Ebenda.

mung, die in der Weimarer Republik in Kraft blieb[7]; die in Bayern bereits 1911 übliche erkennungsdienstliche Behandlung aller Zigeuner ohne Rücksicht auf ihre Strafmündigkeit; das von der Weimarer Republik erlassene Verbot für Zigeuner, sich in Kur- und Badeorten aufzuhalten; das Bayerische Gesetz zur Bekämpfung von Zigeunern, Landfahrern und Arbeitsscheuen von 1926 – nach dem Kriege von der alliierten Militärregierung aufgehoben, weil sie es als ein nationalsozialistischem Gedankengut entsprungenes Gesetz ansah (1953 wurde es mit leichten Veränderungen mit den Stimmen aller Fraktionen als „Landfahrergesetz" vom Bayerischen Landtag erneut beschlossen und erst 1970 außer Kraft gesetzt)[8].

1929 richtete die Stadt Frankfurt am Main das erste „Konzentrationslager für Zigeuner" (sic!) ein, wie einem Bericht des Magistrats der Stadt an die Stadtverordnetenversammlung zu entnehmen ist[9].

Aus der Tatsache, daß es vor 1933 rassistisch inspirierte Maßnahmen gegen Zigeuner gab, ableiten zu wollen, daß die nach 1933 erlassenen ähnlichen oder „nur" verschärften Verfolgungsmaßnahmen rechtmäßig gewesen seien, ist ein Trugschluß: Beide standen nicht in einer Rechts-, sondern in einer auf kollektiven Vorurteilen basierenden Unrechtstradition. Die diskriminierenden Bestimmungen aus der Zeit vor 1933 sind daher nicht geeignet, ähnliche (wenn auch verschärfte) NS-Maßnahmen zu legitimieren, im Gegenteil, die Rassenverfolgung im Dritten Reich entlarvt nachträglich die Illegitimität ähnlicher, unterschwellig rassistischer Bestimmungen aus früherer Zeit.

Nationalsozialistische Maßnahmen gegen Zigeuner

Zur Beurteilung der Entschädigungspraxis gegenüber den Zigeunern muß kurz auf die nationalsozialistische Zigeunerverfolgung und ihre Motive eingegangen werden[10].

[7] Vgl. Joachim S. Hohmann, Geschichte der Zigeunerverfolgung in Deutschland, Frankfurt a. M.–New York 1981, S. 68.

[8] Vgl. Hans-Joachim Döring, Die Zigeuner im nationalsozialistischen Staat, Hamburg 1964, S. 16.

[9] In einem Schreiben des Magistrats an die Stadtverordneten-Versammlung vom 5. 10. 1929 heißt es, daß „nunmehr das Konzentrationslager für Zigeuner am 16. ds. Monats fertiggestellt [sei] und die Zigeuner an dem genannten Tage auf dasselbe überführt" worden seien; Stadtarchiv Frankfurt a. M., StvV-Nr. 1723 – Zigeunersiedlung.

[10] Vgl. u. a. Christian Bernadac, L'Holocauste oublié, Paris 1979; Franz Calvelli-Adorno, Die rassische Verfolgung der Zigeuner vor dem 1. März 1943, in: RzW 12 (1961), S. 529–537; Hans-Joachim Döring, a. a. O.; Donald Kenrick/Grattan Puxon, Sinti und Roma – die Vernichtung eines Volkes im NS-Staat, Göttingen 1981; Joachim S. Hohmann, a. a. O.; ders., Zigeuner und Zigeunerwissenschaft, Marburg/Lahn 1980; Lau Mazirel, Die Verfolgung der ‚Zigeuner' im ‚Dritten Reich', in: Festschrift für Simon Wiesenthal, Amsterdam 1967, S. 123–176; Bernhard Streck, Zigeuner in Auschwitz. Chronik des Lagers B II e, in: Münzel, Streck, a. a. O.; B. Streck, Die Bekämpfung des Zigeunerunwesens. Ein Stück moderner Rechtsgeschichte, in: Tilman Zülch (Hg.), In Auschwitz vergast, bis heute verfolgt, a. a. O. (Der Sammelband enthält weitere Beiträge zum Thema); Michael Zimmermann, Die nationalsozialistische Vernichtungspolitik gegen Sinti und Roma, in: Aus Politik und Zeitgeschichte, Beilage zur Wochenzeitung Das Parlament, B 16–17/87, vom 18. 4. 1987, S. 31–45; vgl. auch den Dokumentarfilm von Melanie Spitta und Katrin Seybold, Das falsche Wort. Wiedergutmachung an Zigeunern (Sinti) in Deutschland? (Uraufführung 1987).

Die sich mit Beginn des Dritten Reichs verschärfende Diskriminierung und Verfolgung der Zigeuner bis hin zum Genozid hat einen insgesamt eher spärlichen Niederschlag an schriftlichen Dokumenten gefunden. Es gab keine „Wannsee-Konferenz" für Zigeuner, auf der die „Endlösung" der Zigeunerfrage beschlossen worden wäre, sondern die Zigeuner wurden eher „beiläufig" aus der Gesellschaft ausgegrenzt. Der Völkermord geschah „en passant", weil die Nationalsozialisten im Gegensatz zu der nach ihrer Ansicht vom Judentum ausgehenden „Gefahr" in den Zigeunern keine Bedrohung für das deutsche Volk sahen, sondern lästige Asoziale, Parasiten, die man ohne viel Aufhebens vernichten konnte. Maßnahmen gegen Zigeuner fanden oft auf der Verwaltungsebene statt, „vor Ort"; selten gab es behördliches Kompetenzgerangel um sie. Aus der relativ spärlichen Zahl von „grundlegenden" Verfolgungsdokumenten schließen zu wollen, daß es bis 1943 keine generelle Verfolgung gegeben habe, wie dies der Bundesgerichtshof von 1956 bis Ende 1963 in ständiger Rechtsprechung tat, bedeutet, die spezifischen Verfolgungsformen, die die Nationalsozialisten gegenüber den Zigeunern anwandten, zu übersehen, obwohl die Verfolgungsintensität gegenüber den Zigeunern kaum geringer war als gegenüber den Juden.

Die Rasseforscherin Eva Justin, im Dritten Reich an der „Meinungsbildung" über das „Zigeunerproblem" beteiligt, faßte die nationalsozialistische Gleichsetzung der Zigeuner mit den sogenannten Asozialen 1944 bündig wie folgt zusammen:

„Das Zigeunerproblem ist nicht mit dem Judenproblem zu vergleichen. Das lehren gerade auch die Untersuchungen an Mischlingen. Die Zigeuner- und Zigeunermischlingsfrage ist ein Teil des Asozialenproblems. Nie kann die primitive Zigeunerart das deutsche Volk als Ganzes in irgendeiner Weise untergraben oder gefährden, wie dies durch die jüdische Intelligenz geschieht ... Fast alle Zigeuner und Zigeunermischlinge sind durch eine mehr oder weniger große Haltschwäche und ihre Artlosigkeit gefährdet und bedürfen der ständigen Leitung und Unterstützung, wenn sie nicht sozial entgleiten sollen. Das deutsche Volk braucht aber zuverlässige und strebsame Menschen und nicht den Nachwuchs dieser unmündigen Primitiven"[11].

Die 1935 verkündeten Nürnberger Gesetze betrafen, ohne sie explizit zu erwähnen, auch die Zigeuner. Sie konnten nicht deutsche Reichsbürger werden, da sie „artfremden Blutes" waren. Zusammen mit dem Reichsbürgergesetz wurde das sogenannte Blutschutzgesetz erlassen. Es verbot Eheschließungen zwischen Deutschen und Juden. Die erste Ausführungsverordnung erweiterte das Verbot, den zeitgenössischen Kommentaren kann man entnehmen, daß es auch für Zigeuner galt. Ein wenige Wochen später erfolgter Runderlaß erwähnt die Zigeuner explizit[12].

Ab 1936 wurden in vielen Städten besondere Zigeunerlager errichtet, in denen die Zigeuner zwangsweise und unter haftähnlichen Bedingungen leben mußten. Die Geschichte dieser Zigeunerkonzentrationslager ist noch nicht geschrieben, in Entschädigungsverfahren haben sie nur eine geringe Rolle gespielt, weil Ämter und Gerichte den Schilderungen der Betroffenen über diese Freiheitsberaubung selten

---

[11] Eva Justin, Lebensschicksale artfremd erzogener Zigeunerkinder und ihrer Nachkommen, Berlin 1944 S. 120 f.
[12] Vgl. Hans-Joachim Döring, a. a. O., S. 35–38.

Glauben schenkten[13]. Ebenfalls kaum bekannt ist die Verhaftungswelle, die 1936 gegen Zigeuner erfolgte, um das Reichsgebiet, insbesondere die großen Städte und die Hauptstadt Berlin während der Olympiade „zigeunerfrei" zu machen[14].

Unter den Maßnahmen der folgenden Jahre muß der „Grunderlaß zur vorbeugenden Verbrechensbekämpfung" von 1937 hervorgehoben werden. Neben der („vorbeugenden") Inhaftierung schwerer Gewohnheitsverbrecher sah er unter anderem vor, daß jeder, der „ohne Berufs- und Gewohnheitsverbrecher zu sein, durch sein asoziales Verhalten die Allgemeinheit gefährdet", in polizeiliche Vorbeugehaft genommen werden konnte. Auf den ersten Blick hat das Gesetz keinen spezifisch die Zigeuner diskriminierenden Charakter, doch hält man sich die im NS-Rassenwahn begründete Vorstellung vom Zigeuner als einem von seinen Erbanlagen her asozialen Menschen vor Augen, wird deutlich, daß es auch rassische Verfolgung einschloß[15]. Als Folge der sogenannten Asozialenbekämpfung sind zahlreiche Zigeuner, auch solche, die den rassistisch gefärbten Bestimmungen in keiner Weise entsprachen, für Jahre in Konzentrationslager eingewiesen worden[16].

Um 1937 begann die zwangsweise durchgeführte systematische „rassenbiologische" Erfassung, Untersuchung und Begutachtung aller Zigeuner im deutschen Reichsgebiet. Die von der Rassenhygienischen Forschungsstelle des Reichsgesundheitsamtes unter der Leitung von Professor Robert Ritter tätigen Rasseforscher haben bis August 1944 ca. 30 000 Zigeuner „begutachtet" und schufen so die pseudo-wissenschaftliche Grundlage für die Deportationen in die Konzentrationslager[17].

Der am 8. Dezember 1938 veröffentlichte Erlaß zur „Bekämpfung der Zigeuner-

---

[13] Die gleichzeitige Errichtung dieser Lager in zahlreichen Städten des Deutschen Reichs stützt die Vermutung, daß es sich nicht um eine zufällige Einzelmaßnahme handelte, sondern daß planmäßiges, zentral gesteuertes staatliches Handeln dahinterstand. Zeugenaussagen und Dokumentarfotos zu diesen Lagern finden sich in dem in Anm. 10 zitierten Dokumentarfilm. Vgl. auch das BGH-Urteil v. 23. 5. 1962 – IV ZR 26/62 (Schleswig), RzW 1962, S. 404 f. in dem auf die Verhältnisse im Zigeunerlager am Continer Weg in Königsberg in Ostpreußen eingegangen wird und die Voraussetzungen für ein Leben unter haftähnlichen Bedingungen erläutert werden, sowie Kenrick/Puxon, a. a. O., S. 60 f.

[14] Vgl. Döring, a. a. O., S. 42; Ernst Klee, ‚Euthanasie' im NS-Staat. Die ‚Vernichtung lebensunwerten Lebens', Frankfurt a. M. 1983, S. 54 ff.; Zeugenaussagen in dem Dokumentarfilm „Das falsche Wort".

[15] Vgl. Döring, a. a. O., S. 49 ff.; Kenrick/Puxon, a. a. O., S. 61 ff.; Hohmann, Geschichte der Zigeunerverfolgung, S. 104 f.

[16] Vgl. u. a. die Aussagen verfolgter Zigeuner in dem Dokumentarfilm Es ging Tag und Nacht liebes Kind v. Katrin Seybold und Melanie Spitta (1982) sowie in dem Dokumentarfilm Das falsche Wort, ferner Döring S. 56 f.

[17] Der Kausalzusammenhang zwischen der rassenbiologischen Begutachtung durch Dr. Ritter und seine Mitarbeiter und den nationalsozialistischen Erfassungs-, Deportations- und Vernichtungsmaßnahmen ist dokumentiert in: Das falsche Wort, a. a. O.; vgl. auch Ermittlungsakten der Staatsanwaltschaften Frankenthal (StA 9 Js/153/58 u. 9 Js/686/57), Frankfurt a. M. (StA 55/3 Js 5582/48 und 4 Js 220/59 beide Verfahren überwiegend nach Köln abgegeben, nur Restbestände sind im Hess. Hauptstaatsarchiv Wiesbaden, Abt. 461, Nr. 34141, 34142, 34143 vorhanden), Köln (StA 24 s 429/61). Vgl. auch Benno Müller-Hill, Tödliche Wissenschaft. Die Aussonderung von Juden, Zigeunern und Geisteskranken 1933–1945, Reinbek 1984. – Zur Frage der Beurteilung der rassenbiologischen Erfassung auch dem Kriege vgl. das Urteil des BGH v. 23. 5. 1962 – IV ZR 170/61 (Koblenz), RzW 1962, S. 396–398, das die zwangsweise durchgeführten Begutachtungsaktionen als eine NS-Verfolgungsmaßnahme ansieht; vgl. auch das BGH-Urteil v. 10. 12. 1958, RzW 1959, S. 134.

plage" sprach eindeutig von der Lösung der Zigeunerfrage „aus dem Wesen der Rasse heraus". Alle Zigeuner über sechs Jahre mußten sich erkennungsdienstlich behandeln lassen und waren verpflichtet, sich dem eben erwähnten rassenbiologischen Gutachten zu unterziehen[18].

Am 17. Oktober 1939 bestimmte das Reichssicherheitshauptamt (RSHA), daß Zigeuner und Zigeunermischlinge ihren Wohnsitz oder damaligen Aufenthalt ab sofort und bis auf weiteres nicht mehr verlassen durften, da die Zigeunerfrage „binnen kurzem im gesamten Reichsgebiet grundsätzlich geregelt" werden sollte. Offensichtlich dachte man an eine Deportation nach Polen[19].

Im April 1940 ordnete ein geheimer Schnellbrief Reinhard Heydrichs an, daß 2500 Zigeuner aus den westlichen und nordwestlichen Gebieten des Reiches Mitte Mai „in geschlossenen Sippen" in das Generalgouvernement deportiert werden sollten[20]. Diese Deportation ist in der Entschädigungsrechtsprechung Gegenstand unzähliger, sich widersprechender Urteile gewesen[21]. Vom 1. April 1942 an wurden die Zigeuner in sozial- und arbeitsrechtlichen Fragen den Juden gleichgestellt. Sie hatten keinen Anspruch auf bezahlten Urlaub, auf Fortzahlung des Gehalts in Krankheitsfällen, auf Zuschläge für Sonn- und Feiertagsarbeit oder Überstunden usw. Hingegen konnte ihnen zum Schluß des folgenden Werktags gekündigt werden. Außerdem waren sie gezwungen, jede ihnen von den Arbeitsämtern zugewiesene Arbeit anzunehmen[22].

Anfang 1943 erließ das RSHA einen Befehl, alle Zigeuner mit Ausnahme der „rassereinen" Sinte und Lalleri-Zigeuner und ihrer „im zigeunerischen Sinne gute[n] Mischlinge" innerhalb weniger Wochen in das Zigeunerlager des Konzentrationslagers Auschwitz einzuliefern. Bei den wenigen im Befehl vorgesehenen Ausnahmen sollte die Kriminalpolizei „die Einwilligung zur Unfruchtbarmachung anstreben"[23]. Erst mit dieser Maßnahme – dem sogenannten Auschwitz-Erlaß – begann nach der

---

[18] Vgl. Döring, a. a. O., S. 58 ff. u. S. 197–207, dort Wortlaut des Erlasses.

[19] Zitiert nach Döring, a. a. O., S. 86 ff.

[20] Vgl. ebd., S. 96 ff. und S. 208–211, wo der Schnellbrief und die „Richtlinien für die Umsiedlung von Zigeunern" auszugsweise abgedruckt sind. Vgl. auch Hans Buchheim, Die Zigeunerdeportation vom Mai 1940, in: Gutachten des Instituts für Zeitgeschichte, München 1958, S. 51–60. Daß primär rassische Gründe für die Deportation verantwortlich waren, geht eindeutig daraus hervor, daß rassische „Zweifelsfälle" unter den auf dem Hohenasperg nahe Ludwigsburg eingesperrten Zigeunern von einem eilends aus Berlin angereisten Rasseforscher (Dr. Adolf Würth) „begutachtet" wurden und einige als „deutschblütig" anerkannte von der Deportation ausgenommen wurden. Den Zigeunern wurde zudem eröffnet, daß sie im Falle unerlaubter Rückkehr „unfruchtbar gemacht und in polizeiliche Vorbeugungshaft (Konzentrationslager)" verbracht würden. Vgl. den mehrseitigen Bericht der Kriminalpolizeistelle Darmstadt an die Kriminalpolizeileitstelle Frankfurt am Main vom 27. Mai 1940 über die Deportation und die gutachterliche Selektionstätigkeit Dr. Würths, Hessisches Hauptstaatsarchiv Wiesbaden, Abt. 483, Nr. 5748.

[21] Urteile des BGH, die in der Deportation keine rassisch bedingte Verfolgungsmaßnahme sahen: v. 7. 1. 1956, RzW 1956, S. 113; v. 27. 5. 1959, RzW 59, S. 388; v. 30. 10. 1959, RzW, 1960, S. 162. Das Grundsatzurteil, das die bisherige Rechtsprechung aufhob und rassische Verfolgung als zumindest mitursächlich ansah: Urteil v. 18. 12. 1963 – IV ZR 108/63, RzW 1964, S. 209. Vgl. auch Urteil des OLG Frankfurt v. 2. 5. 1961 (RzW 1961, S. 544) und Urteil des OLG Köln v. 16. 3. 1959 (RzW, Beiheft 11, S. 13), die beide von einer primär rassischen Verfolgung ausgehen. Weitere, untereinander widersprüchliche Urteile vgl. Döring, S. 111.

[22] Vgl. Döring, 135 f.

[23] Zitiert nach Döring, S. 214 ff.

ständigen, bis 1963 aufrechterhaltenen Rechtsprechung des BGH die generelle Verfolgung der Zigeuner aus rassischen Gründen[24]. Die im Auschwitz-Erlaß aufgeführten Ausnahmen spielten in der Praxis kaum eine Rolle. Die nicht deportierten Zigeuner wurden in der Regel sterilisiert. Der Völkermord an den Zigeunern vollzog sich also in zwei Stufen: unmittelbar durch ihre Einweisung in die Vernichtungslager und mittelbar, durch die Sterilisation der nicht Deportierten.

Faßt man die Vielzahl der nationalsozialistischen Verfolgungsmaßnahmen gegen Zigeuner zusammen, ergibt sich folgendes:

1. Die Ausgrenzung der Zigeuner aus der Gesellschaft durch diskriminierende Maßnahmen und Gesetze begann praktisch unmittelbar nach der Machtergreifung; die nationalsozialistischen Gewalthaber konnten sich dabei auf die zahlreichen Sondermaßnahmen stützen, die bereits in früherer Zeit den Lebensraum und die Lebensweise der Zigeuner eingeschränkt hatten. Die Belege für die nationalsozialistische Verfolgung sind häufig an versteckter Stelle zu suchen: zu untersuchen ist z.B. die Anwendung des Gesetzes zur Verhütung erbkranken Nachwuchses von 1933 bei Zigeunern[25]; die planmäßige Einbeziehung der Zigeuner in die Maßnahmen gegen „Asoziale"; die Anwendung besonders strenger Maßstäbe bei der Erteilung von Wandergewerbescheinen (sie sollten Zigeunern nach Möglichkeit versagt werden), die wiederum die Grundlage für legales Hausieren und Handeln waren; antijüdische Rassengesetze galten wie selbstverständlich auch für Zigeuner, ohne daß dies explizit erwähnt werden mußte.
2. Mit Freizügigkeitsbeschränkungen, Verhaftungsaktionen und mit dem Bau besonderer, polizeilich bewachter Zigeunerkonzentrationslager begann gegen Mitte der dreißiger Jahre die totale Überwachung und Festsetzung aller Zigeuner im Reichsgebiet.
3. Parallel dazu schufen die NS-Rasseforscher mit ihren rassenbiologischen Gutachten die pseudowissenschaftliche Grundlage für die geplante „Lösung" der Zigeunerfrage aus dem Wesen der Rasse heraus.
4. Dank der geleisteten Vorarbeiten – Ausgrenzung, Zwangsunterbringung, Ausforschung, Begutachtung – war es im Kriege dann ein leichtes, die Zigeuner zu deportieren oder zwangsweise zu sterilisieren, und damit Gegenwart und Zukunft eines Volkes zu vernichten.

Die Entschädigungspraxis der ersten Nachkriegsjahre

In den ersten Jahren nach dem Zusammenbruch wurden aus den Konzentrationslagern zurückkehrende Zigeuner – nicht zuletzt unter dem Druck der alliierten Militärregierungen in den Besatzungszonen – zumeist von den auf Gemeindeebene eingerichteten Fürsorgestellen für NS-Opfer als Verfolgte anerkannt. Da es im besetzten Deutschland eine einheitliche Gesetzgebung für die Opfer nationalsozialistischer Gewaltmaßnahmen nicht gab, waren auf kommunaler, später auf Landesebene eine Reihe von Hilfsmaßnahmen (erhöhte Lebensmittelzuteilung, Priorität bei der Zuweisung von Wohnraum, ärztliche Behandlung und Heilverfahren usw.) entstanden, die,

---

[24] BGH-Urteil vom 7.1.1956 sowie die in Anm.21 aufgeführten Urteile des BGH.
[25] Vgl. Klee, a.a.O., S.36ff.; und, grundlegend zur Sterilisierungsfrage, Gisela Bock, Zwangssterilisierung im Dritten Reich, Opladen 1986.

von Kreis zu Kreis und von Besatzungszone zu Besatzungszone unterschiedlich, doch ein gemeinsames Merkmal darin hatten, daß der Akzent auf der Behebung unmittelbarer Not und der Hilfestellung bei der Wiedereingliederung und der Wiederherstellung der Gesundheit lag[26].

Die von den westlichen Alliierten in ihren Zonen verabschiedeten Rückerstattungsgesetze, die die materielle Rückerstattung des den NS-Verfolgten geraubten Eigentums vorsahen, dürften die Zigeuner kaum tangiert haben, da diese nur in seltenen Fällen Eigentümer von Immobilien oder Wertsachen gewesen waren.

Die Entschädigungspraxis bis 1964

In den frühen fünfziger Jahren kam es zu den ersten bundeseinheitlichen Entschädigungsgesetzen. Während die Bundesrepublik so auf der einen Seite durch ein umfangreiches Gesetzes- und Vertragswerk ihren Willen zur Wiedergutmachung nationalsozialistischen Unrechts dokumentierte, kam in der Entschädigungspraxis – in der Interpretation der Gesetze durch die Entschädigungsämter und Gerichte – in den fünfziger Jahren eine für die verfolgten Zigeuner höchst negative Entwicklung in Gang: Ohne das Faktum zu leugnen, daß Zigeuner Opfer nationalsozialistischer Gewaltmaßnahmen geworden waren, stellte man in Frage, ob die Zigeuner aus entschädigungspflichtigen Gründen verfolgt worden waren. Nach § 1 des Bundesentschädigungsgesetzes ist entschädigungsberechtigt, „wer aus Gründen politischer Gegnerschaft gegen den Nationalsozialismus oder aus Gründen der Rasse, des Glaubens oder der Weltanschauung durch nationalsozialistische Gewaltmaßnahmen verfolgt worden ist und hierdurch Schaden am Leben, Körper, Gesundheit, Freiheit, Eigentum, Vermögen, in seinem beruflichen oder in seinem wirtschaftlichen Fortkommen erlitten hat."[27] Lagen andere Verfolgungsgründe vor, wurden Entschädigungsansprüche abgelehnt. Im Falle der Zigeuner entwickelte es sich zur gängigen Praxis der Entschädigungsämter, aber auch der Gerichte, die Verfolgungsmaßnahmen der Nationalsozialisten gegen die Zigeuner auf ihre kriminalpräventiven oder kriegsbedingten Gründe hin zu untersuchen, in pauschaler Form mit den „asozialen Eigenschaften" der Opfer zu erklären und eine generelle rassische Verfolgung zu negieren oder diese auf einen späteren Zeitpunkt anzusetzen. Damit war der Antragsteller in der Regel von einer Wiedergutmachung ausgeschlossen.

Selbst ein Befürworter des Wiedergutmachungsgedankens wie Otto Küster, in Württemberg-Baden an führender Stelle mit Wiedergutmachungsfragen betraut und von vielen als ein engagierter Anwalt der Verfolgten geschätzt, machte sich im Falle der Zigeuner die gesamtgesellschaftlichen Vorurteile zu eigen oder erlag den Einflüsterungen der sogenannten „Zigeunersachverständigen" der Polizei. 1950 teilte er in einem Runderlaß an die Wiedergutmachungsämter mit, daß die „Prüfung der Wie-

---

[26] Zu den ersten Jahren nach Kriegsende vgl. die Übersicht von Ernst Féaux de la Croix und Helmut Rumpf, Der Werdegang des Entschädigungsrechts unter national- und völkerrechtlichem und politologischem Aspekt, in: Die Wiedergutmachung nationalsozialistischen Unrechts durch die Bundesrepublik Deutschland, hrsg. v. Bundesminister der Finanzen in Zusammenarbeit mit Walter Schwarz, Bd. 3, München 1985, S. 14–37.

[27] Zitiert nach Georg Blessin u. Hans Giessler, Bundesentschädigungs-Schlußgesetz. Kommentar, München u. Berlin 1967, S. 219.

dergutmachungsberechtigung der Zigeuner und Zigeunermischlinge ... zu dem Ergebnis geführt" habe, „daß der genannte Personenkreis überwiegend nicht aus rassischen Gründen, sondern wegen seiner asozialen und kriminellen Haltung verfolgt und inhaftiert worden ist"[28]. Auch der Bundesgerichtshof folgte in dem Grundsatzurteil vom 7.1. 1956 dieser Praxis. Er untersuchte zunächst die Motive für die im Mai 1940 erfolgte Deportation von 2500 Zigeunern aus den westlichen Grenzzonen des Reiches in das „Generalgouvernement" und legte dann grundsätzlich fest, daß eine generelle Verfolgung der Zigeuner aus rassischen Gründen erst vom 1. März 1943 an stattgefunden habe, dem Tag des Inkrafttretens des sog. Auschwitz-Erlasses, in dem Himmler die Einweisung praktisch aller Zigeuner in das Konzentrationslager Auschwitz befahl[29].

Die nomadisierende Lebensweise der Zigeuner war dem BGH Anlaß, generalisierend von den „asozialen Eigenschaften der Zigeuner" – also aller Zigeuner – zu sprechen und ohne Distanzierung verwandte der Gerichtshof Begriffe wie „Zigeunerunwesen" und „Zigeunerplage". Das Gericht machte sich damit praktisch die nationalsozialistische Vorstellung von der den Zigeunern „arteigenen" Kriminalität und der von ihnen ausgehenden Gefahr zu eigen, ohne zu überprüfen, ob von den Zigeunern eine reale, d.h. auf nachprüfbaren Tatsachen basierende militärische oder sicherheitspolizeiliche Gefahr ausgegangen war. Damit folgte das Gericht zumindest vom logischen Ansatz her der aus der NS-Rassenideologie resultierenden Vorstellung des „artfremden" und damit „gefährlichen" Zigeuners, ohne dessen Gefährlichkeit konkret zu belegen. Man übersah, daß auch die nationalsozialistische Judenverfolgung mit der vorgeblich ungeheuren Gefährlichkeit des „jüdischen Schädlings" für den „arischen Menschen" begründet worden war. Was im Falle der Judenverfolgung nach dem Kriege ohne weiteres als NS-Rassenideologie entlarvt war, wurde im Falle der „zigeunerischen Gefahr" und der „Zigeunerplage" gläubig übernommen, mit der Folge, daß die Zigeunerverfolgung von vor 1943 zu einem Bündel überwiegend ordnungspolizeilicher Maßnahmen heruntergespielt wurde.

Antitsiganistische Vorurteile in der Entschädigungsrechtsprechung

Wie ist es zu dieser Tradierung antitsiganistischer Vorurteile gekommen? Blättert man die in der Zeitschrift Rechtsprechung zum Wiedergutmachungsrecht unter dem Stichwort „Zigeuner" veröffentlichten Urteile und Artikel durch, fällt einem auf, daß jegliche selbstkritische Reflexion über das Verhältnis der Mehrheitsbevölkerung zur Minderheit und über die eingewurzelten Vorurteile, die der seßhafte Bürger dem Zigeuner und seiner traditionell nomadisierenden Lebensweise entgegenzubringen pflegt, fehlt; statt dessen werden ganz selbstverständlich die Mehrheitskultur, die eigenen überlieferten Werte und Normen, zur allgemeinverbindlichen, notfalls mit

---

[28] Zitiert nach J. S. Hohmann, a. a. O., S. 189. – Das Bayerische Hilfswerk für die von den Nürnberger Gesetzen Betroffenen arbeitete Anfang der 50er Jahre eng mit der Abteilung Zigeunerpolizei des Zentralamts für Kriminal-Identifizierung u. Polizeistatistik in München zusammen und stellte die Praktiken rassischer Diskriminierung der dortigen „Zigeunersachverständigen" offensichtlich nicht in Frage, vgl. Anita Geigges, Bernhard W. Wette, Zigeuner heute, Bornheim-Merten 1979, S. 358 f.

[29] BGH-Urteil vom 7.1. 1956, a. a. O.

staatlichem Zwang durchzusetzenden Richtschnur gemacht. Ein einziger Beitrag in der Zeitschrift geht auf diese Fragen ein; in ihm wird deutlich, daß der Verfasser sich dieser inneren Vorbehalte oder Vorurteile zumindest teilweise bewußt ist und die daraus entstehenden Gefahren für ein sach- und problemgerechtes Urteil kennt: Der Frankfurter Senatspräsident Franz Calvelli-Adorno beginnt einen im Dezember 1961 veröffentlichten Aufsatz über „Die rassische Verfolgung der Zigeuner vor dem 1. März 1943"[30] mit einer kritischen Reflexion über das Verhältnis des Richters oder des Verwaltungsbeamten zu Zigeunern. Calvelli-Adorno bemerkt, daß jeder, der als Richter oder Verwaltungsbeamter mit Zigeunern zu tun gehabt habe, wisse, „wie schwer es ist, sie in eine staatliche oder kommunale Gemeinschaft einzugliedern. So berechtigt diese Erkenntnis ist, so unberechtigt ist das darüber hinausgehende weit verbreitete, zuweilen haßerfüllte Ressentiment des seßhaften, mit Recht auf Sicherung bedachten Staatsbürgers, der in dem Zigeuner nicht mehr den Menschen sieht, sondern nur noch den gesellschaftsfeindlichen Dieb und Betrüger. Das Unrecht und das namenlose Leid, das den Zigeunern (Männer, Frauen und Kinder) durch typisch nat[ional]soz[ialistische] Methoden angetan worden ist, verpflichtet jeden, der in Gesetzgebung, Verwaltung oder Rechtsprechung mit ihrer Entschädigung nach dem BEG zu tun hat, zur Selbstkontrolle seiner persönlichen inneren Einstellung und zur nüchternen Abwägung der verschiedenen möglichen Motive der NS-Maßnahmen gegen die Zigeuner. Bei der allein maßgebenden Frage, ob und von welchem Zeitpunkt an die Maßnahmen eine *rassische* Verfolgung darstellten, ist jede emotionell bestimmte Entscheidung zu vermeiden. Ist die Frage nach sachlicher Prüfung zu bejahen, so ist Wiedergutmachung ein Gebot elementarer Gerechtigkeit. Zu fragen, ob die Zigeuner als solche ihrer ‚würdig' sind, wäre krasses und wiederum kollektives Unrecht."[31]

Die Überlegungen Calvelli-Adornos bieten sich nicht nur als kritische Anmerkungen zu der ständigen Rechtsprechung des Bundesgerichtshofs in den fünfziger Jahren bis Ende 1963 an, sondern verweisen auch auf die verborgenen Motive in zahlreichen Entscheidungen von Entschädigungsämtern und Gerichten, wie auch auf ähnliche Motive in der Haltung von Polizei und Ordnungsämtern, eine Haltung, die gegenüber den Zigeunern, unberührt von ihrem Schicksal im Dritten Reich, Unverständnis, aggressive Arroganz, ja sogar Haß sichtbar werden ließ[32].

In seinem Aufsatz geht Calvelli-Adorno dann auf die mutmaßlichen Motive für die NS-Maßnahmen gegen Zigeuner ein und zählt drei Möglichkeiten auf, nämlich die Asozialen- und vorbeugende Verbrechensbekämpfung, ab 1939 kriegsbedingte bzw. militärische Gründe (insbesondere auch der Vorwurf der Spionage) und Rassenverfolgung. Nach ausführlicher Aufzählung aller Maßnahmen, die bereits in den dreißiger Jahren diskriminierend wirkten oder offener und versteckter Verfolgung gleichkamen, geht Calvelli-Adorno auf die Frage der Gleichsetzung von Zigeunern und

---

[30] RzW 1961, S. 529–537.
[31] Ebenda, S. 529.
[32] Vgl. hierzu u. a. die Berichte verfolgter Zigeuner in dem Dokumentarfilm Das falsche Wort, a. a. O.; anschaulich ist der pseudonym veröffentlichte biographische Bericht eines deutschen Sinto: Latscho Tschawo, Die Befreiung des Latscho Tschawo. Ein Sinto-Leben in Deutschland, Bornheim-Merten 1984. Vgl. auch Lau Mazirel, a. a. O., S. 126 ff., und Wolfgang Feuerhelm, Polizei und ‚Zigeuner'. Strategien, Handlungsmuster und Alltagstheorien im polizeilichen Umgang mit Sinti und Roma, Stuttgart 1987.

Asozialen ein: „Die vorwegnehmende kollektive Wertung: ‚Zigeuner gleich Asozialer' – durch den NS praktisch gehandhabt – ist rassische Verfolgung." Das nationalsozialistische Stereotyp des Zigeuners als eines von Geburt an asozialen Menschen begründe eine aus der NS-Rassenideologie resultierende Verfolgung: „Die kollektive, vorwegnehmende, aus angeblich ‚feststehenden und unveränderten Rasseeigenschaften' abgeleitete Identifikation: ‚Zigeuner gleich Asozialer' unter völligem oder weitgehendem Verzicht auf individuelle Prüfung und die daraus entspringenden kollektiven, ohne Ansehung der Person sich gegen die Z[igeuner] richtenden Unrechtsmaßnahmen stellen begriffsnotwendig eine rassische Verfolgung dar: Der einzelne Z[igeuner] wurde als Asozialer behandelt, allein schon und nur, weil er der Z[igeuner]-Rasse angehörte; die Zuordnung zu ihr genügte, um ihn – ohne weitere individuelle Prüfung – als ‚Asozialen' von den anderen Menschen abzusondern und ihn unbesehen einer rechtswidrigen und grausamen Behandlung zu unterwerfen. Von „einer Beschränkung auf bloße Einzelfälle, in denen vor dem 1.3. 1943 Z[igeuner] aus Rassegründen verfolgt worden sein sollen", könne keine Rede sein. Angesichts der zitierten Dokumente sei es „nicht möglich, an dem immer wieder erscheinenden Stichwort ‚asozial' derart zu haften, daß die mit größtem Nachdruck betonte rassische Komponente als unwesentlich erschiene. Wie wesentlich sie war, zeigt – außer der fast durchgängigen Wahllosigkeit der Erfassung der Z[igeuner] ohne individuelle Prüfung auf Asozialität – die grauenhafte Behandlung von Kindern, Frauen, Kranken, Greisen"[33].

Handelte es sich lediglich um einen akademischen Disput über die angemessene Interpretation historischer Ereignisse, wären die angeschnittenen Fragen nicht so brisant. Doch die Rechtsprechung des Bundesgerichtshofs, jahrelang aufrechterhalten, obwohl mehrere Landgerichte und Oberlandesgerichte infolge der erdrückenden Dokumenten- und Tatsachenbeweise immer wieder entgegenstehende Urteile fällten, hatte zur Folge, daß viele, sehr viele Zigeuner ohne Entschädigung für die ihnen im Dritten Reich zugefügten Leiden blieben. Drei Beispiele für die praktischen Auswirkungen der BGH-Rechtsprechung:

Eine Zigeunerin war 1939 mit ihrer Familie nach Belgien emigriert. Als sie einen Antrag auf Entschädigung stellte, schrieb ihr das Entschädigungsamt: „Sie sind zwar 1939 nach Hasselt/Belgien ausgewandert; es ist aber bisher nicht nachgewiesen, worin die nationalsozialistischen Verfolgungsmaßnahmen bestanden hatten, die Sie und Ihre Familie zur Auswanderung veranlaßt haben sollen. Die verschiedenen Maßnahmen, die in den Jahren 1937–1942 gegen Zigeuner durchgeführt worden sind, erfolgten aus ordnungspolizeilichen und kriegsbedingten Gründen"[34].

In dem Fall eines Zigeuners, der aufgrund der Asozialenaktion von Juni 1938 verhaftet worden war, obwohl er nachweislich seßhaft und einer geregelten Arbeit nachgegangen war, hob das BGH das Urteil des Oberlandesgerichts, das rassische Verfolgung angenommen hatte, mit der Begründung auf, diese beiden Tatsachen allein reichten noch nicht aus, um auf eine rassische Verfolgung zu schließen[35].

---

[33] Calvelli-Adorno, a.a.O., S.530, 532, 535.
[34] Schreiben des Regierungspräsidenten v. Aachen v. 15.Februar 1957. Kopie des Schreibens bei den Unterlagen zu dem Dokumentarfilm Das falsche Wort.
[35] BGH-Urteil v. 5.2. 1958, RzW, 1958, S.194.

In dem ähnlich gelagerten Fall eines „Zigeunermischlings" der ebenfalls 1938 verhaftet worden war, obwohl er seßhaft war, zwei Grundstücke besaß, einen polizeilich
einwandfreien Lebenswandel führte und somit der Polizei keinerlei Vorwand gegeben
hatte, ihn als Asozialen zu behandeln, hatte der BGH das auf Entschädigung wegen
rassischer Verfolgung lautende Urteil des Oberlandesgerichts aufgehoben mit der
nachgerade abenteuerlich anmutenden Begründung, es könne sich ja um eine irrtümlich erfolgte Verhaftung gehandelt haben[36].

Die genannten Fälle machen auch deutlich, welches Problem die Beweislast für die
verfolgten Zigeuner darstellte – sie mußten nicht nur ihre Verfolgung belegen, sondern auch noch schlüssig nachweisen, daß andere als rassische Verfolgungsgründe
nicht in Betracht kamen.

Eine gravierende Folge der BGH-Rechtsprechung war, daß Zigeunern, die bereits
vor 1943 ihrer Freiheit beraubt und nach Polen oder in ein Konzentrationslager
deportiert worden waren, unter Umständen auch für die Zeit nach dem 1. März 1943
Entschädigung verweigert wurde, mit dem Argument, daß ihre erste Verhaftung nicht
aus rassischen Gründen erfolgt sei[37].

Faktische Benachteiligungen

Wurden die Ansprüche eines Zigeuners auf Wiedergutmachung – nicht selten nach
langen Jahren des Prozessierens bis hin zum Bundesgerichtshof – anerkannt, dann
wirkte sich für die größtenteils unvermögenden Anspruchsberechtigten die von Martin Hirsch festgestellte „kapitalistische Tendenz" in der Entschädigungsgesetzgebung[38] negativ aus, die Vermögensschäden und Nachteile im beruflichen Fortkommen (insbesondere im öffentlichen Dienst) relativ großzügig und bevorzugt, Jahre
der KZ-Haft und verfolgungsbedingte physische und psychische Schäden jedoch sehr
niedrig entschädigte (für jeden Monat Haft in einem Konzentrationslager gab es
DM 150,– Haftentschädigung).

Bei Gesundheitsschäden kam die Beweislast hinzu, sie mußten in langwierigen
Untersuchungen von medizinischen Gutachtern anerkannt werden, die nicht selten
voller Vorurteile auf die „asozialen Zigeuner" herabsahen. Ein besonders eklatantes
Beispiel für die Schwierigkeiten der Zigeuner, für die rassische Verfolgung Wiedergutmachung zu bekommen, ist das mehr als drei Jahrzehnte während Bemühen um
die Anerkennung der Sterilisation als einem entschädigungspflichtigen Verfolgungs-
schaden[39]. Eine Entschädigung für die Zwangssterilisierung – eine für die Identität

---

[36] BGH-Urteil v. 1. 3. 1961 – IV ZR 192/60.

[37] Vgl. Henning Stanicki, Zur Problematik der Ansprüche von Zigeunern nach dem BEG-Schlußgesetz, in: RzW, 1968 S. 529–535; vgl. auch Hans-Joachim Döring, a. a. O., S. 166 f.

[38] Vgl. Martin Hirsch, Folgen der Verfolgung. Schädigung – Wiedergutmachung – Rehabilitierung, Vortrag auf der Tagung „Die Bundesrepublik Deutschland und die Opfer des Nationalsozialismus" (25.–27. November 1983) in der Evang. Akademie Bad Boll, Protokolldienst 14/84,
S. 19–32, hier S. 21.

[39] Für die Erlebnisse einer zwangssterilisierten Zigeunerin, die einen Antrag auf Wiedergutmachung stellte und ins Gesundheitsamt geladen wurde, wo sie einen der für ihre Sterilisation Verantwortlichen wiedertraf, siehe das in der Zeitschrift „Courage" Jg. VI, Nr. 5 (Mai 1981),
S. 21–24 abgedruckte Tonbandprotokoll.

und das traditionelle Selbstverständnis der Zigeuner nahezu tödliche Maßnahme – wurde üblicherweise mit der Begründung abgelehnt, daß sie keine Beeinträchtigung der Arbeitsfähigkeit und keinen Schaden im beruflichen Fortkommen bedeute. Hier tritt erneut die erwähnte „kapitalistische Tendenz" in den Entschädigungsgesetzen zutage: eine so tiefgreifende Verletzung der Persönlichkeit wie es die Zerstörung der fundamentalen Verwirklichungsmöglichkeit menschlichen Daseins ist, sich selbst in seinen Kindern zu transzendieren, wurde reduziert auf die Frage der weiteren Verwendbarkeit des Geschädigten auf dem Arbeitsmarkt. In einem konkreten Fall bot das Entschädigungsamt eine Wiedergutmachung von DM 250,– (!) an. Es kam zum Prozeß, weil der geschädigte Zigeuner eine Summe von 2500 forderte[40]. In diesem Fall 250 DM als Entschädigungsangebot, in anderen Fällen eine glatte Ablehnung – wie sollten die Antragsteller an den guten Willen des Gesetzgebers, der Gerichte und Entschädigungsämter und der medizinischen Gutachter glauben?

Erst vor wenigen Jahren erfolgte eine Änderung dieser Entschädigungspraxis. Für Sterilisierungsopfer stellte die Bundesregierung eine einmalige Entschädigung von DM 5000 pro Person bereit.

Zigeuner, die traditionsgemäß nach „Zigeunerart" verheiratet gewesen waren und ihren Ehepartner im Konzentrationslager verloren hatten, konnten ihre Wiedergutmachungsansprüche nicht durchsetzen, weil sie nach deutschem Recht nicht gültig verheiratet gewesen waren.

Ähnliche Schwierigkeiten hatten verfolgte Zigeuner, wenn sie Ausbildungsschäden oder Schäden im beruflichen Fortkommen geltend machen wollten. Nur selten hatten sie eine normale Schul- und Berufsausbildung erhalten; die durch die Einweisung in die Lager bedingte Unmöglichkeit, die traditionellen Fähigkeiten und Fertigkeiten im Familienverband zu erwerben, wurde nicht als entschädigungspflichtig anerkannt. Üblicherweise erlernte das Zigeunerkind oder der Jugendliche „spielend", vor allem durch das Vorbild der Eltern, jene Kenntnisse und künstlerischen und handwerklichen Fähigkeiten, die ihm ein spezialisiertes Serviceangebot in den Dörfern oder Städten gestatteten, mit dem er sich auf seinen Reisen den Lebensunterhalt sichern konnte. Diese informelle Ausbildung, die hinter Stacheldraht ebensowenig möglich war, wie eine normale Schulausbildung, wurde, da sie im staatlichen Ausbildungsmonopol nicht vorgesehen war, nicht entschädigt[41].

---

[40] OLG Frankfurt/M, Urteil v. 18. 11. 1958 – 2 U 100/58 E, auszugsweise in: RzW 1959, S. 564 f. Das Oberlandesgericht sah den von der Entschädigungsbehörde als Härteausgleich gemäß § 171 BEG angebotenen Betrag von DM 250,– als „so geringfügig" an, daß er als ein Ermessensverstoß der Entschädigungsbehörde betrachtet werden könne.

[41] Wie „spielerisches Lernen" in der Familie vor sich gehen kann, ist in dem Dokumentarfilm „Schimpft uns nicht Zigeuner" (1981) von Katrin Seybold und Melanie Spitta festgehalten. Vgl. auch: Politische Didaktik, Heft 1 (1981) das sich mit der Frage: Zigeuner, Schule und Unterricht beschäftigt.

Die Täter von gestern als Wiedergutmachungssachverständige

Problematisch ist die Geschichte der Entschädigung nationalsozialistischen Unrechts an Zigeunern vor allem deshalb, weil Ämter und Gerichte in Wiedergutmachungsverfahren NS-Rasseforscher und „Zigeunersachverständige" der Polizei aus der NS-Zeit als Gutachter hinzuzogen – etwas, was ohne Parallele in den Entschädigungsverfahren jüdischer Opfer ist. Während die Verantwortlichen für die Judenvernichtung vor Gericht kamen, wenn man ihrer habhaft werden konnte, ließ man die Verantwortlichen für den Genozid an den Zigeunern nach dem Kriege darüber gutachten, ob eine rassische Verfolgung der Zigeuner überhaupt stattgefunden habe, und wenn ja, ab wann. NS-Rasseforscher wie Eva Justin, mitverantwortlich für die Erfassung der Zigeuner im Dritten Reich, Polizeibeamte, die bei der Erstellung der Deportationslisten mitgewirkt, die Zigeuner verhaftet und zu den Sammelplätzen getrieben hatten, von wo die Transporte ins „Generalgouvernement" bzw. nach Auschwitz abgingen, Kripobeamte, die befehlsgemäß dafür gesorgt hatten, daß die von Ritter und Justin geforderte Sterilisation aller sogenannten „Zigeunermischlinge" auch durchgeführt wurde – sie traten nach dem Kriege als Zeugen und Sachverständige in Wiedergutmachungsprozessen auf. Daß diese Zeugen lediglich von der Unterbringung von Asozialen in Arbeitslagern und Besserungsanstalten, nicht aber von rassischen Verfolgungsmaßnahmen gegen Zigeuner zu berichten wußten, liegt auf der Hand.

Das Netz, das diese früheren Zigeunersachbearbeiter und jetzigen „Sachverständigen" zusammen mit den früheren Rasseforschern und einigen nach dem Kriege neu hinzugekommenen, aber gestrigem Gedankengut verhafteten sogenannten Zigeunerforschern[42] untereinander spannten, sich gegenseitig bei Gericht als Gutachter empfehlend, ist bis heute kaum erforscht[43]. Die Tätigkeit als Gerichtsgutachter und Zeugen erlaubte zum einen, die Durchsetzung der Entschädigungsansprüche von Zigeunern zu verhindern und hatte zum anderen den Vorteil, daß man die eigene Verantwortung bei den verschiedenen Verfolgungsmaßnahmen hervorragend vertuschen konnte. Es war auch nicht schwer, sich auf die Gerichtsauftritte vorzubereiten: man griff einfach auf die polizeilichen Zigeunerpersonenakten zurück, auf jene Akten, die die Polizei von jedem über sechs Jahre alten Zigeuner angelegt hatte. Eine im Kaiserreich begonnene Sondererfassung, die in der Weimarer Republik weitergeführt und im Dritten Reich durch umfangreiche rassenbiologische Forschungen und Gutachten ergänzt wurde. Diese von nationalsozialistischem Geist getragenen Unterlagen waren in den fünfziger und sechziger Jahren für Gerichte und Entschädigungsämter offensichtlich eine glaubwürdigere Quelle als die Schilderungen der Betroffenen.

Hier schließt sich der Kreis: Während die Gerichte den Aussagen der früheren Rassenforscher und der „Zigeunersachverständigen" der Polizei Glauben schenkten, galt beim Staatsanwalt oder im Gerichtssaal die Erzählung eines Zigeuners wenig

---

[42] Vgl. A. Spitta, Deutsche Zigeunerforscher und die jüngste Vergangenheit, a.a.O.
[43] Licht in das absichtsvolle Dunkel bringt erstmalig der Dokumentarfilm „Das falsche Wort", a.a.O.; die Querverbindungen zwischen den ehemaligen Zigeunersachbearbeitern bei der Polizei, den „Zigeunerforschern" und zahlreichen Entschädigungsgerichten gehen auch aus den in Anm. 17 genannten staatsanwaltlichen Ermittlungsverfahren hervor.

oder nichts. Sein traditioneller Erzählstil, sein ungewohnter Denkansatz, die scheinbar unbeholfene Art, sich in der deutschen Sprache auszudrücken, das alles war den deutschen Verwaltungsfachleuten und Juristen so fremd, es klang so unglaublich, daß man selten den Versuch machte, den Erzählenden zu verstehen. In dem 1950 ergangenen Beschluß der Staatsanwaltschaft Frankfurt am Main, das Ermittlungsverfahren gegen Dr. Robert Ritter einzustellen, werden die Zeugenaussagen verfolgter Zigeuner wie folgt „gewürdigt": „Damit erhebt sich die Hauptfrage, ob und inwieweit überhaupt den Darstellungen der Zeugen zu glauben ist. Es handelt sich um die grundsätzliche Frage, ob und inwieweit Aussagen von Zigeunern zur Grundlage richterlicher Überzeugung gemacht werden können ... Zahlreiche Wissenschaftler haben lange vor 1933 die Anschauung vertreten, daß Zigeuneraussagen grundsätzlich für die richterliche Überzeugungsbildung ausscheiden müssen. Diese Beurteilung stimmt im übrigen auch mit der Auffassung des Zentralamts für Kriminal-Identifizierung und -Statistik in München überein"[44]. Was der Staatsanwalt, den pseudowissenschaftlichen Ausführungen des Beschuldigten Ritter folgend, hier behauptet, ist unverhüllter Antisiganismus, d.h. postnazistischer Rassismus. Man erinnere sich an das Zitat von Calvelli-Adorno: Die vorwegnehmende kollektive Wertung: ,Zigeuner gleich Asozialer' ... ist rassische Verfolgung. Gleiches gilt für die vorwegnehmende kollektive Wertung: Zigeuner gleich unglaubwürdiger Zeuge.

Mit der bereits 1950 erfolgten Einstellung des Verfahrens gegen Robert Ritter, einen der Hauptschuldigen an der Verfolgung der Zigeuner im NS-Staat, waren die Weichen gestellt: Beschuldigte in späteren Ermittlungsverfahren beriefen sich immer wieder darauf, daß, wenn man Ritter nichts habe nachweisen können, sie erst recht keine Verantwortung für die angebliche Verfolgung der Zigeuner im Dritten Reich trügen. Es ist wohl kaum ein Zufall, daß in der Bundesrepublik niemand wegen seiner Mitverantwortung für den Völkermord an den Zigeunern verurteilt worden ist – die Rechtfertigungen der Täter wurden von eilfertigen Kollegen bestätigt und galten den Behörden und Gerichten allemal mehr als die Stimme der Opfer: Asozialenbekämpfung war's, nicht Rassenverfolgung. Keine Täter, keine Opfer, keine Wiedergutmachung.

Die Änderung der Rechtsprechung des Bundesgerichtshofs und das BEG-Schlußgesetz von 1965

In einem Grundsatzurteil, das am 18. Dezember 1963 erging, änderte der Bundesgerichtshof seine frühere Rechtsprechung zur Frage des Verfolgungsbeginns der Zigeuner im Dritten Reich[45]. Nunmehr ging er von generellen Verfolgungsmaßnahmen bereits ab 1938 aus. Aufgrund dieser Änderung in der höchstrichterlichen Rechtsprechung bestimmte das BEG-Schlußgesetz von 1965 in Art. IV, Abs. 2, daß Zigeuner, deren Entschädigungsansprüche für die zwischen 1938 und 1943 erlittene Verfolgung rechtskräftig abgelehnt worden waren, eine Wiederaufnahme des Verfahrens beantragen konnten. Mit dieser lapidaren Feststellung gab der Gesetzgeber –

---

[44] Einstellungsbeschluß der Staatsanwaltschaft Frankfurt am Main vom 28. August 1950, in: Staatsanwaltschaft Köln, 24 Js 429/61, Bd. I, Bl. 35.
[45] BGH-Urteil v. 18. Dezember 1963 – IV ZR 108/63 (Düsseldorf), vgl. RzW, 1964, S. 209–211.

dem Bundesgerichtshof folgend – zu, daß zwanzig Jahre lang Ansprüche von NS-geschädigten Zigeunern zu Unrecht abgelehnt worden waren.

Das Bundesentschädigungs-Schlußgesetz von 1965 hat für viele verfolgte Zigeuner eine wesentliche Besserung bedeutet. Einem beträchtlichen Prozentsatz gelang die Anerkennung als NS-Verfolgte bzw. die Anerkennung der Entschädigungsansprüche.

Neben diesen gesetzlichen Verbesserungen läßt sich in den sechziger Jahren auch ein gewisser atmosphärischer Wandel in Wiedergutmachungsfragen feststellen, zu dem einige äußere Faktoren beigetragen haben:

1. Der kontinuierliche wirtschaftliche Aufschwung der Bundesrepublik und das all-mähliche Zurückgehen der Gesamtzahl der Wiedergutmachungsleistungen infolge des Auslaufens von Zahlungsverpflichtungen und des Ablebens von Leistungsbezie-hern ließ die prozentuale Belastung der öffentlichen Haushalte drastisch zurückge-hen, was zu einer gerechteren Handhabung der Ermessensspielräume führte.

2. Der allmähliche Generationenwechsel in Ämtern und Gerichten hat zu einer unbefangeneren Bearbeitung der Anträge durch jüngere Sachbearbeiter geführt. Man hat den Eindruck, daß die in den fünfziger Jahren noch deutlich spürbaren Ressenti-ments, der Haß und Neid gegenüber den Verfolgten, einer gelasseneren, verständnis-volleren Einstellung gewichen sind.

3. Ein Vergleich von medizinisch-psychiatrischen Gutachten aus den fünfziger Jah-ren mit Gutachten aus späterer Zeit legt nahe, daß es allmählich zu einer größeren Sensibilität für die psychischen (Spät-)schäden der Verfolgung gekommen ist[46].

4. In der deutschen Gesellschaft wird im vergangenen Jahrzehnt ein gewisser Wan-del gegenüber Minderheiten bzw. gesellschaftlichen Randgruppen sichtbar, der ein größeres Verständnis gegenüber den Leiden dieser Gruppen im Dritten Reich ermög-lichte. Nicht zuletzt hatten einen Anteil hieran die neu entstandenen Bürgerrechtsbe-wegungen.

Diesen positiven Tendenzen, die sich ab Mitte der sechziger und verstärkt in den siebziger Jahren entwickelten, steht das Faktum gegenüber, daß viele der Verfolgten zwischenzeitlich verstorben waren. Sie hatten erleben müssen, daß man das ihnen zugefügte Leid einfach leugnete, es mit Spitzfindigkeiten bagatellisierte oder daß man es gar – postnazistischer Rassismus – mit dem Hinweis auf das Zigeunerunwesen, auf die Zigeunerplage als gerechtfertigt darstellte. Oder schlimmer noch, die Opfer fan-den sich, wenn sie ihre Wiedergutmachungsanträge stellten, ihren Verfolgern von gestern gegenüber.

Fragt man nach dem Geist, der in den ersten zwanzig Jahren hinter der geschilder-ten Entschädigungspraxis gegenüber Zigeunern steht, ist es schwer zu glauben, daß es der Gedanke an eine moralische Verpflichtung zur „Wiedergutmachung" war, der die Vergangenheitsbewältigung beherrschte. Auch nach dem Kriege hatten die Zigeuner „keine Presse und keine öffentliche Meinung"[47], es gab keinen internationalen Druck zugunsten ihrer Wiedergutmachungsansprüche wie bei den jüdischen Opfern des nationalsozialistischen Völkermords. Ernst Tugendhat hat das Wort geprägt, daß „von ihrem Schicksal her . . . Zigeuner und Juden Geschwister" seien, Völker, die „in

---

[46] S. hierzu den Hinweis von Otto Küster, in: Erfahrungen in der deutschen Wiedergutmachung, in: Recht und Staat, H. 346/347 (1967), S. 19 f.

[47] Aus einem Vortrag von Joel Brand, zitiert von Calvelli-Adorno, a. a. O., S. 537.

Europa durch die Jahrhunderte ohne Land lebten, verstreut, wegen ihres Andersseins überall diskriminiert". Tugendhat schließt eine kritische Reflexion darüber an, daß die Anerkennung dieser Diskriminierung nach dem Kriege bei Juden und Zigeunern unterschiedlich war. Heute lebe es sich „für einen assimilierten Juden in der Bundesrepublik nicht schlecht", aber er versuche, sich „vorzustellen, wie das Leben für mich aussähe, wenn die Vorurteile gegenüber den Juden nach Auschwitz ebenso ungebrochen fortlebten wie die Vorurteile gegenüber den Zigeunern."[48]

Die Geschichte der „Wiedergutmachung" gegenüber Zigeunern in den ersten zwei Jahrzehnten nach dem Kriege ist im Sinne der Frage Ernst Tugendhats zugleich die Geschichte der Kontinuität von Vorurteilsstrukturen der Mehrheitsbevölkerung gegenüber einer unangepaßten Minderheit. Sie sollte uns Anlaß sein, über unsere Schwierigkeiten im Umgang mit der Freiheit nicht nur des anders Denkenden, sondern auch des anders Lebenden, nachzudenken.

---

[48] Ernst Tugendhat, Vorwort v. Tilman Zülch (Hrsg.), In Auschwitz vergast, bis heute verfolgt, S. 9.

Abkürzungen

AA	Auswärtiges Amt
ACDP	Archiv für Christlich-Demokratische Politik
AdsD	Archiv der sozialen Demokratie
AFL	American Federation of Labor
AFNS	Archiv des Deutschen Liberalismus der Friedrich-Naumann-Stiftung
AHK	Alliierte Hohe Kommission
AIA	Akten des israelischen Außenministeriums
AJC	American Jewish Committee
AJDC	American Joint Distribution Committee
BA	Bundesarchiv
BayGVoBl.	Bayerisches Gesetzes- und Verordnungsblatt
BayHStA	Bayerisches Hauptstaatsarchiv
BEG	Bundesentschädigungsgesetz vom 29.6. 1956
BEG-SG	Bundesentschädigungs-Schlußgesetz vom 14.9. 1965
BGA	Ben-Gurion Archives
BGB	Bürgerliches Gesetzbuch
BGBl.	Bundesgesetzblatt
BGH	Bundesgerichtshof
BErgG	Bundesergänzungsgesetz vom 18.9. 1953
BfA	Bundesversicherungsanstalt für Angestellte
BMF	Bundesministerium der Finanzen
BRüG	Bundesrückerstattungsgesetz vom 19.7. 1957
BVA	Bundesverwaltungsamt
BVerG	Bundesverfassungsgericht
BWGöD	Bundesgesetz zur Regelung der Wiedergutmachung im öffentlichen Dienst vom 15.12. 1965
CDU	Christlich Demokratische Union
CIC	Comité Internationale des Camps
C.O.	Central Office
COMISCO	Committee of International Socialist Conferences
CSU	Christlich Soziale Union
C.V.	Central-Verein der Juden in Deutschland
CZA	Central Zionist Archives
DDR	Deutsche Demokratische Republik
DGB	Deutscher Gewerkschaftsbund
DKP	Deutsche Kommunistische Partei
DP	Displaced Person
EVG	Europäische Verteidigungsgemeinschaft
FAZ	Frankfurter Allgemeine Zeitung
FDP	Freie Demokratische Partei
FRUS	Foreign Relations of the United States
GG	Grundgesetz

HSTL	Harry S. Truman Library
HUJ	Hebrew University of Jerusalem
IAK	Internationales Auschwitz-Komitee
IBFG	Internationaler Bund Freier Gewerkschaften
IfZ	Institut für Zeitgeschichte
IIS	Internationales Archiv für Sozialgeschichte
IRO	International Refugee Organization
ISA	Israeli State Archives
JAFP	Jewish Agency for Palestine
JRSO	Jewish Restitution Successor Organization
JTC	Jewish Trust Corporation
KG	Kammergericht
KPD	Kommunistische Partei Deutschlands
KPdSU	Kommunistische Partei der Sowjetunion
KZ	Konzentrationslager
LBI	Leo Baeck Institute
LEA	Landesentschädigungsamt
LG	Landgericht
Mapai	Mifleget Poalei Erez Yisrael („Arbeiterpartei Israels")
MdE	Minderung der Erwerbsfähigkeit
NA	National Archives
NPD	Nationaldemokratische Partei Deutschlands
NSDAP	Nationalsozialistische Deutsche Arbeiterpartei
OLG	Oberlandesgericht
OMGB	Office of Military Government for Bavaria
OMGUS	Office of Military Government for Germany (US)
PA/AA	Politisches Archiv des Auswärtigen Amtes
PPS	Polska Partia Socjalistyezna (Polnische Sozialistische Partei)
PRO/FO	Public Record Office/ Foreign Office
RzW	Rechtsprechung zum Wiedergutmachungsrecht
SBZ	Sowjetische Besatzungszone
SED	Sozialistische Einheitspartei Deutschlands
SILO	Socialist Information and Liaison Office
SPD	Sozialdemokratische Partei Deutschlands
SS	Schutz-Staffel
StasM I	Staatsanwaltschaft München I
UIRD	Union Internationale de la Résistance et de la Déportation
UNHCR	United Nations High Commissioner for Refugees
UNO	United Nations Organization
URO	United Restitution Organization
USEG	Entschädigungsgesetz der US-Zone vom 26.4. 1949
USREG	Amerikanisches Militärregierungsgesetz Nr. 59 vom 10.11. 1947
VfZ	Vierteljahrshefte für Zeitgeschichte
VVN	Vereinigung der Verfolgten des Nazi-Regimes
WJC	World Jewish Congress
WZO	World Zionist Organization
YIVO	Yidisher Visenshaftlikher Institut

Bibliographie

1. Hilfsmittel

Biographisches Handbuch der deutschsprachigen Emigration nach 1933, hrsg. vom Institut für Zeitgeschichte, München, und der Research Foundation for Jewish Immigration, Inc., New York, Gesamtleitung: Werner Röder und Herbert A. Strauss, Bd. I: Politik, Wirtschaft, Öffentliches Leben, München usw. 1980; Bd. II/Teil 1: A–K. The Arts, Sciences and Literature, München usw. 1983; Bd. II/Teil 2: L–Z. The Arts, Sciences and Literature, München usw. 1983; Bd. III: Gesamtregister, München 1983

Cohn, Berta: Post-War Publications on German Jewry. A Selected Bibliography of Books and Articles 1978, compiled by Berta Cohn, in: Yearbook Leo Baeck Institute 24 (1979), S. 375–458

Foerg, Irmgard u. Anette Pringle: Post-War Publications on German Jewry. A Selected Bibliography of Books and Articles 1981, in: Yearbook Leo Baeck Institute 27 (1982), S. 391–493

2. Gesetzesausgaben und -kommentare

Die in den Gesetzes- und Verordnungsblättern der verschiedenen Länder bzw. im Bundesgesetzblatt veröffentlichen Einzelgesetze werden nicht aufgeführt.

Baudouin-Bugnet, Pierre, Hugo Neumann u. Rudolf Harmening: Gutachten zur Rückerstattung, mit einer Einleitung von Adolphe Muller, Baden-Baden 1950

Becker, Ingeborg, Harald Huber u. Otto Küster unter Mitarb. v. Martin Klückmann: Bundesentschädigungsgesetz; Bundesergänzungsgesetz zur Entschädigung für Opfer der nationalsozialistischen Verfolgung (BEG) vom 18. September 1953, Kommentar, Berlin 1955

Beil, Otto u. Georg Malorny: Heilfürsorge nach dem Bundesentschädigungsgesetz; ein praktischer Wegweiser, Düsseldorf 1963

Beyer, Wilhelm R.: Wiedergutmachungsrecht. 8. 5. 1945–31. 12. 1956. Rückerstattung, Entschädigung, Wiedergutmachung im öffentlichen Dienst, in der Sozialversicherung, in der Kriegsopferversorgung usw., München, Berlin 1957

Biella, Friedrich: Kommentar zum Bundesrückerstattungsgesetz, Frankfurt a. M. 1958

Blessin, Georg u. Hans Wilden unter Mitwirkung von Hans-Georg Ehrig: Kommentar zum Bundesentschädigungsgesetz, München, Berlin 1954

Blessin, Georg u. Hans Wilden: Die Rechtsverordnungen zum Bundesentschädigungsgesetz. Zugleich Ergänzungsband zu Blessin-Wilden, Bundesentschädigungsgesetze, Kommentar, München, Berlin 1955

Blessin, Georg, Hans Wilden u. Hans-Georg Ehrig: Bundesentschädigungsgesetze, Kommentar, 2. völlig neugestaltete Aufl., München 1957

Blessin, Georg u. Hans Wilden: Bundesrückerstattungsgesetz und Elfte Verordnung über Ausgleichsleistungen nach dem Lastenausgleichsgesetz, Kommentar, München 1958

Blessin, Georg u. Hans Giessler: Kommentar zum Bundesentschädigungs-Schlußgesetz, München, Berlin 1967

Brunn, Walter, Richard Hebenstreit, Heinz Klee: Bundesentschädigungsgesetz in der Fassung des 2. Änderungsgesetzes (BEG-Schlußgesetz), Kommentar, Bielefeld 1965

Budde, Eugen: Wie habe ich meinen Entschädigungsantrag für die nationalsozialistische Verfolgung zu begründen? Ausführliche Erläuterung mit dem Wortlaut des Bundesentschädigungsgesetzes für die Opfer der nationalsozialistischen Verfolgung, Bonn 1953

Bukofzer, Ernst u. Curt Radlauer: Kommentar zum Gesetz über die Entschädigung der Opfer des Nationalsozialismus vom 10. Januar 1951, Berliner Entschädigungsgesetz (VO Bl. für Berlin, I, Nr. 7 vom 8. 2. 1951, S. 85 ff.), unter Mitwirkung von Rolf Loewenberg, Koblenz 1951

Bundesentschädigungsgesetz. Textausgabe mit Verweisungen und Sachverzeichnis) (Beck'sche Textausgaben), 15. veränd. Aufl. München 1969

Bundesgesetz zur Entschädigung für Opfer der nationalsozialistischen Verfolgung (Bundesentschädigungsgesetz BEG) und Drittes Gesetz zur Änderung des Bundesergänzungsgesetzes vom 29. 6. 1956 versehen mit Textauszügen der wichtigsten korrespondierenden Gesetze und einer Gegenüberstellung der alten und neuen Paragraphen, bearb. von Arnold Hagenberg, Frankfurt a. M. 1956

Bundesgesetz zur Entschädigung für Opfer der nationalsozialistischen Verfolgung (29. 6. 1956). Bundesentschädigungsgesetz in der Fassung des 2. Gesetzes zur Änderung des Bundesentschädigungsgesetzes, BEG-Schlußgesetz vom 14. September 1965, mit einem Leitfaden von L. H. Farnborough, 2. Aufl. Düsseldorf 1965

Bundesgesetz zur Regelung der Rückerstattungsrechtlichen Geldverbindlichkeiten des Deutschen Reichs und gleichgestellter Rechtsträger (Bundesrückerstattungsgesetz BRÜG) mit einer Einführung von H. G. van Dam. Mit Anordnung Nr. 54 zum Rückerstattungsgesetz für Berlin, Elfte Verordnung zum Lastenausgleichsgesetz, Auszüge aus dem Altsparergesetz, Düsseldorf 1957

Burkhardt, Herbert: Kommentar zum 3. Änderungsgesetz zum Bundesrückerstattungsgesetz, Stuttgart usw. 1966

BWGöD. Wiedergutmachung nationalsozialistischen Unrechts für Angehörige des öffentlichen Dienstes. Gesetz zur Regelung der Wiedergutmachung nationalsozialistischen Unrechts für Angehörige des öffentlichen Dienstes (11. 5. 1951). (In der Fassung der Bekanntmachung vom 15. Dezember 1965), Bad Godesberg 1966

Dam, Hendrik George van: Das Bundesentschädigungsgesetz. Systematische Darstellung und kritische Erläuterungen, Düsseldorf 1953

Dam, Hendrik George van u. Ernst Singer (Hrsg.): Die Praxis des Entschädigungsrechtes, Düsseldorf 1954

Dam, Hendrik George van u. Heinz Loos, Bundesentschädigungsgesetz. Bundesgesetz zur Entschädigung für Opfer der nationalsozialistischen Verfolgung vom 29. 6. 1956, Kommentar unter Mitarbeit v. Hermann Zorn usw., Berlin, Frankfurt a. M. 1957

Dam, Hendrik George van, Martin Hirsch u. Rolf Loewenberg: Wiedergutmachungsgesetze und Durchführungsverordnungen, Berlin, Frankfurt a. M. 1966

Doublet, P. H.: La collaboration, l'épuration, la confiscation, les réparations aux victimes de l'occupation. Exposé et commentaires suivis de principales ordonnances, Paris 1945

Frenkel, Marcel (Hrsg.): Handbuch der Wiedergutmachung in Deutschland, unter Beteiligung von Philipp Auerbach, Alphonse Kahn, Leo Zuckermann, Koblenz 1950

Frenkel, Marcel: Das Entschädigungsrecht für die Opfer der nationalsozialistischen Verfolgung. Teilausgabe des Handbuchs der Wiedergutmachung in Deutschland, Koblenz 1954

Fuhrmann, Walter: Die Rückerstattungs-Gesetzgebung und Rechtsprechung in sämtlichen Besatzungs-Zonen und Sektoren, Berlin, Neuwied 1951

Gesetz Nr. 59. Rückerstattung feststellbarer Vermögensgegenstände an Opfer der nationalsozialistischen Unterdrückungsmaßnahmen vom 12. 5. 1949. Textausgabe mit Erläuterungen von Bernhard Damman u. Fritz Heitkamp, Münster 1949

Gesetz zur Regelung der Wiedergutmachung nationalsozialistischen Unrechts für Angehörige des öffentlichen Dienstes vom 11. 5. 1951, München 1951

Gesetz zur Regelung der Wiedergutmachung nationalsozialistischen Unrechts für Angehörige des öffentlichen Dienstes, Ausgabe Mai 1951, Hannover 1951

Gesetz zur Regelung der Wiedergutmachung nationalsozialistischen Unrechts für Angehörige des öffentlichen Dienstes, erläutert von Georg Anders, 2., unter Berücksichtigung des 3. Änderungsgesetzes und des Bundesentschädigungsgesetzes vollst. neubearb. u. wesentlich vermehrte Aufl. Köln, Berlin 1956

Gesetz zur Regelung der Wiedergutmachung nationalsozialistischen Unrechts für Angehörige des öffentlichen Dienstes in der Fassung vom 24. August 1961. Textausgabe mit Anmerkungen und Verweisen sowie der 6. Novelle zum BWGöD Ausland und Durchführungsvorschriften, Köln 1961

Goetze, Peter: Rückerstattung in Westdeutschland und Berlin; juristisch-wirtschaftlicher Kommentar zu den Rückerstattungsgesetzen der amerikanischen, britischen und französischen Militärregierung und der Alliierten Militärkommandantur in Berlin, im Anhang die Texte der Rückerstattungsgesetze der Ostzone. Unter Mitwirkung von W. v. Gerlach, F. Hoernigh u. H. Knöss, Stuttgart 1950

Goetze, Peter: Die Entwicklung der Rückerstattung in Westdeutschland und Berlin. Stand 1. Juli 1951. Ergänzung zu Goetze, Kommentar, Die Rückerstattung in Westdeutschland und Berlin, Stuttgart 1951

Grimpe, Viktor: Kommentar zum Bundesentschädigungsgesetz vom 18. September 1953, Siegburg 1953

Hagenberg, Arnold: Kommentar zur Ersten Durchführungsverordnung zum Bundesentschädigungsgesetz, vom 18. 9. 1953 (1. DV-BEG) mit vollst. erläut. Text des § 14 BEG (Schaden an Leben) und der 1. DV-BEG vom 17. 9. 1954, Frankfurt a. M. 1955

Hagenberg, Arnold: Kommentar zur Zweiten Durchführungsverordnung zum Bundesentschädigungsgesetz vom 18. 9. 1953 (2. DV-BEG) mit vollst. erläut. Text des § 15 BEG (Schaden an Körper und Gesundheit) und der 2. DV-BEG vom 24. 12. 1954, Frankfurt a. M. 1956

Harmening, Rudolf, Wilhelm Hartenstein u. H. W. Osthoff: Rückerstattungsgesetz; Kommentar zum Gesetz über die Rückerstattung feststellbarer Vermögensgegenstände, Gesetz Nr. 59 der Militärregierung. Mit einem Anhang: Betriebswirtschaftliche und steuerliche Fragen in der Rückerstattung, von Rudolf Falk, Frankfurt a. M. 1950

Israël, Michel: Réparations aux victimes du nazisme, lois allemandes d'indemnisation de 1956, suivies d'un abrège de la Convention de Genève de 1951, Paris 1957

Kemper, Bernhard, Herbert Burkhardt: Kommentar zum Bundesrückerstattungsgesetz, 2. Aufl. in der Fassung des Gesetzes vom 24. März 1958, Stuttgart 1958

Kleineck, W.: Das Rückerstattungsgesetz; Rückerstattung feststellbarer Vermögensgegenstände an Opfer nationalsozialistischer Verfolgungsmaßnahmen; eine gemeinverständliche Darstellung auf Grund des Gesetzes Nr. 59 der Britischen Militärregierung, in Kraft seit 12. Mai 1949, Salzgitter 1949

Knopf, Harry: Wegweiser für das Bundesentschädigungs-Schlußgesetz, Tel Aviv 1966

Kossoy, Edward: Handbuch zum Bundesentschädigungsgesetz (BEG), T. 1, unter Mitwirkung von Eberhard Hammitzsch, mit Vorwort v. Klaus Werner, München 1957

Kossoy, Edward: Handbuch zum Bundesentschädigungsgesetz (BEG), T. 2, unter Mitarbeit von Eberhard Hammitzsch u. Arnold Hagenberg, München 1965

Kubuschok, Egon u. Rudolf Weißstein: Rückerstattungsrecht (Rückerstattungsgesetz) der britischen und amerikanischen Zone. Kommentar zum Militärregierungsgesetz Nr. 59, München 1950

Leber, Emil u. Heinz Mielke: Wegweiser zum Entschädigungsrecht; praktischer Ratgeber für die Geltendmachung von Ansprüchen aus dem Bundesentschädigungsgesetz, Frankfurt a. M. 1954

Luber, Franz: Wiedergutmachung nationalsozialistischen Unrechts in Bayern. Ein Wegweiser für die rassisch, religiös und politisch Verfolgten und die Behörden. Eine Zusammenstellung sämtlicher Wiedergutmachungsvorschriften des Besatzungs-, Bundes- und Landesrechts, München 1950

Metzger, Ernst (Hrsg.): Französisches Rückerstattungsrecht, Quellenheft zur Verordnung Nr. 120 über die Rückerstattung geraubter Vermögensobjekte in der französischen Zone. Eine Auswahl von Entscheidungen französischer Gerichte zu der französischen Ordonnanz vom 21. April 1945, Tübingen 1948

Michaeli, Wilhelm: Ersättning åt offer för nationalsocialistisk förföljelse (Bundesentschädigungsgesetz) och därmed sammanhängande spörsmal ål, Stockholm 1957

Ordonnance no. 120 relative à la restitution des biens ayant fait l'objet d'actes de spoliation. (Verordnung Nr. 120 über die Rückerstattung geraubter Vermögensobjekte.) Französisches Rückerstattungsrecht. Quellenheft zur Verordnung Nr. 120 über die Rückerstattung geraubter Vermögenswerte in der französischen Zone, Paris 1948

Peters, J.F.H.: Kommentar zur Rückerstattung. – Britische Zone – Allgemeine Verfügung Nr. 10. Gesetz Nr. 59. Rückerstattung feststellbarer Vermögensgegenstände an Opfer der nationalsozialistischen Unterdrückungsmaßnahmen, 2. erweit. u. verbess. Aufl. Köln 1950

Petrich, W.: Kommentar zur Wiedergutmachung, amerikanisches Gesetz Nr. 59 vom 10. November 1947, französische VO Nr. 120 vom 10. November 1947, Paderborn 1949

Praktische Fragen der Rückerstattung in der Westzone und Berlin, Heidelberg 1949

Robinson, Nehemiah: Restitution legislation in Germany; a survey of enactments, New York, Institute of Jewish Affairs, World Jewish Congress, 1949

Robinson, Nehemiah: Restitution and compensation legislation in Austria; a survey of enactments, New York, Institute of Jewish Affairs, World Jewish Congress, 1949

Die Rückerstattung entzogener Vermögensgegenstände nach der VO Nr. 120 der französischen Militärregierung vom 10. November 1947, erläutert von Hans Eberhard Rotberg, Tübingen 1949

Rückerstattung feststellbarer Vermögensgegenstände in der amerikanischen Besatzungszone. Militärregierungsgesetz Nr. 59 vom 10. November 1947 und Ausführungsvorschriften, erläutert von Reinhard Freiherr von Godin u. Hans Freiherr von Godin, Berlin 1948

Rückerstattung in Deutschland; Gesetze und Verordnungen in der Amerikanischen, Französischen und Britischen Zone. Kommentar zum Gesetz Nr. 59 über die Rückerstattung feststellbarer Vermögensgegenstände in der amerikanischen Zone vom 10. November 1947, nebst Musterbeispielen für die Anmeldung, hrsg. im Auftrag der American Federation of Jews from Central Europe Inc., New York 1948

Rückerstattungsrecht. Bundesrückerstattungsgesetz vom 19.7. 1957, Textausgabe mit Verweisungen und Sachverzeichnis (Beck'sche Textausgaben), 5. neubearb. Aufl. München 1970

Weitere praktische Fragen der Rückerstattung in den Westzonen und Berlin, Heidelberg 1950

The (West) German federal supplementary law for the compensation of victims of national socialist persecution (BEG), New York, Institute of Jewish Affairs, 1954

The (West) German federal compensation law (BEG) and it's implementary regulations, New York, Institute of Jewish Affairs, World Jewish Congress, 1957

The (West) German federal legislation in the field of compensation to victims of nazi persecution, 2. Aufl. New York, Institute of Jewish Affairs, 1956

Wilden, Hans u. Martin Klückmann: Wiedergutmachungsgesetz. Gesetz zur Wiedergutmachung nationalsozialistischen Unrechts (Entschädigungsgesetz) nebst Gesetz über die Behandlung der Verfolgten in der Sozialversicherung vom 22.8. 1949. Gesetzestext und systematische Darstellung, Stuttgart, Köln 1950

3. Gedruckte Quellen, Dokumentensammlungen und Berichte

Adenauer, Rhöndorfer Ausgabe, Briefe, Bd. 4, 1951–1953, hrsg. v. Rudolf Morsey u. Hans-Peter Schwarz, bearb. v. Hans-Peter Mensing, Berlin 1987

American Jewish Committee: To the Counselors of Peace, New York 1945

Bericht der Bundesregierung über Wiedergutmachung und Entschädigung für nationalsozialistisches Unrecht sowie über die Lage der Sinti, Roma und verwandter Gruppen vom 31.10. 1986, Deutscher Bundestag, Drucksache 10/6287

Conference on Jewish Material Claims against Germany (Hrsg.): Die Wiedergutmachungsfrage am Kreuzweg. Zur Information für Journalisten, Politiker und Interessierte. Als Manuskript veröffentlicht von der Conference on Jewish Material Claims against Germany, New York, Frankfurt a. M. 1964

Dörner, Klaus (Hrsg.): Gestern minderwertig – heute gleichwertig? Folgen der Gütersloher Resolution. Dokumentation und Zwischenbilanz des Menschenrechtskampfes um die öffentliche Anerkennung der im 3. Reich wegen seelischer, geistiger und sozialer Behinderung zwangssterilisierten Bürger und ihrer Familien als Unrechtsopfer und NS-Verfolgte, Bd. 1, Gütersloh 1985, Bd. 2, Gütersloh 1986

Drexel, Joseph: Der Fall Niekisch. Eine Dokumentation, Köln, Berlin 1964

Erklärung der Kommission für Rechte und Forderungen der VVN zum Ausschluß von der Wiedergutmachung aus politischen Gründen, in: Die Justiz, Mitteilungsblatt der Arbeitsgemeinschaft demokratischer Juristen 5 (1957), S. 66 f.

Great Britain, Foreign Office (Hrsg.): Report of the O'Sullivan Committee on the progress made in the disposal of internal restitution claims in the British Zone of Germany, 30th June 1951, London 1951

Die Haager Vertragswerke. Deutsch-englische Textausgabe, Düsseldorf-Benrath 1952

Hofmannsthal, Emilio von: Draft of Proposed Restitution Law for Axis and Axis-Occupied Countries, New York Law Quarterly Review, Bd. 20, Juli 1945

Internationale Juristen-Konferenz des Rates der VVN vom 20. bis 22. März 1948 im Gästehaus der Stadt Frankfurt am Main in Schönberg bei Kronberg i. Ts., Offenbach a. M. 1948

Israel, Foreign Office (Hrsg.): Documents Relating to the Agreement between the Government of Israel and the Government of the Federal Republic of Germany, Jerusalem 1953

Jaunich, Horst: Stiftung Wiedergutmachung muß errichtet werden. Dokumentation, in: Tribüne 19 (1980), S. 120–130

Jewish Restitution Successor Organization (Hrsg.): Betrachtungen zum Rückerstattungsrecht, Koblenz ca. 1952

Jewish Restitution Successor Organization (Hrsg.): After five years, 1948–1953, Nürnberg 1953

Kagan, Saul u. H. Weismann: Report on the Operations of the Jewish Restitution Successor Organization, 1947–1972, New York, Jewish Restitution Successor Organization, 1972

Kapralik, C. L.: Reclaiming the Nazi loot: the history of the work of the Jewish Trust Corporation for Germany; a report presented by C. L. Kapralik (General Secretary), London 1962–71

Marx, Hugo: The case of the German jews versus Germany. A legal basis for the claims of the German jews against Germany, New York 1944

Moses, Siegfried: Die Wiedergutmachungsforderungen der Juden, in: Mitteilungsblatt der Hitachduth Olej Germania We Olej Austria 7 (1943), Nr. 27 u. 28

Moses, Siegfried: Die jüdischen Nachkriegsforderungen, Tel Aviv 1944

Munz, Ernest: Restitution in Post-War Europe, Contemporary Jewish Record, Bd. VI, Nr. 4, August 1943, hrsg. v. Research Institute on peace and post-war problems of the American Jewish Committee, New York

Presse- und Informationsamt der Bundesregierung (Hrsg.): Deutschland und das Judentum. Die Erklärung der Bundesregierung über das deutsch-jüdische Verhältnis. Bonn 1951

Robinson, Nehemiah: Indemnifications and Reparations, Jewish Aspects, New York 1944 (Schriftenreihe „From War to Peace" des Institute for Jewish Affairs, Nr. 2)

Schumacher, Kurt: Reden – Schriften – Korrespondenzen 1945–1952, hrsg. v. Willy Albrecht, Berlin, Bonn 1985

Der Stand der Wiedergutmachung, in: Bulletin des Presse- und Informationsamtes der Bundesregierung, Bonn 1958, Nr. 141, S. 1473 f.

Twenty Years Later – Activities of the Conference on Jewish Material Claims Against Germany 1952–1972, New York o. J.

Unterlagen zum Bundesentschädigungsgesetz, sogenanntes Schwarzbuch, zusammengestellt von der Landesregierung Baden-Württemberg, Stuttgart 1953

Vertrauensärztliche Gutachtertätigkeit im Rahmen des Bundesgesetzes zur Entschädigung für Opfer der nationalsozialistischen Verfolgung, München 1960

Vogel, Rolf (Hrsg.): Brücke in die Zukunft. Das deutsch-israelische Abkommen vom 10. September 1952, Bonn 1965

Vogel, Rolf (Hrsg.): Deutschlands Weg nach Israel. Eine Dokumentation mit einem Geleitwort von Konrad Adenauer, Stuttgart 2. erg. Aufl. 1969

Volle, Hermann: Das Wiedergutmachungsabkommen zwischen der Bundesrepublik Deutschland und dem Staate Israel, in: Europa-Archiv 8 (1953), S. 5619–5636

Innere Wiedergutmachung. Entschädigung für Opfer der nationalsozialistischen Verfolgung, in: Bulletin des Presse- und Informationsamtes der Bundesregierung (1953), Nr. 187, S. 1557–1560

The World Jewish Congress, Institute of Jewish Affairs: Information on Restitution and Related Subjects, 1950, Nr. 1

The World Jewish Congress, Institute of Jewish Affairs: Information on Restitution and Related Subjects, Sonderausgabe Nr. 1, 1952

The World Jewish Congress: Survey of Policy and Action, 1948–1953

4. Tagebücher und Memoiren

Adenauer, Konrad, Erinnerungen 1953–1955, Stuttgart 1966
Adler-Rudel, Shalom: The Reminiscences of Shalom Adler-Rudel, Glen Rock, N.J. 1975
Bentwich, Norman: My 77 years. Am account of my life and times 1883–1960, London 1962
Blankenhorn, Herbert: Verständnis und Verständigung. Blätter eines politischen Tagebuchs 1949
   bis 1979, Berlin usw. 1980
Clay, Lucius D.: Entscheidung in Deutschland, Frankfurt a. M. 1950
Goldmann, Nahum: Mein Leben als deutscher Jude, München, Wien 1980
Goldmann, Nahum: Staatsmann ohne Staat. Autobiographie, Köln, Berlin 1970
Goldmann, Nahum: The Reminiscences of Nahum Goldmann, Glen Rock, N.J., 1975
Hoegner, Wilhelm: Der schwierige Außenseiter. Erinnerungen eines Abgeordneten, Emigranten
   und Ministerpräsidenten, München 1959
Schwarz, Walter: Späte Frucht. Bericht aus unsteten Jahren, Hamburg 1981
Shinnar, Felix: Bericht eines Beauftragten. Die deutsch-israelischen Beziehungen 1951–1966,
   Tübingen 1967

5. Zeitgenössische Literatur

Adenauer, Konrad: Bilanz einer Reise. Deutschlands Verhältnis zu Israel, in: Politische Mei-
   nung 11 (1966), S.15–19
Adler-Rudel, Shalom: Reparations from Germany, in: Zion 2 (1951), Nr.5–7
Axis Victims League, Inc. und American Association of Former European Jurists: Deutsche
   Wiedergutmachung 1957. Eine Serie von Vorträgen gehalten über den Sender WHOM, New
   York 1957, Düsseldorf-Benrath o.J.
Bial, Louis C.: Vergeltung und Wiedergutmachung in Deutschland. Ein Beitrag zu den Fragen
   der Naziverbrecher und der Wiedereinsetzung der Naziopfer in ihre Rechte, Habana 1945
Böhm, Franz: Die Luxemburger Wiedergutmachungsverträge und der arabische Einspruch
   gegen den Israelvertrag, Frankfurt a. M. 1951
Böhm, Franz: Recht und Moral im Rahmen der Wiedergutmachung, in: Bulletin des Presse-
   und Informationsamtes der Bundesregierung (1954), Nr.209, S.1886–1888
Böhm, Franz: Der triftige Grund, in: Die Gegenwart 9 (1954), S.526–528
Dam, Hendrik George van: The Problem of Reparations and Indemnification for Israel, 1.Juli
   1950, mimeo., S.1
Eichler, Willi: Politische Schulden, in: Geist und Tat 17 (1962), S.1–5
Goldmann, Nahum: Direct Israel-German Negotiations? Yes, in: The Zionist Quarterly 1
   (1952), Nr.3
Goldschmidt, Siegfried: Legal claims against Germany – Compensation for losses resulting from
   anti-racial measures, published for the American Jewish Committee Research Institute on
   peace and post-war problems, New York 1945
Grossmann, Kurt R.: Existiert ein innerjüdischer Wiedergutmachungskonflikt?, in: Münchner
   jüdische Nachrichten 4 (1954), Nr.13, S.2
Hachenburg, Max: Probleme der Rückerstattung, Heidelberg 1950
Hammerschmidt, Helmut u. Michael Mansfeld: Der Kurs ist falsch, München usw. 1956
Jacoby, Georg A.: Rechtszersplitterung bei der Wiedergutmachung, in: Monatsschrift für deut-
   sches Recht 3 (1949), S.19f.
Jakobs, Helene: Wiedergutmachung als ein Teil christlicher Existenz, in: Der ungekündigte
   Bund. Neue Begegnungen von Juden und christlicher Gemeinde, hrsg. v. D.Goldschmidt und
   H.J.Kraus, Stuttgart 1962, S.131f.
Köllner, Lutz: Grenzen der Wiedergutmachung. Wirtschaftliche, politische und ethische
   Aspekte, in: Die Politische Meinung 8 (1963), H.84, S.19–28
Küster, Otto: Das Recht zu sühnen, Rechtsgrundsätzliches zum arabischen Einspruch gegen das
   Israel-Abkommen, Rundfunkrede vom 17.11. 1952, in: Freiburger Rundbrief, Jan. 1953
Küster, Otto: Wiedergutmachung als elementare Rechtsaufgabe, Frankfurt a.M. 1953
Küster, Otto: Das andere Grundgesetz, in: Gegenwart 8 (1953), S.295–297
Küster, Otto: Wer soll wiedergutmachen?, in: Juristenzeitung 8 (1953), S.721–724

Küster, Otto: Achtung und Andacht. Die Deutschen und die Opfer des Faschismus, in: Die Gegenwart 9 (1954), S. 690 f.

Küster, Otto: Poena aut satisfactio, in: Für Arbeit und Besinnung 8 (1954), S. 322–331

Küster, Otto: Überleitungsvertrag und Wiedergutmachung, in: Neue Juristische Wochenschrift 8 (1955), S. 204–208

Küster, Otto: Wiedergutmachung für Verlust der Habe, in: Neue Juristische Wochenschrift 9 (1956), S. 1697–1700

Küster, Otto: Das endgültige Gesicht der deutschen Wiedergutmachung. Resignation und Beharren, in: RzW 8 (1957), S. 169 f.

Küster, Otto: Deutsche Wiedergutmachung, in: Tribüne 1 (1962), S. 140–145

Küster, Otto: Probleme der Leistungsverwaltung. Vortrag, gehalten vor der Berliner Juristischen Gesellschaft am 20. Januar 1965, Berlin 1965

Küster, Otto: Deutsche Wiedergutmachung, betrachtet Ende 1957, in: Judentum, Schicksal, Wesen und Gegenwart, Bd. 2, hrsg. v. Franz Böhm u. Walter Dirks, Wiesbaden 1965, S. 861–887

Küster, Otto: Erfahrungen in der deutschen Wiedergutmachung (Vortrag, gehalten an der Univ. Tübingen am 10. Mai 1967), Tübingen 1967

Küster, Otto: Wiedergutmachung deutscher- und christlicherseits, Freiburger Rundbrief 1973

Lamm, Richard: La réparation des dommages resultant des persécutions, Genf 1945

Landauer, Georg: Restitution of Jewish Property in Germany, in: Zion, 2 (1951), Nr. 1

Lüth, Erich: Wir bitten Israel um Frieden, in: Die Juden in Deutschland, 1951/52. Ein Almanach, hrsg. v. Heinz Ganther, Frankfurt a. M., München 1953, S. 204–208

Margolin, Jul.: Ist Versöhnung mit Israel möglich?, in: Aktion 2 (1952), Nr. 15, S. 53–57

Möller, Alex: Wiedergutmachung – Wunsch und Praxis. Dem Justizministerium des Landes Baden-Württemberg am 5. April 1956 überreicht, Stuttgart 1956

Moses, Fritz: Aus der Geschichte der Wiedergutmachung. Zu Bruno Weills siebzigstem Geburtstag, New York 1953

Müller-Türmitz, H. A.: Steuerzahler, wer bezahlt die Wiedergutmachung? München 1951

Nell-Brenning, Oswald von: Wiedergutmachung, in: Trierer theologische Zeitschrift 58 (1949), S. 286–297

Rheinstrom, Henry: Restoring Nazi Loot, New Europe, April-Mai 1945, S. 24–26

Robinson, Nehemiah: Reparation and Restitution in International Law as Affecting Jews, in: The Jewish Yearbook of International Law, hrsg. v. Nathan Feinberg u. S. Stoyanovsky, Jerusalem 1949

Robinson, Nehemiah: War Damage Compensation and Restitution in Foreign Countries, in: Law and Contemporary Problems 16 (1951)

Robinson, Nehemiah: How We Negotiated with the Germans and What We Achieved, New York 1953

Robinson, Nehemiah: Reparation, Restitution, Compensation, in: The Institute Annual, New York 1956

Robinson, Nehemiah: Ein Tabu der deutschen Gegenwart, in: Die politische Meinung 8 (1963), H. 87, S. 88–96

Rotberg, Hans Eberhard: Grundfragen der Wiedergutmachung nationalsozialistischen Unrechts, in: Deutsche Rechtszeitschrift 2 (1947), S. 319–323

Die Schande der „Wiedergutmachung", in: Geist und Tat 10 (1955), S. 129–137

Schubert, Friedrich: Wir verschenken nichts, wenn wir wiedergutmachen, in: Gewerkschaftliche Monatshefte 10 (1959), S. 426–430

Schwarz, Walter: Wiedergutmachung als Aufgabe und Bewährung der Verwaltung, in: RzW 8 (1957), S. 129–131

Schwarz, Walter: Gesetz und Wirklichkeit. Betrachtungen zur Wiedergutmachung im Spiegel von Praxis und Rechtsprechung. Vortrag gehalten am 12. November 1958, o. O. 1958

Schwarz, Walter: Spielregeln, in: RzW 24 (1973), S. 441–444

Shechtman, J.: Direct Israel-German Negotiations? No, in: The Zionist Quarterly 1 (1952), Nr. 2

Spectator: Negotiations with Germany on Reparations, in: Zion 2 (1951), Nr. 10–11

Stratenwerth, Günter: Wiedergutmachung?, in: Deutsche Universitätszeitung 9 (1954), H. 4, S. 3 f.

Strauss, Hans: Wiedergutmachung und deutsche Gerichtsbarkeit, in: New Yorker Staats-Zeitung und Herald v. 20.10. 1944

Teich, Meier: Für eine Revision der Luxemburger Verträge und der Wiedergutmachungs-Gesetze, Tel Aviv 1961

Wiedergutmachung für Juden, in: Union in Deutschland 5 (1951), Nr.73, Beilage Archivdienst

Wilden, Hans: Der Stand der Wiedergutmachung, in: Bulletin des Presse- und Informationsamtes der Bundesregierung (1955), Nr.13, S.101–106

Wilden, Hans: Loyale Erfüllung übernommener Verpflichtungen. Die Entschädigung für Opfer der nationalsozialistischen Verfolgung nach den Bonner Verträgen, in: Bulletin des Presse- und Informationsamtes der Bundesregierung (1955), Nr.130, S.1097f., 1100

6. *Darstellungen*

6.1. Selbständige Veröffentlichungen und Sammelwerke

Ammermüller, H. u. Wilden, Hans: Gesundheitliche Schäden in der Wiedergutmachung, Stuttgart, Köln 1953

Asad, Abdul-Rahman: United States and West German Aid to Israel, Beirut 1966

Asmussen, Nils: Der kurze Traum von der Gerechtigkeit: „Wiedergutmachung" und NS-Verfolgte in Hamburg nach 1945, Hamburg 1987

Atek, Wageh: Probleme der ägyptisch-deutschen Beziehungen 1952–1965, unveröffentl. Diss., Univ. Essen 1983

Balabkins, Nicholas: West German Reparations to Israel, New Brunswick, N.J. 1971

Bentwich, Norman: The United Restitution Organization 1948–1968. The Work of Restitution and Compensation for Victims of Nazi Oppression, London 1968

Bentwich, Norman: They Found Refuge, London 1965

Breslauer, Walter u. F. Goldschmidt: Die Arbeit des Council of Jews from Germany auf dem Gebiet der Wiedergutmachung, London 1966

Biella, Friedrich, Helmut Buschbom, Bernhard Karlsberg, Alexander Lauterbach usw.: Das Bundesrückerstattungsgesetz, München 1981 (= Die Wiedergutmachung nationalsozialistischen Unrechts durch die Bundesrepublik Deutschland, Bd.2, hrsg. v. Bundesminister der Finanzen in Zusammenarbeit mit Walter Schwarz)

Blessin, Georg: Wiedergutmachung, Bad Godesberg 1960

Brecher, Michael: Decisions in Israel's Foreign Policy, Oxford 1974

Brunn, Walter, Hans Giessler, Otto Gnirs, Richard Hebenstreit, Detlev Kaulbach, Heinz Klee, Willibald Maier, Karl Weiss: Das Bundesentschädigungsgesetz. Erster Teil (§§ 1 bis 50 BEG), München 1981 (= Die Wiedergutmachung nationalsozialistischen Unrechts durch die Bundesrepublik Deutschland, Bd.4, hrsg. v. Bundesminister der Finanzen in Zusammenarbeit mit Walter Schwarz)

Die Bundesrepublik Deutschland und die Opfer des Nationalsozialismus. Tagung vom 25.–27.11. 1983 in der Evangelischen Akademie Bad Boll, Protokolldienst 14/84, Bad Boll 1984

Burg, J.G. (d.i. Josef Ginsburg): Holocaust des schlechten Gewissens unter Hexagramm Regie, München 1979

Coburger, D.: Die Beziehungen zwischen der westdeutschen Bundesrepublik und Israel von 1949 bis 1961 unter besonderer Berücksichtigung des sogenannten Wiedergutmachungsabkommens, unveröff. Diss., Karl-Marx Univ. Leipzig 1964

Dan, H.: B'Derekh Lo Selula, Tel Aviv 1963

Deligdisch, Jekutiel: Die Einstellung der Bundesrepublik Deutschland zum Staate Israel. Eine Zusammenfassung der Entwicklung seit 1949, Bonn-Bad Godesberg 1974

Deutschkron, Inge: Israel und die Deutschen. Das besondere Verhältnis, Köln 1970, 1983; engl.: Bonn and Jerusalem. The Strange Coalition, Philadelphia 1970

Dietel, Klaus-Günther: Die Arbeitsverhältnisse der Verfolgten des Nationalsozialismus; zugleich ein Beitrag zur ideellen Wiedergutmachung, o.O., 1966

Düx, Heinz: Anerkennung und Versorgung aller Opfer der NS-Verfolgung, hrsg. v. DIE GRÜNEN, Berlin 1986

Eliashiv, V.: Germanyah Ha-Acheret, Tel Aviv 1967

Elon, A.: Be'Eretz Redufat Avar, Jerusalem 1967

Féaux de la Croix, Ernst u. Helmut Rumpf: Der Werdegang des Entschädigungsrechts unter national- und völkerrechtlichem und politologischem Aspekt, München 1985 (= Die Wiedergutmachung nationalsozialistischen Unrechts durch die Bundesrepublik Deutschland, Bd. 3, hrsg. v. Bundesminister der Finanzen in Zusammenarbeit mit Walter Schwarz)

Feldman, Lily Gardner: The Special Relationship between West Germany and Israel, Boston usw. 1984

Ferencz, Benjamin B.: Less than slaves. Jewish forced labor and the quest for compensation, Cambridge Mass. 2. Aufl. 1980, dt.: Lohn des Grauens. Die verweigerte Entschädigung für jüdische Zwangsarbeiter. Ein Kapitel deutscher Nachkriegsgeschichte, Frankfurt a. M. usw. 1981

Finke, Hugo, Otto Gnirs, Gerhard Kraus u. Adolf Peutz: Entschädigungsverfahren und sondergesetzliche Entschädigungsregelungen, München 1987 (= Die Wiedergutmachung nationalsozialistischen Unrechts durch die Bundesrepublik Deutschland, Bd. 6, hrsg. v. Bundesminister der Finanzen in Zusammenarbeit mit Walter Schwarz)

Forschungsstelle für Völkerrecht und ausländisches öffentliches Recht der Universität Hamburg (Hrsg.): Praktische Fragen des Staatsangehörigkeits-, Entschädigungs- und Völkerrechts (Ergänzungsband), zusammengestellt v. Hellmuth Hecker, Hamburg 1958

Forschungsstelle für Völkerrecht und ausländisches öffentliches Recht der Unversität Hamburg (Hrsg.): Praktische Fragen des Staatsangehörigkeits-, Entschädigungs- und Völkerrechts. Gesammelte Gutachten, zusammengestellt v. Hellmuth Hecker, Hamburg 1960

Gelberg, Ludwig: Die Normalisierung der Beziehungen zwischen der Volksrepublik Polen und der Bundesrepublik Deutschland, Hamburg 1977

Geyr, Heinz: Auf dem Wege zur Aussöhnung. Bonn, Warschau und die humanitären Fragen, Stuttgart 1978

Giessler, Hans, Otto Gnirs, Richard Hebenstreit, Detlev Kaulbach, Heinz Klee u. Hermann Zorn: Das Bundesentschädigungsgesetz. Zweiter Teil (§§ 51 bis 171 BEG), München 1983 (= Die Wiedergutmachung nationalsozialistischen Unrechts durch die Bundesrepublik Deutschland, Bd. 5, hrsg. v. Bundesminister der Finanzen in Zusammenarbeit mit Walter Schwarz)

Giordano, R. (Hrsg.): Narben, Spuren, Zeugen, Düsseldorf 1961

Goldmann, Botho: Die Bedeutung des Abkommens zwischen der Bundesrepublik Deutschland und dem Staate Israel vom 10. September 1952 für die wirtschaftliche Entwicklung der Bundesrepublik und Israels, dargestellt am Beispiel der Erfüllungsperiode 1952/53 bis 1955/56, Mainz 1956

Goldmann, Nahum: Dor Shel Churban U-Geula, Jerusalem 1967

Grossmann, Kurt R.: Germany's moral debt. The German-Israel Agreement, Vorwort von Earl G. Harrison, Washington 1954

Grossmann, Kurt R.: Germany and Israel: Six Years Luxemburg agreement, New York 1958

Grossmann, Kurt R.: Die Ehrenschuld. Kurzgeschichte der Wiedergutmachung, Frankfurt a. M., Berlin 1967

Hecker, Helmuth: Praktische Fragen des Entschädigungsrechts; Judenverfolgungen im Ausland, Hamburg 1958

Herberg, H. J. u. H. Paul (Hrsg.): Psychische Spätschäden nach politischer Verfolgung, 2. Aufl. Basel und New York 1967

Hilberg, Raul: Die Vernichtung der europäischen Juden. Die Gesamtgeschichte des Holocaust, Berlin 1982

Hohmann, Joachim S., Geschichte der Zigeunerverfolgung in Deutschland, Frankfurt a. M., New York 1981

Israel Export and Trade Journal (Hrsg.): 10 years Restitution Agreement Israel – Federal Republic of Germany. A Publication of the Israel Export and Trade Journal, 10th September 1952 – 10th September 1962, Tel Aviv 1962

Jacobmeyer, Wolfgang: Vom Zwangsarbeiter zum Heimatlosen Ausländer. Die Displaced Persons in Westdeutschland 1945–1951, Göttingen 1985

Jacobsen, Hans-Adolf u. a. (Hrsg.): Bundesrepublik Deutschland – Volksrepublik Polen: Bilanz der Beziehungen, Probleme und Perspektiven ihrer Normalisierung, Frankfurt a. M., Warschau 1979

Katzenstein, Liora: From Reparations to Rehabilitation. The Origins of Israeli-German Relations, 1948–1953, unveröff. Diss., Univ. Genf 1983

Klafkowski, Alfons: Der Vertrag zwischen der Volksrepublik Polen und der Bundesrepublik Deutschland vom 7. Dezember 1970, Warschau 1973

Köcher, Renate: Deutsche und Juden vier Jahrzehnte danach, Institut für Demoskopie Allensbach 1986

Köhrer, Helmut: Entziehung, Beraubung, Rückerstattung. Vom Wandel der Beziehungen zwischen Juden und Nichtjuden durch Verfolgung und Restitution, Baden-Baden 1951

Kossoy, Edward: Deutsche Wiedergutmachung aus israelischer Sicht; Geschichte, Auswirkung, Gesetzgebung und Rechtsprechung, Köln 1970

Kreysler, J. u. K. Jungfer (Hrsg.): Deutsche Israel-Politik. Entwicklung oder politische Masche?, Diessen 1965

Kubowitzki, L.: Unity in Dispersion – A History of the World Jewish Congress, New York 1948

Landsberger, Michael: Restitution receipts, household savings and consumption behaviour in Israel; a case study of the effect of personal restitution receipts from West Germany on savings and consumption behaviour of Israeli households, Jerusalem, Bank of Israel, Research Dept., 1970

Lehmann, Hans Georg: In Acht und Bann. Politische Emigration, NS-Ausbürgerung und Wiedergutmachung am Beispiel Willy Brandts, München 1976

Leistungsverwaltung und Verwaltungsleistung. Analyse von Vollzugsproblemen am Beispiel der Entschädigung für Opfer der nationalsozialistischen Verfolgung. Vervielfältigter Projekt-Schlußbericht des Instituts für angewandte Sozialforschung der Universität zu Köln, Köln 1983

Loewe, Josef (Hrsg.): Befreite Justiz. Rechtsfälle rings um den Nationalsozialismus, Reutlingen 1947

Lüth, Erich: Viele Steine lagen am Weg, Hamburg 1966

Lüth, Erich: Die Friedensbitte an Israel, 1951. Eine Hamburger Initiative, Hamburg 1976

Lutz, Thomas u. Alwin Meyer (Hrsg.): Alle NS-Opfer anerkennen und entschädigen, Berlin 1987

Mitscherlich, Alexander: Bemerkungen zur vorzeitigen Entpflichtung Verfolgter des Naziregimes, Frankfurt 1965

Mitscherlich, Alexander u. Margarete: Die Unfähigkeit zu trauern, München 1967

Münz, Max: Die Verantwortlichkeit für die Judenverfolgungen im Ausland während der nationalsozialistischen Herrschaft; ein Beitrag zur Klärung des Begriffes der „Veranlassung" i. S. des § 43 BEG, seines Verhältnisses zur Staatssouveränität und seiner Anwendung auf die Einwirkung des nationalsozialistischen Deutschlands auf nicht-deutsche Staaten in der Zeit vom 30. Januar 1933 bis 8. Mai 1945 hinsichtlich der Rechtsstellung und Behandlung der Juden, unter besonderer Berücksichtigung der Judenverfolgungen in Bulgarien, Rumänien und Ungarn, o. O., 1958

Niederland, William: Folgen der Verfolgung: Das Überlebenden-Syndrom, Seelenmord, Frankfurt a. M. 1980

Oppermann, Thomas: Deutsche Veranlassung im Sinne des § 43 Bundesentschädigungsgesetz. Zur Diskussion um die Auslandsverfolgung, Frankfurt a. M. 1960

Patai, Raphael: Nahum Goldmann: His Missions to the Gentiles, University Alabama Press 1987

Pease, Louis Edwin: After the Holocaust. West Germany and Material Reparation of the Jews. From the Allied Occupation to the Luxemburg Agreements, Ann Arbor, Mich. 1977

Projektgruppe für die ‚vergessenen' Opfer des NS-Regimes in Hamburg e. V. (Hrsg.): Verachtet, verfolgt, vernichtet, Hamburg 1986

Pross, Christian: Wiedergutmachung. Der Kleinkrieg gegen die Opfer, Frankfurt a. M., 1988

Robinson, Nehemiah: Ten Years of German Indemnification, New York 1964

Sagi, Nana: German Reparations. A History of the Negotiations, New York, Jerusalem 1980; dt.: Wiedergutmachung für Israel. Die deutschen Zahlungen und Leistungen, Stuttgart 1981

Scheidl, Franz Josef: Deutschland, der Staat Israel und die deutsche Wiedergutmachung, Wien 1967

Schirilla, Laszlo: Wiedergutmachung für Nationalgeschädigte. Ein Bericht über die Benachteiligung von Opfern der nationalsozialistischen Gewaltherrschaft, München, Mainz 1982

Schoeps, Julius H.: Über Juden und Deutsche, Bonn 1986

Schürholz, Franz: Ergebnisse der deutschen Wiedergutmachungsleistungen in Israel, hrsg. v.d. Bundeszentrale für politische Bildung, Bonn 1968

Schwarz, Walter: Rückerstattung und Entschädigung. Eine Abgrenzung der Wiedergutmachungsformen, München 1952

Schwarz, Walter: In den Wind gesprochen? Glossen zur Wiedergutmachung des nationalsozialistischen Unrechts. Mit einem Geleitwort von Martin Hirsch, München 1969

Schwarz, Walter: Rückerstattung nach den Gesetzen der Alliierten Mächte, München 1974 (= Die Wiedergutmachung nationalsozialistischen Unrechts durch die Bundesrepublik Deutschland, Bd.1, hrsg. v. Bundesminister der Finanzen in Zusammenarbeit mit Walter Schwarz)

Schwarz, Walter: Schlußbetrachtung zum Gesamtwerk. Zugleich Nachtrag zu Bd.6, München 1985 (= Die Wiedergutmachung nationalsozialistischen Unrechts durch die Bundesrepublik Deutschland, hrsg. v. Bundesminister der Finanzen in Zusammenarbeit mit Walter Schwarz)

Seelbach, Jörg: Die Aufnahme der diplomatischen Beziehungen zu Israel als Problem der deutschen Politik seit 1955, Meisenheim a.G. 1970

Senat der Freien und Hansestadt Hamburg (Hrsg.): Die Wiedergutmachung für die Opfer der nationalsozialistischen Verfolgung in Hamburg, Hamburg 1960

Shafir, Shlomo: Eine ausgestreckte Hand. Deutsche Sozialdemokraten, die Juden und Israel, (hebräisch), Tel Aviv 1986

Steinbach, Peter: Nationalsozialistische Gewaltverbrechen. Die Diskussion in der deutschen Öffentlichkeit nach 1945, Berlin 1981

Walch, Dietmar: Die jüdischen Bemühungen um die materielle Wiedergutmachung durch die Republik Österreich, Wien 1971

Wetzel, Juliane: Juden in München 1945–1951, Durchgangsstation oder Wiederaufbau? (= Neue Schriftenreihe des Stadtarchivs München) München 1987

Wolffsohn, Michael: Deutsch-israelische Beziehungen. Umfragen und Interpretationen 1952–1983, München (Landeszentrale für politische Bildungsarbeit) 1986

Wolffsohn, Michael: „Ewige Schuld?" Vierzig Jahre deutsch-jüdisch-israelische Beziehungen München, Zürich 1988

Worm, S.: Giora Josephthal – Chayav u-Foalo, Tel Aviv 1963

Zweig, Ronald: German Reparations and the Jewish World: A History of the Claims Conference, Boulden 1987

6.2. Aufsätze

Adler-Rudel, Shalom: Aus der Vorzeit der kollektiven Wiedergutmachung, in: In zwei Welten, Siegfried Moses zum fünfundsiebzigsten Geburtstag, hrsg. v. Hans Tramer, Tel Aviv 1962, S.200–217

Amelunxen, Ursula: Herabsetzung der Altersgrenzen in der Sozialversicherung für Verfolgte des Nationalsozialismus, in: Gewerkschaftliche Monatshefte 19 (1988), S.736–741

Anders, Georg: Die Wiedergutmachung nationalsozialistischen Unrechts für geschädigte Angestellte und Arbeiter des öffentlichen Dienstes, in: Deutsches Verwaltungsblatt 78 (1963), S.533–537, S.569–576

Atek, Wageh: Der Standpunkt Ägyptens zur westdeutschen Wiedergutmachung an Israel, in: Orient 24 (1983), S.470–485

Balabkins, Nicholas: The Birth of Restitution. The Making of the Shilumim Agreement, in: The Wiener Library Bulletin 21 (1967), Nr.4, S.8–16

Barou, Noah: Origin of the German Agreement, in: Congress Weekly, Bd.19, Nr.25, 13.10. 1952, S.6–8

Bastiaans, Jan: Von Menschen im KZ und vom KZ im Menschen. Ein Beitrag zur Behandlung des KZ-Syndroms und dessen Spätfolgen, in: Die Bundesrepublik Deutschland und die Opfer des Nationalsozialismus. Tagung vom 25.–27.11. 1983 in der Evangelischen Akademie Bad Boll, Protokolldienst 14/84, Bad Boll 1984, S.10–18

Beinlich, Dieter: Zur Entschädigungsberechtigung jüdischer Rußlandflüchtlinge, in: RwZ 25 (1978), S. 234–237

Ben Ephraim: Der steile Weg zur Wiedergutmachung, in: Die Juden in Deutschland, 1951/52. Ein Almanach, hrsg. v. Heinz Ganther, Frankfurt a. M., München 1953, S. 214–242

Ben Ephraim: Der steile Weg zur Wiedergutmachung, in: Die Juden in Deutschland. Ein Almanach, Hamburg 1958/59, S. 289–355

Ben Gurion, David: Die Bedeutung Adenauers, in: Freiheit und Recht 9 (1963), S. 10 f.

Bentwich, Norman: International aspects of restitution and compensation for victims of the Nazis, in: British yearbook of international law, Bd. 32 (1955/1956), S. 204–217

Bentwich, Norman: Compensation for Nazi Victims, in: Contemporary Review, Bd. 195 (1959), S. 26–30

Bentwich, Norman: Siegfried Moses and the United Restitution Organization, in: In zwei Welten, Siegfried Moses zum fünfundsiebzigsten Geburtstag, hrsg. v. Hans Tramer, Tel Aviv 1962, S. 193–199

Bentwich, Norman: Nazi Spoliation and German Restitution. The Work of the United Restitution Office, in: Yearbook. Publications of the Leo Baeck Institute, Bd. 10, 1965, S. 204–224

Benz, Wolfgang: In Sachen Wollheim gegen I.G. Farben, Von der Feststellungsklage zum Vergleich. Der Frankfurter Lehrprozeß, in: Dachauer Hefte 2 (1986), S. 142–174

Bergmann, Arthur: Fremd- und Zwangsarbeiter – Ansprüche nach dem Londoner Schuldenabkommen und in der Sozialversicherung, in: RzW 30 (1979), S. 42

Bergmann, Arthur: Lastenausgleich und Rückerstattung, in: RzW 15 (1964), S. 530–533

Bergmann, Arthur: Wiedergutmachung in der Sozialversicherung – Praxis und Rechtsprechung, in: RzW 26 (1975), S. 97–101

Blänsdorf, Agnes: Zur Konfrontation mit der NS-Vergangenheit in der Bundesrepublik, der DDR und in Österreich. Entnazifizierung und Wiedergutmachungsleistungen, in: Aus Politik und Zeitgeschichte, B 16–17, 1987, S. 3–18

Blessin, Georg: Wiedergutmachung und Allgemeines Kriegsfolgengesetz, in: RzW 9 (1958), S. 81–85

Bodemann, Michal Y.: Staat und Ethnizität: Der Aufbau der jüdischen Gemeinden im Kalten Krieg, in: Jüdisches Leben in Deutschland seit 1945, hrsg. v. Micha Brumlik u.a., Frankfurt a. M. 1986, S. 49–69

Böhm, Franz: Die politische und soziale Bedeutung der Wiedergutmachung, in: Franz Böhm, Reden und Schriften. Über die Ordnung einer freien Gesellschaft, einer freien Wirtschaft und über die Wiedergutmachung, hrsg. v. Ernst-Joachim Mestmäcker, Karlsruhe 1960, S. 193-215

Böhm, Franz: Die Luxemburger Wiedergutmachungsverträge und der arabische Einspruch gegen den Israelvertrag, in: ebd., S. 216–240

Böhm, Franz: Das deutsch-israelische Abkommen 1952, in: Konrad Adenauer und seine Zeit. Politik und Persönlichkeit des ersten Bundeskanzlers. Beiträge von Weg- und Zeitgenossen, hrsg. v. Dieter Blumenwitz, Klaus Gotto, Hans Maier, Konrad Repgen und Hans-Peter Schwarz, Stuttgart 1976, S. 437–465

Bogusz, Josef: Über medizinische Folgen der Okkupationszeit und des Zweiten Weltkrieges in Polen, in: Die Bundesrepublik Deutschland und die Opfer des Nationalsozialismus. Tagung vom 25.–27.11. 1983 in der Evangelischen Akademie Bad Boll, Protokolldienst 14/84, Bad Boll 1984, S. 56–59

Brecher, Michael: Images, Process and Feedback in Foreign Policy: Israels Decisions on German Reparations, in: The American Political Science Review, 1973, Nr. 1, S. 73–99

Brunn, Walter: Die entschädigungsrechtliche Problematik psychischer Störungen, in: RzW 11 (1960), S. 481–485

Brunn, Walter: Die rechtlichen, nichtmedizinischen Voraussetzungen des Entschädigungsanspruchs wegen Gesundheitsschadens, in: RzW 14 (1963), S. 337–342

Brunn, Walter: Das Ost-West-Verhältnis in der Wiedergutmachung nach dem BEG-Schluß-Gesetz, in: Recht in Ost und West 10 (1966), H. 2, S. 45–52

Calvelli-Adorno, Franz: Die rassische Verfolgung der Zigeuner vor dem 1. März 1943, in: RzW 12 (1961), S. 529–537

Calvelli-Adorno, Franz: Illegalität und menschenunwürdige Bedingungen, in: RzW 15 (1964), S. 49–51

Chmielewski, M.H.: The problem of compensation for victims of national persecution, in: Polish Affairs 6 (1958)

Czapski, G.: Duitse schadevergoeding voor nederlandse nazi-slachtoffers, in: Nederlands Juristenblad (1956), Nr.30, S.688f.

Czapski, G.: Nogmals: Duitse schadevergoeding voor Nederlandse nazi-slachtoffers, in: Nederlands Juristenblad (1956), Nr.39, S.891f.

Diamand, W.: Nogmals: Duitse schadevergoeding voor nederlands nazi-slachtoffers, in: Nederlands Juristenblad (1956), Nr.34, S.777–779

Dirks, Walter: Israel und die Deutschen, in: Frankfurter Hefte 7 (1952), S.157–164

Dörner, Klaus: Ein Heer der Vergessenen – die Sozialverfolgten des Dritten Reiches. Immer noch Opfer zweiter Klasse, in: Die Zeit, 23.8.1985

Ein vergessenes Dokument zur Wiedergutmachungsfrage, in: Deutsche Hochschullehrer-Zeitung 15 (1967), H.1, S.23–25

Drexel, Joseph: Wiedergutmachungsfall Niekisch, in: Frankfurter Hefte 15 (1960), S.601f.

Eissler, K.R.: Die Ermordung wievieler seiner Kinder muß ein Mensch symptomfrei ertragen, um eine normale Konstitution zu haben?, in: Psyche 17 (1963), S.241–291

Elmerich: Volksaktien und Wiedergutmachung, in: Zeitschrift für Staatssoziologie, 5 (1958), S.20–26

Erven, L.: Rechtliche Grundlagen für die Entschädigung der Opfer des Nazismus, in: Internationale Politik 15 (1964), S.9–12

Féaux de la Croix, Ernst: Schadensersatzansprüche ausländischer Zwangsarbeiter im Lichte des Londoner Schuldenabkommens, in: Neue Juristische Wochenschrift 13 (1960), S.2268–2271

Féaux de la Croix, Ernst: Liquidation der Kriegsfolgen, in: Freiheit und Recht 9 (1963), S.19–22

Féaux de la Croix, Ernst: Finanzpolitische Aspekte der Wiedergutmachungsgesetzgebung, in: Bulletin des Presse- und Informationsamtes der Bundesregierung, Bonn 1963, Nr.211, S.1872–1876

Féaux de la Croix, Ernst: Wiedergutmachung als Aufgabe der deutschen Nachkriegspolitik – Lösungen und ungelöste Probleme, in: Die Freiheit des Anderen, Festschrift für Martin Hirsch, hrsg. v. Hans Jochen Vogel u.a., Baden-Baden 1981, S.243–257

Fertig, Hans: Lastenausgleichsansprüche der rückerstattungsberechtigten Verfolgten in: RzW 14 (1963), S.1–7

Fertig, Hans: Wiedergutmachung für verfolgte Hochschullehrer, in: RzW 12 (1961), S.97–101

Gerber, H.: Die Bedeutung der Emeritierung im Rahmen der Wiedergutmachung, in: Mitteilungen des Hochschullehrerverbandes, Bd.9 (1961), Nr.5, S.115–125

Gillessen, Günther: Die Bundesrepublik und Israel. Wandlungen einer besonderen Beziehung, in: Im Dienste Deutschlands und des Rechtes, Festschrift für Wilhelm G.Grewe zum 70.Geburtstag, hrsg. v. J.Kroneck u. Th.Oppermann, Baden-Baden 1981, S.59–80

Gillessen, Günther: Konrad Adenauer und der Israel-Vertrag (erscheint 1988 in der Festschrift für Wilhelm Hennis)

Giniewski, G.: Germany and Israel: The Reparations Treaty of 10 September 1952, in: World Affairs Quarterly 30 (1959/60), S.169

Glasneck, J.: Das sogenannte Wiedergutmachungsabkommen mit Israel – ein Instrument des Bonner Neokolonialismus, in: Nationaler Befreiungskampf und Neokolonialismus. Referate und ausgewählte Beiträge, Berlin 1962, S.342–348

Goldmann, Nahum: Über die Bedeutung der Wiedergutmachung nationalsozialistischen Unrechts, in: Die Freiheit des Anderen, Festschrift für Martin Hirsch, hrsg. v. Hans-Jochen Vogel u.a., Baden-Baden 1981, S.215–217

Goschler, Constantin: Streit um Almosen. Die Entschädigung der KZ-Zwangsarbeiter durch die deutsche Nachkriegsindustrie, in: Dachauer Hefte 2 (1986), S.175–194

Greußing, Fritz: Das offizielle Verbrechen der zweiten Verfolgung, in: In Auschwitz vergast, bis heute vergessen – Zur Situation der Roma (Zigeuner) in Deutschland und Europa, hrsg. v. Tilmann Zülch, Reinbek bei Hamburg 1979, S.192–198

Grossmann, Kurt R.: Die jüdische Auslandsorganisationen und ihre Arbeit in Deutschland, in: Die Juden in Deutschland 1951/52. Ein Almanach, hrsg. v. Heinz Ganther, Frankfurt a.M., München 1953, S.91–136

Grossmann, Kurt R.: Wie steht es mit der Wiedergutmachung?, in: Geist und Tat 16 (1961), S.101–103

Grossmann, Kurt R.: Die Endphase des Entschädigungswerkes. Rückblick, Tatsachen und Folgen, in: Gewerkschaftliche Monatshefte 15 (1964), S. 537–543

Grossmann, Kurt R.: Ist die materielle Wiedergutmachung beendet? in: Frankfurter Hefte 23 (1968), S. 104–110

Haerdter, Robert: Diesseits von Monowitz. Wollheim contra I.G., in: Gegenwart 12 (1957), S. 138–140

Härten der Wiedergutmachung, in: Union in Deutschland 6 (1952), Nr. 5, Beilage

Harthoff, Bernhard: Dreißig Jahre Wiedergutmachung, in: Tribüne 22 (1983), S. 18–20

Harthoff, Bernhard: Wiedergutmachung – noch immer offen, in: Tribüne 25 (1986), S. 24–27

Hartmann: Das schleswig-holsteinische Wiedergutmachungsrecht, in: Schleswig-Holsteinische Anzeigen (1952), Nr. 4, S. 57–60, Nr. 5, S. 73–77

Hartstang, Gerhard: Schädigung aus Gründen der Nationalität gemäß Art. VI BEG-SchlußG bei Zwangsarbeit – eine Untersuchung am Beispiel der polnischen Zwangsarbeiter, in: RzW 21 (1970), S. 102–105

Hebenstreit, Richard: Die entschädigungsrechtliche Bewertung anlagebedingter Leiden, in: RzW 12 (1961), S. 101–103

Heiland: Wiedergutmachungsfonds und Restitution in der französischen Zone, in: Neue Juristische Wochenschrift 2 (1949), S. 938 f.

Herbert, Ulrich: Blühende Völkergemeinschaft. Über die Entschädigung ausländischer KZ-Häftlinge und Zwangsarbeiter, das Londoner Schuldenabkommen und die Kunst der juristischen Interpretetion, in: Journal Geschichte (1988), H. 1, S. 55–62

Herczegh, G.: Bonn will nicht zahlen. Einige Fragen des Völkerrechts hinsichtlich der Entschädigung der Verfolgten des Nazismus in Ungarn, in: Widerstandskämpfer 16 (1968), S. 58–62

Herczegh, G.: Einige Fragen des Völkerrechts hinsichtlich der Entschädigung der Verfolgten des Nazismus in Ungarn, in: Acta Juridica Academiae scientiarum Hungaricae 9 (1961), S. 307–330

Hesselbach, Walter: Wirtschaftliche Beziehungen zu Israel. Ein Beitrag zur Wiedergutmachung, in: Tribüne 4 (1965), S. 1622–1626

Hirsch, Gerhard: Die Entschädigung der Verfolgten, in: Die Juden in Deutschland, 1951/52. Ein Almanach, hrsg. v. Heinz Ganther, Frankfurt a. M., München 1953, S. 234–242

Hirsch, Martin: Folgen der Verfolgung. Schädigung – Wiedergutmachung – Rehabilitierung, in: Die Bundesrepublik Deutschland und die Opfer des Nationalsozialismus. Tagung vom 25.–27. 11. 1983 in der Evangelischen Akademie Bad Boll, Protokolldienst 14/84, Bad Boll 1984, S. 19–32

Honig, F.: The Reparations Agreement between Israel and the Federal Republic of Germany, in: The American Journal of International Law 48 (1954), S. 564–578

Horowitz, David: Ha-Shilumim, Zichronoth, in: Yedioth Acharonot, Shiva Yamim, 15. 9. 1972

Hudemann, Rainer: Anfänge der Wiedergutmachung. Französische Besatzungszone 1945–1950, in: Geschichte und Gesellschaft 13 (1987), S. 181–216

Huebschmann, Heinrich: Tuberkulose und Wiedergutmachung. Zwei Gutachten und einige Überlegungen dazu, in: Beiträge zur Klinik der Tuberkulose Bd. 120 (1959), S. 305–314

Inescu, Lotte u. Günter Saathoff: Die verweigerte Nichtigkeitserklärung für das NS-Erbgesundheitsgesetz – eine „Große Koalition" gegen die Zwangssterilisierten, in: Demokratie und Recht (1988), S. 125–132

Jakob, Wolfgang: Die Bedeutung des ärztlichen Gutachtens im Entschädigungsrecht, in: RzW 14 (1963), S. 289–293

Jacob, Wolfgang: Heilung und Wiedergutmachung. Das Problem der verfolgungsbedingten Gesundheitsschäden, in: Kommunität 8 (1964), H. 31, S. 104–113

Jasper, Gottfried: Wiedergutmachung und Westintegration. Die halbherzige justitielle Aufarbeitung der NS-Vergangenheit in der frühen Bundesrepublik, in: Westdeutschland 1945–1955. Unterwerfung, Kontrolle, Integration, hrsg. v. Ludolf Herbst, München 1986, S. 183–202

Jelinek, Yeshayahu: Like an Oasis in the Desert: the Israeli Consulate in Munich, 1948–1953, in: Studies in Zionism, 9 (1988), S. 81–98

Jena, Kai von: Versöhnung mit Israel? Die deutsch-israelischen Verhandlungen bis zum Wiedergutmachungsabkommen von 1952, in: Vierteljahrshefte für Zeitgeschichte (VfZ) 34 (1986), S. 457–480

Kagan, Saul: The Claims Conference and the Communities, in: Exchange (1965)

Karlsberg, B.: German federal compensation and restitution laws and Jewish victims in the Netherlands, in: Studia Rosenthaliana 2 (1968), Nr. 2, S. 194–244

Katzenstein, Ernst: Jewish Claims Conference und die Wiedergutmachung nationalsozialistischen Unrechts, in: Die Freiheit des Anderen, Festschrift für Martin Hirsch, hrsg. v. Hans-Jochen Vogel u. a., Baden-Baden 1981, S. 219–226

Kayser, H.: Aus der richterlichen Praxis des Wiedergutmachungsrechts, in: Zeitschrift für Beamtenrecht und Beamtenpolitik 3 (1955), S. 168–173 u. 1217 f.

Keilson, Hans: Die Reparationsverträge und die Folgen der „Wiedergutmachung", in: Micha Brumlik u. a., Jüdisches Leben in Deutschland seit 1945, Frankfurt a. M. 1986, S. 121–139

Kessler, Uwe: Die Wiedergutmachung aus der Vogel- und Froschperspektive, in: Freiheit und Recht 15 (1969), S. 18–20

Klee, Ernst: Geldverschwendung an Schwachsinnige und Säufer. Vierzig Jahre nach Kriegsende werden Zwangssterilisierte noch immer nicht als Verfolgte des Nazi-Regimes anerkannt, in: Die Zeit, 25.4. 1986, S. 41–45

Klein, Hillel: Wiedergutmachung – Ein Akt der Retraumatisierung, in: Die Bundesrepublik und die Opfer des Nationalsozialismus. Tagung vom 25.–27. November 1983 in Bad Boll, Bad Boll 1984, S. 51 f.

Klingel, Bettina: KZ wegen Liebe – Wiedergutmachung ist zu versagen, in: Die Kriegsjahre in Deutschland 1939 bis 1945, hrsg. v. Dieter Galinski u. Wolf Schmidt, Hamburg 1985, S. 121 ff.

Knopf, Harry: Der Versorgungsanspruch früherer jüdischer Gemeindebediensteter in der Wiedergutmachung, in: RzW 13 (1962), S. 481–484

Krauss, Marita: Verfolgtenbetreuung und Wiedergutmachung am Beispiel von München und Oberbayern (1945 bis 1952), erscheint demnächst in Zeitschrift für Bayerische Landesgeschichte

Langbein, Hermann: Keine Entschädigung für Häftlings-Zwangsarbeit?, in: Frankfurter Hefte 22 (1967), S. 179–186

Langbein, Hermann: Eine Verpflichtung, aus der wir noch nicht entlassen sind, in: Frankfurter Hefte 27 (1972), S. 79–81

Langbein, Hermann: Offengebliebene Probleme der Wiedergutmachung, in: Frankfurter Hefte 31 (1976), S. 61–64

Larsson, Per: Warum Wiedergutmachung an Dänemark?, in: Das andere Deutschland (1959), Nr. 17, S. 2

Lewan, Kenneth M.: How West Germany Helped to Build Israel, in: Journal of Palestine Studies 4 (1975), S. 41–64

Lindemann, H.: Ost-Berlin und die Wiedergutmachung in Israel, in: Deutschland-Archiv 6 (1973), S. 808 f.

Lipschitz, Joachim: Idee und Praxis der Wiedergutmachung, in: Die neue Gesellschaft 3 (1956), S. 363–370

Loch, Theo M.: „Shilumim". Die deutsche Wiedergutmachung als Stimulanz der israelischen und der deutschen Wirtschaft, in: Europa-Archiv 18 (1963), S. 246–254

Lüth, Erich: Mein Freund Philipp Auerbach, in: Von Juden in München. Ein Gedenkbuch, hrsg. v. Hans Lamm, München 1958, S. 364–368

Maetzel, Wolf Bogumil: Schwerpunkte des Wiedergutmachungsrechts, in: Die öffentliche Verwaltung 16 (1963), S. 449–454

Mahnke, Hans Heinrich: Wiedergutmachung im Völkerrecht, in: Osteuropa-Recht 11 (1965), S. 297–299

Martini, Winfried: Wir und Israel. Über die Grundlagen einer echten Versöhnung, in: Außenpolitik 2 (1951), S. 589–604

Maurer: Die Entschädigung von Personen fremder Nationalität, in: RzW 10 (1959), S. 145–148

Metz, Wilhelm: Die finanziellen Leistungen nach BEG in graphischer Darstellung, in: RzW 11 (1960), S. 337–340

Metz, Wilhelm: Fürsorge für überlebende Opfer von Menschenversuchen, in: RzW 14 (1963), S. 293–297

Müller, Walter: Bonns „Wiedergutmachung" an Israel, in: Deutsche Außenpolitik 10 (1967), S. 969–971

Niederland, William: Psychiatrie der Verfolgungsschäden, in: Psychologie des XX. Jahrhunderts, Bd. 10, hrsg. v. W. H. Peters, Zürich, München 1979/80

Ollenhauer, Erich: German Social Democracy and Reparations, in: Essays in Jewish Sociology, Labour and Cooperation, hrsg. v. H. Infield, London 1962, S. 91–98

Oswald, Heinrich: Erfolgshonorare in Entschädigungssachen, in: RzW 12 (1961), S. 150–152

Ott, Georg: Die Diskrepanz zwischen Legislative und Exekutive im Wiedergutmachungsrecht. Vortrag auf dem Deutschen Anwaltstag 1967 in Bremen, in: Freiheit und Recht 13 (1967), S. 16–19

Pakuscher, Ernst Karl: Lastenausgleichsrecht und Wiedergutmachung, in: RzW 20 (1969), S. 289–302

Pelser, Hans Otto: Wiedergutmachung für polnische Priester, in: Caritas 61 (1960), S. 337

Petersen, Charlotte: Hilfe für die Opfer von Wapniarka, in: Tribüne 22 (1983), S. 172–180

Petersen, P. u. Ulrich Liedtke: Zur Entschädigung zwangssterilisierter Zigeuner (Sozialpsychologische Einflüsse auf psychische Störungen nationalsozialistischer Verfolger, in: Der Nervenarzt 42 (1971), S. 197–205

Pilichowski, Czeslaw: Wiedergutmachung für die Polen, in: Die Bundesrepublik Deutschland und die Opfer des Nationalsozialismus. Tagung vom 25.–27. 11. 1983 in der Evangelischen Akademie Bad Boll, Protokolldienst 14/84, Bad Boll 1984, S. 34–50

Puxon, Grattan: Verschleppte Wiedergutmachung, in: In Auschwitz vergast, bis heute vergessen – Zur Situation der Roma (Zigeuner) in Deutschland und Europa, hrsg. v. Tilman Zülch, Reinbek bei Hamburg 1979, S. 149–161

Puxon, Grattan: Gypsies seek reparations, in: Patterns of prejudice 15 (1981), S. 21–25

Rendi, Otto: Wiedergutmachung an den in Österreich durch die Nationalsozialisten rassisch und politisch Verfolgten, in: Zeitschrift des Historischen Vereins für Steiermark 64 (1973), S. 229–241

Rexin, Manfred: Anerkannt und zur Kasse gebeten, in: Deutschland-Archiv 6 (1973), S. 134–139

Robinson, Nehemiah: The Luxemburg Agreements and their Implementation, in: Essays in Jewish Sociology, Labour and Cooperation, hrsg. v. H. Infield, London 1962, S. 79–90

Romey, Stefan: Zu Recht verfolgt? Zur Geschichte der ausgebliebenen Entschädigung, in: Verachtet, verfolgt, vernichtet – Zu den ‚vergessenen‘ Opfern des NS-Regimes, hrsg. v. d. Projektgruppe für die vergessenen Opfer des NS-Regimes in Hamburg e. V., Hamburg 1986, S. 220–245

Romey, Stefan: „Der Antrag von Frau R. muß abgelehnt werden“. Demütigung statt Entschädigung vor bundesdeutschen Behörden und Gerichten, in: Opfer und Täterinnen. Frauenbiographien des Nationalsozialismus, hrsg. v. Angelika Ebbinghaus, Nördlingen 1987, S. 317–336

Rosenkötter, L.: Schatten der Zeitgeschichte auf psychoanalytischen Behandlungen, in: Psyche 11 (1979), S. 1024–1038

Rossmeissl, Erwin: Stagnation oder Fortschritt in der Entschädigung Nationalverfolgter?, in: RzW 21 (1970), S. 145–148

Saathoff, Günter: Hoffnung oder Verdrängung?, Tendenzen in der politischen Debatte zur Entschädigung von NS-Opfern, in: Demokratie und Recht (1987), H. 4, S. 367 ff.

Schmidt, Hans-Joachim: Wille und Weg zur Wiedergutmachung, in: Juristenzeitung 19 (1964), S. 446–451

Schmidt, Norman: Stellung und Aufgaben der Nachfolgeorganisationen im Rückerstattungsrecht, in: RzW 29 (1978), S. 5 f.

Schmidt, Norman: Ein Fall bewußter Irreführung der Rückerstattungsjustiz, in: RzW 29 (1978), S. 81–89

Schröcker, Sebastian: Die Grundkonzeption der Wiedergutmachung. Zur Frage ihrer Richtigkeit und Berechtigung, in: RzW 20 (1969), S. 241–247

Schüler, Alfred: Verzicht auf Wiedergutmachungsansprüche kraft Staatsvertrag mit Österreich?, in: RzW 10 (1959), S. 344–346

Schwarz, Walter: Ein Baustein zur Geschichte der Wiedergutmachung, in: In zwei Welten, Siegfried Moses zum fünfundsiebzigsten Geburtstag, hrsg. v. Hans Tramer, Tel Aviv 1962, S. 218–231

Schwarz, Walter: Die Wiedergutmachung nationalsozialistischen Unrechts in der Bundesrepublik, in: Deutsche Richterzeitung, Bd. 57 (1979), S. 178–181

Schwarz, Walter: Die Wiedergutmachung des nationalsozialistischen Unrechts in der Bundesrepublik Deutschland – rechtliches Neuland?, in: Die Freiheit des Anderen, Festschrift für Martin Hirsch, hrsg. v. Hans-Jochen Vogel u. a., Baden-Baden 1981, S. 227–241

Schwerin, Kurt: German Compensation for Victims of Nazi Persecution, in: Northwestern University Law Review 67 (1972), S. 486–488

Shinnar, Felix Eliezer: Konzeption und Grundlage der Wiedergutmachung, in: In zwei Welten, Siegfried Moses zum fünfundsiebzigsten Geburtstag, hrsg. v. Hans Tramer, Tel Aviv 1962, S. 233–235

Slokvis, Berthold: Gedanken eines Psychotherapeuten über das Wiedergutmachungsverfahren, in: Psyche 16 (1962/63), S. 538–543

Spitta, Arnold: Wiedergutmachung oder wider die Gutmachung?, in: In Auschwitz vergast, bis heute vergessen – Zur Situation der Roma (Zigeuner) in Deutschland und Europa, hrsg. v. Tilman Zülch, Reinbek bei Hamburg 1979, S. 161–171

Steinbach, Hartmut: Sinnerfüllung der Wiedergutmachung. Eine kritische Würdigung des Wiedergutmachungsverfahrens für Schäden an Körper und Gesundheit, in: RzW (1973), S. 81–86

Stoedter, Rolf: Der räumliche Geltungsbereich der Rückerstattungsgesetzgebung, in: Um Recht und Gerechtigkeit. Festgabe für Erich Kaufmann zu seinem siebzigstem Geburtstage, 21. September 1950, Stuttgart u. Köln 1950, S. 353–373

Surmann, Rolf: Von der „Wiedergutmachung" zur „Gnade der späten Geburt". Die Behandlung der NS-Opfer und die nach wie vor unbewältigte Vergangenheit, in: Bulletin deutscher und internationaler Politik 31 (1986), S. 372–381

Surmann, Rolf: Sklavenarbeiter, NS-Opfer, Wieder„gut"machung. Die fortwährende Aktualität eines „vergessenen" Themas, in: Vorgänge 25 (1986), S. 1–5

Venzlaff, Ulrich: Grundsätzliche Betrachtungen über die Begutachtung erlebnisbedingter seelischer Störungen nach rassischer und politischer Verfolgung, in: RzW 10 (1959), S. 289–292

Venzlaff, Ulrich: Schizophrenie und Verfolgung, in: RzW 12 (1961), S. 193–197

Eine moralische und rechtliche Verpflichtung. – Zum Problem der Entschädigungszahlungen an die jugoslawischen Opfer der nationalsozialistischen Verfolgungen, in: Internationale Politik 13 (1962), Nr. 303, S. 8 f.

Werner, Klaus: Zur Geschichte der jüdischen Rußlandflüchtlinge (unter besonderer Berücksichtigung der Voraussetzungen von Lebens- und Gesundheitsschadensansprüchen nach dem BEG), in: RzW 24 (1973), S. 361–371

Werner, Klaus: Die Frage der Ostpolenflüchtlinge, in: RzW 31 (1980), S. 87–89

Wewer, Heinz: Die deutsch-israelischen Beziehungen: Ende oder Neubeginn?, in: Frankfurter Hefte 18 (1963), S. 455–464

Wiedergutmachung für die aus nationalen Gründen geschädigten Mandatsflüchtlinge durch die Bundesrepublik Deutschland, in: Integration 8 (1961), S. 92 f.

Wilden, Hans: Die Entschädigung wegen Schadens an Gesundheit nach den Vorschriften des Bundesentschädigungsgesetzes, in: Der Nervenarzt 34 (1963), S. 70 ff.

Wolffsohn, Michael: Das Wiedergutmachungsabkommen mit Israel: Eine Untersuchung bundesdeutscher und ausländischer Umfragen, in: Westdeutschland 1945–1955, hrsg. v. Ludolf Herbst, München 1986, S. 203–218

Wolffsohn, Michael: Die deutsch-israelischen Beziehungen, in: Micha Brumlik u. a., Jüdisches Leben in Deutschland seit 1945, Frankfurt a. M. 1986, S. 88–107

Wolffsohn, Michael: Die Wiedergutmachung und der Westen – Tatsachen und Legenden, in: aus Politik und Zeitgeschichte, B 16–17/87, 18. 4. 1987, S. 19–29

Wolffsohn, Michael: Deutsche Wiedergutmachung an Israel: Die internationalen Zusammenhänge, in: VfZ 36 (1988), Heft 4

Zorn, Hermann: Wiedergutmachung. Eine Leistungsbilanz. Von Hermann Zorn im Bundesministerium für Finanzen, in: Freiheit und Recht 7 (1961), S. 20–24

Zorn, Hermann: Die Entschädigung für Nationalgeschädigte, in: RzW 17 (1966), S. 145 ff.

Die Autoren

Willy Albrecht, geb. 1938, Dr. phil., wissenschaftlicher Mitarbeiter der Friedrich-Ebert-Stiftung, Bonn.

Wolfgang Benz, geb. 1941, Dr. phil., wissenschaftlicher Mitarbeiter des Instituts für Zeitgeschichte, München.

Norbert Frei, geb. 1955, Dr. phil., wissenschaftlicher Mitarbeiter des Instituts für Zeitgeschichte, München.

Constantin Goschler, geb. 1960, cand. phil., Mitarbeiter am Institut für Zeitgeschichte, München.

Ulrich Herbert, geb. 1951, Dr. phil., Hochschulassistent für Neuere Geschichte an der Fernuniversität Hagen.

Ludolf Herbst, geb. 1943, Dr. habil., stellvertretender Direktor des Instituts für Zeitgeschichte, München.

Karl Heßdörfer, geb. 1928, Präsident des Bayerischen Landesentschädigungsamtes, München.

Hans Günter Hockerts, geb. 1944, Prof. Dr., Lehrstuhl für Zeitgeschichte am Institut für Neuere Geschichte der Ludwig-Maximilians-Universität, München.

Rudolf Huhn, geb. 1957, cand. phil., Universität zu Köln.

Gotthard Jasper, geb. 1934, Prof. Dr., Direktor des Instituts für Politische Wissenschaft der Universität Erlangen-Nürnberg.

Yeshayahu A. Jelinek, geb. 1933 in Brievidca/CSR, Dr. phil., 1949 Auswanderung nach Israel, a. o. Professor für Geschichte an der Ben-Gurion-University of the Negev u. wissenschaftlicher Mitarbeiter am Ben-Gurion Research Center in Sede Boqer, Israel.

Hans-Dieter Kreikamp, geb. 1946, Dr. phil., Archivoberrat im Bundesarchiv, Koblenz.

Hermann Langbein, geb. 1912, Publizist, Sekretär des Comité International des Camps, 1941–1945 Konzentrationslagerhaft in Dachau, Auschwitz, Neuengamme, lebt heute in Wien.

Ernst G. Lowenthal, geb. 1904, Dipl.-Volkswirt, Dr. rer. pol., Prof. e. h., bis 1939 Referent in jüdischen Organisationen in Berlin u. Redakteur, bis 1946 Sozialarbeiter in der jüdischen Flüchtlingshilfe in London, nach 1946 in Deutschland Mitarbeiter verschiedener ausländischer jüdischer Hilfsorganisationen, daneben Publizist, lebt heute in Berlin.

William G. Niederland, geb. 1904 in Schippenbeil (Ostpreußen), Prof. Dr., Psychiater und Psychoanalytiker, 1934 Emigration nach Italien, über CSR, Großbritannien und Philippinen weiter in die USA, lebt heute in Englewood, New Jersey.

Walter Schwarz, geb. 1906 in Berlin, Dr. jur., Rechtsanwalt, 1933–35 Exil in Frankreich, 1938 Emigration nach Palästina, seit 1950 im Bereich der Wiedergutmachung tätig u. a. als Anwalt u. Hrsg. der „Rechtsprechung zum Wiedergutmachungsrecht", gest. am 17. 8. 1988.

Nana Sagi, geb. 1943, Dr. phil., wissenschaftliche Mitarbeiterin am Institute of Contemporary Jewry, Hebrew University, Jerusalem.

Shlomo Shafir, geb. 1924 in Berlin, Dr. phil., Zeithistoriker und Journalist, 1945 aus KZ Dachau befreit, lebt seit 1948 in Israel.

Arnold Spitta, geb. 1945, Dr. phil., Generalsekretär des Katholischen Akademischen Ausländerdienstes, Bonn.

Michael Wolffsohn, geb. 1947 in Tel-Aviv, Prof. Dr., Lehrstuhl für Neuere Geschichte an der Universität der Bundeswehr, München.

Personenregister